U0920908

湖北省农村统计年鉴

2013

《湖北农村统计年鉴》编辑委员会编

图书在版编目（C I P）数据

湖北农村统计年鉴. 2013 / 《湖北农村统计年鉴》编辑委员会编. -- 北京 : 中国统计出版社, 2013.12
ISBN 978-7-5037-7020-3

Ⅰ. ①湖… Ⅱ. ①湖… Ⅲ. ①农业统计－统计资料－湖北省－2013－年鉴 Ⅳ. ①F327.63-66

中国版本图书馆 CIP 数据核字(2013)第 271765 号

湖北农村统计年鉴-2013

作　　者/ 《湖北农村统计年鉴》编辑委员会
责任编辑/ 佘竞雄
封面设计/ 韩立友　朱　江
出版发行/ 中国统计出版社
地　　址/ 北京市丰台区西三环南路甲 6 号　邮政编码/100073
电　　话/ 邮购（010）63376909　书店（010）68783171
网　　址/ http://csp.stats.gov.cn
印　　刷/ 武汉市委印刷厂
经　　销/ 新华书店
开　　本/ 890mm×1240mm　1/16
字　　数/ 1100 千字
印　　张/ 34.5
版　　别/ 2013 年 11 月第 1 版
版　　次/ 2013 年 11 月第 1 次印刷
定　　价/ 198.00 元

如有印装差错，由本社发行部调换。

编辑说明

一、《湖北农村统计年鉴》(2013)由湖北省统计局、农业厅、水利厅、林业厅、水产局、畜牧局、农机局、农垦总公司、监狱管理局等部门共同编辑。

本年鉴营林统计资料由省林业厅提供;畜食品种改良、畜牧兽医组织、畜产品加工企业及规模养殖情况统计资料,由省畜牧局提供;水产品加工等部分统计资料由省水产局提供;农业机械统计资料由省农机局提供;水利建设资料由省水利厅提供;农业技术推广、应用等统计资料由省农业厅提供;农垦和监狱系统农场资料由省农垦总公司和省监狱管理局提供;其余资料由省统计局提供。

二、2013年湖北农村统计年鉴文字资料主要反映2012年湖北省及各市州农业发展的成就。

三、“#”表示其中数。

四、本年鉴由于组稿、资料整理和编辑时间紧迫,难免有失误之处,敬请广大读者谅解,并欢迎指正。

《湖北农村统计年鉴》编辑委员会

目　　录

一、文字篇

2012年湖北农村经济形势分析 …………………… 1
2012年湖北省水产业经济形势分析 ………… 6
2012年湖北省畜牧兽医经济形势分析 ………… 13
2012年武汉市农村经济形势分析 ……………… 22
2012年黄石市农村经济形势分析 ……………… 25
2012年十堰市农村经济形势分析 ……………… 28
2012年荆州市农村经济形势分析 ……………… 32
2012年宜昌市农业经济形势分析 ……………… 35
2012年襄阳市农村经济形势分析 ……………… 39
2012年鄂州农村经济形势分析 ………………… 42
2012年荆门市农村经济形势分析 ……………… 45
2012年孝感市农村经济形势分析 ……………… 48
2012年随州市农村经济形势分析 ……………… 52
2012年黄冈市农村经济形势分析 ……………… 56
2012年咸宁市农村经济形势分析 ……………… 59
2012年恩施州农村经济形势分析 ……………… 62
2012年天门市农村经济形势分析 ……………… 65
2012年神农架林区农村经济形势分析 ………… 68

一、数据篇

1.农村基本情况

农村基本情况 ………………………………………… 73
耕地情况 ……………………………………………… 77
农村劳动力文化程度和年龄状况 ……………… 79
农村劳动力外出渠道和从业时间 ……………… 81
农村劳动力转移地点 ……………………………… 83
农村劳动力外出从事行业和目的 ……………… 85
农村劳动力职业技能培训情况及劳务经济收入情况 ……………………………………………… 87
农村劳动力外出人员社会保障情况 …………… 89

2.农业产值

农林牧渔业总产值 ………………………………… 93
农林牧渔业总产值 ………………………………… 95
农林牧渔业中间消耗 ……………………………… 99

3.种植业

粮食作物生产情况 ………………………………… 103
经济作物生产情况 ………………………………… 104
农作物播种面积 …………………………………… 106
主要农产品产量 …………………………………… 118

4.林业和土特产

林业生产情况 ……………………………………… 129
林产品产量 ………………………………………… 131
茶叶、水果产量 …………………………………… 133
茶园、果园面积 …………………………………… 135
长江防护林工程建设情况 ………………………… 137
天然林保护工程建设情况 ………………………… 141
退耕还林工程建设情况 …………………………… 144
林业系统野生动植物保护及自然保护区工程建设情况 ……………………………………………… 150

5.畜牧业

全省畜牧业生产 …………………………………… 153
家禽年内出笼及蚕茧产量 ………………………… 154

牲畜禽出栏(笼) …… 156
大牲畜年末存栏 …… 158
生猪年末存栏 …… 162
能繁母畜年末存栏 …… 164
当年出生的仔畜 …… 166
主要畜产品产量 …… 168
畜禽品种改良情况(生猪) …… 172
畜禽品种改良情况(牛) …… 176
畜禽品种改良情况(家禽) …… 178
乡镇畜牧兽医站基本情况 …… 182
县以上畜牧三站一所机构和人员 …… 186
湖北省畜禽规模养殖情况 …… 188
畜产品加工企业情况(一) …… 204
畜产品加工企业情况(二) …… 205
畜牧兽医技术培训情况 …… 206
畜牧部门饲料加工企业情况表 …… 207
饲料及兽药流通龙头企业情况表 …… 208
畜禽规模饲养情况 …… 209

6.渔业

湖北省水产业主要指标表 …… 213
水产品总产量及捕捞产量 …… 214
水产品养殖产量(一) …… 216
水产品养殖产量(二) …… 218
水产品养殖产量(三) …… 220
水产品养殖产量(四) …… 222
主要名特优水产品养殖面积 …… 224
按水面分类养殖产量、面积、单产(一) …… 226
按水面分类养殖产量、面积、单产(二) …… 228
水产苗种生产投放 …… 230
水产加工业(一) …… 232
水产加工业(二) …… 234
渔业人口与从业人员 …… 236
渔业船舶拥有量(一) …… 238
渔业船舶拥有量(机动渔船中的生产渔船) … 240
渔业工业和建筑业产值、增加值 …… 244
渔业流通和服务业产值、增加值 …… 248
渔民家庭当年收支情况调查表(一) …… 252
渔民家庭当年收支情况调查表(二) …… 253
渔业灾情(一) …… 254
渔业灾情(二) …… 255
渔业灾情(三) …… 256
全国主要渔业省份统计指标对比分析表
(淡水) …… 257

7.农业机械化

农业机械年末拥有量 …… 261
农机化作业情况 …… 318
农机化系统机构及人员 …… 345
农机化管理服务情况 …… 363
农机化服务组织及人员 …… 369
农机化经营效益 …… 384
农机化投入情况 …… 396
农业生产燃油消耗情况 …… 414

8.农村用电及化肥施用

农村电气化 …… 423
农村化肥施用 …… 425

9.农业技术推行及应用

全省耕作制度状况 …… 429
耕作制度状况 …… 430
全省经济特产作物技术推广情况 …… 440
经济推广情况 …… 441
全省主要油料作物良种面积、产量 …… 449
主要油料粮种 …… 450
全省主要油料作物良种面积、产量 …… 462
杂交生产情况 …… 463
全省农业信息体系建设基本情况 …… 467
全省棉麻作物良种面积、产量 …… 468

主要棉麻作物良种生产情况 …………………… 469
全省主要粮食作物良种面积 …………………… 473
主要粮食粮种 ………………………………… 475
全省主要经济作物良种生产情况 …………… 491
主要经济作物良种 …………………………… 492
全省农业技术推广面积 ……………………… 502
农技推广情况 ………………………………… 504

10.水利建设

水利项目投资规模及结构表 …………………… 545
水利项目总体投资进度表 …………………… 547
本年安排投资按资金来源分 ………………… 549
水利基本建设本年施工和投产项目个数 …… 551
水利工程完成投资按项目类型分 …………… 553
水利工程完成投资按建设性质 ……………… 555
水利工程完成投资按建设阶段 ……………… 557
工程量计划 …………………………………… 559
工程量完成表 ………………………………… 563
单项工程和土地征用 ………………………… 567

11.农垦和监狱系统农场

农垦基本情况 ………………………………… 571
农垦种植业生产情况 ………………………… 573
农垦农作物播种面积 ………………………… 574
农垦畜牧、水产、林业生产情况 …………… 575
农垦主要工业产品产量 ……………………… 576
农垦产值、增加值、出口情况 ……………… 577
监狱系统农场基本情况 ……………………… 578
监狱系统农场农业总产值、商品产值、增加值…… 579
监狱系统农场生产情况 ……………………… 580

2012年湖北农村经济形势分析

朱 江

2012年，尽管湖北农业经历了国内外宏观经济整体下行影响和干旱、洪涝等自然灾害考验，但在省委、省政府正确领导下，全省各地区、各部门提振信心，克难攻坚，围绕“两增同步”，继续深化农业结构调整，全面落实各项惠农政策，不断加大农业科技投入，加快发展产业化经营，全省农业在高基数上再夺丰收，在高起点上再创佳绩，实现了稳中有进、质效提升的总目标。粮食生产实现“九连增”，主要农产品生产情况良好；农民增收实现“九连快”，增幅连续三年超过城镇居民收入增幅；全省畜牧行业应对市场波动的承受能力明显增加，生产实现快速增长，规模养殖、特色养殖发展势头迅猛；现代渔业建设步伐加快，规模渔业、设施渔业深入推进，名优水产品比重不断加大，全省水产品产量、价格全面增加。

一、总体形势

（一）农业发展继续保持较快增长

2012年全省农林牧渔业增加值将达到2848.8亿元，扣除价格因素，比上年增长4.7%，其中农业增长2.9%，林业增长6.1%，牧业增长6.7%，渔业增长8.0%，农林牧渔服务业增长8.6%。全省农林牧渔业增加值增幅连续九年保持超过4%的快增长。

（二）主要农产品生产情况良好

1.粮食实现“九连增”

2012年粮食作物播种面积4180.05千公顷，比2011年增长1.41%，总产2441.81万吨(488.36亿斤)，增产53.28万吨（10.66亿斤），增长2.23%。其中，夏粮播种面积1348.5千公顷，增长3.39%，总产447.44万吨（89.49亿斤），增产21.6万吨（4.32亿斤），增长5.07%。秋粮播种面积2479.79千公顷，增长0.34%，总产1785.50万吨（357.1亿斤），增产19.87万吨（3.97亿斤），增长1.13%。小麦、早稻、晚稻是全年粮食的主要增长点，它们分别增产5.2、2.36、4.31亿斤。

2.棉花生产稳中有忧

2012年棉花生长期内气候适宜，降雨适量且未伴随大风，棉花生育状况良好，全省产量达到53.15万吨（10.63亿斤），增长1.08%。但受上年棉花市场行情差、籽棉卖价低、种棉人工成本高等因素影响，2012年全省棉花种植面积472.87千公顷，比上年下降了3.23%。总体来看，2012年国内棉花市场仍处于低迷状态，棉价连续两年保持走弱格局，农民难以从棉花生产中获得较大收益，或将影响来年种棉的积极性。

3.油料作物较快增长

2012年油料作物种植面积1501.5千公顷，比上年增长5.0%，总产319.56万吨（63.93亿斤），增产14.95万吨（2.99亿斤），增长4.9%。其中全省油菜籽种植面积1167.33千公顷，增长2.3%，今年油菜长势总体好于常年，大大好于上年，油菜籽单产134.48公斤/亩，增长4.5%，油菜籽总产达226.55万吨（45.31亿斤），增产6.15万吨

(1.23亿斤)，增长2.8%。

4.畜牧生产逆市增长

2012年全省生猪市场行情跌宕起伏。从元月份开始，生猪价格持续下跌，四月份跌至谷底，五至七月份维持低位运行，八月份以来在国家猪肉收储政策的强力刺激、饲料及人工成本影响以及节假日经济拉动等多重作用下，生猪价格止跌回升，之后随着高温天气消退和春节临近，生猪市场价格进一步回暖，目前出售均价维持在8.8元/斤，预计2013年将继续保持当前生猪市场行情，短期内难以恢复到2011年10元/斤的平均售价。虽然生猪养殖市场受到价格下跌和成本上升的双重影响，养殖效益大幅下滑，但大多数规模养殖户和养殖单位的积极性仍较稳定，全年全省生猪出栏4180.8万头，比上年增加309.4万头，增长8.0%，猪肉产量317.3万吨，增长9.2%。生猪生产出现了过去波动周期中少有的价格大跌而生产稳定的局面，规模化养殖模式表现出极强的市场抗风险能力，对我省生猪产业稳步发展发挥了较大作用。

2012年全省牛出栏131.7万头，增长4.2%；羊出栏511万只，增长1.8%;家禽出笼49866.4万只，增长8.7%;禽蛋产量139.4万吨,增长1.7%。总体上看，全省畜牧业生产产能得到了一定提升。

5.水产业形势喜人

2012年全省水产业形势喜人，以水产大县和板块基地为载体的规模渔业日益壮大、以鱼池改造为抓手的设施渔业深入推进、以加工出口为龙头的创汇渔业屡创新高、以精品名牌为引领的品牌渔业跨越发展，全省水产业呈现出结构趋优、质效提升、活力增强、生机迸发的良好态势，加上2012年渔业产销两旺、没有出现大的疫情、灾情和质量安全事故，渔业主要发展指标均好于预期，全省水产品总产量达 388.94万吨，同比增32.72万吨，增长9.19%。

6.蔬菜、茶叶、水果较快增长

受2011年蔬菜、茶叶、水果较好的市场行情和高利润驱动，2012年全省各地加快发展城郊蔬菜和设施栽培，不断扩充茶叶、水果生产基地。全年蔬菜播种面积1138.69千公顷，比上年增长7.2%，产量3550.5万吨(710.1亿斤)，增长5.71%。全年年末实有茶园面积274.21千公顷，增长12.85%，茶叶产量20.49万吨(4.1亿斤)，增长11.24%;园林水果(不含果用瓜)产量541.72万吨(108.34亿斤)，增长3.82%。

(三)秋冬播面积平稳增长

我省高度重视发展冬季农业生产，做到了早谋划、早宣传、早发动，突出抓好冬闲田开发和种植结构调整，重点发展脱毒马铃薯、优质小麦和优质油菜生产，全年全省秋冬播面积继续扩大，播栽进展提速。截止2012年12月20日，全省农作物秋冬播面积达3352.3千公顷，比上年增长2.09%。其中粮食面积1580.99千公顷，增长3.99%;蔬菜面积467.50千公顷，增长2.44%;油料面积1216.30千公顷，减少0.39%;其他作物面积87.51千公顷,增长1.46%。

(四)农民增收实现“九连快”

2012年我省农民人均纯收入7851.71元，同比增长953.79元，增长 13.8%，农民增收实现“九连快”，增幅连续三年超过城镇居民收入增幅。农民增收主要基于四点：一是打工经济继续对农民增收起到较好的支撑作用；二是农产品价格稳中有增带动农民增收。2012年全省农业生产总体平稳,主要农产品产量稳中有增,促进了农民增收；三是非农自营稳步发展,对农民增收的贡献明显提高；四是各项惠农政策使农民得到了相应实惠。

二、基本特征

(一)农业科技推广和应用步伐加快

2012年全省各地加大科技投入，大力推广产量更高、适应性更强的优良品种，农作物品种布局更加合理。据省农业部门统计，全省农业科技进步贡献率提高了1个百分点，推广了良种良法、新品种、新技术共十大类100多项，培训了36万农民，主要农作物综合机械化水平达59%。例如，襄阳大面积投入了抗灾能力更强的郑麦9023等新品种，积极落实佳期播种、精量半精量播种、测土配方施肥等关键实用技术，提高了秋冬播的科技含量。咸宁积极推广油杂11号、华油杂62等双低高产品种，增加了优质油菜品种的种植比重。孝感、荆门等地重点推广扬两优6号等产量高、抗性强、稳产性好、适宜湖北气候条件的优良品种，提高了粮食亩产水平。同时，各地纷纷推广使用免耕直播等科技技术，既降低了人工成本，又利于作物根系吸收养份，增强抗灾能力。

（二）惠农强农政策落到实处

从各地调查来看，2012年全省粮食直补、农资综合补贴、良种补贴、农机购置补贴等各项惠农政策得以较好落实，各项惠农资金保持稳步增长。年初国家补贴7500万专项资金，使全省90%以上小麦实现了“一喷三防”，全省小麦单产达到231.92公斤/亩，比上年增长2.3%。同时，国家再次提高了小麦、稻谷最低收购价格，有效调动了农民种粮积极性，刺激了粮食面积的增长，为粮食增产打下了坚实基础。

2012年，通过农产品加工“四个一批”工程的深入实施，我省农业产业化水平逐步提高，农业龙头企业加速发展。监利县福娃集团2012年销售收入达到74.9亿元，比上年增长10%，带动周边基地20万农户每亩增收200元左右。2012年全省农产品加工业产值达到8930.05亿元，全年农产品加工业产值与农业产值之比达到2.08:1（2011年为1.61:1）。农产品加工业的快速发展对推进农业产业化经营,促进农民增收、农业增效，起到了积极作用。

（三）农产品价格增长平稳

2012年，随着国家宏观调控稳定物价政策的措施不断实施，农副产品价格总体呈平稳增长，涨幅比上年明显回落。据统计,全年农产品生产价格指数为103.27,综合价格比上年同期上涨3.27%,涨幅比上年下降11.8个百分点。其中农业产品(种植业)价格指数103.61,林业产品价格指数107.46,畜产品价格指数98.58,淮业价格指数110.08。

拉低全省农产品综合价格指数的重要农产品有：一是小麦。2012年全省小麦质量偏低，普遍达不到国家最低收购价格政策规定的3级以上品质，造成全省小麦收购价格比上年下降了3.27%；二是棉花。当前棉花行情较差，国内棉价呈现持续走弱格局，2012年棉价继续下降了2.96%；三是生猪。全年生猪价格比上年下降2.75%。同时，价格上涨幅度较大的主要农产品有稻谷(上涨7.66%)、蔬菜(上涨10.55%)、食用坚果(上涨62.32%),淡水养殖产品(上涨10.13%)。

（四）农民外出务工形势较好

2012年我省农民外出从业人员将达到1076.28万人，比上年增加30.91万人，增长2.96%。其中省内就近就业人员增长较快,省外就业人员增长趋于平稳。其主要原因，随着我省逐步承接沿海发达城市产业结构梯度转移，各地投资环境不断优化，县域经济快速发展，省内企业特别是县域用工需求加大。同时，各级政府加大投入，组织实施各类农民工实用技能培训，提高就业能力，健全外来人员工资结算、社会保险等保障机制，省内务工环境得到进一步改善，在交通和务工成本等因素的综合考虑下，各地农民纷纷就地就近转移就业，促进我省劳动力转移规模的稳定增长和转移结构的积极变化。

三、存在的问题

（一）生产经营成本加大，农业种植效益偏低，对秋冬播生产造成一定影响尽管国家加大了对种粮农民的补贴力度，但部分农资价格上涨较快，劳动力成本持续增加，农民生产经营成本明显上升，加上油菜、小麦等秋冬播作物生长周期长，种植比较效益偏低，农民种植积极性难以调动，部分农户对秋冬作物疏于管理，既影响秋冬播作物种满种足的要求和秋冬播覆盖率，又不利于作物产量与品质的提高。

(二)农资市场不规范，农户购买随意性较大

近年来，虽然有关部门采取多项措施，打击假冒伪劣、取缔非法经营、规范农资市场，但农资产品品种多，质量不一的现状仍然存在。多数农户辨别能力差，不知道种什么品种，选用什么牌子的肥料，只能根据以往的经验或凭价格高低选择，缺少专业人员指导，影响了产量、收益和农产品的质量。

(三)农村主要劳动力大量外出，农村劳动力资源匮乏

由于大量农村青壮年劳动力外出务工或经商，农村现有劳动力特别是青壮年劳动力数量少，部分地区因劳动力不足的负面影响已开始显现。此外，劳动力素质低，科技意识薄弱，创新意识不强，还较大程度上影响了农业生产进度和新品种新技术的推广。

四、对2013年形势的展望

从当前农业的各项政策因素和主要农产品市场价格变动及农民外出务工的情况看，如果不发生大的自然灾害，2013年湖北农业生产将继续保持较高速度的稳定增长，农民增收将延续2012年的快速增长态势。

(一)农产品综合价格将持续平稳增长

从近两年来国家对物价特别是农产品价格的调控政策、决心和效果来看，2011、2012年农产品综合价格指数的涨幅均比上年明显回落，因此，2013年农产品综合价格出现较快增长的可能性不大。另外，生猪价格作为我省农产品综合价格上涨的重要推手，在经历了近一年的低位徘徊后逐步恢复理性价位，考虑到当前我省生猪供给市场充足，短期内继续上涨的可能性很小，预计2013年农产品综合价格指数涨幅或将持续平稳增长。

(二)粮食生产仍将保持稳定发展态势

在国家鼓励粮食生产的各项强农惠农政策的推动下，农民的种粮积极性将进一步提高，从当前秋冬播情况来看，粮食种植面积将进一步扩大，只要气候正常，湖北粮食产量将继续保持稳定增长。

(三)畜牧业将呈现较快发展

2013年畜牧业将呈现较好发展的主要原因有：一是国家和省对生猪生产扶持政策的继续实施将使规模养殖成为畜牧增长的主导；二是在温氏集团、雨润集团和精武集团等大集团的龙头带动作用将进一步显现；三是2012年新建的一批规模化生猪养殖场将在2013投产盈利。

(四)渔业将保持快速增长

随着我省精养鱼池面积的不断扩大和名优水产品养殖的快速发展，结合当前较好的市场行情，2013年渔业将继续保持快速增长。

五、有关建议

(一)加强农村基础设施建设，为现代农业跨越发展夯实基础

农村各项基础设施建设滞后，是农业发展最突出的制约。促进现代农业发展，必须要摆脱“靠天吃饭、出力挣钱”的困境，当务之急是抓好水利化、机械化、信息化三项重点建设。要以水源工程和小型水库除险加固工程为重点，全面加强农田水利配套设施维护；要以粮油增产行动为依托，实施中低产田改造、土地开发平整和测土配方施肥工程，积极发展管灌、滴灌等节水灌溉，扩大保护性耕地示范推广区；要以农村信息

化试点建设、农机补贴推广位契机，加快完善“三农”服务信息平台，提升农业综合生产能力，确保粮食稳定增产和农产品有效供给。

（二）推动农业产业化经营，为现代农业跨越发展提供坚强动力

现代农业要实现跨越式腾飞，必须抓好农业产业化经营。一是大力实施农产品加工“四个一批”工程。启动农产品加工“巨人工程”，重点培育一批过百亿龙头企业，着力发挥龙头企业的带动作用，提高农业产业化水平。二是要依托农技推广部门、村级支部、农产品加工企业、能人大户加快建立农村专业合作组织，普及“公司+基地+农户”的产业化经营模式，让更多农民进入到农产品加工增值链条，并从中获取更大收益。三是打造一批特色农业板块。要想提高农业产出效益，规模和特色缺一不可。应立足区域资源优势，深化农业结构调整，建立一批“人无我有、人有我优”的特色板块基地，形成“一村一品”的发展格局，增强农业的产业优势和经济优势。四是做响一批农业品牌。要把农业标准化作为建设现代农业的根基，大力推广绿色种植和健康养殖；要积极创建农产品品牌，引导加工企业建立原料基地、深精加工等产业链条，实施标准化生产，争取新增一批优质特色品牌，提高农副产品的市场竞争力。

（作者单位：湖北省统计局）

2012年湖北省水产业经济形势分析

王 勇 唐 立

2012年，我省各级水产部门全面贯彻党的十七届六中全会以及省第十次代表大会精神，围绕构建促进中部地区崛起重要战略支点、实现水产强省跨越发展的目标，以开展“喜迎十八大、争创新业绩”主题实践活动为契机，以转变渔业发展方式为主线，以现代渔业建设为主攻方向，以保增长促发展，保供给增投入，保科技强品牌为抓手，坚持“内涵挖潜、质效优先”的发展理念，进一步加大强渔惠渔富渔政策落实力度，综合来看，渔民收入大幅增长，设施装备水平逐步提高，保障体系日益加强，加工出口不断突破，品牌建设成效显著，全省水产业发展势头良好。

一、全省水产业经济形势

（一）主要生产指标全面增长。全年水产品总产量389万吨，同比增32.7万吨，增9.19%。放养面积达1020万亩，同比增20万亩，增2%。全省投放苗种92万吨，同比增8.6万吨，增长10.3%；鱼苗生产773亿尾，同比增76亿尾，增10.9%。全年渔业产值达626亿元，同比增117.4亿元，增23.1%。渔民人均纯收入9585元，增1385元，增16.89%；渔业为全省农民增收贡献25元以上。

（二）品种结构不断优化。各地结合“三万活动”、鱼池改造和科技服务，引导渔民调优养殖结构，大力推广和普及十大名优品种、十大先进技术、十大高效模式，名特优养殖面积进一步扩大，新增50万亩，达810万亩，占全省总面积的79%；其中小龙虾养殖面积达450万亩，增产31%；河蟹养殖面积285万亩，增产38%。全省以小龙虾、河蟹、黄鳝、黄颡、龟鳖、斑点叉尾鮰等为代表的优势水产品产业带基本形成。

（三）水产加工快速扩张。全省现有规模以上加工企业129家，比去年底增加13家，其中国家级重点龙头企业6家，省级31家，出口注册企业24家。全省各大水产品加工企业通过扩大规模，实施技改，延伸产业链条，提高产品附加值，2012年实现加工产值236.7亿元，同比增87.7亿元，增58.8%；全年水产品出口量达25390吨，出口创汇2.74亿美元。

（四）水产品批发市场建设如火如荼。2012年，各地大力加强流通体系建设，江汉平原（仙桃）水产品批发市场、汉口北四季美农产品交易市场等一批特大型批发市场正在建设之中，白沙洲水产品批发市场正在筹划改造升级，浠水神鹭冷链物流中心项目完成前期工作，荆州市“中国淡水产品交易中心”在京挂牌，正式启动建设。目前全省现有年交易额在1亿元以上的水产批发市场317个，年交易量近500万吨，年交易额近800亿元，其中农业部定点大型批发市场3个，水产流通专业合作组织1054个，水产经纪人7万余人，在29个省份建立营销窗口987个，基本形成“买全国、卖全国”的流通网络。

（五）水产品质量安全水平领先全国。标准化生产和健康养殖稳步推进，今年新增部、省级水产健康养殖示范场71家，洪湖市、长阳县被农业部认定为水产标准化示范县。生产环节的全程监管得到加强，养殖水域环境控制和"三项纪录"等常态化监管措施不断规范，在长阳和京山开展水产品质量安全可追溯示范县建设，探索长效监管机制。2012年我省水产品农业部例行抽检综合合格率93.3%，农业部例行和农业厅监督的总体合格率98.2%，水产苗种抽检合格率100%，农业部第一次产地监督抽检合格率100%，几项指标均领先全国。

二、2012年我省渔业发展的主要特点

（一）积极争取各级领导重视和项目支持，不断改善产业发展环境。党中央、国务院、省委、省政府一直高度重视湖北水产业的发展，尤其是近年来，国家在政策和投入上采取了一系列的重大举措，强渔惠渔政策含金量之高、受惠面之广，前所未有，极大的调动了各地发展现代渔业的积极性，极大的促进了湖北水产业的健康、持续、快速发展。农业部牛盾副部长5月10日就我省水产工作作出重要批示，充分肯定我省水产业为全省和全国经济社会发展作出了显著贡献，要求部渔业局在今后的工作安排中继续给予重视和支持。5月8日，省委张昌尔副书记亲率省直有关部门专题调研全省水产加工业，特别提出了打造水产强省，打造小龙虾、河蟹双百亿工程（产值过100亿元大关，出口创汇超2亿美元）以及渔业产值瞄准1000亿、行业总产值2000亿的双千亿工程，对我省水产寄予厚望和重托。省政府赵斌副省长年初亲临我局调研，对水产工作提出新要求。襄阳、黄冈、咸宁、仙桃等市领导深入调研水产，出台支持水产发展的专项政策措施。各级领导的重视和支持，进一步为全省水产持续健康发展营造了良好氛围，提供了坚强保障。

同时，各地加大了项目争取和招商引资力度，水产业已成为当前社会资本投入的新热点，"政府主导、渔民主体、工商资本参与"的多元化投入格局基本形成。目前，省级以上预算内专项投资及惠渔补贴5.91亿元，同比增17.3%。海大集团、高龙集团、富程公司、大明公司等工商企业纷纷加大投资，建成了荆州大明、武汉高龙、百容水产等一大批水产龙头企业和配套基地。各级财政投入力度的加大，渔业自身投资的增加，工商资本的强力注入，助推了全省水产业健康快速发展。

（二）狠抓渔业基础设施建设，不断提高综合生产能力。各地抓住实施"三化同步"战略的发展机遇，大力推进渔业增长由粗放型向集约型、由偏重数量向数量质量效益并重、由拼资源向依靠科技支撑转变，全省水产业呈现了总量稳步增长、结构不断优化的良好局面。各地依托"三万"活动和精养鱼池标准化改造工程，逐步推广应用渔业养殖机械、水质在线监测、养殖废水循环处理等软硬件设施，全面提高水产养殖装备水平，已改造并投入生产的精养鱼池面积达到40万亩，亩平可提高产量30%以上；3600万元的省级"以奖代补"资金已经撬动了10亿元的地方配套、农民自筹和社会资本。新增河蟹、小龙虾、黄鳝、龟鳖、鲟鱼等5大名特优品种养殖面积40万亩，可提高产值10亿元；新增水产板块面积50万亩，提高了规模化集约化水平。各地还积极开展苗种培育技术攻关，建成了孝南河蟹苗种繁育基地、监利全雄黄颡鱼繁育基地等一批名特优苗种繁育基地。武汉高龙公司围绕"品种选控、安全饲料、健康养殖、鱼品加工、品牌销售"等五大环节构建产业链条，完成了500万亩小龙虾控温苗种繁育基地和4000亩原料配套基地建设。

（三）创新渔业科技服务机制，为水产业提档升级提供了有力支撑。全省以"渔业科技促进年"为契机，深入开展"技术服务进场入户到池，助推增产增效增收"为主题的活动，组织开展了科技入户春季行、科技大培训、科技"五联"对接、名优苗种科技振兴、生态健康养殖科技提升、千名渔业专家"三驻"等六大行动，科技人员直接到户、良种良法直接到池、技术要领直接到人，提高了渔业科技转化率，提升了产业发展质量和效益。全省共开展"科技三下乡"活动120余场，咨询服务渔民5万人次；举办科技培训班1545期，印发技术资料近100万份，完成了全年培训50万人的目标任务。

（四）品牌打造如火如荼，为水产业挖潜增效提供强大助推力。今年以来，我省通过举办第二届中国湖北（潜江）小龙虾节、中国荆州淡水渔业展示交易会、梁子湖大河蟹展示交易会等活动，以及在中央和省内主流媒体进行集中强势宣传、品牌推介营销、农超对接等一系列环环相扣的举措，使我省三大主导水产品牌在国内外的知名度迅速提高，市场核心竞争力空前提升。2012年5月，三大品牌继去年齐聚香港后又喜获宝岛人民青睐，现场签下湖北名优水产品合作意向协议，共收获了供台意向协议6660吨、金额4.2亿人民币的丰硕成果。9月28日，第十届中国农交会上，我省九大水产品荣获农交会金奖，受到中外采购商、经销商热捧，现场销售额近1000万元，签订产品供销协议约6亿元。

为唱响"梁子"牌梁子湖大河蟹品牌，推动河蟹产业持续健康快速发展，加快打造"百亿元河蟹产业"，9月6日，由省水产局牵头，省河蟹产业协会协办，江夏、洪湖、监利等14个河蟹主产区和8家大型河蟹定点生产销售企业在汉共商鄂产河蟹发展大计，共建产销战略合作联盟，共唱湖北河蟹第一品牌，加快赶超江苏河蟹产业步伐。同时采取多种措施，大力唱响"梁子"牌梁子湖大河蟹，不断挑战"阳澄湖大闸蟹"的龙头地位。2012年10月，第八届梁子牌梁子湖大河蟹文化旅游节成功召开进一步扩大我省河蟹产业在国内外的影响力，省农业厅授予梁子牌梁子湖大河蟹"湖北生态名蟹"牌匾；武汉农业集团有限公司分别与江夏区政府和武汉市台商协会签约，涉及水产品综合深加工及冷链物流双百亿项目和河蟹出口台湾等内容，签约金额达34.1亿元。

（五）加快发展加工流通业，为破解水产业发展瓶颈探索了新路径。全省水产部门认真贯彻"四个一批"发展战略，瞄准国内国外两个市场，延伸产业链条，加大政策、资金扶持力度，通过招商引资、兼并重组、资本联合、融资上市等多种手段，引导水产加工龙头企业提升加工能力，壮大发展实力。积极引导优势产品向重点基地集中、基地生产与龙头企业配套、龙头企业向加工园区聚集，大力建设潜江、洪湖、武汉、宜昌、仙桃、鄂东等6个水产加工园区。因地制宜建设了一批水产加工企业、物流园区和水产批发交易市场，有效地实现了基地与企业的对接、产品与市场的对接，逐步破解了困扰我们多年的产品附加值不高、渔民闯市场难的问题。

（六）强化渔业行政执法，大力养护水生生物资源。全省认真组织开展实施"长江禁渔期"制度，禁渔期内加强执法监管，基本实现"江中无渔船、岸边无网具、市场无江鱼"的目标。进一步加大增殖放流力度，放流数量和质量再创历史新高，全年全省共放流"四大家鱼"等经济鱼类8.9亿尾、中华鲟4900尾、胭脂鱼15万尾，开展渔业维权10余起，签订渔业生态补偿协议经费3600万元。全省核发新版水域滩涂养殖证7605本，发证面积20771.81公顷。继续实施"减船计划"，实现捕捞渔船零增长和负增长，减轻天然渔业资源承载压力。强化渔船检验，确保了渔业水上安全。

三、存在的主要问题

（一）渔业生态亟待修复。随着工业的发展和城市扩容，优良的渔业水域、滩涂被大量占用，水生生物赖以栖息的生态环境、部分宜渔水域受到污染，鱼类的产卵场遭受破坏，珍稀水生野生动植物濒危程度加剧，天然水域总捕捞量从2005年43.6万吨，下降到2012年21.3万吨，连续六年减少22.3万吨，造成捕捞量严重下降，许多天然水域无鱼可捕，湖北优势的"四大家鱼"资源也出现衰退。尤其是2011年我省遭遇的特大旱情以及接踵而来的旱急转涝影响，水生植被覆盖率大幅降低，生态系统失衡，水体受污染风险增大，水质明显下降。

（二）苗种体系亟待健全。我省是全国淡水苗种生产大省，但大部分产品均为四大家鱼和鲤鲫鳊鲂等常规品种，名特品种的自供率偏低。其中，河蟹苗种全部依赖于江苏等沿海地区，龟鳖主要来自于浙江等地，名特苗种的供应受制于人。品种改良的进度较慢，新品种的开发与应用也缺乏突破。苗种基础设施老化严重，亲本退化严重，苗种体系建设亟待完善。

（三）保障体系亟待强化。科技推广、渔政管理、水产品质量安全监测等支撑保障体系基础脆弱，与产业的快速发展不相适应。一是水产品质量检测体系和病防体系不健全。全省除了省级水产品质量检测中心外，各地均没有水产品质量检测机构，更没有人员和运转经费。二是渔政执法体系不健全。基层渔政人员参公的问题还没有得到根本解决，渔业执法基础设施建设薄弱，很多渔政执法单位"水上无船、岸上无车"，缺乏必要的执法手段，渔政执法队伍素质有待提高。三是科技服务体系不健全。渔业科技优势没有得到充分发挥，基层推广体系弱化，科技成果的到户率和应用率不高，创新成果偏少，发展现代渔业的科技支撑能力偏低。

（四）水产加工亟待转型。当前我省水产加工业产业化程度总体上仍处于产业链中较初级的位置，龙头企业大而不强，品牌建设力度不够，产品附加值低，科技创新缺位，存在"发展不够、发展不优"的问题，成为全省渔业经济发展的"短腿"，主要表现为"四缺"：缺大龙头、缺深加工、缺大投入、缺大品牌；尤其是投入严重不足，目前的投入基本上均为社会投入，政府部门在如何推进水产加工业突破发展方面还缺乏有效手段。下一阶段，需要着力在争取各级政府和有关部门的扶持、创新新产品研发、打造精品名牌、加大技术人员培养、完善出口配套基地等方面大力推进。

（五）流通体系亟待完善。目前我省水产品市场流通体系还不健全，基础设施总体薄弱、信息不对称、产销组织化偏低的问题仍然突出，尤其是缺乏专业化、现代化的冷链物流和综合性的批发集散市场，流通运营主体依然以个体工商户为主，导致水产品市场流通不畅，成本偏高，渔民增收困难。

四、2013年发展目标和工作思路

2013年全省水产业发展总的指导思想是：以科学发展观为统领，以科技创新为动力，加快转变渔业发展方式，创新性发展水产加工业，突破性发展水产流通业，大力建设设施渔业、高效渔业、生态渔业、品牌渔业、资本渔业、人文渔业、幸福渔业，不断提高现代渔业的规模化、集约化、标准化、专业化、信息化水平，确保水产品安全有效供给、确保渔业生态安全、确保全国淡水产品总量第一地位，加快建设淡水渔业第一强省，让千湖之省碧水长流，为"五个湖北"建设作出积极的贡献。

总体目标是：2013年淡水品总量计划在2012年基础上实现5%以上的增长；产值达到586亿元；全省放养面积稳定在1020万亩；渔民人均纯收入达10585元，增1000元，为农民增收贡献25元以上。具体措施如下：

（一）坚持做大做强苗种产业，夯实生产基础

苗种体系是我省水产业发展的基础，未来我省将继续加大苗种繁育体系建设力度，完善水产原良种体系建设，加快培育一批具有重大应用前景和自主知识产权的优良品种，建设一批标准化、规模化、集约化、机械化的良种繁育基地，重点建设一批优势品种的种质资源保护区和国家级、省级水产原良种场，更新换代现有种质退化的亲本，引进、培育一批名特优新品种，全面提高全省优质品种种质保护能力和良种生产能力，提高良种覆盖率，保障渔业生产。同时积极扶持省内苗种生产企业做大做强，培育壮大有核心竞争力的"育繁推一体化"苗种企业，在巩固常规品种苗种产能第一的基础上，实现黄鳝、鳜鱼、河蟹、龟鳖等主要名优品种苗种自给自足，开展四大家鱼等主导品种年度更新换代10%以上，实现苗种产业强省目标。

（二）坚持生态修复，加强渔业资源和生态环境保护

一是实施渔业生态修复。积极落实《水生生物增殖放流总体规划》，依据水域生态环境、资源状况和实际问题，合理确定增殖放流的功能定位，科学安排增殖放流品种和规模。科学发展湖泊水库滤食性、草食

性、杂食性鱼类增殖，改善水域生态环境，提高水域生产力，增加渔民收入。完善增殖放流技术规范，提高增殖放流苗种质量，加强放流效果监测评估。实施湖泊水库拆围工程。全省大水面水产养殖将逐步由人工高密度养殖转变为以“人放天养”的天然增殖为主，全面禁止投肥养鱼，以恢复湖泊水库自身的生态功能。洪湖、梁子湖、丹江口水库等涉及饮水安全及生态安全的大湖大库要坚决推进拆围和限养工作；二是加大保护区建设力度。健全完善现有各级各类保护区，同时将采取分级分层次建设的办法，鼓励各地市根据需要建设保护区；三是实施捕捞渔民上岸安居及转产转业工程。积极争取捕捞渔民转产转业政策，采取渔民上岸安居、纳入社会化养老保障、其他技能培训、货币化买断捕捞渔具等措施，让渔民转产转业，控制渔业捕捞强度，保护天然种质资源。

（三）坚持唱响品牌，以市场化经营提高产业附加值

整合全省水产优势资源，按照“五统一”模式，着力打造楚江红小龙虾、梁子牌梁子湖大河蟹、洪湖渔家生态鱼三艘水产航母，为提升产业核心竞争力奠定坚实基础。加大对我省“三大”水产品牌的推介营销力度，充分利用现代媒体高效传播特性和会展经济平台，开展全方位、多时空的深度宣传，提高我省水产品的知名度和美誉度，引导和支持省小龙虾产业协会、省河蟹产业协会、省渔业产销协会等三个协会，搞好品牌产品包装和营销策划，建立稳定的直销网络。努力做好与国内知名超市、餐饮、宾馆的对接，在不断开拓国内市场的基础上，实施三大水产品牌航母远航工程，在海内外市场树立良好的品牌形象，不断放大品牌效应。同时，唱响“鄂州武昌鱼”、“仙桃黄鳝”、“京山龟鳖”和“长阳清江鱼”等品牌，打造湖北名优水产品牌系列，努力形成全省主导品牌扬帆领航，地方特色品牌千帆竞发的局面，促进我省优质水产品销售尽快实现由卖产品到卖商品、由卖商品到卖名品、由卖名品到卖品牌的转变，让湖北水产品名扬四海，享誉全球。

（四）坚持质量安全，确保水产品市场供给安全有序

建立健全省、市、县、乡四级水产品质量安全监管体系，深入推进市场准入，完善产地准出、质量追溯、退市销毁等监管制度。提高信息化水平，建立准入、准出、追溯综合化，生产、流通、销售一体化的信息追溯平台，查询终端深入各大大型超市和卖场。完善水产品质量安全风险评估机制，加快水产品质量安全风险评估基础平台和人才队伍建设，建立风险评估专家库。加强与质检、工商、畜牧、卫生、司法等部门的信息联通机制，建立联席会议制度，定期研究分析全省水产品安全形势、发布重大水产品安全信息、处理水产品安全事件，确保部省水产品产地抽检合格率稳定在95%以上。建立覆盖全省的快速反应和应急处置机制，提高应对突发事件的能力，确保无重大质量安全事件发生。

（五）坚持夯实基础，提高渔业综合生产能力

充分利用“政府主导、渔民主体、市场运作”的多元化投入机制，通过中央现代渔业建设建设项目和省级精养鱼池改造项目示范，完善以奖代补机制，重点对集中连片的精养鱼池进行改造升级，不断完善基础设施，更新养殖设备，有步骤地建成一批“吨鱼塘、万元池”，使其达到进排水分开、池埂坚固抗灾、渔业三机配套、养殖用水达标排放、养殖环境优美的标准，成为增产增收的主要阵地和优质水产品的主要供应地，深入推进新一轮精养鱼池改造进程，放大精养鱼池增收效益。在现代农业发展项目县市，全面试点纳米微孔增氧、水质在线监测、湿地循环水等先进技术。要大力推广水产健康养殖，继续在全省范围内创建一批国家级健康养殖示范场和省级健康养殖示范场。要完善提高一批城郊观赏渔业，建设发展一批休闲渔业示范点。

（六）坚持龙头带动，延伸产业链条

1、推进水产业加工园区建设。继续落实好省委、省政府农产品加工“四个一批”发展战略，推动优势产品向重点基地集中、龙头企业向加工园区聚集、基地生产与龙头企业配套。加快建设洪湖、潜江两大水产品

加工示范园区，力争两大园区产值2013年年均超过30亿元，以此带动武汉、宜昌、鄂州三个水产加工新园区的建设。

2、打造河蟹小龙虾双百亿工程。通过3—5年努力，把我省小龙虾、河蟹打造成双百亿元产业（产值过100亿元大关，出口创汇超2亿美元）。主要措施：抓“两头”（苗种、品牌）带“中间”（扩大池塘生态养殖规模），着力抓好以下五项工作：一是抓苗种繁育。在全省规划布点，建设10个苗种培育基地，扶持基地硬件建设和技术应用，解决优质苗种供应短缺问题。二是抓办点示范。加快池塘专养、稻田养蟹等生态模式和微孔增氧、水质在线监测等先进技术的示范点建设，全省突破30个。三是抓技术培训。组织水产专家和技术人员进村入户、现场培训，传授优良品种养殖技术，解决生产难题。四是抓出口创汇。建设优质小龙虾、河蟹出口原料配套基地，使其成为出口河蟹安全示范区。五是抓品牌深化。采取主流媒体宣传和举办展会等方式，在省内外继续开展强势宣传，进一步提高湖北小龙虾、河蟹两个主打水产品牌的知名度和美誉度。

3、加快水产龙头企业培育。大力扶持荆州大明、潜江华山、莱克、洪湖德炎、武汉高龙、浠水神鹭等一批产业化龙头企业，加大农业综合开发、现代农业产业体系建设、县域发展资金、农业板块基地建设、农业科技成果转化、农产品精深加工专项等财政扶持力度，扩大省级农业产业化信用担保平台授信贷款等金融支持力度，加快推动龙头企业资源整合、技改扩规。

4、大力发展水产品精深加工。重点支持湖北莱克、华山、荆州大明、洪湖德炎等水产加工龙头企业实施淡水鱼和小龙虾废弃料综合开发利用，实现甲壳素及其衍生品（氨盐、壳聚糖、壳寡糖）、鱼胶原蛋白、水解氨基酸、鲟鱼软骨素、鱼子酱等高附加值精深产品的批量生产。

（七）坚持发展淡水产品流通业，打造现代水产流通体系

1、科学规划流通体系建设。充分发挥我省“九省通衢”的区位优势、水产品总量全国第一的资源优势和国家级科研院所云集的科技优势，科学制定水产品市场体系规划，准确定位，合理布局，分步推进，差异化发展。

2、构建功能齐全、层次分明的水产品市场体系。要进一步整合资源、加大投入力度，依托现代水产业示范区、水产产业化示范区、水产品加工园区等平台，加快形成省有区域性水产品市场、市县有骨干水产品市场、乡镇有产地市场、基地有塘头市场的水产品市场体系。

3、大力发展现代交易方式。推进水产品订单销售、冷链物流、连锁经营、物流配送、农超对接、电子商务和网上交易等新型农产品交易方式，为水产品进入市场提供便捷有效的渠道。

4、建立和完善水产品质量安全市场准入制度。重点围绕市场建设，积极配套建设水产品质量安全监测平台。严格实施水产品质量安全标准体系，实现水产品生产、加工、包装、流通等环节标准化管理。

2013年重点支持荆州全国淡水产品交易中心、仙桃江汉平原水产品批发市场等两大项目的建设，大力支持潜江莱克、浠水神鹭、洪湖德炎等企业冷链物流业发展。引导养殖大户、产业基地、渔业合作社与流通龙头企业有效对接。

（八）坚持体制机制创新，激发产业发展的新活力

1、进一步探索水面流转经营机制。大力推广“土地置换”、“返租倒包”、“水面入股”和“公司兼并承包”等方式，鼓励渔民延长承包经营期，稳定承包经营权，按照“谁投入、谁受益”的原则，推动养殖水面向养殖大户集中、向龙头企业集中、向渔民专业合作组织集中，变“小而全”为“专而精”。

2、大力发展渔民专业合作社。目前，全省渔民专业合作社3500多家，发展远远不够，要进一步扩大合作社数量和规模，积极引导渔民参社组社，提高渔民入社比率。重点扶持全省“二十强”和“十二优”合作社进

一步做大做强，要加强业务知识培训，规范运作管理，充分发挥示范带动作用。积极探索合作社发展新模式，鼓励同类型合作社跨区组建合作联社。让千家万户渔民抱团闯市场，共同谋发展。

（九）坚持渔政管理能力提升，促进平安渔业建设

建立健全渔政机构，尽快完成“参公”管理，全面实行“收支两条线”，加大执法装备设施建设投入，提高执法人员能力素质，努力打造一支政治可靠、业务过硬、装备精良、执法严明的高素质渔政队伍。一是积极争取渔政执法队伍全部实行参公管理，经费纳入财政预算；二是要加强《渔业法》及相关法律法规的宣传力度；三是要加大投入，抓好渔政基础设施建设，提高渔业执法手段；四是加强渔政执法队伍素质建设，加大培训力度，积极创建“渔业文明执法窗口单位”。

（十）坚持科技兴渔，加强推广服务体系建设

要突出抓好科技创新，发挥科技的引领和支撑作用，切实解决关键技术问题。一方面，省里要依托与科研单位构建的战略合作联盟，组织关键技术和瓶颈技术攻关，集中解决好制约我省水产发展的诸如小龙虾、黄鳝人工繁育、小瓜虫鱼病防治等关键技术。重点开展品种培育、疫病防控、饲料营养、质量安全、资源养护、节能减排、水产品加工和宜渔水域综合开发利用等方面研究，进行技术集成并加快转化应用。实现科研与产业，产品与市场的无缝衔接。另一方面，根据省里即将出台的《关于完善基层农技推广体系改革与建设的意见》文件，各地要积极争取党委政府支持，切实推进和完善配套措施，建立健全基层水产推广服务体系，多渠道、多形式开展渔业科技服务，大力培训新型渔民和实用技术人才，切实解决科技推广“最后一公里”、技术转化“最后一道坎”的问题。

（作者单位：湖北省水产局）

2012年湖北省畜牧兽医经济形势分析

丁山河

2012年生猪价格持续下跌，鸡蛋价格跌涨交错，饲料原料、人工等养殖成本持续上升，养殖户受到"一涨一落"的两头挤压，利润受到严重蚕食。为此，我省畜牧兽医部门在农业部和省委、省政府的正确领导下，认真贯彻落实中央精神，以加快转变畜牧业发展方式为主线，以开展"畜牧强县（市、区）暨现代畜牧业示范区"和"无规定动物疫病区"创建活动为契机，全面深入推进畜禽标准化规模养殖，着力强化重大动物疫病防控、不断加快产业化发展进程，保持了畜牧业生产的稳定发展。

一、2012年畜牧业经济发展情况

（一）2012年我省主要畜产品市场回顾

1、生猪市场长时间低迷，养殖利润严重下降。受去年以来生猪高价位运行的影响，生猪发展持续快速增长，生猪供应充足，市场供求关系得到改善，自春节前起，我省活猪价格一直低位运行，7月下旬活猪平均价格由年初的17.76元/公斤跌至13.33元/公斤，跌幅24.94%，同比下降29.9%，养殖户普遍呈亏损状态。进入8月份后，生猪价格逐步止跌回调，进入小幅上涨阶段，10-12月份猪价分别为14.69元/kg、14.74元/kg、15.65元/kg。据对全省100个生猪养殖场监测点不完全统计，10-11月份头平利润分别为79.88元、97.56元，同比分别下降88.22%、70.64%。

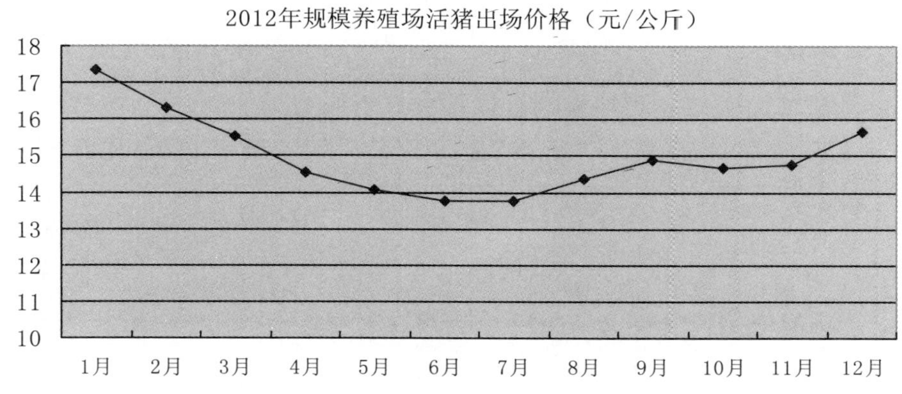

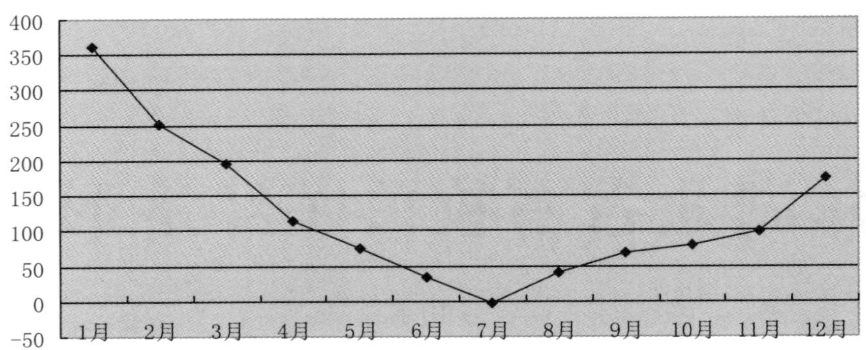

2、鸡蛋价格跌宕起伏，养殖效益“冰火两重天”。今年禽蛋市场自春节以来一直萎靡不振，鸡蛋价格一路下滑，从每箱180元甚至200元以上，跌至每箱120元左右，今年2月中旬最低收购价甚至只有108元/箱，而一箱鸡蛋的成本价在140元左右，平均每公斤鸡蛋亏1.42元。5月下旬大部分地区鸡蛋价格大幅上涨，据我省20个农业部固定监测点的畜禽产品和饲料集市价格监测显示，5月23日，全省鸡蛋价格7.75元/公斤，同比下降17.9%，5月30日涨至8.16元/公斤（略低于全国平均蛋价8.48元/公斤），一周内的涨幅达到了5.2%，但是与去年同期相比，仍下降了16.03%。直到7月中旬，鸡蛋价格开始逐步回升，9月份鸡蛋出场均价为8.84元/公斤，基本与去年同期持平，蛋鸡养殖户开始止亏转赢。据对77个蛋鸡规模养殖场监测显示，10–12月，平均每只蛋鸡可盈利25.46元。

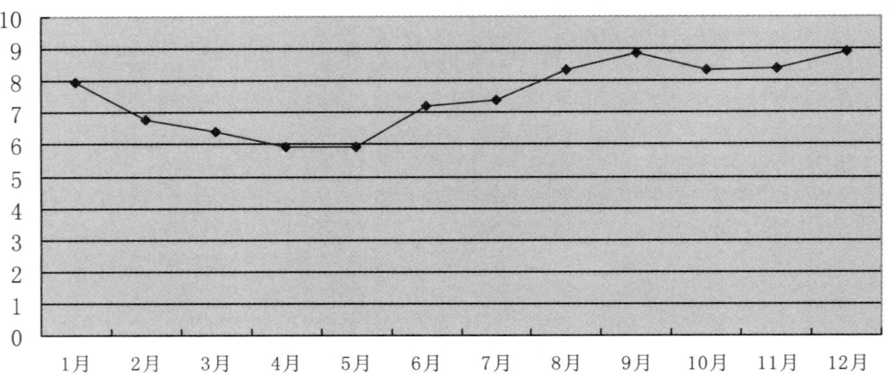

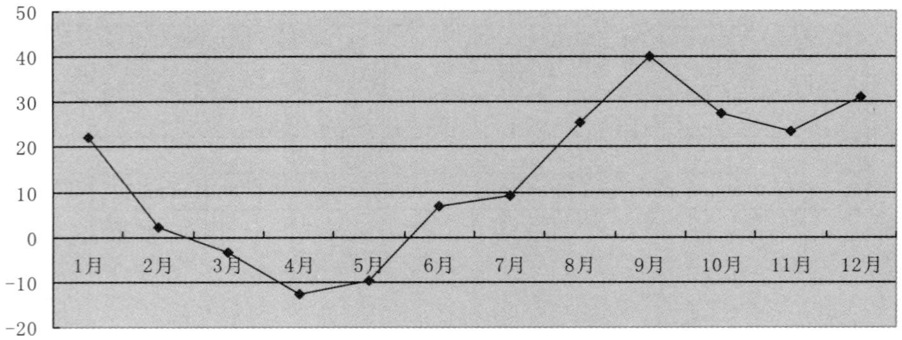

3、肉鸡价格保持平稳，养殖效益较为乐观。今年以来，肉鸡价格波动不大，小幅上扬，今年3、6、9月，肉鸡价格为10.5元/公斤、9元/公斤、10.1元/公斤，同比分别下跌6.5%、27.3%和上涨10.7%。据10-11月份对37个肉鸡养殖场的监测，活鸡出场价分别为10.43元/公斤、10.35元/公斤，只平利润分别为2.63元、2.74元。12月份，受部分省份肉鸡产业链暴露出问题的影响，我省肉鸡市场消费减少，肉鸡价格大幅下滑，降到了7.2元/公斤，养殖利润大幅下降。

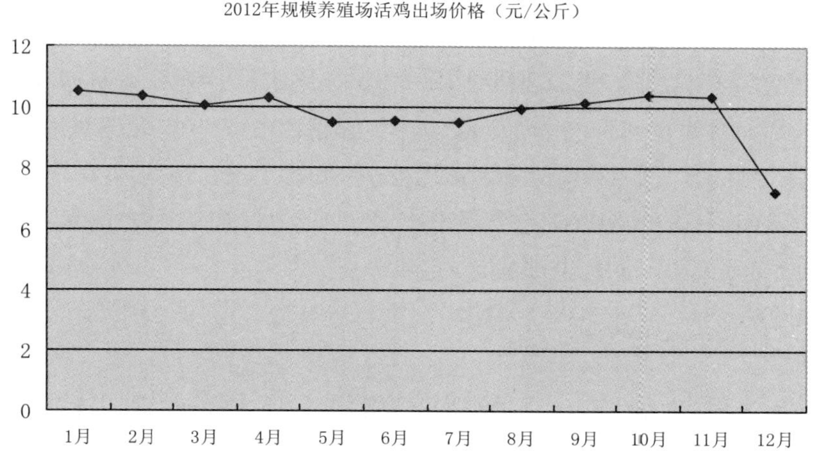

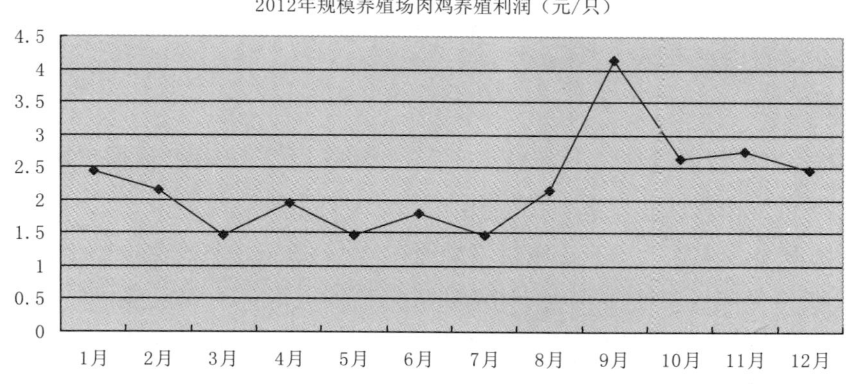

4、草食牲畜产品价格稳定，发展形势和效益看好。近年来，牛、羊肉受到消费者欢迎，市场价格一直保持稳定，而且价位较高。监测显示，1-12月份全省牛、羊肉均价分别每公斤为45.54元和43.47元，同比分别增长22.26%和20.75%。牛羊养殖效益显著，每出栏一只山羊盈利500元以上，育肥一头肉牛可盈利2000元左右。牛羊养殖利润可观，养殖户发展信心得到增强，使得牛羊生产保持了平稳快速发展。

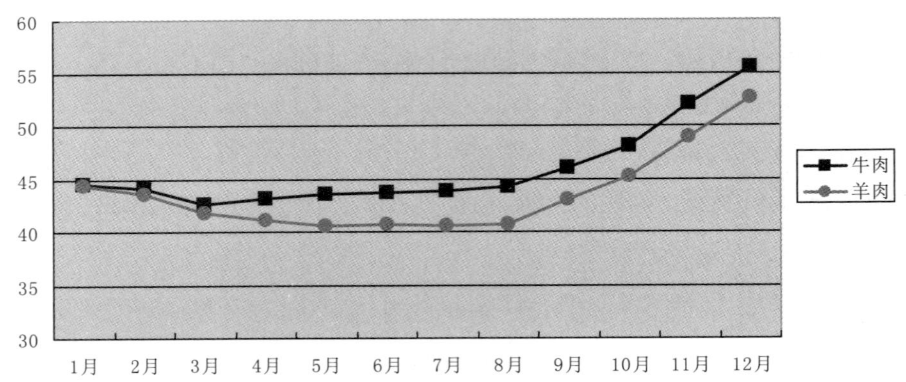

5、饲料原料价格居高不下，养殖成本逐步攀升。今年以来玉米、豆粕、小麦等畜禽饲料价格持续上涨。据全省监测显示，1–12月，各类饲料价格全面上涨，其中豆粕涨幅最大。主要饲料价格如下：豆粕：平均价格4.01元/公斤，同比上涨8.25%；玉米：平均价格2.56元/公斤，同比上涨6.86%；小麦麸：平均价格1.92/公斤，同比上涨11.32%；育肥猪料:平均价格3.05元/公斤,同比上涨6.11%；肉鸡配合饲料：3.07元/公斤，同比上涨4.1%；蛋鸡配合饲料：2.88元/公斤，同比上涨3.28%。

（二）2013年市场走势分析

1、生猪市场走势

从当前的生产情况来看，生猪生产已经呈现出“三增”的局势，即存栏量、出栏量、以及能繁母猪存栏量增加。由于目前猪源充足，生猪存栏量和出栏量已达到高峰，供应不会断档，猪肉价格很难大升；冬季是猪肉消费旺季，加之饲养成本上升，养殖户利润已缩水，价格继续下降的可能性也不大。在排除大范围疫情流行的情形下，今年末及2013年第一季度生猪市场供给仍充足，预计全国生猪市场总体应保持平稳运行态势。随着生产和市场的理性调节，预计下半年生猪价格会略高于上半年，但由于饲料原料等成本因素的影响，养殖利润有上涨的空间，但不会很大。

2、禽产品市场走势

经历了这一波鸡蛋市场行情的冲击，养殖户的心态已经逐步趋于理性，根据市场变化趋势适时地调整自己的蛋鸡存笼量，鸡蛋价格将会在市场调节作用下逐渐走向正轨。接下来，鸡蛋市场价格会保持平稳势头或有小幅上涨，但涨幅不会太大。由于玉米价格始终居高不下，精饲料费会面临上涨压力。而且，由于人工成本的上涨，预计明年蛋鸡饲养成本将会有小幅增长，鸡蛋价格将回到正常水平，养殖户收益会有所改善，但不会大幅增长，应保持在“中低”利润状态。鸡肉作为中国第二大肉类消费品，其营养特点合乎现代健康消费理念、是世界公认的最具经济优势的动物蛋白来源，在美国、巴西等国家，甚至已经发展成为超过猪肉、牛肉的第一大肉类消费食品。我国禽肉市场因这一国际化的消费趋势而获得发展契机。但受近期部分省份肉鸡产业链暴露出问题的影响，2013年鸡肉市场行情出现大幅波动的可能性很大。

3、牛羊产品市场走势

近年来由于人们消费习惯改变，牛羊肉消费群体和数量不断增长，2013年牛羊肉产销两旺态势将得到继续保持，但由于牛羊养殖周期较长，全国性的牛源供应紧张，将导致养殖成本的增加，牛羊养殖效益有上涨空间，但不会太大。

二、2012年畜牧业发展的主要成绩

2012年，全省畜牧兽医系统以奋发有为、敢为人先、创先争优的精神状态，认真谋划新思路、勇于实践新举措，实现了生产稳步健康发展，重大动物疫情稳定控制，畜产品质量稳步提高的目标，现代畜牧业强省建设呈现出了系列新亮点，得到了部、省领导的高度肯定。

1、畜牧业生产发展成效显著，实现了"三增长"。一是生产全面增长。在诸多不利因素的影响下，猪、禽、牛、羊等各大畜牧产业各项指标全部增长。据国家统计局湖北调查队反馈，全省全年生猪出栏4180.84万头，同比增长8.0%；家禽出笼4.98亿只，同比增长8.7%；牛出栏131.72万头，同比增长4.2%；羊出栏510.97万只，同比增长1.8%；肉类总产411.32万吨，同比增长5.73%。畜牧业总产值达到1334亿元，同比增长10.64%。特别是生猪出栏已超过4000万头，创造了历史新高，实现了全省农村人口人平1头猪的重大突破，为城乡居民肉食品保障供给作出了重大贡献；二是畜牧业出口逆势增长。据分析预测，1–12月，在全省农产品出口同比下降的情况下，畜产品出口保持强劲增长态势，其中鲜鸡蛋增幅达14.49%；三是生猪调出大县大幅增长。2012年，我省新增国家生猪调出大县11个，国家生猪调出大县总数达到44个，大县奖励资金达2.256亿元，比去年增加8108万元，增幅达56.1%。单个县资金扶持力度也较去年有大幅增长。

2、标准化规模养殖成效显著，实现了"三领先"。一是标准化畜禽养殖模式全国领先。2012年，全省新建标准化养猪"150"、养羊"1235"等标准化养殖模式达14069栋。湖北特色的标准化规模养殖体系，成为了带动农民增收致富的重要途径；二是标准化养殖比率全国领先。在先进养殖模式的引领下，我省大力实施标准化创建"四级联创"，全省2012年创建了47个部级和228个省级畜禽标准化示范场。目前全省标准化养殖比率达到45%以上，继续保持全国领先。三是全省万头以上规模猪场全国领先。2012年全省万头以上规模猪场又创新高，达到571个，继续位居全国第一位。

3、畜牧产业化发展成效显著，实现了"三突破"。一是畜牧业加工产值突破2000亿元大关。据初步统计，2012年全省销售收入过50亿元的龙头企业1家，过10亿元的龙头企业15家以上。全省畜牧业加工产值可突破2000亿元，与畜牧业产值的比值可达1.5:1；二是畜牧品牌建设取得了新突破。去年，我省畜牧业品牌建设再创佳绩，继"周黑鸭"和"神丹"之后，又有"襄大"、"新农"获中国驰名商标殊荣；三是畜牧产业科技链建设取得突破。以湖北同星、湖北神丹等5家畜牧产业龙头企业为主的五大畜禽新产品研发工程稳步推进，新产品研发取得了初步成果。

4、重大动物疫病防控成效显著，实现了"三提升"。2012年，全省畜牧兽医部门狠抓各项防控措施的落实，保持了全省清净无疫。一是基础免疫密度全面提升。春防、秋防工作开展扎实，高致病性禽流感、猪瘟、鸡新城疫等六种重大动物疫病免疫密度均达到100%，重大动物疫病得到了有效控制，实现了疫情零报告；二是预警预报能力全面提升。省局充分发挥各科研院所的作用，定期召开了重大动物疫情分析研讨会，发布了重大动物疫病预警通报，为全省重大动物疫病防控工作及时提供了科学的指导；三是兽医实验室检测、监测全面能力提升。通过加强对兽医实验室的考核，各地兽医实验室分析、监测、检测能力大幅提升，服务于疫病防控的能力水平得到了进一步加强。

5、畜产品质量监管成效显著，实现了"三个100%"。全年狠抓了"瘦肉精"专项整治，不断创新畜产品安全监管模式，加大监管力度，监管工作成效显著，没有发生重大畜产品质量安全事件。全省畜产品质量安全继续保持在较高水平，监测合格率达到三个100%。一是农业部四次对武汉、荆门、鄂州三个城市例行抽检，合格率均为100%；二是省级例行监测武汉"1+8"城市圈240批次，"瘦肉精"等违禁物监测合格率为100%；三是我局对宜城、嘉鱼、麻城、潜江、公安等5个县市拉网排查和巡检2000余批次，合格率均为全部100%。

三、主要工作及做法

2012年,我省坚持以创新驱动发展为核心理念,认真谋划新思路、勇于实践新举措,实现了生产稳步健康发展,疫情稳定控制,畜产品质量稳步提高的要求,圆满完成了年度各项目标任务。

1、创新强省建设抓手,"两大创建"活动成果丰硕。2012年,我省在全国率先提出开展畜牧强县(市、区)暨现代畜牧业示范区创建和无规定动物疫病区创建活动,取得了丰硕成果。一是领导重视有新高度。各创建示范县(市、区)几乎全部成立了以政府一把手为组长的创建工作领导小组,形成了领导高度重视、部门密切配合的良好局面;二是机构建设有新进展。黄梅县、嘉鱼县、夷陵区等10多个县市的畜牧技术推广和动物卫生监督所机构编制和经费得到了解决和加强,十堰市还将市防治重大动物疫病办公室专职副主任提升为副县级;三是经费保障有新突破。各地加强了畜牧业发展经费保障,宣恩县落实项目建设资金254.38万元;竹溪县政府每年筹资100万元,用于无规定疫病区创建工作;四是体系建设有新局面。据统计,目前55个创建县(市、区)畜牧兽医局中,3个为行政机关,43个为参公单位,9个为全额拨款单位。55个创建县(市、区)均统一设置了动物卫生监督机构,其中参公单位2个,全额拨款事业单位48个。

2、创新重大动物疫病防控理念,全面推进无规定动物疫病区建设。一是全省防疫工作有新进展。2012年,全省各地严格按照动物防疫和畜产品安全目标管理责任状的要求,推进了防疫工作落实,确保了疫情稳定控制;二是疫病净化工作有新举措。2012年,我局组织华中农业大学、省畜牧兽医研究所等单位,在全省范围内进行了病原学或血清学的监测。同时,还有针对性地开展以牲畜口蹄疫、猪瘟、猪伪狂犬病以及布鲁氏菌病为重点的动物疫病综合控制与净化工作;三是生物安全隔离区建设有了新思路。农业部兽医局以"创建无规定动物疫病区构筑畜牧业发展安全网"为标题,通过《兽医工作简报》向全国推介了我省无疫区创建工作开展情况。

3、创新畜产品质量安全监管手段,全面实行全覆盖、全过程监管。2012年,我局创新监管手段,强化法治建设,完善监管体制机制,取得良好成效。一是加强监测体系建设。积极推进市州畜产品检测体系建设,宜昌、襄阳、荆门等畜产品监测中心已具备了违禁物和药残确证检测能力,正积极筹备通过计量质量双认证。武汉、鄂州、钟祥、京山县等地还专门配置了畜产品质量安全流动监测车,经常到农贸市场、养殖场(户)进行监测,初步形成了"瘦肉精"监测网络;二是开展拉网式监测。从去年2月份开始,我省对宜城、嘉鱼、麻城、潜江、公安等11县市50头以上规模养殖场进行了拉网式监测,检测尿样4830批次,合格率100%;三是开展巡查式监测。2012年,我局创新检查方式,采取突击检查,将监测面从养殖场拓展到屠宰场、农贸市场、超市等各环节全覆盖。目前,已巡查襄阳、随州、孝感3个市州,监测县市12个,屠宰场8个,超市和农贸市场42家,检测样品1120批次,合格率99.7%;四是加强产地、运输、屠宰检疫。省动物卫生监督所拨发了"瘦肉精"速测卡6万余批次加强宰前监测,各地动物卫生监督部门严格查验辖区内屠宰场"三证一标",同时对动物贩运经纪人进行规范,实施备案制度,完善追溯体系。

4、创新"订单农业"交易模式,全面搭建高效便捷农畜产品交易平台。2012年上半年,蛋价暴跌,武汉农畜产品交易所经过紧锣密鼓的筹备,率先在全国推出了粉鸡蛋农业订单交易平台,开展以销定产,产销直接对接,农户在合理价位为上先卖订单再生产,合理的收益有了保障,使养殖户信心增强了,也稳定了市场供给。通过订单交易,减少中间环节,使每箱鸡蛋可以增加农户收入或降低消费者支出就达9元。在鸡蛋农业订单取得初步成功后,武汉农畜产品交易所在9月28日试行上线生猪、玉米、饲料用菜籽粕的订单交易。从3月30日首单"订单农业"签约以来,截至目前,交易金额已达10亿元以上,其中订单交易金额达到近3亿元,信用交易近7亿元。

5、创新畜牧业资本运作模式，全面建立健全畜牧产业投融资机制。去年以来，湖北畜牧产业投资领域非常活跃，畜牧产业投资注地效应正在显现。一是畜牧产业投资迈开新步伐。湖北畜牧产业投资公司迅速投入运营，成功实现了省原种猪场、省种羊场两场净资产全部注入。目前，两场资产评估到位，资产交接到位，实现了平稳过渡；二是畜牧企业上市步伐明显加快。继去年武汉丰泽成功登陆美国资本市场后，我省兽用疫苗生产企业，中博科技已在证监会网站披露招股书IPO（申报稿），中博即将成为我省首家登陆A股市场的农牧企业；三是育肥猪保险试点工作正式启动。继能繁母猪保险、奶牛保险后，我省率先推出一种新的畜牧业保险产品—育肥猪保险。目前，保险试点工作得到了基层畜牧部门和养殖场户重视，全省共承保育肥猪101.37万头。

6、创新开展机关绩效管理，全面提高机关工作效率。2012年9月份，我局开始全面启动绩效管理试点工作的。为了搞好绩效管理工作，我局认真学习了部绩效管理有关精神，特别是着重学习了部办公厅副主任王小兵同志关于《绩效管理发展回顾与农业部门实践探索》的专题报告，再结合我局工作实际，着重建立了过程和结果管理病重的考核模式，探索建立具有湖北特色的绩效管理模式，取得了明显成效。

通过绩效管理的量化、细化工作，进一步分解目标责任，使局机关运转更加高效、更加顺畅。一是局机关信息化建设取得新进展。信息化是现代畜牧业的重要标志。2012年，我局建设局内外网络链路、外网门户及协同OA办公平台，初步搭建了全省畜牧业信息化建设的平台，极大的提高了办公效率。特别是OA办公平台，政务短信群发平台的建立，既达到了节约目的，又为绩效管理提供了过程、痕迹监管；二是局机关文明建设再创佳绩。2012年，我局以“喜迎十八大，争创新业绩”为契机，组织和开展了丰富多彩的活动，锻炼培养了大批优秀干部，机关和谐文明蔚然成风，还涌现了大批先进典型；三是局机关保持有效有序运转。2012年局机关机要保密、档案管理、信访接待、提案议案督办等工作继续保持零事故、零差错运行，并且得到了省委机要局等业务主管部门的好评和肯定。

四、2013年主要工作思路

（一）2013年畜牧兽医工作指导思想

坚持以党的十八大精神为指导，全面贯彻落实科学发展观，突出生态文明建设和信息化建设，坚持加快转变畜牧业发展方式，按照“保供给、兴加工、提质量、增效益”的总体要求，以“创新、提质、高效”为主线，以扶持畜牧业实体经济为着力点，以“两大创建”为抓手，以打造五大产业科技链为载体，以畜牧业金融要素市场建设为突破口，努力提高重大动物疫病综合防控能力，进一步强化畜牧兽医综合执法，狠抓投入品监管，积极服务畜牧业市场经济主体，全面提升现代畜牧业发展规模、质量和效益，努力在“四化同步”中率先实现畜牧业现代化。

（二）2013年主要发展目标

确保猪、牛、羊、禽出栏出笼增幅高于全国平均水平，规模化、标准化比例继续领先全国。确保不发生区域性重大动物疫情和重大畜产品质量安全事故。确保全省肉类、禽蛋产量增幅均达到3%以上。确保生猪出栏增长100万头，力争达到增长150万头。

（三）2013年畜牧兽医主要工作措施

（一）着力推进畜牧业金融工程，全面推进资本畜牧业建设。鼓励各类金融机构开辟畜牧业金融市场，服务畜牧业市场主体。一是发挥社会资本和财政资金效益。鼓励龙头企业牵头，农民专业合作社、养殖户参股建立承贷主体，通过内部联保、龙头企业信用担保等形式，建立支持畜牧业发展的新型融资机制。加强财政项目资金监管，拓展“以奖代补”、“先建后补”范围，规范项目立项、项目竣工验收和资金拨付程序，严格

“黑名单”制度，推进项目绩效管理，切实发挥资金效益；二是逐步完善武汉农畜产品交易所运行机制。推出更多的“订单”和“信用”农业品种，实现“以销定产”，形成有效的农畜产品价格形成机制，建立农牧产品贸易信用保障体系；三是全力支持湖北畜牧产业投资有限公司建设。积极开展股权投资，促进中小畜牧业企业做强做大，促进上市融资，形成以资本带动产业重组及升级的良好局面；四是进一步开展畜牧业保险。在育肥猪保险试点的基础上，扩大保险试点工作范围，全面降低产业风险。

（二）着力推进畜牧业信息化工程，全面提高产业现代化自动化程度。信息化是现代化的重要标志。我们不仅要做好自身信息化建设，还要通盘考虑产业信息化建设。必须坚持政府主导、企业参与、重点突破、分步实施的原则，抓好省、市、县三级畜牧专业网站建设，加强应用软件开发，力争在畜禽分布定位、疫病防控应急指挥、投资项目动态监管、技术推广服务、畜产品质量安全可追溯、电子政务等方面率先突破。在标准化规模养殖水平较高的县（市、区），开展畜牧业信息化示范，鼓励龙头企业、专业合作社、大型规模养殖场（户）利用现代信息技术，提高科学化管理水平。

（三）着力推进畜禽良种工程，全面打造畜禽优质种业强省。进一步巩固和强化畜禽种业大省地位，全面实施和启动畜禽种业科技创新工程。加强高代次畜禽良种体系建设，特别是蛋禽和肉禽曾祖代和祖代场建设；充分发挥和整合我省6家国家级生猪核心育种场的资源优势，开展生猪联合育种，实现资源共享和有效利用；加快各地专门化父母代种畜禽场建设，形成区域内种源自求平衡的自繁自养体系；加大地方畜禽遗传资源保护区、保种场、基因库的建设力度，做好地方优良品种的保护、开发和利用。

（四）着力突破重大动物疫病防控瓶颈，全面提升科学防控疫病能力。全面落实国家重大动物疫病防控中长期规划，坚持规划引领，科学防控。全面落实基础免疫，确保禽流感、口蹄疫等6种重大动物疫病基础免疫密度达到100%。建立健全重大动物疫病防控责任制，继续与各地方政府签订疫病防控和畜产品质量安全监管工作责任状。抓好无规定疫病区创建活动，积极推进种畜禽场重点疫病净化工作。加强省、市、县三级兽医实验室等基础设施建设，提高监测、预报、监管等综合防控能力。2013年要重点抓好“两病”，即家畜布鲁氏菌病、结核病的监测和净化工作，抓好家畜血吸虫病综合防治，达到以村为单位的血吸虫阳性率控制在1.5%以内的目标。

（五）着力突破畜牧业发展方式落后瓶颈，全面保障畜产质量安全。发展方式决定了产业的发展质量。传统的生产方式，难以避免类似“速生鸡”的事件。因此，要保产业发展安全，就必须在转变畜牧业发展方式上下功夫。养殖是畜产品生产的源头环节，必须从源头抓起，实行标准化生产，抓好畜禽标准化养殖“四级联创”活动，大力推广生猪“150”、蛋鸡“153”、养牛“165”、养羊“1235”、家庭牧场等家庭式标准化规模养殖模式，力争2013年新创建100个畜禽养殖示范场，新增家庭式标准化规模养殖模式5000栋。要提高养殖水平，必须提高安全用药意识，严格兽药GMP、GSP管理，按照“三禁两规范”的要求，严格落实休药期制度，全面规范兽药使用，保障产品安全。

（六）着力突破牛羊种源制约瓶颈，全面发展现代草食畜牧业。积极争取项目重点支持牛羊良种繁育，扩大基础母畜数量，提高产能，努力保障市场供给。一是在进一步扶持专业化种畜养殖场的同时，激发农户养母畜的积极性，力争基础母畜存栏量增长10%以上；二是扩大牛羊良补及品改工作的范围、力度和影响。确保牛冻配改良18万头，推广良种公羊1000只；三是因地制宜建立饲草料基地，重点加强推广秸秆“三贮一化”技术，提高秸秆利用率。牛羊产业发展，荆门、黄冈、宜昌、十堰等地走在前面，刚才，枝江市也介绍了很好的经验，突破了扩大基础母畜这一制约瓶颈，牛羊产业就一定能实现突破性发展。

（七）着力提升畜牧强县创建水平，全面推进畜牧强省建设。巩固2012年畜牧强县和现代畜牧业示范区创建成果，全面做好创建各项基础工作。一是加快畜牧生产方式转变。切实提高标准化、规模化养殖水平；二是加快产业化发展步伐。加大对畜牧龙头企业的扶持和培育力度，全面推动生猪、蛋禽、肉禽、水禽、牛羊等五条畜牧科技产业链的快速发展。力争2013年畜牧业加工值与产值之比达到1.8:1；三是加大创建工作力度。全面营造良好的创建氛围，力争2013年有3－5个畜牧强县（市、区）和3－5个现代畜牧业示范区通过省级验收。

（八）着力提升畜产品质量安全监管水平，全面保障畜产质量安全。按照常态监管、例行监测、重点监控的方针，努力构建畜产品质量安全监管的长效机制。坚持从严管理、从严执法、从严处置的原则，全面加强畜产品质量安全监管。坚持抽样监测、拉网排查和日常巡检相结合，确保部、省畜产品例行监测合格率在98%以上，生鲜乳抽检合格率达100%。从源头抓起，严把"生产、经营、使用"三个关口，严把产地、运输、屠宰检疫关，确保畜产品安全消费。大力推进无公害畜产品产地认定和产品质量认证，增强市场主体的质量安全责任意识。

（九）着力提升畜牧兽医系统自身建设水平，全面深入推进全系统文化建设。做好2013年畜牧兽医工作，还必须加强全省畜牧兽医系统自身建设，坚持业务建设和干部队伍建设两手抓、两手硬，坚持走群众路线，进一步强化全系统的执行力和效能建设，积极倡导清廉、高效、务实、为民的行业新风。一是进一步推进畜牧兽医系统机构改革，强化机构、编制、人员、经费、装备建设，建立健全畜牧兽医综合执法、畜牧兽医技术推广、畜产品质量安全监管体系；二是加强全系统人才队伍素质建设。全面做好全国执业兽医考试、畜牧兽医职业技能鉴定等相关工作，继续组织各类学习培训，提高基层畜牧兽医队伍业务技能；三是积极打造畜牧兽医系统文化，提高行业自律和凝聚力。加强信息宣传工作，积极宣传树立行业先进典型，营造良好氛围。开展形式多样的主题实践活动，努力提高畜牧兽医行业的归属感、荣誉感和自信心，打造创新型、学习型、服务型机关。

（作者单位：湖北省畜牧兽医局）

2012年武汉市农村经济形势分析

桂永超　徐长雄

2012年，我市继续大力推进现代都市农业、新农村建设和城乡一体化发展，加快农业发展方式转变，农村经济保持较快发展势头。

2012年，全市实现农业总产值476.04亿元，按可比价格计算，增长5.7%。其中：种植业产值258.59亿元，增长6.2%；林业产值4.87亿元，增长27.7%；畜牧业产值121.30亿元，增长6.3%；渔业产值78.41亿元，增长2.0%。

一、农村经济运行的主要特征

（一）农作物种植面积稳定，主要种植业产量增加

2012年，全市农作物总播种面积547.98千公顷，增长2.8%。其中，粮食作物面积229.45千公顷，增长3.8%；经济作物面积304.69千公顷，增长2.5%。经济作物中，棉花面积26.23千公顷、蔬菜面积163.08千公顷，分别增长36.4%、0.8%；油料作物面积93.6千公顷、果用瓜面积18.43千公顷，分别下降0.7%和3.1%。

2012年，全市主要农作物产量呈稳步增长态势。粮食总产量125.89万吨，增长4.2%；棉花产量2.46万吨，增长4.6%；油料产量18.02万吨，增长2.3%；蔬菜产量661.62万吨，增长5.5%。

（二）茶叶、水果、花卉苗木等特色农业加快发展

种植面积不断增加，产量不断增长。2012年末茶园面积7325公顷，比上年增长34.2%，茶叶产量2843吨，比上年增长29.6%。水果产量62.26万吨（包含果用瓜），比上年增长3.8%。其中：果用瓜总产量54.57万吨，比上年增长4.8%；园林水果总产量7.68万吨，比上年减少2.7%。

（三）主要种植业产品价格普遍上涨，效益显著提升

种植业主要产品市场价格普遍上涨。早籼稻价格1.28元/斤，比上年上涨9.5%，中稻价格1.30元/斤，上涨5%左右；晚稻1.45元/斤，比上年上涨7.4%，小麦价格1.08元/斤，比上年持平略涨，玉米收购价格1.10元/斤，比上年上涨11.7%，鲜食玉米价格1.95元/斤（三个棒子折成1斤），比上年上涨8.3%；棉花（籽棉）价格4.95元/斤，比上年上涨10.0%；油菜籽价格2.4元/斤，与上年基本持平；蔬菜价格总体涨幅达到2成以上，其中辣椒价格涨幅最大，上涨32.7%，其次是大白菜和小白菜，分别上涨26.5%和19.6%。

（四）畜牧生产稳步发展，规模养殖再上新台阶

2012年，全市生猪出栏298.4万头，比上年增长7.3%；牛出栏6.12万头，增长4.3%；羊出栏4.70万只，减少8.9%；家禽出笼5552.2万只，增长7.5%；禽蛋产量20.57万吨，增长1.5%；牛奶产量6.69万吨，增长12.5%。全市新建13个畜禽养殖小区，其中：2万头以上的种猪养殖小区4个，10万套种鸡养殖小区1个，40万只以上

的蛋鸡养殖小区3个。年末，规模养殖生猪存栏122.78万头，占全市牲猪存栏61.2%，比上年提高2.2个百分点；规模养殖家禽存笼2493.79万只，占全市家禽存笼77.1%，比上年提高了6.2个百分点。

（五）渔业生产平稳发展，特种养殖势头良好

2012年，全市渔业放养面积108.58千公顷，比上年增长1.0%；全年实现水产品产量46.86万吨，增长1.8%。全市新改（扩）建标准化精养鱼池2.93千公顷。全市名特优水产品养殖产量比重达到68.6%，比上年提高1.6个百分点。

二、存在的主要问题

（一）农业生产成本增加

2012年，我市尿素等6种化肥平均零售价格为每公斤2.59元，在2011年上涨15.9%的基础上，再上涨6.6%。棚膜等3种农膜全年平均零售价格为每公斤13.73元，比2011年上涨1.33%。豆粕、麦麸、米糠等主要饲料品种平均零售价格为每公斤3.85元、1.93元、1.13元，比2011年分别上涨11%、17.7%和10.3%。生产成本的增加在一定程度上影响了生产积极性，不利于生产可持续发展。

（二）畜牧业养殖效益下滑

由于上年生猪养殖效益较好，加上国家和各省出台了一系列扶持生猪生产政策，生猪养殖户补栏积极性提高，全国生猪出栏增加。在全国生猪供给能力持续增强的背景下，年初以来我市生猪价格伴随全国价格总体走势持续下跌，从2012年2月底的16.8元/公斤下跌至5月份的13.8元/公斤。下半年生猪生产价格持续小幅回升，平均价格达到15.2元/公斤，仍然比上年同期下降16.2%，猪粮比总体低于6:1的盈亏平衡点，外购猪苗饲养的养殖场户普遍亏损。

（三）农业资源与环境刚性约束日益突出，农业发展空间受到挤压。一是受城市化、新农村建设快速发展，我市耕地逐年减少，一些中心城区和开发区原有的养殖水面正在较快地改变用途而失去养殖功能；二是从事农业生产的农民素质不高。农村青壮年劳动力大量转移从事非农产业，留守种田的大多是文化程度偏低的中老年劳力和妇女，文化素质和科技水平较低，应用现代农业科技的意识较差，掌握先进实用农业生产技术的能力有限，难以适应现代都市农业发展的需要。

三、建议

2013年中央一号文件，确立了加快发展现代农业，进一步增强农村发展活力的战略目标，提出了创新农业生产经营体制机制，培育发展农业龙头企业、农民专业合作社、家庭农场、种养大户"四大经营主体"，激发农村发展活力；加大统筹城乡发展力度，加快推进城乡基本公共服务均等化；开辟农民就业门路，拓宽农民增收渠道等发展方略，为我市现代都市农业的发展指明了方向。为此提出建议如下：

1、加强农田基础设施建设

加大政府对农田水利基础设施投入，夯实农业发展基础，提高农业抵御自然灾害的能力；落实管护责任，强化管理，加快高产农田建设，提高土地综合生产能力，促进农业生产发展。

2、合理引导生猪生产

切实落实国家、省、市各级政府扶持生猪生产的各项政策，加快生猪生产专业化、产业化建设的同时，合理引导生猪生产布局，全面落实"三环线"以内禁止养猪场、养鸡场、养鱼的政策规定，黄陂、江夏两个国家级生猪生产大县应适度控制发展规模与速度，考虑自身土地、环境等资源的承载能力，巩固现有成果，优化生产结构。

3、加强农资市场管理

进一步加强农产品和农资产品市场监管，严厉打击制假售假等违法违规行为，切实维护农民利益，确保农业生产质量安全。加强对化肥、农药、种子等主要农业生产资料销售市场的监督管理，采取有力措施平抑农资价格，坚决打击哄抬紧缺农资价格的非法行为。

4、切实加强农产品流通体系建设

加快培育农业合作组织特别是产销合作组织。加强市场信息和销售服务，组织发动农产品流通大户、农业龙头企业、农业合作组织拓展农产品销售渠道，减少流通中间环节的交易成本，提高农产品收益。

5、加快培养新农民

加强农村劳动力转移就业培训，拓展农民转移就业空间。推动土地规模经营，促进更多的农民成为现代农业产业工人。进一步完善扶持政策，发展现代观光农业，促进产业融合，把农业的生产、生活、生态等多种功能融为一体，形成城乡共同繁荣的良好格局，促进农民持续快速增收。

（作者单位：武汉市统计局）

2012年黄石市农村经济形势分析

董明媚

2012年以来，黄石市认真贯彻落实中央一号文件精神，狠抓特色农业发展，大力推进农业科技创新,大力实施品牌战略，加快建设农业产业基地，紧紧围绕农业增效、农民增收中心任务，积极加大对农业的投入和扶持力度，大力推进农业现代化建设，全市农业经济运行势态良好。全年农村经济总量继续保持较快增长，农业内部结构进一步优化，种植业生产全面增产，畜牧业和水产品产量继续稳定增加。

一、农村经济总量持续增长

2012年全市农林牧渔业总产值达到122.85亿元，按可比价格计算(下同),增长4.7%。农、林、牧、渔及其服务业全面增长，其中农林牧渔服务业和牧业发展加快，分别增长13.7%和5.9%。全年农林牧渔业增加值达到85.89亿元，同比增长4.7%。农业结构进一步优化，农业（种植业）由上年的40.32%下降到39.74%，林牧渔及服务业占比由59.68%上升到60.26%。

	2012年		2011年		2012比2011	
	总量（万元）	构成（%）	总量（万元）	构成（%）	现价增幅（%）	可比价增幅（%）
农林牧渔业总产值（当年价）	1228464	100.00	1021459	100.00	20.3	4.7
农业产值	488250	39.74	411881	40.32	18.5	4.1
林业产值	11553	0.94	10312	1.01	12.0	4.8
牧业产值	401691	32.70	326263	31.94	23.1	5.9
渔业产值	315172	25.66	262949	25.74	19.9	3.8
农林牧渔服务业产值	11798	0.96	10054	0.98	17.3	13.7
农林牧渔业增加值（当年价）	858883	100.00	688126	100.00	24.8	4.7
农业增加值	353520	41.16	288930	41.99	22.4	4.1
林业增加值	8302	0.97	6762	0.98	22.8	3.9
牧业增加值	264247	30.77	203855	29.62	29.6	6.1
渔业增加值	225862	26.30	183720	26.70	22.9	3.9
农林牧渔服务业增加值	6952	0.81	4859	0.71	43.1	13.8

二、种植业产品价格稳步上涨，产量小幅增加

2012年，国家对农村和农业的投入力度进一步加大，加上农副产品价格上涨，粮食收购价格的提高，稳定了农户的种粮积极性，一批种植大户不断涌现，全市种植规模30亩以上的大户达到2173户。

1、粮食总产实现“九连增”。2012年全市粮食播种面积140.73千公顷，比上年增加5.2%。其中稻谷播种面积89.58千公顷，增长4.34%。全年粮食总产63.05万吨，同比增长3.3%，粮食总产实现“九连增”。其中夏粮总产5.16万吨，增长4.8%；早稻产量16.77万吨，增长3.71%；中稻产量13.13万吨，增长9.78%；玉米产量4.52万吨，增长7.88%。近三年来，粮食价格平稳上涨调动了农民的生产积极性，粮食种植面积稳步增加。稻谷价格上涨10.7%，薯类价格上涨19.7%，豆类价格上涨6.3%。

2、油料实现面积、产量"双增"。2012年全市油料作物播种面积54.1千公顷,比上年增长5.17%,总产8.5万吨,增长2.16%。其中:花生产量0.85万吨,增长3.74%;芝麻产量1.23万吨,增长1.67%。据调查,2012年油菜籽价格上涨4.0%,芝麻价格上涨15.3%,花生价格上涨20.7%。

3、蔬菜面积、产量持续增长。近年来,各级政府十分重视"菜篮子"工程建设,大力扶持蔬菜生产,加之蔬菜市场价格的逐年上涨,特别是反季节蔬菜价格利润较高,有力地推动蔬菜面积和产量持续增长。并得益于市政府蔬菜专项基金拉动,菜农生产积极性普遍提高,全市新增菜地面积1.3千公顷,全年蔬菜播种面积31.14千公顷,同比增长6.46%,全年蔬菜总量63.36万吨,比上年增加3.13万吨,增长5.2%。2012年蔬菜价格比上年上涨22.1%。

三、畜牧业标准化养殖水平不断提升,生产量持续增长

2012年全市生猪出栏117.27万头,同比增长6.5%;羊出栏4.98万只,同比增长2.7%;家禽出笼2890.59万只,同比增长6.8%;大牲畜出栏1.77万头,同比增长4.12%。年末生猪存栏100.6万头,同比增长11.0%;年末家禽存笼1409.81万头,同比增长8.7%;年末山羊存栏6.56万只,同比增长11.56%。全年禽蛋产量达到39181吨,同比增长1.7%。

畜牧业生产发展特点:一是畜牧业产业链基本形成。依托中粮、雨润、永大等3个龙头企业的带动,我市畜牧业"公司+基地+农户"的产业化步伐逐步加快,基本形成了三条产业链,带动了我市万头养猪场、养殖小区、养殖大户和饲料生产企业的发展,畜牧业产业链基本形成。二是畜禽养殖标准化创建逐步推进。我市继续深入开展畜禽标准化养殖"四级联创"活动,中粮集团建设的4个大型猪场全部投产,不仅增加了我市生猪产能,而且推进了我市畜牧业标准化进程,提升了我市畜牧业档次。大冶市2011年取得全国生猪调出大县,2012年又纳入了全省畜牧强县示范创建活动,阳新县纳入全省无规定动物疫病区创建活动县。三是"猪-沼-菜"模式得到进一步推广。目前,全市23家万头猪场,建有大型沼气设施的16家,其中在市农村能源局备案10家,7家尚没有大型沼气设施(其中1家建有有机肥厂),大多数猪场实行了猪-农(林、鱼)业结合。2012年新增配套耕地和鱼池面积2.34万亩,其中菜地0.62万亩、水果0.3万亩、苗木0.2万亩、水稻0.9万亩、药材0.02万亩、鱼池0.3万亩。

四、优势水产品产业稳步扩张,总产量稳步增加

水产业抓精养,突出板块建设,一批水产品产业基地初显规模。2012年以来,我市大力开展"渔业科技促进年"活动,以市场为导向,以名特优品种规模化繁养基地建设和水产休闲、加工园区建设为重点,培植了一批如东风农场为龙头的名优养殖企业,以富尔水产苗种有限公司为龙头的名优苗种繁育企业,以嘎子水货有限公司为龙头的加工企业。加快其成长壮大,不断增强其辐射带动能力。打造特色水产板块基地,培育优质、高效示范区,渔业生产形势向好。2012年全市淡水养殖面积扩大到70.58万亩,比上年增长0.73%。全市水产品产量突破19万吨大关,达到19.26万吨,比上年增长6.94%,其中养殖产量18.78万吨,增长7.01%。

五、招商引资和项目建设稳步推进,产业化经营取得新进展

坚持把推进农业产业化经营作为转变农业发展方式的重要抓手,培植大龙头,培育大品牌。目前,中粮集团100万头生猪健康养殖项目位于茗山、陶港、军垦、荆头山的四个生猪养殖项目已竣工投产,预计可年产仔猪26万头。引进福建嘉叶公司,计划投资过亿元,在大冶保安流转耕地2万亩,种植粮食和蔬菜,后期还将开发深加工。东楚醋业公司投资1.2亿元的"春秋御醋园"项目已于8月6日在大冶灵乡破土动工。2012年新增市级龙头企业8家,全市市级以上龙头企业达到58家,其中国家级1家,省级15家,市级42家。

六、体制机制不断完善,规模经营发展势头良好

近几年来，我市积极创新农村经营体制机制，大力推进农村土地流转。截至目前，全市新增土地流转面积近4万亩，流转总面积达到26万亩，占全市经营权面积25%，超过全省水平10.5个百分点，走在了全省前列。大力发展农民专业合作社，2012年新增合作社200家，总数达到650家。其中，大冶毛铺富农原生态农林牧专业合作社、阳新太子镇东风农场种植养殖专业合作社，被评为2012年"全国农民专业合作社示范社"。

七、当前农业生产面临的主要问题及建议

尽管2012年我市农业生产形势进一步向好，但农业生产面临的问题依然存在，主要表现在四个方面。

一是农业生产成本继续推高。由于农资、仔猪、饲料等价格持续上涨，导致农民生产投入增大，农业比较效益相应降低，一定程度上影响了农民的生产积极性。

二是农业和农村基础设施脆弱。农业基础设施因资金项目分散，缺乏统一规划布局，有些项目虽然实施了，但收效甚微，部分水利设施老化陈旧，抗御自然灾害的能力不强。

三是农村劳动力较为紧缺。由于贫困山区农民增收渠道单一，绝大多数农民外出务工，获取高额收入的愿望强烈，农村青壮劳动力大量外出，留守劳力结构老化，加上新农村建设任务较重，导致农村劳动力较为紧缺。

四是农业产业化经营相对滞后。农业产业化龙头企业规模小、实力弱，缺乏拳头产品和知名品牌，市场竞争能力不强，带动面偏窄，与生产基地的产业关联度不够紧密；农村专业合作经济组织的发展尚处于初始阶段，农民进入市场的组织化程度不高，适应市场竞争的能力较弱，农业产业结构调整的成效还不理想，农民增收的长效机制建立不够。

建议：1、加大投入力度，切实改善农村基础设施。针对目前农村基础设施薄弱、社会事业落后的问题，各级政府要进一步调整国民收入的分配结构，大力推动城市基础服务设施向农村延伸，进一步增加对农村的投资，将更多的财力投入到农村义务教育、公共卫生等社会事业建设和道路、供水、农田改造、水利建设等生产基础设施上来。

2、加强成本控制，稳定粮食、生猪等主要大宗农产品市场价格。一方面加强对饲料、农资等市场销售行为的监测，严控囤积居奇、变相涨价行为，稳定市场供给价格，通过控制生产成本缓解销售价格上涨压力。加强农产品销售渠道的建设，对产销对接活动予以积极扶持，促进主要农产品的合理有序流通。

3、增加农业投入，加快农村基础建设步伐。坚持不懈地搞好农田基本建设，以增强抗御旱、涝等自然灾害的能力，关键是要加强对农田基本建设的支持力度，积极向上争取农业综合开发项目资金，解决基础设施建设难的问题，引导农民加大对农业生产的投入，把有限的资金用在改善农业生产的基础设施上。

（作者单位：黄石市统计局）

2012年十堰市农村经济形势分析

杨静波

今年以来，十堰市农业生产以科学发展观为指导，认真贯彻落实中央、省一号文件精神，以结构调整为主线，不断调整优化农业种植结构，各级党委政府采取了一系列措施落实各项惠农政策。林业产权政策不断完善，林业生产再上新台阶。畜牧业不断调整结构、优化养殖品种。渔业大力发展网箱养鱼，不断提高水产品产量。全年农业生产虽取得了一定的成绩，但也存在一些不容忽视的问题。

一、全年农村经济形势

全年农林牧渔及其服务业总产值（按现行价格计算，下同）达到212.56亿元，同比增长6.2%（按可比价格计算，下同）。其中，农业产值122.13亿元，同比增长4.5%；林业产值8.75亿元，同比增长6%；牧业产值69.62亿元，同比增长9.5%；渔业产值10.88亿元，同比增长7.9%；农林牧渔服务业产值1.18元，同比增长4.1%。

全年农林牧渔及其服务业增加值（按现行价格计算，下同）达到121.16亿元，同比增长5%（按可比价格计算，下同）。其中，农业增加值70.49亿元，同比增长3.7%；林业增加值4.34亿元，同比增长4.2%；牧业增加值39.23亿元，同比增长7.8%；渔业增加值6.44亿元，同比增长5.1%；农林牧渔服务业增加值0.66亿元，同比增长6.8%。

二、农业生产的主要特点

1、全年粮食产量稳定增长。全市粮食作物播种达到411.64万亩，比上年的408.15万亩增3.49万亩，增幅0.86%；全年粮食产量111.62万吨，比上年同期的107.63万吨增加3.99万吨，增幅3.71%。粮食单产每亩271公斤，比上年的每亩264公斤增加7公斤，增幅2.7%。

2、夏粮呈“三增”（面积、产量、单产增）态势。全市夏粮播种面积达到152.64万亩，比上年的148.98万亩增加3.66万亩，增幅2.5%；夏收粮食产量31.41万吨，比上年同期的29.53万吨增加1.88万吨，增幅6.4%。夏粮单产每亩206公斤，比上年每亩198公斤增加8公斤，增幅4%。

小麦呈“三增”（面积、产量、单产增）态势。小麦播种面积达111.99万亩，比上年的109.13万亩增加2.86万亩，增幅2.6%。小麦产量23.04万吨，比上年的21.98万吨增加1.06万吨，增幅4.8%。小麦单产每亩206公斤，与上年每亩202公斤增加4公斤，增幅1.96%。

蚕豌豆呈“三增”（面积、产量、单产增）态势。蚕豌豆播种面积11.47万亩，比上年的11.43万亩增加0.04万亩，增幅0.4%。蚕豌豆产量1.17万吨，比上年的1.16万吨增产0.01万吨，增幅0.86%。蚕豌豆每亩单产103公斤，比上年的每亩单产102公斤增加1公斤，增幅0.98%。

马铃薯呈“三增”（面积，产量、单产增）态势。马铃薯播种面积29.17万亩，比上年的28.36万亩增加0.81万亩，增幅2.9%。马铃薯产量7.21万吨，比上年的6.38万吨增产0.83万吨，增幅13%。马铃薯每亩单产247公斤，比上年每亩单产224公斤增加23公斤，增幅10.3%。

夏油呈“三增”(面积、产量、单产增)态势。油菜籽播种面积66.75万亩,比上年的66.48万亩增加0.27万亩,增幅0.4%;油菜籽产量5.8万吨,比上年的5.51万吨增产0.29万吨,增幅5.3%;油菜籽每亩产量为87公斤,比上年每亩单产83公斤增加4公斤,增幅4.8%。

今年夏粮夏油增产的主要因素:一是夏粮夏油播种面积增加。今年省财政厅继续对主要粮食品种实行“两补”,对农业税实行免征,对农机购置实行补贴,农民真正得到了实惠,农民发展粮食生产的积极性持续高涨。由于政策推动,价格拉动,农民自动,农民进一步调整了种植结构,增加了粮油种植面积。二是气候因素。自去年秋冬播以来,十堰市日照多于上年,雨量适宜,风调雨顺,这对粮食生产非常有利。三是价格因素。从去年以来,粮食价格持续在高位运行,并且稳中有涨,从而拉动了农民种植粮食的积极性。

3、秋粮呈“一减两增”(面积减、产量、单产增)态势,秋粮生产形势好于上年。秋收粮食播种面积259.01万亩,比上年的259.17万亩减少0.16万亩,减幅0.06%。秋收粮食产量80.21万吨,比上年的78.11万吨,增加2.1万吨,增幅2.7%。秋收粮食每亩单产310公斤,比上年每亩单产301公斤增产9公斤,增幅3%。

稻谷呈“三增”(面积、产量、单产增)态势。稻谷播种面积54.42万亩,比上年的54.32万亩增加0.1万亩,增幅0.2%。稻谷产量26.36万吨,比上年的26.1万吨增0.26万吨,增幅1%;稻谷每亩单产484公斤,比上年每亩单产481公斤增加3公斤,增幅0.6%。

玉米呈“三增”(面积、产量、单产增)态势。玉米播种面积123.78万亩,比上年的122.03万亩增加1.75万亩,增幅1.4%。玉米产量36.73万吨,比上年的34.33万吨增加2.4万吨,增幅7%。玉米每亩单产297公斤,比上年每亩单产281公斤增加16公斤,增幅5.7%。

薯类呈“三减”(面积、产量、单产减)态势。薯类播种面积37.92万亩,比上年的39.48万亩减少1.56万亩,减幅3.9%。薯类产量11.42万吨,比上年的12.16万吨减少0.74万吨,减幅6.1%;薯类每亩单产301公斤,比上年的308公斤减少7公斤,减幅2.3%。

大豆呈“一减两增”(面积减、产量、单产增)态势。大豆播种面积32.65万亩,比上年的33.3万亩减少0.65万亩,减幅1.95%。大豆产量4.46万吨,比上年的4.42万吨增加0.04万吨,增幅0.9%。大豆每亩单产137公斤,比上年每亩单产133公斤增加4公斤,增幅3%。

绿豆呈“三增”(面积、产量、单产增)态势。绿豆播种面积7.65万亩,比上年的7.58万亩增加0.07万亩,增幅0.9%。绿豆产量0.88万吨,与上年0.83万吨增加0.05万吨,增幅6%。绿豆每亩单产115公斤,比上年每亩单产109公斤增加6公斤,增幅5.5%。

4、经济作物产量呈稳定增长势头。棉花产量189吨,同比增长26.8%。油料产量12.06万吨,同比增长3%。其中:秋油产量6.26万吨,同比增长0.8%。从品种上看,花生产量4.31万吨,同比增长1.6%。芝麻产量1.78万吨,同比增长0.6%。烟叶产量1.91万吨,同比增长16.5%。糖料产量1.05万吨,同比增长1%。茶叶产量1.24万吨,比上年的1.11吨增加0.13万吨,增幅11.5%。全年水果产量38.45万吨,同比增长24.9%。药材播种面积、产量稳步增长。药材播种面积30.2万亩,比上年的28.2万亩,增加2万亩,增幅7.1%。药材产量11.89万吨,同比增长4.6%。蔬菜面积产量呈双增态势。蔬菜播种面积110.09万亩,比上年的106.71万亩增加3.38万亩,增幅3.2%。蔬菜产量143.77万吨,同比增长4.5%。

5、畜牧业生产快速增长。全年生猪出栏190.49万头,同比增长11.89%。牛出栏10.1万头,同比增长4.6%。羊出栏92.75万只,同比增长3%。家禽出笼2832.32万只,同比增长21.4%。猪牛羊禽肉产量21.23万吨,同比增长12.6%。其中:猪肉产量14.28万吨,同比增长11.89%。牛肉产量1.41万吨,同比增长2.2%。羊肉产量1.48万吨,同比增长11.3%。禽肉产量4.04万吨,同比增长20%。禽蛋产量4.72万吨,同比增长2%。

年末生猪存栏209万头，同比增长15.4%。年末大牲畜存栏37.07万头，同比增长16%。年末山羊存栏97.44万只，同比增长15.8%，年末家禽存笼1941.19万只，同比增长26.4%。猪牛羊家禽生产快速发展，一是受价格的拉动作用，养殖户的积极性提高；二是受政策的扶持，出现了一些养猪、养牛、养羊、养鸡规模养殖户；三是受畜牧业结构调整呈现的良性效应，发展由耗粮型的猪禽向节粮型的草食畜转变。猪、牛、羊、猪存栏出现了不同程度的增长与有关扶持政策有直接关系。

6、荒山造林面积稳定增长。当年造林面积30.95千公顷，比上年同期的29.55千公顷增加1.4千公顷，增幅4.7%。随着国家对林业产权政策的不断完善，今后农民植树造林的积极性还会提高。

7、渔业产量稳定增长。十堰市淡水资源丰富，而且水质好、无污染，在全省具有得天独厚的发展优质淡水鱼的良好条件，十堰市出产的优质白鱼，可与武昌鱼媲美，渔业发展前景可观，值得高度重视。全年水产品产量达到6.28万吨，同比增长7.2%。

三、农村劳动力转移就业情况

截止12月30日的统计调查结果，全市农村外出从业人员规模达到72.09万人（到乡外就业年累计时间超过一个月的劳动力），比上年同期的69.87万人增加2.22万人，增幅3.2%。其中：丹江口市农村外出从业人员6.56万人，郧县农村外出从业人员13.15万人，郧西县农村外出从业人员15.46万人，竹山县农村外出从业人员12.63万人，竹溪县农村外出从业人员7.23万人，房县农村外出从业人员15万人，张湾区农村外出从业人员1.22万人，茅箭区农村外出从业人员0.84万人。这次统计调查的口径是：在乡以外的打工人数，打工时间在1个月以上。

从转移渠道来看，具有较强的自发性和裙带性。全市自发转移农村劳动力50.31万人，占69.79 %。经政府有关部门组织转移8.11万人，占11.25%。中介组织介绍转移5.87万人，占8.14%。企业招收7.8万人，占10.82%。近70%的农村劳动力转移都是通过亲朋好友介绍或引导而实现。通过政府组织转移、企业招收和社会中介组织转移的只占30.21 %。

从外出从业按地域看，在县内乡外打工人数10.99万人，占15.2%。在省内县外打工人数18.93万人，占26.3%。在省外打工人数41.99万人，占58.3%。在港、澳、台及境外打工人数0.18万人，占0.3%。

从外出从业按行业分，在第一产业打工的有4.77万人，占6.6%。在第二产业打工的有40.14万人，占55.7%。在第三产业打工的有27.18万人，占37.7%。

从外出时间看，外出打工在半年以上的仍占三分之二以上。外出打工6个月以上有52.22万人，占72.4%。外出打工3个月至6个月有13.79万人，占19.1%。外出打工1个月至3个月有6.08万人，占8.4%。

从外出从业人员职业技能培训情况来看，农村劳动力的劳务技能培训差距甚大。参加过劳务技能培训的人员有24.21万人，占33.6%，其中：参加过政府举办的技能培训13.51万人，占18.7%。持有职业技术资格证书的有10.45万人，占14.5%。可以看出，职业技能培训工作任重而道远。

从劳务收入看，十堰市劳务经济总收入达到71.65亿元，同比增长16.7%。其中：丹江口市劳务经济总收入7.25亿元，郧县劳务经济总收入13.76亿元，郧西县劳务经济总收入13.09亿元，竹山县劳务经济总收入13.94亿元，竹溪县劳务经济总收入5.39亿元，房县劳务经济总收入15.62亿元，张湾区劳务经济总收入1.33亿元，茅箭区劳务经济总收入1.27亿元。农村人均劳务收入2874元，占农民人均纯收入的60%以上。农民工人均劳务收入达到9906元，同比增长16.7%。

截止2012年12月30日的统计调查结果，全市农民工返乡人数达到24.15万人，返乡率达33.5%。再次外出就业4.69万人，占返乡人数的19.4%。

四、当前农业生产存在的主要问题

1、农业基础设施脆弱。十堰市耕地绝大部分属坡地，怕涝、怕旱，农田抵御自然灾害的能力差。部分水库、引水渠和排灌设施年久失修，虽然通过新“三万”活动，基础设施有所改善，但是现有的水利设施仍然满足不了农业生产发展和农民生活的需要。农民急盼有关部门加大农业基础设施的投入。

2、资金问题仍然是新农村建设的一大瓶颈。对于新农村建设，广大农民的积极性高，配合程度较高，但水、电、路等基础设施以及环境的改善需要大量的资金。新农村建设还缺乏统一规划，新农村建设速度还很慢，建房占用耕地的情况还比较严重。

3、农民工返乡影响社会稳定。返乡农民工由于长期在异地务工，有较稳定的工资收入，部分农民工由于失去工作、收入减少，回家后普遍存在无所事事的情况，如不妥善处理好农民工失业返乡后的培训、就业、社保转移接续、子女入学、土地经营、权益维护、社会稳定等相关问题，将不利于农村经济社会稳定。

4、外出农民工劳动合同签订率低。在外出务工人员中，没有与单位和雇主签订劳动合同的占70%以上。其主要原因：一是用人单位追求自身利益最大化不与农民工签订合同；二是农民工法律意识淡薄、缺乏劳动风险意识和损失补偿意识。

五、几点建议

1、加大对农村基础设施建设的投入力度。尽管近几年农村基础建设不断加强，极大地改善了农民生产生活条件，但由于山区自然灾害发生频率较高，对抗击灾害的能力仍然很脆弱。要进一步加大基础设施建设的投入力度，加强水库、塘堰、河堤、道路等农村基础设施建设，立足当前，着眼长远，增强灾害防御能力，确保旱涝保丰收。

2、要建立乡村农产品产销信息网络，定期发布农产品市场信息，促进农民增收，促进农村经济发展。要用城镇化的战略积极推进新农村建设。新农村建设要统一规划，合理布局，稳步推进，办好试点，推广经验。

3、搭建平台，促进就业。一是积极开展职业介绍和就业信息服务。二是积极组织开展劳务输出。加强与输入地的劳务合作，要巩固已有的劳务基地，开辟新的劳务合作领域，开展有组织的劳务输出。三是积极培育劳务品牌，把劳务品牌做大做强，形成示范效应，带动农村劳动力转移就业。四是大力发展农产品精深加工、商贸流通、交通运输、餐饮服务等二、三产业，鼓励本地现有企业吸纳安置，促进农民工就地就近转移就业。

4、加强对用工企业执行基本保障制度的监督力度，督促用工企业为农民工办理基本的工作保险、医疗保险和养老保险。同时，加强对安全生产的监管力度，开展经常性的安全生产大检查，保障农民工的人身安全。

（作者单位：十堰市统计局）

2012年荆州市农村经济形势分析

张宗山　陈　风

2012年全市农村经济保持平稳发展态势，呈现粮、棉、油全面增产，养殖业稳健发展的喜人态势。全年实现全市农林牧渔业总产值534.97亿元，扣除价格影响因素后，比上年增长4.8%。从主要行业来看，呈现全面增长态势，农业、牧业和渔业总产值分别为242.59亿元、129.65亿元和150.61 亿元，分别比上年增长3.7%、4.1%、7.1%。实现农林牧渔业增加值292.76亿元，扣除价格影响因素后，比上年增长4.7%，高于全国4.5%的平均增幅。

一、种植业喜获丰收

1、*粮食实现"九年增"*。2012年全市粮食播种面积862.12万亩，比上年增加41.47万亩，增加5.1%；粮食总产量达371.06万吨，比上年增加8.01万吨，增长2.2%。粮食播种面积增加是粮食增产的主要原因，一方面市委市政府采取有效措施，2011年秋播生产中加大秋冬农业开发力度，着力消灭冬闲田，使夏粮播种面积比上年增加9.68万亩。另一方面农民主动适应市场价格变化，减棉扩粮，扩大早晚稻连作，提高复种指数，使稻谷播种面积比上年增加31.17万亩。加之2012年主要天气对粮食生产比较有利，全年粮食全面增产，实现九年连续增产。

2012年荆州市完成了省政府下达的全年增产7.55万吨的指导计划。2012年荆州市被授予"全国粮食生产先进市"称号，监利县、洪湖市、公安县被授予"全国粮食生产先进县"称号，受到国家农业部的表彰。

2、*全年油料增产*。2012年全市油料播种面积为388.58万亩，比上年增加6.00万亩，增长1.6%；油料总产量为57.55万吨，比上年增加1.73万吨，增长3.1%。其中：油菜籽播种面积377.41万亩，比上年增加6.14万亩，增长1.7%；总产55.71万吨，比上年增加1.64万吨，增长3.0%。

3、*棉花"一减两增"*。 2012年全市棉花生产呈现播种面积减，亩产和总产两增的态势。2011年棉花价格下跌、种棉效益下降，对2012年棉农种植积极性影响较大，导致农民进行减棉扩粮的调整。2012年全市棉花播种面积157.22万亩，比上年减少10.95万亩，减幅达6.5%。2012年棉花前期长势正常，与往年正常水平相当，7月中旬以后，天气适宜，降雨适度，加上棉花生产的田间管理措施落实到位，棉花生产整体好于上年。棉花总产达15.36万吨，比上年增加3.4%。荆州市棉花亩产达98公斤，公安县、石首市、荆州区、洪湖市棉花亩产都超过了百公斤的水平。

4、*蔬菜保持平稳增长*。2012年全市蔬菜播种面积120.64万亩，比上年增加5.25万亩，增加4.5%；蔬菜产量达246.90万吨，比上年增加4.9%。2012年全市设施蔬菜种植面积达6.09万亩，比上年扩大了62.0%，这有助于蔬菜复种指数提高，单位面积产量和效益的提升。

5、*水果产量增加*。2012年全市园林水果产量达42.50万吨，比上年增长23.7%。以公安县为代表的葡萄生产迅速发展，以松滋市为代表的柑橘产量恢复性增长，是全市园林水果增长的主要原因。果用瓜类由于结构性调整，播种面积减少，总产量达60.71万吨，低于上年。

二、畜产品产量平稳增长。

据统计，2012年全市生猪出栏474.40万头，比上年增加23.13万头，增5.1%。生猪存栏364.81万头，比上年增加12.1%；能繁母猪存栏31.93万头，比上年增加13.1%。家禽出笼7292.26万只、比上年增加412.43万只，增6.0%。禽蛋产量17.64万吨，比上年增加1.4%。今年畜牧业发展的主要特点是：

1、项目引进加快促进规模养殖发展。一批养殖大项目快速发展，助推畜牧业快速发展。广东温氏集团松滋80万头养猪项目，2011年10月启动，计划用五年时间，累计投资8亿元，今年计划投资2亿，建设3个10万头养猪场。松滋市与湖北襄大的合作，投资10亿建设包括饲料加工、生猪屠宰、种猪繁育、生猪养殖、肉制品深加工一体化项目已经开工。温氏集团在监利的70万头养猪项目，继一期工程30万头商品猪项目完成后，今年又启动了第二期40万头生猪养殖项目建设。今年新增了沙市德平畜牧公司、松滋危水上井泉生态养殖有限公司、监利县瑞科养殖场等3个万头猪场。2012年底全市万头猪场发展到52个，新增7个。2012年开展畜牧养殖示范场“四级联创”，新创建部级场4个，省级场22个，市级场95个，县级场247个，部省市县四级示范场累计总量分别达到15个、49个、131个、1055个。

2、标准化生产规模进一步扩大。2012年底全市共建成市级以上的各类养殖小区1165个，新增303个；共建成生猪标准化“150”模式猪舍2625栋，新增682栋；共建成蛋鸡“153”模式鸡舍1304栋，新增502栋；共建成蛋鸭“142”模式鸭舍311栋、新增131栋。全市生猪、家禽规模化饲养率都有明显提高。

3、畜禽加工企业壮大为养殖发展添后劲。2012年，我市畜产品加工业取得突破性发展，松滋引进襄大100万头生猪屠宰项目；湖北鸿翔5000万只肉鸭养殖屠宰加工项目正抓紧建设；双港公司1200万只的淘汰蛋鸡蛋鸭加工线建成投产；湖北奥信公司肉鸭加工突破1000万只；小胡鸭公司老鸭加工突破200万只；宇祥公司1.4万平方米的皮盐蛋加工车间建成投产、荆江蛋品公司蛋品加工突破3亿枚，全市蛋品加工达到14亿枚；饲料工业产量达到145万吨，新增30万吨。

三、水产生产保持良好态势

2012年全市水产养殖面积达235.28万亩，比上年增加9.27万亩，增加4.1%；全市水产品总产量115.69万吨，比上年增加7.64万吨，增长7.1%。渔业主要生产特点：

1、渔业基础设施得到改造。2012年，我市大力实施“标准化精养鱼池改造增效工程”，结合全省“万名干部进万村挖万塘”活动和全省精养鱼池改造升级工作部署，全面做好精养鱼池改造升级工作，着力改善我市渔业生产基础条件，提高抗灾能力和综合生产能力。2012年全市共开挖精养鱼池3.3万亩；改造精养鱼池20.7万亩。

2、渔业生产投入加大。2012年，我市加大对渔业生产物资、资金等投入力度，加速渔业生产发展，全力打好全年渔业生产基础，水产生产投入成效显著，仅前三季度就投放鱼种27万吨，投放饲料120万吨、渔药17000吨、生物渔肥18000吨。

3、水产品深加工加快发展。2012年，我市坚持落实省委、省政府农产品加工“四个一批”发展战略，推动优势产品向重点基地集中、龙头企业向加工园区聚集、基地生产与龙头企业配套。加快建设洪湖淡水水产品加工工业园和荆州城区大明水产加工园二期工程，推进水产品加工产业集群发展。重点做好富程公司投资13.5亿元湖北大明水产精深加工园、水产科技园、生物制剂厂三个项目建设，大力发展小龙虾、 鱼、罗非鱼、河蟹、黄颡鱼等优势出口品种，扩大规模，确保加工企业生产所需优质原料。据水产部门统计，2012年我市用于加工的水产品原料达56.09万吨，水产品年加工能力提高到64.22万吨。

4、国家级市场建设将助推水产养殖快速发展。2012年6月，在农业部、湖北省政府支持下，荆州市开始筹划建设国家级荆州淡水产品批发市场。2013年1月，农业部和湖北省政府与荆州市签署《中华人民共和国农业部和湖北省人民政府共同支持国家级荆州淡水产品批发市场建设合作备忘录》，标志国家级荆州淡水产品批发市场建设正式启动，有利于荆州水产业的规模化、集约化和产业化发展，有利于建成大市场、搞活大流通、做强大产业、促进大发展。

（作者单位：荆州市统计局）

2012年宜昌市农业经济形势分析

任先军　李祖群

宜昌市现有乡村人口272万人，占总人口的65.5%，常用耕地面积235千公顷，分别在湖北省位居第6位和第7位。今年以来，全市各地认真贯彻落实中央、省委一号文件精神，加快转变农业发展方式，努力探索具有宜昌特色的现代农业发展路子。通过科学规划指导、强力投入建设、全方位高标准推进，使农村经济社会得到了全方位快速健康发展。

一、农业生产情况

2012年农业总产值达到502.96亿元，农业增加值达到305.21亿元；粮食生产实现“九连增”，柑橘产量在全省市州继续排名第一，茶叶、畜牧等在全省位居前列，水产养殖效益突出。

1、粮食产量实现九连增。全年粮食面积达到327千公顷，比上年增1.8%；总产160.39万吨，比上年增加4.05万吨，增2.59%。其中：夏粮面积94千公顷，增0.89%；总产29.5万吨，增3.48%。秋粮面积233千公顷，增2%；总产130.89万吨，增2.39%。

2、夏油面积、单产、总产实现“三增”。夏油面积95.2千公顷，为历史最大面积，比上年增3%；全年油料总产22.79万吨，增2.6%。6月15日在全市启动实施了油菜临时收储政策，油菜籽收购均价2.4元/斤，比去年同期提高0.07元/斤。

3、棉花种植规模收缩，总产上升。因为棉花的种植比较效益较低，种植管理的劳动强度大，棉农的种植积极性降低，全市棉花种植面积21.4千公顷，同比减少4.4%；产量3.48万吨，同比增加3.11%。

4、柑橘再次丰收。今年全市柑橘面积达到123.97千公顷，同比增加6.3千公顷，增长5.38%；柑橘产量将再创历史新高，达到263.07万吨，比去年增长17%。各地柑橘普遍管理好，果面光洁，大小均匀，品质优良，优质果率达到80%，同比提高5个百分点。全市柑橘销售工作积极主动，见事早、行动早。去年宜昌柑橘经历了蜜柑价格创新高，脐橙和椪柑价格创新低的极端格局。综合分析，今年将逐步趋于理性，蜜柑价格回落至正常价格水平，脐橙、椪柑回升至正常价格水平，总体将出现前低后高走势，后期看好。随着柑橘的逐渐成熟，目前销售价格已呈现稳中略升走势。

5、蔬菜产量稳定增长。全市蔬菜面积达到112.55千公顷，比上年扩大3.18%；总产365.91万吨，增长7.63%。随着居民生活水平的不断提高，讲究膳食合理，居民对鲜菜的需求量不断增加，进一步激活了市场，助推了市场物价的快速上涨，从而使蔬菜价格不断上涨。市场价格自去年年底以来继续保持高位运行，均价同比上涨0.8元/公斤。目前，由于农民发展蔬菜积极性不断提高，已完成城郊蔬菜基地建设533公顷（其中大棚蔬菜80公顷）。

6、茶叶生产形势良好。全市春茶产量2万吨，同比增长20%；今年上半年，茶叶价格呈现前低后高趋势。春茶前、中期阶段，由于茶叶产量比上年增幅较大，农民出售高等茶叶鲜叶一直稳定在每公斤50元左右，与去年同期价格持平，中等茶叶鲜叶每公斤20元—30元之间，比去年同期的每公斤22元—32元略有下降，进入六月份鲜叶价格开始高走，从新近农民出售中、低等茶叶鲜叶价格情况看，每公斤鲜叶单价达到3.8元，比去年同期的每公斤3.4元，每公斤增加0.4元，增长11%。目前春茶价格继续走高，其中名优春茶鲜叶收购价达120元/公斤，同比上涨10%左右。随着红茶、黑茶、砖茶的逐步开发，全年茶叶产量达到5.25万吨，同比增长15.26%。

7、畜牧业发展稳定。全年生猪出栏602.51万头，同比增加28.18万头，增7.5%；肉牛出栏5.26万头，同比增长4.25%；肉羊出栏138.53万只，同比增长2.1%；家禽出笼3585.25万只，同比增长6.5%；禽蛋产量6.01万吨，同比增长1.6%；牛奶产量3.82万吨，同比增长17.85%。生猪价格止跌反弹，9月份三元活猪价格为14.9元/公斤，比二季度上涨6%。

今年省级畜牧强县和无规定动物疫病区"两大创建"在全省名列前茅。全市被确定为强县创建单位1个（当阳）、强县创建候选单位4个；被确定为无规定动物疫病区创建示范县2个（秭归、兴山）、候补示范县1个。同时新增国家级生猪调出大县2个，即长阳、秭归，累计达到6个，即夷陵、宜都、枝江、当阳、秭归、长阳等县市区，位于全省前列。

8、水产品产销两旺。全市水产放养面积26千公顷，与去年基本持平；全市水产品产量17.91万吨，同比增加1.14万吨，增长6.8%。水产品市场销售活跃，大宗水产品批发价格在高位运行，与上年同期相比较，仍有小幅攀升。其中，鲫鱼市场价15元/公斤，较上年同期的13.5元/公斤上涨1.5元/公斤，涨幅为11%；白鲢7.5元/公斤，较上年的7元/公斤上涨0.5元/公斤，涨幅为7.1%；鳙鱼15元/公斤，较上年的13.5元/公斤上涨1.5元/公斤，涨幅为11.1%；鲤鱼13元/公斤，较上年同期的12元/公斤上涨1元/公斤，涨幅为8.3%；草鱼14元/公斤，较上年同期的12.5元/公斤上涨1.5元/公斤，涨幅为12%；鳊鱼14元/公斤，较上同期的12.5元/公斤上涨1.5元/公斤，涨幅为12%。渔业结构调整力度进一步加大，全市名优鱼类比重达到82%，同比上升2个百分点。

二、农村劳动力外出务工情况

全市农村外出从业人员达到67.35万人，比上年同期增加2.6万人，增4.02%。主要情况如下：

1、外出务工人数总量增加，县内乡外人数增长幅度较快

从外出务工地域看，在县内乡外人数为21.51万人，同比增长1.35万人，增6.7%；省内县外务工人数为19.6万人，同比增加0.72万人，增3.81%；在省外打工人数26.21万人，同比增加0.52万人，增2.02%。

2、农民打工积极性增强，自发外出就业依然占据主导

从外出就业渠道看，自发外出就业人员持续增长，达到45.47万人，同比增加0.12万人，增0.26%；政府组织农民工外出人数6.47万人，同比增加1.18万人，增22.31%；中介组织介绍人员5.37万人，同比增加0.16万人，增3.07%；企业招收人员增幅较快为10.04万人，同比增加1.14万人，增12.81%。由于沿海发地区就业形势严峻，外出务工人员回流，政府组织在积极引导外出就业方面工作力度不断加大。

3、外出劳务经济收入增长迅速，低收入人数大幅减少，中高收入人数增长快

全市外出劳务经济收入达到95.04亿元，比上年同期增长20.04%。

月收入1000元以下的人数只有9.52万人，同比减少2.73万人，下降22.29%；月收入1000元以上的人数达到57.83万人，同比增加5.33万人，增长10.68%，其中月收入2001-3000的人数增长最快，其人数达到18.3万人，增幅34.66%。

三、农村工作主要情况

（一）进一步推进了农业强市建设。结合中央、省委一号文件和市五次党代会精神，年初出台了《关于加快农业科技创新推进农业强市建设的意见》，提出了建设农业强市的目标，明确提出要实现特色农产品生产水平、农产品综合加工水平、农业基础设施建设水平、农业科技集成应用水平、农业社会化服务水平、农业多功能开发水平全省一流，把宜昌打造成为在全国有一定影响力的特色农业基地、重要的农产品加工基地、区域性农产品现代物流基地，到2020年基本建成农业强市。并确定今年的“三农”工作要围绕农业科技创新开展，各地积极调整和优化“三农”发展思路，围绕全市六大农业特色产业提质增效，加快农业科技体制改革和农业科技推广运用，促进农业技术集成化、劳动过程机械化、生产经营信息化，构建适应“高产、优质、高效、生态、安全”发展要求的农业技术体系。大力实施种子种苗工程、企业科技创新成长工程、产业人才支撑工程和农技推广工程，农业强市建设开局良好。

（二）进一步推进了乡镇经济发展。乡镇是农村经济社会发展的主体，是县域经济发展的支撑点和增长极，是建设社会主义新农村，加快推进城乡一体化进程的基础和关键。在市委、市政府的正确领导下，在各县市区及乡镇办的辛勤努力下，全市乡镇经济得到了飞跃式的健康快速发展，2011年度湖北省乡镇综合实力评价结果显示，宜昌市百强乡镇的个数在全省排名第2位，仅次于武汉市，有13个乡镇进入全省百强乡镇序列。2010年度湖北乡镇百强我市仅占8席，其中仅樟村坪镇进入前20强。较之上年度，2011年度宜昌参与评价的87个乡镇（西陵区、点军区、伍家区、猇亭区等中心城区乡镇不纳入考评范围）仅1个乡镇退出湖北百强乡镇外，有7个乡镇处新晋百强，前20强则由1席增至4席，74个乡镇实现争先进位，占参与全省考评乡镇个数的85%。

（三）进一步推进了“双百”工程。在实施“百亿产业”培育工程上，按照建设现代农业的基本要求，进一步完善体系，科学规划布局，严格建设标准，加快科技创新，努力提升柑桔、茶叶、蔬菜、畜牧、水产、食用油等优势特色产业的综合竞争力，柑桔、茶叶、蔬菜产业今年有了较大突破。同时注重资源配置和有效利用，大力培育花卉种苗、食用菌、魔芋、中药材、烟草等地方特色产业。在实施“百亿企业”成长工程上，通过出台实施方案，建立“百亿企业”后备梯队；通过市委、市政府对稻花香集团、屈姑公司等企业进行逐个调研，营造支持企业发展的氛围；还组织召开百亿企业成长工程推进会，着手制定考核体系，加大力度争取上级相关支持，推动企业争先进位，确保全市在全省农产品加工“四个一批”工程中保持领先地位。

（四）进一步推进了农村改革创新。为破解制约“三农”发展的瓶颈，进一步激活发展动力，探索我市“三农”转型发展的新路径，今年着力推进新型农村合作化、农业信息化和农村金融创新工作三项改革创新。围绕推进新型农村合作化，组织召开了全市农村专业合作经济组织建设现场会，开展“十佳百强”农民专业合作社示范社创建活动，发挥典型引路作用，农民专业合作社进一步快速健康发展，今年以来新增682家专业合作社。围绕推进农业信息化，加快农业科技信息服务网络建设，进一步完善三峡手机报惠农版、农机通、农技110等信息载体，开发出农业综合信息服务平台。围绕推动农业金融创新工作，通过认真调研，促进出台了相关指导性意见，在金融产品创新、农村信贷抵押担保、农产品加工企业上市等方面取得了一定突破，努力破解农业金融难题。

（五）进一步提升了群众工作水平。将集中开展“三万”活动与新农村建设工作队帮扶结合起来，全市共派驻139个工作队，实现帮扶工作全覆盖。今年的“万名干部进万村挖万塘”活动中，派出工作队员8831人，完成各类工程13138处，涌现出了“夷陵大禹”张宗淮等先进人物，起到了“干部受教育，农民得实惠”的作用。在农村社会管理工作中，把握当前城乡一体化、农民居住逐渐集中的趋势，加强便民服务体系建设，形成了市县行政服务中心、乡镇便民服务中心、村级便民服务室组成的四级便民服务体系。今年以来，在借鉴城市社会网格化管理经验的基础上，宜都市、夷陵区等地部分村推行农村网格化社会管理服务试点工作，农村精神文明建设、综治维稳工作水平等大为提升。

四、几点建议

近年来，宜昌农业农村工作已经奠定了坚实的基础，进一步做好宜昌“三农”工作，对于我市建设省域副中心城市和现代化特大城市意义重大，对于带动全市经济社会发展实现新跨越的潜力巨大，对于实现城乡一体化功能互补的作用巨大。我们要进一步强化措施，改革创新，从以下几个方面不断努力，推动农业农村工作健康持续发展。

1、进一步加快农业特色产业发展。围绕建立健全现代农业产业体系，着力打造柑橘、茶叶、蔬菜、畜牧、水产、食用油六个综合产值过百亿元的特色产业。同时，大力发展花卉苗木、食用菌、中药材、魔芋等新兴特色支柱产业，让特色产业变大变强，尽快形成“千亿农业”的构架。

2、进一步加大“三农”投入。认真落实中央“财政用于三农的支出增量和比例均有提高”的要求，不断加大公共财政对“三农”的支持力度，扩大对农民补贴的范围和标准，完善补贴方式。进一步提高金融对“三农”的支持力度，引导更多的资金投向“三农”。

3、进一步深化农村改革创新。注重用创新的办法去突破新农村建设中的要素瓶颈制约和体制机制障碍。不断深化农村土地制度改革，创新社会管理体制，提高农村公共服务能力。继续强化“小三化”的支撑作用，大力推进合作化、信息化和金融化建设。

（作者单位：宜昌市统计局）

2012年襄阳市农村经济形势分析

杨 琳

2012年，全市上下认真贯彻落实中央、省、市一系列“三农”决策部署，加速转变农业发展方式，不断完善统筹城乡发展的新举措，积极探索农业现代化建设的新途径，全市农业农村经济保持了平稳较快发展势头。

一、2012年农村经济发展情况

（一）农业综合实力增强，经济总量大幅提升。全市农林牧渔服务业总产值（现价）624.5亿元，同比增长4.7%（可比价），其中农业产值297.1亿元，同比增长4.6%；林业产值7.0亿元，同比增长5.1%；牧业产值263.5亿元，同比增长4.4%；渔业产值31.8亿元，同比增长2.0%；服务业产值为25.1亿元，同比增长17.3%。全市农林牧渔服务业实现增加值357.2亿元，同比增长4.7%（可比价）。

（二）粮食总产突破百亿斤大关，实现九连增。全市粮食突破100亿斤，总产达100.28亿斤，实现九连增，比上年增产5.27亿斤，成为长江流域第一个粮食总产过百亿斤的粮食大市、也是湖北省第一个粮食总产过百亿斤的粮食大市、中国第22个百亿斤粮食大市。全市主要粮食作物播种面积增加，为全年粮食增产奠定了坚实的基础。全年粮食播种面积1127.0万亩，比上年增加85.0万亩，增长8.2%。由于种植结构调整，全年棉花和油料呈播种面积、总产减，单产增的态势。

1、夏粮。全市夏粮总产41.82亿斤，比上年增产2.3亿斤，增长5.8%。其中小麦总产39.35亿斤，比上年增产2.49亿斤，增长6.8%。

2、秋粮。全市秋收粮食作物面积556.5万亩，比上年增加41.1万亩，增长8.0%，秋粮总产58.46亿斤，比上年增加2.97亿斤，增长5.4%。其中：（1）水稻。水稻种植面积299.13万亩，比上年增加1.3万亩，增长0.4%；水稻产量39.45亿斤，比上年增产0.96亿斤，增长2.5%。（2）玉米。玉米面积233.37万亩，比上年增加42.6万亩，增长22.3%。玉米产量17.38亿斤，比上年增产2.36亿斤，增长15.7%。

3、棉花。全市棉花播种面积44.64万亩，同比减少11.37万亩，下降20.3%。棉花总产4.14万吨，同比减少0.67万吨，下降14.1%。单产93公斤/亩，比上年增加7公斤/亩，增长7.8%。

4、油料。全市油料面积112.92万亩，比上年减少24.39万亩，下降17.8%。全年油料总产25.22万吨，比上年减少4.51万吨，下降15.2%。单产223公斤/亩，比上年增加7公斤/亩，增长3.1%。

（三）畜牧业生产稳定增长。全年生猪出栏602.52万头，同比增长4.9%；牛出栏62.9万头，同比增长4.2%；羊出栏153.4万只，同比增长1.9%，家禽出笼8576.2万只，同比增长6.1%；禽蛋产量24.99万吨，同比增长1.2%。

（四）渔业生产稳步发展。全市淡水养殖面积4.89千公顷，比上年增长3.8%。全市水产品产量18.7万吨，同比增长2.6%。

（五）林业生态建设稳步推进。全市共完成荒山荒（沙）地造林面积15.5千公顷，其中：人工造林面积13.7千公顷。按林种用途分：用材林6.4千公顷，经济林6.5千公顷，防护林2.3千公顷，薪炭林0.1千公顷，特种用途林0.2千公顷。

（六）劳务经济发展持续增长。全年累计转移农村劳动力99.2万人，同比增长2.0%。占农村劳动力资源数的40.6%。其中，县内乡外务工人数15.99万人，比上年增加2.2万人，增长16.0%；省内县外务工人数20.82万人，比上年下降3.8万人，下降16.6%；省外务工人数62.27万人，比上年增加3.6万人，增长6.1%，港澳台境外务工人数0.08万人，比上年增加0.03万人，增长60.0%。

（七）农村居民增收加快。全市农村居民人均纯收入8684元，同比增长15.0%，快于城镇居民增速0.8个百分点。

二、农村经济增长的主要因素

随着国家扶持粮食生产的力度逐步加大，粮种直补、生产资料综合补贴、农机购置补贴，粮食最低收购价等一系列促粮发展政策得到了进一步落实，补贴种类及补贴金额不断增加，极大地提高了农民种粮积极性。

（一）农副产品产量和效益实现较大幅度提高。据统计，全市粮食、水果、蔬菜等经济作物产量分别比上年增加26.36万吨、7.3万吨和10.1万吨，实现产值分别为135.4亿元、18.5亿元和86.1亿元，分别比上年增加12.6亿元，2.1和31.2亿元。

（二）农副产品价格全面上扬，进一步提高了效益。据调查，今年我市农产品价格涨幅较大。我市水稻平均收购价格2.60元/公斤左右，同比增长4.0%；玉米平均收购价格2.3元/公斤，同比增长13.3%；猪肉价格同比增长7.7%，牛肉价格比同比增长23.8%，羊肉价格同比增长4.0%。

（三）渔业生产依靠科技兴渔，水产发展连年上新台阶。水产养殖重点推广水库“三网”养鱼技术、池塘精养高产技术、种青养鱼技术、名特优养殖技术、无公害养殖技术、生物有机肥养殖技术、鱼病综合防治技术和生态渔业养殖技术等八大水产实用技术，水产发展连年上新台阶。

（四）农村居民人均纯收入逐年提高。农村居民增收的主要途径一是农村外出务工形势较好，打工经济持续对农民增收起到较好的支撑作用；二是农副产品价格上涨，也带动农民增收；三是各项惠农政策使农民得到了真正的实惠；四是科学技术的应用和推广以及农林牧渔业专业合作社的带动是农村居民收入增长的新型亮点。

三、当前农业生产中存在的问题

（一）农业基础设施薄弱。我市部分水库、引水渠和排灌设施年久失修，农田抵御自然灾害的能力差。虽然通过新“三万”活动，基础设施有所改善，但是现有的水利设施仍然满足不了农业生产发展和农民生活的需要。农民急盼有关部门加大农业基础设施的投入。

（二）种植业生产成本增加，影响农民增收的可持续性。种子、肥料、农药、农膜价格上涨幅分别为30%、25%、10%、21%，生产成本过高抵消了农副产品价格增长所带来的收益，成为制约农民增收的主要因素。

（三）养殖业业生产抗风险能力弱。畜牧养殖自配饲料和购买饲料价格居高不下，人工成本继续上涨，加重了养殖户的负担，同时养殖户对市场前景信心不足，应对市场风险能力弱，缺乏营销中介组织，上档次的畜牧业龙头加工企业较少，产业链条短，受市场制约较大。渔业生态损害严重，养殖水面较往年减少，灾害、疫病预警机制不健全，灾害预警能力不足，是水产品生产过程中的短板。

（四）资金问题仍然是新农村建设的一大瓶颈。对于新农村建设，广大农民的积极性高，配合程度较高，但水、电、路等基础设施以及环境的改善需要大量的资金，影响了新农村建设的速度。

四、几点建议

（一）加大对农村基础设施建设的投入力度。尽管近几年农村基础建设不断加强，极大地改善了农民生产生活条件，但由于山区自然灾害发生频率较高，对抗击灾害的能力仍然很脆弱。要进一步加大基础设施建设的投入力度，加强水库、塘堰、河堤、道路等农村基础设施建设，立足当前，着眼长远，增强灾害防御能力，确保旱涝保丰收。

（二）加强对农资价格的监管力度。加大对农资市场的价格进行合理的监管，抑制生产资料价格的非正常性上涨，将价格控制在合理的区间。继续加强农药、化肥、种子等农资市场的整顿和监管。严惩违法违规经营行为，建立农资储备制度，调控农资市场。

（三）增强养殖业抵御市场风险的能力。加强对养殖业生产流通形势监测和分析研判，指导广大养殖户适时调整养殖结构，合理安排生产和营销，促进养殖业可持续协调发展。科学引导调整生产布局，加快整合资源、打造加工集团企业、营销集团化、大力发展现代畜牧服务业，采取强有力地措施抵御市场风险。

（四）搭建平台，促进就业。积极开展职业介绍和就业信息服务，组织开展劳务输出，培育劳务品牌，把劳务品牌做大做强，形成示范效应，带动农村劳动力转移就业。大力发展农产品精深加工、商贸流通、交通运输、餐饮服务等二、三产业，鼓励本地现有企业吸纳安置，促进农民工就地就近转移就业。

（作者单位：襄阳市统计局）

2012年鄂州农村经济形势分析

虞　红

今年以来，在市委、市政府的正确领导下，鄂州市紧紧围绕农民增收农业增效和农村产业稳定两大目标，各级涉农部门积极调整农业和农村经济结构，努力开拓、培育新的农村经济增长点，提高农业竞争力，农民收入稳定增长，畜牧水产业发展迅速，乡镇企业运行平稳，农村经济继续保持了快速发展的良好势头。统计显示，2012年全市农林牧渔业增加值达到69.22亿元，比上年增加8.24亿元，(按可比价格计算，下同)，增长4.8%，增长速度居全省第四位。

一、农村经济运行态势

(一)、种植业呈现“稳中有升”态势，平稳基础上得到发展

1、粮棉油面积、产量平稳增长。今年，鄂州市以调整农业生产结构作为确保完成全年农业生产目标的主要任务，加大科技投入，粮棉油产量呈现平稳增长态势。其中，粮食作物播种面积为58.17千公顷，产量34.49万吨，分别比上年增长1.01%和4.6%；棉花播种面积为5.51千公顷，产量0.74万吨，分别比上年增长0.99%和2.8%；油料作物播种面积为30.04千公顷，产量5.96万吨,分别比上年增长1.07%和1.7%。

2、蔬菜生产呈“两增一大”趋势。目前蔬菜产量增加、生产大棚增多、面积扩大，并向绿色环保高质量增效益求发展。2012年蔬菜面积为21.6千公顷，比上年增长1.02%；产量为94.68万吨，增长4.1 %。与此同时，无公害蔬菜基地建设如火如荼，绿色环保、有机栽培蔬菜和净菜得到大力提倡。2012年，全市蔬菜大棚面积达5.8万亩，是上年的近2倍。

3、茶叶、水果、麻类、糖料生产呈现增长态势。2012年，全市茶园面积为0.17千公顷，产量103吨，与上年相比，面积、产量持平；果园面积为6.49千公顷，同比增长0.99%，园林水果产量为3.6万吨，比上年增长16.5%。麻类、糖料产量分别为0.03万吨和0.69万吨，比上年增长1.03%和1.01%。

4、特种作物发展迅速。2012年，全市其他作物播种面积为2.19千公顷，增长1.34%。在特种作物中，盆栽观赏植物、观赏苗木等出现强劲的增长势头，2012年盆栽观赏植物2.37万盆，观赏苗木179万株，均较上年有一定幅度增长。

(二)、养殖业发展迅速，增加值快速增长

今年以来，畜牧业发展稳定，总量呈现结构性增长态势。突出特点是规模化养殖不断扩大、品牌意识增强、不同畜禽品种的龙头企业区域化、规模化养殖不断发展，畜禽期末存栏比重和规模养殖比重明显提高。2012年，畜禽规模养殖单位有421家，畜牧业增加值为19.28亿元，增长5.6%；肉类总产量11.02万吨，增长7.8%，禽蛋产量5.09万吨，增长15.2%。其中家禽出笼达1478.13万只，增长7.5%；生猪出栏达113.27万头，增长7.8%。

渔业生产紧紧围绕“项目强渔、名特促渔、资源养渔、依法治渔、科技兴渔、文化优鱼”的指导方针，并通

过4年中央财政项目建设支持，积极推广高产高效模式，加快"当家塘"改造和"吨鱼塘万元池"建设，并对低洼湖田实行退田还鱼、精养鱼池连片，采取"以奖代补"等措施，全力促进渔业生产。依托梁子湖文化旅游节品牌，打造以渔为媒的休闲、娱乐与健身的旅游渔业。2012年渔业增加值为30.93亿元，比上年增加4.41亿元，增长6.3%。水产品产量达39.65万吨，增长9.9%；获绿色食品质量认证产品达36个。

（三）、林业发展迅速，造林成效显著

今年，以科技兴林为支撑，以提高造林质量为重点，采取超常规措施推进造林工作，坚持上规模、上水平、上档次，实行集中连片开发。并积极利用国家鼓励发展林业的各项优惠政策，争取资金扩大投入，使林业发展取得新的突破。据统计，林业生态体系建设步伐坚实，林业产值稳定增加。2012年全市林业增加值为0.42亿元，比上年增加0.07亿元，增长6%；造林面积达2413公顷，比上年增长3.8%。其中：全年人造林木生长产值为1.4亿元、林产品产值为0.02亿元，竹木采伐产值0.03亿元。

（四）、农业生产结构调整得到优化

今年以来，各级政府以市场为导向，注重发挥资源优势，主攻特色产品，扩大区域生产规模，使优势产品、特色产品逐步向优势产区集中。一是调整种植业结构。农作物总播种面积呈增加趋势，结构调整更加趋向市场化。二是调整养殖业结构。鄂州市全面实施畜禽标准化养殖示范工程，重点建设了樊湖线百里长港"两型"牧业示范区和华容区樊寺线家庭牧场精品展示区。三是调整区域结构。按照《鄂州市优势农产品和特色农产品区域布局规划》，启动了蔬菜、水产、板块基地建设并已初见成效，特色养殖区域性支柱产业初步形成。四是调整产业结构。建立现代农业体系，以家庭农场种养循环模式，维护生态环境的平衡，提高农作物产量和品质的同时不破坏生态环境，实现农业可持续发展。

（五）乡镇企业效益回升

2012年，鄂州市乡镇企业经营状况良好，经济效益有所改善，主要经济指标完成情况较好，个体私营企业、规模以上工业企业继续保持稳步发展的态势，是推动鄂州市乡镇企业发展的主体力量。据统计，2012年乡镇企业实现增加值195.67亿元、营业收入679.17亿元，比上年增长21.33%和32.38%，全市规模以上乡镇农产品加工企业全年实现增加值38.38亿元，较上年增长28.42%。

二、存在的主要问题

1、产业结构调整仍带有一定的盲目性。从局部来看，仍带有一定的盲目性，地区优势没有充分发挥出来。从种植业看，一些基层政府和有关部门对结构调整的引导缺思路、缺办法，服务跟不上，片面理解"以市场为导向"，别人种什么来钱自己种什么，去年种什么来钱快今年扩大种什么，对市场变化不敏锐，指导农业结构调整没有充分利用当地优势，容易造成一哄而起。

2、农业产业化发展后劲不足。虽然国家和我市对农业的投入量逐年增加，但与邻市相比显得不足，特别是工商资本介入农业以及农业外资的投入比重偏小，缺乏在全国、全省有知名度的大型农业龙头企业，缺乏拳头产品和知名品牌，尤其是特色农产品加工程度偏低，贸工农、产加销一体化不完善，生产的组织化程度和科技含量较低，严重制约了农产品的流通。

3、农业投入的渠道单一，贷款存在一定困难。农业信贷对于农业的投入、增加农民收入、促进农村经济发展是一项重要资金来源。我市农业投入的渠道比较单一，投入主体多元化虽有起步，但仍然未形成格局，贷款门槛高。农村信用社贷款主要贷给集体单位和经济组织用于农业的投入，重点用于种养业、农业基础设施和服务体系建设、农机购置以及农业资源开发等，所以农户贷款存在一定困难。

4、农资价格快速上涨加大了农业生产成本。农资价格高位运行是影响粮食生产增产增收的最大因素，由于农资价格上涨，给农民带来优惠政策的实惠相当一部分被农资涨价等因素冲减，加大了农业生产成本，压缩了获利空间，尽管近年来粮食效益有明显提高，但与其它畜水产品相比，粮食的效益比较低，农民靠种粮增收仍很困难。

三、几点建议

1、继续落实中央1号文件及一系列惠农政策，加大检查力度和提高资金发放透明度。一是要对强农惠农富农政策执行情况“回头看”，确保不折不扣落到实处，把中央提高农业综合生产能力的政策传达给农民；二是要加大强农惠农富农政策落实及资金发放的检查力度，对存在的问题不回避、不隐藏，一查到底，彻底整改，防止惠农资金不能用到实处的问题发生。三是提高各项补贴资金发放情况的透明度。将补贴发放情况以各村组为单位进行公布，实行补贴发放情况全公开，让农民也能有效监督，防止骗取、套取补贴资金情况的发生。

2、实施科技兴农战略，培育龙头企业产业化。大力实施科技兴农战略，发展龙头企业是带动农民致富、促进农业优化升级、推动现代农业发展的关键。从鄂州市目前情况看，农业产业化整体水平不高，大型龙头企业少，带动能力不够，鼓励大中型企业进入农业领域充当龙头企业，并以“土地入股、农企联姻”的模式，使其在农业产业化中发挥作用，推进农业结构调整，充分发挥地域优势，提高农业竞争力，促进农民增收致富。

3、拓宽农产品购销渠道，搞好农产品市场流通。要进一步建立健全农村市场机制，逐步完善市场功能，拓宽农产品购销渠道，搞活农产品流通，主动对农产品市场前景、品种预期、经济效益、产品市场容量、供需状况、价格趋势等进行调查、预测并及时公布，引导农民有计划、有目的围绕市场发展农业生产；要积极开展生产、加工、销售各环节的产前、产中、产后服务，促进农业生产持续、稳定、健康发展。

4、积极采取措施，解决资金瓶颈问题。近年来，尽管对“三农”投入不断加大，资金短缺问题始终是制约发展的瓶颈。对此要拓宽渠道、着力解决。一是要“招”，引进工商资本进入农业领域，打破“有多少钱办多少事”的陈旧观念，瞄准国内外大型农业、加工、物流企业，招大商、引好商。二是要“带”，发挥政策杠杆的带动作用，采取贴息、匹配等有效办法，调动各类资金投向农业。三是要“建”，搭建多元投融资平台，稳妥发展农村资金互助社、村镇银行等小型农村金融机构，引导农民专业合作社规范开展信用合作。四是要“扩”，支持驻鄂州金融机构，扩展面向农村的服务领域，发展小额贷款，解决农民、农企贷款难问题。

5、抓监管调控，确保农资价格平稳合理。一是紧密监管农资市场，加大市场监管和查处。对不执行政府定价、政府指导价、政府规定差价率和不按规定明码标价的农资生产和经销商及捏造散布涨价信息、囤积居奇、哄抬价格的违法行为从严查处、公开曝光。二是做好备耕农资市场调控，及时调配农资满足市场需求，确保农资市场供应稳定、品种齐全。三是以“万名干部进万村洁万家”活动为载体，健全农村商业流通体系，让农民在获取农资的过程中降低成本。

6、积极引导土地流转，促进规模经营。继续抓好土地流转二轮延包的后续工作，正确引导和解决好土地纠纷与配套的服务、流转不够规模等问题，确保现有的土地承包关系稳定并长久不变，维护好农民的土地承包权益，逐步建立规范的土地流转市场，健全农村土地承包经营纠纷仲裁体系，为土地流转及规模经营服务。

（作者单位：鄂州市统计局）

2012年荆门市农村经济形势分析

严婷婷

2012年,我市农业农村经济经历了复杂的市场形势和较为严重的连旱灾害。全市各级政府以农业增效、农民增收为核心,继续增强支农力度,丰富“三农”服务措施,深化农业结构调整,全市农业农村经济继续保持平稳发展。

一、总体形势

(一)农业经济继续保持较快增长

2012年,全市农林牧渔业总产值达到316.65亿元,按可比价格计算,比上年增长4.9%,其中农业增长2.4%,林业增长4.9%,牧业增长7.4%,渔业增长7.6%,农林牧渔服务业增长3.7%。全年实现农林牧渔业增加值178.69亿元,按可比价格计算,比上年增长4.5%。

(二)主要农产品生产情况较好

1、粮食作物继续增产

全年粮食播种面积534.32万亩,比上年增加11.91万亩,增长2.3%;粮食总产量262.14万吨,比上年增加6.42万吨,增长2.5%。其中,夏粮总产48.87万吨,比上年增加2.37万吨,增长5.1 %;秋粮总产213.27万吨,比上年增加4.05万吨,增长1.9%。

2、经济作物生产稳定

2012年,受市场阶段性供过于求预期的影响,棉花播种面积略有减少,播面53.13万亩,比上年减少3.99万亩,下降7%。由于天气温度适宜,伏期生育状况明显好于上年,皮棉单产达93公斤,比上年增加9公斤,全年皮棉总产量达4.92万吨,比上年增加0.14万吨,增长2.8%。油料播种面积202.38万亩,比上年减少2.76万亩,下降1.3%;油料总产量35.95万吨,比上年增加1.25万吨,增长3.6%。

全年,各地继续深入推进“菜蓝子”工程建设,加快发展城郊蔬菜和设施栽培。蔬菜播种面积66.22万亩,比上年略增;产量达190.29万吨,比上年增加9.14万吨,增长5%。2012年适逢水果生产大年,全市水果(含果用瓜)总产量65.06万吨,比上年增加9.85万吨,增长17.8%。其中梨和柑桔增产较大,梨产量21.88万吨,比上年增加5.59万吨,增长34.3%;柑桔产量17.86万吨,比上年增加3.89万吨,增长27.8%。

3、畜牧业生产稳步发展,规模养殖再上新台阶

2012年,全市生猪出栏400.02万头,比上年增长6.1%;牛出栏14.41万头,比上年增长9.6%;羊出栏50.42万只,比上年增长4.3%;家禽出笼4676.55万只,比上年增长7.5%;禽蛋产量14.34万吨,比上年增长2.1%。

全年,我市新创建104个畜禽标准化示范场(其中部级5个,省级18个,市级28个,县级53个),总数已达233个;新建114个畜禽规模养殖小区,总数已达1145个。生猪年出栏500头以上养殖户达1813家,出栏量

占全市生猪出栏的57.2%,比上年提高14.1个百分点;其中万头以上达64家,出栏量占比为25.8%,比上年提高11.8个百分点。家禽年出笼1.5万只以上养殖户857家,出笼量占全市家禽出笼的41.3%,比上年提高10.3个百分点。京山县、沙洋县入选全省畜牧强县创建名单,东宝区列入全省现代畜牧业示范区创建行列。

4. 渔业生产喜获丰收,名特优养殖势头良好

2012年,渔业生产以精养鱼池标准化改造和堰塘改造为突破,实现水产养殖面积125.97万亩,比上年增加11.45万亩,增长10%;以高效养殖特色带动为抓手,投放苗种12.9万吨,比上年增加1.4万吨,增长12.4%;实现水产品产量46.42万吨,比上年增加4.17万吨,增长9.9%。在水产养殖模式上更加突出区域性发展特色,通过调整品种,优化产业结构,形成了以钟祥黄颡鱼、沙洋黄鳝、小龙虾、京山龟鳖等为特色的养殖基地,名特优养殖面积达到98万亩,产量38.96万吨,占全部水产品产量的84%。

(三)农民增收形势较好

2012年全市农民人均纯收入达9387元,比上年增加1139元,增长13.8%。在全省各地市州中,继续保持总量居第2位(仅次于武汉)。农民增收形势好,主要基于三点:一是农民外出务工形势较好,打工经济继续对农民增收起到较好的支撑作用。2012年全市外出农民工从业人员50.05万人,占农村从业人数的44.3%。劳务收入110.42亿元,比上年增长39.5%。二是农产品价格涨多跌少带动农民增收。三是各项惠农政策使农民得到了相应实惠。

(四)农业产业化加速推进

全市"规上"(年销售收入2000万元及以上)农产品加工企业307家,比上年增加31家。省级龙头企业达50家,国家级龙头企业6家。全市农产品加工业产值达到804.37亿元,比上年增长33.2%。农产品加工业产值与农业产值之比达2.54:1(2011年为2.07:1)。农产品加工业的快速发展对推进农业产业化经营,促进农民增收、农业增效,起到了积极作用。

二、存在的问题

(一)农业生产成本持续上升,影响家庭经营收入。与农村种养业生产密切相关且需求量较大的生产资料,如种子、饲料、化肥、燃料及各种农器具的价格仍持续上涨,加上劳动力成本的持续增加推动了种养成本的持续攀高,抵消了中央各项支农惠农政策的实惠部分,农民家庭经营收入增速放缓。2012年,作为农民人均纯收入主体的家庭经营性收入增速为10.7%,比上年低8.1个百分点,低于全部平均收入3.1个百分点,低于工资性收入和转移性收入8.9和10.8个百分点。

(二)农村劳动力整体素质不高,就业竞争力不强。随着我国城镇化进程的不断推进,农民外出(乡镇以外)务工不断增加,但农村外出务工人员大多数从事体能型工作,技术含量低,收益不高,就业竞争力差,容易失业。农村劳动力素质偏低的主要表现:一是文化程度偏低,初中及初中以下学历的在外出农村劳动力中占比较大,为63.2%。二是有一技之长的人员偏少,外出务工人员受过专业技能培训的仅为15.46万人,占外出农村劳动力的30.9%,外出人员技能素质与用人单位的需求脱节,较难找到合适的工作。

(三)农业产业化程度较低,现代农业发展有待加快。农产品销售渠道不宽、加工增值环节较缺、市场信息服务网络体系尚需要建立健全,大部分农产品是以原有形式出售或自食,农产品附加值较低。名优新特农产品市场占有率低,市场竞争力不强,无论是数量还是质量均与发达地区的发展存在一定的差距。农产品质量标准化建设有待加强,现代农业发展有待加快。

三、相关建议

(一)高度重视粮食生产。近两年来,我市接连遭遇干旱,粮食生产受到较大影响,各级政府在调整农业

产业布局时，应坚持大稳定小调整的原则，抓住各项惠农补贴政策机遇，千方百计扩大粮食种植面积,针对直接关系粮食生产的农田水利“死角”问题，要因地制宜挖堰塘、开水窖，提高蓄、提、引水能力，改善农业生产条件，提高农民种粮积极性。

（二）加大扶持力度，做强做大畜牧产业。生猪、家禽养殖作为我市畜牧业的优势产业，近年来养殖规模不断扩大，抵御市场风险能力不断增强，产业效应初步显现。要通过继续完善扶持政策，着力发展龙头企业，提升深加工转换能力，延伸产业链，做强做大畜牧产业。

（三）多措并举，促进农民增收。要以实现农民充分就业为根本，不断拓宽农民就业渠道，优化农民就业环境，保障农民劳动利益；要以鼓励农民自主创业为先导，优化扶持政策，引导农民自主创业增收，不断提升农民自主经营能力和水平。

（作者单位：荆门市统计局）

2012年孝感市农村经济形势分析

程三清

2012年，全市上下认真贯彻中央和省委两个"一号"文件精神，落实国务院出台的促进粮食生产"新十条"等政策和省委、市委农村工作会议精神，坚持以"农业增效，农民增收"为着力点，以开展全市"三万"挖塘活动为契机，进一步落实各项支农惠农强农政策，深入推进农村改革，加快发展现代农业，不断调整优化农业种植结构，农业生产稳定发展，主要农产品产量稳步增长，农业基础设施得到进一步加强，农业机械化装备水平和科技含量不断提高，劳务经济保持较快增长势头，农民收入再创新高；新农村建设成效显著，农业综合生产能力稳步提高，全市农业、农村经济发展呈现稳定增长的态势。

一、全市农村经济运行的基本特征

2012年，全市农林牧渔业增加值（按现价格计算，下同）为225.01亿元，增长4.6%。其中，农业增加值104.14亿元，增长5.5%；林业增加值6.01亿元，下降0.3%；牧业增加值77.3亿元，增长3.6%；渔业增加值33.8亿元，增长4.2%；农林牧渔服务业增加值3.76亿元，增长9.1%。

二、全市农业生产的主要特点

1、粮食生产稳步增长。受国家"惠农"政策的影响，2012年，全市粮食播种面积为530.73万亩，增长1%，总产量为219.85万吨，增长2.55%。

一是夏收作物播种面积为181.19万亩，增长2.3%，总产量为36.02万吨，增长4.9%。其中：小麦播种面积为156.98万亩，增长3.84%，总产量为31.42万吨，增长6.15%；蚕豌豆播种面积为6.53万亩，下降3.5%，总产量为1.05万吨，增长1.9%；杂粮播种面积为2.72万亩，下降3.2%，总产量为0.5万吨，增长1.4%；马铃薯播种面积为14.97万亩，下降8.6%，总产量为3.06万吨。下降4.4%。

二是秋收粮食播种面积为349.55万亩，增长0.3%，总产值为183.83万吨，增长2.1%。其中：稻谷播种面积为324.92万亩，与上年基本持平，总产量为177.13万吨，1.87%；玉米播种面积为4.61万亩，增长38.3%，总产量为1.83万吨，增长32.6%；大豆播种面积为11.1万亩，增长0.5%，总产量为1.67万吨，增长0.6%；薯类播种面积为7.19万亩，下降6.4%，总产量为2.78万吨，增长1.1%。

2、棉花生产呈"一减二增"即：面积减、单产增和总产增的态势。受去年棉花价格下跌的影响，棉农种植效益大幅下降，导致今年棉农种植棉花积性受挫，种植面积较去年减少，但由于汉川市棉花生产后期形势较好，导致棉花单产和总产增加。据统计：2012年，全市棉花播种面积为45.11万亩，比去年46.02万亩减少0.91万亩，下降2.0%，亩产皮棉198斤，比去年的185斤增加13斤，皮棉总产量为89.26万担，比去年增加4.32万担，增长5.1%。

3、油料生产平稳增长。2012年，全市油料播种面积为168.05万亩，比上年下降0.3%，单产266.1斤，比上年增长2.8%，总产447.17万担，比上年增长2.5%。其中，油菜播种面积为119.34万亩，下降1.2%，单产237.9

斤，增长3.1%，总产283.87万担，增长1.9%；花生播种面积为41.03万亩，增长1.9%，单产357斤，增长1.3%，总产146.47万担，增长3.2%；芝麻播种面积为7.68万亩，增长2.4%，单产219斤，增长5.1%，总产16.82万担，增长7.6 %。

4、蔬菜瓜果生产快速增长。2012年，各级政府十分重视"菜篮子"工程建设，蔬菜生产呈稳步发展的态势。据统计，全市蔬菜瓜果种植面积为148.59万亩，比去年增加3.86万亩，增长2.7%，单产4966斤，比去年增加196斤，增长4.1%，总产73.79亿斤，比去年增加4.75亿斤，增长6.9%。

5、畜牧业生产稳步增长

2012年，全市牲猪出栏364.24万头，增长8.4%；牲猪存栏281.1万头，增长6.7%，其中：能繁殖母猪28.64万头，增长15.6%。牛出栏14.29万头，增长4.5%；羊出栏22.9万头，增长2.3%；家禽出笼12946.32万只，增长5.8%。其中：鸡出笼8682万只，增长6.4%，鸭出笼3938.48万只，增长3.6%；畜禽肉产量为50.62万吨，增长13.8%；禽蛋产量为35.21万吨，增长1.2%。其中：鸡蛋产量为28.71万吨，增长1.74%；鸭蛋产量为5.82万吨，下降1.7%。

近几年来，孝感市规模化养殖呈快速发展态势。2012年，全市建设养殖小区达69个，其中生猪养殖小区28个，家禽养殖小区36个，其他养殖小区5个，累计已建成养殖小区994个，增长7.5%，全市规模化生猪养殖已占总饲养量的87%，规模化家禽养殖已占总饲养量的80%。2012年，全市畜牧业实现现价产值156.2亿元，占农业总产值比重的37.4%，比上年提高0.6个百分点，农民人均畜牧业收入为633元，增加58元，增长10.1%。

6、特色水产品养殖呈"两增"态势

2012年，全市各地巧借全省"三万"挖万塘活动对水产有利影响，大力推进鱼池标准化改造，积极引导水面有序流转和集中连片开发，夯实设施基础，抓好生产配套。全市结合"三万"活动，共改扩建塘堰3万口，18.1万亩，其中新建塘堰2.4万亩，改造塘堰15.5万亩；高标准改造精养鱼池9.8万亩，亩平增产30%以上；新增水产板块面积1.5万亩，共流转水面12.3万亩，提高了规模化集约化水平。2012年，各县市区渔业生产部门在充分利用水面资源优势的基础上，大力发展特色养殖，特别是螃蟹生产。通过调整品种、优化产业结构，全市形成了"种青养鱼、虾蟹鳜套养、鱼鳖混养、池塘河蟹专养、虾稻连作"等生态高效养殖面积达到72万亩，新增小龙虾、河蟹、鳜鱼、黄鳝、黄颡鱼等名特优养殖面积2万余亩，达到81万亩，占全市总面积76%。形成了以小龙虾、河蟹、黄颡鱼、鳜鱼四大优势水产品。2012年全市淡水养殖面积扩大到70849公顷，比去年同期增长3.5%；水产品产量为39.57万吨，增长8.2%。渔业产值达61.56亿元，占农业总产值比重的14.7%，比上年下降0.7个百分点，增长12.3%；渔民人均纯收入9400元，比上年增加700元，增长8%。

7、农民收入水平再创新高

在外出农民工呈稳步增长的态势下。2012年全市外出农民工从业人员规模达到127.1万人，比去年同期增加3.25万人，增长2.6%，其中：男性劳动力为80.35万人，占外出从业人员规模的63.2%。外出农民工劳务经济总收入达到295.5亿元，人均年收入2.32万元，同比增长19.2%。2012年，全市农民人平纯收入达到7988元，达到比上年增加959元，增长13.65%，农民收入水平再创历史新高。

8、农机化装备水平快速增长

2012年，孝感市农机装备水平在农业机械购置补贴政策的推动下，呈现出稳步增长的发展态势，农机装备结构不断优化，农业机械总动力得到快速增长，农业机械化投入逐步加大，农机购置补贴资金大幅增长。2012年，全市农业机械化总投入为44152万元，增长9.8%，其中：补贴资金为8898万元，同比增长10.1%，全部用于购置各种农机设备。据统计,2012年全市农业机械化总动力为232.61万千瓦,比去年同期增加14.08万千瓦,增长6.66%。其中:柴油发动机总动力为150.81万千瓦,比去年同期增加12.4万千瓦,增长8.96%;汽油发动机总动力为5.91万千瓦,比去年同期增加0.69万千瓦,增长13.22%;电动机总动力为73.19万千瓦,比去年同期减少1.26万千瓦,下降1.7%。

三、农业生产存在的主要问题

一是农业生产成本继续提高,整体效益有所下滑。在种植业方面,虽然玉米、小麦等农产品价格上涨,给农民带来一定的经济效益,但今年以来,全市农业生产资料价格上涨4.2%,其中:化肥价格综合上涨4.7%,种子价格上涨2.0%,农膜上涨0.7%,饲料价格上涨10.3%,这些农资价格的上涨,增加了种植业生产成本,抵消了农民收益;在畜牧业生产方面,畜产品价格虽然三季度触底回升,但国际上以豆粕、玉米为原料的饲料价格持续上涨,导致生产投入增大,养殖比较效益相应降低,农民生产积极性必然受到影响;各种农用机械费用和人工成本费用的大幅上涨,抵消了农产品价格上涨给农民带来的收益,影响了农民收入的增长。

二是农业产业化经营水平不高。全市农业产业化龙头企业普遍规模偏小,市场竞争力不强,农产品精深加工较少,农产品加工低于全国平均水平,农企联结机制不够健全,带动能力和市场拓展能力较弱。

三是农村劳动力整体素质不高,就业竞争力不强。随着我国城镇化、工业化和农业现代化"三化"进程的不断推进,农民外出务工不断增加,但农村外出务工人员大多数从事体能型工作,技术含量低,收益不高,就业竞争力差,容易失业。农村劳动力素质偏低的主要表现:一是文化程度偏低,初中及初中以下学历的在外出农村劳动力中占比较大,为75.5%。二是有一技之长的人员偏少,在外出务工人员受过专业技能培训的仅为41.26万人,占外出农村劳动力的32.5%,外出人员技能素质与用人单位的需求脱节,较难找到合适的工作。

四是农业基础设施有待进一步加强。全市"三万挖塘"活动的开展,新挖了塘堰,蔬通了沟渠,全面提高了抗旱排涝的能力,但对不良天气、植物病虫害、重大动物疫病等自然灾害的防治能力有待进一步提高,需要进一步加大农业基础设施的投入。

四、加快农业发展的几点建议

1、加快创新机制,发展规模种植养殖,促进农民增收。一是重视提高土地集约化程度,建立健全土地承包经营权流转市场,探索建立农业产业化发展新模式,走规模化道路,推动农村土地依法有序向生态农业园区、农业产业化基地、种植大户等集中。二是扶持规模化养殖,一些小型养殖企业,由于价格下降而难以为继,大型规模化养殖企业却稳步发展。可见,规模化生产是农业生产降低生产成本的必由之路。多渠道增添农业农村经济发展活力,增加农民收入。

2、加强农资市场价格管理,确保农民增产增收。密切关注农资市场价格变动趋势,确保农资市场价格基本稳定,同时还要继续加大对流通渠道的监管力度,严厉打击假冒伪劣行为,有效抑制农资价格上涨,保障农资供应渠道畅通。

3、加大对农业基础设施建设的投入力度。尽管近几年农村基础建设不断加强,极大地改善了农民生产生活条件,但由于自然灾害发生频率较高,对抗击灾害的能力仍然很脆弱。要进一步加大基础设施建设的投入力度,加强水库、塘堰、河堤、道路等农村基础设施建设,立足当前,着眼长远,增强灾害防御能力,确保旱涝保丰收。

在稳定粮食生产的基础上,扶持壮大我市农产品加工业,推动我市农业产业化进程。发展农产品加工业是实现农业产业化经营,促进农业经济结构调整和农民增收的重要途径。加快农业产业结构调整力度,发展现代农业、规模农业、生态农业、订单农业，发展特色农产品深加工企业，提高农业生产效益，着重推进无公害蔬菜等特色农产品基地建设。

4、搞好农村科技和信息服务，加强对农业的引导和服务。农产品价格大起大落，无法保障农民持续增收，也影响市场平稳运行。各级政府应加强对农产品市场前景、品种预期、经济效益、产品市场容量、供需状况、价格趋势等进行前期调查和预测。同时要积极开展生产、加工、销售各环节的产前、产中、产后服务，更好地为农民提供及时准确的农产品供求信息。

（作者单位：孝感市统计局）

2012年随州市农村经济形势分析

秦 萍 陈 媛

2012年，对随州的农业生产来说是一个极具挑战的一年，罕见干旱天气使全市农作物生产情况受到影响，香菇出口退税政策的调整一度给特色支柱产业--食用菌产业带来危机。在自然灾害面前，市委市政府一方面大力组织抗险，另一方面全力落实各项强农惠农政策，在全市上下齐心协力，大资金投入，奋力抢险的情况下，虽仍受到干旱天气影响，但受灾情况控制较好。在出口退税政策调整之后，各级政府积极应对，帮助产业转型提档，积极调整产业市场战略，最大程度减少对产业和菇农的影响。2012年，全市农业生产在困中求变，在难中取进，继续保持了稳定发展的良好势头。全年农林牧渔增加值（现价）114.3万元，按可比价比上年增长4.3%。

一、2012年农村经济运行情况

（一）农业生产发展平稳

1、粮食产量持平略减。2012年全市粮食作物播种达到345.2万亩，增幅1.6%；全年粮食总产量155.04万吨，比上年同期下降0.5%。

---夏粮增。2012年，全市夏粮播种面积107.3万亩，比上年增长3.14%。夏粮总产45.13万吨，比上年增长6.61%。其中：小麦38.96万吨，比上年增长5.6%；马铃薯产量8.02万吨，比上年增长10%。

---秋粮减。2012年受大旱天气影响，秋粮总产量109.9万吨，比上年减3.18%。其中，中稻产量101.4万吨，比上年减6.26%。

2、油料产量稳定增长。2012年全市油料播种面积46.28万亩，比上年增6.23%，全年油料总产67063吨，比上年增2.7%。

3、蔬菜产业发展良好。2012年全市蔬菜播种面积51.7万亩，比上年增5.7%，全年蔬菜总产量143.7万吨，比上年增4.6%。保障性蔬菜基地建设顺利推进，城区周边新增3200亩蔬菜基地；新建日光温室大棚近210个，简易大棚500亩，扩大露地蔬菜2500亩。顺泰仓储、随州长佳、希望田野等一批民营企业投资蔬菜产业，提升了蔬菜生产的集约化、规模化水平。

4、食用菌产量逆势上扬。2012年全市食用菌（干鲜混合）产量达到5.7万吨，同比增22.4%。年初食用菌产业受出口退税政策影响，一度进入“寒冬期”，出口量及出口额大幅度下降，种植户积极性受到影响。各地、各乡镇积极调整应对，在困境中求变，一方面积极发展食用菌产业化转型实现提档升级，另一方面调整战略从出口转为内销，下半年在供求关系及战略调整的作用下，食用菌产业出现转折，价格逆势上扬。

（二）林业生产更趋环保

2012年全市造林面积24.5万亩，比上年增11.3%；零星植树2492.65万株，比上年增1.7%；木材采伐

20756万立方米，比上年减10.2%；竹材采伐932.12万根，比上年减27%。在大幅度造林的情况下，采伐量不断下降，林业生产更趋环保。

（三）牧业生产扩张迅速

“亿只鸡”工程同星农业的规模的扩大及生产领域的扩张，广水王鸽特色产业的兴起，促进全市牧业的迅速迅速。全年生猪出栏同比增长8.52%；生猪存栏同比增长9.3%，能繁母猪同比增长9.8%；牛出栏同比增长4.6%，牛存栏同比增长8.06%；家禽出笼同比增长19.8%。

（四）渔业发展特色为先

近年，在坚持特色渔业、生态渔业的道路下，渔业生产发展快速，全年水产品总产量可达8.09万吨，比上年增长1.2%。淡水养殖面积41.2万亩，比上年增长1.36%，其中池塘15.7万亩，水库22.3万亩，精养鱼池10万亩，小龙虾混养种植寄养面积达到12万亩。休闲渔业场所达到60个，开发休闲渔业水面0.7万亩，休闲产值过千万元。

二、2012年农村经济运行主要特点

（一）土地流转转出新气象

2012年，在自然灾害影响下，农作物生产能保持较平稳发展，是因为种植面积的平稳增长，这得益于近年来我市土地承包经营权的流转。

我市土地流转主要三个形式：龙头企业带头型、专业合作社带动型、大户能人带动型。农民通过土地流转将承包土地流转给种粮大户和农业龙头企业经营，一是使农民从土地的束缚中解放出来，可以外出创业打工，实现更多收益。二是土地适度集中，规模经营，在技术、资金上都有更大保障，提高了生产效率，减少了资金投入，并有利于农业生产现代化的发展。三是土地流转有效减少撂荒、抛荒等现象，保障了播种面积。据统计，全市流转土地面积超过30万亩，占总耕地面积的14%。

（二）产业化经营迈出新步伐

坚持以工业化理念为指导，加快农业产业化经营发展步伐。2012年全市新增市级以上农业产业化重点龙头企业7家，全市市级以上农业产业化重点龙头企业达到70家；全市成立1050个农业产业化经营组织，订单履约成交额15.5亿元，比上年提高5%；全市创建省著名商标17个，湖北名牌1个；新发展合作社303家，总数达到1410家；新增省级休闲农业示范点1个，全市省级休闲农业示范点达到6个。

（三）种植结构呈现新格局

2012年，全市加快推进种植业结构调整，紧紧抓住粮食这一优势产业，把大蒜、菜豌豆、马铃薯、优质桃发展为高效产业，把食用菌做成强势出口产业，做大农业板块，做强优势产业。全市优质稻面积超过100万亩，马铃薯面积13.7万亩，菜豌豆面积8.5万亩，大蒜面积8.4万亩，优质桃面积10.5万亩，食用菌生产规模达到1.9亿袋（棒）。五大特色产业已经成为全市农业增效、农民增收的新亮点。

（四）食用菌政策变出新思路

2012年3月1日起，国家调整香菇出口退税政策，食用菌产业作为随州出口的主要支柱之一，在短时间内受到一定影响，但政策变动也给食用菌产业带出了新思路：一方面推进产业的提档升级，加快从粗加工到精深加工，从手工化到产业化的步伐；另一方面，将销售市场从国外市场，转到国内市场。我国是世界上人口最多的国家，食用菌需求量存在很大的市场空间，之前，为获得出口退税优惠政策，大量品质好的香菇都出口到了国外，忽略了国内市场需求，政策转变后，促使将目光投向国内市场，从下半年国内香菇销售情况和香菇价格上涨超过20%情况看，国内香菇市场的发展前景是值得期待的。

（五）畜牧养殖实现新突破

一是肉鸡产业化基本形成。“亿只鸡”工程湖北同星农业公司是我市家禽规模养殖龙头企业。目前，已建成肉鸡生产基地55个，全年实现家禽出笼7645.82万只。

二是王鸽养殖初具规模。在以沃瑞斯鸽业有限公司、金阳鸽业有限公司等龙头企业带动下，广水市王鸽养殖得到迅猛发展。据统计，2012年广水市养殖王鸽出笼肉鸽400万对（或800万羽），全年销售收入可达1.2亿元，带动就业人员6000余人，全年农民创收约4000万元。

三是“雪花”肉牛培育成功。我市国家肉牛技术体系综合实验站是全国34家综合实验站之一，全省仅此一家，目前第一批36头黄牛已经出栏，所产生的经济效益相当于600头普通肉牛价值，此项技术填补了全省的空白，极大推动我市肉牛饲养发展。

（六）农业机械化达到新高度

全市主要农作物耕种机械化综合利用水平达69%，高于全省（58%）以及全国（52.8%）的平均水平，我市的双利农机制造有限公司是目前为止，我省唯一一家生产联合收割机的农机制造企业。

三、制约农村经济发展的不利因素

（一）农资价格上涨，生产成本增加。2012年以来，全市农业生产资料价格持续高位运行。调查显示，水稻种子价格平均上涨15%以上，玉米种子价格平均上涨10%以上。各种肥料涨幅在10-15%之间。农资价格的大幅上涨，制约了农民收入实质性提高。

（二）自然灾害影响，投入成本增加。2012年长时间的干旱天气，一方面对全市老化的农村基础设施带来了严峻考验，另一方面对农业种植生产带来很大困难，在各级政府大力抗旱的同时，广大农户也积极采取自救，增加了生产设施投入，造成生产成本的大幅增加。

（三）养殖走势不稳，产销压力增加。畜产品及饲料市场行情变化大，尤其牲猪行情最为明显，呈现牲猪价格下跌、饲料价格上涨的突出矛盾。调查显示，2012年11月以前生猪价格一直较低，仔猪平均价格下跌约1.9%，待宰活猪平均价格下跌约13.7%，而从11月起，生猪价格开始回暖，出现了连续性的上涨，畜牧价格走势复杂多变，给养殖户的养殖生产带来很大压力。

（四）农村劳动力缺乏，生产难度增加。由于种植生产周期长、成本高、收益低等多种因素的影响，农村青壮年劳动力大量外出务工，留在家里的基本是老弱妇孺，在农忙时节或是气候不好的年份，生产压力大，无法满足正常的生产需要。

四、促进农村经济发展的几点建议

（一）继续抓好强农惠农政策的落实。一是继续抓好农民负担监督管理。认真贯彻落各项强农惠农政策，对全市涉农乱收费问题进行专项治理，重点抓好惠农“一卡通”发放到户、“一事一议”筹资筹劳、涉农收费等工作，充分调动农民务农积极性。二是抓好农村能源建设工作，加强农村沼气服务体系建设，及时解决农村沼气使用过程中出现的各种问题，提高沼气使用率，确保沼气使用安全。三是继续开展阳光工程培训，创新培训模式，拓展培训领域，破解阳光工程培训存在的难题，加强中职教育管理。

（二）继续抓好农业产业化经营。一是高度重视板块基地建设。坚持围绕企业建基地，进一步完善农业板块基地项目的运作方式，探索以龙头企业、农民专业合作组织为主体，共建原料基地，稳定产销关系。二是培育壮大龙头企业。开展科技创新，实行标准化生产，发展精深加工，创建精品名牌，提高产品附加值和知名度。组织企业参加各类展销会、产品推介会，帮助企业走出去。三是坚持从体制机制创新入手，完善“企业+合作组织+农户”等模式。大力支持和推行农民以土地承包经营权、产品、资金、技术、劳动力等生产要素入股,与龙头企业结成利益共享、风险共担的利益共同体,让农户融入合作组织,更多分享利润。

(三)继续抓好农产品质量安全。一是突出抓好以禁限农药、兽药、渔药为重点的农业投入品监管,从源头上确保农产品生产与质量的安全。二是抓好标准化生产。加快主要农产品生产标准的制订和推广,不断扩大标准化生产技术应用范围。三是抓好市场监管。要严格执行产地准出和市场准入制度,确保让市民吃上"放心菜"、"放心肉"。四是抓好监管队伍建设。加快市、县(市、区)农产品质量安全检验检测中心建设,建立健全市、县(市、区)、乡(镇、办)三级农产品质量安全管理机构和队伍,确保不发生重大农产品质量安全事故。

(四)继续做好畜牧生产趋势分析。专业部门应根据市场行情及生产特性等,认真做好畜牧生产趋势分析,指导养殖户正确把握生产形势,找准节拍,实现产销两旺。

(五)继续抓好农资市场监管。继续加强农资市场监管,加大对重点农资生产经营违法案件的查处力度,严防违禁、假冒伪劣农资在市场上流通和使用。

(作者单位:随州市统计局)

2012年黄冈市农村经济形势分析

张丽娟

今年以来，全市农村经济总体运行良好，主要农产品保持较快发展势头，种植业稳中有增、畜牧、水产养殖业“方兴未艾”。全年实现农林牧渔业总产值505.72亿元，增长4.8%；农林牧渔增加值332.78亿元，增长4.6%。

一、2012年我市农业生产的主要特点：

(1)种植业生产进一步升温，经济总量“独占鳌头”。

2012年农业(种植业)总产值257.35亿元，增长3.1%，占整个农林牧渔服务业的比重为50.89%。

1、粮食作物普遍增长。由于近几年国家持续实行种粮补贴和推广优良品种直补政策，极大地调动了农民种粮积极性。今年全市粮食播种面积803.7万亩，同比增加32.53万亩，增长4.22%；粮食总产312.49万吨，同比增加11.35万吨，增长3.77%；夏粮播种面积154.38万亩，比上年扩大10.29万亩，增长7.14%，总产30.27万吨，比上年增加2.63万吨，幅长9.53%；秋粮播种面积649.32万亩，比上年扩大22.25万亩，增长3.55%，总产282.23万吨，比上年增加8.72万吨，幅长3.19%。其中：稻谷面积578.34万亩，比上年扩大19.26万亩，增长3.44%。总产263.71万吨，比上年增加10.16万吨，增长4.01%。蕲春县、麻城市被评为国家级粮食先进县。

2、经济作物效益增加。随着农产品价格的上涨，经济作物的种植力度不断加大。红安的花生因果壳薄、果仁饱满、品质好，出油率高而闻名全国。武穴市被列为长江流域双低油菜开发项目示范区、国家油料商品生产基地县市，打造了“全国油菜之乡”、“全省油菜大县”的城市名片。麻城的蔬菜成为当地农民脱贫制富的主导行业，大批外销麻城周边的武汉、黄石、鄂州以及河南新县、光山，安徽金寨等20多个城市。已建成鄂东地区面向武汉地区辐射力最强、市场覆盖率最高的大别山蔬菜市场，蔬菜产品的储藏保鲜、保值增值具有较高保障。罗田县的药材品种在境内有655种，分别隶属于169科。是品种齐全，药性资源丰富少有地区。

2012年全年油料面积367.26万亩，同比增加13.46万亩，增长3.8%；油料产量52.68万吨，增加1.22万吨，增长2.38%；油料价格上涨较快。油菜籽价格4.46元/公斤，同比增长19.25%；蔬菜面积170.06万亩，同比增加17.54万亩，增长11.5%；蔬菜产量267.75万吨，同比增加6.21万吨，增长2.37%；季节性蔬菜价格普遍好于上年，如：茄子、冬瓜、包菜平均价格增长20%以上。药材种植面积55.32万亩，同比增加11.67万亩，增长26.74%。棉花种植面积扩大，总产量大幅增长。棉花产量9.33万吨，同比增加1.03万吨，增长12.47%；

(2)林业生产成效显著，争得农村经济“一席之地”。

2012年林业总产值8.03亿元，增长15.2%，占整个农林牧渔服务业的比重为1.59%。

1、生态建设顺利开展。2012年全市共完成荒山、荒沙造林面积34.07万亩，同比增加15.32万亩，增加长

81.60%;其中:人工造林29.87万亩,同比增加11.12万亩,增长59.26%。无林地和疏林地新封面积4.2万亩。四旁零星植树3.07万亩,同比增加0.25万亩,增长9%。

2、林特产品价格上涨快、效益好。板栗、油茶籽、茶叶是黄冈主要林特产品,是当地农民收入的主要来源之一。罗田县作为全国板栗之乡,板栗种植面积、产量均居全国首位,有"中国栗都"之称。全市板栗产量7.85万吨,同比减少2.7万吨,减幅为25.66%。由于干旱影响,板栗减产,但价格倍增。2012年板栗价格10500元/吨,同比增加4050元,增长62.79%。全市油茶籽种植广泛,种植面积、生产产量位居全省之首。全年茶籽产量2.27万吨,同比增加0.12万吨,增长4.87%。油茶籽价格3869元/吨,同比增加426元,增长12.37%。

(3)畜牧业生产持续上升,占据农村经济近"半壁江山"。

2012年全市畜牧业实现总产值173.02亿元,增长5.8%,占整个农林牧渔服务业总产值34.21%。

2012年生猪150新增模式栏舍1178栋,增长21.3%;肉牛165新增模式栏舍304栋,增长10.6%;新增标准化鸡舍641栋,增长17.8%。全年生猪出栏483.53万头,同比增加23万头,增长4.99%,牛出栏45.52万头,同比增加1.83万头,增长4.2%;羊出栏68.9只,同比增加1.28只,增长1.9%。家禽出笼5738.47万只,同比增加1179.82万只,增长25.88%。出售禽蛋55.34万吨,同比增加0.6万吨,增长1.1%。牛奶产量13.9万吨,同比增加5.4万吨,增长63.9%。

家禽增长快速的原因是:大量社会资本进入家禽养殖行业,提高了家禽养殖速度。如:华莱士集团旗下湖北同一食品有限公司落户罗田县。该公司集肉鸡产品开发、生产、销售于一体,主营西式快餐企业,连锁店已达3800多家。2012年,该公司日屠宰量10万只,全年共屠宰加工肉鸡1000多万只,带动了罗田肉鸡产业快速发展。

(4)水产业生产增势强劲,在农村经济的地位"举足轻重"。

全年实现渔业总产值56.5亿元,增长7.3%,占整个农林牧渔服务业的比重为11.17%。

2012年全省以"挖万塘、强基础、惠民生"为主题的万名干部进万村挖万塘的"三万"活动在黄冈开展得如火如荼,省、市加大了对渔业生产的扶持力度,改造了精养鱼池,增加了养殖面积,全年淡水养殖面积135.94万亩,同比增加0.5万亩,增长3.8%。水产品产量45.42万吨,同比增加3.26万吨,增长7.74%。

二、农村经济发展中存在的问题

1、农村劳动力严重不足,影响农业生产的稳定。受种田与务工比较效益和耕种土地面积、环境的影响,目前,农村80%以上有一定文化、一定技能的中、青、壮年劳动力外出务工和经商,只剩下老人和妇女,种田能力、科技水平和接受新技术能力较差,部分地方在家农民也只种好田好地,少数地方出现抛荒现象。

2、农资价格普遍上涨,挤占了农民增收成果。一是由于受能源和原材料、种子价格上涨、运输成本上升等多种因素影响,导致生产资料幅度上涨;据调查,全年国产尿素、碳酸氢铵、国产磷酸二铵、普通过磷酸钙和钙镁磷肥的均价分别为每吨2303.09元、779.55元、3270.76元、609.69元和627.39元,比上年同期分别上涨361.09元、110.78元、227.64元、89.79元、83.29元,涨幅分别为18.6%、16.6%、7.5%、17.3%、15.3%;氮磷钾含量25%、30%和45%的国产复合肥价格分别为每吨1636.44元、1949.35元、2922.56元,比上年同期分别上涨168.37元、251.27元和405.43元,涨幅分别为11.5%、14.8%和16.1%;0号农用柴油价格为每升7.17元,比上年同期上涨0.90元,涨14.4%。二是农业生产辅助成本进一步增加,人工和机械作业费逐年上涨,种田利润空间越来越小,粮价涨幅有限,影响农民种田的积极性。

三、农民对政府的几点期盼:

一盼政府及政府相关部门要抓好生资供应市场和生资物价监管工作，切实保证农民利益不受伤害。

二盼粮油、肉蛋等农副产品能出售好价钱。希望政府适当提高农民生产的农副产品价格，多给农民补贴，让农民得到实惠。

三盼科技人员多下乡指导农林牧渔业生产和畜牧防疫治病工作。尤其是要对种养大户实行协约性、合同性技术指导。

四盼政府加大农田水利设施维修资金投入，加强大中型水库、渡槽、泵站、渠道维修管理和协调矛盾的工作力度，确保农业生产需要，确保农业稳定发展，确保农民持续、稳定增收。

（作者单位：黄冈市统计局）

2012年咸宁市农村经济形势分析

施良池　张学锋

2012年以来，全市“三农”工作结合“喜迎十八大、争创新业绩”主题实践活动，以农业增产、农民增收为主题，加大农业结构调整力度，不失时机，强化措施，克服了早春持续低温阴雨天气的不利影响，实现了全年农村经济的稳步、快速发展。

一、2012年农村经济运行特点

(一)农业经济总量快速扩增

经核算，全年农林牧渔及服务业总产值237.64亿元(现价，下同)，按可比价计算增长6.2%(下同)，增幅同比提高2个百分点。其中，农业产值124.49亿元，增长3.5%；林业产值10.00亿元，增长10.0%；牧业产值62.51亿元，增长12.3%；渔业产值38.96亿元，增长6.6%；农林牧渔服务业产值1.69亿元。

农林牧渔及服务业增加值145.29亿元，增长4.7%，增幅同比提高0.7个百分点。其中，农业增加值78.07亿元，增长3.0%；林业增加值6.17亿元，增长6.4%；牧业增加值37.78亿元，增长7.1%；渔业增加值22.11亿元，增长6.3%；农林牧渔服务业增加值1.16亿元。

(二)种植业生产态势良好

1、粮食生产实现“九连增”

全年粮食播种面积318.86万亩，增长2.4%；产量103.08万吨，增长2.4%。其中小麦播种面积、产量实现大幅度增长，分别增长17.2%和54.8%，达到14.36万亩和2.08万吨。水稻生产保持相对稳定，种植面积216.67万亩，增长1.0%；产量83.46万吨，增长0.9%。玉米种植29.52万亩，增长8.7%；产量7.86万吨，增长3.9%。薯类种植面积34.57万亩，增长5.2%；产量7.01万吨，增长6.5%。

2、经济作物有增有减，特色产业进一步凸显

(1)蔬菜产业继续扩大。蔬菜种植面积132.57万亩，增长2.8%；产量220.36万吨，增长5.8%。

(2)茶叶产业扩张迅猛。全市茶叶进入新的发展时期，全年新增茶叶面积1.96万亩，茶叶总面积达到21.25万亩，增长10.2%。茶叶采摘面积14.68万亩，增长14%；茶叶产量21393吨，增长12.3%。

(3)园林水果生产进入丰产期。年末实有园林水果面积35.14万亩，增长1.3%；产量大幅提升，总产水果65819吨，增长33%。

(4)棉花呈“三增”态势。全年棉花生产快速增长，播种面积5.43万亩，增长37.3%；总产皮棉5210吨，增长44.5%；籽棉单产270公斤，增长6.2%。

(5)油菜种植面积扩大。全年油菜种植面积98.32万亩，增长11.9%；产量7.38万吨，增长4.2%。

(6)苎麻呈持续下降趋势。全年苎麻种植面积7.97万亩，下降23.6%；产量9701吨，下降26.9%。

(三)生态林业快步推进

以建设“生态咸宁、绿色咸宁”为目标,进一步巩固营林造林面积,全年实现人工造林31.30万亩,增长43.5%。其中新增竹林4.81万亩,增长52.4%。竹木采伐有增有减,其中木材采伐21.54万立方米,下降9.9%;楠竹采伐1490万根,增长12.1%。三大主要林产品“两增一减”,油茶籽19384吨,增长11.2%;竹干笋4863吨,增长14.7%;板栗1206吨,下降13.4%。

(四)畜禽生产能力迅速扩大

2012年,全市加快畜禽生产能力建设,鼓励企业、农户发展畜禽生产,崇阳示阳农牧集团和咸安温氏集团加快“公司+基地+农户”发展模式,使畜禽生产呈现良好发展势头。一方面,各主要畜禽产品出栏(笼)量大增。全年牲猪出栏243.63万头,增长20.2%,其中崇阳牲猪出栏突破60万头、咸安突破40万头,共同向全国牲猪大县目标迈进;牛出栏2.18万头,增长7.0%;家禽出笼4198.44万只,增长6.8%;羊出栏16.33万只,增长2.4%。另一方面,年末存栏(笼)同步增长,为2013年畜牧生产奠定了坚实的基础。牲猪存栏182.62万头,增长18.0%,其中能繁母猪存栏14.84万头,增长14.3%;牛存栏14.73万头,增长12.7%;家禽存笼2273.04万只,增长11.1%;羊存栏15.37万只,增长10.6%。奶业发展迅猛,奶量成倍增长,现代牧业集团通山万头奶牛基地全面投产带动了全市奶业快速发展,全年牛奶产量达到4.55万吨,同比增加3.3万吨,增长2.2倍。

(五)渔业生产实现恢复性增长

2012年全市渔业生产摆脱上年旱涝自然灾害影响,实现强力反弹,渔业发展在突出“三个转变”,主推“三新”养殖基础上,着力资源养护,强化科技服务,促进了水产品的快速恢复增长。全市水产品总量21.56万吨,增长6.6%,其中淡水养殖产量19.94万吨,增长6.6%,占水产品产量92.5%;淡水捕捞产量1.62万吨,增长6.0%,占水产品产量7.5%。全年水产品放养面积达到82.7万亩,增长1.2%。其中名特优放养面积保持稳定,放养面积为67.1万亩,占全部放养面积的81.1%,产量18万吨,占水产品产量比重83.7%;生态养殖面积29.1万亩,占放养面积的35.2%。

(六)外出务工人员和劳务经济实现“双突破”

全市农村外出从业人员首次突破50万人,达到50.67万人,增长1.7%,增幅同比下降2.7个百分点。劳务经济总收入首次突破100亿元,达到103.34亿元,增长18.6%。外出从业人员占农村总人口的23.06%,占农村从业人员的47.01%。劳务经济在促进县域经济发展,推进新农村建设,增加农民收入,提高农民生活水平等方面发挥着越来越重要的作用。

(七)农副产品加工业产值占比突破2.0

伴随着全市工业经济的快速发展,全市农副产品加工产值迅速增长。2012年全市农副产品加工产值达到485.34亿元,较上年增加132.19亿元,增长37.4%,农副产品加工产值占农林牧渔业总产值比重由上年1.80提高到2.04。其中咸安占比为3.86,嘉鱼为2.29,赤壁为2.85,通城为0.68,崇阳为0.43,通山为0.36。

二、推动全市农村经济发展的三大因素

1、中央惠农政策和各级领导对“三农”工作的重视,保护和调动了农民生产积极性。中央各项惠农政策的强力推动,粮食最低收购价的进一步提高,有力保护了农民从事农业生产的积极性。市、县出台相应扶持政策,如加快茶叶、畜牧业和渔业发展政策以及农业保险政策的实施等,增加了农业发展的动力和活力。

2、自然灾害减少,气候因素有利农业生产的发展。尽管去年早春持续低温阴雨天气对农业生产产生了一定影响,但相对2011年旱灾水涝而言,全年气候正常,风调雨顺,特别全省大范围的夏旱和病虫害均未影响咸宁各业生产,有利气候为种植业和渔业增产丰收创造了良好的条件。

3、农业基本条件得到一定改善，保障了生产基本需要。①随着农村土地整治和农田水利基本建设力度的加大，以及“挖万塘”活动的开展，农业灌溉条件得到进一步改善。全市有效灌溉面积达到131.45万亩，占常用耕地面积55.9%，比重提高2个百分点；机电排灌面积达到65.5万亩，占常用耕地面积28.6%，比重提高1个百分点。②农业机械化程度进一步提高。全市农业机械总动力达到168.06万千瓦，增长7.0%；新购置各类农机具1722台。全市机耕面积达到231万亩，机收面积180万亩，水稻机插秧面积达到34万亩，机械化作业均有不同程度的提高。

三、影响农村经济发展的制约因素

尽管2012年全市农业生产取得了较大成就，农村经济取得了较大发展，但制约农业生产和农村经济发展的因素依然存在。

1、农业生产资料价格总体呈上涨趋势，影响农业比较效益提高。受经济发展和通货膨胀等诸多因素影响，去年全市主要农业生产资料价格（包括饲料等）上涨较快，部分抵消了农业增产和惠农政策带来的效应，制约了农民收入实质性提高。

2、农村留守劳动力文化素质偏低，制约现代农业发展。全市共有107.78万农村劳动力，但从事农业生产的仅占35.8%，且留守劳动力大多为50岁以上人员。劳动力文化素质偏低，较大程度上影响了农业生产专业化、规模化、集约化程度提高，影响全市农业深度开发。

3、农业生产条件未得到根本性改善，农业发展基础仍脆弱。近年来，全市投入大量资金改善农业生产设施，取得一定成效。但由于历史及基础等原因，设施老化、陈旧、毁损较为普遍，抗灾能力弱，尤其在水利和渔业生产方面较为突出，农业发展受自然灾害约束性大，发展缺乏稳定性保障。

四、促进农村经济发展的五点建议

1、强化“三农”政策贯彻落实。围绕2013年中央一号文件贯彻落实，将发展举措落到实处。因地制宜发展咸宁特色产业，筑牢农业发展基础。

2、加快土地流转，提高土地利用率。加快制定土地流转政策，鼓励农民将不种的土地合理地流转，减少土地抛荒、闲置，提高土地利用率，鼓励农业向集约化、规模化、产业化发展。

3、加大土地整治，加快改善土地利用条件。充分利用中央政策，加快农田基本条件建设，及时改造、更新旧设施，为全市农业生产发展创造更加有利条件。

4、维护农资市场稳定，保护农民收益。健全监管体系，落实农资市场长效管理措施，对主要农资如种子、农药、化肥、饲料等进行动态监测，维护农资价格稳定，对违法坑农行为坚决打击，严厉处罚。

5、加大农业机械化推广力度。进一步提高农业机械化作业水平，增加作业面积，拓宽服务领域，加快现代农机化服务体系建设。加快机耕道建设，建立适应农业机械化生产的有利条件。

（作者单位：咸宁市统计局）

2012年恩施州农村经济形势分析

赵秋平　汪文霞

2012年，恩施州各级党委政府认真贯彻中央和省委关于“三农”工作的决策部署，紧紧围绕农村发展、农业增效、农民增收这一主题，以转变农业发展方式为主线，以科技创新为动力，积极争取和落实一系列强农惠农政策，积极推进农村产业结构调整，走特色开发、绿色繁荣、可持续发展的现代农业之路，在前期极端天气对农业生产造成不利影响的情况下，全州农村经济仍然保持平稳增长的良好态势。2012年全州完成农林牧渔业总产值209.20亿元，首次突破200亿元大关；实现增加值124.91亿元，同比增长5%。

一、农村经济运行态势

（一）经济总量平稳增长

在中央和地方一系列发展农业政策的指导下，全州上下抢抓建设全国先进自治州和湖北武陵山试验区等重大历史机遇，立足本地资源，强化各项措施，全面落实各项惠农政策，农业生产稳步推进，农林牧渔业全面发展。2012年全州完成农林牧渔业总产值209.20亿元，同比增长7.6%；实现增加值124.91亿元，同比增长5%，增幅高于全省平均增幅0.3个百分点。其中农业增加值70.94亿元，增长5.1%；林业增加值4.59亿元，增长0.9%；牧业增加值47.51亿元，增长5.3%；渔业增加值0.83亿元，增长5.2%；农林牧渔服务业增加值1.03亿元，增长3.9%。

（二）粮油产量稳步提高

随着国家扶持粮食生产的力度逐步加大，粮种补贴、粮食直补、生产资料综合补贴、农机购置补贴、粮食最低收购保护价等一系列促粮发展政策得到了进一步落实。2012年全州落实农机购置补贴资金5971万元、粮食直补3733万元、农资直补27423万元、良种补贴5195万元。补贴种类及金额的不断增加，极大地提高了农民的种粮积极性。2012年全州粮食作物总播种面积达654.44万亩，比上年增加3.54万亩，增长0.5%；全年粮食总产量159.06万吨，比上年增加5.91万吨，增长3.9%，比全省平均增幅高1.67个百分点。全州油料作物播种面积100.86万亩，比上年增加8.01万亩，增长8.6%；油料总产量9.12万吨，比上年增加0.18万吨，增长2%。

（三）特色农业发展加快

2012年，全州上下积极推进产业建设，抓特色、强品牌，以特色农业“万亩乡镇千亩村”工程建设为抓手，按照“一乡一业、一村一品”的发展思路，积极引导老百姓增加特色作物的生产，全州启动建设特色产业专业乡镇28个，新增基地面积30多万亩，为搞活农村经济、增加农民收入、促进农村改革发展注入了新的活力。

一是烟叶面积扩大。近年来我州以现代烟草农业建设为契机，突出山区特点大力发展山区现代烟草农业，有力地促进了全州烟草产业健康持续发展，烟叶生产已逐步实现规模化种植、集约化生产、专业化分工和信息化管理。今年全州烟叶面积70.88万亩，比上年增加4.97万亩，增长7.5%；烟叶总产量9.38万吨，同比增长0.6%。

二是茶叶产量增加。2012年全州年末实有茶园面积107.78万亩，比上年增加13.25万亩，增长14.02%，新发展的幼龄茶园已开始陆续投产，本年采摘面积达79.1万亩，比上年增加11.49万亩，增长16.99%；全年茶叶总产量6.08万吨，比上年增加0.79万吨，增长14.9%。

三是蔬菜、园林水果发展迅猛。近年来，全州大力发展高山蔬菜，并与武汉市签订了蔬菜产销合作框架协议，双方在蔬菜生产和销售领域开展合作，通过组织双方蔬菜生产，流通企业开展产销对接，实现资源共享优势互补，加上公司+基地+农户这一模式的大力推行，使蔬菜产业规模不断扩大。今年全州蔬菜面积176.12万亩，比上年增加0.87万亩，增长0.5%；蔬菜总产量209.06万吨，比上年增加11.02万吨，增长5.6%。园林水果产量23.21万吨，同比增长0.3%。

(四)畜牧生产健康发展，规模养殖明显增多

近年来，州委、州政府高度重视畜牧产业的发展，全州大力推进和培育畜牧大县、大乡、大村、大户和现代畜牧业示范区创建工作，着力提升加工能力和水平，努力实现畜牧产业跨越式发展。恩施市、巴东县已被省农业厅(畜牧局)确认为现代畜牧业示范区，建始、宣恩、鹤峰三县被纳入全省无规定动物疫病区创建县市。新增部级示范场2家、省级示范场10家、州级示范场149家、县(市)级示范场852家，新发展家庭牧场1000户，累计达10517户，新增养殖小区142个，累计达650个。畜牧标准化、规模化养殖取得实质性进展。

一是畜禽产品产量增加。2012年，全州出栏生猪481.78万头、牛12.11万头、羊73.79万只，出笼家禽1108.4万只，同比分别增长5.43%、4.31%、2%和6.5%；生产肉类45.09万吨(其中猪肉产量39.52万吨，同比增长1.7%)、禽蛋2.73万吨，同比分别增长2.87%和2.24%。二是畜禽存栏量增加。12月末，全州生猪存栏446.25万头，同比增长5.92%；牛存栏39万头，同比增长7.29%；羊存栏77.05万只，同比增长21.18%；禽存笼974万只，同比持平。三是能繁母畜的增长使全州自供仔畜及生猪出栏得到了保障。12月末，全州存栏能繁母猪46.67万头，比2011年底的44.91万头增长3.92%。

(五)劳务经济蓬勃发展，农民收入逐步提高

2012年，我州启动了以“送岗位、送信息、送信心、送培训”为主题的就业援助月活动，通过“春风行动”、“阳光工程”、“雨露计划”等措施，千方百计促进农民工就业，并采取转移就业、农民工维权、福利保障宣传等多种形式，努力增强外出务工人员的信心，全年完成阳光工程培训4.88万人。截至12月底，全州外出从业人员81.29万人，同比增长0.98%；农民人均纯收入4571元，比上年增加632.46元，增长16%，增幅高于全省平均增幅6个百分点。

(六)农业结构调整步伐加快

近年来，恩施州以农业增效、农民增收为目标，坚定不移地推进农业结构战略性调整，以地区优势资源为基础，以龙头企业为引领，不断加大科技推广力度，发展壮大特色产业，以品牌建设提升农业产业化水平，突破性发展农产品加工业，2012年农村经济全面发展。其中畜牧业、蔬菜、烟叶、药业、茶叶、干鲜果已成为促进我州农业产业结构调整和州域经济发展的主要支柱产业。目前，恩施黄牛肉、恩施黑猪肉获国家质检总局地理标志产品保护，“恩施玉露”茶、“思乐”畜产品、“大山鼎”蔬菜、清江源烟叶等产品已走出大山，市场认知度和市场占有率明显提高。2012年全州六大支柱产业产值达144.92亿元，占农林牧渔业总产值的69.27%，比去年同期提高0.87个百分点，已成为财政增税、农民增收的骨干力量。

二、存在的问题

(一)极端天气对农业生产造成不利影响

上半年，全州种植业遭受前期低温阴雨寡照、后期干旱等灾害天气，对夏粮夏油生产造成不利影响，低山地区马铃薯减产明显，夏粮夏油产量同比分别下降3.9%和1.1%。马铃薯晚疫病、茶饼病、水稻白背飞虱给马铃薯、茶叶等农作物生产带来较大损失，对水稻的前期正常生长影响较大。

（二）农业生产资料价格上涨，挤占了农民增收空间

2012年，全州农业生产资料价格总指数为104.8%。其中：杂交水稻和杂交玉米涨幅在5%以上；农药涨幅达10%左右；除草剂涨幅在20—30%；复合肥涨幅为11%；农膜涨幅在5%以上，从而加大了农民的农业生产成本，农产品价格的上涨空间被农资价格上涨以及加工流通环节所挤占，农民进一步增收难度加大。

（三）留守劳动力素质偏低，制约现代农业发展

由于种植业比较效益偏低，很多地方的农村青壮年劳动力大多外出务工，留守在家从事农业生产的多数是50岁以上的老人和妇女，普遍存在劳动力年龄偏大、文化水平低、农业科技推广难度大等问题，种粮大户雇工难、用工成本高的现象日益突出。目前农村劳动力价格有些地方达120元/天左右，同比上涨20%以上，造成生产成本大幅度上升，同时留守劳动力素质偏低，青壮劳动力紧缺，已成为制约当前现代农业发展的现实问题。

（四）农产品精深加工滞后，附加值低

农业产业化程度不高，农产品精深加工企业少，规模小，产品附加值低。大部分农产品仍以初级方式走向市场，缺乏强势的龙头企业和知名品牌带动，资源优势还没有完全转化为经济优势。2012年，全州完成农产品加工产值（2000万以上规模企业）116.91亿元，与农业总产值之比仅为0.56:1，虽然完成了省下达的目标任务，但离全省平均水平还有较大差距。

三、思考与建议

（一）加大农业生产基础设施建设，增强抗灾能力

紧紧抓住国家西部大开发以及武陵山试验区建设的机遇，多渠道、全方位筹措资金，加大农村交通、教育、卫生等基础设施方面的投入，切实抓好农田水利建设，增强农业生产抗外界干扰和农田抗灾自救能力。

（二）加强农业生产资料价格管理，确保农民增产增收

加大宏观调控力度，坚持政府对农产品市场进行的必要干预，加强对主要农产品价格保护，平抑农产品价格剧烈波动，加强对农资价格监管，尤其加强种子、化肥、农药等农业生产资料市场的监督检查力度，避免农资价格上涨抵消农民实惠。

（三）加大结构调整力度，加快农业产业化进程

围绕“三州”战略，大力发展畜牧业、蔬菜、烟叶、药材、茶叶、干鲜果等主导产业，不断扩大特色农业板块基地建设，围绕特色优势产业，推进农业产业化经营，加大对龙头企业的政策、资金、技术支持力度，特别是对农产品加工企业要出台相关扶持政策，扩大企业规模，搞好产品升级换代，努力提高农产品附加值，延伸农业产业链，将资源优势转化为经济优势，促进恩施州农村经济健康快速发展。

（作者单位：恩施州统计局）

2012年天门市农村经济形势分析

彭井岗

2012年，市委、市政府坚持以科学发展观为指导，以农业增效，农民增收为核心，调整农业结构，转变农业发展方式，在战胜旱、涝、病、虫等多种自然灾害后，农村经济稳步发展，农业经济总量增加。全年实现现价农林牧渔业总产值101.23亿元，同比增长4.6%；其中：农业产值49.61亿元，畜牧业产值26.04亿元，渔业产值23.01亿元。增加值66.39亿元，同比增长4.3%。

一、全年农村经济形势

（一）种植业总量增加

2012年农业总产值49.61亿元，比上年的45.63亿元增加3.98亿元。

1、粮食：今年全市粮食总产69.41万吨，同比增长2.4%，总产增加的主要原因是面积扩大。

2012年粮食面积产量与上年对比

	单位	2012年	2011年
全年粮食面积	万亩	188.43	174.51
总产	万吨	69.41	67.80
一、夏粮面积	万亩	80.05	77.90
总产	万吨	15.77	15.67
其中：小麦面积	万亩	72.52	64.20
总产	万吨	13.57	13.05
二、秋粮面积	万亩	108.38	102.60
总产	万吨	53.65	52.13
其中：稻谷面积	万亩	89.36	84.58
总产	万吨	48.20	47.44
黄豆面积	万亩	10.28	12.63
总产	万吨	2.26	2.51
玉米面积	万亩	7.88	4.67
总产	万吨	2.79	1.92

2、棉花：今年全市棉花面积为56.96万亩，比上年的59.31万亩减少2.35万亩，减幅为4.0%，但由于单产的提高（亩产94公斤，比上年增5公斤），实现总产5.33万吨，比上年5.23万吨增0.1万吨，增2.0%。

3、油料：全市今年油料面积为81.18万亩，比上年的87.05万亩减少5.87万亩，减幅为6.7%，但由于单产水平的提高，总产仍达到11.05万吨，仅比上年减0.3%。。

（二）畜牧业生产稳定增长

畜牧生产各项指标稳步增加。2012年我市全年生猪出栏100.17万头，同比增长6.4%，家禽出笼1219.04万只，同比增长5.9%，牛出栏2.77万头，比上年比增10.8%，羊出栏1.17万只，比上年增14.7%，禽蛋产量5.18

万吨，比上年增1.4%。

1、标准化规模养殖发展迅猛

全市现有万头以上大型猪场25家，5万只以上的良种蛋鸡养殖场13家，30万只以上肉鸭养殖场4家，500头以上的肉牛育肥场2家，有各类养殖小区74个。全市生猪规模养殖出栏数占总出栏数的75%以上。共有标准化规模养殖场28家，有部级标准化示范场1家，省级标准化示范场5家，市级标准化示范场11家。

2、畜禽产业基地初步形成

全市形成了以岳口、渔薪、多宝等天西平原地区乡镇为主的优质三元猪板块基地，年出栏生猪70万头左右；以石河、九真、拖市等乡镇为主的优质江汉鸡板块基地，年饲养量达到400万只以上；以多祥、麻洋、佛子山等乡镇为主的肉鸭板块基地；以汉江、天门河、汉北河区域为主的"一江两河"肉牛养殖板块基地。

3、畜产品加工企业初具规模

近年来，随着江苏雨润集团200万头生猪屠宰深加工项目、武汉德丰农业有限公司1000万只肉鸭屠宰深加工项目，湖北杰隆生物利用猪血提取生物蛋白项目的落户，全市畜产品加工企业初具规模，到2012年底，共有各类加工企业48家。

（三）渔业生产持续发展

近几年，由于水产品价格一直处于较好价位，水产养殖效益可观，同时随着天门市耀堂特种水产养殖公司及湖北正和食品有限公司等一系列龙头企业的带动，我市水产品养殖规模及名特优产品呈现稳定上升的态势。今年水产养殖面积达到22万亩，比上年增加1万亩，全年水产品产量为12.05万吨，同比增0.54万吨，增长6.0%。

（四）外出人员稳定

长期以来，我市外出从业人员稳定在30万人以上，2012年，我市外出从业人员33.45万人，同比增1.9%。

（五）农民收入增加

据天门市100户农村住户抽样调查资料显示，2012年我市农民人均纯收入为8507元，同比增加1100元，增长14.8%，呈全面增长态势。

1、工资性收入迅速增加。资料显示，天门市农民人均工资性收入为3128元，同比增长395元，增长14.5%。

2、家庭经营收入稳步增。全市农民人均家庭经营纯收入为4919元，同比增加657元，增长15.4%。其中，一产业人均纯收入为4141元，同比增长13.5%；二产业人均纯收入为680元，同比增长25.2%；三产业人均纯收入为98元，同比增长27.3%。

3、转移性收入大幅增。2012年天门市农民人均转移性纯收入为270元，同比增加70元，增长30.4%。

二、农村经济运行中存在的主要问题

1、农业自然灾害增多。今年上半年的连绵阴雨和下半年的持续干旱给我市农业生产带来不小的压力。

2、农产品价格不稳定，让农民深感种养风险愈来愈大，农民收入的不稳定性加剧。我市是一个棉花生产大市，棉花产量在5万吨以上，2010年，籽棉价格7元/斤，今年为4.2元/斤，5万吨的产量受价格因素的影响使我市农民收入比2010年减少7.56亿元。

生猪价格近年也处于大幅振荡波动中，元至9月，生猪价格为7.40元/斤，价格指数是83.13%。在农产品价格暴涨暴跌和农资价格不断上涨的双重作用下，农民收入的不稳定性加剧。

3、农民工输出质量亟需提升。全市外出务工人员33万，人数虽多，但整体素质仍不高，普工多、技工少，影响了转移输出的质量和劳务收入。

4、农业生产资料仍处高位，2012年农业生产资料价格指数为109.9%。

三、几点建议

1、加大对农村基础设施建设的投入力度，增加农业发展的后劲。尽管近几年对农村基础建设不断加强，但农业抗灾能力依然脆弱，建议进一步加大基础设施建设力度，特别要加强河堤、沟渠、道路等农村基础设施建设，立足当前，着眼长远。提高农业抵御自然灾害的能力，降低农业生产风险。

2、加强农业科技和技术服务体系建设。一是加强农业服务体系建设。着力构建以公益性服务为主体，以社会化服务为补充的新型农业服务体系，着力构建管理在市，服务在基层的农技推广新体系。二是推进农业科技进村入户。广泛开展农业科技培训，抓好新型农民培训和农技人员知识更新，采取多种形式加强对农民的科技培训。三是增加经费投入。着力创新农技推广手段。以农业实用技术为重点，积极培育科技示范户，全力抓好农技推广工作。

3、相对稳定农产品价格，降低农民种养风险。

4、推进制度建设，引导农业地适度规模集中，从传统农业向规模化、专业化过渡。提高农业效能。提升现代农业发展水平。

（作者单位：天门市统计局）

2012年神农架林区农村经济形势分析

金立新

2012年，神农架林区党委、政府认真贯彻落实各项强农惠农政策，以农业增效、农民增收为核心，大力推进农业科技创新，优化调整农业结构，促进优势主导产业发展，加快传统农业向现代农业转型步伐，农业经济保持平稳发展态势。

一、农村经济和农业生产运行良好

2012年，全区实现农林牧渔服务业总产值31636万元，同比增长10%，其中种植业产值18859万元，林业产值2272万元，牧业产值10019万元，渔业产值153万元，农林牧渔服务业产值333万元，同比分别增长9.68%、45.2%、2.24%、13.7%和4.8%；实现农林牧渔服务业增加值16410万元，同比增长9.4%。

（一）*种植业生产平稳发展，经济类作物拉动种植业经济增长凸显* 今年我区农业种植业生产形势良好。一是今年为提高农业生产效益，积极优化农作物种植结构，在稳定粮食作物种植的前提下，积极扩大以中药材为主的其他经济作物种植面积，全年农作物种植面积154009亩，其中，粮食作物98487亩，同比下降5.6%；经济作物58181亩，同比增长10%；其他农作物3768亩，同比增长14%，粮经作物种植比例合理调整，经济效益明显提高。二是粮食生产平稳发展。粮食单产209公斤，同比增长5公斤，粮食总产实现20598吨，同比增长2.6%，粮食生产总体呈平稳增长态势。三是经济作物种植面积明显增加，今年种植烤烟3172亩，同比增长2.5%，实现烟叶收购568.8吨，创历史新高；四是以发展设施农业为契机，建立大棚蔬菜基地，全年蔬菜面积28123亩，（圆满完成十二.五蔬菜面积最低保有量计划）同比增加1555.8亩，蔬菜产量38034吨，同比增长2.1%；五是茶叶产业发迅速，今年新植茶1568.5亩，茶总面积达15000亩，增长11.6%。经济类面积扩大，为我区农业种植业经济增长奠定了有利的基础。

（二）*林产品产业发展强劲，产品产量、价格双丰收* 今年林产品产量、林产品价格创历史新高，林下产业强有力的发展，对拉动整个农村经济增长起到了决定性的作用，主要体现在：核桃产量479吨，同比增产45吨，增幅10.4%；板栗产量938吨，同比增产121吨，增幅14.8%；水果产量431吨，增幅29.5%；发展神农架百花蜜21969箱，蜂糖产量93吨，产值930万元，同比增长40%。药材类种植面积空前提升，全区中药材种植面积17551亩，同比增加4445.5亩，增幅33.9%；

（三）*畜牧业生产喜忧参半，规模养殖有待提高* 畜牧业生产在农业经济中占有重要的地位，生产形势直接影响着农村经济的总体质量。2012年，林区畜牧业生产继续保持平稳发展：全年生猪出栏50200头，同比下降12.5%；牛出栏1239头，同比增长6.3%；羊出栏13807只，同比下降2.1%；家禽出笼331949只，同比增长11.3%；肉产量5424吨，同比下降3.7%。其中：猪肉产量4358吨，同比下降9.0%；牛肉产量151吨，同比增长0.1%；羊肉产量270吨，同比下降7.3%；禽肉产量447吨，同比增长10.5%；禽蛋产量296吨，同比下降28.1%。

年末生猪存栏39880头，同比下降5.9%；年末大牲畜存栏6881头，同比下降14.1%；年末山羊存栏22790只，同比下降6.9%；年末家禽存笼258136只，同比增长16.2%。从以上数据不难看出畜牧业生产依然后劲不足，令人担忧。通过摸底调查，其原因是养殖成本过高，散户养殖处于下降趋势，规模养殖户虽然在不断发展，但养殖规模化程度低，科技含量不高，饲养量小以及条件相对较差等问题，终不能起到拉动我区畜牧业增长的杠杆作用。截止2012年底，年出栏生猪150-500头以上的大户为14户；年出栏或存栏牛130头以上的大户1户；年家禽存笼或出笼15000只以上为3户。

二、农民收入不断增长，农村社会保障体制不断完善

近年来，神农架林区积极落实各项支农惠农政策，大力促进农民增收，农村居民收入不断增加，生活条件进一步改善，生活质量稳步提高。

（一）农民收入稳步增长，生活质量不断提高 近两年，神农架积极落实各项支农强农惠农政策，大力促进农民增收，两年里农村居民经济收入不断增加，生活条件进一步改善，生活质量稳步提高。截至2012年底，神农架农民人均纯收入5109.93元，比2011年的4640.33元增加469.6元，年均增长10.12%。

（二）农民外出打工、打工经济收入呈双增 2012年，全区农民外出打工10076人，同比增长13.2%；其中：1-3月外出打工982人，比去年增加236人，同比增长31.6%；3-6月外出打工2004人，比上年减少54人，同比下降2.6%，外出打工6个月以上7209人，比上年增加810人，增长12.7%；月收入501-1000元的占16.3%，月收入1000-2000元占55.1%；月收入2001-3000元占15.3%；月收入在3000元以上占13.3%。随着农民工外出高收入人群的不断提升，全区农民工打工收入总量呈增长势态。

三、当前我区农业发展存在的问题

（一）受地理环境限制，我区农业基础设施差、现代化程度低。虽然国家和地方政府持续不断加大对农业的扶持补贴力度，但由于水利等基础设施差，农业机械化程度低，农业生产“靠天吃饭”的局面没有根本改变，生产效益低。

（二）特色产业少、产业规模小。产业没有形成规模，产品数量少，经济总量小，在市场上就没有竞争力。我区的烟叶、中药材、茶叶、生猪等特色农业，由于规模小，经济的贡献率低，对农村经济增收农民致富推动力不强。

（三）畜牧生产形势不容乐观。从近几年的生猪出栏情况来看，呈下降趋势，主要原因是：一是生猪规模养殖户虽然发展有序，但终不能起到提升我区生猪出栏增长的主力作用，散养户下降，我区生猪生产形势不容乐观；二是生猪市场价格波动频繁，呈现价格下跌趋势，而饲料价格居高不下，生猪饲养利润空间一再被压缩，有的甚至亏本，造成养殖户积极性不高，这直接影响到今后畜牧业的发展趋势。

四、对今后一个时期农村经济发展的建议

（一）认真总结分析我区“农、林、牧、渔、农林牧渔服务业”近年来发展趋势，扬长避短，寻找助推林区农业经济进一步发展途径。目前，畜牧业、经济作物类种植业、林下产业发展潜力大，具有升值空间，有市场、有品牌却没有做大做强；要结合国家惠农强农政策，着重激励壮大林区畜牧业、经济作物种植业生产。在推动发展过程中不能顾此失彼。特别是养殖业，在规模户养殖不成熟的情况下，要鼓励、扶持散养户畜牧业生产，只有规模户、散户共同发展，才能有效保障我区畜牧产品产量平稳增长。

（二）加强农业基础设施建设。面对林区农业基础设施差，各乡镇地理条件差异大的现实，要因地制宜，充分利用林区振兴发展优惠政策，大力实施水利等基础设施建设，改造中低产田，建设高标准的农田、茶园、蔬菜园，提升农业综合生产能力，提高防控自然灾害的能力，确保农业生产增产增效。

（三）神农架不是农业强县（区），生态保护、发展旅游是林区发展方针。林区确定了“旅、农、林”产业链的发展方针，“旅”字当先，如何让“旅、农”有机结合是我们当前应该认真思索的主要问题，如何让旅游发展带动我区农产品二次增值是值得认真研究的课题，相关部门要认真梳理“旅”和“农”二者关系，解放思想、积极探索、科学规划，充分借助我区旅游蓬勃发展之势，让农业、旅游业并肩驱进、互溶互利，从而实现我区农业产业又好又快发。

（作者单位：神农架林区统计局）

1 农村基本情况

农村基本情况

指标名称	农村基层组织情况(个)					乡村户数(万户)	乡村人口数(万人)
	乡镇政府个数	镇个数	办事处	村民委员会	村民小组		
湖北省	**934**	**746**	**220**	**25991**	**210432**	**1084.79**	**4089.38**
武汉市	**10**	**6**	**64**	**2031**	**18175**	**77.29**	**269.97**
武汉市辖区	1		24	292	2230	14.35	44.23
汉南区			4	51	208	2.11	6.56
蔡甸区	3	2	7	283	2031	8.8	31.75
江夏区			8	268	2708	9.74	34.61
黄陂区	3	1	12	584	6221	23.79	80.99
新洲区	3	3	9	553	4777	18.5	71.83
黄石市	**28**	**27**	**8**	**774**	**7677**	**37.59**	**160.02**
黄石市辖区	2	2	4	50	483	3.71	14.26
阳新县	16	16		392	3366	16.37	77.31
大冶市	10	9	4	332	3828	17.51	68.45
十堰市	**106**	**69**	**13**	**1857**	**10482**	**65.57**	**245.47**
茅箭区	3	1	4	42	217	1.09	3.39
张湾区	4	2	4	68	410	1.74	5.45
郧县	19	16		341	1776	12.53	50.05
郧西县	16	9		338	2280	11.79	42.61
竹山县	17	9		249	1470	11.06	42.18
竹溪县	15	8		289	1677	8.42	31.76
房县	20	12		305	1533	10.7	40.6
丹江口市	12	12	5	225	1119	8.24	29.43
宜昌市	**87**	**66**	**20**	**1355**	**8150**	**87.39**	**272.5**
宜昌市辖区	6	2	14	75	654	5.31	18.65
夷陵区	11	9	1	176	1062	13.71	40.31
远安县	7	6		102	476	5.4	15.42
兴山县	8	6		89	497	4.21	12.78
秭归县	12	8		186	1111	10.79	31.58
长阳自治县	11	8		154	970	10.83	36.26
五峰自治县	8	5		97	725	5.94	18.59
宜都市	9	7	1	123	850	9.51	28.91
当阳市	7	7	3	155	934	11.23	34.5
枝江市	8	8	1	198	871	10.46	35.5
襄阳市	**78**	**74**	**21**	**2389**	**14902**	**100.95**	**374.93**
高新区	2	2		27	168	2.37	8.26
襄城区	3	2	4	123	672	5.92	22.28
樊城区	2	2	8	79	626	5.25	19.34
襄州区	12	12	2	420	3095	19.27	79.1
南漳县	10	10		281	1350	11.44	41.14
谷城县	10	9		284	1209	13.33	38.67
保康县	11	10		261	1213	6.31	22.5
老河口市	8	7	2	217	1577	7.68	29.16
枣阳市	12	12	3	507	3600	19.27	72.65
宜城市	8	8	2	190	3600	10.11	41.83
鄂州市	**21**	**18**	**4**	**316**	**4027**	**20.88**	**76.98**
荆门市	**52**	**50**	**7**	**1396**	**9995**	**50.17**	**189.67**
荆门市辖区	9	8	6	246	1725	7.87	27.84
京山县	14	14		405	2346	11.6	44.24
沙洋县	13	13		250	2539	12.7	47.21
钟祥市	16	15	1	495	3385	18	70.38
孝感市	**95**	**72**	**13**	**2945**	**23560**	**104.78**	**416.21**
孝感市辖区				40	339	1.79	6.89
孝南区	11	8	5	453	3493	15.29	58.9
孝昌县	12	8		445	3525	13.8	58.37

续表1

指标名称	农村基层组织情况(个)					乡村户数(万户)	乡村人口数(万人)
	乡镇政府个数	镇个数	办事处	村民委员会	村民小组		
大悟县	17	14		362	3685	13.47	54.73
云梦县	12	9		286	2411	11.78	46.13
应城市	10	10	5	416	3266	15.5	59.67
安陆市	13	9	2	379	3114	11.87	48
汉川市	20	14	1	564	3727	21.28	83.52
荆州市	**102**	**89**	**13**	**2453**	**20472**	**106.87**	**428.59**
荆州市辖区	1			3	11	0.52	2.03
沙市区	5	4	6	73	532	3.08	11.67
荆州区	7	7	3	122	886	6.92	25.79
公安县	16	14		327	3343	18.54	74.66
监利县	21	18		768	6073	25.55	108.42
江陵县	9	7		198	1551	6.3	28.09
石首市	12	11	2	276	2672	11.7	47.12
洪湖市	15	14	2	448	2902	16.31	65.01
松滋市	16	14		238	2502	17.95	65.8
黄冈市	**115**	**97**	**21**	**4314**	**37050**	**154.54**	**580.46**
龙感湖农场			7	55	55	0.78	2.6
黄州区	4	3	4	116	861	5.49	16.06
团风县	10	8		290	2340	9	32.05
红安县	11	10	2	398	3776	13.95	53.35
罗田县	12	8		413	4107	13.19	49.83
英山县	11	8		307	2565	9.76	33.35
浠水县	13	12		649	5765	23.08	82.82
蕲春县	14	13	1	578	4788	20.05	80.08
黄梅县	16	12		485	4071	18.3	75
麻城市	16	15	3	715	5971	26.47	96.81
武穴市	8	8	4	308	2751	14.47	58.51
咸宁市	**64**	**52**	**6**	**901**	**10072**	**52.42**	**216.92**
咸安区	10	9	3	138	2296	9.69	38.96
嘉鱼县	8	8		79	518	7.01	27.73
通城县	11	9		169	1929	9.83	40.07
崇阳县	12	8		186	1872	8.91	38.05
通山县	12	8		187	1743	8.54	36.99
赤壁市	11	10	3	142	1714	8.44	35.12
随州市	**38**	**34**	**7**	**856**	**8200**	**51.79**	**196.67**
曾都区	5	5	4	150	1267	10.42	38.58
随县	19	19		353	2882	20.05	77.55
广水市	14	10	3	353	4051	21.32	80.54
恩施自治州	**83**	**40**	**5**	**2532**	**22962**	**97.62**	**344.34**
恩施市	13	3	3	172	1398	18.03	62.59
利川市	12	6	2	564	6008	22.65	82.31
建始县	10	6		393	3545	12.91	45.09
巴东县	12	10		471	3756	12.78	42.13
宣恩县	9	3		279	2677	8.61	31.78
咸丰县	10	5		263	2406	9.59	33.58
来凤县	8	5		185	1800	7.06	27.12
鹤峰县	9	2		205	1372	5.99	19.74
仙桃市	**15**	**15**	**3**	**638**	**4601**	**27.27**	**115.05**
潜江市	**10**	**10**	**12**	**389**	**2982**	**17.54**	**69.48**
天门市	**22**	**21**	**3**	**778**	**6802**	**30.82**	**127.32**
神农架林区	**8**	**6**		**67**	**323**	**1.3**	**4.8**

续表2

指标名称	乡村从业人员合计		国有农林牧渔场从业人员		
		其中:农业从业人员		农业从业人员	非农业从业人员
湖北省	**2259.91**	**863.49**	**50.89**	**30.04**	**20.85**
武汉市	**141.32**	**49.94**	**6.66**	**2.81**	**3.85**
武汉市辖区	21.01	6.98	2.47	1.23	1.24
汉南区	3.21	2.06	0.25	0.11	0.14
蔡甸区	17.05	6.74	0.21	0.11	0.1
江夏区	17.75	8.26	0.79	0.52	0.27
黄陂区	45.52	15.27	2.04	0.54	1.5
新洲区	36.78	10.63	0.9	0.3	0.6
黄石市	**86.16**	**20.18**	**3.41**	**2.09**	**1.32**
黄石市辖区	7.72	1.62	0.34	0.32	0.02
阳新县	41.48	10.76	2.9	1.63	1.27
大冶市	36.96	7.8	0.17	0.14	0.03
十堰市	**134.81**	**52.08**	**1.91**	**1.15**	**0.76**
茅箭区	1.68	0.42			
张湾区	3.01	1.35	0.01	0.01	
郧县	27.9	11.5	0.13	0.03	0.1
郧西县	24.09	7.71	0.01	0.01	
竹山县	21.58	9.1	0.04	0.03	0.01
竹溪县	15.18	6.23	0.75	0.44	0.31
房县	23.71	7.6	0.61	0.37	0.24
丹江口市	17.66	8.17	0.36	0.26	0.1
宜昌市	**163.27**	**62.3**	**1.2**	**1.06**	**0.14**
宜昌市辖区	10.36	3.94			
夷陵区	23.04	9.32			
远安县	9.66	3.06			
兴山县	8.13	5.06			
秭归县	20.12	9.81			
长阳自治县	22.36	11.26	0.02	0.01	0.01
五峰自治县	10.44	6.18	0.02	0.01	0.01
宜都市	17.94	4.39	0.01	0.01	
当阳市	19.72	7.9	1.15	1.03	0.12
枝江市	21.5	6.44			
襄阳市	**231.82**	**83.84**	**4.08**	**2.58**	**1.5**
高新区	5.09	1.51	0.25	0.18	0.07
襄城区	13.23	3.98	0.04	0.03	0.01
樊城区	10.37	5.36	0.03	0.03	
襄州区	48.5	16.42	1.13	0.47	0.66
南漳县	26.17	8.29	0.59	0.26	0.33
谷城县	23.77	8.04	0.41	0.38	0.03
保康县	15.71	6.92	0.01	0.01	
老河口市	20.48	7.72	0.02	0.01	0.01
枣阳市	43.95	12.95	1.32	0.96	0.36
宜城市	24.55	12.65	0.28	0.25	0.03
鄂州市	**40**	**18.9**	**0.96**	**0.89**	**0.07**
荆门市	**106.82**	**39.02**	**5.44**	**3.01**	**2.43**
荆门市辖区	16.84	6.13	0.02	0.02	
京山县	24.15	8.73	3.72	1.92	1.8
沙洋县	27.47	10.66	0.68	0.31	0.37
钟祥市	38.36	13.5	1.02	0.76	0.26
孝感市	**236.68**	**85.55**	**5.42**	**2.85**	**2.57**
孝感市辖区	3.35	0.94	0.02		0.02
孝南区	30.5	10.62	1.13	0.71	0.42
孝昌县	29.45	10.12			

续表3

指标名称	乡村从业人员合计	其中:农业从业人员	国有农林牧渔场从业人员	农业从业人员	非农业从业人员
大悟县	32.17	15.57	0.22	0.12	0.1
云梦县	31.54	10.31	0.07	0.05	0.02
应城市	33.91	10.73	0.04	0.02	0.02
安陆市	28.17	9.84			
汉川市	47.59	17.42	3.94	1.95	1.99
荆州市	**230.97**	**104.23**	**13.98**	**9.37**	**4.61**
荆州市辖区	1.02	0.26	0.96	0.41	0.55
沙市区	5.97	2.2	0.06	0.06	
荆州区	14.03	6.51	2.52	2.1	0.42
公安县	41.36	21.28			
监利县	55.87	22.34	3.46	2.11	1.35
江陵县	14.91	8.5	1.95	0.77	1.18
石首市	24.59	9.67	0.49	0.41	0.08
洪湖市	36.81	18.82	4.18	3.15	1.03
松滋市	36.41	14.65	0.36	0.36	
黄冈市	**319.45**	**128.78**	**3.9**	**2.25**	**1.65**
龙感湖农场	1.1	0.76	1.71	0.76	0.95
黄州区	9.93	3.8	0.16	0.11	0.05
团风县	17.39	7.17	0.12	0.07	0.05
红安县	27.55	11.62	0.12	0.1	0.02
罗田县	28.83	10.38	0.05	0.02	0.03
英山县	19.72	9.16	0.14	0.1	0.04
浠水县	46.25	20.31	0.28	0.08	0.2
蕲春县	42.49	14.06	0.14	0.14	
黄梅县	38.4	16.5	0.14	0.09	0.05
麻城市	57.68	23.09	0.8	0.59	0.21
武穴市	30.11	11.93	0.24	0.19	0.05
咸宁市	**106.32**	**42.61**	**1.7**	**0.91**	**0.79**
咸安区	18.5	10	0.21	0.16	0.05
嘉鱼县	13.9	5.49	0.55	0.18	0.37
通城县	19.61	7.09	0.03	0.01	0.02
崇阳县	18.72	7.27	0.38	0.24	0.14
通山县	19.33	5.71	0.11	0.03	0.08
赤壁市	16.26	7.05	0.42	0.29	0.13
随州市	**105.96**	**40.47**	**0.02**	**0.01**	**0.01**
曾都区	19.89	7.67			
随县	41.82	16.52			
广水市	44.25	16.28	0.02	0.01	0.01
恩施自治州	**191.34**	**93.94**	**0.01**		**0.01**
恩施市	32.79	17.01			
利川市	43.35	20.94			
建始县	24.79	13.01			
巴东县	24.45	11.3			
宣恩县	17.83	8.51	0.01		0.01
咸丰县	18.58	8.34			
来凤县	17.63	9.19			
鹤峰县	11.92	5.64			
仙桃市	**65.51**	**24**	**1.04**	**0.48**	**0.56**
潜江市	**35.99**	**13.64**	**0.11**	**0.08**	**0.03**
天门市	**60.79**	**19.1**	**1.05**	**0.5**	**0.55**
神农架林区	**2.7**	**1.41**			

耕地情况

单位:千公顷

指标名称	年末耕地总资源	常用耕地面积	水田	旱地	临时性耕地	其中:25度以上坡耕地	年内增加	年内减少
湖北省	**3947.7**	**3390.06**	**1963.13**	**1426.93**	**557.64**	**109.42**	**32.76**	**14.82**
武汉市	**203.82**	**202.12**	**121.33**	**80.79**	**1.7**	**0.03**	**0.81**	**3.51**
武汉市辖区	30.45	29.53	12.04	17.49	0.92	0.03	0.53	1.81
汉南区	10.46	9.85	1.8	8.05	0.61			
蔡甸区	25	24.93	13.8	11.13	0.07			0.59
江夏区	34.89	34.79	21.97	12.82	0.1		0.05	0.69
黄陂区	52.83	52.83	42.41	10.42			0.02	0.3
新洲区	50.19	50.19	29.31	20.88			0.21	0.12
黄石市	**120.41**	**89.57**	**59.03**	**30.54**	**30.84**	**0.68**	**0.88**	**0.91**
黄石市辖区	2.26	1.95	0.9	1.05	0.31	0.02	0.02	0.03
阳新县	65.48	51.89	32.01	19.88	13.59	0.25		0.08
大冶市	52.67	35.73	26.12	9.61	16.94	0.41	0.86	0.8
十堰市	**222.27**	**174.03**	**37.95**	**136.08**	**48.24**	**16.85**	**2.6**	**1.03**
茅箭区	1.57	0.66	0.11	0.55	0.91			0.12
张湾区	4.74	1.29	0.32	0.97	3.45			0.02
郧县	37.49	35.08	6.87	28.21	2.41	0.21	0.26	0.27
郧西县	42.95	26.84	3.33	23.51	16.11	7.49	0.22	0.09
竹山县	38.98	32.19	6.57	25.62	6.79	5.21	0.31	0.15
竹溪县	31.29	28.65	5.68	22.97	2.64	1.76	0.47	0.17
房县	42.62	28.61	8.47	20.14	14.01	2.18	0.99	0.07
丹江口市	22.63	20.71	6.6	14.11	1.92		0.35	0.14
宜昌市	**318.19**	**258.69**	**87.59**	**171.1**	**59.5**	**13.95**	**0.43**	**0.82**
宜昌市辖区	7.1	5.39	1	4.39	1.71	0.69		0.25
夷陵区	36.28	33.52	11.32	22.2	2.76	2.62	0.04	0.12
远安县	16.78	11.91	8.08	3.83	4.87		0.05	0.04
兴山县	22.11	16.16	2.39	13.77	5.95	2.44	0.02	0.01
秭归县	27.1	23.1	3.1	20	4	0.9	0.11	
长阳自治县	50.75	33.65	2.67	30.98	17.1			
五峰自治县	26.87	20.22	0.34	19.88	6.65	6.65		0.02
宜都市	22.42	15.8	6.62	9.18	6.62		0.04	0.22
当阳市	63.12	53.42	29.53	23.89	9.7	0.65	0.01	0.16
枝江市	45.66	45.52	22.54	22.98	0.14		0.16	
襄阳市	**459.66**	**449.59**	**206.43**	**243.16**	**10.07**	**3.79**	**4.6**	**2.14**
高新区	3.8	3.63	1.18	2.45	0.17	0.14	0.14	0.5
襄城区	17.76	17.72	11	6.72	0.04	0.01	0.05	0.09
樊城区	14.88	14.13	6.82	7.31	0.75	0.06	0.19	0.18
襄州区	109.96	108.96	48.85	60.11	1	0.08	0.84	0.19
南漳县	42.65	41.04	22.78	18.26	1.61	0.12	0.39	0.42
谷城县	29.27	28.51	17.17	11.34	0.76	0.35	0.06	0.06
保康县	24.31	22.64	3.62	19.02	1.67	1.17	0.02	0.23
老河口市	44.42	40.44	14.24	26.2	3.98	1.78	0.15	0.1
枣阳市	110.38	110.29	48.57	61.72	0.09	0.08	1.44	0.37
宜城市	62.23	62.23	32.2	30.03			1.32	
鄂州市	**41.13**	**40.55**	**26**	**14.55**	**0.58**			**0.26**
荆门市	**271.7**	**265.02**	**188.09**	**76.93**	**6.68**	**0.96**	**9.91**	**1.05**
荆门市辖区	36.52	34.15	28.36	5.79	2.37	0.21	3.26	0.69
京山县	71.71	69.43	51.28	18.15	2.28	0.72	2.83	0.2
沙洋县	78.32	78.32	62.81	15.51			1.2	0.07
钟祥市	85.15	83.12	45.64	37.48	2.03	0.03	2.62	0.09
孝感市	**305.11**	**262.31**	**201.4**	**60.91**	**42.8**	**5.11**	**1.96**	**0.49**
孝感市辖区	1.65	1.61	1.47	0.14	0.04		0.32	0.08
孝南区	46.53	31.11	25.96	5.15	15.42	0.01	0.13	0.13
孝昌县	34.83	32.2	25.8	6.4	2.63	0.23	0.48	0.02

续表　　　　　　　　　　　　　　　　　　　　　　　　　　　　　　　　单位:千公顷

指标名称	年末耕地总资源						年内增加	年内减少
		常用耕地面积			临时性耕地			
			水田	旱地		其中:25度以上坡耕地		
大悟县	41.19	36.68	28.07	8.61	4.51	4.5		
云梦县	26.61	25.32	18.98	6.34	1.29		0.13	0.02
应城市	38.56	38.21	33.08	5.13	0.35		0.44	0.08
安陆市	49.93	31.98	26.63	5.35	17.95	0.37	0.39	0.11
汉川市	65.81	65.2	41.41	23.79	0.61		0.07	0.05
荆州市	**658.29**	**467.77**	**331.23**	**136.54**	**190.52**		**0.3**	**0.66**
荆州市辖区	0.84	0.83	0.3	0.53	0.01			0.07
沙市区	20.75	12.2	9.56	2.64	8.55		0.06	0.16
荆州区	52.29	35.04	20.75	14.29	17.25		0.19	0.19
公安县	103.97	80.38	47.24	33.14	23.59			0.16
监利县	171.54	137.69	116.05	21.64	33.85			
江陵县	64.67	37.99	28.78	9.21	26.68			
石首市	46.89	39.81	26	13.81	7.08			
洪湖市	111.01	64.19	48.96	15.23	46.82			
松滋市	86.33	59.64	33.59	26.05	26.69		0.05	0.08
黄冈市	**356.95**	**343.48**	**259.77**	**83.71**	**13.47**	**7.85**	**2.6**	**1.54**
龙感湖农场	4.24	4.24	2.9	1.34			0.04	
黄州区	11.81	10.94	4.97	5.97	0.87		0.02	0.26
团风县	18.33	17.86	15.13	2.73	0.47	0.33	0.44	0.07
红安县	40.42	38.64	27.93	10.71	1.78	0.52	0.39	0.3
罗田县	27.64	26.15	20.89	5.26	1.49	0.85	0.12	0.02
英山县	17.53	17.29	14.52	2.77	0.24	0.08	0.16	0.15
浠水县	46.88	44.34	33.48	10.86	2.54	1.13	0.39	0.34
蕲春县	40.93	40.5	34.84	5.66	0.43		0.28	0.06
黄梅县	57.98	54.63	38.28	16.35	3.35	3.15		
麻城市	54.23	53.01	36.75	16.26	1.22	1.22	0.23	0.22
武穴市	36.96	35.88	30.08	5.8	1.08	0.57	0.53	0.12
咸宁市	**197.41**	**156.59**	**111.46**	**45.13**	**40.82**	**22.14**	**2.25**	**0.42**
咸安区	37.94	35.43	26.39	9.04	2.51	0.98	0.02	0.1
嘉鱼县	32.1	28.8	17.18	11.62	3.3		1.43	0.13
通城县	29.5	21.29	15.94	5.35	8.21	5.22	0.01	0.01
崇阳县	35.32	23.29	16.91	6.38	12.03	5.34	0.61	0.16
通山县	28.66	14.83	9.39	5.44	13.83	10.6	0.02	0.02
赤壁市	33.89	32.95	25.65	7.3	0.94		0.16	
随州市	**192.6**	**142.89**	**117.66**	**25.23**	**49.71**	**8.32**	**0.59**	**0.68**
曾都区	29.53	25.69	21.73	3.96	3.84	1.78		0.23
随县	88.51	78.05	62.95	15.1	10.46	6.54	0.13	0.12
广水市	74.56	39.15	32.98	6.17	35.41		0.46	0.33
恩施自治州	**315.91**	**260.49**	**70.48**	**190.01**	**55.42**	**29.25**	**2.82**	**0.89**
恩施市	48.89	47.25	9.63	37.62	1.64	1.12	0.01	0.19
利川市	60.48	58.19	22.15	36.04	2.29	0.97	0.07	0.36
建始县	37.22	33.89	3.52	30.37	3.33	2.66		
巴东县	43.78	35.98	1.9	34.08	7.8	6.26	0.03	
宣恩县	38.83	24.78	9.26	15.52	14.05	4.83	0.03	0.04
咸丰县	40.34	27.1	11.96	15.14	13.24	6.15	2.59	0.21
来凤县	25.63	17.23	9.47	7.76	8.4	5.43	0.04	0.07
鹤峰县	20.74	16.07	2.59	13.48	4.67	1.83	0.05	0.02
仙桃市	**94.82**	**90.54**	**58.1**	**32.44**	**4.28**		**0.29**	**0.03**
潜江市	**72.08**	**72.08**	**37.91**	**34.17**			**1.55**	**0.15**
天门市	**110.48**	**109.8**	**48.63**	**61.17**	**0.68**	**0.01**	**1.17**	**0.17**
神农架林区	**6.87**	**4.54**	**0.07**	**4.47**	**2.33**	**0.48**		**0.07**

农村劳动力文化程度和年龄状况

单位:万人

指标名称	外出从业人员	小学及以下	初中	高中及以上	20岁以下	21岁-49岁	50岁以上
湖北省	**1076.28**	**139.73**	**639.31**	**297.24**	**174.69**	**756.33**	**145.26**
武汉市	**69.38**	**7.08**	**38.99**	**23.31**	**11.08**	**47.14**	**11.16**
武汉市辖区	5.3	0.59	2.8	1.91	0.73	3.73	0.84
汉南区	1.1		0.12	0.98	0.22	0.87	0.01
蔡甸区	6.65	0.49	3.82	2.34	0.89	4.77	0.99
江夏区	10.17	0.92	5	4.25	1.89	6.54	1.74
黄陂区	26.69	3.9	15.68	7.11	3.24	18.77	4.68
新洲区	19.47	1.18	11.57	6.72	4.11	12.46	2.9
黄石市	**47.96**	**5.83**	**32.08**	**10.05**	**8.46**	**35.58**	**3.92**
黄石市辖区	3.16	0.41	1.87	0.88	0.53	2.2	0.43
阳新县	28.26	3.12	20.46	4.68	5.11	22.14	1.01
大冶市	16.54	2.3	9.75	4.49	2.82	11.24	2.48
十堰市	**72.09**	**12.79**	**40.77**	**18.53**	**11.25**	**48.39**	**12.45**
茅箭区	0.84	0.1	0.52	0.22	0.1	0.64	0.1
张湾区	1.22	0.22	0.7	0.3	0.17	0.88	0.17
郧县	13.15	2.1	7.23	3.82	2.47	7.94	2.74
郧西县	15.46	2.33	8.76	4.37	1.7	11.25	2.51
竹山县	12.63	2.38	7.39	2.86	1.92	8.54	2.17
竹溪县	7.23	1.44	3.82	1.97	1.19	4.53	1.51
房县	15	3.62	8.24	3.14	2.82	9.89	2.29
丹江口市	6.56	0.6	4.11	1.85	0.88	4.72	0.96
宜昌市	**67.35**	**6.33**	**37.84**	**23.18**	**9.35**	**48.83**	**9.17**
宜昌市辖区	4	0.23	2	1.77	0.5	3.12	0.38
夷陵区	9.04	0.78	4.36	3.9	1.32	6.15	1.57
远安县	4.82	0.44	2.98	1.4	0.7	3.43	0.69
兴山县	2.22	0.18	1.32	0.72	0.38	1.58	0.26
秭归县	9.24	0.77	5.59	2.88	1.11	7.12	1.01
长阳自治县	10.95	1.86	5.83	3.26	1.66	7.47	1.82
五峰自治县	3.14	0.46	1.73	0.95	0.53	2.13	0.48
宜都市	9.67	0.79	5.5	3.38	1.2	7.07	1.4
当阳市	7.28	0.57	4.09	2.62	1.09	5.31	0.88
枝江市	6.99	0.25	4.44	2.3	0.86	5.45	0.68
襄阳市	**99.16**	**9.94**	**59.86**	**29.36**	**16.47**	**69.01**	**13.68**
高新区	1.22	0.15	0.68	0.39	0.16	0.75	0.31
襄城区	4.79	0.24	2.93	1.62	0.53	3.52	0.74
樊城区	5.62	0.37	3.81	1.44	1.04	4.08	0.5
襄州区	23.89	2.73	12.42	8.74	3.44	16.8	3.65
南漳县	11.66	2.05	7.04	2.57	1.99	7.86	1.81
谷城县	10.97	1.19	7.16	2.62	1.49	7.93	1.55
保康县	6.21	0.96	3.24	2.01	0.92	4.38	0.91
老河口市	8.16	0.66	5.4	2.1	1.8	5.51	0.85
枣阳市	17.01	0.92	10.96	5.13	3.4	11.49	2.12
宜城市	9.63	0.67	6.22	2.74	1.7	6.69	1.24
鄂州市	**15.28**	**1.32**	**8.31**	**5.65**	**2.56**	**10.43**	**2.29**
荆门市	**50.05**	**3.27**	**28.37**	**18.41**	**6.33**	**39**	**4.72**
荆门市辖区	6.69	0.29	3.11	3.29	0.72	5.3	0.67
京山县	13.12	0.48	7.42	5.22	1.48	10.63	1.01
沙洋县	11.29	0.62	6.36	4.31	1.54	8.84	0.91
钟祥市	18.95	1.88	11.48	5.59	2.59	14.23	2.13
孝感市	**127.1**	**16.98**	**78.92**	**31.2**	**20.8**	**89.25**	**17.05**
孝感市辖区	1.82	0.32	1.19	0.31	0.32	1.19	0.31
孝南区	17.42	4.75	8.28	4.39	2.51	11.92	2.99
孝昌县	17.79	1.24	12.8	3.75	3.17	12.66	1.96

续表 单位:万人

指标名称	外出从业人员	小学及以下	初中	高中及以上	20岁以下	21岁-49岁	50岁以上
大悟县	17.59	1.37	10.75	5.47	3.31	12.04	2.24
云梦县	18.25	2.97	12.54	2.74	2.46	13.43	2.36
应城市	17.78	2.07	10.79	4.92	3.2	12.14	2.44
安陆市	15.11	1.89	9.7	3.52	2.31	10.91	1.89
汉川市	21.34	2.37	12.87	6.1	3.52	14.96	2.86
荆州市	**108.21**	**12.8**	**64.79**	**30.62**	**18.1**	**77.58**	**12.53**
荆州市辖区	0.6	0.03	0.37	0.2	0.06	0.49	0.05
沙市区	3.09	0.44	1.05	1.6	0.81	1.88	0.4
荆州区	6.33	0.26	3.6	2.47	0.65	5.15	0.53
公安县	16.89	1.79	10.31	4.79	3.08	12.06	1.75
监利县	31.07	5.4	19.15	6.52	6.05	20.08	4.94
江陵县	5.63	0.74	3.26	1.63	1.32	3.96	0.35
石首市	11.11	1.02	7.49	2.6	1.34	8.21	1.56
洪湖市	14.07	1.35	8.69	4.03	1.97	10.65	1.45
松滋市	19.42	1.77	10.87	6.78	2.82	15.1	1.5
黄冈市	**152.86**	**27.1**	**87.81**	**37.95**	**25.91**	**103.34**	**23.61**
龙感湖农场	0.21		0.21			0.21	
黄州区	4.22	0.55	2.39	1.28	0.49	3.15	0.58
团风县	9.18	1.69	5.6	1.89	1.51	5.95	1.72
红安县	13.44	2.5	7.52	3.42	3.29	7.52	2.63
罗田县	14.72	2.39	8.25	4.08	2.24	10.3	2.18
英山县	10.14	1.76	4.43	3.95	1.61	6.88	1.65
浠水县	24.55	4.58	13.68	6.29	3.46	15.77	5.32
蕲春县	21.71	3.91	12.7	5.1	3.71	14.61	3.39
黄梅县	14.2	2.75	8.3	3.15	2.1	11.8	0.3
麻城市	25.2	4.2	15.4	5.6	4.5	17.2	3.5
武穴市	15.29	2.77	9.33	3.19	3	9.95	2.34
咸宁市	**50.67**	**6.68**	**31.39**	**12.6**	**9.69**	**34.87**	**6.11**
咸安区	6.74	1.17	4.02	1.55	1.55	4.2	0.99
嘉鱼县	6.2	0.65	4.03	1.52	1.12	4.34	0.74
通城县	9.86	1.2	6.32	2.34	1.95	6.94	0.97
崇阳县	10.22	1.54	5.77	2.91	1.7	7.32	1.2
通山县	8.87	1.32	5.94	1.61	1.62	6.29	0.96
赤壁市	8.78	0.8	5.31	2.67	1.75	5.78	1.25
随州市	**49.48**	**5.6**	**29.97**	**13.91**	**8.26**	**34.26**	**6.96**
曾都区	9.17	0.66	5.6	2.91	1.73	6.26	1.18
随县	17.38	2.32	10.47	4.59	3.26	11.99	2.13
广水市	22.93	2.62	13.9	6.41	3.27	16.01	3.65
恩施自治州	**81.29**	**14.4**	**48.04**	**18.85**	**12.83**	**57.48**	**10.98**
恩施市	11.26	2.06	6.8	2.4	1.77	8.01	1.48
利川市	20.68	3.16	13.09	4.43	3.43	14.99	2.26
建始县	9.08	1.17	5.5	2.41	1.38	6.52	1.18
巴东县	8.26	1.45	4.95	1.86	1.22	5.92	1.12
宣恩县	8.63	1.92	5.25	1.46	1.41	5.61	1.61
咸丰县	9.78	1.32	5.81	2.65	1.5	6.84	1.44
来凤县	9.28	2.91	4.15	2.22	1.73	6.38	1.17
鹤峰县	4.32	0.41	2.49	1.42	0.39	3.21	0.72
仙桃市	**31.04**	**3.42**	**19.23**	**8.39**	**5.24**	**22.05**	**3.75**
潜江市	**19.91**	**2.91**	**11.07**	**5.93**	**3.4**	**14.54**	**1.97**
天门市	**33.45**	**3.11**	**21.23**	**9.11**	**4.85**	**23.79**	**4.81**
神农架林区	**1**	**0.17**	**0.64**	**0.19**	**0.11**	**0.79**	**0.1**

农村劳动力外出渠道和从业时间

单位:万人

指标名称	自发	政府有关部门组织	中介组织介绍	企业招收	1个月–3个月	3个月–6个月	6个月以上
湖北省	**777.35**	**93.91**	**74.23**	**130.79**	**90.03**	**210.56**	**775.7**
武汉市	**47.04**	**7.96**	**4.22**	**10.16**	**5.75**	**17.27**	**46.36**
武汉市辖区	3.25	0.62	0.47	0.96	0.88	1.02	3.4
汉南区	0.34	0.09		0.67	0.04	0.24	0.82
蔡甸区	5.15	0.18	0.33	0.99	0.51	1.18	4.96
江夏区	6.16	1.66	0.74	1.61	1.09	2.96	6.12
黄陂区	19.02	3.63	1.13	2.91	2.01	6.66	18.02
新洲区	13.12	1.78	1.55	3.02	1.22	5.21	13.04
黄石市	**35.65**	**3**	**2.79**	**6.52**	**5.38**	**6.69**	**35.89**
黄石市辖区	2.1	0.12	0.27	0.67	0.39	0.8	1.97
阳新县	21.36	1.86	1.51	3.53	2.41	2.33	23.52
大冶市	12.19	1.02	1.01	2.32	2.58	3.56	10.4
十堰市	**50.31**	**8.11**	**5.87**	**7.8**	**6.08**	**13.79**	**52.22**
茅箭区	0.64	0.06	0.04	0.1	0.07	0.1	0.67
张湾区	0.78	0.07	0.22	0.15	0.06	0.21	0.95
郧县	8.79	0.9	1.09	2.37	1.33	3.54	8.28
郧西县	9.55	3.03	1.48	1.4	1.05	2.84	11.57
竹山县	9.45	1.13	0.93	1.12	1.37	2.67	8.59
竹溪县	5.43	0.61	0.36	0.83	0.37	0.94	5.92
房县	10.45	1.86	1.28	1.41	1.52	2.62	10.86
丹江口市	5.22	0.45	0.47	0.42	0.31	0.87	5.38
宜昌市	**45.47**	**6.47**	**5.37**	**10.04**	**5.93**	**14.24**	**47.18**
宜昌市辖区	2.71	0.21	0.18	0.9	0.41	0.74	2.85
夷陵区	5.99	0.76	0.81	1.48	0.77	1.81	6.46
远安县	3.34	0.4	0.36	0.72	0.41	0.9	3.51
兴山县	1.77	0.17	0.11	0.17	0.24	0.43	1.55
秭归县	6.02	1.58	0.7	0.94	0.59	1.49	7.16
长阳自治县	7.2	1.28	1.11	1.36	1.26	2.96	6.73
五峰自治县	2.13	0.29	0.38	0.34	0.31	0.83	2
宜都市	6.07	0.81	0.86	1.93	0.64	1.79	7.24
当阳市	5.04	0.55	0.43	1.26	0.97	1.66	4.65
枝江市	5.2	0.42	0.43	0.94	0.33	1.63	5.03
襄阳市	**72.79**	**7.16**	**6.83**	**12.38**	**9.31**	**21.48**	**68.37**
高新区	0.95	0.09	0.01	0.17	0.13	0.35	0.74
襄城区	3.68	0.25	0.26	0.6	1.3	0.87	2.62
樊城区	4.4	0.15	0.22	0.85	0.83	1.65	3.14
襄州区	16.54	1.77	1.95	3.63	1.36	4.83	17.7
南漳县	8.88	0.6	0.72	1.46	1.11	2.4	8.15
谷城县	9.06	0.49	0.52	0.9	0.87	2.11	7.99
保康县	4.24	0.6	0.48	0.89	0.58	1.6	4.03
老河口市	6.4	0.3	0.86	0.6	0.58	1.33	6.25
枣阳市	12.64	2.16	1.21	1	1.38	3.73	11.9
宜城市	6	0.75	0.6	2.28	1.17	2.61	5.85
鄂州市	**7.96**	**2.16**	**2.55**	**2.61**	**1.56**	**3.53**	**10.19**
荆门市	**35.41**	**4.66**	**4.03**	**5.95**	**3.79**	**8.11**	**38.15**
荆门市辖区	4.22	0.83	0.53	1.11	0.65	1.29	4.75
京山县	11	0.48	0.77	0.87	0.68	1.59	10.85
沙洋县	7.66	1.5	0.83	1.3	0.81	1.52	8.96
钟祥市	12.53	1.85	1.9	2.67	1.65	3.71	13.59
孝感市	**88.15**	**13.31**	**8.94**	**16.7**	**11.58**	**34.91**	**80.61**
孝感市辖区	1.5	0.1	0.03	0.19	0.18	0.7	0.94
孝南区	12.42	1.98	1.13	1.89	1.52	7.03	8.87
孝昌县	10.45	2.94	1.69	2.71	1.86	6.01	9.92

续表

单位:万人

指标名称	自发	政府有关部门组织	中介组织介绍	企业招收	1个月－3个月	3个月－6个月	6个月以上
大悟县	12.28	1.73	1.25	2.33	1.21	3.64	12.74
云梦县	14.34	1.48	1.09	1.34	1.21	5.85	11.19
应城市	13.46	0.76	1.13	2.43	1.24	3.21	13.33
安陆市	10.03	1.75	1.23	2.1	1.57	3.61	9.93
汉川市	13.67	2.57	1.39	3.71	2.79	4.86	13.69
荆州市	**84.62**	**8.23**	**6.09**	**9.27**	**6.34**	**16.41**	**85.46**
荆州市辖区	0.49	0.03	0.01	0.07	0.02	0.08	0.5
沙市区	2.1	0.16	0.09	0.74	0.29	0.83	1.97
荆州区	4.75	0.25	0.34	0.99	0.51	1.65	4.17
公安县	13.03	2.76	0.62	0.48	0.82	2.08	13.99
监利县	24.09	2.53	2.11	2.34	1.71	5.22	24.14
江陵县	4.96	0.31	0.16	0.2	0.4	0.82	4.41
石首市	8.11	0.95	0.68	1.37	0.99	1.69	8.43
洪湖市	12.02	0.27	0.45	1.33	0.41	1.56	12.1
松滋市	15.07	0.97	1.63	1.75	1.19	2.48	15.75
黄冈市	**108.01**	**13.67**	**11.98**	**19.2**	**16.28**	**30.48**	**106.1**
龙感湖农场	0.21						0.21
黄州区	3.15	0.25	0.27	0.55	0.26	0.78	3.18
团风县	6.35	0.9	0.93	1	1.06	2.09	6.03
红安县	7.84	2.17	1.83	1.6	1.63	3.17	8.64
罗田县	10.29	1.34	1.46	1.63	1.78	3.68	9.26
英山县	6.17	1.49	1.01	1.47	0.97	2.42	6.75
浠水县	15	2.17	2.07	5.31	1.86	3.46	19.23
蕲春县	15.69	1.98	1.24	2.8	1.96	3.73	16.02
黄梅县	12.1	0.52	0.41	1.17	1.3	3.3	9.6
麻城市	19.1	1.3	2.1	2.7	4.1	5.3	15.8
武穴市	12.11	1.55	0.66	0.97	1.36	2.55	11.38
咸宁市	**36.52**	**4.06**	**3.43**	**6.66**	**4.82**	**9.11**	**36.74**
咸安区	5.16	0.6	0.58	0.4	0.57	1.02	5.15
嘉鱼县	4.43	0.38	0.53	0.86	0.64	1.12	4.44
通城县	7.57	0.61	0.59	1.09	0.83	2.02	7.01
崇阳县	6.53	1.14	0.78	1.77	1.04	2.05	7.13
通山县	6.68	1.02	0.38	0.79	0.68	1.37	6.82
赤壁市	6.15	0.31	0.57	1.75	1.06	1.53	6.19
随州市	**33.41**	**3.52**	**4.62**	**7.93**	**4.82**	**10.49**	**34.17**
曾都区	5.43	0.6	0.93	2.21	0.8	1.6	6.77
随县	12.25	1.36	1.97	1.8	1.12	3.62	12.64
广水市	15.73	1.56	1.72	3.92	2.9	5.27	14.76
恩施自治州	65.53	6.68	3.94	5.14	4.35	12.6	64.34
恩施市	9.41	0.55	0.66	0.64	0.81	2.18	8.27
利川市	18.37	0.7	0.57	1.04	0.97	2.55	17.16
建始县	7.37	0.51	0.35	0.85	0.51	2	6.57
巴东县	6.23	0.43	0.74	0.86	0.73	1.54	5.99
宣恩县	7.96	0.31	0.16	0.2	0.35	0.82	7.46
咸丰县	5.49	2.5	1	0.79	0.24	1.44	8.1
来凤县	7.29	1.32	0.26	0.41	0.53	1.5	7.25
鹤峰县	3.41	0.36	0.2	0.35	0.21	0.57	3.54
仙桃市	**24.82**	**1.17**	**0.46**	**4.59**	**2.07**	**5.69**	**23.29**
潜江市	**11.98**	**2.49**	**1.99**	**3.45**	**0.79**	**2.21**	**16.91**
天门市	**28.75**	**1.24**	**1.1**	**2.36**	**1.08**	**3.35**	**29.02**
神农架林区	**0.93**	**0.02**	**0.02**	**0.03**	**0.1**	**0.2**	**0.7**

农村劳动力转移地点

指标名称	县内乡外	省内县外	省外	港、澳、台	境外
湖北省	**170.74**	**282.04**	**619.04**	**2.36**	**2.1**
武汉市	**13.25**	**40.57**	**15.16**	**0.03**	**0.37**
武汉市辖区	2.43	2.51	0.34	0.02	
汉南区	0.87	0.14	0.09		
蔡甸区	1.38	4.49	0.78		
江夏区	2.36	5.46	2.35		
黄陂区	3.09	18.93	4.3	0.01	0.36
新洲区	3.12	9.04	7.3		0.01
黄石市	**7.7**	**9.63**	**30.1**	**0.06**	**0.47**
黄石市辖区	1.25	1.05	0.84	0.02	
阳新县	2.66	3.86	21.74		
大冶市	3.79	4.72	7.52	0.04	0.47
十堰市	**10.99**	**18.93**	**41.99**	**0.02**	**0.16**
茅箭区	0.53	0.17	0.14		
张湾区	0.64	0.35	0.23		
郧县	2.5	5.18	5.39		0.08
郧西县	1.92	3.79	9.75		
竹山县	1.52	2.84	8.23	0.01	0.03
竹溪县	0.61	1.21	5.41		
房县	1.72	3.75	9.47	0.01	0.05
丹江口市	1.55	1.64	3.37		
宜昌市	**21.51**	**19.6**	**26.21**	**0.02**	**0.01**
宜昌市辖区	2.06	1.32	0.62		
夷陵区	3.06	3.08	2.89		0.01
远安县	1.27	1.28	2.27		
兴山县	0.38	0.7	1.13	0.01	
秭归县	2.96	2.72	3.56		
长阳自治县	3.46	3.57	3.92		
五峰自治县	0.4	1.03	1.71		
宜都市	3.03	2.47	4.17		
当阳市	2.27	1.71	3.3		
枝江市	2.62	1.72	2.64	0.01	
襄阳市	**15.99**	**20.82**	**62.27**	**0.06**	**0.02**
高新区	0.77	0.24	0.21		
襄城区	1.7	0.93	2.16		
樊城区	1.53	1.66	2.43		
襄州区	4.06	5.62	14.21		
南漳县	0.99	2.14	8.49	0.04	
谷城县	1.3	2.29	7.35	0.02	0.01
保康县	0.71	1.63	3.86		0.01
老河口市	0.59	0.94	6.63		
枣阳市	1.96	3.85	11.2		
宜城市	2.38	1.52	5.73		
鄂州市	**3.7**	**5.39**	**5.5**	**0.68**	**0.01**
荆门市	**7.42**	**13.66**	**28.87**	**0.05**	**0.05**
荆门市辖区	1.65	1.64	3.4		
京山县	1.45	2.94	8.71	0.01	0.01
沙洋县	1.22	4.62	5.45		
钟祥市	3.1	4.46	11.31	0.04	0.04
孝感市	**19.69**	**37.61**	**69.21**	**0.23**	**0.36**
孝感市辖区	0.34	0.37	1.11		
孝南区	2.93	4.6	9.89		
孝昌县	2.05	4.19	11.4	0.1	0.05

续表

指标名称	县内乡外	省内县外	省　　外	港、澳、台	境　　外
大悟县	3.17	6.19	8.16	0.02	0.05
云梦县	1.89	4.54	11.79	0.01	0.02
应城市	2.6	5.62	9.47	0.03	0.06
安陆市	2.32	4.45	8.14	0.02	0.18
汉川市	4.39	7.65	9.25	0.05	
荆州市	**11.09**	**22.3**	**74.78**	**0.03**	**0.01**
荆州市辖区	0.37	0.12	0.11		
沙市区	0.92	0.47	1.7		
荆州区	1.14	1.94	3.25		
公安县	1.54	2.93	12.41	0.01	
监利县	1.91	6.9	22.26		
江陵县	0.46	1.22	3.94		0.01
石首市	1.24	2.28	7.58	0.01	
洪湖市	1.09	3.15	9.83		
松滋市	2.42	3.29	13.7	0.01	
黄冈市	**20.75**	**36.69**	**94.86**	**0.28**	**0.28**
龙感湖农场			0.21		
黄州区	1.24	1.08	1.89	0.01	
团风县	1.67	3.25	4.22	0.02	0.02
红安县	2.17	4.45	6.65	0.07	0.1
罗田县	2.01	3.11	9.59		0.01
英山县	1.05	2.19	6.88	0.01	0.01
浠水县	2.47	5.72	16.25	0.03	0.08
蕲春县	2.66	4.14	14.75	0.12	0.04
黄梅县	2.4	3.8	7.98	0.01	0.01
麻城市	3.6	6.2	15.4		
武穴市	1.48	2.75	11.04	0.01	0.01
咸宁市	**8.22**	**11.02**	**30.59**	**0.81**	**0.03**
咸安区	1.1	0.88	4.03	0.73	
嘉鱼县	1.32	1.6	3.28		
通城县	1.48	1.78	6.6		
崇阳县	1.6	3.14	5.44	0.04	
通山县	1.16	1.61	6.08		0.02
赤壁市	1.56	2.01	5.16	0.04	0.01
随州市	**8.61**	**11.35**	**29.47**	**0.04**	**0.01**
曾都区	1.98	1.99	5.19	0.01	
随县	2.29	3.93	11.14	0.01	0.01
广水市	4.34	5.43	13.14	0.02	
恩施自治州	**9.12**	**14.58**	**57.25**	**0.03**	**0.31**
恩施市	1.99	2.5	6.77		
利川市	1.61	3.08	15.99		
建始县	0.82	1.88	6.07	0.01	0.3
巴东县	0.94	1.89	5.43		
宣恩县	0.48	0.8	7.35		
咸丰县	1.77	2.55	5.43	0.02	0.01
来凤县	0.99	1.01	7.28		
鹤峰县	0.52	0.87	2.93		
仙桃市	**5.08**	**9.11**	**16.83**	**0.01**	**0.01**
潜江市	**4.27**	**4.43**	**11.21**		
天门市	**3.15**	**6.15**	**24.14**	**0.01**	
神农架林区	**0.2**	**0.2**	**0.6**		

农村劳动力外出从事行业和目的

单位：万人

指标名称	第一产业	第二产业	第三产业	务工	经商	其他
湖北省	**61.74**	**601.96**	**412.58**	**820.56**	**163.63**	**92.09**
武汉市	**2.44**	**38.56**	**28.38**	**52.86**	**11.68**	**4.84**
武汉市辖区	0.06	2.76	2.48	3.89	1	0.41
汉南区		0.43	0.67	0.93	0.15	0.02
蔡甸区	0.2	3.49	2.96	5.05	1.16	0.44
江夏区	1.58	4.95	3.64	6.98	1.47	1.72
黄陂区	0.27	14.93	11.49	20.34	5.64	0.71
新洲区	0.33	12	7.14	15.67	2.26	1.54
黄石市	**2.88**	**33.18**	**11.9**	**38.02**	**5.7**	**4.24**
黄石市辖区	0.63	1.53	1	2.45	0.41	0.3
阳新县	0.59	22.84	4.83	24.72	2.61	0.93
大冶市	1.66	8.81	6.07	10.85	2.68	3.01
十堰市	**4.77**	**40.14**	**27.18**	**58.22**	**7.33**	**6.54**
茅箭区	0.03	0.53	0.28	0.71	0.06	0.07
张湾区	0.07	0.69	0.46	1.04	0.09	0.09
郧县	1.45	6.65	5.05	9.57	1.65	1.93
郧西县	1.21	8.69	5.56	12.02	2.22	1.22
竹山县	0.76	6.16	5.71	10.37	1.37	0.89
竹溪县	0.15	3.79	3.29	5.78	0.38	1.07
房县	0.92	9.24	4.84	12.91	1.09	1
丹江口市	0.18	4.39	1.99	5.82	0.47	0.27
宜昌市	**3.57**	**36.45**	**27.33**	**53.39**	**7.44**	**6.52**
宜昌市辖区	0.19	2.07	1.74	3.25	0.41	0.34
夷陵区	0.59	4.47	3.98	6.34	1.32	1.38
远安县	0.38	2.56	1.88	3.94	0.49	0.39
兴山县	0.09	1.21	0.92	1.87	0.17	0.18
秭归县	0.2	6.31	2.73	8.05	0.79	0.4
长阳自治县	1.28	5.11	4.56	8.64	1.01	1.3
五峰自治县	0.14	1.65	1.35	2.55	0.39	0.2
宜都市		5.19	4.48	7.3	1.24	1.13
当阳市	0.55	3.81	2.92	5.59	1.06	0.63
枝江市	0.15	4.07	2.77	5.86	0.56	0.57
襄阳市	**6.26**	**54.83**	**38.07**	**78.93**	**11.39**	**8.84**
高新区	0.01	0.71	0.5	0.71	0.36	0.15
襄城区	1.17	2.17	1.45	4.07	0.26	0.46
樊城区	0.53	3.34	1.75	4.16	0.93	0.53
襄州区	1.39	11.9	10.6	19.03	3.09	1.77
南漳县	0.77	5.35	5.54	9.2	0.9	1.56
谷城县	1.15	6.72	3.1	8.98	1.29	0.7
保康县	0.36	3.93	1.92	4.97	0.52	0.72
老河口市	0.16	5.62	2.38	7.28	0.74	0.14
枣阳市	0.24	10.51	6.26	13.5	2.6	0.91
宜城市	0.48	4.58	4.57	7.03	0.7	1.9
鄂州市	**0.73**	**7.97**	**6.58**	**11.12**	**3.34**	**0.82**
荆门市	**3.13**	**28.9**	**18.02**	**36.08**	**9.94**	**4.03**
荆门市辖区	0.3	3.91	2.48	5.34	0.72	0.63
京山县	0.6	7.97	4.55	10.62	1.94	0.56
沙洋县	0.59	6.24	4.46	8.27	1.82	1.2
钟祥市	1.64	10.78	6.53	11.85	5.46	1.64
孝感市	**6.11**	**70.96**	**50.03**	**89.89**	**28.89**	**8.32**
孝感市辖区	0.09	0.68	1.05	1.5	0.23	0.09
孝南区	2	9.74	5.68	13	3.41	1.01
孝昌县	0.78	10.22	6.79	12.57	4.25	0.97

续表　　单位:万人

指标名称	第一产业	第二产业	第三产业	务工	经商	其他
大悟县	0.84	9.34	7.41	11.87	4.41	1.31
云梦县	0.54	11.41	6.3	14.42	3.44	0.39
应城市	0.88	9.73	7.17	12.92	2.85	2.01
安陆市	0.72	9.1	5.29	10.96	3.28	0.87
汉川市	0.26	10.74	10.34	12.65	7.02	1.67
荆州市	**3.71**	**58.25**	**46.25**	**81.52**	**17.99**	**8.7**
荆州市辖区	0.02	0.38	0.2	0.51	0.06	0.03
沙市区	0.41	2.22	0.46	2.19	0.47	0.43
荆州区	0.4	3.14	2.79	4.83	1.02	0.48
公安县	0.44	9.95	6.5	14.34	1.68	0.87
监利县	0.65	12.56	17.86	19.2	7.66	4.21
江陵县	0.15	3.7	1.78	4.64	0.88	0.11
石首市	0.58	7.11	3.42	8.63	1.5	0.98
洪湖市	0.54	8.43	5.1	10.64	2.31	1.12
松滋市	0.52	10.76	8.14	16.54	2.41	0.47
黄冈市	**11.52**	**86.08**	**55.26**	**119.3**	**19.01**	**14.55**
龙感湖农场		0.21		0.21		
黄州区	0.26	2.34	1.62	3.23	0.46	0.53
团风县	0.62	5.65	2.91	7.52	0.92	0.74
红安县	1.41	7.74	4.29	10.09	2.38	0.97
罗田县	1.01	8.68	5.03	11.89	1.71	1.12
英山县	0.73	5.63	3.78	5.74	3.37	1.03
浠水县	2.36	14.05	8.14	18.6	1.89	4.06
蕲春县	1.32	10.4	9.99	17.47	2.46	1.78
黄梅县	1.1	7.4	5.7	10.8	1.9	1.5
麻城市	2.1	15.2	7.9	21.4	2	1.8
武穴市	0.61	8.78	5.9	12.35	1.92	1.02
咸宁市	**5.89**	**25.98**	**18.8**	**38.17**	**6.84**	**5.66**
咸安区	0.33	3.83	2.58	4.99	0.93	0.82
嘉鱼县	0.51	3.34	2.35	5.15	0.7	0.35
通城县	0.36	5.71	3.79	7.13	1.41	1.32
崇阳县	2.59	3.16	4.47	7.61	1.03	1.58
通山县	0.55	5.8	2.52	7.27	1.06	0.54
赤壁市	1.55	4.14	3.09	6.02	1.71	1.05
随州市	**2.85**	**26.12**	**20.51**	**34.28**	**8.7**	**6.5**
曾都区	0.9	4.09	4.18	6.62	1.11	1.44
随县	1.03	8.55	7.8	11.46	2.94	2.98
广水市	0.92	13.48	8.53	16.2	4.65	2.08
恩施自治州	**4.58**	**54.37**	**22.34**	**69.14**	**5.97**	**6.18**
恩施市	0.65	6.8	3.81	9.72	0.96	0.58
利川市	1.69	15.43	3.56	17.49	1.55	1.64
建始县	0.24	6.09	2.75	6.78	0.82	1.48
巴东县	0.27	4.74	3.25	6.64	0.72	0.9
宣恩县	0.41	6.13	2.09	7.98	0.42	0.23
咸丰县	0.54	7.27	1.97	8.74	0.64	0.4
来凤县	0.61	5.66	3.01	8.28	0.52	0.48
鹤峰县	0.17	2.25	1.9	3.51	0.34	0.47
仙桃市	**1.06**	**12.23**	**17.75**	**21.59**	**6.77**	**2.68**
潜江市	**1.31**	**12.1**	**6.5**	**16.94**	**2.41**	**0.56**
天门市	**0.92**	**15.27**	**17.26**	**20.22**	**10.17**	**3.06**
神农架林区	**0.01**	**0.57**	**0.42**	**0.89**	**0.06**	**0.05**

农村劳动力职业技能培训情况及劳务经济收入情况

指标名称	参加过职业技能培训	其中:参加过政府举办的技能培训	持有职业技术资格证书	劳务经济总收入(年)	其中:月收入500元以下	501元-1000元	1001元-2000元	2001元—3000元	3000元以上
湖北省	**283.33**	**126.05**	**137.6**	**19424747**	**17.95**	**117.2**	**395.59**	**352.04**	**193.5**
武汉市	**19.08**	**12.02**	**13**	**1705318**	**1.01**	**6.14**	**28.15**	**24.23**	**9.85**
武汉市辖区	2.3	0.94	1.08	117890	0.13	0.78	2.27	1.62	0.5
汉南区	0.08	0.08	0.97	29611			0.34	0.69	0.07
蔡甸区	1.38	0.67	0.82	167405	0.03	0.45	2.88	2.21	1.08
江夏区	2.26	1.76	1.2	221960	0.56	1.09	4.56	3.17	0.79
黄陂区	7.46	4.85	4.09	730336	0.09	2.06	7.76	11.08	5.7
新洲区	5.6	3.72	4.84	438116	0.2	1.76	10.34	5.46	1.71
黄石市	**6.91**	**2.69**	**2.34**	**650483**	**0.33**	**1.02**	**7.98**	**13.14**	**25.49**
黄石市辖区	0.62	0.23	0.27	47819	0.05	0.27	0.91	1.1	0.83
阳新县	3.66	1.48	1.04	368562	0.1	0.34	3.05	5.69	19.08
大冶市	2.63	0.98	1.03	234102	0.18	0.41	4.02	6.35	5.58
十堰市	**24.21**	**13.51**	**10.45**	**716456**	**0.5**	**5.36**	**27.37**	**23.72**	**15.14**
茅箭区	0.52	0.23	0.31	12667		0.05	0.25	0.1	0.44
张湾区	0.4	0.2	0.2	13282		0.21	0.44	0.37	0.2
郧县	3.77	1.97	2.28	137643	0.15	1.82	5.06	3.52	2.6
郧西县	6.84	4.54	2.64	130860	0.06	0.38	8.56	4.98	1.48
竹山县	2.25	1.18	1.33	139398	0.06	0.72	3.42	4.91	3.52
竹溪县	1.6	0.65	0.43	53906	0.01	0.05	2.27	3.36	1.54
房县	6.15	3.35	1.69	156171	0.17	1.73	5.53	4.43	3.14
丹江口市	2.68	1.39	1.57	72529	0.05	0.4	1.84	2.05	2.22
宜昌市	**21.99**	**10.39**	**15.56**	**950383**	**1**	**8.52**	**27.53**	**18.3**	**12**
宜昌市辖区	1.4	0.64	0.6	52431	0.26	0.54	1.78	1	0.42
夷陵区	3.26	1.64	2.18	159482	0.02	0.28	1.87	1.95	4.92
远安县	2.23	0.82	0.71	62960	0.08	0.65	2.07	1.44	0.58
兴山县	0.63	0.21	0.37	24541	0.06	0.38	0.87	0.64	0.27
秭归县	1.9	1.32	0.66	93810	0.15	0.98	4.91	2.43	0.77
长阳自治县	2.85	1.36	1.4	98535	0.25	1.65	4.28	2.49	2.28
五峰自治县	1.18	0.45	4.24	16394	0.06	0.76	1.31	0.75	0.26
宜都市	3.26	1.54	3.18	166291	0.07	1.41	3.9	3	1.29
当阳市	2.67	1.54	1.12	146692	0.05	1.24	2.96	2.39	0.64
枝江市	2.61	0.87	1.1	129247		0.63	3.58	2.21	0.57
襄阳市	**25.71**	**9.93**	**12.86**	**1812368**	**1.8**	**8.19**	**39.75**	**34.12**	**15.3**
高新区	0.12	0.04	0.11	12397	0.02	0.04	0.54	0.33	0.29
襄城区	2	0.52	0.82	67060	0.02	0.34	1.8	1.97	0.66
樊城区	2.56	0.46	0.73	79817	0.13	0.75	2.2	1.79	0.75
襄州区	4.79	2.3	3.12	407928	1.26	1.38	6.39	11.02	3.84
南漳县	2.66	1.01	1.21	74819	0.06	1.29	3.74	3.56	3.01
谷城县	1.74	0.7	0.85	329100	0.06	0.99	4.51	3.33	2.08
保康县	1.04	0.54	0.44	58483	0.03	0.57	1.95	2.45	1.21
老河口市	2.55	0.58	1.13	203812		0.22	3.63	3.21	1.1
枣阳市	5.44	2.62	2.98	434560	0.17	1.65	9.21	4.55	1.43
宜城市	2.81	1.16	1.47	144392	0.05	0.96	5.78	1.91	0.93
鄂州市	**5.37**	**3.69**	**1.69**	**285524**	**0.21**	**3.59**	**4.74**	**4.58**	**2.16**
荆门市	**15.46**	**6.3**	**5.74**	**1104170**	**0.59**	**5.95**	**19.76**	**17.2**	**6.55**
荆门市辖区	2.88	1.33	1.43	141878	0.03	0.88	3.48	1.82	0.48
京山县	5.07	1.14	1.62	281495	0.03	0.8	4.72	6.03	1.54
沙洋县	2.68	1.3	0.92	254315	0.11	1.42	4.15	3.84	1.77
钟祥市	4.83	2.53	1.77	426482	0.42	2.85	7.41	5.51	2.76
孝感市	**41.26**	**14.79**	**17.17**	**2955008**	**1.57**	**11.27**	**43.75**	**43.84**	**26.67**
孝感市辖区	0.24	0.11	0.3	36321		0.07	0.25	0.49	1.01
孝南区	4.81	1.11	2.52	442916	0.46	1.28	3.94	7.05	4.69
孝昌县	7.33	3.78	2.24	499608	0.04	0.66	5.25	6.79	5.05

续表

指标名称	参加过职业技能培训	其中:参加过政府举办的技能培训	持有职业技术资格证书	劳务经济总收入(年)	其中:月收入500元以下	501元-1000元	1001元-2000元	2001元—3000元	3000元以上
大悟县	5.55	2.25	2.43	355877	0.31	2.01	4.51	5.3	5.46
云梦县	8.74	1.57	2.97	318417	0.03	0.95	7.42	6.84	3.01
应城市	3.82	1.46	1.88	448941	0.15	1.59	7.32	5.66	3.06
安陆市	4.6	1.74	1.84	280878	0.32	2.34	6.89	3.58	1.98
汉川市	6.17	2.77	2.99	572050	0.26	2.37	8.17	8.13	2.41
荆州市	**21.51**	**10.52**	**10.77**	**2134525**	**2.8**	**11.75**	**41.84**	**36.77**	**15.05**
荆州市辖区	0.11	0.02	0.03	14413	0.02	0.13	0.18	0.2	0.07
沙市区	0.5	0.09	0.49	56209	0.05	0.44	1	1.17	0.43
荆州区	1.77	0.9	0.73	152582	0.86	0.1	1.93	2.44	1
公安县	3.55	1.19	1.75	239962	0.11	1.56	7.23	6.14	1.85
监利县	4.21	2.64	1.68	562211	1.25	6.19	11.73	7.53	4.37
江陵县	0.7	0.48	0.54	158004	0.23	0.63	1.8	2.49	0.48
石首市	2.18	1.16	1.57	172887	0.14	1.03	4.31	3.57	2.06
洪湖市	1.54	0.94	1.18	273069	0.09	0.83	5.4	5.24	2.51
松滋市	6.95	3.1	2.8	505188	0.05	0.84	8.26	7.99	2.28
黄冈市	**38.79**	**19.7**	**21.59**	**2731633**	**3.76**	**21.23**	**54.57**	**47.86**	**25.44**
龙感湖农场				5609			0.21		
黄州区	1.32	0.48	1	90815	0.01	0.4	1.64	1.51	0.66
团风县	2.31	1.47	1.29	169011	0.07	0.97	3.23	3.27	1.64
红安县	4.97	2.56	3.28	181447	0.36	2.17	4.55	4.56	1.8
罗田县	3.42	1.48	2.53	350160	0.27	1.86	5.27	4.43	2.89
英山县	4.21	2.09	1.82	169552		1.16	3.63	3.8	1.55
浠水县	5.91	3.36	2.77	404423	0.51	2.91	7.65	7.4	6.08
蕲春县	3.83	1.95	1.98	459137	0.6	2.93	7.28	7.8	3.1
黄梅县	3.2	2.71	1.12	309300	0.39	1.91	6.7	3.6	1.6
麻城市	4.9	2.1	2.5	133479	1	4.2	9.7	7	3.3
武穴市	4.72	1.5	3.3	458700	0.55	2.72	4.71	4.49	2.82
咸宁市	**11.9**	**5.52**	**5.17**	**964038**	**1.21**	**7.53**	**19.97**	**16.12**	**5.84**
咸安区	1.25	0.64	0.44	114493	0.1	0.76	3.37	1.84	0.67
嘉鱼县	1.58	0.79	0.7	90751	0.07	0.78	2.76	1.97	0.62
通城县	2.83	1.4	1.41	212970	0.26	1.62	3.68	2.84	1.46
崇阳县	1.56	0.44	0.76	133611	0.19	1.52	4.69	2.82	1
通山县	2.22	1.29	0.83	149008	0.39	1	3.02	3.35	1.11
赤壁市	2.46	0.96	1.03	263205	0.2	1.85	2.45	3.3	0.98
随州市	**15.85**	**5**	**7.29**	**821670**	**0.76**	**7.07**	**17.44**	**15.99**	**8.22**
曾都区	2.33	0.58	1.55	90322	0.15	1.1	1.75	4.22	1.95
随县	4.96	1.15	3.26	303281	0.19	2.6	7.78	3.87	2.94
广水市	8.56	3.27	2.48	428067	0.42	3.37	7.91	7.9	3.33
恩施自治州	**18.74**	**6.35**	**5.69**	**917294**	**1.81**	**12.28**	**30.17**	**25.55**	**11.48**
恩施市	3.39	1.15	1.14	128861	0.08	2.61	4.37	2.88	1.32
利川市	3.63	1.31	1.29	170397	0.63	1.97	7.7	7.2	3.18
建始县	2.48	0.49	0.58	101040	0.22	1.6	3.56	2.45	1.25
巴东县	0.9	0.35	0.42	195241	0.53	2.09	2.83	2.09	0.72
宣恩县	1.1	0.32	0.48	45792	0.06	0.62	3.51	2.34	2.1
咸丰县	3.1	1.36	0.75	131050	0.14	1.08	2.91	4.01	1.64
来凤县	3.33	0.84	0.47	104647	0.1	0.84	3.46	3.96	0.92
鹤峰县	0.81	0.53	0.56	40266	0.05	1.47	1.83	0.62	0.35
仙桃市	**7.67**	**2.2**	**4.02**	**723096**	**0.34**	**2.26**	**13.16**	**9.97**	**5.31**
潜江市	**4.08**	**1.84**	**1.29**	**373485**		**1.79**	**7.79**	**6.74**	**3.59**
天门市	**4.5**	**1.37**	**2.83**	**570793**	**0.26**	**3.14**	**11.29**	**13.54**	**5.22**
神农架林区	**0.3**	**0.23**	**0.14**	**8503**		**0.11**	**0.33**	**0.37**	**0.19**

农村劳动力外出人员社会保障情况

单位:万人

指标名称	雇主拖欠工资人数	从事高危、有害工作人数	致伤致残人数	享受劳保补贴人数	与雇主签定劳动合同	参与养老保险人数	参与医疗保险人数	参与失业保险人数	参与生育保险人数	参与工伤保险人数
湖北省	**13.82**	**45.1**	**2.95**	**103.4**	**394.26**	**397.3**	**535.26**	**54.78**	**33.91**	**181.41**
武汉市	**1.35**	**1.48**	**0.21**	**7.83**	**31.29**	**22.3**	**39.69**	**5.58**	**5.56**	**20.92**
武汉市辖区	0.2	0.22	0.04	0.54	2.49	1.8	2.02	0.93	1.24	2.11
汉南区				1.03	1.03	1.03	1.03	1	1	1
蔡甸区	0.02	0.07	0.02	0.53	3.36	2.64	3.5	1.42	1.3	1.74
江夏区	0.01	0.08	0.1	0.76	4.32	2.45	4.45	0.93	0.99	1.87
黄陂区	0.56	0.83	0.01	2.25	10.85	10.08	23.29	0.59	0.4	5.95
新洲区	0.56	0.28	0.04	2.72	9.24	4.3	5.4	0.71	0.63	8.25
黄石市	**0.36**	**0.94**	**0.03**	**2.29**	**5.55**	**6.83**	**7.86**	**1.41**	**1.25**	**2.48**
黄石市辖区	0.03	0.13		0.23	1.18	0.78	0.84	0.31	0.27	0.48
阳新县	0.04	0.31	0.01	0.61	0.74	0.52	0.33	0.02		
大冶市	0.29	0.5	0.02	1.45	3.63	5.53	6.69	1.08	0.98	2
十堰市	**0.72**	**5.22**	**0.27**	**6.35**	**23.9**	**29.07**	**37.86**	**1.68**	**1.04**	**9.2**
茅箭区	0.01	0.11		0.26	0.51	0.41	0.5	0.1	0.1	0.19
张湾区		0.03		0.12	0.67	0.54	0.47	0.08	0.03	0.15
郧县	0.21	0.66	0.07	2.18	5.19	5.51	8.59	0.44	0.21	1.77
郧西县	0.11	1.58	0.08	0.71	4.86	8.09	8.54	0.24	0.13	1.23
竹山县	0.11	1.13	0.03	0.51	2.46	5.42	7.11	0.33	0.19	1.68
竹溪县	0.14	0.35	0.02	0.6	1.82	2.51	3.87	0.08	0.06	0.48
房县	0.05	1.03	0.05	0.81	5.45	3.97	5.25	0.26	0.16	2.31
丹江口市	0.09	0.33	0.02	1.16	2.94	2.62	3.53	0.15	0.16	1.39
宜昌市	**0.27**	**2.91**	**0.23**	**7.81**	**29.52**	**28.7**	**28.42**	**5.49**	**4.37**	**14.71**
宜昌市辖区		0.06		0.35	1.96	2	1.86	1.23	0.99	1.06
夷陵区	0.02	0.39	0.06	1.49	4.35	5.02	4.27	0.55	0.79	1.6
远安县	0.02	0.29	0.03	0.48	2.07	1.87	1.88	0.17	0.15	0.89
兴山县	0.02	0.07	0.01	0.25	0.94	1.31	1.47	0.16	0.13	0.43
秭归县	0.05	0.33	0.05	0.56	2.99	2.97	2.92	0.95	0.6	1.42
长阳自治县	0.04	0.35	0.02	0.69	4.77	4.74	4.31	0.57	0.49	2.67
五峰自治县	0.04	0.47	0.01	0.74	1.48	1.44	1.4	0.23	0.11	0.89
宜都市	0.01	0.46	0.01	1.46	4.02	4.5	4.7	0.87	0.44	2.79
当阳市	0.05	0.28	0.03	1.07	3.82	2.91	4.06	0.61	0.53	1.2
枝江市	0.02	0.21	0.01	0.72	3.12	1.94	1.55	0.15	0.14	1.76
襄阳市	**0.92**	**2.72**	**0.1**	**14.76**	**36.65**	**44.09**	**51.74**	**3.95**	**3.39**	**19.18**
高新区	0.01	0.02		0.11	0.55	0.36	0.43	0.03	0.04	0.25
襄城区	0.02	0.18	0.01	1	2.77	2.67	1.74	0.19	0.23	1.11
樊城区	0.14	0.3	0.01	2.58	1.01	2.22	2.68	0.06	0.12	0.77
襄州区	0.35	0.5		4.74	8.59	8.49	9.49	0.31	1.17	4.14
南漳县	0.02	0.36	0.02	0.99	3.69	4.84	8.41	0.17	0.14	0.99
谷城县	0.03	0.48	0.03	0.69	3.36	3.46	3.6	0.22	0.36	1.89
保康县	0.01	0.2	0.01	0.15	1.95	2.43	2.24	0.15	0.1	0.81
老河口市	0.02	0.28		1.42	3.16	2.88	3.81	0.15	0.11	1.91
枣阳市	0.21	0.24	0.01	2.3	8.37	14.34	15.91	2.24	0.77	6.24
宜城市	0.11	0.16	0.01	0.78	3.2	2.4	3.43	0.43	0.35	1.07
鄂州市	**0.2**	**0.71**	**0.01**	**0.95**	**3.55**	**15.28**	**15.28**	**0.66**	**0.33**	**2.59**
荆门市	**0.29**	**0.93**	**0.04**	**4.81**	**20.75**	**16.67**	**25.9**	**3.2**	**1.28**	**9.77**
荆门市辖区	0.13	0.3	0.01	1.41	3.49	2.95	4.23	1.58	0.51	3.48
京山县	0.08	0.15	0.01	1.24	6.83	5.4	8.81	0.61	0.2	2.05
沙洋县	0.01	0.11	0.01	0.45	3.11	2.32	4.91	0.49	0.25	1.24
钟祥市	0.07	0.37	0.01	1.71	7.32	6	7.95	0.52	0.32	3
孝感市	**2.91**	**10.65**	**0.22**	**13.12**	**54.63**	**48.96**	**75.32**	**9.83**	**2.84**	**20.27**
孝感市辖区		0.03		0.02	0.41	0.45	0.66		0.04	0.25
孝南区	0.67	1.01	0.02	0.77	4.37	5.53	8.69	1.95	1.39	2.31
孝昌县	0.18	2.57		3.18	9.46	9.48	15.58	0.58	0.18	3.74

续表 单位:万人

指标名称	雇主拖欠工资人数	从事高危、有害工作人数	致伤致残人数	享受劳保补贴人数	与雇主签定劳动合同	参与养老保险人数	参与医疗保险人数	参与失业保险人数	参与生育保险人数	参与工伤保险人数
大悟县	0.53	1.27	0.07	3.19	10.16	10.7	11.42	3.22	0.21	5.12
云梦县	0.34	3.69	0.04	0.84	5.6	3.01	2.39	0.22	0.04	0.93
应城市	0.05	0.24	0.01	1.23	9.16	9.62	16.44	1.37	0.38	2.76
安陆市	0.38	1.21	0.05	1.23	6.21	2.59	8.77	0.88	0.14	1.7
汉川市	0.76	0.63	0.03	2.66	9.26	7.58	11.37	1.61	0.46	3.46
荆州市	**1.22**	**1.39**	**0.14**	**7.27**	**37.63**	**33.62**	**44.38**	**2.28**	**1.74**	**13.14**
荆州市辖区		0.01		0.02	0.25	0.24	0.28	0.05	0.02	0.07
沙市区				0.06	0.64	0.6	1.7	0.28	0.13	0.47
荆州区		0.01		0.24	3.59	2.53	1.57	0.1	0.09	1.36
公安县	0.06	0.45	0.01	0.78	7.43	8.15	8.66	0.11	0.07	1.42
监利县	0.39	0.18	0.06	1.82	4.46	8.85	16.47	0.53	0.35	2.04
江陵县	0.13	0.16		0.45	3.24	0.84	3.16	0.25	0.08	1.01
石首市	0.08	0.17	0.01	0.33	3.51	4.02	4.29	0.87	0.84	2.23
洪湖市	0.41	0.17	0.03	0.4	3.29	3.77	5.4	0.02	0.05	0.63
松滋市	0.15	0.24	0.03	3.17	11.22	4.62	2.85	0.07	0.11	3.91
黄冈市	**2.29**	**9.17**	**1.26**	**18.3**	**52.42**	**67.48**	**75.16**	**11.11**	**6.25**	**26.04**
龙感湖农场						0.12	0.15			
黄州区	0.01	0.1	0.02	0.33	1.87	1.36	1.23	0.49	0.3	0.74
团风县	0.08	0.29	0.04	1.31	2.64	5.03	6.34	0.63	0.48	1.26
红安县	0.2	0.98	0.04	1.05	7.29	10.6	13.44	0.86	0.82	3.36
罗田县	0.32	0.78	0.07	0.99	4.87	4.23	4.29	0.53	0.25	2.69
英山县	0.1	1.06	0.01	3.72	5.64	5.78	5.7	2.83	1.27	4.82
浠水县	0.35	1.55	0.06	3.47	7.42	10.68	12.11	1.56	1.11	4.15
蕲春县	0.35	0.78	0.75	1.39	6.31	8.28	10.89	1.55	0.85	3.22
黄梅县	0.36	1.1	0.03	0.85	4.5	6.7	6.7	0.67	0.12	0.38
麻城市	0.4	1.52	0.2	4.5	8.3	9.5	9.1	1.9	1	4.7
武穴市	0.12	1.01	0.04	0.69	3.58	5.2	5.21	0.09	0.05	0.72
咸宁市	**0.9**	**1.91**	**0.12**	**4.61**	**23.63**	**23.42**	**30.49**	**3.99**	**1.73**	**10.12**
咸安区	0.05	0.07		0.4	3.01	1.99	2.07	0.45	0.09	1.29
嘉鱼县	0.01	0.17	0.02	1.24	3.64	1.97	4.03	0.83	0.38	1.71
通城县	0.25	0.51	0.01	1.1	4.44	2.63	5.29	0.56	0.03	2.38
崇阳县	0.05	0.13	0.01	0.84	3.06	9.29	9.66	0.98	0.6	1.03
通山县	0.25	0.4	0.06	0.47	4.04	3.74	4.31	0.14	0.06	0.94
赤壁市	0.29	0.63	0.02	0.56	5.44	3.8	5.13	1.03	0.57	2.77
随州市	**1.09**	**1.39**	**0.13**	**5.55**	**19.82**	**16.42**	**24.13**	**1.95**	**1.4**	**9.97**
曾都区	0.12	0.33	0.04	2.48	2.65	5.05	6.51	0.3	0.33	1.07
随县	0.18	0.48	0.04	1.45	6.48	2	5.15	0.29	0.37	2.06
广水市	0.79	0.58	0.05	1.62	10.69	9.37	12.47	1.36	0.7	6.84
恩施自治州	**0.43**	**3.78**	**0.11**	**5.26**	**28.1**	**23.2**	**44.37**	**2.04**	**1.58**	**10.64**
恩施市	0.02	1.05		1.2	6.04	3.57	4.36	0.3	0.32	3.35
利川市	0.07	0.35		1.03	6.41	8.18	14.61	0.67	0.36	2.11
建始县	0.14	0.6	0.03	0.68	3.05	2.67	3.65	0.44	0.55	1.34
巴东县		0.38	0.01	0.65	1.71	1.65	1.58	0.05	0.06	0.33
宣恩县	0.03	0.26	0.04	0.17	1.78	2.02	4.46	0.16	0.02	0.68
咸丰县	0.15	0.48	0.03	0.83	2.81	1.74	9.58	0.12	0.14	1.07
来凤县	0.02	0.55		0.52	4.78	3.07	5.84	0.28	0.13	1.37
鹤峰县		0.11		0.18	1.52	0.3	0.29	0.02		0.39
仙桃市	**0.32**	**0.93**	**0.05**	**1.71**	**11.29**	**7.9**	**15.19**	**0.5**	**0.41**	**6.61**
潜江市	**0.11**	**0.4**		**1.77**	**9.98**	**7.26**	**12.49**	**0.8**	**0.58**	**4.1**
天门市	**0.44**	**0.53**	**0.03**	**0.97**	**5.17**	**5.54**	**6.24**	**0.24**	**0.13**	**1.53**
神农架林区		**0.04**		**0.04**	**0.38**	**0.56**	**0.74**	**0.07**	**0.03**	**0.14**

2 农业产值

农林牧渔业总产值

单位:万元

指标名称	按现行价格计算	按可比价格计算
农林牧渔业总产值	47321178	46093670
一、农业产值	24830642	24013745
(一)谷物及其他作物	12032157	11849497
1.谷　物	6052668	
其中:小　麦	1049816	
稻　谷	4432571	
玉　米	549327	
2.薯　类	622862	
3.油　料	2049752	
其中:花　生	579062	
油菜籽	1271078	
4.豆　类	309068	
其中:大　豆	197036	
5.棉　花	1727346	
6.生　麻	20398	
7.糖　料	21363	
8.烟　草	273986	
9.其他农作物	1004714	
其中:饲料作物	62008	
(二)蔬菜、食用菌及花卉盆景园艺产品	9490477	8915230
1.蔬菜(含菜用瓜)	8460797	
2.食用菌	778349	
3.花卉	45871	
4.盆景园艺	205460	
(三)水果、坚果、茶、饮料和香料	2850880	2753056
1.水果	1872738	
其中:苹　果	3149	
梨	143976	
柑　桔	903169	
2.坚果	155048	
其中:核桃	38061	
板栗	117780	
松子	2897	
3.茶及饮料原料	806722	
其中:茶叶	806722	
4.香料原料	16372	
其中:花椒	11807	
八角	4565	
(四)中草药材	457128	495962

续表 单位:万元

指 标 名 称	按现行价格计算	按可比价格计算
二、林业产值	1000542	930997
(一) 林木的培育和种植	490072	463591
1.育种育苗	77280	
2.造 林	128607	
3.抚育和管理	170020	
(二) 竹木采运	368029	344556
其中:村及村以下	310904	
(三)林产品	142441	122850
三、牧业产值	13340442	13532605
(一)牲畜饲养	1190602	1082168
1. 牛的饲养	720379	
2. 羊的饲养	231446	
3. 其他牲畜饲养	135672	
4. 奶产品	71507	
其中:牛 奶	71507	
5. 毛绒产品	173	
其中:羊 毛	173	
羊 绒	0	
6. 其他牲畜副产品	31425	
(二)猪的饲养	8649941	8945839
(三)家禽饲养	3416519	3428544
1.肉禽	1827638	
2.禽蛋	1588881	
(四)狩猎和捕捉动物	5029	4808
(五)其他畜牧业	78351	71246
其中:蚕 茧	24409	
兔	10712	
四、渔业产值	6262286	5686268
(一)海水产品		
其中:养殖		
1.鱼 类		
2.虾蟹类		
3.贝 类		
4.藻 类		
5.其 他		
(二)淡水产品	6262286	5686268
其中:养殖		
1.鱼 类	4594681	
2.虾蟹类	1212292	
3.贝 类	38950	
4.其 他	416363	
五、农林牧渔服务业	1837266	

农林牧渔业总产值

单位:万元

指标名称	农林牧渔业总产值（现价）	农业产值	林业产值	牧业产值	渔业产值	农林牧渔服务业产值
湖北省	**47321178**	**24880642**	**1000542**	**13340442**	**6262287**	**1837265**
武汉市	**4106692**	**2253751**	**48709**	**1036541**	**725589**	**42102**
武汉市辖区	433025	279131	1541	26680	123855	1818
汉南区	195650	86265	661	51381	56593	750
蔡甸区	454873	278416	9010	61710	103750	1987
江夏区	931789	499305	10485	264172	155040	2787
黄陂区	1211606	646266	19439	364000	151901	30000
新洲区	879749	464368	7573	268598	134450	4760
黄石市	**1228464**	**488250**	**11553**	**401691**	**315172**	**11798**
黄石市辖区	62995	28392	900	26272	7148	283
阳新县	613595	250003	8850	143889	205993	4860
大冶市	551874	209855	1803	231530	102031	6655
十堰市	**2125670**	**1221330**	**87548**	**696245**	**108760**	**11787**
茅箭区	13985	4677	2381	6707		220
张湾区	44420	26471	2460	13891	1437	161
郧县	339288	160158	18472	155052	4151	1455
郧西县	325450	217726	15261	90260	621	1582
竹山县	319875	229204	8566	75403	4269	2433
竹溪县	334895	235967	7348	89606	429	1545
房县	361946	188914	23662	111140	35232	2998
丹江口市	385811	158213	9398	154186	62621	1393
宜昌市	**5029647**	**2661438**	**52222**	**1851327**	**346614**	**118046**
宜昌市辖区	160605	89685	363	64521	2277	3759
夷陵区	754079	440133	5553	276171	12289	19933
远安县	246265	153475	5307	79235	2668	5580
兴山县	167371	86752	4198	72873	273	3275
秭归县	297670	172604	3356	109434	729	11547
长阳自治县	484578	201586	6846	221533	44185	10428
五峰自治县	275644	165127	5453	97558	107	7399
宜都市	581454	279341	6755	237667	46290	11401
当阳市	1050681	555195	9556	359895	104535	21500
枝江市	1011300	517540	4835	332440	133261	23224
襄阳市	**6245454**	**2971168**	**70292**	**2635316**	**318097**	**250581**
高新区	30515	18002		10010	1641	862
襄城区	268708	146135	4245	93460	16801	8067
樊城区	200646	116595	4585	63897	7796	7773
襄州区	1434343	642530	7149	584878	130413	69373
南漳县	620901	275062	12837	311561	11841	9600
谷城县	500913	181636	11320	287319	12605	8033
保康县	322773	177939	14383	126492	1119	2840
老河口市	632681	303295	2404	222632	47230	57120
枣阳市	1466048	724267	7935	637387	55666	40793
宜城市	767926	385707	5434	297680	32985	46120
鄂州市	**1266783**	**380410**	**17495**	**327857**	**537476**	**3545.11**
荆门市	**3166495**	**1494723**	**49665**	**1000146**	**548614**	**73347**
东宝区	250530	120529	6448	90412	28419	17406
掇刀区	186841	99621	2352	47731	33650	
京山县	820765	376897	10709	307249	100970	24940
沙洋县	884116	407227	11710	267232	180725	17222
钟祥市	1024243	493836	18445	282942	206044	22976
孝感市	**4175718**	**1824009**	**105270**	**1561981**	**615645**	**68813**
孝感市辖区	11767	6325	102	4215	880	245
孝南区	474346	200246	2864	140069	121939	9228
孝昌县	482204	241818	15967	182055	38214	4150

注:全省数为省级核算数,故分市州汇总不等于全省。

单位:万元

指标名称	农林牧渔业总产值	农业产值	林业产值	牧业产值	渔业产值	农林牧渔服务业产值
大悟县	482584	253900	50662	142890	33432	1700
云梦县	542357	252768	4195	219876	58561	6957
应城市	703468	290530	6955	265199	133444	7340
安陆市	559919	173690	14228	309969	52011	10021
汉川市	919073	404732	10297	297708	177164	29172
荆州市	**5349700**	**2425901**	**58120**	**1296463**	**1506091**	**63125**
荆州市辖区	19835	10872	57	6540	1919	447
沙市区	206711	87383	1441	31534	79279	7074
荆州区	564677	272940	2658	143623	140385	5071
公安县	901515	478911	7386	208101	197246	9871
监利县	1375176	629692	8705	279604	444747	12428
江陵县	309175	168458	5240	98476	31956	5045
石首市	502292	204898	12843	149915	128498	6138
洪湖市	891400	320255	11924	98339	449820	11062
松滋市	578919	252492	7866	280331	32241	5989
黄冈市	**5057204**	**2573499**	**80297**	**1730175**	**565013**	**108220**
龙感湖农场	70175	13720	437	33416	21146	1456
黄州区	188722	104822	2351	33739	44592	3218
团风县	207172	100569	4954	71670	24827	5152
红安县	316029	189459	9255	88471	7044	21800
罗田县	352117	232796	8998	93614	8181	8528
英山县	422160	300066	11310	93340	7174	10270
浠水县	824127	340028	7588	343803	125242	7466
蕲春县	612488	287129	14321	213871	88451	8716
黄梅县	612766	303703	5563	177850	111632	14018
麻城市	785378	442224	9669	270427	47593	15465
武穴市	666070	258983	5851	309974	79131	12131
咸宁市	**2376424**	**1260784**	**100021**	**615148**	**383539**	**16932**
咸安区	374202	169485	15683	140549	45910	2575
嘉鱼县	580196	370849	6607	48262	150680	3798
通城县	310337	134180	12542	148363	12484	2768
崇阳县	344891	147244	27098	140047	27920	2582
通山县	185478	92352	13817	58231	19877	1201
赤壁市	581325	346678	24274	79702	126663	4008
随州市	**1953271**	**1051691**	**43620**	**729422**	**88553**	**39986.4**
曾都区	359726	143705	4364	186586	13526	11546.4
随县	901309	523819	14203	302754	37493	23040
广水市	692236	384167	25053	240082	37534	5400
恩施自治州	**2092027**	**1196326**	**80468**	**787120**	**11701**	**16412**
恩施市	379949	221935	8907	145755	693	2659
利川市	451148	293112	15332	138286	3118	1300
建始县	270153	139895	11246	114356	327	4329
巴东县	251246	141003	10283	97800	885	1275
宣恩县	205356	115937	3929	80918	3422	1150
咸丰县	213923	101809	6508	100940	1096	3570
来凤县	168476	87895	7737	69882	2013	949
鹤峰县	151776	94740	16526	39183	147	1180
仙桃市	**1278462**	**478662**	**10112**	**321645**	**444972**	**23071**
潜江市	**1013363**	**495373**	**8627**	**306909**	**182114**	**20340**
天门市	**1012317**	**496120**	**2715**	**260438**	**230066**	**22978**
神农架林区	**31636**	**18859**	**2272**	**10019**	**153**	**333**

续表2 单位:万元

指标名称	农林牧渔业增加值（现价）	农业增加值	林业增加值	牧业增加值	渔业增加值	农林牧渔服务业增加值
湖北省	**28487701**	**15948492**	**506274**	**7657413**	**3794946**	**580576**
武汉市	**2502110**	**1402185**	**29380**	**621245**	**428525**	**20775**
武汉市辖区	249672	160850	756	14109	73017	940
汉南区	106630	47102	400	30493	28205	430
蔡甸区	277473	175782	7945	43201	49257	1288
江夏区	587849	346416	3342	136601	99821	1669
黄陂区	743723	388771	12246	232996	96210	13500
新洲区	536763	283264	4691	163845	82015	2948
黄石市	**858883**	**353520**	**8302**	**264247**	**225862**	**6952**
黄石市辖区	44155	20364	534	17871	5194	192
阳新县	429201	179754	6564	93834	146269	2780
大冶市	385527	153402	1204	152542	74399	3980
十堰市	**1211561**	**704969**	**43362**	**392290**	**64374**	**6566**
茅箭区	9471	2743	1393	5250		85
张湾区	27676	20007	314	6999	264	92
郧县	208959	92675	7677	104899	2623	1085
郧西县	172570	109485	6401	55259	358	1067
竹山县	201521	149856	4034	43389	3059	1183
竹溪县	176585	131169	4061	40153	219	983
房县	206817	113478	13790	59508	18193	1848
丹江口市	207962	85556	5692	76833	39658	223
宜昌市	**3052096**	**1653702**	**33605**	**1087906**	**208375**	**68508**
宜昌市辖区	97376	57878	229	36298	1257	1714
夷陵区	469775	272690	3540	173636	7017	12892
远安县	158260	104541	2372	46555	1182	3610
兴山县	97820	53581	1763	40795	203	1478
秭归县	185707	112085	2040	65077	501	6004
长阳自治县	296142	131038	3492	128502	27396	5714
五峰自治县	162311	107909	4188	45001	75	5138
宜都市	351254	173804	3985	138359	27578	7528
当阳市	623078	327373	8611	210895	64542	11657
枝江市	610373	312803	3385	202788	78624	12773
襄阳市	**3571803**	**1739489**	**47275**	**1489407**	**153574**	**142058**
高新区	21580	11613		8536	819	612
襄城区	162245	92421	3557	50288	9203	6776
樊城区	131836	73912	3530	44127	4054	6213
襄州区	777509	362568	4918	314175	57693	38155
南漳县	386056	168955	10049	194054	6868	6130
谷城县	295951	110709	8444	167516	5294	3988
保康县	175266	103726	9082	60703	515	1240
老河口市	368501	185121	1569	121937	28754	31120
枣阳市	819463	421204	3691	346543	25567	22458
宜城市	433396	209260	2435	181528	14807	25366
鄂州市	**692260**	**184114**	**4671**	**192795**	**309255**	**1425**
荆门市	**1786863**	**929164**	**35328**	**468105**	**310038**	**44228**
东宝区	140354	78771	4166	39772	15048	11892
掇刀区	115693	63267	1251	25989	22391	
京山县	490984	245641	7242	169823	49803	18475
沙洋县	515367	254386	8192	132453	108371	11965
钟祥市	524465	290486	14476	95488	115619	8396
孝感市	**2250096**	**1041438**	**60131**	**772965**	**337970**	**37592**
孝感市辖区	6160	3342	64	2158	466	130
孝南区	265357	130998	1546	63031	63889	5893
孝昌县	260323	125710	9245	101882	21053	2433

注:全省数为省级核算数,故分市州汇总不等于全省。

续表3 单位:万元

指标名称	农林牧渔业增加值(现价)	农业增加值	林业增加值	牧业增加值	渔业增加值	农林牧渔服务业增加值
大悟县	275601	136040	32687	87117	18582	1175
云梦县	285613	146350	2531	101231	31916	3585
应城市	360085	133011	2354	126152	94535	4033
安陆市	304818	116780	6125	154551	22541	4821
汉川市	492139	249207	5579	136843	84988	15522
荆州市	**2927643**	**1406375**	**41111**	**639521**	**807812**	**32824**
荆州市辖区	14916	8842	56	4106	1680	232
沙市区	126653	53636	990	17255	51094	3678
荆州区	293536	154714	1238	63983	70964	2637
公安县	506762	271029	5301	103466	121833	5133
监利县	746035	378781	5319	122467	233005	6463
江陵县	178109	98847	4039	54319	18281	2623
石首市	275070	125221	11124	71766	63767	3192
洪湖市	463009	171105	8183	47841	230128	5752
松滋市	323553	144200	4861	154318	17060	3114
黄冈市	**3327809**	**1780137**	**31719**	**1082501**	**360532**	**72920**
龙感湖农场	25889	4376	185	12808	7933	587
黄州区	125277	78381	148	26286	18759	1703
团风县	134729	74591	2533	34692	19935	2978
红安县	240784	144203	1781	69732	3368	21700
罗田县	211906	133567	6935	60604	6046	4754
英山县	285087	227354	5698	46648	2240	3147
浠水县	524668	220083	1417	227620	71173	4375
蕲春县	353275	176606	3594	114764	56595	1716
黄梅县	438114	229823	115	112227	84769	11180
麻城市	531645	315288	5681	159097	38440	13139
武穴市	456435	175865	3632	218023	51274	7641
咸宁市	**1452855**	**780650**	**61675**	**377771**	**221134**	**11625**
咸安区	242934	110306	9736	90234	30639	2019
嘉鱼县	329513	213967	3799	26607	82480	2660
通城县	197187	85094	7410	95223	7842	1618
崇阳县	211997	92483	17334	83577	16708	1895
通山县	119686	60924	8605	37455	11828	874
赤壁市	351537	217875	14792	44675	71637	2558
随州市	**1142778**	**575501**	**26202**	**446385**	**64006**	**30684**
曾都区	192862	64017	1430	109488	8082	9845
随县	531987	277432	7739	201495	28506	16815
广水市	417929	234052	17033	135402	27418	4024
恩施自治州	**1249090**	**709417**	**45925**	**475119**	**8286**	**10343**
恩施市	227548	138075	3489	84112	482	1390
利川市	267202	169025	12062	82418	2828	869
建始县	159310	85324	4983	65924	201	2878
巴东县	149098	80495	5419	61814	588	782
宣恩县	125325	71195	2817	48377	2001	935
咸丰县	133314	55096	4664	70673	701	2180
来凤县	101563	53706	3747	42039	1382	689
鹤峰县	85730	56501	8744	19762	103	620
仙桃市	**735558**	**294417**	**2256**	**162409**	**262405**	**14071**
潜江市	**603000**	**297223**	**4745**	**184145**	**106717**	**10170**
天门市	**689667**	**318944**	**1293**	**157813**	**195535**	**16082**
神农架林区	**16410**	**9106**	**1646**	**5355**	**153**	**150**

农林牧渔业中间消耗

指 标 名 称	金 额	指 标 名 称	金 额
农林牧渔业中间消耗总计	18833477	7.办公用品购置	5773
一、农业中间消耗合计	8932150	8.其 他	15144
(一)物质消耗	7425936	(二)生产服务支出	98229
(1)用种量	1359934	三、牧业中间消耗合计	5683028
(2)役畜用饲料、饲草	929104	(一)物质消耗	4882552
(3)肥料	2271985	1.用种量	482310
(4)燃料	607445	2.饲料、饲草	3353617
(5)农药	529132	3.燃 料	158878
(6)农用塑料薄膜	208540	4.用电量	128068
(7)用电量	382955	5.畜牧用药品	227328
(8)小农具购置	997380	6.其 他	532351
(9)办公用品购置	22897	(二)生产服务支出	800476
(10)其 他	116564	四、渔业中间消耗合计	2467341
(二)生产服务支出	1506214	(一)物质消耗	2014155
二、林业中间消耗合计	494268	1.饲 料	1278947
(一)物质消耗	396039	2.燃 料	108336
1.用种量	144866	3.用电量	166362
2.肥 料	75549	4.办公用品购置	7298
3.燃 料	21589	5.其 他	453212
4.农 药	36770	(二)生产服务支出	453186
5.用电量	17007	五、农林牧渔服务业中间消耗合计	1256690
6.小农机具购置	79341	(一)物质消耗	1197117
		(二)生产服务支出	59573

3 种　植　业

粮食作物生产情况

单位:千公顷、万吨

指标名称	播种面积	产量
粮食作物	4180.05	2441.81
其中:夏收粮食	1348.50	447.44
一、谷物	3702.76	2315.60
(一)稻谷	2017.89	1651.38
1、早 稻	351.78	208.87
2、中稻和一季晚稻	1252.99	1170.87
3、双季晚稻	413.12	271.64
(二)小麦	1065.50	370.78
1、冬小麦	1065.50	370.78
2、春小麦		
(三)玉米	593.34	282.56
(四)谷子		
(五)高粱	2.82	1.47
(六)其它谷物	23.21	9.41
其中: 大 麦	23.10	8.36
燕 麦		
荞 麦	0.11	0.05
二、豆类	177.70	32.21
其中:大 豆	95.31	20.56
绿 豆	17.56	2.51
红小豆	3.74	0.20
三、薯类(折粮)	299.65	94.00
1、马铃薯	221.03	68.49
2、甘薯	78.61	25.51

注:粮食产量单位为万吨,其它用吨。

经济作物生产情况

单位:千公顷、吨、万枝、万盆

指标名称	播种面积	产量
经济作物	3925.64	
一、油料作物	1501.50	3196621
其中:花生	239.80	743412
油菜籽	1167.33	2300323
芝 麻	88.19	144055
胡麻籽		
向日葵籽	5.73	8831
二、棉花	472.87	531500
三、麻类合计	12.09	26442
其中:黄红麻	0.09	245
苎 麻	12.00	26197
大 麻(线麻)		
亚 麻		
四、糖料	7.78	310822
(一)甘蔗	7.75	310775
(二)甜菜	0.03	47
五、烟叶	72.11	146056
其中:烤烟	52.06	99109
六、药材类合计	138.01	
其中:人 参	8.19	29971
甘 草	2.04	9801
枸 杞	2.01	5582
七、蔬菜(含菜用瓜)	1138.69	35063784
(一)叶菜类	156.99	4276663
其中:芹 菜	30.20	869526
油 菜	32.43	877005
菠 菜	43.50	1118329
(二)白菜类	211.21	7068566
其中:大白菜	165.91	4942760
(三)甘蓝类	39.09	1304222
其中:卷心菜	26.08	797575

续表 单位:千公顷、吨、万枝、万盆

指标名称	播种面积	产量
(四)根茎类	181.08	6056458
其中:白萝卜	118.07	4160031
胡萝卜	31.00	932236
生 姜	7.45	162496
榨菜头	3.30	102229
(五)瓜菜类	116.08	3812339
其中:黄 瓜	59.08	1943939
南 瓜	35.30	1062124
(六)豆类(菜用)	91.66	2496887
其中:豇 豆	39.02	1066151
四季豆	36.48	983122
(七)茄果菜类	125.20	3674294
其中:茄 子	40.41	1161206
辣 椒	45.05	1168520
西红柿	32.25	1081764
(八)葱蒜类	55.02	1486334
其中:大葱	17.64	469550
蒜头	24.70	676501
(九)水生菜类	64.73	1794100
其中:莲藕	51.26	1447651
(十)其它蔬菜类	97.63	2739299
(十一)食用菌(干鲜混合)		354622
香 菇(干品)		96745
黑木耳(干品)		19932
蘑 菇(鲜品)		235664
八、瓜果类	101.49	3439595
其中:西瓜	82.00	2952942
甜瓜	13.95	408985
草莓	1.28	22669
九、其他农作物	454.30	
其中:青饲料	269.81	
十、特种作物		
花卉	7.56	
鲜切花		22319
盆栽观赏植物(包括盆景)		447
香料		1383
其中:花 椒		1152
八 角		

农作物播种面积

单位：千公顷

指标名称	粮食作物面积	夏收粮食面积	小麦面积	蚕豌豆面积	杂粮面积	马铃薯面积
湖北省	**4180.05**	**1348.50**	**1065.5**	**61.05**	**23.48**	**198.47**
武汉市	**229.45**	**32.73**	**26.07**	**4.23**	**1.78**	**0.65**
武汉市辖区	16.28	3.5	2.78	0.47	0.19	0.06
汉南区	9.66	1.96	1.73	0.16	0.07	
蔡甸区	24.28	4.64	2.95	1.33	0.36	
江夏区	45.66	2.84	2.83		0.36	
黄陂区	71.06	8.32	5.25	1.36	1.12	0.59
新洲区	62.51	11.47	10.53	0.91	0.03	
黄石市	**140.73**	**21.26**	**14.91**	**2.57**	**0.18**	**3.6**
黄石市辖区	2.94	0.41	0.28	0.06	0.01	0.06
阳新县	76.23	9.55	7.24	0.67	0.04	1.6
大冶市	61.56	11.3	7.39	1.84	0.13	1.94
十堰市	**274.43**	**101.76**	**74.66**	**7.65**		**19.45**
茅箭区	0.45	0.18	0.18			
张湾区	1.27	0.5	0.47	0.03		
郧县	56.73	24.15	22.36	1.26		0.53
郧西县	52.31	21.92	17.33	1.03		3.56
竹山县	47.71	14.55	7.58	2.44		4.53
竹溪县	42.66	12.81	4.04	1.76		7.01
房县	43.52	13.73	9.39	0.89		3.45
丹江口市	29.78	13.92	13.31	0.24		0.37
宜昌市	**327.04**	**94.41**	**42.3**	**4.99**	**2.31**	**44.81**
宜昌市辖区	5.56	0.59	0.43	0.01		0.15
夷陵区	41.04	7.85	0.34	0.94	0.07	6.5
远安县	16.69	3.73	1.36	0.15	0.93	1.29
兴山县	18.18	6.82	0.99	0.44		5.39
秭归县	28.59	8.78	3.11	0.91	0.03	4.73
长阳自治县	39.27	12.72	2.64	0.74		9.34
五峰自治县	29.85	11.81	0.75	0.12		10.94
宜都市	25.15	5.77	0.85	0.58		4.34
当阳市	68.68	18.66	15.79	0.45	1.06	1.36
枝江市	54.03	17.68	16.04	0.65	0.22	0.77
襄阳市	**751.31**	**380.32**	**355.5**	**2.84**	**3.63**	**18.36**
高新区	6.01	3.02	3.02			
襄城区	25.7	12.76	12.73	0.03		
樊城区	23.33	11.86	11.79	0.07		
襄州区	187.05	102.4	94.75	0.47	1.53	5.65
南漳县	74.6	36.04	35.53	0.1	0.02	0.39
谷城县	50.96	23.57	22.99	0.21		0.37
保康县	34.67	15.69	8.02	0.15		7.52
老河口市	59.81	31.39	30.31	1.06		0.02
枣阳市	200.19	102.3	96.35	0.65	1.9	3.4
宜城市	88.99	41.29	40	0.1	0.18	1.01
鄂州市	**58.17**	**10.15**	**7.07**	**1.5**	**0.32**	**1.26**
荆门市	**356.22**	**123.17**	**116.2**	**1.86**	**1.82**	**3.34**
荆门市辖区	39.97	10.26	9.22	0.2		0.84
京山县	118.27	45	43	0.66		1.34
沙洋县	98.8	30.53	28.08	0.47	1.71	0.27
钟祥市	99.18	37.38	35.85	0.53	0.11	0.89
孝感市	**353.82**	**120.79**	**104.7**	**4.35**	**1.81**	**9.98**
孝感市辖区	1.58	0.52	0.45			0.07
孝南区	43.81	11.65	8.45	0.53	0.37	2.3
孝昌县	47.09	16.94	15.25	0.57	0.25	0.87

续表1 单位：千公顷

指标名称	粮食作物面积	夏收粮食面积	小麦面积	蚕豌豆面积	杂粮面积	马铃薯面积
大悟县	40.72	14.57	12.41	0.34	0.92	0.9
云梦县	35.4	10.43	6.67	0.09		3.67
应城市	56.8	13.52	12.38	0.96		0.18
安陆市	52.17	21.21	19.56	0.53	0.12	1
汉川市	76.25	31.95	29.48	1.33	0.15	0.99
荆州市	**574.75**	**134.56**	**119.8**	**6.97**	**4.53**	**3.23**
荆州市辖区	0.44	0.16	0.09	0.01	0.06	
沙市区	15.51	6.48	6.33		0.15	
荆州区	43.9	15.22	13.25	0.13	0.23	1.61
公安县	93.36	26	23.91	0.78	1.1	0.21
监利县	178.99	23.91	19.84	3.31	0.26	0.5
江陵县	45.59	15.48	14.79	0.17	0.45	0.07
石首市	39.57	4.79	4.01	0.44	0.3	0.04
洪湖市	88.42	25.21	23.57	1.31	0.16	0.17
松滋市	68.97	17.31	14.04	0.82	1.82	0.63
黄冈市	**535.8**	**102.92**	**69.05**	**3.71**	**2.27**	**27.89**
龙感湖农场	6.2	3.34	3.34			
黄州区	13.56	5.91	5.71	0.12	0.02	0.06
团风县	28.4	4.53	3.5	0.2	0.11	0.72
红安县	59.78	8.79	6.15	0.19	0.31	2.14
罗田县	40.95	12.97	11.4	0.34	0.1	1.13
英山县	32.78	11.93	4.9	0.59	0.3	6.14
浠水县	67.65	6.08	2.03	0.28	0.44	3.33
蕲春县	73.97	9.98	0.92	0.66	0.03	8.37
黄梅县	72.17	13.78	11.27	0.65	0.05	1.81
麻城市	82.54	21.11	16.67	0.21	0.9	3.33
武穴市	57.8	4.5	3.16	0.47	0.01	0.86
咸宁市	**212.62**	**26.97**	**9.57**	**6.61**		**10.79**
咸安区	36.89	3.36	0.27	1.39		1.7
嘉鱼县	32.09	5.99	4.64	0.98		0.37
通城县	36.31	4.45	1.93	0.44		2.08
崇阳县	45.03	5.93	1.93	0.86		3.14
通山县	20.71	2.64	0.33	1.26		1.05
赤壁市	41.59	4.6	0.47	1.68		2.45
随州市	**230.69**	**107.3**	**92.48**	**3.83**	**2.97**	**8.02**
曾都区	40.11	19.8	18.59	0.84	0.06	0.31
随县	135.45	65.31	53.77	1.85	2.69	7
广水市	55.13	22.19	20.12	1.14	0.22	0.71
恩施自治州	**436.29**	**143.93**	**8.75**	**9.13**	**0.24**	**125.81**
恩施市	73.41	26.77	1.93	1.5	0.06	23.28
利川市	101.8	29.89	0.14	2.38		27.37
建始县	57.76	23.71	1.65	1.21		20.85
巴东县	62.25	23.51	4.92	2.73	0.14	15.72
宣恩县	37.6	9.93	0.08	0.28		9.57
咸丰县	48.71	13.56	0.03	0.18		13.35
来凤县	29.95	7.74		0.8	0.04	6.9
鹤峰县	24.81	8.82		0.05		8.77
仙桃市	**102.47**	**28.8**	**23.27**	**1.92**	**2.49**	**1.12**
潜江市	**71.8**	**30.63**	**28.54**	**0.26**	**0.43**	**1.4**
天门市	**125.61**	**53.36**	**48.35**	**0.66**	**1**	**3.35**
神农架林区	**6.57**	**2.3**	**0.38**	**0.02**	**0.06**	**1.84**

续表2　　　　　　　　　　　　　　　　　　　　　　　　单位:千公顷

指标名称	秋收粮食面积	稻谷面积				玉米面积
			早稻面积	中稻(含一季晚)面积	双季晚稻面积	
湖北省	**2831.56**	**2017.88**	**351.77**	**1252.99**	**413.12**	**593.34**
武汉市	**196.72**	**161.43**	**56.49**	**44.09**	**60.85**	**19.15**
武汉市辖区	12.78	8.63	2.87	3.65	2.11	2.58
汉南区	7.7	0.38		0.38		6.51
蔡甸区	19.64	13.38	1.03	11.09	1.26	5.26
江夏区	42.82	33.78	12.96	6.62	14.2	3.97
黄陂区	62.74	57.46	19.55	16.15	21.76	0.66
新洲区	51.04	47.8	20.08	6.2	21.52	0.17
黄石市	**119.47**	**89.58**	**34.44**	**20.86**	**34.28**	**12.93**
黄石市辖区	2.53	2.11	0.92	0.26	0.93	0.13
阳新县	66.68	47.49	17.68	12.75	17.06	8.63
大冶市	50.26	39.98	15.84	7.85	16.29	4.17
十堰市	**172.67**	**36.28**	**5.79**	**30.49**		**82.52**
茅箭区	0.27	0.06		0.06		0.19
张湾区	0.77	0.19		0.19		0.37
郧县	32.58	6.53		6.53		16.9
郧西县	30.39	3		3		16.68
竹山县	33.16	6.38		6.38		14.99
竹溪县	29.85	5.79		5.79		12.29
房县	29.79	8.19		8.19		14.59
丹江口市	15.86	6.14		6.14		6.51
宜昌市	**232.63**	**86.77**	**6.79**	**71.84**	**8.14**	**105.7**
宜昌市辖区	4.97	0.58		0.58		2.72
夷陵区	33.19	9.36		9.36		16.22
远安县	12.96	7.86		7.86		3.93
兴山县	11.36	2.19		2.19		7.52
秭归县	19.81	2.4		2.4		12.25
长阳自治县	26.55	2.29		2.29		16.27
五峰自治县	18.04	0.26		0.26		13.52
宜都市	19.38	4.42		4.42		10.37
当阳市	50.02	29.46		29.46		16.69
枝江市	36.35	27.95	6.79	13.02	8.14	6.21
襄阳市	**370.99**	**199.42**		**199.42**		**155.58**
高新区	2.99	1.32		1.32		1.67
襄城区	12.94	10.37		10.37		2.16
樊城区	11.47	7.02		7.02		4.35
襄州区	84.65	46.12		46.12		36.08
南漳县	38.56	22.93		22.93		15.27
谷城县	27.39	16.86		16.86		9.1
保康县	18.98	3.14		3.14		13.22
老河口市	28.42	11.55		11.55		13.57
枣阳市	97.89	48.81		48.81		46.05
宜城市	47.7	31.3		31.3		14.11
鄂州市	**48.02**	**42.42**	**14.86**	**10.97**	**16.59**	**0.97**
荆门市	**233.05**	**190.27**	**8.54**	**173.32**	**8.41**	**22.15**
荆门市辖区	29.71	25.56		25.56		2.38
京山县	73.27	59.08	7.93	42.96	8.19	10.02
沙洋县	68.27	60.96	0.61	60.13	0.22	2.16
钟祥市	61.8	44.67		44.67		7.59
孝感市	**233.03**	**216.61**	**22.42**	**168.42**	**25.77**	**3.07**
孝感市辖区	1.06	1.03	0.05	0.87	0.11	
孝南区	32.16	30.94	3.93	22.04	4.97	0.35
孝昌县	30.15	28.65	3.22	22.13	3.3	0.07

指标名称	秋收粮食面积	稻谷面积	早稻面积	中稻(含一季晚)面积	双季晚稻面积	玉米面积
大悟县	26.15	21.63	0.21	21.14	0.28	0.19
云梦县	24.97	22.57	4.15	13.65	4.77	1.19
应城市	43.28	41.16	8.77	22.38	10.01	0.21
安陆市	30.96	28.68		28.68		0.12
汉川市	44.3	41.95	2.09	37.53	2.33	0.94
荆州市	**440.19**	**413.88**	**80.59**	**245.7**	**87.59**	**11.49**
荆州市辖区	0.28	0.21		0.21		0.04
沙市区	9.03	9		8.96	0.04	0.02
荆州区	28.68	22.51	1.98	18.08	2.45	2.51
公安县	67.36	65.76	16.69	31.03	18.04	0.18
监利县	155.08	150.73	36.04	76.13	38.56	0.9
江陵县	30.11	28.83	0.01	28.76	0.06	0.14
石首市	34.78	33.89	8.12	17.37	8.4	0.16
洪湖市	63.21	59	7.33	42.98	8.69	1.7
松滋市	51.66	43.95	10.42	22.18	11.35	5.84
黄冈市	**432.88**	**385.56**	**123.85**	**120.44**	**141.27**	**8.92**
龙感湖农场	2.86	2.85		2.85		
黄州区	7.65	6.14	1.61	2.08	2.45	1.21
团风县	23.87	22.78	7.65	6.03	9.1	0.05
红安县	50.99	43.71	14.78	10.07	18.86	1.99
罗田县	27.98	21.19	0.62	19.69	0.88	0.41
英山县	20.85	14.18	0.66	11.48	2.04	0.96
浠水县	61.57	56.55	23.1	7.78	25.67	1.47
蕲春县	63.99	58.33	23.55	10.23	24.55	0.26
黄梅县	58.39	55.15	16.02	21.13	18	0.9
麻城市	61.43	53.99	15.33	21.33	17.33	1.4
武穴市	53.3	50.69	20.53	7.77	22.39	0.27
咸宁市	**185.65**	**144.46**	**36.94**	**68.05**	**39.47**	**19.68**
咸安区	33.53	26.98	1.59	23	2.39	2.87
嘉鱼县	26.1	19.77	2.82	13.98	2.97	5.57
通城县	31.86	29.07	13.07	1.54	14.46	0.76
崇阳县	39.1	26.13	9.58	6.97	9.58	5.96
通山县	18.07	9.09	0.35	8.38	0.36	4.07
赤壁市	36.99	33.42	9.53	14.18	9.71	0.45
随州市	**123.39**	**109.04**		**109.04**		**6.97**
曾都区	20.31	18.56		18.56		0.41
随县	70.14	60.97		60.97		5.4
广水市	32.94	29.51		29.51		1.16
恩施自治州	**292.36**	**67.43**		**67.43**		**130.49**
恩施市	46.64	9.21		9.21		20.7
利川市	71.91	21.91		21.91		29.9
建始县	34.05	3.78		3.78		19.13
巴东县	38.74	1.9		1.9		22.71
宣恩县	27.67	8.57		8.57		9.53
咸丰县	35.15	10.81		10.81		12.21
来凤县	22.21	8.85		8.85		6.52
鹤峰县	15.99	2.4		2.4		9.79
仙桃市	**73.67**	**61.37**	**1.75**	**55.59**	**4.03**	**5.56**
潜江市	**41.17**	**34.97**		**34.97**		**2.87**
天门市	**72.25**	**59.57**	**11.04**	**36.62**	**11.91**	**5.25**
神农架林区	**4.27**	**0.07**		**0.07**		**2.42**

续表4 单位：千公顷

指标名称	粟谷面积	高粱面积	大豆面积	杂豆面积	薯类面积	其它杂粮面积
湖北省		**2.13**	**95.31**	**21.3**	**101.33**	**0.27**
武汉市		**0.02**	**9.45**	**2.33**	**4.34**	
武汉市辖区			0.88	0.36	0.33	
汉南区			0.81			
蔡甸区			0.77	0.02	0.21	
江夏区			4.66	0.41		
黄陂区		0.02	1.47	0.85	2.28	
新洲区			0.86	0.69	1.52	
黄石市		**0.75**	**3.81**	**1.26**	**11.14**	
黄石市辖区		0.03	0.07	0.03	0.16	
阳新县		0.66	2.04	0.77	7.09	
大冶市		0.06	1.7	0.46	3.89	
十堰市		**0.08**	**21.77**	**6.74**	**25.28**	
茅箭区			0.02			
张湾区			0.08		0.13	
郧县			2.89	0.91	5.35	
郧西县			3.59	1.39	5.73	
竹山县		0.01	5.19	1.46	5.13	
竹溪县			5.42	2.26	4.09	
房县			3.81	0.54	2.66	
丹江口市		0.07	0.77	0.18	2.19	
宜昌市			**10.22**	**1.37**	**28.57**	
宜昌市辖区			0.1	0.07	1.5	
夷陵区			1.4	0.26	5.95	
远安县			0.25	0.03	0.89	
兴山县			0.84	0.19	0.62	
秭归县			1.03	0.23	3.9	
长阳自治县			1.64	0.18	6.17	
五峰自治县			1.34	0.01	2.91	
宜都市			0.45	0.23	3.91	
当阳市			1.89	0.15	1.83	
枝江市			1.28	0.02	0.89	
襄阳市		**0.04**	**6.47**	**0.98**	**8.47**	**0.03**
高新区						
襄城区			0.41			
樊城区			0.1			
襄州区		0.04	1.42	0.05	0.94	
南漳县			0.17	0.01	0.17	0.01
谷城县			0.7	0.08	0.63	0.02
保康县			1.67	0.03	0.92	
老河口市			0.71	0.19	2.4	
枣阳市			1.07	0.61	1.35	
宜城市			0.22	0.01	2.06	
鄂州市		**0.03**	**2.09**	**0.75**	**1.76**	
荆门市			**14.23**	**0.62**	**5.78**	
荆门市辖区			0.56	0.09	1.12	
京山县			2.03	0.3	1.84	
沙洋县			4.58	0.21	0.36	
钟祥市			7.06	0.02	2.46	
孝感市		**0.21**	**7.4**	**0.95**	**4.79**	
孝感市辖区			0.02	0.01		
孝南区			0.51	0.11	0.25	
孝昌县			0.59	0.1	0.74	

续表5　　单位:千公顷

指标名称	粟谷面积	高粱面积	大豆面积	杂豆面积	薯类面积	其它杂粮面积
大悟县		0.2	0.96	0.29	2.88	
云梦县			1.19		0.02	
应城市			1.46	0.12	0.33	
安陆市			1.49	0.19	0.48	
汉川市		0.01	1.18	0.13	0.09	
荆州市		**0.03**	**9.7**	**0.69**	**4.4**	
荆州市辖区			0.03			
沙市区			0.01			
荆州区			0.81	0.27	2.58	
公安县			0.85	0.12	0.45	
监利县		0.03	3.27		0.15	
江陵县			1.1		0.04	
石首市			0.62	0.04	0.07	
洪湖市			2.36	0.02	0.13	
松滋市			0.65	0.24	0.98	
黄冈市		**1.38**	**11.56**	**2.93**	**22.4**	**0.13**
龙感湖农场			0.01			
黄州区			0.11	0.07	0.12	
团风县		0.03	0.28	0.18	0.55	
红安县		0.1	1.61	0.1	3.48	
罗田县		0.21	2.62	0.8	2.65	0.1
英山县		0.14	1.47	0.42	3.68	
浠水县		0.67	1.08	0.37	1.43	
蕲春县		0.15	1.4	0.52	3.33	
黄梅县		0.03	0.65	0.18	1.45	0.03
麻城市			1.4	0.1	4.54	
武穴市		0.05	0.93	0.19	1.17	
咸宁市			**6.84**	**2.33**	**12.27**	**0.07**
咸安区			1.03	0.92	1.73	
嘉鱼县			0.53	0.1	0.13	
通城县			0.92	0.22	0.89	
崇阳县			2.4	0.31	4.23	0.07
通山县			0.84	0.26	3.81	
赤壁市			1.12	0.52	1.48	
随州市		**0.08**	**2.03**	**0.67**	**4.6**	
曾都区		0.01	0.32	0.08	0.93	
随县		0.07	0.87	0.19	2.64	
广水市			0.84	0.4	1.03	
恩施自治州		**0.19**	**24.25**	**4.07**	**65.93**	
恩施市		0.15	5.67	0.39	10.52	
利川市			5.26	0.49	14.35	
建始县			2.76	0.59	7.79	
巴东县			3.38	2.12	8.63	
宣恩县			2.49	0.12	6.96	
咸丰县			3.33	0.12	8.68	
来凤县		0.04	0.74	0.12	5.94	
鹤峰县			0.62	0.12	3.06	
仙桃市			**5.63**	**0.23**	**0.88**	
潜江市		**0.01**	**2.51**	**0.07**	**0.74**	
天门市			**6.85**	**0.08**	**0.5**	
神农架林区			**1.18**	**0.09**	**0.47**	**0.04**

单位:千公顷

指标名称	经济作物面积	棉花面积	油料作物面积	花生面积	油菜籽面积	芝麻面积	麻类面积	黄红麻面积	苎麻面积
湖北省	**3925.64**	**472.87**	**1501.5**	**239.8**	**1167.33**	**88.19**	**12.09**	**0.09**	**12**
武汉市	**319.16**	**26.23**	**93.6**	**13.67**	**64.6**	**15.33**	**1.28**		**1.28**
武汉市辖区	45.46	4.21	7.1	0.77	2.12	4.21	0.04		0.04
汉南区	15.37	5.27	0.81	0.2	0.3	0.31			
蔡甸区	37.36	4.29	5.07	0.79	3.37	0.91			
江夏区	60.5	0.03	20.34	3.28	11.63	5.43	1.24		1.24
黄陂区	87.65	2.31	31.98	7.03	22.09	2.86			
新洲区	72.82	10.12	28.3	1.6	25.09	1.61			
黄石市	**99.29**	**4.54**	**54.1**	**3.59**	**42.58**	**7.91**	**3.19**		**3.19**
黄石市辖区	2.66	0.09	0.92	0.11	0.64	0.16	0.06		0.06
阳新县	58.29	2.8	32.02	1.66	25.73	4.63	2.99		2.99
大冶市	38.34	1.65	21.16	1.82	16.21	3.12	0.14		0.14
十堰市	**177.73**	**0.19**	**76.92**	**18.26**	**44.5**	**13.17**			
茅箭区	0.46		0.05	0.01	0.04				
张湾区	2.7		0.36	0.07	0.25	0.04			
郧县	26.18	0.07	10.88	1.77	5.49	3.62			
郧西县	36.72	0.01	10.83	2.32	6.21	2.21			
竹山县	36.27		22.81	9.42	11.46	1.86			
竹溪县	35.48		15.56	2.09	9.94	2.7			
房县	28.18	0.03	9.98	1.56	7.39	1.03			
丹江口市	11.74	0.08	6.45	1.02	3.72	1.71			
宜昌市	**272.83**	**21.35**	**111.01**	**12.15**	**95.15**	**2.93**			
宜昌市辖区	8.49		2.15	0.61	1.44	0.1			
夷陵区	34.18	0.01	12.97	1.95	10.42	0.46			
远安县	10.66		7.04	0.26	6.75	0.03			
兴山县	15.04		4.57	0.22	3.94	0.12			
秭归县	21.84		7.93	1.49	5.88	0.44			
长阳自治县	31.94		9.79	1.55	8.06	0.03			
五峰自治县	20.61		3.93	0.32	3.51	0.02			
宜都市	14.94	0.02	9.2	0.76	8.4	0.04			
当阳市	59.09	5.83	31.22	3.47	26.74	1.01			
枝江市	56.05	15.49	22.21	1.52	20.01	0.68			
襄阳市	**209.46**	**29.76**	**75.28**	**24.24**	**43.66**	**7.31**	**0.09**		**0.09**
高新区	1.31	0.05	0.58	0.17	0.4	0.01			
襄城区	11.24	0.37	2.95	1.08	1.59	0.28			
樊城区	9.43	0.5	1.95	0.45	0.98	0.52			
襄州区	34.04	8.85	15.22	9.61	4.54	1.07			
南漳县	11.3	0.19	3.48	0.41	2.64	0.43	0.09		0.09
谷城县	15.22	0.01	6	1.32	4.12	0.56			
保康县	24.42		6.88	0.7	6.02	0.16			
老河口市	32.17	5.16	11.46	2.27	6.51	2.61			
枣阳市	20.46	5.33	5.14	1.56	2.87	0.71			
宜城市	49.87	9.3	21.62	6.67	13.99	0.96			
鄂州市	**62.8**	**5.51**	**30.04**	**1.23**	**25.34**	**3.47**	**0.24**		**0.24**
荆门市	**230.4**	**35.42**	**134.92**	**18.95**	**111.26**	**4.71**			
荆门市辖区	40.27	3.5	21.89	3.39	17.84	0.66			
京山县	50	11.3	21.42	3.71	15.69	2.02			
沙洋县	65.98	6.69	44.68	5.04	38.49	1.15			
钟祥市	74.15	13.93	46.93	6.81	39.24	0.88			
孝感市	**249.47**	**30.07**	**112.03**	**27.35**	**79.56**	**5.12**	**0.02**		**0.02**
孝感市辖区	1.23	0.09	0.92	0.24	0.48	0.2			
孝南区	33.91	4.52	15.01	1.25	13.07	0.69			
孝昌县	27.5	1.52	16.85	3.84	11.91	1.1			

续表7 单位:千公顷

指标名称	经济作物面积	棉花面积	油料作物面积				麻类面积		
				花生面积	油菜籽面积	芝麻面积		黄红麻面积	苎麻面积
大悟县	40.33	0.2	24.63	19.26	5.1	0.27	0.02		0.02
云梦县	29.98	2.77	8.28	0.26	7.73	0.29			
应城市	39.99	3.75	17.8	0.73	16.24	0.83			
安陆市	21.33	1.03	9.69	1.58	6.73	1.38			
汉川市	55.2	16.19	18.85	0.19	18.3	0.36			
荆州市	**492.54**	**104.81**	**259.06**	**1.57**	**251.6**	**5.89**	**0.04**	**0.04**	
荆州市辖区	1.66	0.24	0.36		0.34	0.02			
沙市区	11.84	3.12	3.82		3.82				
荆州区	41.68	9.34	18.47	0.39	17.29	0.79			
公安县	85.87	28.27	38.39	0.08	38.14	0.17			
监利县	131.14	22.44	76.58	0.22	74.76	1.6	0.01	0.01	
江陵县	34.99	8.05	22.27	0.44	21.37	0.46	0.01	0.01	
石首市	53.21	12.61	29.54	0.02	29.38	0.14	0.01	0.01	
洪湖市	63.07	6.91	33.47	0.09	31.08	2.3	0.01	0.01	
松滋市	69.08	13.83	36.16	0.33	35.42	0.41			
黄冈市	**468.23**	**54.94**	**244.84**	**43.43**	**192.55**	**8.68**	**1.88**	**0.04**	**1.84**
龙感湖农场	2.1	1.19	0.83		0.81	0.02			
黄州区	17.84	4.75	4.18	0.12	3.84	0.22			
团风县	19.53	2.86	11.37	1.77	8.6	1			
红安县	50.62	2.42	36.47	18.73	17.41	0.33	0.04		0.04
罗田县	32.92	0.32	13.28	1.98	9.96	1.34	0.01		0.01
英山县	24.21	0.28	8.88	0.79	7.5	0.41	0.03		0.03
浠水县	76.46	10.34	34.2	4	29.2	1	0.01	0.01	
蕲春县	62.56	4.23	27.5	1.48	24.96	1.06	1.64		1.64
黄梅县	51.95	14.3	31.07	0.63	29.73	0.71			
麻城市	85.09	7.3	47.33	13.33	32	2	0.03	0.02	0.01
武穴市	44.95	6.95	29.73	0.6	28.54	0.59	0.12	0.01	0.11
咸宁市	**202.14**	**3.62**	**77.37**	**7.02**	**65.56**	**4.79**	**5.32**		**5.32**
咸安区	46.47	0.2	29.69	3.18	24.69	1.82	1.21		1.21
嘉鱼县	42.6	1.56	7.44	0.21	6.45	0.78	0.77		0.77
通城县	20.8	0.23	8.27	0.89	7.34	0.04			
崇阳县	24.83	0.45	8.54	1.07	7.37	0.1			
通山县	15.46		4.08	0.85	3.1	0.13			
赤壁市	51.98	1.18	19.35	0.82	16.61	1.92	3.34		3.34
随州市	**86.42**	**13.36**	**30.89**	**9.79**	**17.05**	**3.93**			
曾都区	12.29	2.3	2.94	0.38	2.24	0.32			
随县	35.65	6.54	12.51	3.29	7.39	1.83			
广水市	38.48	4.52	15.44	6.24	7.42	1.78			
恩施自治州	**340.1**	**0.03**	**67.24**	**7.79**	**54.78**	**0.57**	**0.02**		**0.02**
恩施市	73.03	0.03	12.54	1.26	10.74		0.02		0.02
利川市	76.7		8.5	0.64	6.49				
建始县	41.44		9.28	1.06	7.4				
巴东县	47.35		16.99	2.17	13.33	0.57			
宣恩县	33.21		4.31	1.08	3.07				
咸丰县	23.12		6.05	0.83	5.15				
来凤县	20.41		5.73	0.48	5.25				
鹤峰县	24.84		3.84	0.27	3.35				
仙桃市	**113.76**	**23.16**	**50.22**	**0.73**	**47.22**	**2.27**	**0.01**	**0.01**	
潜江市	**78.19**	**26.23**	**35.1**	**1.13**	**33.16**	**0.81**			
天门市	**107.22**	**37.97**	**54.12**	**48.87**	**3.92**	**1.33**			
神农架林区	**6.76**		**0.4**	**0.03**	**0.33**				

续表8 单位:千公顷

指标名称	糖料合计面积	烟叶面积	烤烟面积	药材类播种面积	人参面积	甘草面积	枸杞面积
湖北省	**7.78**	**72.11**	**52.06**	**138.01**	**8.19**	**2.04**	**2.01**
武汉市	**1.23**			**0.84**			
武汉市辖区	0.12						
汉南区							
蔡甸区							
江夏区	0.01						
黄陂区	0.88						
新洲区	0.22			0.84			
黄石市	**0.04**			**0.42**	**0.02**	**0.15**	**0.11**
黄石市辖区							
阳新县				0.28	0.02	0.08	0.04
大冶市	0.04			0.14		0.07	0.07
十堰市	**0.61**	**9.82**	**8.26**	**19.5**		**0.41**	**0.4**
茅箭区							
张湾区				0.01			
郧县		0.09	0.08	1.29			
郧西县	0.44	1.95	0.96	3.99			
竹山县	0.02	2.31	2.31	0.81		0.41	0.4
竹溪县	0.15	2.03	2.03	7.51			
房县		2.8	2.79	5.74			
丹江口市		0.64	0.09	0.15			
宜昌市	**0.03**	**8.08**	**4.07**	**2.88**			
宜昌市辖区							
夷陵区		0.05	0.01	0.85			
远安县							
兴山县		2.01	1.98	0.33			
秭归县		2.01	2.01	0.37			
长阳自治县		1.06		0.38			
五峰自治县		2.93	0.07	0.95			
宜都市		0.02					
当阳市							
枝江市	0.03						
襄阳市	**0.13**	**6.74**	**6.74**	**7.38**			
高新区							
襄城区				0.8			
樊城区							
襄州区		0.58	0.58	0.07			
南漳县	0.01	1.12	1.12	0.06			
谷城县							
保康县		3.89	3.89	6.15			
老河口市							
枣阳市	0.1	1.15	1.15				
宜城市	0.02			0.3			
鄂州市	**0.5**						
荆门市	**0.62**	**0.01**		**1.02**			
荆门市辖区	0.12			0.27			
京山县	0.08	0.01		0.13			
沙洋县	0.38						
钟祥市	0.04			0.62			
孝感市	**0.44**			**3.23**		**0.16**	
孝感市辖区	0.02						
孝南区	0.07			0.7			
孝昌县	0.21			0.92			

指标名称	糖料合计面积	烟叶面积	烤烟面积	药材类播种面积	人参面积	甘草面积	枸杞面积
大悟县	0.02			1.29			
云梦县							
应城市	0.03			0.06			
安陆市	0.04			0.16		0.16	
汉川市	0.05			0.1			
荆州市	**1.35**			**0.06**			
荆州市辖区							
沙市区							
荆州区	0.13			0.03			
公安县	0.28						
监利县	0.23						
江陵县	0.11			0.02			
石首市	0.22						
洪湖市	0.21						
松滋市	0.17			0.01			
黄冈市	**0.87**			**36.88**	**0.01**	**0.01**	
龙感湖农场							
黄州区	0.01						
团风县	0.06			0.38			
红安县	0.01						
罗田县	0.14			9.67			
英山县	0.06			7.64			
浠水县	0.15			0.02			
蕲春县	0.23			14.04	0.01	0.01	
黄梅县	0.02						
麻城市	0.05			5.13			
武穴市	0.14						
咸宁市	**0.95**			**1.16**		**0.13**	**0.48**
咸安区	0.03						
嘉鱼县	0.42						
通城县				0.48			0.48
崇阳县	0.18			0.12			
通山县				0.14		0.13	
赤壁市	0.32			0.42			
随州市	**0.13**			**0.74**	**0.02**	**0.42**	
曾都区	0.01						
随县	0.05			0.41		0.41	
广水市	0.07			0.33	0.02	0.01	
恩施自治州	**0.01**	**47.25**	**32.8**	**62.69**	**8.14**	**0.76**	**1.02**
恩施市		9.46	5.43	19.97			
利川市		9.38	8.08	12.14			
建始县		6.23	1.66	4.56			
巴东县		5.98	3.95	6	5.97	0.01	0.02
宣恩县		5.22	5.03	8.23	2.17	0.75	1
咸丰县		4.3	4.02	3.65			
来凤县	0.01	1.48	1.38	3.22			
鹤峰县		5.2	3.25	4.92			
仙桃市	**0.65**						
潜江市	**0.14**			**0.04**			
天门市	**0.08**						
神农架林区		**0.21**	**0.19**	**1.17**			

续表10　　　　单位：千公顷

指标名称	蔬菜及食用菌	瓜果类面积	其他作物播种面积	青饲料面积	绿肥面积	其他作物面积
湖北省	**1138.69**	**101.49**	**454.30**	**269.81**	**113.18**	**71.31**
武汉市	**163.08**	**18.43**	**13.83**	**6.22**	**6.24**	**1.37**
武汉市辖区	26.44	4.57	2.45	2.28	0.13	0.04
汉南区	7.14	1.63	0.52	0.52		
蔡甸区	21.01	3.88	3.11	0.58	1.76	0.77
江夏区	29.99	3.97	4.9	1.27	3.59	0.04
黄陂区	47.95	2.35	2.16	1.21	0.63	0.32
新洲区	30.55	2.03	0.69	0.36	0.13	0.2
黄石市	**31.14**	**2.1**	**3.76**	**1.61**	**2**	**0.15**
黄石市辖区	1.57	0.02				
阳新县	17.72	1.47	1.01	0.44	0.57	
大冶市	11.85	0.61	2.75	1.17	1.43	0.15
十堰市	**65.98**	**1.71**	**1.81**	**0.35**	**1.09**	**0.35**
茅箭区	0.41					
张湾区	2.28	0.01	0.02			
郧县	12.69	1.16				
郧西县	17.82	0.17	0.35			0.35
竹山县	10.25	0.03	0.04	0.01	0.03	
竹溪县	10.14	0.09				
房县	8.12	0.11	1.4	0.34	1.06	
丹江口市	4.27	0.14				
宜昌市	**112.55**	**3.9**	**12.27**	**10.37**	**1.89**	**0.01**
宜昌市辖区	6.25		0.04	0.04		
夷陵区	18.7	0.59	1.01	0.8	0.21	
远安县	2.47	0.03	1.12	0.66	0.46	
兴山县	6.63	0.04	1.46	1.23	0.23	
秭归县	11.39	0.07	0.07		0.07	
长阳自治县	20.38	0.03	0.25	0.2	0.05	
五峰自治县	8.82	0.01	3.97	3.87	0.1	
宜都市	4.72	0.09	0.89	0.86	0.02	0.01
当阳市	19.82	1.01	1.05	0.72	0.33	
枝江市	13.37	2.03	2.41	1.99	0.42	
襄阳市	**69.72**	**14.58**	**5.53**	**0.51**	**2.75**	**2.27**
高新区	0.67	0.01				
襄城区	6.36	0.22	0.38		0.38	
樊城区	6.73	0.21				
襄州区	7.8	0.96	0.54			0.54
南漳县	5.02	0.01	1.32	0.47	0.8	0.05
谷城县	7.43	0.3	1.48	0.04	1.37	0.07
保康县	6.15		1.35			1.35
老河口市	14.27	0.99	0.26			0.26
枣阳市	5.95	2.73	0.06		0.06	
宜城市	9.34	9.15	0.14		0.14	
鄂州市	**21.62**	**2.7**	**2.19**	**1.99**	**0.2**	
荆门市	**44.15**	**6.93**	**4.6**	**2.02**	**2.38**	**0.04**
荆门市辖区	11.77	1.87	0.46	0.31	0.15	
京山县	10.01	2.27	3.09	1.33	1.76	
沙洋县	12.47	0.78	0.94	0.54	0.4	
钟祥市	9.9	2.01	0.11		0.07	0.04
孝感市	**92.05**	**7.01**	**3.83**	**1.43**	**2.16**	**0.04**
孝感市辖区	0.14	0.01				
孝南区	11.99	1.11	0.21	0.1	0.11	
孝昌县	6.6	0.97	0.15	0.07	0.08	

续表11 单位：千公顷

指标名称	蔬菜及食用菌	果用瓜面积	其他作物播种面积	青饲料面积	绿肥面积	其他作物面积
大悟县	11.7	1.1	1.37		1.37	
云梦县	18.48	0.35	0.02		0.02	
应城市	15.94	1.49	0.91	0.45	0.46	
安陆市	8.98	0.96	0.4	0.2		
汉川市	18.22	1.02	0.77	0.61	0.12	0.04
荆州市	**80.44**	**15.38**	**29.64**	**11.51**	**13.54**	**4.59**
荆州市辖区	0.91	0.13	0.02	0.02		
沙市区	4.39	0.48	0.03	0.01		0.02
荆州区	10.56	2.41	0.17	0.11		0.06
公安县	10.1	1.34	7.35	2.27	5	0.08
监利县	19.43	1.99	10.46	2.34	6.75	1.37
江陵县	3.34	1.15	0.04	0.02	0.02	
石首市	7.7	1.76	1.33	0.36	0.89	0.08
洪湖市	11.63	1.49	9.3	5.68	0.65	2.97
松滋市	12.38	4.63	0.94	0.7	0.23	0.01
黄冈市	**113.37**	**3.96**	**11.49**	**4.8**	**5.37**	**1.32**
龙感湖农场	0.04	0.04				
黄州区	7.46	0.5	0.94	0.58	0.01	0.35
团风县	3.72	0.45	0.69	0.33	0.2	0.16
红安县	11.13	0.16	0.39	0.24	0.07	0.08
罗田县	8.88	0.4	0.22	0.08	0.08	0.06
英山县	5.84	0.01	1.47	0.81	0.66	
浠水县	28.67	0.41	2.66	0.67	1.99	
蕲春县	10.95	0.58	3.39	1.52	1.87	
黄梅县	5.9	0.32	0.34	0.08	0.26	
麻城市	24.54	0.4	0.31	0.14	0.17	
武穴市	6.24	0.69	1.08	0.35	0.06	0.67
咸宁市	**88.37**	**8.36**	**16.39**	**3.08**	**12.92**	**0.35**
咸安区	12.7	2.34	0.3	0.11	0.19	
嘉鱼县	30.18	1.52	0.71	0.22	0.49	
通城县	6.96	0.35	4.51	1	3.51	
崇阳县	10.57	1.14	3.64	0.17	3.47	
通山县	6.89	0.39	3.89	0.33	3.19	0.34
赤壁市	21.07	2.62	3.34	1.25	2.07	0.01
随州市	**34.49**	**3.07**	**3.56**	**0.85**	**2.45**	**0.25**
曾都区	6.15	0.4	0.37	0.21	0.16	
随县	12.94	1.01	2.16	0.47	1.67	0.01
广水市	15.4	1.66	1.03	0.17	0.62	0.24
恩施自治州	**117.41**	**1.54**	**43.83**	**21.12**	**1.05**	**15.86**
恩施市	26.7	0.1	4.2	0.01		3.51
利川市	35.12	0.46	11.1	8.2	0.14	2.76
建始县	9.77	0.18	11.39	5.11	0.1	5.46
巴东县	11.43	0.14	6.81	2.41		
宣恩县	11	0.08	4.37	3.72		0.65
咸丰县	8.87	0.25				
来凤县	7.41	0.31	2.21	0.41	0.21	1.59
鹤峰县	7.11	0.02	3.75	1.26	0.6	1.89
仙桃市	**26.58**	**3.52**	**9.65**	**5.39**	**0.77**	**3.49**
潜江市	**13.03**	**3.56**	**0.09**		**0.09**	
天门市	**12.96**	**1.79**	**0.3**	**0.23**	**0.07**	
神农架林区	**1.75**	**3**	**0.23**	**0.04**		**0.19**

主要农产品产量

单位:吨

指标名称	粮食(包括谷物.大豆和薯类)总产量	夏粮总产量	小麦产量	秋收粮食总产量	稻谷总产量	早稻总产量
湖北省	**24418100**	**4474400**	**3707800**	**19943700**	**16513800**	**2088700**
武汉市	**1258942**	**77107**	**60787**	**1181835**	**1047768**	**312824**
武汉市辖区	25665	4744	3955	20921	16189	0
汉南区	33490	7667	6893	25823	2507	
蔡甸区	132050	14393	10150	117657	100755	5546
江夏区	290006	7286	7270	282720	230701	81153
黄陂区	456224	22182	13215	434042	408415	109238
新洲区	321507	20835	19304	300672	289201	116887
黄石市	**630543**	**51613**	**36342**	**578930**	**474163**	**167716**
黄石市辖区	10737	1143	741	9594	8076	4911
阳新县	347509	21595	15924	325914	253565	81325
大冶市	272297	28875	19677	243422	212522	81480
十堰市	**1116249**	**314140**	**230350**	**802109**	**263631**	**51945**
茅箭区	1746	320	320	1426	208	
张湾区	3804	1097	1062	2707	997	
郧县	199037	72785	68634	126252	43323	
郧西县	182054	64955	51793	117099	23953	
竹山县	232087	51353	24439	180734	50842	
竹溪县	237701	47541	15858	190160	51945	
房县	143283	29667	22790	113616	48763	
丹江口市	116537	46422	45454	70115	43600	
宜昌市	**1603993**	**295035**	**147521**	**1308958**	**702319**	**49727**
宜昌市辖区	10501	888	494	9613	2283	
夷陵区	212043	27774	1161	184269	70947	
远安县	100752	11826	3706	88926	63150	
兴山县	58119	16553	2450	41566	12501	
秭归县	86703	22376	7801	64327	12447	
长阳自治县	102190	29559	3635	72631	14485	
五峰自治县	80543	24128	1562	56415	1244	
宜都市	110319	14023	2695	96296	28508	
当阳市	511316	90796	73500	420520	266134	
枝江市	331507	57112	50517	274395	230620	49727
襄阳市	**5014140**	**2091165**	**1967729**	**2922975**	**1972476**	
高新区	52400	21005	21005	31395	13860	
襄城区	158930	50343	50200	108587	91775	
樊城区	157289	46454	45981	110835	69124	
襄州区	1358000	626179	582800	731821	494200	
南漳县	448801	134733	131800	314068	230300	
谷城县	276920	86578	83714	190342	144400	
保康县	137300	32713	20451	104587	29600	
老河口市	369500	168889	164700	200611	102217	
枣阳市	1361000	654048	604100	706952	471800	
宜城市	694000	270223	262978	423777	325200	
鄂州市	**344900**	**24678**	**16200**	**320222**	**292002**	**92370**
荆门市	**2621448**	**488685**	**459551**	**2132763**	**1893757**	**65443**
荆门市辖区	263210	40373	36692	222837	197173	
京山县	702519	149583	141738	552936	475370	60698
沙洋县	800506	135657	126390	664849	638658	4745
钟祥市	855213	163072	154731	692141	582556	
孝感市	**2198547**	**360233**	**314228**	**1838314**	**1771274**	**140142**
孝感市辖区	4200	1310	900	2890	2860	80
孝南区	211896	22275	17575	189621	186309	24935
孝昌县	264386	46423	40959	217963	214944	22615

续表1 单位:吨

指标名称	粮食(包括谷物.大豆和薯类)总产量	夏粮总产量	小麦产量	秋收粮食总产量	稻谷总产量	早稻总产量
大悟县	281806	38558	32259	243248	213503	1241
云梦县	215900	30144	18114	185756	176839	26136
应城市	353123	33853	30934	319270	313536	49821
安陆市	333200	77449	72049	255751	251569	
汉川市	534036	110221	101438	423815	411714	15314
荆州市	**3710600**	**428365**	**378731**	**3282235**	**3162473**	**540026**
荆州市辖区	2294	540	299	1754	1490	
沙市区	69191	20739	20083	48452	48342	
荆州区	205561	47200	37168	158361	123457	10840
公安县	608918	78366	70082	530552	523435	105020
监利县	1361207	73493	61293	1287714	1270851	268167
江陵县	257401	50731	48032	206670	199490	43
石首市	208890	11723	9313	197167	193402	46179
洪湖市	670035	99710	95277	570325	553566	58200
松滋市	327103	45863	37184	281240	248440	51577
黄冈市	**3124946**	**302667**	**181720**	**2822279**	**2637133**	**601982**
龙感湖农场	20452	6951	6951	13501	13500	
黄州区	53236	12631	11035	40605	33000	8299
团风县	124500	13025	6906	111475	104200	28300
红安县	223610	28863	20753	194747	161100	40800
罗田县	248800	35189	31235	213611	199300	4900
英山县	130600	32299	14070	98301	74000	2600
浠水县	500400	18695	6397	481705	443814	142583
蕲春县	500800	34203	2565	466597	441619	118100
黄梅县	480648	40143	28598	440505	427900	85100
麻城市	538000	56917	41100	481083	469400	102500
武穴市	303900	23751	12110	280149	269300	68800
咸宁市	**1030849**	**55749**	**20835**	**975100**	**834612**	**173380**
咸安区	184069	7628	568	176441	152151	8295
嘉鱼县	178244	14970	11969	163274	131379	13937
通城县	183899	5428	2055	178471	167362	65301
崇阳县	194529	11526	4413	183003	147869	43680
通山县	82470	3726	540	78744	51676	1718
赤壁市	207638	12471	1290	195167	184175	40449
随州市	**1550442**	**451269**	**389624**	**1099213**	**1014272**	
曾都区	254425	79822	69100	174603	158947	
随县	890200	277380	234942	612820	564468	
广水市	405817	94067	85582	311790	290857	
恩施自治州	**1590602**	**309076**	**14636**	**1281526**	**413260**	
恩施市	223002	50281	2038	172721	49174	
利川市	360100	61660	51	298440	125847	
建始县	226400	61007	263	165393	27314	
巴东县	218400	60116	12142	158284	9305	
宣恩县	124500	19659	110	104841	45710	
咸丰县	229000	21483	32	207517	84358	
来凤县	121600	15499		106101	55533	
鹤峰县	87600	19371		68229	16019	
仙桃市	**778842**	**92624**	**74548**	**686218**	**608060**	**12198**
潜江市	**500400**	**111472**	**100593**	**388928**	**346665**	
天门市	**694149**	**157663**	**135691**	**536486**	**481998**	**74037**
神农架林区	**21397**	**7567**	**1053**	**13830**	**449**	

续表2 单位:吨

指标名称	中稻总产量	晚稻总产量	玉米总产量	大豆总产量	薯类总产量(五折一计算)	其中:红薯产量
湖北省	**11708700**	**2716400**	**2825600**	**205600**	**940000**	**255100**
武汉市	**350566**	**384378**	**70501**	**31352**	**31630**	**22177**
武汉市辖区	15341	848	2827	792	948	898
汉南区	2507		22015	1301		
蔡甸区	88077	7132	13360	2748	739	739
江夏区	50956	98592	29999	21300		
黄陂区	145893	153284	1800	3362	21982	14901
新洲区	47792	124522	500	1849	7961	5639
黄石市	**131288**	**175159**	**45173**	**7972**	**55810**	**38085**
黄石市辖区	1580	1585	500	358	774	376
阳新县	82120	90120	33120	3825	35785	26125
大冶市	47588	83454	11553	3789	19251	11584
十堰市	**211686**		**367330**	**44629**	**186256**	**110521**
茅箭区	208		1003	64	151	151
张湾区	997		1240	117	353	353
郧县	43323		51027	5605	27784	22448
郧西县	23953		61353	7227	33667	21739
竹山县	50842		87548	10844	52426	28817
竹溪县	51945		94072	12578	55359	26781
房县	48763		51416	7148	10608	5337
丹江口市	43600		19671	1046	5908	4895
宜昌市	**591206**	**61386**	**473658**	**21415**	**236485**	**95524**
宜昌市辖区	2283		3401	40	4161	1095
夷陵区	70947		85441	2772	48547	21703
远安县	63150		19725	740	11274	5270
兴山县	12501		26803	903	14741	1072
秭归县	12447		38582	1799	24144	11186
长阳自治县	14485		42657	2100	38191	13185
五峰自治县	1244		46746	1278	29523	7033
宜都市	28508		58701	902	17995	7786
当阳市	266134		116590	8872	37402	21097
枝江市	119507	61386	35012	2009	10507	6097
襄阳市	**1972476**		**868988**	**19611**	**150539**	**50451**
高新区	13860		17535			
襄城区	91775		14612	2200		
樊城区	69124		41200	511		
襄州区	494200		220913	4737	44758	11677
南漳县	230300		77934	800	6990	4640
谷城县	144400		42300	1680	3795	1410
保康县	29600		67839	2890	16287	4211
老河口市	102217		83743	2417	11730	11626
枣阳市	471800		219600	3632	46515	2379
宜城市	325200		83312	744	20464	14508
鄂州市	**104800**	**94832**	**5825**	**4270**	**19713**	**13625**
荆门市	**1765910**	**62404**	**143369**	**42425**	**69711**	**25203**
荆门市辖区	197173		16091	1008	11779	8363
京山县	354037	60635	56739	6420	19793	10824
沙洋县	632144	1769	13546	10134	4494	1358
钟祥市	582556		56993	24863	33645	4658
孝感市	**1458972**	**172160**	**18241**	**16703**	**58422**	**25160**
孝感市辖区	2080	700		20	410	
孝南区	134868	26506	1124	815	3513	1013
孝昌县	172005	20324	296	1041	4848	420

续表3

单位:吨

指标名称	中稻总产量	晚稻总产量	玉米总产量	大豆总产量	薯类总产量(五折一计算)	其中:红薯产量
大悟县	210806	1456	2010	2706	24775	22358
云梦县	117327	33376	5520	3268	11943	92
应城市	191739	71976	996	3317	1900	
安陆市	251569		100	2500	4907	1107
汉川市	378578	17822	8195	3036	6126	170
荆州市	**1976643**	**645804**	**61075**	**34375**	**37642**	**7281**
荆州市辖区	1490		140	119		
沙市区	48142	200	80	30		
荆州区	98606	14011	17122	3424	21630	1201
公安县	277910	140505	1179	3338	3246	1435
监利县	694256	308428	5288	10776	2889	
江陵县	199039	408	1033	5914	681	
石首市	98599	48624	1080	2190	615	25
洪湖市	423087	72279	9087	6776	1641	98
松滋市	135514	61349	26066	1808	6940	4522
黄冈市	**1032776**	**1002375**	**44017**	**38366**	**195244**	**48094**
龙感湖农场	13500			1		
黄州区	12023	12678	5185	325	3191	729
团风县	33800	42100	500	929	10870	2007
红安县	49300	71000	8000	6000	26368	7325
罗田县	183200	11200	1333	5422	8430	3964
英山县	61700	9700	2818	4730	32022	5143
浠水县	69653	231578	11500	7860	21462	6847
蕲春县	129700	193819	1152	4476	47431	14008
黄梅县	182500	160300	7470	1910	11445	1295
麻城市	221200	145700	1200	3200	22408	5755
武穴市	76200	124300	4859	3513	11617	1021
咸宁市	**426953**	**234279**	**78558**	**11436**	**70141**	**44323**
咸安区	131720	12136	13014	2015	12287	7574
嘉鱼县	95850	21592	30142	1056	1777	594
通城县	9983	92078	3430	1993	7955	5256
崇阳县	48088	56101	15675	3134	21717	15840
通山县	47792	2166	14637	1270	12459	10849
赤壁市	93520	50206	1660	1968	13946	4210
随州市	**1014272**		**39700**	**6665**	**80834**	**30199**
曾都区	158947		6945	927	15485	6033
随县	564468		26374	3198	51493	18196
广水市	290857		6381	2540	13856	5970
恩施自治州	**413260**		**631403**	**41272**	**468202**	**186112**
恩施市	49174		84700	7279	76486	30255
利川市	125847		134178	8745	85575	28145
建始县	27314		104027	5419	86283	28043
巴东县	9305		109100	5349	75678	32527
宣恩县	45710		36606	3221	38407	19185
咸丰县	84358		88766	8732	46522	25331
来凤县	55533		30294	1477	32655	15303
鹤峰县	16019		43732	1050	26596	7323
仙桃市	**563185**	**32677**	**51047**	**21167**	**11875**	**1168**
潜江市	**346665**		**26100**	**8209**	**15700**	**3872**
天门市	**326424**	**81537**	**27940**	**22643**	**21517**	**3797**
神农架林区	**449**		**10174**	**837**	**8599**	**2151**

续表4　　单位:吨

指标名称	棉花产量(皮棉)	油料总产量	花生产量	油菜籽产量
湖北省	**531500**	**3196621**	**743412.3**	**2300323**
武汉市	**24557**	**180191**	**41355**	**112049**
武汉市辖区	4350	16996	2784	6045
汉南区	4812	1837	540	733
蔡甸区	4178	10631	2103	6988
江夏区	85	40529	10465	20596
黄陂区	3600	61861	21054	36123
新洲区	7532	48337	4409	41564
黄石市	**7346**	**84999**	**8459**	**64261**
黄石市辖区	410	2382	571	1174
阳新县	3615	43742	3326	33760
大冶市	3321	38875	4562	29327
十堰市	**189**	**120644**	**43081**	**58020**
茅箭区		91	21	70
张湾区		580	167	357
郧县	73	14614	5166	5192
郧西县	22	14991	5685	4797
竹山县		40944	21746	16259
竹溪县		24004	4139	15628
房县	50	16067	4076	10297
丹江口市	44	9353	2081	5420
宜昌市	**34793**	**227904**	**31880**	**190166**
宜昌市辖区		3648	1071	2517
夷陵区		25747	3370	21270
远安县		12970	590	12315
兴山县		7408	356	6603
秭归县		15297	2717	11640
长阳自治县		14271	2274	11804
五峰自治县		5662	467	5052
宜都市	24	19559	2171	17313
当阳市	9707	68672	13787	53188
枝江市	25062	54670	5077	48464
襄阳市	**41363**	**252171.2**	**126902**	**114468**
高新区	59	1868	759	1101
襄城区	656	11370	5145	5188
樊城区	959	9604.2	3308	5412
襄州区	14281	79735	64573	13830
南漳县	399	9749	1839	6691
谷城县	6	13971	4958	8257
保康县		9695	1361	8178
老河口市	6193	26409	8148	15322
枣阳市	8730	17967	7849	9011
宜城市	10080	71803	28962	41478
鄂州市	**7350**	**59602**	**4142**	**49686**
荆门市	**49240**	**359535**	**85341**	**263636**
荆门市辖区	4269	60130	15967	42916
京山县	16402	45196	12436	29747
沙洋县	10918	130156	23616	103180
钟祥市	17651	124053	33322	87793
孝感市	**44628**	**223584**	**73237**	**141937**
孝感市辖区	121	1530	385	980
孝南区	6482	26498	6212	18960
孝昌县	1701	31208	11552	17986

续表5 单位:吨

指标名称	棉花产量(皮棉)	油料总产量	花生产量	油菜籽产量
大悟县	309	56010	47504	7699
云梦县	3541	18896	1208	17046
应城市	5252	29788	2212	26252
安陆市	1030	18943	3480	13600
汉川市	26192	40711	684	39414
荆州市	**153596**	**575514**	**6288**	**557063**
荆州市辖区	365	913	12	867
沙市区	4231	11277		11277
荆州区	14609	57709	2042	53613
公安县	44392	100810	290	100128
监利县	32021	119973	456	115922
江陵县	10870	70216	2331	66245
石首市	19405	61730	48	61389
洪湖市	10411	84209	374	80277
松滋市	17292	68677	735	67345
黄冈市	**93290**	**526757**	**159943**	**352920**
龙感湖农场	1797	1272		1247
黄州区	11984	6845	250	6210
团风县	5774	21415	3039	16733
红安县	4705	103371	77202	25678
罗田县	330	25498	5108	18869
英山县	262	15864	1102	13914
浠水县	12923	72290	15038	54756
蕲春县	7763	49012	3701	43287
黄梅县	22830	60080	1700	57080
麻城市	12898	100476	50812	47729
武穴市	12024	70634	1991	67417
咸宁市	**5210**	**94794**	**15137**	**73810**
咸安区	197	42178	7559	32523
嘉鱼县	2075	9665	450	8338
通城县	270	4227	821	3346
崇阳县	543	9155	3157	5906
通山县		4609	1160	3295
赤壁市	2125	24960	1990	20402
随州市	**18100.64**	**67063.36**	**35087.36**	**24813**
曾都区	3254.56	6281.86	1758.86	4150
随县	8272	22357	12302	7248
广水市	6574.08	38424.5	21026.5	13415
恩施自治州	**44**	**91204**	**15732**	**68176**
恩施市	44	16008	2148	13203
利川市		11826	1037	7526
建始县		15030	1659	11787
巴东县		19456	5371	12611
宣恩县		5683	1725	3786
咸丰县		11477	2215	9182
来凤县		6669	760	5909
鹤峰县		5055	817	4172
仙桃市	**31013.17**	**121494**	**2067**	**114521**
潜江市	**42954**	**107195**	**5552**	**99477**
天门市	**53292**	**111173**	**89167**	**18242**
神农架林区		**587**	**42**	**491**

续表6 单位:吨

指标名称	芝麻产量	麻类产量	糖料产量	烟叶产量	蔬菜及食用菌产量
湖北省	**143601.3**	**26442**	**310821.9**	**146056**	**35063784**
武汉市	**26787**	**2808**	**58075**		**6616203**
武汉市辖区	8167	107	9564		907978
汉南区	564				257308
蔡甸区	1540				657516
江夏区	9468	2701	188		1350617
黄陂区	4684		31089		2062335
新洲区	2364		17234		1380449
黄石市	**12263**	**7733**	**1449**		**633614**
黄石市辖区	626	610			66335
阳新县	6656	5500			292522
大冶市	4981	1623	1449		274757
十堰市	**17776**		**10505**	**19115**	**1437756**
茅箭区					18236
张湾区	56				110970
郧县	4256			116	361702
郧西县	4302		10320	2933	313663
竹山县	2818		45	5000	135163
竹溪县	2798		140	3375	160933
房县	1694			6654	177454
丹江口市	1852			1037	159635
宜昌市	**4873**		**1684**	**19862**	**3659099**
宜昌市辖区	60				223390
夷陵区	909			140	557083
远安县	65				150864
兴山县	162			4328	189183
秭归县	734			4066	298136
长阳自治县	20			4144	514891
五峰自治县	22			7132	184164
宜都市	75			52	197681
当阳市	1697		121		895767
枝江市	1129		1563		447940
襄阳市	**9999**	**255**	**11768**	**13236**	**2993421**
高新区	7.8				30283
襄城区	455				283565
樊城区	884.2				233451
襄州区	1332			800	439050
南漳县	1219	255	152	2495	176909
谷城县	756				365593
保康县	156			7583	144041
老河口市	2766				569913
枣阳市	1107		8635	2358	471146
宜城市	1316		2981		279470
鄂州市	**5774**	**339**	**6895**		**946808**
荆门市	**10558**		**27369**	**6**	**1902903**
荆门市辖区	1247		3248		396295
京山县	3013		2359	6	343078
沙洋县	3360		21262		422755
钟祥市	2938		500		740775
孝感市	**8410**	**32**	**21144**		**3409408**
孝感市辖区	165		307		2358
孝南区	1326		4795		558397
孝昌县	1670		8999		348123

续表7　　单位:吨

指标名称	芝麻产量	麻类产量	糖料产量	烟叶产量	蔬菜及食用菌产量
大悟县	807	32	199		303332
云梦县	642				764321
应城市	1324		1756		553587
安陆市	1863		845		237235
汉川市	613		4243		642055
荆州市	**12163**	**174**	**50099**		**2469033**
荆州市辖区	34		90		37543
沙市区					225357
荆州区	2054		5503		566259
公安县	392		11333		345545
监利县	3595	62	7686		407392
江陵县	1640	61	4862		124298
石首市	293	3	6213		284786
洪湖市	3558	48	9416		270961
松滋市	597		4996		206892
黄冈市	**13648**	**5323**	**36099**		**2677553**
龙感湖农场	25				1644
黄州区	385		326		242850
团风县	1643		2911		61626
红安县	491	72	823		172962
罗田县	1521	34	5228		183197
英山县	621	61	1296		117549
浠水县	2496	3	2800		403500
蕲春县	2005	4567	8035		275467
黄梅县	1300		1250		275300
麻城市	1935	3	2822		671551
武穴市	1226	583	10608		271907
咸宁市	**5847**	**9701**	**53275**		**2203557**
咸安区	2096	1535	613		260799
嘉鱼县	877	1626	31001		1029324
通城县	60				125116
崇阳县	92		9044		186172
通山县	154				150050
赤壁市	2568	6540	12617		452096
随州市	**4356**		**4856.7**		**1437130**
曾都区	373		456		249542
随县	2807		2362		444026
广水市	3983		2038.7		743562
恩施自治州	**546**	**17**	**295**	**93780**	**2090647**
恩施市		17	90	19524	562488
利川市				17521	637927
建始县				14042	147450
巴东县	546			12556	218388
宣恩县				9925	129185
咸丰县				6580	124420
来凤县			205	2919	129081
鹤峰县				10713	141708
仙桃市	**4906**	**60**	**15739.26**		**356800**
潜江市	**2166**		**8652**		**650663**
天门市	**3764**		**2917**		**546300**
神农架林区	**8**			**57**	**38357**

4 林业和土特产

林业生产情况

指标名称	计量单位	湖北省
一、荒山、荒沙造林面积	公顷	198114
按造林面积方式分:		
1、人工造林面积	公顷	165642
其中:竹林面积	公顷	5643
乔林面积	公顷	95810
2、飞播造林面积	公顷	
3、无林地和疏林地新封面积	公顷	32472
按经济成份分:		
1、公有经济林	公顷	62984
(1)国有经济造林	公顷	30063
(2)集体经济造林	公顷	32921
2、非公有经济造林	公顷	135130
按林种用途分:		
1、用材林	公顷	91610
其中:速生丰产林面积	公顷	42298
2、经济林	公顷	53821
3、防护林	公顷	49394
4、薪炭林	公顷	2377
5、特种用途林	公顷	912
二、有林地造林面积	公顷	37131
1、林冠下造林	公顷	2182
2、飞播营林	公顷	
3、有林地和灌木林地新封	公顷	34949
三、更新改造面积	公顷	16061
四、低产低效林改造面积	公顷	119031
五、四旁零星植树	万株	21221
六、年末实有封山(沙)育林面积	公顷	978517
七、幼林抚育作业面积	公顷	485243
八、幼林抚育实际面积	公顷	324051

续表

指标名称	计量单位	湖北省
九、成林抚育面积	公顷	536383
其中:中、幼龄林抚育面积	公顷	216233
十、抚育改造出材量	立方米	355928
其中:中、幼龄林抚育出材量	立方米	145479
十一、林木种子采集量	吨	238548
十二、当年苗木产量	株	52884450
十三、育苗面积	公顷	27957
其中:本年新增育苗面积	公顷	8327
十四、年末实有母树林面积	公顷	133128
十五、年末实有种子园面积	公顷	16592
十六、主要林产品产量		
(一)生　漆	吨	185.49
(二)油桐籽	吨	27802
(三)油茶籽	吨	81251
(四)乌桕籽	吨	11536
(五)五倍籽	吨	2343
(六)棕　片	吨	2295
(七)松　脂	吨	4795.21
(八)竹笋干	吨	6735
(九)核　桃	吨	28869
(十)板　粟	吨	172336
(十一)紫　胶(原胶)	吨	203
(十二)花　椒	吨	1308
(十三)八　角	吨	562
(十四)松　子	吨	2141
十七、竹木采伐		
(一)、木　材	万立方米	223.32
其中:村及村以下采伐	万立方米	183.37
(二)、竹　材	万根	18372.13
其中:村及村以下采伐	万根	14574.99

林产品产量

单位:吨

指标名称	生漆(公斤)	油桐籽	油茶籽	乌桕籽
湖北省	**185493**	**27802**	**81251**	**11536**
武汉市		**92**	**3283**	
武汉市辖区			59	
汉南区				
蔡甸区				
江夏区				
黄陂区			150	
新洲区		92	3074	
黄石市		**418**	**4471**	**20**
黄石市辖区		10	603	10
阳新县		208	3268	10
大冶市		200	600	
十堰市	**24656**	**11062**	**175**	**433**
茅箭区		1		
张湾区	579	11		
郧县	2497	2091	91	170
郧西县		8258	5	233
竹山县	1500	390	15	
竹溪县	19000	20		
房县	1080	218	12	
丹江口市		73	52	30
宜昌市	**10402**	**567**	**1316**	**85**
宜昌市辖区				
夷陵区	33	33	28	20
远安县		10		3
兴山县	1550	58	17	
秭归县				
长阳自治县	5337	248	1204	46
五峰自治县	3475	10	48	
宜都市	7	208	19	16
当阳市				
枝江市				
襄阳市	**277**	**128**	**8928**	**9**
高新区				
襄城区		10	266	
樊城区				
襄州区				
南漳县		17	15	
谷城县	2	36	8332	7
保康县	275	26	43	2
老河口市				
枣阳市		3	269	
宜城市		36	3	
鄂州市			**78**	**669**
荆门市		**33**	**116**	**78**
荆门市辖区		3	10	1
京山县		20	106	24
沙洋县				
钟祥市		10		53
孝感市	**4**	**2538**	**3514**	**7817**
孝感市辖区				
孝南区				
孝昌县	4	7	157	17

续表 单位:吨

指标名称	生漆	油桐籽	油茶籽	乌桕籽
大悟县		2500	3300	7800
云梦县				
应城市				
安陆市		31	57	
汉川市				
荆州市		**34**	**53**	**22**
荆州市辖区				
沙市区				
荆州区				
公安县				
监利县				
江陵县				
石首市				
洪湖市				
松滋市		34	53	22
黄冈市	**75**	**2299**	**22707**	**1668**
龙感湖农场				
黄州区				
团风县		28	474	1
红安县		70	9204	350
罗田县		558	427	724
英山县		213	767	35
浠水县		8	780	8
蕲春县	75	216	3500	
黄梅县		2	13	
麻城市		1200	6900	550
武穴市		**4**	**642**	
咸宁市		606	19384	
咸安区		40	232	
嘉鱼县				
通城县		38	15000	
崇阳县		219	1017	
通山县		199	2661	
赤壁市		110	474	
随州市		**3295**	**4270**	**663**
曾都区		352	793	
随县		411	751	197
广水市		2532	2726	466
恩施自治州	**147199**	**6729**	**12956**	**72**
恩施市	26845	10	24	16
利川市	23192	2795		
建始县	66647	40	20	50
巴东县	11	59	7	2
宣恩县	17270	64	56	
咸丰县	3774	2025	6645	
来凤县	2037	1700	6105	
鹤峰县	7423	36	99	4
仙桃市				
潜江市				
天门市				
神农架林区	**2880**	**1**		

茶叶、水果产量

单位：吨

指标名称	茶叶产量			园林水果合计			
		绿茶	红茶		柑桔	梨子	桃
湖北省	**206984**	**165004**	**21746**	**5417174**	**3853103**	**536352**	**674194**
武汉市	**2843**	**2329**		**76848**	**30662**	**16695**	**20310**
武汉市辖区	634	634	0	12796	2680	1864	4164
汉南区				4170	1792	1991	387
蔡甸区				8523	4966	940	1408
江夏区	1281	780		19737	17906	380	385
黄陂区	793	793		8445	373	490	6371
新洲区	135	122		23177	2945	11030	7595
黄石市	**412**	**402**		**40125**	**34820**	**1311**	**2019**
黄石市辖区				2120	1818	88	102
阳新县	320	320		31348	29317	610	583
大冶市	92	82		6657	3685	613	1334
十堰市	**12406**	**12403**		**348113**	**320466**	**490**	**9008**
茅箭区	12	12		124	17		11
张湾区	20	20		2398	657	6	429
郧县	783	783		37943	32103	45	2803
郧西县	74	74		6277	902	199	994
竹山县	4996	4996		4473	253	200	719
竹溪县	5500	5500		1258	102	2	785
房县	820	820		9156	5888	22	985
丹江口市	201	198		286484	280544	16	2282
宜昌市	**52546**	**43490**	**8419**	**2694606**	**2630684**	**24185**	**30395**
宜昌市辖区	641	624	17	158989	157981		1008
夷陵区	15322	15293		551493	546522	281	1484
远安县	1302	702	600	12357	10919	277	687
兴山县	697	690		71767	68976	690	542
秭归县	2570	2524		251072	250259	184	456
长阳自治县	1583	1557		59099	57493	309	481
五峰自治县	17794	12117	5477	2150	1314	277	
宜都市	12167	9513	2325	553366	551923	27	1018
当阳市	422	422		458556	450862	769	5581
枝江市	48	48		575757	534435	21371	19138
襄阳市	**10470**	**9426**	**348**	**561302**	**48864**	**127341**	**354762**
高新区							
襄城区	21	21		4241	891	1144	1332
樊城区				919	218	158	264
襄州区				86991		22518	55949
南漳县	879	879		29737	26474	174	1742
谷城县	5270	4310	315	6815	3405	981	1327
保康县	3890	3806	33	5361	485	193	938
老河口市	66	66		122592	1350	88113	26598
枣阳市	241	241		284539	1311	12598	264709
宜城市	103	103		20107	14730	1462	1903
鄂州市	**103**	**103**		**36060**	**27870**	**1489**	**3392**
荆门市	**198**	**172**		**444110**	**178593**	**218770**	**22409**
荆门市辖区	61	47		106437	92443	9175	1992
京山县	16	16		74448	23670	37631	11576
沙洋县	2	2		23630	11346	6287	3523
钟祥市	119	107		239595	51134	165677	5318
孝感市	**8505**	**7924**	**160**	**178309**	**20086**	**25808**	**93725**
孝感市辖区	60	60		500	300		200
孝南区	33	33		11661	923	260	9208
孝昌县	1367	1367		94047	16115	1456	54826

续表 单位:吨

指标名称	茶叶产量	绿茶	红茶	园林水果合计	柑桔	梨子	桃
大悟县	6449	5926	160	12916	130	2949	7583
云梦县				16822	23	6844	6630
应城市	436	436		15777	165	5616	3643
安陆市	160	102		14098	1563	903	9017
汉川市				12488	867	7780	2618
荆州市	**66**	**43**		**425009**	**279471**	**10517**	**7196**
荆州市辖区				291	55		
沙市区				3426	1070	47	15
荆州区				55173	40857	3178	3947
公安县	18	18		188730	79036	713	406
监利县				4692	1830	2419	305
江陵县				1638	1113	79	294
石首市	31	8		18132	13433	1125	1592
洪湖市				1029	747	140	66
松滋市	17	17		151898	141330	2816	571
黄冈市	**34797**	**34784**	**8**	**107196**	**55422**	**7160**	**30923**
龙感湖农场				360	59	293	
黄州区	5	5		1334	849	84	277
团风县	87	75	8	2099	719	155	457
红安县	1783	1783		2340	118	765	712
罗田县	388	388		8370	702	312	694
英山县	28338	28337		2759	630	601	707
浠水县	1200	1200		18131	13760	793	3328
蕲春县	1116	1116		38783	13633	2146	21657
黄梅县	94	94		3909	2170	730	725
麻城市	1750	1750		4566	931	732	1114
武穴市	36	36		24545	21851	549	1252
咸宁市	**21393**	**9843**	**430**	**65819**	**37104**	**9588**	**7038**
咸安区	1179	901		2753	993	294	1035
嘉鱼县	1402	733		4158	2804	4	742
通城县	1360	813	70	3384	2534	55	731
崇阳县	661	379		14250	2987	5638	2385
通山县	1120	575	60	14477	10951	1638	373
赤壁市	15671	6442	300	26797	16835	1959	1772
随州市	**2370**	**2338**	**27**	**131313**	**6966**	**12341**	**80486**
曾都区	99	84	15	3778	373	48	2760
随县	1701	1685	12	59851	4518	5322	34898
广水市	570	569		67684	2075	6971	42828
恩施自治州	**60801**	**41711**	**12354**	**232082**	**166959**	**44318**	**4674**
恩施市	13664	11143	2512	17455	13715	1208	1050
利川市	11805	6526	5178	29942	2031	26490	730
建始县	917	861		15180	6475	1310	623
巴东县	1106	1106		54303	48154	823	341
宣恩县	9850	9199	600	77609	75298	2229	38
咸丰县	5211	2042	200	13870	1556	10934	780
来凤县	461	411		20289	18120	928	519
鹤峰县	17787	10423	3864	3434	1610	396	593
仙桃市				**22624**	**9778**	**8545**	**3979**
潜江市				**36905**	**2139**	**15943**	**2822**
天门市				**16375**	**3219**	**11809**	**1003**
神农架林区	**74**	**36**		**378**		**42**	**53**

茶园、果园面积

单位:公顷

指标名称	年末实有茶园面积	其中:本年采摘面积	年末果园面积	柑桔园面积	梨园面积	桃园面积
湖北省	**278722**	**189361**	**400747**	**243591**	**37349**	**53923**
武汉市	**7325**	**4414**	**9446**	**4667**	**1562**	**1790**
武汉市辖区	199	163	909	257	70	282
汉南区			228	105	107	16
蔡甸区			700	312	230	76
江夏区	790	474	4162	3644	11	347
黄陂区	4911	2845	1333	63	36	625
新洲区	1425	932	2114	286	1108	444
黄石市	**1720**	**1313**	**8791**	**5992**	**553**	**911**
黄石市辖区			290	149	21	30
阳新县	1353	1246	7202	5203	392	642
大冶市	367	67	1299	640	140	239
十堰市	**42248**	**20887**	**52897**	**34059**	**150**	**936**
茅箭区	444	167	392	252		12
张湾区	339	192	747	214		145
郧县	1587	1079	23190	10077	38	92
郧西县	545	413	1765	249	66	119
竹山县	16011	8348	1128	31	28	131
竹溪县	15576	7846	488	1	12	45
房县	6134	1667	2225	607	3	236
丹江口市	1612	1175	22962	22628	3	156
宜昌市	**48203**	**37958**	**129699**	**123972**	**1238**	**2095**
宜昌市辖区	584	509	4817	4784		33
夷陵区	14038	10000	23712	22617	33	244
远安县	1931	1354	4143	3859	53	161
兴山县	2330	1376	5959	5537	76	58
秭归县	4680	2748	16333	16117	21	21
长阳自治县	5446	4563	8821	7923	139	95
五峰自治县	12424	11291	439	284	24	
宜都市	6387	5734	20956	20715	9	223
当阳市	341	341	22306	21813	65	228
枝江市	42	42	22213	20323	818	1032
襄阳市	**23566**	**16731**	**31331**	**2704**	**6224**	**19977**
高新区						
襄城区	40	40	247	85	53	81
樊城区			50	14	19	16
襄州区			3372	29	932	2016
南漳县	5089	3158	979	806	11	40
谷城县	9101	6943	924	254	38	85
保康县	8592	5902	204	68	2	41
老河口市	63	63	7493	194	4650	1839
枣阳市	409	394	16997	437	383	15807
宜城市	272	231	1065	817	136	52
鄂州市	**167**	**152**	**6494**	**3118**	**1509**	**758**
荆门市	**943**	**902**	**25669**	**11375**	**8224**	**3466**
荆门市辖区	271	271	9129	7350	440	357
京山县	266	249	5546	1049	2232	2004
沙洋县	23	20	1340	653	333	279
钟祥市	383	362	9654	2323	5219	826
孝感市	**35435**	**15728**	**22406**	**2336**	**2147**	**9346**
孝感市辖区	300	300	127	60		
孝南区	638	255	1796	78	27	1323
孝昌县	16774	5125	13812	1766	151	4635

续表 单位:公顷

指标名称	年末实有茶园面积	其中:本年采摘面积	年末果园面积	柑桔园面积	梨园面积	桃园面积
大悟县	17111	9449	2953	32	972	1768
云梦县			939	15	297	305
应城市	291	278	647	23	297	188
安陆市	321	321	1638	336	201	954
汉川市			494	26	202	173
荆州市	**479**	**465**	**23201**	**17975**	**674**	**534**
荆州市辖区			9	2		
沙市区			105	29	6	
荆州区			1630	1008	101	120
公安县	36	33	5419	2367	23	18
监利县			350	141	105	77
江陵县			169	106	12	30
石首市	381	381	1191	823	43	148
洪湖市			60	41	12	2
松滋市	62	51	14268	13458	372	139
黄冈市	**24259**	**20988**	**14621**	**5193**	**1045**	**4499**
龙感湖农场			16	3	10	
黄州区	11	7	155	106	14	28
团风县	263	219	441	225	50	161
红安县	1589	1330	980	22	185	171
罗田县	954	917	935	168	71	103
英山县	14166	12003	477	84	126	108
浠水县	1742	1742	1907	860	182	432
蕲春县	1423	1037	3947	945	101	2712
黄梅县	302	300	774	403	213	122
麻城市	3666	3300	2658	260	66	556
武穴市	143	133	2331	2117	27	106
咸宁市	**14170**	**9789**	**23404**	**9139**	**4581**	**2602**
咸安区	896	658	944	208	29	478
嘉鱼县	697	636	672	286	6	109
通城县	3671	2630	3507	2755	52	369
崇阳县	996	992	8041	1733	3349	956
通山县	1857	1203	6221	2947	660	274
赤壁市	6053	3670	4019	1210	485	416
随州市	**7473**	**7199**	**13389**	**1270**	**862**	**5100**
曾都区	372	340	1003	49	78	532
随县	4657	4618	9784	731	652	4421
广水市	2444	2241	2602	490	132	147
恩施自治州	71859	52736	36341	21088	7202	1569
恩施市	16734	12548	3630	2160	448	233
利川市	10360	7228	3790	181	2819	95
建始县	3516	2875	2841	784	95	88
巴东县	3038	1881	8464	6741	13	709
宣恩县	10546	7062	8708	8016	642	40
咸丰县	10536	7367	3830	387	2407	67
来凤县	1443	1369	3323	1898	481	60
鹤峰县	15686	12406	1755	921	297	277
仙桃市			**991**	**447**	**356**	**163**
潜江市			**1198**	**93**	**644**	**105**
天门市			**615**	**163**	**364**	**70**
神农架林区	**875**	**99**	**254**		**14**	**2**

长江防护林工程建设情况

单位名称	荒山荒(沙)地造林面积（公顷）	在造林面积中			用材林造林面积（公顷）	经济林造林面积（公顷）	防护林造林面积（公顷）						
		人工造林（公顷）	飞播造林（公顷）	无林地和疏林地新封（公顷）				#水源涵养林	水土保持林	防风固沙林	农田、牧场防护林	护岸护堤林	护路林
湖北	**30436**	**11368**		**19068**	**2300**	**1022**	**27114**	**5454**	**12627**	**666**	**39**	**1990**	**140**
黄石市	**133**	**133**			**21**	**112**							
大冶市	133	133			21	112							
十堰市	**6200**	**1667**		**4533**	**533**		**5667**	**2467**	**2667**				
茅箭区	133	133			133								
张湾区	533	133		400			533						
郧县	867	267		600			867	867					
郧西县	800	200		600			800		800				
竹山县	667	267		400	400		267		267				
竹溪县	800	200		600			800		800				
房县	800	267		533			800		800				
丹江口市	800	200		600			800	800					
武当山特区	800			800			800	800					
宜昌市	**2482**	**1215**		**1267**		**343**	**2139**		**1066**	**133**		**340**	
点军区	67	67					67		67				
夷陵区	483	283		200		143	340					340	
兴山县	400	133		267			400						
秭归县	333	133		200			333		333				
长阳县	200	200				200							
五峰县	333	133		200			333		333				
当阳市	333	133		200			333		200	133			
枝江市	333	133		200			333		133				
襄阳市	**2265**	**532**		**1733**			**2265**	**587**	**679**	**533**			
襄州区	466	133		333			466						
南漳县	666	133		533			666	120	546				
谷城县	600	133		467			600	467	133				
枣阳市	533	133		400			533			533			
鄂州市	**267**	**267**					**267**		**267**				
荆门市	**1933**	**933**		**1000**	**133**		**1800**	**733**				**267**	
东宝区	133	133					133						
京山县	667	200		467			667						
沙洋县	267	267					267					267	
钟祥市	733	200		533			733	733					
屈家岭管理局	133	133			133								
孝感市	**1666**	**533**		**1133**	**133**		**1533**	**400**	**866**			**201**	
市辖区	333			333			333		333				
孝南区	133	133					133					67	
孝昌县	533	133		400	133		400	400					
大悟县	533	133		400			533		533				
汉川市	134	134					134					134	

续表1

单位名称	荒山荒(沙)地造林面积(公顷)	在造林面积中			用材林造林面积(公顷)	经济林造林面积(公顷)	防护林造林面积(公顷)						
		人工造林(公顷)	飞播造林(公顷)	无林地和疏林地新封(公顷)				#水源涵养林	水土保持林	防风固沙林	农田、牧场防护林	护岸护堤林	护路林
荆州市	**2001**	**1534**		**467**		**280**	**1721**		**546**		**39**	**916**	**20**
沙市区	200	200				200							
荆州区	200	200					200						
公安县	200	200					200				29	171	
监利县	267	267					267					267	
石首市	200	200				80	120					100	20
洪湖市	267	267					267					267	
松滋市	667	200		467			667		546		10	111	
黄冈市	**5554**	**1687**		**3867**	**600**		**4954**		**3368**				**120**
团风县	667	200		467			667		667				
红安县	734	200		534			734		614				120
罗田县	733	200		533			733						
英山县	733	200		533			733						
浠水县	600	200		400	600								
蕲春县	667	200		467			667		667				
黄梅县	553	220		333			553		553				
麻城市	867	267		600			867		867				
咸宁市	**3000**	**1133**		**1867**	**400**	**200**	**2400**		**200**			**133**	
咸安区	600	200		400	400	200							
嘉鱼县	133	133					133					133	
通城县	600	200		400			600						
崇阳县	600	200		400			600		200				
通山县	400	133		267			400						
赤壁市	667	267		400			667						
随州市	**1133**	**333**		**800**	**480**	**87**	**566**		**566**				
曾都区	567	167		400	480	87							
随县	566	166		400			566		566				
恩施自治州	**2534**	**400**		**2134**			**2534**	**933**	**1601**				
恩施市													
利川市	667	133		534			667		667				
建始县													
巴东县													
宣恩县	934	134		800			934		934				
来凤县													
鹤峰县	933	133		800			933	933					
太子山林管局	67	67					67		67				
仙桃市	**467**	**467**					**467**		**467**				
潜江市	**267**	**267**					**267**		**267**				
天门市	**133**	**133**					**133**					**133**	
神农架林区	**334**	**67**		**267**			**334**	**334**					

续表2

单位名称	低产低效林改造面积(公顷)	年末实有封山(沙)育林面积(公顷)	全部林业投资完成额(万元)							
				造林	低产低效防护林改造	种苗	森林防火	病虫害防治	科技费用	其他
湖北	**1596**	**48296**	**8440**	**5090**	**544**	**1539**	**234**	**124**	**43**	**866**
黄石市		**420**	**178**	**127**		**40**				**11**
大冶市		420	178	127		40				11
十堰市		**18399**	**1583**	**1035**		**148**	**64**	**23**		**313**
茅箭区										
张湾区		1800	102	102						
郧县		2600	220	220						
郧西县		600	153	90						63
竹山县		2666	190	190						
竹溪县		800	190	190						
房县		4533	301	176		69		3		53
丹江口市		4600	153	67		79				7
武当山特区		800	84				64	20		
宜昌市	**333**	**4701**	**848**	**609**	**100**	**101**	**8**	**9**		**21**
点军区		267								
夷陵区	333	2367	268	168	100					
兴山县		267								
秭归县		200	161	161						
长阳县		733	174	86		73	5	4		6
五峰县		467	164	113		28	3	5		15
当阳市		200								
枝江市		200	81	81						
襄阳市		**1733**	**371**	**207**		**105**	**24**			**35**
襄州区		333	95	32		25	24			14
南漳县		533	116	56		50				10
谷城县		467	109	68		30				11
枣阳市		400	51	51						
鄂州市	**933**		**714**	**434**	**280**					
荆门市		**1000**	**516**	**178**		**236**	**54**	**12**	**15**	**21**
东宝区										
京山县		467	139	42		26	49	7	10	5
沙洋县			134			134				
钟祥市		533	183	136		16	5	5	5	16
屈家岭管理局			60			60				
孝感市	**330**	**1400**	**506**	**360**	**25**	**100**	**10**			**11**
市辖区	330	333	40		25		10			5
孝南区			75	29		40				6
孝昌县		400								
大悟县		667	331	331						
汉川市			60			60				

续表3

单位名称	低产低效林改造面积(公顷)	年末实有封山(沙)育林面积(公顷)	全部林业投资完成额(万元)	造林	低产低效防护林改造	种苗	森林防火	病虫害防治	科技费用	其他
荆州市		**467**	**761**	**512**		**134**	**14**	**53**	**2**	**46**
沙市区										
荆州区			180	90		36	9	45		
公安县			113	39		49		3		22
监利县			200	200						
石首市										
洪湖市										
松滋市		467	203	118		49	5	5	2	24
黄冈市		**3867**	**793**	**501**		**128**	**55**	**4**	**12**	**93**
团风县		467	139	63		20	45		2	9
红安县		534								
罗田县		533	146	146						
英山县		533	200	110		50				40
浠水县		400								
蕲春县		467								
黄梅县		333	125	118						7
麻城市		600	183	64		58	10	4	10	37
咸宁市		**2667**	**327**	**162**	**100**	**30**		**2**		**33**
咸安区		400								
嘉鱼县										
通城县		600								
崇阳县		600	165		100	30		2		33
通山县		400								
赤壁市		667	162	162						
随州市		**4710**	**294**	**177**	**34**	**63**		**6**		**14**
曾都区		400								
随县		400	294	177	34	63		6		14
恩施自治州		**6332**	**1044**	**590**	**5**	**161**	**5**	**10**	**10**	**263**
恩施市		533								
利川市		1066	346	144		26				176
建始县		533	146	40		88		6		12
巴东县		534	161	76		23	2	2		58
宣恩县		1333								
来凤县		533	201	140	5	24	3	2	10	17
鹤峰县		1800	190	190						
太子山林管局			42	22		20				
仙桃市			**210**			**210**				
潜江市			**120**	**46**		**63**		**5**	**4**	**2**
天门市			**75**	**72**						**3**
神农架林区		**2600**	**58**	**58**						

天然林保护工程建设情况

单位名称	工程区木材产量（立方米）	#人工林木材产量	荒山荒(沙)地造林面积（公顷）	人工造林（公顷）	飞播造林（公顷）	无林地和疏林地新封（公顷）	年末实有封山(沙)育林面积（公顷）
湖北	**287696**	**214324**	**23300**	**4195**		**19105**	**235173**
十堰市	**40929**	**14529**	**5196**	**1197**		**3999**	**48379**
市直	1929	1929	13	13			600
茅箭区			133	133			933
张湾区			200	200			667
郧县	4000	4000	1466	133		1333	1333
郧西县			1466	133		1333	1333
竹山县	11000		1466	133		1333	10400
竹溪县			133	133			12333
房县	18000	2600	133	133			17980
丹江口市	6000	6000	133	133			2400
武当山特区			53	53			400
宜昌市			**5400**	**1067**		**4333**	**54800**
点军区			67	67			200
夷陵区			933	133		800	11067
市直			333			333	333
远安县			267	267			8333
兴山县			1133	133		1000	17000
秭归县			1067	200		867	867
长阳县			67	67			6533
五峰县			1466	133		1333	9467
宜都市			67	67			1000
襄阳市	**74249**	**46506**	**1046**	**466**		**580**	**14793**
南漳县	46506	46506	66	66			1333
谷城县	27743		780	200		580	667
保康县			200	200			12793
恩施自治州	**172518**	**153289**	**7924**	**1131**		**6793**	**86667**
恩施市			200	200			14000
利川市			1466	133		1333	13533
建始县	70000	60000	545	133		412	7667
巴东县	22544	22544	515	133		382	11800
宣恩县	11600	11600	1466	133		1333	11667
咸丰县	51345	51345	1133	133		1000	10467
来凤县	7800	7800	1466	133		1333	10200
鹤峰县	9229		1133	133		1000	7333
州直							
神农架林区			**1466**	**133**		**1333**	**26800**
后河保护区			**868**	**134**		**734**	**734**
神农架保护区			**333**			**333**	**667**
七姊妹山保护区			**1067**	**67**		**1000**	**2000**
大九湖湿地公园							**333**

续表1

单位名称	年末实有森林管护面积（公顷）	年末全部在册职工人数（人）	年末在岗职工人数（人）	年末参加基本养老保险人数（人）	#在岗职工	年末参加基本医疗保险人数（人）	#在岗职工
湖北	**3310752**	**10080**	**9320**	**8735**	**8154**	**11159**	**9322**
十堰市	**1085746**	**2784**	**2656**	**2051**	**1924**	**3237**	**2440**
市直	6207	259	166	192	104	230	132
茅箭区		29	29				
张湾区	32780	79	79				
郧县	211879	342	342	202	202	617	458
郧西县	156207	211	211				
竹山县	200000	229	229			229	229
竹溪县	123846	683	683	683	683	879	683
房县	172613	529	526	529	526	737	529
丹江口市	158374	288	288	369	369	469	369
武当山特区	23840	135	103	76	40	76	40
宜昌市	**684053**	**1364**	**1363**	**1986**	**1659**	**2178**	**1696**
点军区	5114						
夷陵区	154000	179	179	412	160	412	179
市直							
远安县	62281	156	156	230	156	386	156
兴山县	129580	298	298	621	621	621	621
秭归县	140660	105	104	90	89	123	104
长阳县	101635	239	239	246	246	249	249
五峰县	48073	288	288	288	288	288	288
宜都市	42710	99	99	99	99	99	99
襄阳市	**268212**	**1707**	**1549**	**975**	**938**	**1351**	**1250**
南漳县	73365	619	582	603	603	881	881
谷城县	103640	719	598				
保康县	91207	369	369	372	335	470	369
恩施自治州	**893667**	**2477**	**2189**	**2291**	**2201**	**2787**	**2389**
恩施市	143600	483	408	422	422	470	470
利川市	157499	531	468	507	468	587	468
建始县	81621	201	201	212	212	212	212
巴东县	126140	319	237	287	287	319	319
宣恩县	119240	178	111	166	155	178	167
咸丰县	69487	334	333	245	245	354	334
来凤县	49380	180	180	180	180	388	180
鹤峰县	146700	218	218	208	168	208	168
州直		33	33	64	64	71	71
神农架林区	**227010**	**1172**	**1172**	**1172**	**1172**	**1172**	**1172**
后河保护区	**24947**	**60**	**60**	**37**	**37**	**60**	**60**
神农架保护区	**69257**	**294**	**198**	**124**	**124**	**270**	**211**
七姊妹山保护区	**46333**	**33**	**33**	**28**	**28**	**33**	**33**
大九湖湿地公园	**11527**	**71**	**71**	**71**	**71**	**71**	**71**

续表2

单位名称	全部林业投资完成额（万元）	国家投资（万元）	在全部完成投资中				
			公益林建设（万元）	森林管护（万元）	森林抚育（万元）	生态效益补偿（万元）	社会保险（万元）
湖北	**48261**	**35843**	**4561**	**9231**	**3892**	**24293**	**3958**
十堰市	**14102**	**9465**	**1360**	**3176**	**1024**	**6740**	**888**
市直	158		55	20		32	40
茅箭区							
张湾区	476	443	95	104	244		
郧县	275	275	200	25		50	
郧西县	2446	2077	200	5	59	2182	
竹山县	2942		200	1528		482	194
竹溪县	2437	2437	200	718	378	665	373
房县	3256	2212	200	632	284	1630	281
丹江口市	2021	2021	165	129	59	1668	
武当山特区	91		45	15		31	
宜昌市	**10920**	**7443**	**969**	**1841**	**567**	**6361**	**898**
点军区							
夷陵区	2439		144	492	118	1533	104
市直							
远安县	1086	876	165	219	95	452	68
兴山县	1790	1561	165	511	118	618	339
秭归县	1771	1588	60	250		1394	49
长阳县	1905	1753	100	124	59	1465	135
五峰县	1238	1076	200	131	177	534	157
宜都市	691	589	135	114		365	46
襄阳市	**3976**	**2182**	**416**	**769**	**295**	**2251**	**216**
南漳县	1224	1130	100		47	1077	
谷城县	1133	1052	144	424	83	482	
保康县	1619		172	345	165	692	216
恩施自治州	**12596**	**10637**	**1274**	**1614**	**997**	**7112**	**1106**
恩施市	1427	1427	85		42	1249	
利川市	2493	2493	200	213	236	1549	255
建始县	1182	1037	141	220	118	556	107
巴东县	2129	2029	160	238	109	1410	174
宣恩县	1359		190	352	112	560	114
咸丰县	1421	1218	165	117	118	792	187
来凤县	862	792	164	89	118	261	98
鹤峰县	1665	1583	169	385	144	735	113
州直	58	58					58
神农架林区	**4441**	**4441**	**200**	**1087**	**891**	**1095**	**639**
后河保护区	**551**		**137**	**69**	**118**	**182**	**38**
神农架保护区	**712**	**712**	**35**	**495**		**39**	**107**
七姊妹山保护区	**756**	**756**	**135**	**129**		**454**	**27**
大九湖湿地公园	**207**	**207**	**35**	**51**		**59**	**39**

退耕还林工程建设情况

单位名称	造林面积合计（公顷）	配套荒山荒地造林（公顷）	无林地和疏林地新封(公顷)	在造林面积合计中			当年粮款兑现退耕地总面积（公顷）	自工程实施以来累计粮食补助资金（万元）	
				用材林（公顷）	经济林（公顷）	防护林（公顷）			#当年粮食补助资金（万元）
湖北	**32850**	**26252**	**6598**	**9586**	**9125**	**13806**	**273423**	**901805**	**52224**
武汉市	**500**	**500**		**133**		**367**	**6651**	**32807**	**1986**
蔡甸区	133	133		133			1225	4006	169
江夏区							1426	5539	298
黄陂区	167	167				167		12962	798
新洲区	200	200				200	4000	10300	721
黄石市	**1033**	**833**	**200**		**217**	**816**	**2987**	**9306**	**575**
黄石港区							11	38	2
西塞山区							214	631	34
下陆区							199	543	30
铁山区							77	249	12
阳新县	712	512	200		29	683	2443	7709	490
大冶市	321	321			188	133			
市经济开发区							43	136	7
十堰市	**1934**	**1134**	**800**	**100**	**100**	**1734**	**65695**	**200970**	**10862**
张湾区							1300	4215	214
郧县	367	167	200			367	11735	33979	2052
郧西县	367	167	200			367	10867	33105	1880
竹山县	166	166				166	9866	28283	2208
竹溪县	367	167	200	100	100	167	10313	38292	1785
房县	267	267				267	11000	28726	2063
丹江口市	200	200				200	9556	30512	464
武当山特区	200		200			200	989	3227	181
白浪经济开发区							69	631	15
宜昌市	**3057**	**2457**	**600**	**170**	**981**	**1906**	**35746**	**131534**	**7915**
点军区							1339	4049	211
夷陵区	200	200		13		187	8609	25022	1341
远安县	333	133	200			333	2867	8225	527
兴山县	367	167	200		60	307	6467	15463	1123
秭归县	200	200				200	13824	41175	2436
长阳县	825	825			825			13814	900
五峰县	579	379	200			579	2107	5797	413
宜都市	133	133		37	96			10161	546
当阳市	133	133				133		5917	334
枝江市	287	287		120		167	533	1911	84

续表1

单位名称	造林面积合计（公顷）	配套荒山荒地造林（公顷）	无林地和疏林地新封（公顷）	在造林面积合计中			当年粮款兑现退耕地总面积（公顷）	自工程实施以来累计粮食补助资金（万元）	
				用材林（公顷）	经济林（公顷）	防护林（公顷）			#当年粮食补助资金（万元）
襄阳市	**1931**	**1332**	**599**	**764**	**139**	**695**	**27106**	**77475**	**5105**
襄城区	133	133		133			566	1601	103
樊城区	133	133		133			567	1595	99
襄州区	167	167		167			2550	7531	507
市直	333		333						
南漳县	133	133			16	117	3733	10495	756
谷城县	367	167	200			367	4976	14036	1026
保康县	133	133		65	68		6160	18061	1040
老河口市	133	133			55	78	2688	7671	542
枣阳市	266	200	66	266			2666	7547	456
宜城市	133	133				133	3200	8938	576
鄂州市	**400**	**200**	**200**			**400**	**2333**	**6584**	**410**
荆门市	**2691**	**2158**	**533**	**2096**	**595**		**9660**	**35484**	**2185**
东宝区	289	289		193	96		2333	5781	284
掇刀区	62	62		26	36		667	1899	105
十里牌林场	200		200	200					
京山县	527	527		141	386		660	10764	708
沙洋县	420	420		420			2000	5961	399
彭场林场	333		333	333					
钟祥市	727	727		650	77		4000	11079	689
屈家岭管理局	133	133		133					
孝感市	**2541**	**1941**	**600**	**753**	**14**	**1774**	**9078**	**34356**	**1733**
市直	333		333			333			
孝南区	267	200	67	267					
孝昌县	420	420		252		168	3873	11362	195
大悟县	400	200	200			400	5200	13304	947
云梦县	133	133		100	10	23			
应城市	367	367			4	363			
安陆市	487	487				487	5	9690	591
汉川市	134	134		134					
荆州市	**1591**	**1391**	**200**	**799**	**190**	**602**	**1200**	**2711**	**21**
市直	100	100			100				
沙市区	133	133				133			
荆州区	200	200		200					
公安县	200	200		200					
监利县	133	133		133					
江陵县	133	133		133					
石首市	133	133		133					
洪湖市	167	167				167			
松滋市	392	192	200		90	302	1200	2711	21

续表2

单位名称	造林面积合计（公顷）	配套荒山荒地造林（公顷）	无林地和疏林地新封（公顷）	在造林面积合计中			当年粮款兑现退耕地总面积（公顷）	自工程实施以来累计粮食补助资金（万元）	
				用材林（公顷）	经济林（公顷）	防护林（公顷）			#当年粮食补助资金（万元）
黄冈市	**4376**	**3176**	**1200**	**1601**	**599**	**2176**	**32288**	**89709**	**6267**
黄州区	133	133				133			
团风县	673	340	333	207		466	2596	6591	441
红安县	574	574		167	407		5133	14262	980
罗田县	367	167	200			367	4067	10460	747
英山县	367	167	200			367	3505	9956	667
浠水县	443	443		384	59		3813	11120	685
蕲春县	333	133	200		133	200	4466	10582	1176
黄梅县	332	332		332			1667	6403	311
麻城市	643	376	267			643	4267	12000	798
武穴市	377	377		377			2774	8335	462
龙感湖管理区	134	134		134					
咸宁市	**1866**	**1133**	**733**	**1127**	**206**	**533**	**12712**	**70825**	**4490**
咸安区	233	233		233			5400	14188	880
市直	34	34		30	4				
嘉鱼县	133	133		100	33				
通城县	233	233		64	169			15311	1123
崇阳县	466	133	333	133		333	2813	14026	783
通山县	367	167	200	167		200	166	15086	940
赤壁市	400	200	200	400			4333	12214	764
随州市	**1569**	**1569**		**188**	**981**	**400**	**10291**	**32860**	**1915**
市辖区							499	1237	112
曾都区	184	184		121	63			87	87
广水市	850	850		67	583	200	4600	17118	785
随县	535	535			335	200	5192	14418	931
恩施自治州	**7975**	**7575**	**400**	**1202**	**5103**	**1670**	**50689**	**155636**	**7660**
恩施市	710	710		339	204	167	7167	17956	1128
利川市	1295	1295			1295		6533	18054	1135
建始县	812	812				812	5600	15289	961
巴东县	1133	933	200		800	333	10191	25106	271
宣恩县	1443	1243	200	568	675	200	1334	18928	1140
咸丰县	1361	1361			1228	133	10018	32575	1903
来凤县	664	664		295	369		4867	13125	903
鹤峰县	557	557			532	25	4979	14603	219
省直单位	**400**	**200**	**200**	**200**		**200**			
省林科院	**200**	**67**	**133**			**200**			
太子山林管局	**200**	**133**	**67**	**200**					
仙桃市	**200**	**200**				**200**			
潜江市	**200**	**200**		**200**					
天门市	**253**	**253**		**253**			**667**	**1976**	**105**
神农架林区	**333**		**333**			**333**	**6320**	**19572**	**995**

续表3

单位名称	自工程实施以来累计生活费兑现金额（万元）	#当年生活费兑现金额（万元）	当年粮款兑现涉及户数（户）	全部林业投资完成额（万元）	粮食补助资金	种苗费	生活费补助	巩固退耕还林成果专项资金	其他费用
湖北	**96369**	**9760**	**1456206**	**99531**	**52224**	**4611**	**9760**	**29909**	**3027**
武汉市	**3445**	**337**	**60051**	**2934**	**1986**		**337**	**403**	**208**
蔡甸区	432	31		378	169		31	178	
江夏区	594	43	4274	341	298		43		
黄陂区	1355	143	36000	941	798		143		
新洲区	1064	120	19777	1274	721		120	225	208
黄石市	**987**	**93**	**7230**	**939**	**575**		**93**	**271**	
黄石港区	3		4	2	2				
西塞山区	68	6		64	34		6	24	
下陆区	60	6		47	30		6	11	
铁山区	25	2		14	12		2		
阳新县	818	78	6814	795	490		78	227	
大冶市									
市经济开发区	13	1	412	17	7		1	9	
十堰市	**20346**	**1467**	**323367**	**21195**	**10862**	**195**	**1467**	**8375**	**296**
张湾区	348	39	8734	412	214		39	159	
郧县	3693	352	55200	2404	2052		352		
郧西县	3406	326	61700	3077	1880		326	748	123
竹山县	3070	47	38226	3860	2208	75	47	1530	
竹溪县	3208	310	40200	3814	1785	30	310	1626	63
房县	2949	316	50474	3342	2063		316	853	110
丹江口市	3283	44	65000	4057	464	90	44	3459	
武当山特区	355	30	2826	211	181		30		
白浪经济开发区	34	3	1007	18	15		3		
宜昌市	**14263**	**1332**	**164301**	**15135**	**7915**	**536**	**1332**	**5262**	**90**
点军区	423	40	8400	412	211		40	161	
夷陵区	2703	273		2800	1341	90	273	1096	
远安县	792	8	13560	965	527		8	430	
兴山县	1821	194	27000	1781	1123	96	194	368	
秭归县	4425	415	68000	5139	2436	75	415	2213	
长阳县	1584	167		1607	900	60	167	480	
五峰县	609	63	14592	779	413	95	63	118	90
宜都市	1048	96	26986	642	546		96		
当阳市	642	60	4745	772	334	60	60	318	
枝江市	216	16	1018	238	84	60	16	78	

续表4

单位名称	自工程实施以来累计生活费兑现金额（万元）		当年粮款兑现涉及户数（户）	全部林业投资完成额（万元）					
		#当年生活费兑现金额（万元）			粮食补助资金	种苗费	生活费补助	巩固退耕还林成果专项资金	其他费用
襄阳市	**8751**	**860**	**63972**	**9840**	**5105**	**963**	**860**	**2912**	
襄城区	171	17	1955	250	103	60	17	70	
樊城区	171	17	983	186	99		17	70	
襄州区	794	94	1639	1002	507	75	94	326	
市直				35		35			
南漳县	1086	114	10762	1510	756	60	114	580	
谷城县	1982	148	10263	1811	1026		148	637	
保康县	1960	186	25487	2258	1040	60	186	972	
老河口市	807	92	7767	1268	542	542	92	92	
枣阳市	810	80	1264	667	456	131	80		
宜城市	970	112	3852	853	576		112	165	
鄂州市	**720**	**70**	**28000**	**752**	**410**		**70**	**272**	
荆门市	**3755**	**342**	**10004**	**4642**	**2185**	**258**	**342**	**1493**	**364**
东宝区	660	27	4227	922	284	60	27	287	264
掇刀区	200	20	713	208	105		20	83	
十里牌林场				58		48			10
京山县	1131	115	525	1306	708		115	483	
沙洋县	564	60	1770	707	399	90	60	158	
彭场林场									
钟祥市	1200	120	2769	1381	689		120	482	90
屈家岭管理局				60		60			
孝感市	**3811**	**270**	**56825**	**3768**	**1733**	**829**	**270**	**822**	**114**
市直									
孝南区				82		75			7
孝昌县	1228	19	22652	1461	195	634	19	613	
大悟县	1549	151	30456	1098	947		151		
云梦县									
应城市									
安陆市	1034	100	3717	1067	591	60	100	209	107
汉川市				60		60			
荆州市	**390**	**2**	**6700**	**832**	**21**	**584**	**2**	**144**	**81**
市直				45		45			
沙市区				75		75			
荆州区									
公安县				105		84			21
监利县				90		90			
江陵县				60		60			
石首市									
洪湖市									
松滋市	390	2	6700	457	21	230	2	144	60

续表5

单位名称	自工程实施以来累计生活费兑现金额（万元）		当年粮款兑现涉及户数（户）	全部林业投资完成额（万元）					
		#当年生活费兑现金额（万元）			粮食补助资金	种苗费	生活费补助	巩固退耕还林成果专项资金	其他费用
黄冈市	**8418**	**846**	**222137**	**10851**	**6267**	**491**	**846**	**3123**	**124**
黄州区				60		60			
团风县	803	79	11192	1020	441	95	79	405	
红安县	1496	154	13428	1629	980	105	154	390	
罗田县	1098	122	43323	1605	747	96	122	640	
英山县	1051	105	27525	772	667		105		
浠水县	1198	114	26801	1113	685		114	308	6
蕲春县	108	12	37000	1463	1176		12	275	
黄梅县	480	50	11235	564	311		50	203	
麻城市	1268	128	39633	1340	798	75	128	311	28
武穴市	916	82	12000	1225	462		82	591	90
龙感湖管理区				60		60			
咸宁市	**5887**	**583**	**143074**	**6551**	**4490**	**165**	**583**	**1167**	**146**
咸安区	1478	150	34000	1386	880	90	150	266	
市直									
嘉鱼县									
通城县	1640	162	3900	1285	1123		162		
崇阳县	1468	142	42000	1508	783	75	142	362	146
通山县			44796	940	940				
赤壁市	1301	129	18378	1432	764		129	539	
随州市	**3704**	**317**	**36842**	**3154**	**1915**	**90**	**317**	**832**	
市辖区	125	15	297	127	112		15		
曾都区	8	8	761	95	87		8		
广水市	2018	138	20284	1555	785	90	138	542	
随县	1553	156	15500	1377	931		156	290	
恩施自治州	**19482**	**3031**	**321167**	**16564**	**7660**	**348**	**3031**	**4031**	**1494**
恩施市	1796	215	40000	1343	1128		215		
利川市	1937	191	39151	2021	1135	75	191	620	
建始县	1659	168	57000	1129	961		168		
巴东县	5688	1775	49245	2718	271	23	1775	591	58
宣恩县	1803	194	40105	1334	1140		194		
咸丰县	3647	314	47667	3977	1903	75	314	1685	
来凤县	1407	141	26500	1495	903	64	141	355	32
鹤峰县	1545	33	21499	2547	219	111	33	780	1404
省直单位				**142**		**62**		**5**	**75**
省林科院				**35**		**22**		**5**	**8**
太子山林管局				**107**		**40**			**67**
仙桃市				**90**		**90**			
潜江市									
天门市	**200**	**20**	**474**	**125**	**105**		**20**		
神农架林区	**2210**	**190**	**12062**	**2017**	**995**		**190**	**797**	**35**

林业系统野生动植物保护及自然保护区工程建设情况

指标名称	计量单位	本年实际
一、年末实有自然保护区个数	个	49
其中:国家级	个	8
二、年末实有自然保护区面积	公顷	919672
其中:国家级	公顷	261085
三、年末实有自然保护小区个数	个	175
年末实有自然保护小区面积	公顷	124712
四、野生植物就地保护点个数	个	16
野生植物就地保护点面积	公顷	226934
五、禁猎(采)区个数	个	286
禁猎(采)区面积	公顷	673935
六、国际重要湿地个数	个	1
国际重要湿地面积	公顷	41412
七、湿地示范区面积	公顷	35466
八、野生动物种源繁育基地	个	51
1、公益性野生动物救护繁育基地	个	8
2、商业性野生动物驯养繁殖单位	个	43
九、野生植物种源培育基地	个	13
十、野生动植物保护管理站	个	119
十一、鸟类环志中心(站)个数	个	8
十二、野生动物疫源疫病监测站个数	个	29
十三、野生动植物科研及监测机构个数	个	69
在野生动植物科研及监测机构中各类专业技术人员	人	182
十四、野生动物观赏展演单位	个	18
1、动物园	个	16
2、野生动物园	个	2
3、马戏团等展演单位	个	
十五、植物园(树木园)个数	个	2
十六、狩猎场个数	个	4
其中:对外国人开放的狩猎场个数	个	
十七、从事野生动植物及自然保护区建设的职工人数	人	1558
其中:各类专业技术人员	人	623
十八、野生动植物及自然保护区建设投资完成额	万元	7025
其中:国家投资	万元	4376

5 畜　牧　业

全省畜牧业生产

指标名称	计量单位	湖北省	指标名称	计量单位	湖北省
一、畜禽当年出栏(笼)数			(1)山羊	只	2993328
(一)大牲畜出栏	头	1321505	(2)绵羊	只	2654
1.牛	头	1317237	四、当年生仔畜		
其中:菜牛	头	217344	1.牛(仔畜)	头	680024
2.其他大牲畜	头	4268	(1)黄牛	头	230783
(1).马	头	1397	(2)水牛	头	131504
(2).驴	头	2461	(3)良种及改良种乳牛	头	18363
(3).骡	头	410	(4)菜牛	头	299374
(二)猪出栏	万头	4180.8	2.马	头	538
(三)羊	只	5109749	3.驴	头	160
1.山羊	只	5090224	4.骡	头	102
2.绵羊	只	19525	5.猪(仔畜)	万头	1891.63
(四)兔	只	2398776	五、畜禽肉产量	吨	4122703
(五)家禽	万只	49866.4	1.牛	吨	189423
1.鸡	万只	39156.2	#菜牛	吨	61122
2.鸭	万只	9882.9	2.马	吨	142
3.鹅	万只	727.2	3.驴	吨	264
二、畜禽期末存栏(笼)数			4.骡	吨	54
(一)大牲畜存栏	头	3348595	5.猪	吨	3172697
1.牛	头	3336405	6.羊	吨	81514
其中:役用牛	头	1176708	(1)山羊	吨	80861
(1)黄牛	头	706024	(2)绵羊	吨	653
(2)水牛	头	470684	7.兔	吨	4957
(3)良种及改良种乳牛	头	62559	8.家禽	吨	669616
(4)菜牛	头	2097138	9.其它肉类产量	吨	4036
2.其他大牲畜	头	12190	六.活的畜禽产品		
其中: 从事农事劳役的	头	10471	(一)奶类产量	吨	157393
(1).马	头	7487	其中: 牛奶产量	吨	153434
(2).驴	头	3622	(二)山羊毛产量	公斤	74863
(3).骡	头	1081	(三)绵羊毛产量	公斤	3326
(二)猪存栏	万头	2543.2	其中: 细羊毛	公斤	
(三)羊	只	4350614	半细羊毛	公斤	3326
1.山羊	只	4345108	(四)羽绒	公斤	108309
2.绵羊	只	5506	(五)禽蛋产量	吨	1393595
(四)兔	只	1636713	1.鸡蛋	吨	1140056
(五)家禽	万只	32520.3	2.鸭蛋	吨	240608
1.鸡	万只	26935.81	3.鹅蛋	吨	12076
2.鸭	万只	5212.69	七.其他动物及产品		
3.鹅	万只	328.22	(一)蜂蜜产量	公斤	20071066
三、能繁殖的母畜			(二)蚕茧产量	吨	8223
1.牛(母畜)	头	1237487	1. 桑蚕茧	吨	8118
(1)黄牛	头	397412	2. 柞蚕茧	吨	105
(2)水牛	头	285345	3. 其他蚕茧	吨	
(3)良种及改良种乳牛	头	43791	(三)其他动物产品	吨	51851
(4)菜牛	头	510939	(四)其他动物饲养	只	7087776
2.马	头	1687	八、捕猎野兽、野禽		
3.驴	头	540	其中:野 兔	只	892268
4.猪(母畜)	万头	251.4	野 鸡	只	681939
5.羊	只	2995982	野 鸭	只	84369

注:猪、牛、羊、禽指标为国家抽样推算数据。

家禽年内出笼及蚕茧产量

指标名称	家禽(万只)	蚕茧产量(吨)		
			桑蚕茧	柞蚕茧
湖北省	**49866.4**	**8223**	**8118**	**105**
武汉市	**5552.2**			
武汉市辖区	136.37			
汉南区	96.42			
蔡甸区	600.78			
江夏区	1717.88			
黄陂区	1655.18			
新洲区	1345.57			
黄石市	**2890.59**	**36**	**36**	
黄石市辖区	33.89			
阳新县	424.75	36	36	
大冶市	2431.95			
十堰市	**2832.32**	**877**	**877**	
茅箭区	35.57			
张湾区	124.13			
郧县	210.13	673	673	
郧西县	116.05	204	204	
竹山县	100.44			
竹溪县	105.5			
房县	138			
丹江口市	2002.5			
宜昌市	**3585.25**	**1791**	**1791**	
宜昌市辖区	265.42	53	53	
夷陵区	475.85	576	576	
远安县	43.31	676	676	
兴山县	43.12			
秭归县	81.3			
长阳自治县	87.6			
五峰自治县	44.85			
宜都市	535.8	486	486	
当阳市	1054.2			
枝江市	953.8			
襄阳市	**8576.2**	**828**	**828**	
高新区	25.8			
襄城区	302.1			
樊城区	191.1			
襄州区	2002.21			
南漳县	645.28	742	742	
谷城县	696.81			
保康县	203.03	86	86	
老河口市	964.11			
枣阳市	2712.85			
宜城市	832.91			
鄂州市	**1478.13**			
荆门市	**4676.55**			
东宝区	380.29			
掇刀区	301.26			
京山县	1086.31			
沙洋县	1450.83			
钟祥市	1457.86			
孝感市	**12946.32**			
孝感市辖区	21.16			
孝南区	775			
孝昌县	1929			

续表

指标名称	家禽	蚕茧产量(吨)	桑蚕茧	柞蚕茧
大悟县	483			
云梦县	2220			
应城市	1916			
安陆市	1426			
汉川市	4176.16			
荆州市	**7292.62**	**20**	**20**	
荆州市辖区	37.78			
沙市区	183.88			
荆州区	2012.69			
公安县	604.73			
监利县	1853.24			
江陵县	642.7			
石首市	728.41	20	20	
洪湖市	463.16			
松滋市	766.03			
黄冈市	**5738.47**	**4422**	**4422**	
龙感湖农场	42			
黄州区	120.13			
团风县	624.75			
红安县	249.04			
罗田县	1030	1800	1800	
英山县	188.47	622	622	
浠水县	1187.53			
蕲春县	510.17			
黄梅县	793			
麻城市	551.83	2000	2000	
武穴市	441.55			
咸宁市	**4198.44**			
咸安区	2488.36			
嘉鱼县	151.68			
通城县	81.67			
崇阳县	975.88			
通山县	140.56			
赤壁市	360.29			
随州市	**7645.82**	**105**		**105**
曾都区	2105.8			
随县	3880.65	105		105
广水市	1659.37			
恩施自治州	**1108.39**	**144**	**144**	
恩施市	197.42			
利川市	263.95			
建始县	160			
巴东县	100.1	23	23	
宣恩县	104.34			
咸丰县	115			
来凤县	133.56	121	121	
鹤峰县	34.02			
仙桃市	**963.03**			
潜江市	**1770.35**			
天门市	**1219.04**			
神农架林区	**33.2**			

牲畜禽出栏(笼)

指标名称	牛(头)	猪出栏(万头)	羊(只)	兔(只)	家禽(万只)
湖北省	**1317237**	**4180.84**	**5109749**	**2398800**	**49866.4**
武汉市	**61166**	**298.4**	**46986**	**41186**	**5552.2**
武汉市辖区	3256	8.73	2306	4000	136.37
汉南区		29.86	1938		96.42
蔡甸区	3746	19.42	885	5420	600.78
江夏区	11119	100.15	392	16	1717.88
黄陂区	32545	100.16	26218	14504	1655.18
新洲区	10500	40.08	15247	17246	1345.57
黄石市	**17676**	**117.27**	**49784**	**92952**	**2890.59**
黄石市辖区	733	10.36	650	476	33.89
阳新县	11733	50.25	41826	13140	424.75
大冶市	5210	56.66	7308	79336	2431.95
十堰市	**101040**	**190.49**	**927542**	**49649**	**2832.32**
茅箭区	354	2.34	10476		35.57
张湾区	167	3.71	10602		124.13
郧县	21586	53.8	89961	2003	210.13
郧西县	16502	26.44	251312	536	116.05
竹山县	8878	24.53	31701	320	100.44
竹溪县	20402	27.4	45738		105.5
房县	5180	27.02	451816	2240	138
丹江口市	27971	25.25	35936	44550	2002.5
宜昌市	**52589**	**602.51**	**1385304**	**81427**	**3585.25**
宜昌市辖区	747	17.62	8931		265.42
夷陵区	3101	89.61	71008	2600	475.85
远安县	2445	32.08	31334		43.31
兴山县	2879	32.21	156227	210	43.12
秭归县	1867	52.66	62156	67300	81.3
长阳自治县	2927	65.81	516344	1658	87.6
五峰自治县	1773	34.47	92856	499	44.85
宜都市	21484	78.01	301992	240	535.8
当阳市	7891	100.03	116339	8920	1054.2
枝江市	7475	100.01	28117		953.8
襄阳市	**628615**	**602.52**	**1534301**	**1135187**	**8576.2**
高新区	1192	2.98	1019	520	25.8
襄城区	27184	17.71	37842	8800	302.1
樊城区	14391	14.77	8462	2250	191.1
襄州区	248273	123.18	397018		2002.21
南漳县	50761	100.19	203698	11512	645.28
谷城县	51722	65.23	156219	194520	696.81
保康县	10742	31	107050	975	203.03
老河口市	57115	67.15	113292	657271	964.11
枣阳市	116947	100.2	462533	259339	2712.85
宜城市	50288	80.11	47168		832.91
鄂州市	**18870**	**113.27**	**22400**		**1478.13**
荆门市	**144054**	**400.02**	**504222**	**113618**	**4676.55**
东宝区	10798	46.21	251463	6859	380.29
掇刀区	6524	16.01	11263	2000	301.26
京山县	21961	114.47	50573	90470	1086.31
沙洋县	60948	100.18	29415	5000	1450.83
钟祥市	43823	123.15	161508	9289	1457.86
孝感市	**142879**	**364.24**	**228968**	**323802**	**12946.32**
孝感市辖区	281	1.45	2046		21.16
孝南区	14424	29.8	2027	1587	775
孝昌县	35267	36.8	48650	43302	1929

续表

指标名称	牛(头)	猪出栏(万头)	羊(只)	兔(只)	家禽(万只)
大悟县	32560	42.8	56601	12833	483
云梦县	11220	45.2	3321	5450	2220
应城市	8467	47.03	10878	150000	1916
安陆市	37960	100.08	103996	110490	1426
汉川市	2700	61.08	1449	140	4176.16
荆州市	**60684**	**474.4**	**159360**	**208656**	**7292.62**
荆州市辖区	108	1.71	165		37.78
沙市区	513	10.33	1004		183.88
荆州区	4075	35.61	7592	180000	2012.69
公安县	6711	83.3	20342		604.73
监利县	12449	100.14	3233	21800	1853.24
江陵县	3175	33.45	8742	5856	642.7
石首市	15434	51.01	7519		728.41
洪湖市	5666	36.36	1683		463.16
松滋市	12553	122.49	109080	1000	766.03
黄冈市	**455235**	**483.53**	**689014**	**173225**	**5738.47**
龙感湖农场		9.87	1000		42
黄州区	1528	8.33	1653	5000	120.13
团风县	18562	9.59	23475	5505	624.75
红安县	34464	31.08	27579	34791	249.04
罗田县	36010	23.05	206464	16865	1030
英山县	7858	20.94	123476	13533	188.47
浠水县	26900	85.11	37660	35800	1187.53
蕲春县	139231	53.69	73571	3551	510.17
黄梅县	11600	64.2	14350	36100	793
麻城市	170420	89.65	171700	9880	551.83
武穴市	8662	88.02	8086	12200	441.55
咸宁市	**21835**	**243.63**	**163272**	**70904**	**4198.44**
咸安区	2811	40.14	6939	17600	2488.36
嘉鱼县	2385	20.01	3333	1904	151.68
通城县	2173	74.06	5000	100	81.67
崇阳县	5466	60.01	34359		975.88
通山县	2945	19.68	101500	48700	140.56
赤壁市	6055	29.73	12141	2600	360.29
随州市	**125766**	**233.31**	**526874**	**56647**	**7645.82**
曾都区	32769	67.8	61588	551	2105.8
随县	49656	100.01	272039	12435	3880.65
广水市	43341	65.5	193247	43661	1659.37
恩施自治州	**121093**	**481.78**	**737908**	**33203**	**1108.39**
恩施市	36072	100.1	150052	450	197.42
利川市	26759	81	64188	3535	263.95
建始县	6542	65.83	188468	2053	160
巴东县	5072	75.5	178402	8697	100.1
宣恩县	15765	46.03	41015	4990	104.34
咸丰县	16900	60.01	12965	5084	115
来凤县	9788	30.09	21740	8394	133.56
鹤峰县	4195	23.22	81078		34.02
仙桃市	**15255**	**122.42**	**7043**		**963.03**
潜江市	**30838**	**107.24**	**25449**		**1770.35**
天门市	**27672**	**100.17**	**11689**	**18320**	**1219.04**
神农架林区	**1239**	**5.02**	**13807**		**33.2**

大牲畜年末存栏

单位:头

指标名称	大牲畜存栏	牛	其中:能从事劳役的	黄牛	水牛
湖北省	**3348595**	**3336405**	**1176708**	**706024**	**470684**
武汉市	**207644**	**207401**	**137470**	**57995**	**121512**
武汉市辖区	4424	4418	2970	126	3814
汉南区					
蔡甸区	7739	7739	5971	87	6635
江夏区	37985	37985	25609	27	37288
黄陂区	104449	104449	67611	23788	58179
新洲区	53047	52810	35309	33967	15596
黄石市	**83264**	**83173**	**64247**	**48726**	**34076**
黄石市辖区	1401	1387	860	568	615
阳新县	55150	55073	38742	36609	18297
大冶市	26713	26713	24645	11549	15164
十堰市	**370713**	**367135**	**239540**	**353236**	**12710**
茅箭区	1145	1145	469	1145	
张湾区	663	663	600	663	
郧县	113324	109903	74255	106575	3095
郧西县	53061	53061	20418	53061	
竹山县	51571	51571	29649	51261	310
竹溪县	42926	42926	39485	38728	3242
房县	32019	31992	24973	27422	4570
丹江口市	76004	75874	49691	74381	1493
宜昌市	**144230**	**144178**	**104239**	**92750**	**39350**
宜昌市辖区	2454	2454	1418	1973	200
夷陵区	15789	15789	9384	9084	2292
远安县	5274	5271	3557	2832	2439
兴山县	9056	9056		6525	2531
秭归县	6932	6932	5311	4601	1629
长阳自治县	22592	22559	21326	22065	494
五峰自治县	12435	12425	9910	12115	310
宜都市	25973	25973	19733	23580	2393
当阳市	16171	16171	12260	2313	12230
枝江市	27554	27548	21340	7662	14832
襄阳市	**998524**	**998420**	**273472**	**645560**	**280809**
高新区	1836	1836	1111	1230	517
襄城区	25157	25157	3593	8400	9173
樊城区	15334	15334	9263	8284	6510
襄州区	278449	278377	1611	167473	97631
南漳县	77530	77524	51623	55178	20095
谷城县	121091	121088	31657	82654	32788
保康县	26322	26321	15749	24533	1788
老河口市	100570	100570	41084	76802	22041
枣阳市	249501	249493	76678	155849	52872
宜城市	102734	102720	41103	65157	37394
鄂州市	**38180**	**38180**	**31253**	**9113**	**29067**
荆门市	**214527**	**213288**	**122231**	**34213**	**152394**
东宝区	16166	16143	7088	3634	11900
掇刀区	10712	10202	5678		7378
京山县	37598	37598	28379	6343	30687
沙洋县	88551	88551	51795	5598	67784
钟祥市	61500	60794	29291	18638	34645
孝感市	**447289**	**445920**	**284379**	**169225**	**239732**
孝感市辖区	1060	1060	660	730	330
孝南区	32104	32103	24932	9347	20808
孝昌县	105611	105611	68586	53396	49204

续表1　　单位:头

指标名称	大牲畜存栏	牛	其中:能从事劳役的	黄牛	水牛
大悟县	101502	101502	57151	55827	45517
云梦县	22761	22467	19416	5500	15420
应城市	39204	38771	31012	4046	34725
安陆市	137005	136872	75842	40125	66646
汉川市	8042	7534	6780	254	7082
荆州市	**120931**	**120365**	**81045**	**24535**	**90222**
荆州市辖区	19	17			17
沙市区	1355	1355	884	52	1187
荆州区	4550	4550	764	592	2485
公安县	10143	10128	4905	1344	7587
监利县	37967	37736	30664	2490	35246
江陵县	7084	7066	3121	2738	3697
石首市	15525	15245	7434	6957	7271
洪湖市	18505	18505	12679		17995
松滋市	25783	25763	20594	10362	14737
黄冈市	**878002**	**877746**	**560728**	**539879**	**240792**
龙感湖农场	760	760	48		61
黄州区	11660	11645	1583	1764	1583
团风县	43164	43164	31681	24945	12610
红安县	130487	130487	88460	60518	43636
罗田县	74667	74667	72882	66032	6850
英山县	35147	35147	25815	28640	6250
浠水县	104260	104260	98570	65455	33115
蕲春县	156423	156423	86461	56706	81487
黄梅县	30268	30140	8300	12850	9120
麻城市	262075	261962	131210	215900	28700
武穴市	29091	29091	15718	7069	17380
咸宁市	**148057**	**147263**	**46122**	**41234**	**75442**
咸安区	21790	21790	11177	3430	14378
嘉鱼县	5304	5304	4257	655	4649
通城县	13269	13239	11675	7378	5831
崇阳县	33597	33597		12662	13435
通山县	36276	35534		10552	10497
赤壁市	37821	37799	19013	6557	26652
随州市	**249733**	**249723**	**118781**	**50349**	**181344**
曾都区	52859	52859	24436	5979	32883
随县	91821	91811	37228	29592	59591
广水市	105053	105053	57117	14778	88870
恩施自治州	**392209**	**390028**	**224687**	**289805**	**98753**
恩施市	89233	88105	50635	70847	16997
利川市	86958	86174	44702	71427	13833
建始县	22796	22683	13962	18793	3687
巴东县	34969	34969	23908	23103	11866
宣恩县	58415	58304	37774	39618	18594
咸丰县	66914	66889	36135	41425	25464
来凤县	20398	20378	13709	12252	8126
鹤峰县	12526	12526	3862	12340	186
仙桃市	**24816**	**24650**	**12619**	**5388**	**17433**
潜江市	**37073**	**37073**	**24158**	**10908**	**13257**
天门市	**64021**	**62552**	**48216**	**30425**	**29745**
神农架林区	**6881**	**6809**	**4114**	**6709**	

续表2 单位:头

指标名称	牛(续)		马	驴
	良种及改良种乳牛	菜牛		
湖北省	**62559**	**2097138**	**7487**	**3622**
武汉市	**11571**	**16323**	**6**	**237**
武汉市辖区	478		6	
汉南区				
蔡甸区	930	87		
江夏区	645	25		
黄陂区	9518	12964		
新洲区		3247		237
黄石市		**371**	**77**	**14**
黄石市辖区		204		14
阳新县		167	77	
大冶市				
十堰市	**61**	**1128**	**1495**	**1616**
茅箭区				
张湾区				
郧县	61	172	1475	1490
郧西县				
竹山县				
竹溪县		956		
房县				16
丹江口市			20	110
宜昌市	**6322**	**5756**	**49**	**3**
宜昌市辖区	281			
夷陵区	4413			
远安县				3
兴山县				
秭归县		702		
长阳自治县			33	
五峰自治县			10	
宜都市				
当阳市	1628			
枝江市		5054	6	
襄阳市	**29772**	**42279**	**81**	**23**
高新区		89		
襄城区	5400	2184		
樊城区		540		
襄州区	13273		72	
南漳县		2251	4	2
谷城县	1965	3681		3
保康县			1	
老河口市	376	1351		
枣阳市	8758	32014	4	4
宜城市		169		14
鄂州市				
荆门市	**1903**	**24778**	**402**	**832**
东宝区		609	1	17
掇刀区	233	2591		510
京山县	62	506		
沙洋县	1578	13591		
钟祥市	30	7481	401	305
孝感市	**1836**	**35127**	**724**	**489**
孝感市辖区				
孝南区	1300	648		1
孝昌县		3011		

续表3 单位:头

指标名称	牛(续)		马	驴
	良种及改良种乳牛	菜牛		
大悟县	158			
云梦县		1547		294
应城市			330	93
安陆市	378	29723		
汉川市		198	394	101
荆州市	**116**	**5492**	**555**	**3**
荆州市辖区			1	1
沙市区	116			
荆州区		1473		
公安县		1197	5	2
监利县			231	
江陵县		631	18	
石首市		1017	280	
洪湖市		510		
松滋市		664	20	
黄冈市	**43888**	**53187**		**256**
龙感湖农场	699			
黄州区	7186	1112		15
团风县	4314	1295		
红安县	3000	23333		
罗田县	1785			
英山县	257			
浠水县	2000	3690		
蕲春县	7008	11222		
黄梅县	5100	3070		128
麻城市	8252	9110		113
武穴市	4287	355		
咸宁市	**16622**	**13965**	**772**	**22**
咸安区	3872	110		
嘉鱼县				
通城县		30	30	
崇阳县		7500		
通山县	12750	1735	742	
赤壁市		4590		22
随州市	**3502**	**14528**	**10**	
曾都区	2379	11618		
随县	1060	1568	10	
广水市	63	1342		
恩施自治州	**224**	**1246**	**1777**	**8**
恩施市	132	129	851	7
利川市		914	735	
建始县		203	113	
巴东县				
宣恩县	92		59	
咸丰县				
来凤县			19	1
鹤峰县				
仙桃市		**1829**	**59**	**103**
潜江市		**12908**		
天门市	**227**	**2155**	**1448**	**16**
神农架林区		**100**	**32**	

生猪年末存栏

单位:万头

指标名称	猪存栏	猪(母畜)	猪(仔畜)
湖北省	**2543.2**	**251.4**	**1891.63**
武汉市	**220.64**	**17.24**	**136.28**
武汉市辖区	7.55	0.67	3.7
汉南区	14.22	2.05	7.48
蔡甸区	11.74	1.19	7.63
江夏区	68.07	6.13	16.34
黄陂区	69.45	4.84	54
新洲区	49.61	2.36	47.13
黄石市	**100.6**	**6.8**	**84.98**
黄石市辖区	4.76	0.67	0.57
阳新县	61.08	3.26	57.82
大冶市	34.76	2.87	26.59
十堰市	**209**	**15.18**	**75.03**
茅箭区	1.59	0.18	0.68
张湾区	3.42	0.28	2.48
郧县	56.07	3.12	29.15
郧西县	25.55	1.33	2.17
竹山县	31.98	2.56	2.1
竹溪县	32.49	2.53	5.12
房县	28.8	3.08	7.23
丹江口市	29.1	2.1	26.1
宜昌市	**459.37**	**50.21**	**159.37**
宜昌市辖区	13.64	0.56	3.79
夷陵区	64.98	6.83	58.15
远安县	29.51	2.11	5.64
兴山县	20.86	1.52	7.52
秭归县	41.39	3.63	
长阳自治县	54.47	4.18	11.51
五峰自治县	33.6	2.68	1.81
宜都市	50.89	3.95	4.6
当阳市	77.85	10.17	38.26
枝江市	72.18	14.58	28.09
襄阳市	**499.55**	**55.59**	**299.72**
高新区	1.86	0.29	0.91
襄城区	17.5	2.09	15.05
樊城区	16.57	0.56	6.05
襄州区	108.16	15.46	89.27
南漳县	73.28	9.04	64.1
谷城县	54.82	5.62	16.01
保康县	31.79	1.94	2.87
老河口市	45.21	4.31	16.43
枣阳市	83.82	8.39	30.39
宜城市	66.54	7.89	58.64
鄂州市	**83.87**	**7.4**	
荆门市	**274.75**	**23.16**	**84.09**
东宝区	31.36	1.92	11.53
掇刀区	12.29	0.79	9.36
京山县	72.64	6.98	15.54
沙洋县	73.63	5.45	15.08
钟祥市	84.83	8.02	32.58
孝感市	**281.1**	**28.64**	**144.38**
孝感市辖区	1.15	0.13	1.02
孝南区	20.87	2.21	16.03
孝昌县	43.45	5.27	38.18

续表 单位:万头

指标名称	猪存栏	猪(母畜)	猪(仔畜)
大悟县	38.43	4	17.89
云梦县	28.71	3.11	9.9
应城市	45.4	3.9	39.66
安陆市	60.01	6.12	7.75
汉川市	43.08	3.9	13.95
荆州市	**364.82**	**31.95**	**134.43**
荆州市辖区	1.04	0.1	0.46
沙市区	5.44	0.55	2.44
荆州区	24.33	2.19	10.24
公安县	68.12	4.54	18.96
监利县	79.13	8	32.49
江陵县	24.98	2.44	7.82
石首市	35.38	2.01	8.52
洪湖市	45.92	3.85	16.29
松滋市	80.48	8.27	37.21
黄冈市	**467.46**	**43**	**351.8**
龙感湖农场	14.23	1.43	12.65
黄州区	8.8	0.95	7.85
团风县	13.99	1.52	8.35
红安县	51.27	8.68	42.59
罗田县	19.63	1.72	17.91
英山县	24.81	2.21	21.38
浠水县	70.03	6.65	63.38
蕲春县	80.47	5.51	29.19
黄梅县	51	3.7	27
麻城市	66.28	5.3	59.88
武穴市	66.95	5.33	61.62
咸宁市	**182.62**	**14.85**	**94.19**
咸安区	20.49	1.99	8.88
嘉鱼县	15.23	1.1	1.15
通城县	41.75	4.77	31.48
崇阳县	56.11	4.13	39.75
通山县	15.97	1.11	2.06
赤壁市	33.07	1.73	10.88
随州市	**163.6**	**14.41**	**91.59**
曾都区	53.57	4.73	
随县	69.28	6.23	60.06
广水市	40.75	3.45	31.53
恩施自治州	**446.25**	**46.67**	**195.39**
恩施市	74.88	8.38	24.29
利川市	73.82	6.79	36.34
建始县	54.86	6.46	19.12
巴东县	73.45	6.97	29.5
宣恩县	35.67	4.19	11.05
咸丰县	66.63	7.94	32.5
来凤县	38.98	3.74	20.47
鹤峰县	27.96	2.2	22.12
仙桃市	**69.47**	**7.75**	**8.58**
潜江市	**65.24**	**5.69**	**14.59**
天门市	**73.21**	**7.2**	**14.51**
神农架林区	**4**	**0.28**	**2.7**

能繁母畜年末存栏

单位:头

指标名称	牛(母畜)	黄牛	水牛	良种及改良种乳牛	菜牛	马	驴
湖北省	**1237487**	**397412**	**285345**	**43791**	**510939**	**1687**	**540**
武汉市	**83045**	**19241**	**51402**	**7689**	**4713**	**4**	**66**
武汉市辖区	2574	84	2490			4	
汉南区							
蔡甸区	3572	37	2995	540			
江夏区	21989		21515	449	25		
黄陂区	37563	7582	19476	6700	3805		
新洲区	17347	11538	4926		883		66
黄石市	**32829**	**20344**	**12485**			**22**	
黄石市辖区	491	174	317				
阳新县	26251	17635	8616			22	
大冶市	6087	2535	3552				
十堰市	**125128**	**122252**	**2833**	**12**	**31**	**30**	**79**
茅箭区	362	362					
张湾区	60	60					
郧县	37692	37505	144	12	31	25	20
郧西县	15560	15560					
竹山县	12379	12361	18				
竹溪县	21471	21471					
房县	13200	11161	2039				6
丹江口市	24404	23772	632			5	53
宜昌市	**56469**	**33720**	**18261**	**4281**	**207**	**2**	
宜昌市辖区	576	304	3	269			
夷陵区	7718	2655	1051	4012			
远安县	2565	1388	1177				
兴山县	2550	1862	688				
秭归县	1612	1094	426		92		
长阳自治县	7666	7500	166				
五峰自治县	2536	2519	17			2	
宜都市	11784	10935	849				
当阳市	6227	793	5434				
枝江市	13235	4670	8450		115		
襄阳市	**454473**	**317323**	**117608**	**9866**	**9676**	**74**	**15**
高新区	789	447	308		34		
襄城区	12215	4793	5564	1386	472		
樊城区	8788	5278	3370		140		
襄州区	122791	100732	22059			72	
南漳县	32423	18747	12929		747	2	1
谷城县	51774	30239	20731	323	481		
保康县	8568	7870	698				
老河口市	46194	35492	10390	166	146		
枣阳市	119434	80825	22962	7991	7656		2
宜城市	51497	32900	18597				12
鄂州市	**19380**	**4120**	**15260**				
荆门市	**110094**	**18138**	**83399**	**618**	**7939**	**130**	**160**
东宝区	8414	2271	6003		140		
掇刀区	7268		5313	120	1835		
京山县	21370	3117	18033	33	187		
沙洋县	44014	2464	38480	458	2612		
钟祥市	29028	10286	15570	7	3165	130	160
孝感市	**198822**	**70540**	**125097**	**800**	**2385**	**182**	**193**
孝感市辖区	500	287	213				
孝南区	11936	3156	7908	800	72		
孝昌县	47274	25225	20348		1701		

续表 单位:头

指标名称	牛(母畜)					马	驴
		黄牛	水牛	良种及改良种乳牛	菜牛		
大悟县	50840	23585	27255				
云梦县	11589	2590	8430		569		109
应城市	22813	1990	20823			135	60
安陆市	50553	13679	36874				
汉川市	3317	28	3246		43	47	24
荆州市	**47818**	**9436**	**36862**	**87**	**1433**	**169**	**1**
荆州市辖区	4		4			1	1
沙市区	123	36		87			
荆州区	916	33	412		471		
公安县	2988	345	2603		40		
监利县	17425	274	17151			58	
江陵县	5036	2019	2552		465		
石首市	5462	2956	2486		20	108	
洪湖市	4150		4031		119		
松滋市	11714	3773	7623		318	2	
黄冈市	**404467**	**248113**	**104334**	**27191**	**24829**		
龙感湖农场	342		42	300			
黄州区	7976	968	1020	5172	816		
团风县	12705	6543	2222	3860	80		
红安县	75600	35000	20400	200	20000		
罗田县	28491	23750	2956	1785			
英山县	10015	8169	1589	257			
浠水县	36700	21971	12206	2000	523		
蕲春县	65769	34233	28561	775	2200		
黄梅县	12050	4560	2910	3570	1010		
麻城市	136305	109008	21860	5437			
武穴市	18514	3911	10568	3835	200		
咸宁市	**53836**	**16129**	**24195**	**11141**	**2371**	**5**	
咸安区	8843	1270	4532	3041			
嘉鱼县	2594	359	2235				
通城县	5724	3193	2531			5	
崇阳县	13793	5845	5687		2261		
通山县	15107	3649	3358	8100			
赤壁市	7775	1813	5852		110		
随州市	**125240**	**27860**	**96687**	**189**	**504**	**6**	
曾都区	26599	3725	22810		64		
随县	50122	16948	32745	149	280	6	
广水市	48519	7187	41132	40	160		
恩施自治州	**184475**	**133086**	**50565**	**168**	**656**	**736**	
恩施市	41661	34018	7536	97	10	385	
利川市	29688	24282	4760		646	312	
建始县	9324	7991	1333			8	
巴东县	25675	15412	10263				
宣恩县	25099	17417	7611	71		31	
咸丰县	36423	21472	14951				
来凤县	10335	6364	3971				
鹤峰县	6270	6130	140				
仙桃市	**9197**	**1730**	**7467**			**13**	**17**
潜江市	**15626**	**4870**	**7124**		**3632**		
天门市	**29363**	**15413**	**13707**	**185**	**58**	**302**	**9**
神农架林区	**2439**	**2404**			**35**	**12**	

当年出生的仔畜

单位:头

指标名称	牛(仔畜)	黄牛	水牛	良种及改良种乳牛	菜牛	马	驴
湖北省	**680024**	**230783**	**131504**	**18363**	**299374**	**538**	**160**
武汉市	**38045**	**11062**	**22012**	**2705**	**2266**	**1**	**46**
武汉市辖区	1047		1047			1	
汉南区							
蔡甸区	1356	12	1284	60			
江夏区	6618		6423	195			
黄陂区	17076	2861	10071	2450	1694		
新洲区	11948	8189	3187		572		46
黄石市	**13972**	**9558**	**4406**		**8**		
黄石市辖区	138	64	66		8		
阳新县	11281	8157	3124				
大冶市	2553	1337	1216				
十堰市	**59608**	**56352**	**2628**	**6**	**622**		**1**
茅箭区	184	184					
张湾区	110	110					
郧县	15838	15700	81	6	51		
郧西县	8642	8642					
竹山县	8300	8281	19				
竹溪县	8333	6787	975		571		
房县	5754	4506	1248				1
丹江口市	12447	12142	305				
宜昌市	**19988**	**13959**	**5533**	**413**	**83**		
宜昌市辖区	162	150		12			
夷陵区	1600	1057	142	401			
远安县	1342	824	518				
兴山县	1173	767	406				
秭归县	425	291	67		67		
长阳自治县	1188	1157	31				
五峰自治县	1128	1114	14				
宜都市	7270	6525	745				
当阳市	2147	281	1866				
枝江市	3553	1793	1744		16		
襄阳市	**275386**	**202234**	**64727**	**740**	**7685**	**2**	
高新区	449	297	142		10		
襄城区	7460	3549	3442	112	357		
樊城区	5380	2510	2670		200		
襄州区	88371	66741	21630				
南漳县	12962	9001	3247		714	1	
谷城县	9797	8078	1670	41	8		
保康县	3888	3576	312				
老河口市	31927	23883	7941	5	98		
枣阳市	83895	62502	14513	582	6298	1	
宜城市	31257	22097	9160				
鄂州市	**6929**	**1756**	**5173**				
荆门市	**42400**	**6942**	**32173**	**301**	**2984**	**33**	**20**
东宝区	3342	765	2577				
掇刀区	1931		1730		201		
京山县	5906	1295	4574	13	24		
沙洋县	18130	1722	14242	288	1878		
钟祥市	13091	3160	9050		881	33	20
孝感市	**116729**	**47950**	**67031**	**35**	**1713**	**97**	**84**
孝感市辖区	233	131	102				
孝南区	6936	2471	4413		52		
孝昌县	39154	22063	15781		1310		

续表 单位:头

指标名称	牛(仔畜)	黄牛	水牛	良种及改良种乳牛	菜牛	马	驴
大悟县	29192	14135	15022	35			
云梦县	9040	2350	6340		350		45
应城市	9352	986	8366			80	33
安陆市	21898	5796	16102				
汉川市	924	18	905		1	17	6
荆州市	**13106**	**3285**	**9292**	**2**	**527**	**41**	
荆州市辖区							
沙市区	4	2		2			
荆州区	138	24	88		26		
公安县	666	87	579				
监利县	4591	92	4499			19	
江陵县	993	358	548		87		
石首市	2153	1536	612		5	20	
洪湖市	1531		1420		111		
松滋市	3030	1186	1546		298	2	
黄冈市	**271619**	**202566**	**54529**	**8758**	**5766**		
龙感湖农场	160			160			
黄州区	3198	638	485	1836	239		
团风县	6378	4657	1217	444	60		
红安县	35701	21768	10085	717	3131		
罗田县	36010	35793	217				
英山县	5459	4352	1107				
浠水县	30870	20370	10500				
蕲春县	39442	15591	21401	874	1576		
黄梅县	5685	2750	870	1460	605		
麻城市	98700	93805	2080	2815			
武穴市	10016	2842	6567	452	155		
咸宁市	**26724**	**8572**	**12345**	**5160**	**647**		
咸安区	2729	484	1735	510			
嘉鱼县	877	87	790				
通城县	2229	1246	983				
崇阳县	4401	2014	2125		262		
通山县	11712	3603	3113	4650	346		
赤壁市	4776	1138	3599		39		
随州市	**77475**	**17898**	**59136**	**147**	**294**	**2**	
曾都区	11925	1852	10073				
随县	31894	11476	20096	125	197	2	
广水市	33656	4570	28967	22	97		
恩施自治州	**106957**	**80572**	**26174**	**54**	**157**	**301**	
恩施市	21730	18060	3637	33		160	
利川市	18051	15424	2470		157	123	
建始县	5727	4690	1037			8	
巴东县	9291	7691	1600				
宣恩县	16718	11618	5079	21		10	
咸丰县	25281	14828	10453				
来凤县	4849	2980	1869				
鹤峰县	5310	5281	29				
仙桃市	**2913**	**873**	**2034**		**6**	**9**	**5**
潜江市	**8045**	**2798**	**2854**		**2393**		
天门市	**11022**	**7626**	**3325**	**42**	**29**	**51**	**4**
神农架林区	**991**	**967**			**24**	**1**	

主要畜产品产量

单位:吨

指标名称	畜禽肉产量	牛	猪	羊	家禽	奶类产量	其中:牛奶产量
湖北省	**4122703**	**189423**	**3172692**	**81514**	**669616**	**157393**	**153434**
武汉市	**324545**	**9175**	**225920**	**1017**	**88286**	**66897**	**66897**
武汉市辖区	9418	488	6794	49	2053	5056	5056
汉南区	24620		23295	38	1287		
蔡甸区	25134	562	15538	11	9012	4000	4000
江夏区	107711	1668	75113	8	30922	1889	1889
黄陂区	105489	4882	75120	604	24828	55952	55952
新洲区	52173	1575	30060	307	20184		
黄石市	**136394**	**2648**	**87746**	**902**	**43873**		
黄石市辖区	8502	108	7570	16	804		
阳新县	46810	1759	37681	704	6471		
大冶市	81082	781	42495	182	36598		
十堰市	**212276**	**14135**	**142866**	**14836**	**40414**	**680**	**680**
茅箭区	2482	53	1755	167	507		
张湾区	4745	23	2782	169	1771	680	680
郧县	47813	3022	40350	1439	2998		
郧西县	27817	2310	19830	4020	1656		
竹山县	21569	1231	18397	507	1433		
竹溪县	25642	2856	20550	731	1505		
房县	30198	725	20265	7229	1969		
丹江口市	52010	3915	18937	574	28575		
宜昌市	**588668**	**8067**	**494442**	**23231**	**62386**	**38248**	**30289**
宜昌市辖区	27846	89	18479	165	9113	764	764
夷陵区	85150	353	75042	1513	8110	29510	29510
远安县	25838	445	23996	512	885		
兴山县	26716	216	23510	2343	647		
秭归县	43334	239	39021	1177	2587		
长阳自治县	65487	439	55942	7754	1350		
五峰自治县	35609	300	32862	1374	1064		
宜都市	71933	3223	54608	6040	8037	15	15
当阳市	106809	1332	86931	1876	16606	7959	
枝江市	99946	1431	84051	477	13987		
襄阳市	**786332**	**93970**	**466584**	**33269**	**190586**	**10823**	**10823**
高新区	3258	174	2506	17	561		
襄城区	23253	4077	14027	491	4532	7600	7600
樊城区	15760	2158	10521	211	2866		
襄州区	193093	37241	104420	6197	45235		
南漳县	100762	7610	75007	5090	13030		
谷城县	73863	7052	48922	3900	13656		
保康县	27824	1503	20990	2141	3188		
老河口市	70132	7900	50125	2260	9410	923	923
枣阳市	193193	18712	80016	12019	81450	2300	2300
宜城市	85194	7543	60050	943	16658		
鄂州市	**110243**	**2830**	**84947**	**294**	**22172**		
荆门市	**408202**	**22807**	**305634**	**9539**	**69738**	**423**	**423**
东宝区	48415	1616	36968	4509	5307	2	2
掇刀区	18349	1111	12295	225	4518	53	53
京山县	106910	3441	85952	1011	16284		
沙洋县	108936	9446	77154	564	21762	368	368
钟祥市	125592	7193	93265	3230	21867		
孝感市	**506283**	**21268**	**277292**	**4235**	**202334**	**5300**	**5300**
孝感市辖区	1356	42	1095	35	184		
孝南区	33590	1875	22350	30	9300	5300	5300
孝昌县	70404	5290	28704	539	35755		

续表1 单位:吨

指标名称	畜禽肉产量	牛	猪	羊	家禽	奶类产量	其中:牛奶产量
大悟县	45961	4431	32100	1194	7937		
云梦县	67510	1661	33900	66	31868		
应城市	70357	1184	35272	271	33439		
安陆市	125591	6438	78062	2079	38567		
汉川市	91514	347	45809	21	45284		
荆州市	**484584**	**8869**	**362918**	**2072**	**109389**	**58**	**58**
荆州市辖区	1892	15	1308	2	567		
沙市区	10749	77	7901	13	2758	58	58
荆州区	58450	602	27244	99	30190		
公安县	74074	1006	63726	264	9071		
监利县	106332	1856	76606	42	27799		
江陵县	35826	468	25591	114	9641		
石首市	53234	2233	39022	98	10926		
洪湖市	35599	806	27814	22	6947		
松滋市	108428	1806	93706	1418	11490		
黄冈市	**568410**	**66602**	**354339**	**14353**	**131611**	**139092**	**139092**
龙感湖农场	8256		7400	16	840	2000	2000
黄州区	8656	210	6172	41	2218	16850	16850
团风县	21316	2780	7167	441	10917	15099	15099
红安县	26951	4082	16900	688	5112	12000	12000
罗田县	45011	5252	15700	4710	19309	8698	8698
英山县	20522	801	15700	1543	2464	109	109
浠水县	99776	4030	63800	940	30980	4100	4100
蕲春县	78659	20880	40200	1739	15000	25171	25171
黄梅县	73384	1740	48100	253	23180	7150	7150
麻城市	111906	25560	67200	3782	15212	45030	45030
武穴市	73973	1267	66000	200	6379	2885	2885
咸宁市	**253250**	**3015**	**182726**	**4082**	**62977**	**45465**	**45465**
咸安区	68011	369	30107	173	37325	11485	11485
嘉鱼县	17675	295	15005	83	2275		
通城县	57200	301	55549	125	1225		
崇阳县	61469	783	45008	859	14638		
通山县	19980	407	14760	2538	2108	29980	29980
赤壁市	28915	860	22298	304	5404		
随州市	**314028**	**18707**	**172814**	**9931**	**110981**	**80**	**80**
曾都区	97742	4915	50250	1020	41557		
随县	134503	7299	73452	4081	49478		
广水市	81783	6493	49112	4830	19946	80	80
恩施自治州	**450925**	**19322**	**395174**	**14911**	**20570**	**891**	**891**
恩施市	89513	5411	78016	2647	3396	476	476
利川市	72733	4014	63180	1479	3959		
建始县	65820	980	56483	4108	4244		
巴东县	71747	761	64600	3600	2043		
宣恩县	43331	2555	38175	866	1722	415	415
咸丰县	57479	3380	51520	217	2362		
来凤县	27746	1435	23473	391	2404		
鹤峰县	22556	786	19727	1603	440		
仙桃市	**102532**	**2212**	**91815**	**106**	**8398**		
潜江市	**106964**	**4625**	**78930**	**220**	**23189**		
天门市	**90157**	**4152**	**72975**	**176**	**12800**	**491**	**491**
神农架林区	**4401**	**9**	**3675**	**270**	**447**		

续表2 单位:吨、公斤

指标名称	山羊毛产量（公斤）	绵羊毛产量（公斤）			禽蛋产量（吨）	蜂蜜产量（公斤）
			细羊毛	半细羊毛		
湖北省	**74863**	**3326**		**3326**	**2129058**	**20071066**
武汉市					**205676**	**1397724**
武汉市辖区					4773	
汉南区					2114	9560
蔡甸区					11348	149404
江夏区					12925	137000
黄陂区					58000	306923
新洲区					116516	794837
黄石市					**39181**	**87500**
黄石市辖区					1476	3100
阳新县					10589	4000
大冶市					27116	80400
十堰市					**47216**	**281177**
茅箭区					177	
张湾区					625	3000
郧县					13575	16788
郧西县					6562	8105
竹山县					4668	61830
竹溪县					3318	44411
房县					7962	85488
丹江口市					10329	61555
宜昌市	**5292**				**60082**	**733460**
宜昌市辖区					1403	9635
夷陵区	5292				3660	70603
远安县					1698	83345
兴山县					1062	33428
秭归县					1890	26632
长阳自治县					2180	59958
五峰自治县					1804	18810
宜都市					5445	276045
当阳市					29120	86009
枝江市					11820	68995
襄阳市	**13676**	**3326**		**3326**	**249888**	**1531778**
高新区					479	
襄城区					7405	51000
樊城区					4371	521
襄州区					56985	
南漳县					13984	131611
谷城县					37922	43978
保康县	13676				3799	24318
老河口市					32079	142000
枣阳市		3326		3326	71433	1051028
宜城市					21431	87322
鄂州市					**50941**	
荆门市					**143392**	**1711859**
东宝区					11364	890424
掇刀区					9000	53500
京山县					41017	266346
沙洋县					41025	230083
钟祥市					40986	271506
孝感市					**352078**	**1978241**
孝感市辖区					99	
孝南区					25800	8418
孝昌县					48007	632193

续表3 单位:吨、公斤

指标名称	山羊毛产量（公斤）	绵羊毛产量（公斤）			禽蛋产量（吨）	蜂蜜产量（公斤）
			细羊毛	半细羊毛		
大悟县					21139	185262
云梦县					58912	260000
应城市					104123	590450
安陆市					59265	13018
汉川市					34733	288900
荆州市	**55**				**176446**	**7884276**
荆州市辖区					2394	
沙市区					6929	
荆州区					20869	414360
公安县					30257	1668150
监利县					37644	865428
江陵县					16831	330095
石首市	20	21			28239	1345380
洪湖市					19087	651023
松滋市	35				14196	2609840
黄冈市					**553409**	**496392**
龙感湖农场					305	20000
黄州区					5905	16000
团风县					89665	16900
红安县					13075	50000
罗田县					8207	39200
英山县					4509	12765
浠水县					220300	50260
蕲春县					51901	8677
黄梅县					82650	8060
麻城市					63284	250000
武穴市					13608	24530
咸宁市					**27980**	**1022719**
咸安区					5687	35883
嘉鱼县					4786	91950
通城县					2695	78645
崇阳县					4156	188673
通山县		141			2480	259342
赤壁市					8176	368226
随州市					**70453**	**1520344**
曾都区					11899	71202
随县					26839	520277
广水市					31715	928865
恩施自治州	**55840**				**27318**	**1221379**
恩施市					3135	38135
利川市	55840				5695	24614
建始县					4450	41252
巴东县					3662	172213
宣恩县					3135	82404
咸丰县					1566	646900
来凤县					3378	20562
鹤峰县					2297	195299
仙桃市					**42369**	**45741**
潜江市					**30548**	**5**
天门市					**51781**	**65707**
神农架林区					**300**	**92764**

畜禽品种改良情况(生猪)

地区	年末人工授精站数(个)	授精站种公猪数(头)	年内人工授精数(头次)	受胎数(头次)	受胎率(%)	开展人工授精村数(个)
湖北省	**1964**	**9525**	**6929442**	**6441626**	**92.35**	**22600**
武汉市	**82**	**527**	**347448**	**327416**	**93.74**	**1605**
武汉市辖区	26	78	57528	48892	87.09	49
蔡甸区	20	15	20446	19833	97	187
江夏区	13	215	131270	128907	98.2	214
黄陂区	12	148	84000	81000	96.4	605
新洲区	11	71	54204	48784	90	550
黄石市	**21**	**163**	**83760**	**78920**	**91.89**	**422**
黄石市辖区	1	4	1800	1600	88.89	13
大冶市	9	42	18000	16500	91.7	17
阳新县	11	117	63960	60820	95.09	392
十堰市	**96**	**350**	**284001**	**260808**	**91.34**	**1270**
十堰市辖区	4	16	10619	9621	86.33	93
丹江口市	5	48	32457	30454	93.8	218
郧县	19	31	54735	51245	93.62	201
郧西县	9	84	17980	16780	93.33	120
竹山县	19	38	49600	44200	89.11	29
竹溪县	18	101	54825	50987	93	305
房县	22	32	63785	57521	90.18	304
荆州市	**81**	**659**	**636307**	**579929**	**91.27**	**2341**
荆州市辖区	14	66	55576	51125	92.46	173
江陵县	12	72	44800	40936	91.38	217
松滋市	18	188	168000	153460	91.35	329
公安县	16	50	93886	87056	92.73	320
石首市	9	42	64430	58042	90.09	140
监利县	7	201	160965	145190	90.2	732
洪湖市	5	40	48650	44120	90.69	430
宜昌市	**253**	**1539**	**1097125**	**1033424**	**93.75**	**1332**
宜昌市辖区	5	16	12015	11295	95.00	52
夷陵区	18	179	136574	131112	96	186
宜都市	32	158	98765	96230	91.87	127
枝江市	40	500	322000	301500	93.63	198
当阳市	6	252	239560	226380	94.5	158
远安县	14	32	42000	39200	93.33	102
兴山县	8	35	31856	31437	98.68	96
秭归县	20	120	54300	48430	89.19	162
长阳县	75	162	101120	92585	91.56	154
五峰县	35	85	58935	55255	93.76	97
襄阳市	**235**	**1010**	**905956**	**854718**	**94.13**	**1968**
襄阳市辖区	4	27	21600	19500	90.84	63
老河口市	10	58	117500	108805	92.6	227
襄州区	65	322	66817	64479	96.5	283
枣阳市	69	178	207500	186800	87.91	520
宜城市	4	151	181200	180870	99.82	190
南漳县	30	152	187252	172983	92.38	282
谷城县	38	68	113368	111100	98	260
保康县	15	54	10719	10181	94.98	143
鄂州市	**22**	**66**	**50800**	**48361**	**95.2**	**279**

续表1

地区	年末人工授精站数(个)	授精站种公猪数(头)	年内人工授精数(头次)	受胎数(头次)	受胎率(%)	开展人工授精村数(个)
荆门市	**58**	**598**	**510473**	**468946**	**92.44**	**1415**
荆门市辖区	17	93	122605	105821	86.84	219
沙洋县	18	148	94863	90973	95.9	250
钟祥市	14	181	182145	165752	91	541
京山县	9	176	110860	106400	96	405
孝感市	**100**	**603**	**552748**	**514441**	**91.18**	**2442**
孝感市辖区	1	3	4000	3384	84.60	8
孝南区	8	65	26500	23100	87.20	480
孝昌县	18	78	93691	91801	97.98	157
大悟县	11	130	92032	90190	98	370
安陆市	16	86	95430	89045	93.31	362
云梦县	12	33	58300	47500	81.47	290
应城市	24	119	89225	86994	97.5	414
汉川市	10	89	93570	82427	89.39	361
黄冈市	**204**	**1251**	**579999**	**516262**	**89.08**	**3856**
黄冈市辖区	21	35	21856	20154	92.2	84
团风县	6	46	23253	20356	87.5	187
红安县	17	215	71820	58450	81.38	366
麻城市	17	81	96120	81798	85.1	719
罗田县	16	66	28820	23632	82	361
英山县	10	85	28500	23085	81	268
浠水县	27	260	40000	39100	97.75	649
蕲春县	50	160	86530	78119	90.28	597
武穴市	21	210	71244	66731	93.67	293
黄梅县	18	68	79750	73892	92.65	286
龙感湖	1	25	32106	30945	96.38	46
咸宁市	**52**	**207**	**311223**	**279573**	**90.45**	**806**
咸安区	6	26	43150	37961	87.97	89
嘉鱼县	11	12	16400	15300	93.3	75
赤壁市	8	23	29736	27376	92.06	153
通城县	6	86	96580	87889	91	167
崇阳县	15	45	100047	87097	83.71	186
通山县	6	15	25310	23950	94.63	136
恩施州	**627**	**1374**	**893854**	**834229**	**91.99**	**2556**
恩施市	102	248	105130	103028	98	172
建始县	120	150	129917	116998	90.06	410
巴东县	120	173	156929	146051	93.07	490
利川市	105	325	180400	177874	98.6	540
宣恩县	72	122	97491	88300	90.57	284
咸丰县	15	210	98387	96458	98.04	263
来凤县	43	58	70000	59920	85.6	192
鹤峰县	50	88	55600	45600	82.01	205
随州市	**79**	**452**	**293065**	**285468**	**96.51**	**906**
随州市辖区	4	21	21210	20988	94.94	62
曾都区	19	194	121600	120104	98.77	134
随县	18	170	80000	76000	95	359
广水市	38	67	70255	68376	97.33	351
仙桃市	**7**	**252**	**129120**	**118985**	**92.15**	**266**
天门市	**39**	**312**	**132812**	**124533**	**93.77**	**787**
潜江市	**6**	**157**	**120000**	**115200**	**96**	**347**
神农架林区	**2**	**5**	**751**	**413**	**84.98**	**2**

续表2

地区	现有人工授精员(人)	全社会年末能繁母猪存栏数(头)	全社会年末后备母猪存栏数(头)	全社会年末种公猪存栏数(头)	外来良种(头)
湖北省	**7687**	**3628259**	**638929**	**35796**	**32497**
武汉市	**436**	**161593**	**34856**	**2071**	**1984**
武汉市辖区	36	26716	4167	237	223
蔡甸区	104	11836	1571	155	129
江夏区	58	57074	15635	1085	1073
黄陂区	128	42400	9970	425	390
新洲区	110	23567	3513	169	169
黄石市	**95**	**65784**	**18726**	**597**	**554**
黄石市辖区	3	6584	1326	130	124
大冶市	10	26500	6000	165	165
阳新县	82	32700	11400	302	265
十堰市	**664**	**170339**	**22402**	**1642**	**1446**
十堰市辖区	23	6979	1864	162	144
丹江口市	75	25460	7260	96	82
郧县	97	37568	4634	451	371
郧西县	26	22000	4500	180	150
竹山县	52	23500	1180	253	253
竹溪县	83	25500	2250	136	136
房县	308	29332	714	364	310
荆州市	**669**	**317051**	**39118**	**2304**	**2195**
荆州市辖区	37	30063	4889	466	445
江陵县	67	23307	2861	325	312
松滋市	223	79200	10135	195	188
公安县	67	45680	3160	610	592
石首市	28	30639	4897	179	159
监利县	147	76712	8856	289	278
洪湖市	100	31450	4320	240	221
宜昌市	**796**	**479671**	**35244**	**3708**	**3573**
宜昌市辖区	12	5339	701	40	40
夷陵区	69	62079	6984	234	231
宜都市	50	39506	2250	310	305
枝江市	60	134000	5600	1500	1450
当阳市	120	105902	10520	460	410
远安县	106	20850	1300	38	34
兴山县	32	14754	3035	82	82
秭归县	85	32359	2056	417	417
长阳县	154	40993	1920	412	394
五峰县	108	23889	878	215	210
襄阳市	**531**	**496246**	**118291**	**2816**	**2486**
襄阳市辖区	13	31489	9674	1472	1333
老河口市	46	53200	8100	182	150
襄州区	92	97726	32451	326	267
枣阳市	105	83100	24900	188	166
宜城市	42	78900	19730	198	173
南漳县	88	76180	11790	168	157
谷城县	75	50500	8400	92	78
保康县	70	25151	3246	190	162
鄂州市	**66**	**56500**	**6700**	**857**	**771**

续表3

地区	现有人工授精员(人)	全社会年末能繁母猪存栏数(头)	全社会年末后备母猪存栏数(头)	全社会年末种公猪存栏数(头)	外来良种(头)
荆门市	**835**	**223569**	**47462**	**907**	**854**
荆门市辖区	111	58179	11546	305	280
沙洋县	63	37992	10598	183	174
钟祥市	111	79298	15658	217	198
京山县	550	48100	9660	202	202
孝感市	**527**	**264661**	**67248**	**986**	**895**
孝感市辖区	20	2600	780	30	26
孝南区	99	17900	5510	200	170
孝昌县	32	39017	7828	175	162
大悟县	78	40014	11285	130	130
安陆市	80	61200	20845	162	132
云梦县	60	28700	5300	50	40
应城市	83	35690	11420	134	134
汉川市	75	39540	4280	105	101
黄冈市	**799**	**409956**	**60294**	**7862**	**6833**
黄冈市辖区	25	9510	1367	128	110
团风县	38	15057	2486	468	376
红安县	81	71483	1283	475	390
麻城市	145	49137	13507	143	143
罗田县	73	17193	3561	286	258
英山县	56	21300	4500	289	255
浠水县	130	66500	13000	2360	2124
蕲春县	120	55091	8325	160	160
武穴市	62	52936	6109	448	378
黄梅县	59	37400	4620	3080	2618
龙感湖	10	14349	1536	25	21
咸宁市	**432**	**138984**	**22452**	**1779**	**1619**
咸安区	57	20698	1146	294	238
嘉鱼县	21	7687	2450	275	268
赤壁市	51	12500	2600	378	350
通城县	190	45100	9700	86	69
崇阳县	81	41349	4236	483	483
通山县	32	11650	2320	263	211
恩施州	**932**	**478714**	**94803**	**1739**	**1624**
恩施市	135	83800	16200	265	260
建始县	120	64600	9200	156	150
巴东县	122	69381	16741	208	196
利川市	241	82346	25400	401	325
宣恩县	91	41919	8139	151	145
咸丰县	115	79366	10635	210	202
来凤县	57	35302	5400	118	116
鹤峰县	51	22000	3088	230	230
随州市	**499**	**154880**	**33854**	**6736**	**5937**
随州市辖区	56	12614	1326	695	688
曾都区	91	48657	3856	2016	1948
随县	145	62300	21800	3560	2850
广水市	207	31309	6872	465	451
仙桃市	**153**	**66910**	**16216**	**423**	**396**
天门市	**171**	**81231**	**2523**	**521**	**498**
潜江市	**80**	**59500**	**17850**	**685**	**685**
神农架林区	**2**	**2670**	**890**	**163**	**147**

畜禽品种改良情况(牛)

地区	当年牛改良配种头数	其中:冻配头数	当年冻配种受胎数	当年冻配种受胎率	年内产犊数	当年犊牛成活数	年末改良牛存栏数(累计)
湖北省	**461184**	**271180**	**231009**	**85.54**	**178771**	**171749**	**1062144**
武汉市	**8101**	**5876**	**5481**	**81.71**	**2876**	**2760**	**21966**
武汉市辖区	1410	800	1121	77.5	1001	951	6466
蔡甸区	457	457	457	100	37	37	930
江夏区	1326	436	246	56.42	180	177	935
黄陂区	2925	2925	2562	87.59	585	576	9660
新洲区	**1983**	**1258**	**1095**	**87.04**	**1073**	**1019**	**3975**
黄石市							
黄石市辖区							
大冶市							
阳新县							
十堰市	**7552**	**6950**	**6173**	**89.02**	**6012**	**5811**	**44346**
十堰市辖区	1040	846	788	88.18	755	745	1603
丹江口市	3891	3891	3307	84.99	3300	3135	24000
郧县	2621	2213	2078	93.9	1957	1931	18743
郧西县							
竹山县							
竹溪县							
房县							
荆州市	**1498**	**1498**	**1413**	**94.16**	**994**	**968**	**1134**
荆州市辖区							
江陵县	900	900	855	95	515	505	900
松滋市							
公安县							
石首市							
监利县	598	598	558	93.31	479	463	234
洪湖市							
宜昌市	**30046**	**15561**	**14582**	**91.43**	**13396**	**12798**	**40806**
宜昌市辖区							
夷陵区	3224	3224	2902	90.01	2811	2321	6312
宜都市	595						3345
枝江市	18500	6400	6300	98.44	6100	6050	18000
当阳市	3659	2200	2030	92.27	1876	1856	3720
远安县	1670	1670	1530	91.62	1100	1080	3800
兴山县	1354	1023	956	93.45	879	861	3987
秭归县	1044	1044	864	82.76	630	630	1642
长阳县							
五峰县							
襄阳市	**149741**	**79332**	**75313**	**89.26**	**66568**	**62521**	**395768**
襄阳市辖区	20787	17600	18960	95	15608	15572	20660
老河口市	9000	1401	1060	75.66	1007	1001	9800
襄州区	29386	13256	12672	95.59	9872	8849	33129
枣阳市	20002	19320	18200	94.2	17652	16230	204193
宜城市	7233	6780	6178	91.12	6146	6116	45831
南漳县	23391	12772	11270	88.24	11045	10825	63750
谷城县	39942	8203	6973	85.01	5238	3928	18405
保康县							
鄂州市	**816**						**816**

续表

地区	当年牛改良配种头数	其中:冻配头数	当年冻配种受胎数	当年冻配种受胎率	年内产犊数	当年犊牛成活数	年末改良牛存栏数(累计)
荆门市	**56046**	**44652**	**32352**	**80.59**	**4042**	**4012**	**128085**
荆门市辖区	981	804	653	81.2	342	342	8574
沙洋县	39253	39253	27788	70.79	2025	2020	92100
钟祥市	12562	2334	1876	80.38	1105	1100	23561
京山县	3250	2261	2035	90	570	550	3850
孝感市	**64004**	**22626**	**18270**	**82.46**	**17894**	**17694**	**106097**
孝感市辖区							
孝南区							
孝昌县	8543	7826	6952	88.83	6952	6904	6904
大悟县	10461	8368	5857	69.99	5564	5508	11507
安陆市	44359	5851	4960	84.77	4893	4821	82309
云梦县							
应城市	641	581	501	86.23	485	461	5377
汉川市							
黄冈市	**47203**	**34811**	**29269**	**82.14**	**25279**	**24151**	**78550**
黄冈市辖区	3758	3750	3486	92.96	3423	3388	7186
团风县	5725	5725	4593	80.23	3674	2941	3884
红安县	15400	5328	3729	69.99	2479	2310	8710
麻城市	12200	12200	10980	90	9637	9630	28500
罗田县							
英山县	1580	980	755	77.04	630	598	4450
浠水县	203	203	152	74.88	150	115	1200
蕲春县	4469	4469	3825	85.59	3635	3568	18724
武穴市							
黄梅县	3852	2140	1735	81.07	1638	1588	5780
龙感湖	16	16	14	87.5	13	13	116
咸宁市	**11342**	**7807**	**6038**	**84.03**	**5152**	**5086**	**17141**
咸安区							
嘉鱼县							30
赤壁市							
通城县	7160	7160	5442	76.01	4608	4562	7160
崇阳县	4123	588	547	93.03	509	492	9896
通山县	59	59	49	83.05	35	32	55
恩施州	**14603**	**7913**	**7342**	**93.11**	**7244**	**7175**	**40999**
恩施市	2100	1096	954	87.04	941	932	1997
建始县	5500	980	970	98.98	970	969	16000
巴东县	592	376	336	89.36	330	327	856
利川市	6340	5390	5013	93.01	4963	4907	22056
宣恩县	71	71	69	97.18	40	40	90
咸丰县							
来凤县							
鹤峰县							
随州市	**35349**	**30798**	**23042**	**77.08**	**18391**	**18226**	**129243**
随州市辖区	10368	9053	5527	57.33	3975	3972	29557
曾都区	14503	14503	11225	77.4	8497	8467	71217
随县	4612	3506	2983	85.08	2704	2695	7953
广水市	5866	3736	3307	88.52	3215	3092	20516
仙桃市	**944**	**944**	**764**	**80.93**	**431**	**413**	**764**
天门市	**30748**	**9221**	**8397**	**91.06**	**8159**	**7813**	**32617**
潜江市	**3191**	**3191**	**2573**	**80.63**	**2333**	**2321**	**23812**
神农架林区							

畜禽品种改良情况(家禽)

地区	孵化场数(个)	当年孵化雏禽(万只)			3.蛋用父母代种鸡场情况		
		雏鸡	雏鸭	雏鹅	蛋用父母代种鸡场年末存笼(万套)	年内提供商品代母雏(万只)	年内提供商品代种蛋(万枚)
湖北省	**1670**	**67488.72**	**18972.48**	**1567.01**	**316.23**	**23093.49**	**48921.7**
武汉市	**94**	**3940.7**	**577.6**	**13.3**	**44.4**	**2383**	**8942**
武汉市辖区	1	185			3	185	
蔡甸区							
江夏区	4	1635.8			3.1	325	652
黄陂区	80	469.9	532.6	12.8	12.3	373	2050
新洲区	9	1650	45	0.5	26	1500	6240
黄石市	**8**	**370**	**834.2**				
黄石市辖区							
大冶市	3	370	720				
阳新县	5		114.2				
十堰市	**20**	**1307**	**5.8**	**1.5**	**8.7**	**366.04**	**911**
十堰市辖区							
丹江口市	4	630	3.8	1.5	1.2	115	232
郧县	7	28	2		4	7.3	53
郧西县							
竹山县	2	504			0.5	1.74	106
竹溪县	7	145			3	242	520
房县							
荆州市	**307**	**13717**	**2185**	**153**	**57**	**4450**	**2500**
荆州市辖区	13	6110	140	30	29	2450	
江陵县	4	627	15				
松滋市	142	940	60	10			
公安县	65	1020	620	52			
石首市	3	1600			28	2000	2500
监利县	65	2520	850	58			
洪湖市	15	900	500	3			
宜昌市	**137**	**2751.45**	**222.47**	**117.11**	**16.24**	**234.45**	**482.8**
宜昌市辖区							
夷陵区	1	760.45			9.5	10.45	22.8
宜都市	5	138	0.47	0.11	1.74	174	410
枝江市	21	1235	24	9	5	50	50
当阳市	110	618	198	108			
远安县							
兴山县							
秭归县							
长阳县							
五峰县							
襄阳市	**188**	**12183.23**	**1144.38**	**214.4**	**31.3**	**2327.5**	**5561**
襄阳市辖区	20	423	25	5.89	5	126	1110
老河口市	1	1205	1				
襄州区	42	1723	316	146	2.3	31.5	551
枣阳市	7	1820	160	7	8	800	1900
宜城市	38	5000	635	52			
南漳县	75	625	7	3.5	4	50	100
谷城县	5	1387.23	0.38	0.01	12	1320	1900
保康县							
鄂州市	**56**	**1796**	**567**	**1.1**	**1.5**	**75**	**180**

续表1

地区	孵化场数(个)	当年孵化雏禽(万只)			3.蛋用父母代种鸡场情况		
		雏鸡	雏鸭	雏鹅	蛋用父母代种鸡场年末存笼(万套)	年内提供商品代母雏(万只)	年内提供商品代种蛋(万枚)
荆门市	**101**	**3052.39**	**829.5**	**191**	**22.3**	**1608**	**4858**
荆门市辖区	50	416	417	169.5	1	108	210
沙洋县	3	980.89	12		9.9	780	2178
钟祥市	28	805	335	20	3	280	710
京山县	20	850.5	65.5	1.5	8.4	440	1760
孝感市	**115**	**10183.82**	**7477.37**	**90.5**	**57**	**5794**	**11633**
孝感市辖区							
孝南区	27	545	210	28	13	1200	1200
孝昌县	2	2200	2000		20	2200	4800
大悟县							
安陆市	39	3546	1982		22	2394	5163
云梦县	8	650	2000		2		470
应城市	2	300	1100				
汉川市	37	2942.82	185.37	62.5			
黄冈市	**89**	**1400.1**	**2045.46**	**536.33**	**34.05**	**2604**	**6490**
黄冈市辖区	3	10	5				
团风县	3	225	93	60	18	1584	3275
红安县							
麻城市	6	370	4.2		1.8	165	
罗田县	18	72.3					
英山县	2	50					
浠水县	8	12	1800	460	6	30	1400
蕲春县	35	605	55.5	15.5	8.25	825	1815
武穴市	3	17.2	10.9				
黄梅县	10	38.6	10.3	0.83			
龙感湖	1		66.56				
咸宁市	**50**	**4133**	**888.1**	**3.62**	**5.62**	**519.5**	**1220.9**
咸安区	1	3760					
嘉鱼县	6	45	5	0.1	1.62	178	379
赤壁市							
通城县	13	66.9	2.9	0.69	4	341.5	841.9
崇阳县	21	217	864	1.2			
通山县	9	44.1	16.2	1.63			
恩施州	**51**	**842.71**	**103.9**	**1.8**	**0.42**	**1**	**3**
恩施市							
建始县							
巴东县	15	42.71					
利川市	34	798	101	1.6			
宣恩县	2	2	2.9	0.2			
咸丰县							
来凤县					0.42	1	3
鹤峰县							
随州市	**77**	**6379**	**558.2**	**105.05**	**21**	**1230**	**4380**
随州市辖区	3	16	0.2	0.15			
曾都区	16	1800	300	100	9	90	1800
随县	20	3578			12	1140	2580
广水市	38	985	258	4.9			
仙桃市	**72**	**2800**	**1000**	**5**	**2**	**190**	**440**
天门市	**177**	**1731**	**420**	**133**	**14.7**	**1311**	**1320**
潜江市	**122**	**895.5**	**113.5**	**0.3**			
神农架林区	**6**	**5.82**					

续表2

地区	肉用父母代种鸡场情况			蛋用父母代种鸭场情况			肉用父母代种鸭场情况		
	肉用父母代种鸡场年末存笼(万套)	年内提供商品代雏鸡(万只)	年内提供商品代种蛋(万枚)	蛋用父母代种鸭场年末存笼(万套)	年内提供商品代母雏(万只)	年内提供商品代种蛋(万枚)	肉用父母代种鸭场年末存笼(万套)	年内提供商品代雏鸭(万只)	年内提供商品代种蛋(万枚)
湖北省	**6260.9**	**30491.9**	**33715.9**	**42.73**	**3962.1**	**7698.4**	**59.45**	**8280.56**	**8933.48**
武汉市	**23**	**2967.6**	**3484.8**						
武汉市辖区									
蔡甸区									
江夏区	12.3	1386.6	1566.8						
黄陂区	10.7	1581	1918						
新洲区									
黄石市	**3**	**370**	**520**				**8.8**	**832**	**1330**
黄石市辖区									
大冶市	3	370	520				5.8	720	950
阳新县							3	112	380
十堰市	**9.67**	**659.09**	**795**	**1**	**3**	**6.4**	**1**	**6**	**5.4**
十堰市辖区									
丹江口市	4.5	642	720						
郧县	5	16.1	48	1	3	6.4	1	6	5.4
郧西县									
竹山县	0.17	0.99	27						
竹溪县									
房县									
荆州市	**51.5**	**5770**	**2480**	**11**	**930**	**1000**	**0.5**	**40**	**0**
荆州市辖区	30	3600		1	80	0	0.5	40	0
江陵县	5	520							
松滋市									
公安县									
石首市									
监利县	16.5	1650	2480	10	850	1000			
洪湖市									
宜昌市	**12.2**	**772.4**	**1084**	**1**	**5**	**5**			
宜昌市辖区									
夷陵区	12	750	1054						
宜都市									
枝江市				1	5	5			
当阳市	0.2	22.4	30						
远安县									
兴山县									
秭归县									
长阳县									
五峰县									
襄阳市	**80.35**	**10986**	**13513**	**4.08**	**416.1**	**813**	**5.8**	**851**	**916**
襄阳市辖区	0.5	65	90						
老河口市									
襄州区	6.85	541	853	0.88	96.1	141	1.3	176	191
枣阳市	16	2400	2880				1	150	130
宜城市	57	7980	9690	3.2	320	672	3.5	525	595
南漳县									
谷城县									
保康县									
鄂州市									

续表3

地区	肉用父母代种鸡场情况			蛋用父母代种鸭场情况			肉用父母代种鸭场情况		
	肉用父母代种鸡场年末存笼(万套)	年内提供商品代雏鸡(万只)	年内提供商品代种蛋(万枚)	蛋用父母代种鸭场年末存笼(万套)	年内提供商品代母雏(万只)	年内提供商品代种蛋(万枚)	肉用父母代种鸭场年末存笼(万套)	年内提供商品代雏鸭(万只)	年内提供商品代种蛋(万枚)
荆门市	**0.73**	**92**	**129.1**	**0.15**	**12**	**36**	**6.03**	**570**	**944.6**
荆门市辖区	0.73	92	129.1				3.03	300	412.6
沙洋县				0.15	12	36			
钟祥市							3	270	532
京山县									
孝感市				**16**	**1722**	**3793**	**20**	**2600**	**3600**
孝感市辖区									
孝南区									
孝昌县							20	2600	3600
大悟县									
安陆市				16	1722	3793			
云梦县									
应城市									
汉川市									
黄冈市	**6024**	**2080**	**3775**				**0.52**	**66.56**	**90.48**
黄冈市辖区									
团风县	8		895						
红安县									
麻城市									
罗田县	16	2080	2880						
英山县									
浠水县	6000								
蕲春县									
武穴市									
黄梅县									
龙感湖							0.52	66.56	90.48
咸宁市	**30**	**3760**	**4210**				**5**	**1800**	
咸安区	30	3760	4210						
嘉鱼县									
赤壁市									
通城县									
崇阳县							5	1800	
通山县									
恩施州	**5.3**	**705**	**893**						
恩施市									
建始县	1.8	243	270						
巴东县									
利川市	3.5	462	623						
宣恩县									
咸丰县									
来凤县									
鹤峰县									
随州市	**13.5**	**1650**	**1955**	**0.5**	**50**	**93**	**0.8**	**120**	**140**
随州市辖区									
曾都区	3.5	350	175	0.5	50	93	0.8	120	140
随县	10	1300	1780						
广水市									
仙桃市									
天门市	**2**	**274**	**353**	**9**	**824**	**1952**	**11**	**1395**	**1907**
潜江市	**5**	**400**	**500**						
神农架林区	**0.65**	**5.82**	**24**						

乡镇畜牧兽医站基本情况

地区	基层畜牧兽医站数（个）	职工总数		
		职工总数(人)	其中:在编人数(人)	离退休人员(人)
湖北省	**1159**	**20548**	**11376**	**6756**
武汉市	**78**	**1132**	**914**	**701**
武汉市辖区	26	265	104	92
蔡甸区	11	57	29	76
江夏区	11	212	183	100
黄陂区	17	318	318	256
新洲区	13	280	280	177
黄石市	**39**	**386**	**146**	**317**
黄石市辖区	3	10	6	4
大冶市	15	206	38	120
阳新县	21	170	102	193
十堰市	**127**	**1709**	**655**	**483**
十堰市辖区	16	141	34	31
丹江口市	21	207	151	56
郧县	20	445	341	140
郧西县	18	206		19
竹山县	17	170		77
竹溪县	15	212	30	54
房县	20	328	99	106
荆州市	**119**	**1516**	**844**	**313**
荆州市辖区	17	168	40	76
江陵县	12	82	82	9
松滋市	16	269	45	93
公安县	16	173	173	
石首市	15	151	151	25
监利县	23	517	309	110
洪湖市	20	156	44	
宜昌市	**100**	**2529**	**1342**	**784**
宜昌市辖区	12	71	30	13
夷陵区	13	244	38	56
宜都市	10	134	10	82
枝江市	9	454	320	134
当阳市	10	168	125	43
远安县	7	160	40	22
兴山县	8	129	38	27
秭归县	12	381	381	122
长阳县	11	568	352	216
五峰县	8	220	8	69
襄阳市	**88**	**2618**	**1333**	**959**
襄阳市辖区	6	291	165	62
老河口市	10	182	99	83
襄州区	12	505		126
枣阳市	18	322	322	211
宜城市	10	373	170	161
南漳县	11	437	250	147
谷城县	10	316	207	109
保康县	11	192	120	60
鄂州市	**21**	**34**	**34**	

续表1

地区	基层畜牧兽医站数（个）	职工总数		
		职工总数(人)	其中:在编人数(人)	离退休人员(人)
荆门市	**56**	**1148**	**106**	**164**
荆门市辖区	12	210	47	68
沙洋县	13	141	25	96
钟祥市	17	631	34	
京山县	14	166		
孝感市	**115**	**1545**	**1017**	**294**
孝感市辖区	3	7	6	1
孝南区	12	206	85	35
孝昌县	14	160	108	62
大悟县	17	227	223	30
安陆市	16	397	155	78
云梦县	12	80	26	23
应城市	17	308	254	65
汉川市	24	160	160	
黄冈市	**140**	**3357**	**2867**	**1011**
黄冈市辖区	9	62	30	32
团风县	10	139	27	152
红安县	12	280	234	112
麻城市	20	719	719	195
罗田县	12	266	266	
英山县	11	329	306	80
浠水县	17	608	460	148
蕲春县	15	335	335	128
武穴市	12	482	436	162
黄梅县	16	131	48	2
龙感湖	6	6	6	
咸宁市	**71**	**831**	**245**	**184**
咸安区	14	74	69	26
嘉鱼县	8	87	41	32
赤壁市	14	168		32
通城县	11	176	87	74
崇阳县	12	228	48	
通山县	12	98		20
恩施州	**90**	**2140**	**1179**	**851**
恩施市	17	97	97	186
建始县	10	579	257	189
巴东县	12	556	532	154
利川市	14	79	79	15
宣恩县	9	148	44	121
咸丰县	11	301	17	124
来凤县	8	236	16	55
鹤峰县	9	144	137	7
随州市	**44**	**502**	**502**	**212**
随州市辖区	2	36	36	23
曾都区	7	137	137	80
随县	18	297	297	109
广水市	17	32	32	
仙桃市	**18**	**491**	**58**	**152**
天门市	**25**	**268**	**68**	**118**
潜江市	**20**	**279**	**66**	**213**
神农架林区	**8**	**63**		

续表2

地区	技术职称状况				经营情况			
	高级技术职称(人)	中级技术职称(人)	初级技术职称(人)	技术员(人)	盈余站数(个)	盈余金额(万元)	亏损站数(个)	亏损金额(万元)
湖北省	**60**	**2631**	**6686**	**4865**	**448**	**1130.63**	**335**	**1543.18**
武汉市	**3**	**106**	**614**	**187**	**51**	**173.44**	**12**	**155.74**
武汉市辖区	3	35	137	38	3	23.62	8	125.00
蔡甸区		7	13	37	9	12.42	2	0.74
江夏区		8	35	38	11	83.00		
黄陂区		35	238	45	17	2.80		
新洲区		21	191	29	11	51.60	2	30.00
黄石市	**1**	**70**	**155**	**151**	**10**	**36.00**	**6**	**19.00**
黄石市辖区			9	1			1	15.00
大冶市	1	27	56	120	10	36.00	5	4.00
阳新县		43	90	30				
十堰市	5	387	478	414	31	226.54	90	240.30
十堰市辖区	4	34	42	52	2	6.00	14	14.00
丹江口市	1	68	57	25	5	8.56	16	18.75
郧县		172	177	94	4	200.00	16	150.00
郧西县		2	50	100			18	13.00
竹山县		22	25	46			17	9.60
竹溪县		5	11	3	10	2.75	5	3.85
房县		84	116	94	10	9.23	4	31.10
荆州市	**10**	**249**	**428**	**345**	**33**	**31.60**	**22**	**88.90**
荆州市辖区	8	31	48	49			5	10.00
江陵县		3	54	25				
松滋市		68	98	56			16	78.40
公安县		21	82	70				
石首市		40	62	44	13	3.60	1	0.50
监利县		78	69	82				
洪湖市	2	8	15	19	20	28.00		
宜昌市	**9**	**244**	**910**	**791**	**44**	**197.59**	**21**	**214.88**
宜昌市辖区	1	11	39	13				
夷陵区	1	26	101	116		40.22		
宜都市		11	45	68				
枝江市		46	142	130	9	13.19		
当阳市	6	82	30	5			10	193.20
远安县		4	32	54	7	65.00		
兴山县		4	23	11			8	10.00
秭归县	1	13	222	145	9	21.68	3	11.68
长阳县		45	211	96	11	50.00		
五峰县		2	65	153	8	7.50		
襄阳市	**14**	**259**	**843**	**587**	**33**	**69.10**	**13**	**39.42**
襄阳市辖区	3	35	88	158			4	12.00
老河口市		27	66					
襄州区		68	137	63	8	16.50	4	6.50
枣阳市		33	170	119				
宜城市		12	93					
南漳县		7	145	118	9	18.00		
谷城县	9	36	96	64	6	24.75	4	17.42
保康县	2	41	48	65	10	9.85	1	3.50
鄂州市	**1**	**29**	**3**					

续表3

地区	技术职称状况				经营情况			
	高级技术职称(人)	中级技术职称(人)	初级技术职称(人)	技术员(人)	盈余站数(个)	盈余金额(万元)	亏损站数(个)	亏损金额(万元)
荆门市	**2**	**90**	**248**	**117**	**8**	**10.23**	**16**	**45.16**
荆门市辖区		13	153	7			11	42.60
沙洋县	2	33	28	58	8	10.23	5	2.56
钟祥市		23	11					
京山县		21	56	52				
孝感市	**3**	**186**	**592**	**577**	**58**	**131.16**	**30**	**143.65**
孝感市辖区		3	3	1	1	0.40	1	0.55
孝南区		20	50	15	12	12.00		
孝昌县		28	132					
大悟县		39	125	58	3	16.60	14	30.60
安陆市	1	32	106	258	1	1.00	15	112.50
云梦县		3	15	9				
应城市	2	48	110	145	17	65.30		
汉川市		13	51	91	24	35.86		
黄冈市	**4**	**598**	**1235**	**472**	**66**	**54.40**	**52**	**284.20**
黄冈市辖区		3	12	15	5	3.18	4	1.80
团风县		19	35	85	10	6.00		
红安县		79	77	80			12	21.70
麻城市		224	226	169	8	5.72	12	23.40
罗田县		29	214	23	6	3.10	6	9.30
英山县		26	50	25	2	1.50	9	210.50
浠水县		43	380	37	10	3.00	3	3.00
蕲春县		48	56	13	15	18.50		
武穴市	4	98	136	16				
黄梅县		29	43	9	10	13.40	6	14.50
龙感湖			6					
咸宁市		**20**	**241**	**342**	**18**	**17.00**	**2**	**1.60**
咸安区		2	60	11				
嘉鱼县		5	23	59	7	9.50	1	0.80
赤壁市			24	102				
通城县		1	5	170				
崇阳县		12	36					
通山县			93		11	7.50	1	0.80
恩施州		**181**	**540**	**639**	**58**	**92.21**	**29**	**69.74**
恩施市		3	36	58	17	33.08		
建始县		5	154	145	9	0.00	1	3.00
巴东县		136	169	177	11	44.00	1	0.36
利川市		12	49	18	2	4.00	12	31.00
宣恩县		5	53		8	2.15		
咸丰县		10	51	240	6	1.57	5	26.75
来凤县		3	13				8	4.65
鹤峰县		7	15	1	5	7.41	2	3.98
随州市		**64**	**198**	**166**	**10**	**10.94**	**32**	**212.53**
随州市辖区		3	29	1			1	3.52
曾都区		25	49	50			7	165.00
随县		32	110	115	6	7.90	11	6.80
广水市		4	10		4	3.04	13	37.21
仙桃市	**7**	**43**	**40**	**23**	**13**	**73.21**	**5**	**23.56**
天门市		**19**	**23**	**3**				
潜江市	**1**	**86**	**126**		**15**	**7.20**	**5**	**4.50**
神农架林区			**12**	**51**				

县以上畜牧三站一所机构和人员

地区	畜牧站		草原工作站		家畜繁育改良站		饲料监察所	
	机构数	职工人数	机构数	职工人数	机构数	职工人数	机构数	职工人数
湖北省	**123**	**1540**	**22**	**56**	**51**	**360**	**71**	**1058**
武汉市	**11**	**122**	**2**	**2**	**3**	**9**	**7**	**41**
武汉市辖区	6	40	1		1		5	6
蔡甸区	1	10						
江夏区	1	27					1	3
黄陂区	1	14			1	5		
新洲区	1	23	1	2	1	4	1	32
黄石市	**9**	**109**						
黄石市辖区	3	10						
大冶市	1	4						
阳新县	4	94						
十堰市	**11**	**141**	**5**	**11**	**6**	**59**	**7**	**50**
十堰市辖区	4	28	2	1	2	1	2	1
丹江口市	1	20			1	6	1	19
郧县	1	5						
郧西县	1	10						
竹山县	1	30	1	4	1	39	1	4
竹溪县	1	24	1	2	1	6	1	6
房县	1	16	1	4	1	7	1	16
荆州市	**12**	**156**			**4**	**10**	**8**	**389**
荆州市辖区	3	39					1	1
江陵县	1	2			1	1	1	4
松滋市	3	26			1		1	48
公安县	1	15					1	1
石首市	1	28			1	2	1	78
监利县	1	23			1	7	1	129
洪湖市	1	15					1	115
宜昌市	**15**	**154**	**6**	**17**	**7**	**35**	**6**	**49**
宜昌市辖区	5	25						
夷陵区	1	5	1	1	1	1	1	2
宜都市	1	24	1	4	1	6	1	3
枝江市	1	23			1	13	1	3
当阳市	1	16						
远安县	1	2						
兴山县	1	2	1	2				
秭归县	1	4	1		1		1	8
长阳县	1	10	1	9	1	8	1	32
五峰县	1	27	1	1	1	1	1	1
襄阳市	**11**	**82**	**2**	**5**	**5**	**17**	**5**	**18**
襄阳市辖区	3	10					1	8
老河口市	1	5					2	2
襄州区	1	7					1	5
枣阳市	1	9			4	4		
宜城市	1	15						
南漳县	1	11	1	3	1	13	1	3
谷城县	1	14						
保康县	1	4	1	2				
鄂州市	**1**	**15**						

续表

地区	畜牧站		草原工作站		家畜繁育改良站		饲料监察所	
	机构数	职工人数	机构数	职工人数	机构数	职工人数	机构数	职工人数
荆门市	**8**	**87**			**2**	**10**	**5**	**41**
荆门市辖区	3	23						
沙洋县	1	11			1	2	1	6
钟祥市	2	26					2	5
京山县	1	13			1	8	1	24
孝感市	**7**	**152**	**2**	**4**	**5**	**53**	**7**	**182**
孝感市辖区								
孝南区							1	58
孝昌县	1	23			1	22		
大悟县	1	52					1	73
安陆市	1	17			1	11	1	6
云梦县	1	41			1	15	1	19
应城市	1	10					1	6
汉川市	1	6	1	3	1	4	1	19
黄冈市	**12**	**197**	**2**	**6**	**7**	**44**	**9**	**43**
黄冈市辖区	1	4						
团风县	1	5					1	11
红安县	1	43			1	11	1	2
麻城市	1	9	1	4	1	15		
罗田县	1	3			1	3	1	6
英山县	1	16			1	8	1	8
浠水县	1	51	1	2			1	3
蕲春县	1	4					1	5
武穴市	1	32			1	5	1	2
黄梅县	1	15					1	3
龙感湖	1	14			1		1	3
咸宁市	**5**	**41**			**3**	**14**	**6**	**109**
咸安区	1	9			1	5	1	42
嘉鱼县	1	2			1	2	1	14
赤壁市	1	12					1	9
通城县					1	7		
崇阳县	1	10					1	20
通山县	1	8					1	15
恩施州	**9**	**50**	**1**		**3**	**19**	**4**	**63**
恩施市	1	5	1		1		1	
建始县	1	9			1	11		
巴东县	1	3						
利川市	1	7						
宣恩县	1	5						
咸丰县	1	5						
来凤县	1	3			1	8	1	26
鹤峰县	1	7					1	28
随州市	**7**	**129**	**1**	**4**	**3**	**23**	**3**	**24**
随州市辖区	2	36						
曾都区	1	21			1	7	1	7
随县	1	15			1	15	1	16
广水市	2	56	1	4				
仙桃市	**1**	**21**			**1**	**5**	**1**	**2**
天门市	**1**	**58**			**1**	**1**	**1**	**33**
潜江市	**1**	**5**					**1**	**4**
神农架林区	**1**	**16**						

湖北省畜禽规模养殖情况

地 区	年出栏50头以上生猪(个、户)	出栏50–99头(个、户)	出栏100–499头(个、户)	出栏500–999头(个、户)	出栏1000–2999头(个、户)	出栏3000–10000头(个、户)	出栏10000头以上(个、户)
全省合计	**111648**	**40030**	**56240**	**8883**	**4753**	**1171**	**571**
武汉市	**3321**	**636**	**2036**	**362**	**125**	**72**	**90**
武汉市辖区	1231	187	864	103	44	26	7
蔡甸区	224	76	98	31	9	8	2
江夏区	488	199	207	22	8	14	38
黄陂区	748	151	499	46	18	5	29
新洲区	630	23	368	160	46	19	14
黄石市	**1116**	**169**	**583**	**185**	**130**	**29**	**20**
黄石市辖区	130	45	62	15	3	3	2
大冶市	573	98	310	94	45	16	10
阳新县	413	26	211	76	82	10	8
十堰市	**3267**	**1273**	**1626**	**194**	**126**	**35**	**13**
十堰市辖区	211	94	98	12	6	1	
丹江口市	934	424	465	23	17	2	3
郧县	400	128	193	47	9	19	4
郧西县	406	41	345	12	8		
竹山县	283	54	203	15	10		1
竹溪县	316	58	145	49	56	5	3
房县	717	474	177	36	20	8	2
荆州市	**13505**	**3044**	**8688**	**1292**	**326**	**102**	**53**
荆州市辖区	974	110	749	54	40	12	9
江陵县	483	190	216	27	26	18	6
松滋市	5618	2104	3234	165	85	21	9
公安县	2401	214	2051	95	23	11	7
石首市	657	6	444	142	49	11	5
监利县	2429	313	1352	655	76	19	14
洪湖市	943	107	642	154	27	10	3
宜昌市	**19547**	**9130**	**8987**	**867**	**392**	**115**	**56**
宜昌市辖区	707	278	393	27	5	1	3
夷陵区	2917	1112	1647	114	29	8	7
宜都市	1910	703	1024	92	59	25	7
枝江市	2537	724	1447	166	162	26	12
当阳市	3557	1707	1577	199	36	22	16
远安县	533	260	218	25	20	8	2
兴山县	644	343	232	41	20	7	1
秭归县	1926	318	1540	47	16	2	3
长阳县	4220	3501	614	88	4	10	3
五峰县	596	184	295	68	41	6	2
襄阳市	**19788**	**9787**	**8118**	**909**	**707**	**191**	**76**
襄阳市辖区	598	59	251	156	111	17	4
老河口市	756	68	401	168	99	18	2
襄州区	7728	5372	2232	12	68	29	15
枣阳市	2941	1277	1232	233	137	48	14
宜城市	3410	1564	1685	76	54	15	16
南漳县	2942	1056	1690	107	55	18	16
谷城县	598	97	252	88	113	42	6
保康县	815	294	375	69	70	4	3
鄂州市	**1065**	**99**	**671**	**125**	**108**	**39**	**23**

续表1

地 区	年出栏50头以上生猪(个、户)	出栏50–99头(个、户)	出栏100–499头(个、户)	出栏500–999头(个、户)	出栏1000–2999头(个、户)	出栏3000–10000头(个、户)	出栏10000头以上(个、户)
荆门市	**8968**	**3496**	**3658**	**896**	**758**	**96**	**64**
荆门市辖区	1661	863	541	64	152	25	16
沙洋县	1613	308	756	382	131	14	22
钟祥市	3157	1645	888	234	339	34	17
京山县	2537	680	1473	216	136	23	9
孝感市	**6684**	**1961**	**3261**	**809**	**519**	**94**	**40**
孝感市辖区	83	29	42	7	4		1
孝南区		17	203	119	68	16	3
孝昌县	1534	608	616	145	137	23	5
大悟县	383	90	122	124	34	9	4
安陆市	774	116	446	65	116	16	15
云梦县	766	340	325	51	38	11	1
应城市	1387	500	756	66	51	6	8
汉川市	1331	261	751	232	71	13	3
黄冈市	**11289**	**2737**	**6640**	**1151**	**544**	**157**	**60**
黄冈市辖区	112	2	79	14	6	11	
团风县	196	64	77	19	18	12	6
红安县	1683	444	1059	116	49	5	10
麻城市	2006	333	1345	221	88	12	7
罗田县	293	24	114	127	21	4	3
英山县	161	25	97	15	16	7	1
浠水县	1841	288	1329	159	43	9	13
蕲春县	1319	624	496	55	102	36	6
武穴市	1754	484	949	202	82	26	11
黄梅县	1479	388	787	185	96	21	2
龙感湖	445	61	308	38	23	14	1
咸宁市	**4581**	**1978**	**1788**	**572**	**193**	**33**	**17**
咸安区	381	182	155	28	9	4	3
嘉鱼县	358	8	251	70	24	4	1
赤壁市	589	42	447	74	19	4	3
通城县	2101	1398	297	333	54	14	5
崇阳县	873	322	431	57	52	7	4
通山县	279	26	207	10	35		1
恩施州	**8474**	**3400**	**4246**	**522**	**237**	**59**	**10**
恩施市	1007	429	428	82	63	4	1
利川市	884	197	552	115	16	4	
建始县	923	128	693	58	35	6	3
巴东县	1699	638	826	126	67	40	2
宣恩县	1569	1185	337	43	3	1	
咸丰县	1421	522	819	48	27	1	4
来凤县	743	235	446	43	17	2	
鹤峰县	228	66	145	7	9	1	
随州市	**4149**	**1042**	**2237**	**508**	**299**	**49**	**14**
随州市辖区	381	118	182	43	29	7	2
曾都区	665	220	294	97	42	11	1
随县	1984	498	1109	208	145	19	5
广水市	1119	206	652	160	83	12	6
仙桃市	**1410**	**185**	**847**	**218**	**97**	**48**	**15**
天门市	**2826**	**720**	**1788**	**170**	**117**	**26**	**5**
潜江市	**1609**	**362**	**1036**	**95**	**75**	**26**	**15**
神农架林区	**49**	**11**	**30**	**8**			

续表2

地　区	年存笼500只以上蛋鸡（个、户）	存笼500–1999只（个、户）	存笼2000–9999只（个、户）	存笼1万–4.99万只(个、户)	存笼5万–9.99万只(个、户)	存笼10万–49.99万只（个、户）	存笼50万只以上（个、户）
全省合计	**18047**	**2088**	**10913**	**4648**	**322**	**73**	**3**
武汉市	**1882**	**121**	**1269**	**462**	**21**	**8**	**1**
武汉市辖区	77	12	51	13	1		
蔡甸区	28	4	12	12			
江夏区	50	24	16	5	2	3	
黄陂区	271	63	167	37	3	1	
新洲区	1456	18	1023	395	15	4	1
黄石市	**217**	**7**	**117**	**88**	**3**	**2**	
黄石市辖区	10		5	5			
大冶市	116	4	78	32	1	1	
阳新县	91	3	34	51	2	1	
十堰市	**450**	**73**	**153**	**209**	**15**		
十堰市辖区	14	3	8	3			
丹江口市	104	35	46	22	1		
郧县	164	15	34	107	8		
郧西县	27			27			
竹山县	23			21	2		
竹溪县	33	11	16	4	2		
房县	85	9	49	25	2		
荆州市	**1554**	**112**	**808**	**602**	**22**	**10**	
荆州市辖区	391	96	251	34	6	4	
江陵县	257	2	226	27	2		
松滋市	90	8	52	28	1	1	
公安县	314		211	100	2	1	
石首市	328			322	3	3	
监利县	101	1	43	56		1	
洪湖市	73	5	25	35	8		
宜昌市	**388**	**127**	**157**	**88**	**12**	**4**	
宜昌市辖区	11	1	4	3	2	1	
夷陵区	59	12	28	14	4	1	
宜都市	58	23	23	12			
枝江市	53	24	9	17	2	1	
当阳市	145	54	59	28	4		
远安县	2			1		1	
兴山县	10		6	4			
秭归县	29	13	13	3			
长阳县	5			5			
五峰县	16		15	1			
襄阳市	**2538**	**865**	**1140**	**444**	**77**	**11**	**1**
襄阳市辖区	114	14	77	20	3		
老河口市	149	7	78	60	4		
襄州区	1263	711	520	17	13	2	
枣阳市	316	2	141	155	13	5	
宜城市	67	12	33	17	1	4	
南漳县	303	91	182	30			
谷城县	304	23	96	141	43		1
保康县	22	5	13	4			
鄂州市	**233**	**46**	**112**	**69**	**4**	**2**	

续表3

地　区	年存笼500只以上蛋鸡（个、户）	存笼500–1999只（个、户）	存笼2000–9999只（个、户）	存笼1万–4.99万只（个、户）	存笼5万–9.99万只（个、户）	存笼10万–49.99万只（个、户）	存笼50万只以上（个、户）
荆门市	**2705**	**302**	**1972**	**410**	**15**	**6**	
荆门市辖区	119	16	53	46	2	2	
沙洋县	606	95	395	108	8		
钟祥市	215	14	109	87	3	2	
京山县	1765	177	1415	169	2	2	
孝感市	**1664**	**95**	**1168**	**375**	**16**	**10**	
孝感市辖区	5		4	1			
孝南区			64	35	1	1	
孝昌县	155	9	116	28		2	
大悟县	72	18	27	27			
安陆市	170	10	103	48	6	3	
云梦县	579	29	478	72			
应城市	505	20	327	146	9	3	
汉川市	77	9	49	18		1	
黄冈市	**4796**	**129**	**3205**	**1338**	**109**	**15**	
黄冈市辖区	35	2	24	8		1	
团风县	373	1	92	212	66	2	
红安县	80	11	51	17		1	
麻城市	599	43	476	80			
罗田县	112	23	56	30	2	1	
英山县	140	9	78	52		1	
浠水县	3010	12	2220	742	29	7	
蕲春县	339		172	158	8	1	
武穴市	33	1	12	19		1	
黄梅县	65	21	20	20	4		
龙感湖	10	6	4				
咸宁市	**135**	**29**	**79**	**27**			
咸安区	5	2	1	2			
嘉鱼县	32	2	22	8			
赤壁市	83	21	51	11			
通城县	2			2			
崇阳县	1			1			
通山县	12	4	5	3			
恩施州	**182**	**31**	**94**	**47**	**10**		
恩施市	37	5	20	11	1		
利川市	23	1	19	3			
建始县	33	9	15	9			
巴东县	30	3	8	14	5		
宣恩县	12	5	6		1		
咸丰县	18		10	7	1		
来凤县	14	3	8	2	1		
鹤峰县	15	5	8	1	1		
随州市	**326**	**62**	**193**	**58**	**8**	**4**	**1**
随州市辖区	39	3	22	12	2		
曾都区	32	3	18	8	2		1
随县	192	53	122	13	1	3	
广水市	63	3	31	25	3	1	
仙桃市	**531**	**6**	**165**	**356**	**4**		
天门市	**355**	**83**	**232**	**38**	**1**	**1**	
潜江市	**89**		**48**	**36**	**5**		
神农架林区	**2**		**1**	**1**			

续表4

地　区	年存笼500只以上蛋鸭（个、户）	存笼500–999只（个、户）	存笼1000–4999只（个、户）	存笼5000–9999只（个、户）	存笼10000–19999只（个、户）	存笼20000–29999只（个、户）	存笼30000–39999只（个、户）	存笼40000–49999只（个、户）	存笼50000只以上（个、户）
全省合计	**6998**	**782**	**5177**	**700**	**213**	**55**	**28**	**9**	**34**
武汉市	**321**	**23**	**268**	**23**	**2**	**2**			**3**
武汉市辖区	14		12	2					
蔡甸区	16	3	12	1					
江夏区	24	6	16	2					
黄陂区	224	2	200	15	2	2			3
新洲区	43	12	28	3					
黄石市	**69**	**3**	**51**	**10**	**3**				**2**
黄石市辖区									
大冶市	10		7	2	1				
阳新县	59	3	44	8	2				2
十堰市	**44**	**5**	**34**	**2**	**2**	**1**			
十堰市辖区									
丹江口市	39	3	32	1	2	1			
郧县									
郧西县									
竹山县									
竹溪县									
房县	5	2	2	1					
荆州市	**2690**	**404**	**1976**	**216**	**63**	**19**	**4**	**3**	**5**
荆州市辖区	204	38	137	19	7	2		1	
江陵县	126	1	99	18	5	3			
松滋市	6			5		1			
公安县	688	347	285	39	15	1			1
石首市	205		105	69	25	4	1		1
监利县	1328		1248	61	7	7	1	2	2
洪湖市	133	18	102	5	4	1	2		1
宜昌市	**75**	**23**	**42**	**8**	**2**				
宜昌市辖区									
夷陵区									
宜都市	8	8							
枝江市	8	1	5	2					
当阳市	59	14	37	6	2				
远安县									
兴山县									
秭归县									
长阳县									
五峰县									
襄阳市	**452**	**10**	**293**	**82**	**41**	**11**	**9**	**1**	**5**
襄阳市辖区	26		23	2	1				
老河口市	4		3		1				
襄州区	83	5	48	9	11	7	3		
枣阳市	25		10	10	3		2		
宜城市	286	3	188	57	24	4	4	1	5
南漳县	17		16	1					
谷城县	10	2	5	3					
保康县	1				1				
鄂州市	**214**	**3**	**161**	**40**	**9**		**1**		

续表5

地　区	年存笼500只以上蛋鸭（个、户）	存笼500–999只（个、户）	存笼1000–4999只（个、户）	存笼5000–9999只（个、户）	存笼10000–19999只（个、户）	存笼20000–29999只（个、户）	存笼30000–39999只（个、户）	存笼40000–49999只（个、户）	存笼50000只以上（个、户）
荆门市	**1206**	**145**	**899**	**116**	**21**	**10**	**7**	**2**	**6**
荆门市辖区	65	19	40	2	2	1			1
沙洋县	177	65	82	7	4	7	6	2	4
钟祥市	150		118	20	9	1	1		1
京山县	814	61	659	87	6	1			
孝感市	**650**	**40**	**527**	**66**	**15**	**2**			
孝感市辖区	1				1				
孝南区			9	3	2				
孝昌县	16		12	3	1				
大悟县	13	3	6	4	0				
安陆市	198	9	160	21	7	1			
云梦县									
应城市	234	5	198	29	1	1			
汉川市	174	23	142	6	3				
黄冈市	**267**	**35**	**126**	**54**	**34**	**7**	**4**	**2**	**5**
黄冈市辖区									
团风县	1					1			
红安县	29		14	11	1	1			2
麻城市	79	7	58	11	2		1		
罗田县	13	5	8						
英山县	12		3	8	1				
浠水县	55	8	27	4	8	4	1	1	2
蕲春县	28		1	10	16		1		
武穴市	11		9	2					
黄梅县	36	15	6	6	6	1	1		1
龙感湖	3			2				1	
咸宁市	**60**	**17**	**30**	**9**	**3**	**1**			
咸安区	3		3						
嘉鱼县	30	3	15	9	2	1			
赤壁市	23	12	11						
通城县									
崇阳县	1	1							
通山县	3	1	1		1				
恩施州	**71**	**23**	**41**	**2**	**5**				
恩施市									
利川市									
建始县									
巴东县	14		11	1	2				
宣恩县	16	9	7						
咸丰县	9	1	4	1	3				
来凤县	32	13	19						
鹤峰县									
随州市	**172**	**9**	**136**	**15**	**3**	**2**	**1**		**6**
随州市辖区	3								3
曾都区	39		36	3					
随县	78	5	62	8					3
广水市	52	4	38	4	3	2	1		
仙桃市	**206**	**27**	**164**	**11**	**1**		**2**		**1**
天门市	**170**	**15**	**140**	**11**	**3**			**1**	
潜江市	**331**		**289**	**35**	**6**				**1**
神农架林区									

续表6

地 区	年出笼2000只以上肉鸡(个、户)	出笼2000–9999只(个、户)	出笼1万–4.99万只(个、户)	出笼5万–9.99万只(个、户)	出笼10万–49.99万只(个、户)	出笼50万–99.99万只(个、户)	出笼100万只以上(个、户)
全省合计	**9791**	**2750**	**5721**	**737**	**514**	**37**	**32**
武汉市	**803**	**154**	**573**	**45**	**28**	**2**	**1**
武汉市辖区	20	5	11	2	2		
蔡甸区	3	1	1	1			
江夏区	639	110	477	30	22		
黄陂区	81	20	43	11	4	2	1
新洲区	60	18	41	1			
黄石市	**83**	**17**	**29**	**12**	**23**	**2**	
黄石市辖区	2	2					
大冶市	40		11	5	22	2	
阳新县	41	15	18	7	1		
十堰市	**618**	**241**	**267**	**54**	**46**	**3**	**7**
十堰市辖区	36	7	12	12	5		
丹江口市	306	96	133	31	36	3	7
郧县	57	9	34	11	3		
郧西县	5	3	2				
竹山县	62	16	45		1		
竹溪县	107	80	26		1		
房县	45	30	15				
荆州市	**1245**	**253**	**874**	**60**	**49**	**7**	**2**
荆州市辖区	178	85	38	24	23	6	2
江陵县	123	1	88	28	6		
松滋市	21	16	4	1			
公安县	77	50	26	1			
石首市	10				10		
监利县	818	98	709	3	8		
洪湖市	18	3	9	3	2	1	
宜昌市	**555**	**157**	**264**	**78**	**52**		**4**
宜昌市辖区	43	16	17	5	3		2
夷陵区	66	5	43	11	5		2
宜都市	126	17	93	15	1		
枝江市	58		21	25	12		
当阳市	168	81	44	18	25		
远安县	10	6	4				
兴山县	8	5	3				
秭归县	24	12	3	4	5		
长阳县	5		4		1		
五峰县	47	15	32				
襄阳市	**2229**	**830**	**1037**	**235**	**116**	**7**	**4**
襄阳市辖区	104	44	45	11	4		
老河口市	121	22	75	11	11	2	
襄州区	1002	516	416	43	27		
枣阳市	315	25	93	128	66	2	1
宜城市	332	128	173	20	7	2	2
南漳县	223	75	140	8			
谷城县	108	6	86	13	1	1	1
保康县	24	14	9	1			
鄂州市	**85**	**2**	**50**	**17**	**15**	**1**	

续表7

地　区	年出笼2000只以上肉鸡（个、户）	出笼2000–9999只（个、户）	出笼1万–4.99万只（个、户）	出笼5万–9.99万只（个、户）	出笼10万–49.99万只（个、户）	出笼50万–99.99万只（个、户）	出笼100万只以上（个、户）
荆门市	**489**	**248**	**174**	**45**	**22**		
荆门市辖区	219	172	38	8	1		
沙洋县	168	42	82	28	16		
钟祥市	92	34	46	8	4		
京山县	10		8	1	1		
孝感市	**1261**	**155**	**935**	**83**	**85**	**2**	**1**
孝感市辖区							
孝南区			14	6	8		
孝昌县	94		52	37	3	1	1
大悟县	9	8	1				
安陆市	238	11	178	37	12		
云梦县	86	33	51		2		
应城市	91	54	32	3	2		
汉川市	715	49	607		58	1	
黄冈市	**258**	**64**	**92**	**57**	**42**	**2**	**1**
黄冈市辖区	10	3	7				
团风县	4		3	1			
红安县	8		3	4	1		
麻城市	36	24	4	5	2		1
罗田县	57			28	27	2	
英山县	32	21	5	1	5		
浠水县	12		5	7			
蕲春县	27		15	9	3		
武穴市	28	5	20	1	2		
黄梅县	40	11	26	1	2		
龙感湖	4		4				
咸宁市	**1136**	**92**	**1021**	**17**	**6**		
咸安区	998	0	984	11	3		
嘉鱼县	25	12	13				
赤壁市	35	10	18	5	2		
通城县	1				1		
崇阳县	10	8	2				
通山县	67	62	4	1			
恩施州	**507**	**303**	**180**	**10**	**13**	**1**	
恩施市	74	31	38	1	4		
利川市	73	61	10		2		
建始县	51	31	19	1			
巴东县	179	93	71	8	6	1	
宣恩县	40	27	13				
咸丰县	37	29	8				
来凤县	34	17	16		1		
鹤峰县	19	14	5				
随州市	**398**	**203**	**140**	**21**	**13**	**9**	**12**
随州市辖区	47	23	14	1		7	2
曾都区	90	36	42	2	5		5
随县	145	70	48	14	8	1	4
广水市	116	74	36	4		1	1
仙桃市	**6**		**6**				
天门市	**8**	**8**					
潜江市	**92**	**13**	**71**	**3**	**4**	**1**	
神农架林区	**18**	**10**	**8**				

续表8

地　区	年出笼2000只肉鸭以上的总户数	出笼2000–4999只（个、户）	出笼5000–9999只（个、户）	出笼10000–29999只(个、户)	出笼30000–99999只(个、户)	出笼100000只以上（个、户）
全省合计	**3107**	**514**	**583**	**1030**	**597**	**383**
武汉市	**707**	**21**	**186**	**413**	**80**	**7**
武汉市辖区	3	1		1	1	
蔡甸区	132			110	22	
江夏区	40	9	1	7	23	
黄陂区	469		176	260	26	7
新洲区	63	11	9	35	8	
黄石市	**79**	**19**	**6**	**16**	**5**	**33**
黄石市辖区	1				1	
大冶市	44			7	4	33
阳新县	34	19	6	9		
十堰市	**4**		**1**	**3**		
十堰市辖区						
丹江口市						
郧县	3		1	2		
郧西县						
竹山县						
竹溪县						
房县	1			1		
荆州市	**255**	**101**	**46**	**39**	**13**	**56**
荆州市辖区	37		5	24	7	1
江陵县	2		1	1		
松滋市	44	24	15	5		
公安县	94	63	23	7	1	
石首市						
监利县	24	14	2	2	4	2
洪湖市	54				1	53
宜昌市	**8**	**1**	**2**	**3**	**1**	**1**
宜昌市辖区						
夷陵区	1					1
宜都市						
枝江市						
当阳市	7	1	2	3	1	
远安县						
兴山县						
秭归县						
长阳县						
五峰县						
襄阳市	**340**	**50**	**44**	**116**	**116**	**14**
襄阳市辖区	21		2	12	7	
老河口市	1			1		
襄州区	30	3	12	13	2	
枣阳市	155	34	20	42	54	5
宜城市	59	13	6	21	17	2
南漳县	3			1	2	
谷城县						
保康县	71		4	26	34	7
鄂州市	**87**	**7**	**17**	**48**	**12**	**3**

续表9

地 区	年出笼2000只肉鸭以上的总户数	出笼2000–4999只(个、户)	出笼5000–9999只(个、户)	出笼10000–29999只(个、户)	出笼30000–99999只(个、户)	出笼100000只以上(个、户)
荆门市	**144**	**40**	**67**	**18**	**13**	**6**
荆门市辖区	47	23	17	4	1	2
沙洋县	71	7	46	5	10	3
钟祥市	12			9	2	1
京山县	14	10	4			
孝感市	**843**	**90**	**86**	**225**	**253**	**189**
孝感市辖区	2			1	1	
孝南区				3	34	22
孝昌县	187		3	28	105	51
大悟县	7	3	1	2	1	
安陆市	135	73	34	18	7	3
云梦县	129				22	107
应城市	104	10	35	37	20	2
汉川市	220	4	13	136	63	4
黄冈市	**202**	**70**	**43**	**29**	**58**	**2**
黄冈市辖区						
团风县	1					1
红安县	12	7	4	1		
麻城市	35	27	5	3		
罗田县						
英山县						
浠水县	7	1	4		2	
蕲春县	26			3	22	1
武穴市	19	4	2	4	9	
黄梅县	94	31	28	16	19	
龙感湖	8			2	6	
咸宁市	**73**	**6**	**5**	**3**	**4**	**55**
咸安区						
嘉鱼县						
赤壁市	5	1	3			1
通城县	4			3	1	
崇阳县	57				3	54
通山县	7	5	2			
恩施州	**120**	**46**	**55**	**16**	**2**	**1**
恩施市						
利川市						
建始县						
巴东县	64	32	14	15	2	1
宣恩县						
咸丰县	2		1	1		
来凤县	54	14	40			
鹤峰县						
随州市	**112**	**59**	**17**	**21**	**10**	**5**
随州市辖区	2				1	1
曾都区	30	27	3			
随县	44	12	10	13	6	3
广水市	36	20	4	8	3	1
仙桃市	**45**			**19**	**20**	**6**
天门市	**16**	**2**	**5**	**3**	**2**	**4**
潜江市	**72**	**2**	**3**	**58**	**8**	**1**
神农架林区						

续表10

地 区	年出栏10头以上肉牛(个、户)	出栏10-49头(个、户)	出栏50-99头(个、户)	出栏100-499头(个、户)	出栏500-999头(个、户)	出栏1000头以上(个、户)
全省合计	**10311**	**6296**	**2006**	**1738**	**200**	**71**
武汉市	**326**	**236**	**46**	**39**		**5**
武汉市辖区						
蔡甸区	1					1
江夏区	8	8				
黄陂区	131	71	28	30		2
新洲区	186	157	18	9		2
黄石市	**67**	**33**	**19**	**13**	**2**	
黄石市辖区						
大冶市	42	20	15	5	2	
阳新县	25	13	4	8		
十堰市	**1536**	**1316**	**93**	**94**	**33**	
十堰市辖区	24	24				
丹江口市	775	731	27	9	8	
郧县	70	43	9	6	12	
郧西县	233	210	17	5	1	
竹山县	167	157	4	1	5	
竹溪县	174	77	33	57	7	
房县	93	74	3	16		
荆州市	**234**	**79**	**81**	**71**	**3**	
荆州市辖区	29	18	6	4	1	
江陵县	23	7	5	11		
松滋市	24	11	3	9	1	
公安县	87	14	53	19	1	
石首市	19		1	18		
监利县	36	26	5	5		
洪湖市	16	3	8	5		
宜昌市	**223**	**135**	**42**	**33**	**9**	**4**
宜昌市辖区	2	2				
夷陵区	12	10		2		
宜都市	63	44	12	6	1	
枝江市	49	9	11	23	6	
当阳市	27	12	9	1	1	4
远安县	15	15				
兴山县	4	2	1	1		
秭归县	11	6	4		1	
长阳县	25	20	5			
五峰县	15	15				
襄阳市	**3580**	**1700**	**1057**	**767**	**37**	**19**
襄阳市辖区	205	69	64	69	2	1
老河口市	554	412	70	65	7	
襄州区	1060	156	556	339	6	3
枣阳市	421	80	155	161	15	10
宜城市	487	360	98	21	3	5
南漳县	297	219	22	54	2	
谷城县	516	382	79	55		
保康县	40	22	13	3	2	
鄂州市	**35**	**4**	**9**	**21**	**1**	

续表11

地　区	年出栏10头以上肉牛（个、户）	出栏10-49头（个、户）	出栏50-99头（个、户）	出栏100-499头（个、户）	出栏500-999头（个、户）	出栏1000头以上（个、户）
荆门市	**498**	**230**	**75**	**127**	**43**	**23**
荆门市辖区	89	65	20	3	1	
沙洋县	142		34	87	7	14
钟祥市	216	118	18	36	35	9
京山县	51	47	3	1		
孝感市	**527**	**453**	**39**	**28**	**4**	**3**
孝感市辖区	2	2				
孝南区		4		4	1	1
孝昌县	298	283	9	4	1	1
大悟县	119	96	15	7	1	
安陆市	23	12	4	7		
云梦县	10	1	3	4	1	1
应城市	20	12	6	2		
汉川市	45	43	2			
黄冈市	**1354**	**864**	**233**	**244**	**10**	**3**
黄冈市辖区	7	5		2		
团风县	117	16	25	72	4	
红安县	61	32	15	14		
麻城市	577	353	129	92		3
罗田县	47	34	9	4		
英山县	13	8	3	2		
浠水县	15		7	8		
蕲春县	479	395	38	43	3	
武穴市	1			1		
黄梅县	37	21	7	6	3	
龙感湖						
咸宁市	**200**	**181**	**7**	**11**	**1**	
咸安区	22	18	3	1		
嘉鱼县	23	20		3		
赤壁市	51	47	3	1		
通城县	3			2	1	
崇阳县	19	18	1			
通山县	82	78		4		
恩施州	**809**	**522**	**100**	**144**	**42**	**1**
恩施市	214	47	32	94	41	
利川市	67	62	4	1		
建始县	39	34	1	4		
巴东县	339	279	32	26	1	1
宣恩县	32	28	3	1		
咸丰县	59	25	20	14		
来凤县	32	23	7	2		
鹤峰县	27	24	1	2		
随州市	**498**	**243**	**147**	**90**	**6**	**12**
随州市辖区	153	111	14	18	2	8
曾都区	11	6	1	3	1	
随县	149	79	23	42	2	3
广水市	185	47	109	27	1	1
仙桃市	**14**	**6**	**6**	**2**		
天门市	**252**	**165**	**36**	**45**	**6**	
潜江市	**150**	**121**	**16**	**9**	**3**	**1**
神农架林区	**8**	**8**				

续表12

地 区	年出栏30只以上肉羊(个、户)	出栏30-99只(个、户)	出栏100-499只(个、户)	出栏500-999只(个、户)	出栏1000只以上(个、户)
全省合计	**25954**	**16745**	**8430**	**546**	**233**
武汉市	**284**	**173**	**102**	**8**	**1**
武汉市辖区	35	25	9		1
蔡甸区	3		3		
江夏区	1			1	
黄陂区	72	22	43	7	
新洲区	173	126	47		
黄石市	**102**	**31**	**66**	**4**	**1**
黄石市辖区	1	1			
大冶市	49	20	28	1	
阳新县	52	10	38	3	1
十堰市	**8445**	**6974**	**1364**	**96**	**11**
十堰市辖区	176	156	18	2	
丹江口市	620	554	58	6	2
郧县	495	207	256	24	8
郧西县	2997	2661	323	13	
竹山县	259	114	138	7	
竹溪县	247	142	103	1	1
房县	3651	3140	468	43	
荆州市	**268**	**80**	**160**	**19**	**9**
荆州市辖区	37	21	14	1	1
江陵县	12	1	6	5	
松滋市	58	40	13	2	3
公安县	87		80	6	1
石首市	38		30	4	4
监利县	28	17	10	1	
洪湖市	8	1	7		
宜昌市	**4845**	**4259**	**551**	**34**	**1**
宜昌市辖区	42	15	27		
夷陵区	238	173	58	6	1
宜都市	1618	1579	35	4	
枝江市	33	14	15	4	
当阳市	338	258	70	10	
远安县	104	73	26	5	
兴山县	372	266	105	1	
秭归县	149	81	68		
长阳县	1755	1613	138	4	
五峰县	196	187	9		
襄阳市	**5017**	**2670**	**2160**	**106**	**81**
襄阳市辖区	86	27	43	8	8
老河口市	459	355	77	13	14
襄州区	1946	1121	805	11	9
枣阳市	560	128	351	43	38
宜城市	262	137	122	1	2
南漳县	987	496	484	4	3
谷城县	470	222	228	20	
保康县	247	184	50	6	7
鄂州市	**66**	**1**	**55**	**4**	**6**

续表13

地 区	年出栏30只以上肉羊(个、户)	出栏30–99只(个、户)	出栏100–499只(个、户)	出栏500–999只(个、户)	出栏1000只以上(个、户)
荆门市	**1636**	**234**	**1307**	**66**	**29**
荆门市辖区	1179	172	972	24	11
沙洋县	69	9	48	2	10
钟祥市	196	53	101	36	6
京山县	192		186	4	2
孝感市	**383**	**96**	**200**	**80**	**7**
孝感市辖区	10	6	4		
孝南区			3		
孝昌县	91	16	27	48	
大悟县	188	62	113	13	
安陆市	50	3	29	11	7
云梦县					
应城市	26	6	14	6	
汉川市	15	3	10	2	
黄冈市	**1792**	**671**	**1065**	**37**	**19**
黄冈市辖区	3		3		
团风县	122	32	78	8	4
红安县	143	53	85	1	4
麻城市	649	355	284	8	2
罗田县	426	86	338	1	1
英山县	230	93	132	5	
浠水县	69	26	36	3	4
蕲春县	113	9	94	8	2
武穴市	14	6	7		1
黄梅县	22	11	8	3	
龙感湖	1				1
咸宁市	**425**	**199**	**212**	**12**	**2**
咸安区	48	45	3		
嘉鱼县	18	2	14	2	
赤壁市	61	40	21		
通城县	2			2	
崇阳县	86	64	21	1	
通山县	210	48	153	7	2
恩施州	**1427**	**787**	**556**	**32**	**52**
恩施市	115	93	21	1	
利川市	189	99	90		
建始县	361	166	139	8	48
巴东县	328	175	133	17	3
宣恩县	71	27	40	3	1
咸丰县	141	81	60		
来凤县	131	105	26		
鹤峰县	91	41	47	3	
随州市	**1026**	**426**	**542**	**44**	**14**
随州市辖区	86	16	65	3	2
曾都区	103	53	49		1
随县	460	170	260	21	9
广水市	377	187	168	20	2
仙桃市	**15**	**9**	**5**	**1**	
天门市	**77**	**35**	**39**	**3**	
潜江市	**93**	**51**	**42**		
神农架林区	**53**	**49**	**4**		

续表14

地 区	年存栏5头奶牛以上的总户数	存栏5–19头（个、户）	存栏20–99头（个、户）	存栏100–199头（个、户）	存栏200–499头（个、户）	存栏500–999头（个、户）	存栏1000头以上（个、户）	年出笼鹅100只以上（个、户）	年出笼特禽1000只以上（个、户）	年出栏肉兔50只以上（个、户）
全省合计	**438**	**224**	**148**	**13**	**9**	**26**	**18**	**525**	**803**	**388**
武汉市	**46**	**5**	**29**	**5**	**1**	**4**	**2**	**3**	**15**	**3**
武汉市辖区	13	1	10	1	1				1	
蔡甸区	1					1		3	1	
江夏区	2			1		1				1
黄陂区	30	4	19	3		2	2			
新洲区									13	2
黄石市									**9**	**2**
黄石市辖区									3	
大冶市									6	2
阳新县										
十堰市	**5**	**1**	**3**	**1**				**1**	**6**	**16**
十堰市辖区	5	1	3	1						
丹江口市								1	3	14
郧县										
郧西县										
竹山县										
竹溪县										
房县									3	2
荆州市								**59**	**24**	**32**
荆州市辖区								2	10	1
江陵县								2		3
松滋市								14		2
公安县								34		
石首市								3		
监利县								4	9	26
洪湖市									5	
宜昌市	**22**		**11**	**4**	**2**	**4**	**1**	**1**	**12**	**9**
宜昌市辖区	1				1					
夷陵区	20		11	4	1	4			2	3
宜都市									6	1
枝江市								1		1
当阳市	1						1		1	1
远安县										
兴山县										
秭归县									3	3
长阳县										
五峰县										
襄阳市	**113**	**67**	**42**	**1**	**2**		**1**	**11**	**24**	**171**
襄阳市辖区	22	2	18		1		1		1	20
老河口市	22	21	1					1	9	46
襄州区								3	1	1
枣阳市	6	2	4					6	1	94
宜城市	40	26	14					1	8	6
南漳县	1		1							
谷城县	22	16	4	1	1					4
保康县									4	
鄂州市								**1**	**19**	

续表15

地区	年存栏5头奶牛以上的总户数	存栏5–19头（个、户）	存栏20–99头（个、户）	存栏100–199头（个、户）	存栏200–499头（个、户）	存栏500–999头（个、户）	存栏1000头以上（个、户）	年出笼鹅100只以上（个、户）	年出笼特禽1000只以上（个、户）	年出栏肉兔50只以上（个、户）
荆门市	**106**	**88**	**16**		**1**	**1**		**112**	**28**	**22**
荆门市辖区	10	9			1			108	9	2
沙洋县	55	53	1			1			6	2
钟祥市	23	19	4						4	4
京山县	18	7	11					4	9	14
孝感市	**5**	**1**	**2**		**1**	**1**		**267**	**202**	**46**
孝感市辖区										
孝南区					1	1		6	34	4
孝昌县								8	5	1
大悟县									3	1
安陆市	3	1	2					5	18	4
云梦县								1	2	
应城市								25	82	10
汉川市								222	58	26
黄冈市	**51**	**1**	**22**		**2**	**14**	**12**	**42**	**32**	**35**
黄冈市辖区	6					5	1		1	1
团风县	4					3	1		1	1
红安县	4				1	2	1		5	1
麻城市	2						2			
罗田县	2					1	1			
英山县	1					1			1	
浠水县	1						1		1	2
蕲春县	27	1	22		1	1	2	40	2	14
武穴市	2						2		1	1
黄梅县	1						1	1	20	15
龙感湖	1					1		1		
咸宁市	**57**	**46**	**7**			**2**	**2**	**2**	**8**	**22**
咸安区	54	45	6			2	1			3
嘉鱼县	1		1					1		2
赤壁市									2	
通城县								1	1	
崇阳县	1	1							3	
通山县	1						1		2	17
恩施州	**9**	**3**	**5**	**1**				**2**	**30**	**15**
恩施市	4		3	1					3	
利川市										
建始县									10	3
巴东县								1	8	5
宣恩县	5	3	2						4	2
咸丰县									2	2
来凤县								1	3	3
鹤峰县										
随州市	**3**	**2**		**1**				**22**	**374**	**13**
随州市辖区	1	1								
曾都区									11	1
随县	1			1				22	16	12
广水市	1	1							347	
仙桃市									**6**	
天门市	**21**	**10**	**11**					**1**	**2**	**2**
潜江市								**1**	**11**	
神农架林区									**1**	

度畜产品加工企业情况(一)

名称	肉制品				禽蛋制品			
	加工企业个数(个)	从业劳动力(人)	固定资产(万元)	年产值(万元)	加工企业个数(个)	从业劳动力(人)	固定资产(万元)	年产值(万元)
合计	1039	51336	1427408	11591963	148	35150	272941	2058283
武汉市	56	8513	196233	1422216	5	12992	36930	147600
黄石市	20	1691	26196	152395	1	9	500	1800
十堰市	24	1427	21619	108978	2	30	710	777
荆州市	133	2741	72816	425313	49	3025	42249	180946
宜昌市	82	3162	88555	829182	5	262	3550	14869
襄阳市	145	5291	201038	2932780	3	436	8100	7800
鄂州市	19	510	5920	143317	1	10	670	300
荆门市	78	1628	57226	679866	10	2193	21228	307236
孝感市	41	2541	250528	861314	15	9778	103690	804621
黄冈市	187	9437	168480	1000427	33	3324	43547	442119
咸宁市	51	1386	30481	305302	1	20	200	320
恩施州	50	4506	158206	731059	6	480	3010	54575
随州市	110	5336	48582	662533	1	41	230	720
仙桃市	4	908	20863	75008	1	80	3602	11480
天门市	7	1295	41000	1150930	3	2139	2160	50800
潜江市	29	950	39609	111104	12	331	2565	32320
神农架林区	3	14	57	239				

度畜产品加工企业情况(二)

名称	乳制品				蜂制品			
	加工企业个数(个)	从业劳动力(人)	固定资产(万元)	年产值(万元)	加工企业个数(个)	从业劳动力(人)	固定资产(万元)	年产值(万元)
合计	28	5681	338468	950980	69	4955	57368	535729
武汉市	5	1838	74200	214500	11	959	17285	175636
黄石市								
十堰市	1	20	1500	500	1	7	150	280
荆州市					5	372	2280	4675
宜昌市	8	1387	78000	287318	4	87	1100	3140
襄阳市	8	350	1748	9797	13	563	4998	173821
鄂州市								
荆门市	2	61	1600	1232	7	256	7103	87236
孝感市					8	450	4610	44329
黄冈市	2	1852	180000	435000	7	355	16340	25630
咸宁市	1	130	1320	2133	3	615	810	16667
恩施州					3	30	458	2805
随州市					3	1238	884	924
仙桃市								
天门市	1	43	100	500				
潜江市								
神农架林区					4	23	1350	586

畜牧兽医技术培训情况

项　目	单位	2012年	2011年	2012年比2011年	
				绝对数	%
一、本系统内职工培训总人数	人次	81524	82345	–821	–1.00
其中:参加全国培训班人次	人次	415	332	83	25.00
参加省级培训班人次	人次	4486	4707	–221	–4.70
参加市级培训班人次	人次	12499	12254	245	2.00
参加县级培训班人次	人次	63605	58545	5060	8.64
二、畜牧兽医知识普及情况					
农民参加畜牧部门举办的培训班、讲座人次	人次	1243863	1146890	96973	8.46
其中:专业户参加培训和讲座人次	人次	538209	469550	68659	14.62
三、年内县级以上畜牧部门用于培训的经费	万元	2379.04	1936.79	442.25	22.83

畜牧部门饲料加工企业情况表

项 目	饲料加工厂(站)个数(个)	从业人员（人）	全年实际产量(吨)	其中			年产值(万元)	年利润(万元)	固定资产（万元）
				预混料	浓缩料	全价料			
全省合计	423	20240	14206751	1170360	1174317	11330231	4802517.5	324467.2	2017710.5
年产1000吨以下	81	1123	44673	19315	5442	14705	32392.4	2593.5	31595.8
年产1001–2000吨	38	376	60035	17865	6435	30723	19844.3	1369.3	6090.0
年产2001–4000吨	66	1165	204006	47566	19537	128348	67173.1	5556.8	41332.5
年产4001–10000吨	79	2136	526815	61990	47907	404318	234308.3	19034.3	107694.0
年产10001吨以上	159	15440	13371222	1023624	1094996	10752137	4448799.5	295913.3	1830998.2

饲料及兽药流通龙头企业情况表

地 区	固定资产（万元）	年饲料销售量（吨）	年兽药销售额(万元)	年产值(万元)	年利润(万元)	从业人数(人)
全省合计	259743	4645925	389588	1938104	144910	5382
武汉市	781	17200	1046	21386	199	156
黄石市	2480	13146		3780	212	35
十堰市	3895	3503	13265	16131	467	250
荆州市	56824	1078542	1826	312980	13617	573
宜昌市	3976	28053	1750	76671	2784	500
襄阳市	69097	1233968	321760	613539	53886	958
鄂州市						
荆门市	53631	352510	10267	366341	7170	892
孝感市	2440	73930	1275	19589	1607	130
黄冈市	58602	1771900	27984	470791	61023	1461
咸宁市						
随州市	1490	12180	623	5335	569	61
恩施州	3673	24377	329	13720	1618	155
仙桃市	1050	6330	859	7189	426	70
天门市	1500	22586	7904	7950	1246	98
潜江市	305	7700	700	2702	85	43
神农架林区						

畜禽规模饲养情况

项　目	场、户数(个、户)	年存、出栏(笼)量(万头、万只)
生猪出栏500头以上	15378	2831.87
商品肉鸡出笼2000只以上	9791	41404.88
商品蛋鸡存笼500只以上	18047	17351.02
年存栏奶牛5头以上	438	8.27
年出栏肉牛10头以上	10311	87.66
年出栏肉羊30只以上	25954	348.04
年出笼鹅100只以上	525	239.79
年出笼特禽1000只以上	803	1644.13
年出栏肉兔50只以上	388	365.85

6 渔　业

湖北省水产业主要指标表

项　目		2012	2011	同比增、减	增幅
一、产量指标					
总产量(万吨)		388.95	356.22	32.73	9.19%
1、捕捞产量(万吨)		21.31	20.59	0.72	3.50%
2、养殖产量(万吨)		367.64	335.62	32.02	9.54%
其中：克氏鳌虾		30.22	23.11	7.11	30.77%
河　蟹		11.55	8.35	3.2	38.32%
甲　鱼		3.16	2.65	0.51	19.25%
鳜　鱼		3.1	2.78	0.32	11.51%
乌　龟		0.25	0.21	0.04	19.05%
青　虾		2.51	2.28	0.23	10.09%
鳝　鱼		14.44	12.38	2.06	16.64%
鮰　鱼		4.51	4.18	0.33	7.89%
泥　鳅		3.22	2.36	0.86	36.44%
黄颡鱼		6.92	6.10	0.82	13.44%
二、面积及单产指标					
可养面积		1362	1362		
放养面积(万亩)	1.总面积	1020	1000	20	2.00%
	2.精养鱼池面积	412.7	394	18.7	4.75%
	3.塘堰养殖面积	138.6	137	1.6	1.17%
	4.湖泊养殖面积	294	294		
	5.水库养殖面积	164	164		
	6.河沟养殖面积	7	7		
	7.其它养殖面积	4	4		
单产(公斤/亩)	1.主要水面平均单产	344.1	322.5	21.6	6.70%
	2.精养鱼池单产	640.2	608.7	31.5	5.17%
	3.塘堰养殖单产	224	212.1	11.9	5.61%
	4.湖泊养殖单产	112.7	106.6	6.1	5.72%
	5.水库养殖单产	119.3	117.2	2.1	1.79%
	6.河沟养殖单产	264.1	249.6	14.5	5.81%
	7.其它养殖单产	364.5	345.3	19.2	5.56%
稻田养殖	1.产量(万吨)	16.5	13	3.5	26.92%
	2.面积(万亩)	279	223	56	25.11%
三、产值、效益指标(亿元 现价)					
1.渔民人均纯收入(元)		9585	8200	1385	16.89%
2.渔业经济总产值		1486.8	1062.1	424.7	39.99%
3.渔业一产业产值		706.93	560.31	146.62	26.17%
其中:渔业产值		626.23	508.81	117.42	23.08%
苗种产值		80.7	51.5	29.2	56.70%
渔业产值占大农业比重		13.80%	12.4%		
4.水产行业第二产业产值		278.1	184.0	94.1	51.14%
其中:加工		236.7	149.0	87.7	58.86%
5.水产行业第三产业产值		501.9	317.8	184.1	57.93%
四、其它指标					
1.水产品人均占有量(公斤)		63.0	57.7	5.3	9.19%
2.渔业人口(万人)		185.3	189.5	-4.2	-2.22%
3.苗种产量(亿尾)		773	696.6	76.39	10.97%
4.鱼种产量(万吨)		94.3	85.6	8.7	10.16%
5.水产品加工转化能力(万吨)		138.1	115.8	22.3	19.26%
6.水产品加工总量(万吨)		77.2	67.1	10.1	15.05%

水产品总产量及捕捞产量

单位:吨

	合 计	捕捞产量						
		小计	鱼类	甲壳类			贝类	其它类
				小计	虾	蟹		
湖北省	**3889476**	**213080**	**133540**	**60660**	**55806**	**4854**	**15528**	**3352**
武汉市	**468605**	**29463**	**25489**	**3539**	**3539**		**435**	
武汉市辖区	126583	6245	5520	725	725			
新洲区	102667	2399	2226	173	173			
江夏区	85889	12875	12222	653	653			
蔡甸区	61764	3896	3273	228	228		395	
黄陂区	91695	4048	2248	1760	1760		40	
黄石市	**192568**	**6842**	**3962**	**2210**	**1596**	**614**	**670**	
黄石市辖区	7337	108	70	35	5	30	3	
大冶市	68941	3162	1716	1059	932	127	387	
阳新县	114648	3572	2176	1116	659	457	280	
十堰市	**62840**	**14638**	**13637**	**1001**	**1001**			
十堰市辖区	1269	85	85					
丹江口市	55149	11542	10903	639	639			
郧县	3151	1250	980	270	270			
郧西县	547	127	118	9	9			
竹山县	3125	1050	990	60	60			
竹溪县	374	134	119	15	15			
房县	1444	450	442	8	8			110298
荆州市	**1156915**	**64133**	**43667**	**14196**	**11014**	**3182**	**4334**	**1936**
荆州市辖区	176490	13330	9979	1456	660	796	926	969
江陵县	30364	1227	987	217	217		2	21
松滋市	30125	1986	1564	375	341	34		47
公安县	133138	13441	9104	2430	1911	519	1269	
石首市	123724	12324	9729	2493	1569	924	6	
监利县	264947	8820	4322	3263	2518	745	1110	
洪湖市	398127	13005	7982	3962	3798	164	1021	40
宜昌市	**179126**	**23308**	**20081**	**2976**	**2961**	**15**	**90**	**161**
宜昌市辖区	1979	245	243					2
夷陵区	9220	1828	1687	129	129		5	7
宜都市	13849	1144	1032	112	112			
枝江市	72997	8615	7430	1185	1185			
当阳市	56025	6916	5581	1100	1085	15	85	150
远安县	2454	263	251	12	12			
兴山县	215							
秭归县	710	373	320	53	53			
长阳县	21594	3885	3500	385	385			
五峰县	83	39	37					2
襄阳市	**187308**	**15463**	**13999**	**1344**	**1038**	**306**	**45**	**75**
襄阳市辖区	14005	1353	1193	160	144	16		
老河口市	37210	1360	1272	70	40	30	8	10
襄州区	41900	4201	3445	702	450	252		54
枣阳市	41977	3234	3045	141	136	5	37	11
宜城市	31274	2432	2194	238	238			
南漳县	8011	350	350					
谷城县	9251	2099	2066	33	30	3		
保康县	1154	434	434					

续表1　　单位:吨

	合计	捕捞产量						
		小计	鱼类	甲壳类			贝类	其它类
				小计	虾	蟹		
鄂州市	**396507**	**21751**	**11311**	**5603**	**5076**	**527**	**2715**	**2122**
荆门市	**464173**	**23438**	**17701**	**4749**	**4502**	**247**	**500**	**488**
荆门市辖区	53330	5899	5017	591	524	67	192	99
沙洋县	181586	6027	5395	502	502		130	
钟祥市	150005	6638	4061	2112	2012	100	128	337
京山县	74545	4874	3228	1544	1464	80	50	52
沙洋农场	4707							
孝感市	**395700**	**43508**	**31030**	**8976**	**8976**		**3350**	**152**
孝感市辖区	66739	10017	8209	1808	1808			
孝昌县	17589	3462	2501	942	942			19
大悟县	25279	2065	1659	406	406			
安陆县	26564	2549	2071	476	476			2
云梦县	47488	815	559	256	256			
应城县	64405	5945	4664	1166	1166		2	113
汉川市	147636	18655	11367	3922	3922		3348	18
黄冈市	**454183**	**32991**	**22764**	**7010**	**6947**	**63**	**2023**	**1194**
黄州区	47517	1805	1533	33	33		232	7
团风县	26858	301	301					
红安县	7711	1275	926	154	154		195	
麻城市	23792	1600	1396	152	141	11	5	47
罗田县	7850	42	40	2	2			
英山县	8220	526	491	34	34			1
浠水县	94342	9438	4982	4166	4166		158	132
蕲春县	73223	2279	2098	135	135		44	2
武穴市	56561	4192	1872	645	645		957	718
黄梅县	92410	11463	9075	1689	1637	52	432	267
龙感湖区	15699	70	50					20
咸宁市	**215616**	**16235**	**13235**	**2856**	**1662**	**1194**	**144**	
咸安区	28569	729	555	174	118	56		
嘉鱼县	76436	5711	3872	1797	897	900	42	
赤壁市	76435	5556	4863	600	370	230	93	
通城县	10920	1857	1798	50	42	8	9	
崇阳县	11169	872	787	85	85			
通山县	12087	1510	1360	150	150			
随州市	**78631**	**18913**	**17252**	**1293**	**1209**	**84**	**84**	**284**
曾都区	12954	2949	2938					11
随县	37481	6251	5352	827	821	6	35	37
广水市	30493	9713	8962	466	383	78	49	236
恩施州	**6790**	**1513**	**1437**	**69**	**69**			**7**
恩施市	549	95	95					
利川市	299	64	64					
建始县	1078	107	75	32	32			
巴东县	2644	615	615					
宣恩县	435	161	124	37	37			
咸丰县	456	106	106					
来凤县	1343	325	323					2
鹤峰县	122	40	35					5
仙桃市	**309150**	**14555**	**11654**	**2468**	**2022**	**446**	**412**	**21**
天门市	**120509**	**2192**	**682**	**819**	**663**	**156**	**501**	**190**
潜江市	**107885**	**7150**	**3960**	**2950**	**2940**	**10**	**240**	
神农架林区	**217**							

水产品养殖产量(一)

单位:吨

	养殖产量合计	其中:鱼类							
		小计	鲟鱼	鳗鲡	青鱼	草鱼	鲢鱼	鳙鱼	鲤鱼
湖北省	**3676400**	**3168141**	**8110**	**160**	**99652**	**859057**	**626792**	**397165**	**170091**
武汉市	**439142**	**414151**	**391**	**160**	**17935**	**128155**	**92664**	**45057**	**23273**
武汉市辖区	120338	116518		160	7772	32003	26856	13360	4122
新洲区	100268	96345			2324	44735	24431	5298	4873
江夏区	73014	66625			3933	14421	8936	10040	4259
蔡甸区	57868	54519	391		1121	16996	15313	7684	2703
黄陂区	87647	80144			2785	20000	17128	8675	7316
黄石市	**185726**	**166643**	**4**		**6794**	**35310**	**39262**	**23256**	**4757**
黄石市辖区	7229	6785			379	1454	1641	1219	44
大冶市	65779	59600	4		2274	14935	15783	7616	1431
阳新县	111076	100258			4141	18921	21838	14421	3282
十堰市	**48202**	**50224**	**117**	**10**	**130**	**3885**	**12809**	**4294**	**1899**
十堰市辖区	1184	1162				151	306		105
丹江口市	43607	43607			80	2900	10917	3600	800
郧县	1901	1901				80	600	350	30
郧西县	420	420	107			21	85	167	5
竹山县	2075	2055	10	10	50	485	694	50	680
竹溪县	240	235				50	77	72	19
房县	994	844				197	130	55	260
荆州市	**396551**	**851423**	**471**		**72645**	**253177**	**127845**	**110298**	**34105**
荆州市辖区	163160	145400	341		35719	34160	17093	7358	5130
江陵县	29137	27362			372	11604	5806	2959	634
松滋市	28139	25088			697	8935	7580	1550	1593
公安县	119697	101180	40		6997	24587	12020	8108	5189
石首市	111400	95880	50		4850	25178	6270		5830
监利县	256127	161852	40		15981	32735	18451		7925
洪湖市	385122	294661			8029	115978	60625		7804
宜昌市	**155818**	**154038**	**7756**		**7720**	**22916**	**20501**	**13072**	**10978**
宜昌市辖区	1734	1734			360	652	120	157	55
夷陵区	7392	7302	50		730	1731	1064	651	505
宜都市	12705	12690	5136		162	1240	1541	884	519
枝江市	64382	63615	545		3091	7228	9411	5814	7411
当阳市	49109	48367	327		1645	10478	7253	3275	2240
远安县	2191	2190	10		235	420	687	255	50
兴山县	215	215	5		103	53	5	1	1
秭归县	337	337	124		57	35	20	20	
长阳县	17709	17544	1558		1315	1079	400	2015	197
五峰县	44	44	1		22				
襄阳市	**171845**	**161643**	**310**		**5317**	**24163**	**40932**	**32107**	**19778**
襄阳市辖区	12652	12175			363	1980	3427	3086	1501
老河口市	35850	34396	5		2810	4520	6800	5580	4275
襄州区	37699	37448	225		238	5802	9505	9200	3510
枣阳市	38743	38603			1785	4628	12778	6435	4800
宜城市	28842	24857			3	4453	4928	4837	4012
南漳县	7661	7090	50		17	793	2043	1263	770
谷城县	7152	6354	30		101	1837	1421	1672	660
保康县	720	720				150	30	34	250

续表1　　单位:吨

	养殖产量合计	其中:鱼类							
		小计	鲟鱼	鳗鲡	青鱼	草鱼	鲢鱼	鳙鱼	鲤鱼
鄂州市	**374756**	**343934**			**12817**	**91456**	**73360**	**37767**	**10203**
荆门市	**440735**	**391072**	**120**		**13726**	**110245**	**52157**	**59311**	**29872**
荆门市辖区	47431	44964	120		1994	6997	6142	8068	4056
沙洋县	175559	158653			4114	52051	20880	20475	11307
钟祥市	143367	128143			5035	37257	14586	20057	10208
京山县	69671	54605			2512	12504	9173	9279	4242
沙洋农场	4707	4707			71	1436	1376	1432	59
孝感市	**352192**	**331579**			**9635**	**105427**	**74342**	**28330**	**32334**
孝感市辖区	56722	51872			2293	15303	6522	5378	5471
孝昌县	14127	13336			625	1552	3007	1735	1205
大悟县	23214	21318			192	5372	2737	4605	4317
安陆县	24015	22882			176	3812	6066	3037	1754
云梦县	46673	44277			284	14223	8828	2777	877
应城县	58460	52590			1968	19306	8476	4925	4106
汉川市	128981	125304			4097	45259	38706	5873	14604
黄冈市	**421192**	**374020**	**282**		**21778**	**86768**	**69931**	**61236**	**20870**
黄州区	45712	43612			5720	10430	7536	7090	2300
团风县	26557	25957			2367	7627	5391	4708	2051
红安县	6936	6176			287	1787	1345	1192	327
麻城市	22192	21539	250		230	5588	5400	3600	1950
罗田县	7808	7554			220	1468	1685	1250	638
英山县	7694	7048			67	932	2387	2216	653
浠水县	84904	80981			3180	16810	14397	11312	4563
蕲春县	70444	65524			3096	15627	12123	11521	3950
武穴市	52369	40442	2		1979	8876	9511	8028	2241
黄梅县	80947	59588	30		4213	9845	8618	8792	2187
龙感湖区	15629	15599			419	7778	1538	1527	10
咸宁市	**199381**	**180455**	**150**		**9309**	**42298**	**35998**	**19144**	**12817**
咸安区	27840	25503			842	6430	3080	3271	3535
嘉鱼县	70725	63335			4681	14760	20171		4042
赤壁市	70879	63234			3482	16900	7000	8000	3876
通城县	9063	8970			130	2029	2480	1652	835
崇阳县	10297	9386			104	1773	2267	1212	299
通山县	10577	10027	150		70	406	1000	5009	230
随州市	**59718**	**60383**			**5767**	**7565**	**15325**	**10342**	**3165**
曾都区	10005	10005			650	1900	3215	2219	300
随县	31230	30380			2393	3002	8398	4027	1672
广水市	20780	19998			2724	2663	3712	4096	1193
恩施州	**5277**	**5362**	**84**		**66**	**1525**	**847**	**418**	**1102**
恩施市	454	434	22		11	170	45	18	65
利川市	235	235				50	30	17	125
建始县	971	971	58			55	32	21	45
巴东县	2029	2029			50	620	400	190	510
宣恩县	274	245	4			40	38	22	62
咸丰县	350	350			5	110	65	40	88
来凤县	1018	1016				454	215	100	193
鹤峰县	82	82				26	22	10	14
仙桃市	**294595**	**285737**	**5**		**12831**	**103101**	**38521**	**16436**	**5723**
天门市	**118317**	**106351**			**5372**	**34361**	**12056**	**9407**	**8243**
潜江市	**100735**	**70275**			**1890**	**25855**	**14560**	**4000**	**2552**
神农架林区	**217**	**217**				**20**	**175**		**20**

水产品养殖产量(二)

	其中:鱼	类(续1)								
	鲫鱼	鳊鲂	泥鳅	鲶鱼	鮰鱼	黄颡鱼	河鲀	池沼公鱼	银鱼	短盖巨脂鲤
湖北省	**398605**	**157406**	**32175**	**34162**	**45060**	**69194**	**13**		**2170**	**51**
武汉市	**40244**	**31138**	**2889**	**2013**	**2123**	**7579**				**5**
武汉市辖区	13707	9689	116	311	291	1411				5
新洲区	5763	3859	127	390	219	1608				
江夏区	8371	7840	25	601	174	2392				
蔡甸区	3637	3543	316	236		588				
黄陂区	8766	6207	2305	475	1439	1580				
黄石市	**20199**	**10882**	**5433**	**2916**	**1005**					
黄石市辖区	1118	443	23	16	35					
大冶市	8367	4017	423	642	567					
阳新县	10714	6422	4987	2258	403					
十堰市	**1237**	**1004**	**12**	**491**	**821**					
十堰市辖区	136	5	6	24						
丹江口市	1010	600		400	800					
郧县	10	381		45						
郧西县	6	1	2	4						
竹山县	30	10			21					
竹溪县	17									
房县	28	7	3	18						
荆州市	**110714**	**31263**	**9488**	**11504**	**3076**			**110298**		
荆州市辖区	24964	7488	313	3075	87					
江陵县	1778	830	364	74						
松滋市	2119	981	122	103	27					
公安县	6980	5573	2139	1950	475					
石首市	22182	4163	622	1121	110					
监利县	20837	6170	3849	2879	42					
洪湖市	31854	6058	2079	2302	2335					
宜昌市	**30297**	**17189**	**304**	**2872**	**13062**					
宜昌市辖区	115	130	1	80	3					
夷陵区	1535	756								
宜都市	476	376	23	20	2176					
枝江市	16771	7444	206	1221	1423					
当阳市	11043	8219	73	1432	35					
远安县	263	115		42	15					
兴山县	1	46								
秭归县	25									
长阳县	47	103	1	77	9410					
五峰县	21									
襄阳市	**19055**	**8907**	**671**	**1498**	**1079**	**2063**			**785**	
襄阳市辖区	645	557	40	213		36				
老河口市	5150	1632	55	420	310	986			680	
襄州区	2855	3985	263	288	110	752				
枣阳市	5815	346	97	324	640	160			17	
宜城市	3602	1536	10	130		25			2	
南漳县	605	522	187	86	14	86			86	
谷城县	281	175	19	37	5	18				
保康县	102	154								

续表1 单位:吨

	其中:鱼类(续1)									
	鲫鱼	鳊鲂	泥鳅	鲶鱼	鮰鱼	黄颡鱼	河鲀	池沼公鱼	银鱼	短盖巨脂鲤
鄂州市	**23787**	**68993**	**1358**	**405**		**5561**				
荆门市	**49961**	**25519**	**3479**	**8613**	**9379**	**4723**			**160**	**396**
荆门市辖区	8717	3775	362	817	1898	282			160	94
沙洋县	19114	10963	865	2142	3423	2283				27
钟祥市	15871	7595	810	2918	4058	1761				275
京山县	5947	3165	1442	2736		397				
沙洋农场	312	21								
孝感市	**44295**	**16281**	**1745**	**864**	**125**	**4071**				
孝感市辖区	8746	4658	240	197		675				
孝昌县	1751	1723	610			407				
大悟县	2495	805	210	90		200				
安陆县	5063	2041	150	35	14	184				
云梦县	12307	318	75	233	97	1002				
应城县	7948	2900	140	208	14	648				
汉川市	5985	3836	320	101		955				
黄冈市	**43931**	**27053**	**2070**	**2502**	**1820**	**10737**			**11**	**10**
黄州区	4600	3600	30	130		1245				
团风县	2367	1184	28	55	12	39				
红安县	319	380	47	16	139	103				
麻城市	2500	520	45	256	300	324				
罗田县	720	688	60	80	320	30				
英山县	268	110	20	21	4	10				10
浠水县	13768	7987	170	920	591	1080				
蕲春县	6464	5234	95	219		4915				
武穴市	4728	2873	41	122	4	182				
黄梅县	5659	4321	1534	683	450	1982			11	
龙感湖区	2538	156				827				
咸宁市	**26705**	**12814**	**1156**	**1333**	**3569**	**2127**			**237**	
咸安区	5244	2179	37	42		153				
嘉鱼县	11543	2944	221	177	1709	801				
赤壁市	8050	5950	537	955	398	906			60	
通城县	499	786	30		252				22	
崇阳县	1019	565	71	107	168	191			55	
通山县	350	390	260	52	1042	76			100	
随州市	**10636**	**2559**	**650**	**608**	**1546**	**660**			**30**	
曾都区	1490	100	10	5	15	192			30	
随县	7360	1567	272	603	5	418				
广水市	1786	892	368		1526	50				
恩施州	**411**	**43**	**2**	**73**	**740**	**20**				
恩施市	43	10		15	25	5				
利川市	13									
建始县	5			42	688					
巴东县	229	30				10				
宣恩县	15	3	2	16	27	5				
咸丰县	42									
来凤县	54									
鹤峰县	10									
仙桃市	**35691**	**13737**	**1660**	**176**	**3003**	**4000**				
天门市	**8032**	**7928**	**1343**	**501**	**3107**	**1518**				
潜江市	**3280**	**2296**	**915**	**756**	**605**	**586**				
神农架林区										

水产品养殖产量(三)

单位:吨

	其中:鱼类(续2)							
	长吻鮠	黄鳝	鳜鱼	鲈鱼	乌鳢	罗非鱼	白鱼鲴鱼	其它
湖北省	**862**	**144398**	**31026**	**2800**	**32164**	**3860**	**44194**	**8974**
武汉市	**43**	**6068**	**6520**	**123**	**3431**	**200**	**3908**	**232**
武汉市辖区		3168	1517	22	544	50	1222	192
新洲区		2346	260		112			
江夏区	43	395	2345		1307		1543	
蔡甸区		36	1098	20	722		75	40
黄陂区		123	1300	81	746	150	1068	
黄石市		**3070**	**1682**	**112**	**2928**	**155**	**2092**	**1084**
黄石市辖区			12			24	7	
大冶市		568	467	28	637	131	942	215
阳新县		2502	1203	84	2291		1143	869
十堰市	**2**	**2**	**568**	**1110**	**214**	**170**	**18350**	**2446**
十堰市辖区			290				135	2
丹江口市			200	1100	200		18000	2400
郧县			70	10	4	80	200	1
郧西县	2		3				10	1
竹山县			5				5	
竹溪县								
房县		2			10	90		42
荆州市	**301**	**64948**	**22516**	**95**	**11323**	**270**	**3209**	**######**
荆州市辖区		3653	262		588		189	50
江陵县		2711			27			
松滋市		755	275		50	20		2
公安县		12056	3520	70	2493	250	1611	292
石首市	301	2369	7272	20	1776		860	
监利县		31625	4029	5	4387		279	
洪湖市		11779	7158		2002		270	
宜昌市	**493**	**476**	**229**	**55**	**887**	**100**	**1290**	**360**
宜昌市辖区		1		5			50	
夷陵区	90					96		94
宜都市			1					127
枝江市		389	143		379		696	
当阳市		83	47		508		493	55
远安县		3	8			4	12	19
兴山县								
秭归县								
长阳县	403		30	50			39	65
五峰县								
襄阳市	**5**	**1139**	**457**	**403**	**510**	**181**	**1883**	**400**
襄阳市辖区						162	165	
老河口市		358	440	375				
襄州区		310			40		335	30
枣阳市	5	202	2	17	272		170	110
宜城市		70	3		4	2	1200	40
南漳县		186			172			210
谷城县		13	12	11	22	17	13	10
保康县								

续表1　　　　单位:吨

	其中:鱼　类(续2)							
	长吻鮠	黄鳝	鳜鱼	鲈鱼	乌鳢	罗非鱼	白鱼鲴鱼	其它
鄂州市		**3792**	**1400**	**176**	**5027**	**130**	**7702**	
荆门市	**13**	**16160**	**1538**		**3573**	**634**	**1889**	
荆门市辖区	8	403	88		535	15	527	
沙洋县	5	7562	831		1508	167	963	
钟祥市		6244	268		1112	65	298	
京山县		1951	351		418	387	101	
沙洋农场								
孝感市		**5136**	**2248**	**602**	**3718**	**253**	**1793**	**380**
孝感市辖区		515	387	16	841	72	58	
孝昌县		424			197			
大悟县		122			84		89	
安陆县		60	40		146	87	213	4
云梦县		802	267		1554	32	382	219
应城县		510	259	16	459	31	658	18
汉川市		2703	1295	570	437	31	393	139
黄冈市		**9594**	**6111**	**77**	**4193**	**284**	**3119**	**1643**
黄州区		440	310		160		21	
团风县		28	20	24	16	16		24
红安县		120	10	2	15		82	5
麻城市		58	48		155		295	20
罗田县		85	65		65		180	
英山县		4	48		10	268	20	
浠水县		1960	2813	21	558		830	21
蕲春县		657	1354		263			6
武穴市		832	416		290		290	27
黄梅县		4604	1027	30	2661		1401	1540
龙感湖区		806						
咸宁市		**4241**	**1645**	**40**	**2223**	**903**	**1733**	**1213**
咸安区		140	34		49		363	104
嘉鱼县		227	88		963		287	321
赤壁市		3416	774		1028	565	733	204
通城县		180	56		9	10		
崇阳县		118	238		119	276	250	554
通山县		160	455	40	55	52	100	30
随州市		**566**	**139**	**5**	**374**		**438**	**8**
曾都区		295	50		336		135	
随县		261	84	2	23		293	
广水市		10	5	3	15		10	8
恩施州	**5**	**8**	**18**					
恩施市		5						
利川市								
建始县								
巴东县	5		10					
宣恩县		3	8					
咸丰县								
来凤县								
鹤峰县								
仙桃市		**44842**	**716**		**460**		**4520**	**315**
天门市		**11516**	**979**		**1140**	**580**	**268**	
潜江市		**12625**	**230**		**125**			
神农架林区				**2**				

水产品养殖产量(四)

单位:吨

	甲壳类							贝类	其它类				
	小计	虾					河蟹		小计	龟	鳖	蛙	珍珠(公斤)
		小计	罗氏沼虾	青虾	克氏原螯虾	南美白对虾							
湖北省	**446830**	**331295**	**1444**	**25113**	**302179**	**2559**	**115535**	**25595**	**35830**	**2493**	**31626**	**1460**	**251000**
武汉市	**23611**	**16896**	**22**	**1745**	**14429**	**700**	**6715**		**1373**	**81**	**1292**		
武汉市辖区	3350	2220	22	448	1435	315	1130		470	45	425		
新洲区	3919	3750			3750		169		4		4		
江夏区	6262	2946		911	2035		3316		127	36	91		
蔡甸区	3297	2697		26	2656	15	600		52		52		
黄陂区	6783	5283		360	4553	370	1500		720		720		
黄石市	**12666**	**10504**		**1562**	**8756**	**186**	**2162**	**1948**	**346**	**107**	**115**	**78**	**46114**
黄石市辖区	64						64						
大冶市	4785	4053		638	3415		732	1336	81	5	72	2	2114
阳新县	7817	6451		924	5341	186	1366	612	265	102	43	76	44000
十堰市	**197**	**197**		**20**	**177**								
十堰市辖区	22	22			22								
丹江口市													
郧县													
郧西县													
竹山县	20	20		20									
竹溪县	5	5			5								
房县	150	150			150			110298					
荆州市	**216706**	**133056**		**3818**	**128475**	**863**	**83650**	**1180**	**23473**	**1836**	**21065**	**469**	**103000**
荆州市辖区	11882	10895			10073	822	987		5878	612	5266		
江陵县	1478	1443		42	1368	33	35		297	81	212	4	
松滋市	2657	2529		5	2524		128		394	7	385	2	
公安县	11128	7911			7911		3217		6392	405	5741	168	78000
石首市	15222	14246		1832	12514		976		236	5	131	75	25000
监利县	89781	52103		1847	50256		37678		4373	364	3789	220	
洪湖市	84558	43929		92	43829	8	40629		5903	362	5541		
宜昌市	**1461**	**1459**	**188**	**55**	**1216**		**2**	**3**	**316**	**29**	**280**	**7**	
宜昌市辖区													
夷陵区	81	79	28		51		2	3	6			6	
宜都市	5	5			5				10		10		
枝江市	714	714		53	661				53		53		
当阳市	499	499			499				243	26	217		
远安县									1	1			
兴山县													
秭归县													
长阳县	162	162	160	2					3	2		1	
五峰县													
襄阳市	**7501**	**6774**		**70**	**6697**	**7**	**727**	**50**	**125**	**16**	**52**		
襄阳市辖区	477	477			477								
老河口市	1416	936		20	910	6	480	20	18	10	8		
襄州区	212	200		34	165	1	12	30	9	2	7		
枣阳市	138	115		13	102		23		2		2		
宜城市	3963	3963		3	3960				22	3	19		
南漳县	500	500			500				71		14		
谷城县	795	583			583		212		3	1	2		
保康县													

续表1

单位:吨

	甲壳类							贝类	其它类				
	小计	虾					河蟹		小计	龟	鳖	蛙	珍珠（公斤）
		小计	罗氏沼虾	青虾	克氏原螯虾	南美白对虾							
鄂州市	**15375**	**9006**		**1207**	**7681**	**118**	**6369**	**14211**	**1280**	**8**	**1010**	**124**	**138000**
荆门市	**40065**	**37527**	**1159**	**129**	**36239**		**2538**	**60**	**10971**	**1070**	**9473**	**428**	
荆门市辖区	2042	1992		63	1929		50		454	205	249		
沙洋县	15363	13590		60	13530		1773		1609	128	1053	428	
钟祥市	14115	13990	1159	6	12825		125	60	847	97	750		
京山县	8545	7955			7955		590		8061	640	7421		
沙洋农场													
孝感市	**15906**	**12776**		**334**	**12442**		**3130**	**54**	**4653**	**121**	**4532**		
孝感市辖区	4701	4580		222	4358		121		149	30	119		
孝昌县	791	786			786		5						
大悟县	1800	1800			1800				96	34	62		
安陆县	1059	1004		4	1000		55		74	10	64		
云梦县	2265	2149			2149		116		131	40	91		
应城县	2181	1198		2	1196		983		3689	7	3682		
汉川市	3109	1259		106	1153		1850	54	514		514		
黄冈市	**36861**	**35125**	**1**	**2004**	**32204**	**916**	**1736**	**9721**	**591**	**54**	**162**	**360**	**14300**
黄州区	1830	1712		15	781	916	118	235	35		30		5000
团风县	600	487			487		113						
红安县	753	626		26	600		127		7	2	5		
麻城市	609	609			609			2	42	6	10	26	
罗田县	250	250			250				4	1	3		
英山县	631	631			631				15	6	9		
浠水县	3775	3519			3519		256	107	41	17	21		3000
蕲春县	4829	4810			4810		19	89	2	0			2000
武穴市	11791	11488	1	128	11359		303	130	6		1	2	3300
黄梅县	11763	10963		1835	9128		800	9158	438	22	83	332	1000
龙感湖区	30	30			30								
咸宁市	**18580**	**12805**		**1424**	**11381**		**5775**		**346**	**16**	**40**	**287**	**3000**
咸安区	2327	1391		20	1371		936		10	3	7		
嘉鱼县	7385	3724		1000	2724		3661		5	5			
赤壁市	7432	6399		246	6153		1033		213	8	25	177	3000
通城县	80	60			60		20		13		5	8	
崇阳县	806	701		158	543		105		105		3	102	
通山县	550	530			530		20						
随州市	**1257**	**987**	**148**	**162**	**677**		**270**	**104**	**271**	**23**	**148**		
曾都区	565	414		62	352		151	2	215	20	95		
随县	692	573	148	100	325		119	102	56	3	53		
广水市													
恩施州	20	20			20				31	29	2		
恩施市	20	20			20								
利川市													
建始县													
巴东县													
宣恩县									29	29			
咸丰县													
来凤县									2		2		
鹤峰县													
仙桃市	**8377**	**4631**		**12**	**4557**	**62**	**3746**	**14**	**467**		**464**	**3**	
天门市	**9855**	**7659**			**7150**	**509**	**2196**	**530**	**1581**	**164**	**1417**		
潜江市	**26679**	**23822**		**16**	**23790**	**16**	**2857**	**1845**	**1936**	**112**	**1815**	**9**	
神农架林区													

主要名特优水产品养殖面积

面积:公顷;温室面积:平方米

	龟		鳖		河蟹	鳜鱼	青虾	克氏螯虾	银鱼	黄颡鱼	鳝鱼	鮰鱼	鲟鱼
	小计	#温室	小计	#温室									
湖北省	19065	361223	129515	1139571	190537	108764	25902	280286	9066	100605	48419	11780	916
武汉市	11	2500	452	26310	46673	11674	5380	9292	24	17886	606	908	3
武汉市辖区	7		296	5810	2437	885	67	698	24	2025	514	14	
新洲区			3		4544	888		1266		6614	52	44	
江夏区	4	2500	26	20500	25000	5655	2050	2260		3667	24	330	
蔡甸区			77		8672	1120	2413	2133		2667	3		3
黄陂区			50		6020	3126	850	2935		2913	13	520	
黄石市					16277	2261	2367	14993	20	10120	142	149	2
黄石市辖区					2277					2			
大冶市					4000	800	1000	1660	20	600	100	60	2
阳新县					10000	1461	1367	13333		9518	42	89	
十堰市						240	20	320	3000	11	1	50	2
十堰市辖区						80		6					
丹江口市						60			1000	10		50	
郧县						100			2000				
郧西县										1			2
竹山县							20						
竹溪县								15					
房县								299			1		
荆州市	911	120756	27840	137475	66369	56902	225	110298	104	15858	16755	2240	66
荆州市辖区	65	40000	352	15000	1860	500		6007		2680	56	365	51
江陵县	23	60060	175		30		14	1147		38	668		
松滋市	3		366	5000	666	3000	1	3596	4	30	23	30	
公安县	180	266	3017	4200	2243	1784	80	5086	100	5419	4480	42	12
石首市	10		310	30000	8000	4835	20			471	68	35	1
监利县	70	11150	568	49287	24942	15988	100			3207	3967	15	2
洪湖市	560	9280	23052	33988	28628	30795	10			4013	7493	1753	
宜昌市	15		310	1600	15	239	8			3213	72	397	400
宜昌市辖区										1	1	1	
夷陵区					15			4					2
宜都市			20	600				20		1		5	10
枝江市			32	1000		32	6	721		734	52	349	49
当阳市	15		258			205		351		2470	18	21	10
远安县						1				1	1	1	1
兴山县													1
秭归县										1			2
长阳县						1	2			5		20	5
五峰县													320
襄阳市	7		59		908	265	265	4149	2025	810	310	201	30
襄阳市辖区							18	55		10			
老河口市					210	243	51	1088		126	28	15	5
襄州区	7		15		281		180	680		358	220		20
枣阳市			1		250	19	12	695	2025	258	40	185	
宜城市			43				3	1148		14	16		
南漳县								200					
谷城县					167	3	1	283		44	6	1	5
保康县													

续表1　　　　面积:公顷;温室面积:平方米

	龟		鳖		河蟹	鳜鱼	青虾	克氏螯虾	银鱼	黄颡鱼	鳝鱼	鮰鱼	鲟鱼
	小计	#温室	小计	#温室									
鄂州市	**5000**	**5000**	**39000**	**37000**	**14239**	**1975**	**2016**	**5464**	**14**	**6969**	**78**		
荆门市	**682**	**203907**	**3344**	**438776**	**7329**	**3617**	**1010**	**26121**	**462**	**4075**	**4273**	**2187**	**80**
荆门市辖区	260	7207	3	696	54	255	300	4292	120	411	288	1045	80
沙洋县	13	15000	196	90760	4774	2622	650	9066	22	1540	1594	460	
钟祥市	131	18300	540	40320	1218	320	60	7134	120	1919	1825	682	
京山县	278	163400	2605	307000	1283	420		5629	200	205	566		
沙洋农场													
孝感市	**60**	**1400**	**1086**	**374370**	**11811**	**10021**	**115**	**13860**	**100**	**14202**	**631**	**90**	
孝感市辖区	5	1000	162	24000	107	2800		3000		2000	167		
孝昌县								743		1013	60		
大悟县	9		21					1133		153	67		
安陆县	8		59		67	67	107	667	100	1000	6	45	
云梦县	38	400	190	600	154	387		1235		2830	87	35	
应城县			521	349770	3483	2437	8	1949		2866	124	10	
汉川市			133		8000	4330		5133		4340	120		
黄冈市	**95**	**400**	**1296**	**1820**	**5549**	**14735**	**6500**	**29038**	**553**	**15539**	**2394**	**1791**	**313**
黄州区			15		400	87	400	1850		3580	650		
团风县	5	50	10	50	230	350		2700	18	275	320	350	
红安县			100	100		100		540		800	160	10	
麻城市	10		50		4	200		400		520	60	460	210
罗田县	1	200	10	1000		200		267		70	12	50	
英山县	1		2			8		267		6	2	3	
浠水县	78	150	1050	150	2206	5626		5647		2670	360	781	
蕲春县					341	864		3834		1830	10		
武穴市			5		35	4500	2000	6300		2100	360	4	3
黄梅县			54	520	2333	2800	4100	6833	535	3153	380	133	100
龙感湖区								400		535	80		
咸宁市	**5**	**800**	**47**	**2400**	**7164**	**4283**	**2433**	**15744**	**3214**	**7188**	**13369**	**666**	**2**
咸安区	5	800	7	1100	3333	400		4000	30	486	107		
嘉鱼县					643	317	663	597		1172		46	
赤壁市			25		3000	2333	1250	9667	3000	5000	520	30	
通城县				1300	18	13		530	8		258	270	
崇阳县			15		40	1120	520	650	156	430	25	120	
通山县					130	100		300	20	100	100	200	2
随州市	**3**		**8510**	**8500**	**1114**	**382**	**522**	**4190**	**100**	**192**	**320**	**12**	**10**
曾都区			8500	8500	1000	360	470	2982	100	77	195		
随县	3		10		111	21	52	1181		105	125	5	
广水市					3	1		27		10		7	10
恩施州						**2**		**10**		**3**	**3**	**3**	**3**
恩施市								10		1	1	1	1
利川市													
建始县													
巴东县						1				1	1	1	1
宣恩县						1				1	1	1	1
咸丰县													
来凤县													
鹤峰县													
仙桃市			**3477**	**1820**	**5329**	**1392**	**31**	**9464**		**3679**	**7907**	**2965**	**5**
天门市	**72**	**20600**	**265**	**102000**	**2170**	**620**		**11468**		**390**	**270**	**280**	
潜江市	**17**	**5860**	**75**	**7500**	**1460**	**215**	**10**	**13779**		**665**	**2110**	**140**	
神农架林区													

按水面分类养殖产量、面积、单产(一)

面积:公顷;单位:吨;单产:公斤/公顷

	合计			湖泊			水库			塘堰		
	面积	产量	主要水面单产	面积	产量	单产	面积	产量	单产	面积	产量	单产
湖北省	**680067**	**3676396**	**5162**	**196168**	**331737**	**1691**	**109434**	**195760**	**1789**	**92364**	**310340**	**3360**
武汉市	**108581**	**439135**	**3964**	**56148**	**58088**	**1035**	**5011**	**5517**	**1101**	**14726**	**62930**	**4273**
武汉市辖区	21816	120338	5560	9677	16891	1745	86	261	3035	2898	14367	4958
新洲区	16796	100268	5880	5028	4665	928	1112	597	537	1625	8752	5386
江夏区	34712	73014	2065	25324	20196	798	415	607	1463	2710	10018	3697
蔡甸区	15590	57868	3633	8652	7125	824				3149	13027	4137
黄陂区	19667	87647	4225	7467	9211	1234	3398	4052	1192	4344	16766	3860
黄石市	**44918**	**184084**	**4058**	**25420**	**40884**		**2103**	**3406**	**1620**	**2524**	**10499**	**4160**
黄石市辖区	2386	12229	5125	320	1789	5591	111	137	1234	445	233	524
大冶市	14430	66779	4506	8000	18612	2327	1187	2331	2975	1213	4842	3992
阳新县	28102	105076	4719	17100	20483	1198	805	938	1165	866	5424	6263
十堰市	**13589**	**50421**	**3710**				**12180**	**45735**	**3755**	**1052**	**2177**	**2069**
十堰市辖区	222	1184	5333				153	780	5098	41	128	3122
丹江口市	7124	43607	6121				6430	40710	6331	461	1300	2820
郧县	2185	1901	870				1895	1451	766	230	270	1174
郧西县	953	420	415				949	377	397			
竹山县	2027	2075	1024				2000	1999	1000	22	61	2773
竹溪县	308	240	779				210	139	662	96	95	990
房县	770	994	1118				543	110298	514	202	323	1599
荆州市	**156852**	**1092782**	**6528**	**38153**	**70562**	**1849**	**3461**	**4649**	**1343**	**4488**	**4686**	**1044**
荆州市辖区	13875	163160	11189	2704	17514	6477	2057	3250	1580	698	1495	2142
江陵县	3882	29137	7431							247	193	781
松滋市	9717	28139	3038	1602	754	471	860	380	442			
公安县	19717	119697	6106	6826	8289	1214	353		1227			
石首市	15204	111400	6437	8289	24602	2968	191		3068			
监利县	37999	256127	5992	6289	5755	915				3543	2998	846
洪湖市	56458	385122	6772	12443	13648	1097						
宜昌市	**26565**	**155818**	**5840**	**1952**	**6988**	**3580**	**12110**	**43108**	**3560**	**1177**	**5928**	**5037**
宜昌市辖区	290	1734	5979	2	1	500	48	100	2083			
夷陵区	1403	7392	5269				335	820	2448	300	1716	5720
宜都市	3158	12705	4023	26	156	6000	2550	10251	4020	45	480	10667
枝江市	8643	64382	7373	1841	6555	3561	1806	7578	4196	344	2220	6453
当阳市	9811	49109	5003	83	276	3325	4816	6326	1314	324	1371	4231
远安县	1137	2191	1927				488	285	584	164	141	860
兴山县	9	215	23889				2	25	12500			
秭归县	87	337	3874				85	317	3729			
长阳县	1986	17709	8917				1953	17394	8906			
五峰县	41	44	1073				27	12	444			
襄阳市	**48356**	**169319**	**3445**				**21623**	**43762**	**2024**	**11646**	**40956**	**3517**
襄阳市辖区	2978	12652	4217				1608	4696	2920	475	2141	4507
老河口市	7631	35850	4670				4096	14410	3518	989	3998	4042
襄州区	8267	37699	4335				2067	6659	3222	1999	9809	4907
枣阳市	14058	38743	2758				7052	9945	1410	3746	10020	2675
宜城市	6508	28842	4236				2876	6095	2119	2093	10705	5115
南漳县	3467	7661	2206				1389	800	576	568	1300	2289
谷城县	4648	7152	1576				1753	517	295	1776	2983	1680
保康县	799	720	901				782	640	818			

续表1

单位:吨

	合计			湖泊			水库			塘堰		
	面积	产量	主要水面单产	面积	产量	单产	面积	产量	单产	面积	产量	单产
鄂州市	**42016**	**374800**	**8763**	**20624**	**74845**	**3629**	**868**	**3754**	**4325**	**925**	**5168**	**5587**
荆门市	**83980**	**440735**	**4908**	**9485**	**32373**	**3413**	**24712**	**28510**	**1154**	**16662**	**37501**	**2251**
荆门市辖区	22306	47431	2054				11125	8024	721	4741	8058	1700
沙洋县	24234	175559	6753	7803	26960	3455	3273	8517	2602	4574	13740	3004
钟祥市	21733	143367	6161	1582	5173	3270	6024	7819	1298	3604	9636	2674
京山县	14600	69671	4394				4290	4150	967	3340	5586	1672
沙洋农场	1107	4707	4252	100	240	2400				403	481	1194
孝感市	**70846**	**352192**	**4913**	**8408**	**11915**	**1417**	**9969**	**21362**	**2143**	**19753**	**55928**	**2831**
孝感市辖区	11673	56283	4682	2993	2649	885	583	350	600	2948	8561	2904
孝昌县	7441	14127	1857				2225	1861	836	3100	2668	861
大悟县	5400	23214	4054				2021	5140	2543	2526	8690	3440
安陆县	7534	24015	3180				2720	7629	2805	1444	1938	1342
云梦县	6714	46673	6906				547	1150	2102	1772	8939	5045
应城县	12402	58460	4638	3264	4554	1395	1873	5232	2793	2883	12137	4210
汉川市	19521	128981	6656	2151	4712	2191				5029	12905	2566
黄冈市	**86674**	**421192**	**4567**	**19177**	**50737**	**2646**	**17774**	**29619**	**1666**	**17376**	**63094**	**3631**
黄州区	6670	45712	6726	1557	4006	2573	98	380	3878	795	4945	6220
团风县	5592	26557	4388	435	1031	2370	735	1456	1981	865	2464	2849
红安县	7230	6436	878				3388	2109	622	2076	1433	690
麻城市	9523	22192	2318				3933	4500	1144	3663	8583	2343
罗田县	3610	7808	2150				2058	3227	1568	1192	2970	2492
英山县	2217	7694	3464				1596	3885	2434	411	1932	4701
浠水县	11653	84904	7244	1281	5752	2889	983	3057	3110	3583	20980	5855
蕲春县	13554	70944	5034	3494	9578	2741	2382	5693	2390	2137	7236	3386
武穴市	10549	52369	4266	4516	9314	2062	1442	2012	1395	1519	5992	3945
黄梅县	15380	80947	4782	7894	21056	2667	1159	3300	2847	1135	6559	5779
龙感湖区	1236	15629	12645									
咸宁市	**55134**	**199381**	**3477**	**21427**	**58999**	**2753**	**9720**	**10463**	**1076**	**3522**	**8413**	**2389**
咸安区	11311	27840	2460	5326	12257	2301	1634	663	406	452	223	493
嘉鱼县	16602	70725	4357	8061	23622	2930	1385	580	419			
赤壁市	15426	70879	4122	8040	23120	2876	1397	4100	2935	191	1130	5916
通城县	3487	9063	2690				1307	1977	1513	1103	2482	2250
崇阳县	5108	10297	1936				2856	1893	663	1016	2345	2308
通山县	3200	10577	2541				1141	1250	1096	760	2233	2938
随州市	**27438**	**62015**	**2260**				**15552**	**24540**	**1578**	**6319**	**17068**	**2701**
曾都区	5992	14169	2365				3121	4780	1532	1622	4092	2523
随县	16156	34716	2149				10309	16504	1601	2700	7803	2890
广水市	5290	13130	2482				2122	3256	1534	1997	5173	2590
恩施州	**2019**	**5413**	**2681**				**1139**	**2088**	**1833**	**629**	**1979**	**3146**
恩施市	148	454	3068				80	185	2313	68	269	3956
利川市	550	2029	3689				300	350	1167	170	1150	6765
建始县	218	235	1078				99	134	1354	119	101	849
巴东县	16	971	60688				5	920	184000	11	51	4636
宣恩县	332	274	825				304	210	691	28	64	2286
咸丰县	252	350	1389				56	52	929	195	297	1523
来凤县	352	1018	2892				182	202	1110			
鹤峰县	151	82	543				113	35	310	38	47	1237
仙桃市	**36767**	**294595**	**8002**	**2733**	**7812**	**2858**				**223**	**1027**	**4605**
天门市	**14667**	**118317**	**7568**	**2251**	**7367**	**3273**	**340**	**1150**	**3382**	**2807**	**13148**	**4684**
潜江市	**10665**	**100735**	**7336**	**1285**	**3090**	**2405**				**706**	**4430**	**6275**
神农架林区	**400**	**217**	**543**				**400**	**217**	**543**			

按水面分类养殖产量、面积、单产(二)

面积:公顷;单位:吨;单产:公斤/公顷

	精养池			河沟			其它养殖			稻田水产养殖		
	面积	产量	单产	面积	产量	单产	面积	产量	单产	面积	产量	单产
湖北省	**275148**	**2642343**	**9603**	**4647**	**18410**	**3962**	**2306**	**12610**	**5468**	**185829**	**165196**	**889**
武汉市	**31501**	**301707**	**9578**	**1186**	**2123**	**1790**	**9**	**127**	**14111**	**7874**	**8643**	**1098**
武汉市辖区	8704	87268	10026	447	1401					100	150	1500
新洲区	9031	84754	9385							1000	1500	1500
江夏区	5706	40473	7093	552	381	690	5	127	25400	1868	1212	649
蔡甸区	3789	36488	9630				4	391	97750	1973	1228	622
黄陂区	4271	52724	12345	187	341	1824				2933	4553	1552
黄石市	**14604**	**127111**	**8704**	**267**	**372**	**1393**				**1237**	**1812**	**1465**
黄石市辖区	1510	10070	6669									
大冶市	3763	37660	10008	267	372	1393				1025	1762	1719
阳新县	9331	79381	8507							212	50	236
十堰市	355	2351	6623				2	20	10000	91	138	1516
十堰市辖区	28	276	9857									
丹江口市	233	1597	6854									
郧县	60	180	3000									
郧西县	2	18	9000				2	20	10000	1	5	5000
竹山县	5	15	3000									
竹溪县	2	6	3000									
房县	25	259	10360							90	133	1478
荆州市	**103259**	**918206**	**8892**	**4389**	**5617**	**1280**	**3102**	**110298**	**2776**	**85838**	**80450**	**937**
荆州市辖区	8264	131927	15964	86	324	3767	66	295	4470	6999	8355	1194
江陵县	3587	28296	7888	35	54	1543	13	26	2000	1147	568	495
松滋市	6473	26012	4019	782	169	216				3596	824	229
公安县	11723	106696	9101	757	779	1029	58	63	1086	4153	3437	828
石首市	6466	71024	10984	43	260	6047	215		10595	9763	12650	1296
监利县	23731	192344	8105	1686	3731	2213	2750		2164	36616	45349	1239
洪湖市	43015	361907	8414	1000	300	300				23564	9267	393
宜昌市	**11242**	**98891**	**8797**	**84**	**213**	**2536**				**791**	**690**	**872**
宜昌市辖区	240	1633	6804									
夷陵区	738	4751	6438	30	105	3500						
宜都市	531	1800	3390	6	18	3000						
枝江市	4604	47278	10269	48	90	1875				682	661	969
当阳市	4588	41107	8960							109	29	266
远安县	485	1765	3639									
兴山县	7	190	27143									
秭归县	2	20	10000									
长阳县	33	315	9545									
五峰县	14	32	2286									
襄阳市	**13372**	**79524**	**5947**	**1402**	**1258**	**897**	**313**	**335**	**1070**	**1424**	**3484**	**2447**
襄阳市辖区	895	5720	6391							60	95	1583
老河口市	2520	17200	6825	26	32	1231				130	210	1615
襄州区	3757	18921	5036	444	450	1014				383	1860	4856
枣阳市	2688	18275	6799	551	476	864	21	27	1286			
宜城市	1382	10477	7581	157	291	1854				785	1274	1623
南漳县	1420	5351	3768				90	210	2333			
谷城县	693	3500	5051	224	9	40	202	98	485	66	45	682
保康县	17	80	4706									

续表1 单位:吨

	精养池			河沟			其它养殖			稻田水产养殖		
	面积	产量	单产	面积	产量	单产	面积	产量	单产	面积	产量	单产
鄂州市	**18890**	**280956**	**14873**	**709**	**3452**	**4869**				**2298**	**6625**	**2883**
荆门市	**30287**	**310196**	**10242**	**2834**	**3624**	**1279**				**30585**	**28541**	**933**
荆门市辖区	6144	29153	4745	296	571	1929				3285	1635	498
沙洋县	7552	113167	14985	1032	1271	1232				9967	11904	1194
钟祥市	9679	110167	11382	844	1095	1297				9998	9477	948
京山县	6308	53723	8517	662	687	1038				7335	5525	753
沙洋农场	604	3986	6599									
孝感市	**27977**	**246816**	**8822**	**4436**	**10540**	**2376**	**303**	**818**	**2700**	**6560**	**4813**	**734**
孝感市辖区	4800	42217	8795	349	877	2513				3000	1629	543
孝昌县	1569	8613	5489	547	673	1230				743	312	420
大悟县	853	8060	9449							471	1324	2811
安陆县	2719	13801	5076	651	587	902				80	60	750
云梦县	3611	33440	9261	784	2839	3621				1028	305	297
应城县	3769	33172	8801	613	2421	3949				1093	944	864
汉川市	10546	107164	10162	1492	3143	2107	303	818	2700	145	239	1648
黄冈市	**28168**	**239266**	**8494**	**2712**	**6445**	**2376**	**1467**	**3111**	**2121**	**22574**	**28920**	**1281**
黄州区	2857	31651	11078	1363	3880	2847				817	850	1040
团风县	3270	18430	5636	74	222	3000	213	639	3000	1029	2315	2250
红安县	1480	2670	1804	286	139	486				200	85	425
麻城市	1927	8992	4666							176	117	665
罗田县	228	1280	5614				132	271	2053	80	60	750
英山县	210	1862	8867							72	15	208
浠水县	5058	49729	9830	151	350	2318	57	156	2737	4130	4880	1182
蕲春县	4989	43761	8771	310	744	2400	242	564	2331	1869	3368	1802
武穴市	2954	27514	9314	118	167	1415				6547	7370	1126
黄梅县	3959	37748	9535	410	943	2300	823	1481	1800	7654	9860	1288
龙感湖区	1236	15629	12645									
咸宁市	**17515**	**105546**	**6026**	**1047**	**1705**	**1628**	**1903**	**5836**	**3067**	**7031**	**8419**	**1197**
咸安区	3239	13619	4205	618	955	1545	42	81	1929	8	42	5250
嘉鱼县	6325	44910	7100	221	573	2593	610	746	1223	322	294	913
赤壁市	5646	35003	6200	113	76	673	39	220	5641	5451	7230	1326
通城县	806	4348	5395	95	101	1063	176	110	625	60	45	750
崇阳县	1236	5651	4572							723	408	565
通山县	263	2015	7662				1036	4679	4516	467	400	857
随州市	**4132**	**18577**	**4496**	**244**	**300**	**1230**	**1191**	**1500**	**1259**	**12**	**30**	**2500**
曾都区	1060	5042	4757	97	105	1082	92	120	1304	12	30	2500
随县	2109	9104	4317	106	145	1368	932	1160	1245			
广水市	963	4431	4601	41	50	1220	167	220	1317			
恩施州	**224**	**1315**	**5871**	**27**	**31**	**1148**						
恩施市												
利川市	80	529	6613									
建始县												
巴东县												
宣恩县												
咸丰县				1	1	1000						
来凤县	144	786	5458	26	30	1154						
鹤峰县												
仙桃市	**32494**	**279774**	**8610**	**1317**	**5583**	**4239**				**525**	**399**	**760**
天门市	**8625**	**87422**	**10136**	**644**	**1907**	**2961**				**6700**	**7323**	**1093**
潜江市	**8424**	**70201**	**8333**	**250**	**514**	**2056**				**12582**	**22500**	**1788**
神农架林区												

水产苗种生产投放

单位:公顷

	投放鱼种（吨）	鱼种产量（吨）	鱼苗生产数量（亿尾）		扣蟹（公斤）	稚龟（万只）	稚鳖（万只）	虾类育苗（亿尾）	贝类育苗（万粒）
			合计	其中:罗非鱼					
湖北省	**923123**	**942616**	**773**	**7**	**3275137**	**1027**	**6193**	**246**	**80410**
武汉市	**93872**	**77977**	**99**		**20000**	**62**	**342**	**1**	
武汉市辖区	25935	11465	14			16	257		
新洲区	17800	17800	46						
江夏区	19193	17800	21		20000	46	47		
蔡甸区	14244	13612	13				24		
黄陂区	16700	17300	6				14	1	
黄石市	**47466**	**41791**	**24**		**18388**	**6**	**6**	**3**	
黄石市辖区	9315	237	5		156				
大冶市	17450	17013	5		5978		3	3	
阳新县	20701	24541	14		12254	6	3		
十堰市	**13777**	**14398**	**5**	**1**		**4**			
十堰市辖区	553	100	1						
丹江口市	11500	13500	3						
郧县	900	650	1	1					
郧西县	137	16							
竹山县	500	38	1						
竹溪县	42	26	0						
房县	145	68	0	0		4			
荆州市	**175412**	**193779**	**196**		**2962813**	**366**	**2827**	**110298**	**1100**
荆州市辖区	5463	6967	18		4000	45	502	1	
江陵县	8201	6789	7			72	53		
松滋市	13000	11500	7						
公安县	25432	18005	30		83337	108	1248	40	100
石首市	28600	20816	8			1	32		1000
监利县	34180	36120	28		525000	54	176		
洪湖市	60536	93582	98		2350476	86	816		
宜昌市	**40772**	**34515**	**12**			**28**	**62**	**1**	
宜昌市辖区	300								
夷陵区	2815	2017	1						
宜都市	3200	1325	2						
枝江市	13590	12830	4						
当阳市	13940	13643	3			28	61	1	
远安县	1280	1180	1				1	0	
兴山县	110								
秭归县	30	20	1						
长阳县	5500	3500	2						
五峰县	7	0	0						
襄阳市	**33261**	**37488**	**22**	**2**	**22425**	**1**	**34**	**5**	
襄阳市辖区	2590	4704	2	1				1	
老河口市	5975	11230	3		2100			0	
襄州区	7671	4518	4		720		1	2	
枣阳市	7750	7370	4		355			0	
宜城市	5770	5005	4				30	2	
南漳县	1600	3200	4				1		
谷城县	1755	1461	2	1	19250	1	2	1	
保康县	150								

续表1

单位:公顷

	投放鱼种（吨）	鱼种产量（吨）	鱼苗生产数量（亿尾）		扣蟹（公斤）	稚龟（万只）	稚鳖（万只）	虾类育苗（亿尾）	贝类育苗（万粒）
			合计	其中:罗非鱼					
鄂州市	**81400**	**60657**	**44**		**1200**			**1**	**79000**
荆门市	**80499**	**89322**	**43**	**1**	**79451**	**538**	**1215**	**17**	
荆门市辖区	14445	13008	6		3525	152	54		
沙洋县	29600	35186	14		56610	71	303	8	
钟祥市	24296	29783	12	1	4180	15	228	5	
京山县	10808	10315	12		15136	300	630	4	
沙洋农场	1350	1030							
孝感市	**78557**	**86723**	**55**		**35000**	**5**	**1048**	**2**	
孝感市辖区	14000	14816	10				5	1	
孝昌县	4960	3780	1		35000				
大悟县	5520	5190	3			3	5		
安陆县	7700	8400	3						
云梦县	8550	8320	4			2	3		
应城县	12157	11217	11				1035		
汉川市	25500	35000	23						
黄冈市	**82562**	**118591**	**151**	**2**	**20350**	**6**	**8**	**22**	**260**
黄州区	8360	12050	80					1	
团风县	5000	4500	4						
红安县	2130	2290	10					0	
麻城市	7500	6500	6			0	0	0	
罗田县	1600	500	3			1	1		
英山县	2500	2100	4	2				9	
浠水县	16650	12985	12		17350	5	6	3	
蕲春县	11120	50850	7						
武穴市	9215	11253	13				1	4	160
黄梅县	15500	13000	12		3000			4	100
龙感湖区	2987	2563	2						
咸宁市	**34878**	**36764**	**36**	**2**	**95500**	**1**	**4**	**5**	
咸安区	4013	11914	7		28500		1	3	
嘉鱼县	13000	9000	13						
赤壁市	9300	9400	10	2	67000	1	3	2	
通城县	2900	1500	1						
崇阳县	3365	2950	1						
通山县	2300	2000	3						
随州市	**19000**	**14395**	**9**				**33**		
曾都区	5719	4580	5				30		
随县	8360	7315	1						
广水市	2921	1500					3		
恩施州	**1325**	**1275**							
恩施市	97	95							
利川市	495	500							
建始县	58	55							
巴东县	265	226							
宣恩县	60	60							
咸丰县	65	65							
来凤县	270	260							
鹤峰县	15	14							
仙桃市	**77892**	**75441**	**41**			**2**	**232**	**4**	
天门市	**26000**	**22035**	**20**				**340**	**4**	**50**
潜江市	**36450**	**37465**	**16**		**20010**	**8**	**43**	**3**	
神农架林区									

水产加工业(一)

	水产加工企业			水产冷库				部分水产品年加工量(吨)		
	总数(个)	加工能力(吨/年)	其中:规模以上(个)	座数(座)	冻结能力(吨/日)	冷藏能力(吨/次)	制冰能力(吨/日)	克氏螯虾	罗非鱼	斑点叉尾鮰
湖北省	**236**	**1380601**	**125**	**310**	**72864**	**97208**	**11509**	**42972**	**1360**	**14982**
武汉市	**28**	**192990**	**15**	**36**	**5426**	**11580**	**4175**	**4838**	**105**	**1092**
武汉市辖区	9	48130	6	23	126	2300	20			
新洲区	11	65860	4					4000		1092
江夏区	3	55000	3	4	5110	9000	4080			
蔡甸区	3	14000		5	130	130	75			
黄陂区	2	10000	2	4	60	150		838	105	
黄石市	**13**	**20600**	**9**	**9**	**125**	**920**	**150**	**126**		
黄石市辖区										
大冶市	10	4600	7	6	80	560	95	126		
阳新县	3	16000	2	3	45	360	55			
十堰市	**5**	**10000**		**1**	**50**	**500**	**10**			
十堰市辖区										
丹江口市	5	10000		1	50	500	10			
郧县										
郧西县										
竹山县										
竹溪县										
房县										
荆州市	**52**	**452200**	**33**	**113**	**13527**	**15970**	**2899**	**15187**		**4540**
荆州市辖区	5	100000	4	11	385	820	70	1298		
江陵县	1	25000	1	1	1000	6000				
松滋市	1	3000	1	3	800	800	2	2000		
公安县	5	41200	2	3	6800	2100	30	3000		
石首市	1	2000	1	1	100	20				
监利县	8	41000	4	33	557	2070	405			180
洪湖市	31	240000	20	61	3885	4160	2392			4360
宜昌市	**9**	**93000**	**8**	**12**	**380**	**3070**	**160**			**9300**
宜昌市辖区										
夷陵区										
宜都市	3	30000	3	6	150	600	10			2000
枝江市	3	43000	3	4	130	970	50			1300
当阳市										
远安县										
兴山县										
秭归县										
长阳县	3	20000	2	2	100	1500	100			6000
五峰县										
襄阳市	**5**	**6160**	**1**	**4**	**42**	**55**	**1**	**28**		
襄阳市辖区										
老河口市	5	6160	1	3	40	35		28		
襄州区										
枣阳市				1	2	20	1			
宜城市										
南漳县										
谷城县										
保康县										

续表1

	水产加工企业			水产冷库				部分水产品年加工量(吨)		
	总数(个)	加工能力(吨/年)	其中:规模以上(个)	座数(座)	冻结能力(吨/日)	冷藏能力(吨/次)	制冰能力(吨/日)	克氏螯虾	罗非鱼	斑点叉尾鮰
鄂州市	**20**	**132641**	**10**	**18**	**4230**	**4173**	**2270**			
荆门市	**14**	**105300**	**10**	**20**	**570**	**5654**	**453**	**4000**		
荆门市辖区	2	11000	1	3	100	164	33			
沙洋县	4	47000	4	6	120	2590	100	2000		
钟祥市	6	36000	4	8	200	2000	200	1000		
京山县	2	11300	1	3	150	900	120	1000		
沙洋农场										
孝感市	**26**	**59710**	**4**	**10**	**51**	**1703**	**130**	**528**		
孝感市辖区	1	2200								
孝昌县										
大悟县										
安陆县										
云梦县	12	30000	2	4		1500		226		
应城县	5	4510	1	3	11	203	10	202		
汉川市	8	23000	1	3	40		120	100		
黄冈市	**22**	**63500**	**7**	**27**	**1828**	**15883**	**479**	**1800**	**285**	**200**
黄州区	4	1500		1	10	50	10			
团风县										
红安县	1	1000		4	18	12	9			
麻城市	2	1500	1	4	10	5				
罗田县	1	1000	1	2	50	50				50
英山县										
浠水县	6	31000	2	7	1000	10000	100	1680	285	150
蕲春县	2	5500		2	550	600	300			
武穴市	2	15000	2	3	135	46	57	120		
黄梅县	3	2000		3	25	120	3			
龙感湖区	1	5000	1	1	30	5000				
咸宁市	**11**	**29500**	**3**	**17**	**130**	**3440**	**200**	**160**		**100**
咸安区	1	5000	1							
嘉鱼县	4	15000		7		3000		160		100
赤壁市	3	9100	1	5	30	40				
通城县										
崇阳县										
通山县	3	400	1	5	100	400	200			
随州市	**2**	**15000**	**2**	**5**	**45**	**6000**	**37**	**400**		
曾都区	2	15000	2	5	45	6000	37	400		
随县										
广水市										
恩施州										
恩施市										
利川市										
建始县										
巴东县										
宣恩县										
咸丰县										
来凤县										
鹤峰县										
仙桃市	**12**	**80000**	**8**	**4**	**150**	**2000**	**100**	**800**		
天门市	**4**	**20000**	**3**	**4**	**60**	**2000**	**200**	**150**	**520**	**100**
潜江市	**13**	**330000**	**13**	**30**	**46250**	**24260**	**245**	**14955**	**450**	**2450**
神农架林区										

水产加工业(二)

	水产加工品(吨)											用于加工的水产品总量(吨)
	总量	水产品冷冻			鱼糜及干腌制品			罐制品	鱼粉	鱼油	其它	
		小计	#冷冻品	#冷冻加工品	小计	#鱼糜制品	#干腌制品					
湖北省	**771837**	**316454**	**96831**	**219623**	**420851**	**186544**	**234307**	**32216**			**2316**	**1481521**
武汉市	**84179**	**33208**	**6000**	**27208**	**44496**	**36201**	**8295**	**6475**				**133202**
武汉市辖区	35635	21480	6000	15480	12305	9900	2405	2775				52545
新洲区	28175	9785		9785	17465	14936	2529					45990
江夏区	8400	1000		1000	7400	4500	2900					11000
蔡甸区	7600				5500	5500		2100				12667
黄陂区	4369	943		943	1826	1365	461	1600				11000
黄石市	**15077**	**624**	**624**		**14375**	**1300**	**13075**	**78**				**23418**
黄石市辖区												
大冶市	8925	624	624		8223	309	7914	78				16787
阳新县	6152				6152	991	5161					6631
十堰市	**11000**	**6000**	**1000**	**5000**	**5000**		**5000**					**35600**
十堰市辖区												
丹江口市	11000	6000	1000	5000	5000		5000					35600
郧县												
郧西县												
竹山县												
竹溪县												
房县												
荆州市	**292431**	**107254**	**48285**	**58969**	**183669**	**78254**	**105415**	**110298**				**551398**
荆州市辖区	40960	9000		4000	30460	28300	2160	1500				48000
江陵县	2000				2000	2000						8100
松滋市	2000	1800	1800		200		200					3000
公安县	38000	25800	17300	8500	12200	11000	1200					62500
石首市	1000	1000		1000								1500
监利县	45148	25750	10400	5350	9398	3898	5500					82800
洪湖市	163323	43904	18785	40119	129411	33056	96355					345498
宜昌市	**22672**	**19700**	**5000**	**14700**	**2960**	**610**	**2350**	**12**				**47800**
宜昌市辖区												
夷陵区												
宜都市	6862	6500	3000	500	350		350	12				9000
枝江市	5810	5200	2000	6200	610	610						22800
当阳市												
远安县												
兴山县												
秭归县												
长阳县	10000	8000		8000	2000		2000					16000
五峰县												
襄阳市	**2538**	**2143**	**2140**	**3**	**395**	**20**	**375**					**6485**
襄阳市辖区	30											
老河口市	1728	1610	1610		185	20	165					4385
襄州区												
枣阳市	520	460	460		60		60					1500
宜城市												
南漳县	260	73	70	3	150		150					600
谷城县												
保康县												

续表1

	水产加工品（吨）											用于加工的水产品总量（吨）
	总量	水产品冷冻			鱼糜及干腌制品			罐制品	鱼粉	鱼油	其它	
		小计	#冷冻品	#冷冻加工品	小计	#鱼糜制品	#干腌制品					
鄂州市	103247	4746	2635	2111	74597	19793	54804	23868			36	176853
荆门市	90543	55711	5834	49877	34832	22149	12683					163069
荆门市辖区	5362				5362	1148	4214					29169
沙洋县	48347	24694	2289	23405	13653	8643	5010					56548
钟祥市	21212	18397	2525	18872	12815	11056	1759					40120
京山县	14970	12620	1020	7600	2350	1100	1250					35982
沙洋农场	652				652	202	450					1250
孝感市	19220	8825	5605	3220	10395	2440	7955					45780
孝感市辖区	40				40	40						50
孝昌县												
大悟县												
安陆县												
云梦县	8620	415		515	9705	2160	7545					26530
应城县	2400	810	5	805	90	20	70					2200
汉川市	8160	7600	5600	1900	560	220	340					17000
黄冈市	45675	16954	8023	8931	28718	16557	12161	3				96302
黄州区	1700	50		50	1650	980	670					2595
团风县	1800				1800	800	1000					
红安县	650	445	345	100	205	75	130					1100
麻城市	1845	320	260	60	1525	1500	25					6500
罗田县	1260	680	680		580	220	360					2800
英山县	495				495	35	460					1485
浠水县	13605	4716	866	3850	8910	4600	4310	3				46968
蕲春县	15400	8250	5500	2750	7150	3850	3300					10780
武穴市	3758	2093	72	2021	1641	735	906					13153
黄梅县	3200	400	300	100	2800	1800	1000					8200
龙感湖区	1962				1962	1962						2721
咸宁市	15190	9865	5325	4540	5305	2620	2685				20	34450
咸安区	1270				1250	850	400				20	5000
嘉鱼县	7750	6450	2300	4150	1300	550	750					14900
赤壁市	5485	3415	3025	390	2070	1220	850					13000
通城县	235				235		235					500
崇阳县	450				450		450					1050
通山县	1450	450	300	150	500	50	450					2000
随州市	2680	2680		2680								14520
曾都区	2680	2680		2680								14520
随县												
广水市												
恩施州												
恩施市												
利川市												
建始县												
巴东县												
宣恩县												
咸丰县												
来凤县												
鹤峰县												
仙桃市	13207	6714	2760	3954	6493		6493					29030
天门市	9970	9350	1500	7850	620		620					36250
潜江市	44208	32680	2100	30580	8996	6600	2396	272			2260	87364
神农架林区												

渔业人口与从业人员

	渔业乡（个）	渔业村（个）	渔业户（户）	渔业人口（人）		渔业从业人员（人）						
				小计	其中：传统渔民	合计	其中：专业从业人员				兼业从业人员	临时从业人员
							小计	捕捞	养殖	其它		
湖北省	**51**	**889**	**529922**	**1853592**	**798900**	**1277308**	**894632**	**87552**	**759648**	**47432**	**272250**	**110426**
武汉市	**1**	**152**	**61292**	**197309**	**102167**	**139957**	**99806**	**11252**	**81568**	**6986**	**31312**	**8839**
武汉市辖区	1	68	9080	30724	11272	20405	16317	1999	13555	763	3366	722
新洲区		52	11552	39458	15646	29883	20536	1323	18710	503	8267	1080
江夏区		7	20385	53477	44718	39154	30549	3478	26176	895	6428	2177
蔡甸区		17	6375	22950	8736	24380	11969	2642	9327		8651	3760
黄陂区		8	13900	50700	21795	26135	20435	1810	13800	4825	4600	1100
黄石市	**1**	**21**	**13960**	**55265**	**9646**	**45933**	**24308**	**3058**	**20469**	**781**	**17938**	**3687**
黄石市辖区	1	8	506	1497	920	2389	1324	279	782	263	889	176
大冶市		2	6628	29803	1876	16243	11761	1938	9521	302	3189	1293
阳新县		11	6826	23965	6850	28103	12025	841	10968	216	13860	2218
十堰市		**1**	**9786**	**44095**	**22634**	**21284**	**14608**	**5477**	**6961**	**2170**	**5469**	**1207**
十堰市辖区		1	660	2408	1949	1808	1426	230	489	707	160	222
丹江口市			4680	25760	12050	12150	8950	3100	4500	1350	2550	650
郧县			3150	10800	5000	4000	2520	1520	1000		1200	280
郧西县			273	1061	380	744	691	295	311	85	28	25
竹山县			366	1292	1150	927	306	102	179	25	621	
竹溪县			155	665	605	453	403	80	320	3	50	
房县			502	2109	1500	1202	312	150	162		860	30
荆州市	**14**	**293**	**114011**	**368807**	**188935**	**295825**	**234734**	**110298**	**207816**	**7810**	**42122**	**18969**
荆州市辖区		8	12785	37075	9111	29484	22292	1094	19959	1239	3302	3890
江陵县		1	4428	16750	3122	8583	6717	727	5895	95	1391	475
松滋市		16	4900	14200	4700	13120	10015	1210	8516	289	2704	401
公安县		31	6991	19112	9490	17190	15078	1101	13015	962	1406	706
石首市			3450	9625	8600	4302	3605		1925	355	452	245
监利县	3	144	35597	139445	57412	99146	69027		55506	2870	20067	10052
洪湖市	11	93	45860	132600	96500	124000	108000		103000	2000	12800	3200
宜昌市		**15**	**22065**	**78999**	**12954**	**56647**	**34875**	**4478**	**26631**	**3766**	**13662**	**8110**
宜昌市辖区			213	620	330	330	200	100	100		130	
夷陵区			5723	13093	1405	9441	2445	905	1335	205	3345	3651
宜都市		2	685	8102	3102	5800	2800	300	500	2000	3000	
枝江市		4	9405	32389	1441	20394	14059	441	13178	440	3740	2595
当阳市		7	4305	14193	4354	11353	8373	182	7580	611	1721	1259
远安县						3820	2758	580	1910	268	960	102
兴山县			10	30		24	4		4		20	
秭归县			624	2215	258	2578	2144	1072	964	108	434	
长阳县		2	1100	8357	2064	2823	2064	898	1032	134	256	503
五峰县						84	28		28		56	
襄阳市	**4**	**34**	**44299**	**121375**	**48909**	**65841**	**41959**	**4917**	**67609**	**23433**	**32254**	**9628**
襄阳市辖区		1	5830	11750	9170	9100	5767	1510	3347	910	1770	1563
老河口市	1	5	15031	25480	12986	6880	4290	360	3820	110	1960	630
襄州区		1	4750	24310	19970	12023	8928	1420	6750	758	1885	1210
枣阳市		4	8725	28210	4650	15340	9230	860	8190	180	3660	2450
宜城市	1	4	5723	16573	120	7489	3381	241	3120	20	2658	1450
南漳县	2	10	3000	8500	1500	8500	6000		40000	20000	20000	500
谷城县		9	1240	6502	508	6502	4358	523	2380	1455	320	1824
保康县				50	5	7	5	3	2		1	1

续表1

	渔业乡（个）	渔业村（个）	渔业户（户）	渔业人口（人）		渔业从业人员（人）						
				小计	其中：传统渔民	合计	其中：专业从业人员				兼业从业人员	临时从业人员
							小计	捕捞	养殖	其它		
鄂州市	**3**	**15**	**21590**	**93160**	**38597**	**59067**	**43282**	**4275**	**37751**	**1256**	**6761**	**9024**
荆门市	**7**	**207**	**49559**	**131143**	**65070**	**101314**	**73492**	**5598**	**64384**	**3510**	**23077**	**4745**
荆门市辖区		5	15273	22889	2320	12633	7369	966	5413	990	4533	731
沙洋县	3	26	14522	48488	38330	32078	29022	2240	25498	1284	2042	1014
钟祥市	1	147	10706	35067	15793	33962	22915	1460	20269	1186	9057	1990
京山县	3	29	7757	20799	8627	19643	11307	932	10325	50	7326	1010
沙洋农场			1301	3900		2998	2879		2879		119	
孝感市	**1**	**41**	**35944**	**133414**	**77692**	**104122**	**69029**	**8438**	**55365**	**5226**	**24097**	**10996**
孝感市辖区			6502	20612	13923	9632	8919	312	8235	372	246	467
孝昌县			3268	12357	12118	10771	9895	295	9600		596	280
大悟县			2986	10985	2784	9882	4120	34	3606	480	5422	340
安陆县		3	5441	20104	11144	17461	9995	1696	6704	1595	6032	1434
云梦县			3210	10849		8406	5788	623	5165		1682	936
应城县			5266	19220	6192	15756	10895	2303	7232	1360	3969	892
汉川市	1	38	8721	37487	30231	30834	18737	3135	14223	1379	5850	6247
黄冈市	**6**	**127**	**55807**	**192263**	**74665**	**158309**	**98596**	**8222**	**82929**	**7445**	**38007**	**21706**
黄州区	1	7	4565	14890	16506	16506	13906	215	13191	500	2000	600
团风县		5	6451	12586	6302	6901	5411	215	4896	300	1300	190
红安县	1	1	5290	16827	1660	12689	6939	416	6103	420	4630	1120
麻城市			4992	13975		13098	9371	186	8950	235	3315	412
罗田县			2260	7580	1580	3420	1380	160	1220		1860	180
英山县	1	12	1390	3780	400	6922	1033	96	727	210	2767	3122
浠水县	1	23	8156	26680	12238	25637	19422	1586	17326	510	4895	1320
蕲春县	1	66	4920	14760	5847	19761	9091	565	7905	621	4220	6450
武穴市		2	5860	29300	4120	17100	10068	1100	8750	218	5120	1912
黄梅县	1	11	11358	50293	24637	34900	20600	3683	12486	4431	7900	6400
龙感湖区			565	1592	1375	1375	1375		1375			
咸宁市	**14**	**59**	**22610**	**101644**	**26924**	**58100**	**28225**	**3508**	**24049**	**668**	**26445**	**3430**
咸安区	8	26	2930	10815	4325	6358	3678	50	3580	48	1850	830
嘉鱼县	1	8	8412	33749	4579	15989	7059	1300	5609	150	8930	
赤壁市	5	17	4300	21000	13060	18500	7730	350	7380		8930	1840
通城县			1718	6080		3610	2845	210	2580	55	470	295
崇阳县		4	3750	15000	960	7343	1813	248	1550	15	5165	365
通山县		4	1500	15000	4000	6300	5100	1350	3350	400	1100	100
随州市			**21683**	**80931**	**9060**	**29484**	**15311**	**2274**	**11934**	**1103**	**9512**	**4661**
曾都区			1982	15367	3216	7058	1915	1070	370	475	4303	840
随县			17582	61147	3535	19116	10596	1006	9062	528	4865	3655
广水市			2119	4417	2309	3310	2800	198	2502	100	344	166
恩施州			**4713**	**15900**	**7730**	**9258**	**4121**	**606**	**3515**		**2953**	**2184**
恩施市			534	1602	800	660	250	40	210		180	230
利川市			1400	5300	2500	2058	1018	68	950		580	460
建始县			20	79	40	206	20		20		102	84
巴东县			650	1980	950	1998	1040	400	640		580	378
宣恩县			1354	4268	2100	2500	1130	30	1100		1050	320
咸丰县			235	751	380	684	208	23	185		126	350
来凤县			460	1680	840	905	415	35	380		230	260
鹤峰县			60	240	120	247	40	10	30		105	102
仙桃市			**37498**	**133928**	**56556**	**103396**	**83416**	**3333**	**77425**	**2658**	**12892**	**7088**
天门市			**12886**	**49334**	**15175**	**38262**	**24092**	**1128**	**21416**	**1548**	**11732**	**2438**
潜江市		**6**	**15705**	**55510**	**42156**	**36320**	**27693**	**1850**	**24793**	**1050**	**7215**	**1412**
神农架林区		**2**	**98**	**336**		**230**	**230**		**230**			

渔业船舶拥有量(一)

	机动渔船合计			机动渔船按船长分								
	艘	总吨	千瓦	24米以上			12－24米			12米以下		
				艘	总吨	千瓦	艘	总吨	千瓦	艘	总吨	千瓦
湖北省	**50685**	**115236**	**421328**	**1**	**50**	**198**	**3450**	**15058**	**36527**	**47234**	**100128**	**384603**
武汉市	**2235**	**4092**	**24558**	**1**	**50**	**198**	**9**	**131**	**356**	**2225**	**3911**	**24004**
武汉市辖区	648	1535	9126	1	50	198	9	131	356	638	1354	8572
新洲区	367	738	4159							367	738	4159
江夏区	744	903	6130							744	903	6130
蔡甸区	185	154	2777							185	154	2777
黄陂区	291	762	2366							291	762	2366
黄石市	**2384**	**3375**	**14664**				**202**	**559**	**1753**	**2182**	**2816**	**12911**
黄石市辖区	52	129	108				12	56	44	40	73	64
大冶市	931	1703	5389				165	413	1320	766	1290	4069
阳新县	1401	1543	9167				25	90	389	1376	1453	8778
十堰市	2911	8050	31762				347	564	11366	2564	7486	20396
十堰市辖区	195	185	1901							195	185	1901
丹江口市	1806	10907	26082				780	7800	11466	1026	3107	14616
郧县	657	3536	7059				400	3120	4601	257	416	2458
郧西县	105	148	1507							105	148	1507
竹山县	12	30	180							12	30	180
竹溪县	28	70	420							28	70	420
房县	104	1040	840							104	1040	840
荆州市	20884	42013	162302				1852	110298	11241	19032	32785	151061
荆州市辖区	661	322	1002				260	1008	3924	101	314	778
江陵县	90	135	451							90	135	451
松滋市	213	404	1391				6	50	85	207	354	1306
公安县	701	1231	3239							701	1231	3239
石首市	689	719	6641							689	719	6641
监利县	10290	18867	74025				12		66	9078	13845	68259
洪湖市	8240	20335	75553				1574		7166	8166	16187	70387
宜昌市	**2329**	**5000**	**12295**				**151**	**511**	**1591**	**2178**	**4489**	**10704**
宜昌市辖区	170	56	870				2	87	121	168	369	749
夷陵区	317	792	1173							317	792	1173
宜都市	500	745	2000							500	745	2000
枝江市	264	564	1966				1	22	161	263	542	1805
当阳市	112	93	728							112	93	728
远安县	50	155	389				50	155	389			
兴山县												
秭归县	500	1200	2900				96	203	768	404	997	2132
长阳县	416	1395	2269				2	44	152	414	951	2117
五峰县												
襄阳市	**2238**	**4371**	**16003**				**21**	**192**	**433**	**2217**	**4179**	**15570**
襄阳市辖区	413	1064	1074							413	1064	2074
老河口市	430	766	2237							430	766	3237
襄州区	200	715	2690							200	715	3690
枣阳市	180	609	2655				21	192	433	159	417	2222
宜城市	213	323	3217							213	323	1217
南漳县	185	260	800							185	260	800
谷城县	593	602	3232							593	602	2232
保康县	24	32	98							24	32	98

续表1

	机动渔船合计			机动渔船按船长分								
				24米以上			12－24米			12米以下		
	艘	总吨	千瓦	艘	总吨	千瓦	艘	总吨	千瓦	艘	总吨	千瓦
鄂州市	**479**	**1245**	**2173**				**279**	**945**	**1573**	**200**	**300**	**600**
荆门市	**1638**	**3536**	**20610**				**1**	**4**	**44**	**1637**	**3532**	**20566**
荆门市辖区	208	1197	5426							208	1197	5426
沙洋县	747	986	6416				1	4	44	746	982	6372
钟祥市	424	828	6015							424	828	6015
京山县	259	525	2753							259	525	2753
沙洋农场												
孝感市	**2952**	**4893**	**23935**				**2**	**64**	**37**	**2950**	**4829**	**23898**
孝感市辖区	233	349	2067							233	349	2067
孝昌县	216	481	2536							216	481	2536
大悟县	205	685	3340							205	685	3340
安陆县	384	768	4159							384	768	4159
云梦县	286	410	1620				2	64	37	284	346	1583
应城县	589	746	4219							589	746	4219
汉川市	860	1238	4453							860	1238	4453
黄冈市	**2687**	**5282**	**20502**				**112**	**569**	**2035**	**2575**	**4713**	**18467**
黄州区	146	394	1543				1	9	135	145	385	1408
团风县	168	444	1505				60	224	836	108	220	669
红安县	53	171	888				27	140	626	26	31	262
麻城市	98		1529							98		1529
罗田县	63	82	755							63	82	755
英山县	47	47	332							47	47	332
浠水县	273	586	2448							273	586	2448
蕲春县	310	320	1616				6	16	88	304	304	1528
武穴市	169	219	1689							169	219	1689
黄梅县	1156	2610	6383							1156	2610	6383
龙感湖区	24	24	194							24	24	194
咸宁市	**4550**	**12564**	**29166**				**400**	**1856**	**5277**	**4150**	**10708**	**23889**
咸安区	218	6292	2016				400	1856	5277	1727	7314	8891
嘉鱼县	1223	1851	7182							1223	1851	7182
赤壁市	510	1049	2696							509	1022	2571
通城县	517	857	4293							517	857	4293
崇阳县	683	686	3523							683	686	3523
通山县	1399	1829	12152									
随州市	**942**	**1576**	**12901**							**942**	**1576**	**12901**
曾都区	350	584	4760							350	584	4760
随县	326	544	4433							326	544	4433
广水市	138	235	1942							138	235	1942
恩施州	**294**	**547**	**2622**				**167**	**417**	**1663**	**127**	**130**	**959**
恩施市	70	70	525				40	40	300	30	30	225
利川市												
建始县												
巴东县	197	447	1799				127	377	1363	70	70	436
宣恩县	24	27	267							24	27	267
咸丰县												
来凤县												
鹤峰县	3	3	31							3	3	31
仙桃市	**452**	**917**	**3783**							**452**	**917**	**3783**
天门市	**466**	**830**	**4460**							**466**	**830**	**4460**
潜江市	**523**	**1196**	**6574**				**7**	**18**	**141**	**516**	**1178**	**6433**
神农架林区												
省直	**1677**	**4144**	**15636**							**1677**	**4144**	**15636**

渔业船舶拥有量(机动渔船中的生产渔船)

	生产渔船合计			捕捞渔船小计					
							45–440千瓦		
	艘	总吨	千瓦	艘	总吨	千瓦	艘	总吨	千瓦
湖北省	**50024**	**112545**	**411235**	**25728**	**59597**	**214205**	**23**	**284**	**1319**
武汉市	**2228**	**3995**	**24153**	**927**	**1449**	**6550**	**21**	**204**	**1198**
武汉市辖区	642	1444	8825	250	310	1630	21	204	1198
新洲区	366	732	4055	256	512	2732			
江夏区	744	903	6130	254	380	1441			
蔡甸区	185	154	2777	6	5	39			
黄陂区	291	762	2366	161	242	708			
黄石市	**2602**	**3544**	**14977**	**1457**	**1764**	**9195**	**8**	**24**	**20**
黄石市辖区	308	395	751	30	80	67	8	24	20
大冶市	894	1636	5176	219	401	1268			
阳新县	1400	1513	9050	1208	1283	7860			
十堰市	**2761**	**14979**	**35894**	**2028**	**10651**	**26258**			
十堰市辖区	193	167	1866	176	151	1706			
丹江口市	1756	10537	25332	1250	7500	18075			
郧县	570	2998	5852	420	1792	4086			
郧西县	98	137	1404	78	108	1151			
竹山县	12	30	180	12	30	180			
竹溪县	28	70	420	28	70	420			
房县	104	1040	840	64	1000	640			
荆州市	**20721**	**41370**	**159190**	**7862**	**15779**	**53995**		**110298**	
荆州市辖区	215	359	482	44	124	463			
江陵县	90	135	451	81	121	371			
松滋市	212	398	1296	114	177	501			
公安县	701	1231	3239	269	558	1349			
石首市	688	689	6531	541	542	4734			
监利县	9035	16908	73084	3510	5245	22550			
洪湖市	9780	21650	74107	3303	9012	24027			
宜昌市	**2318**	**4890**	**11759**	**1657**	**3670**	**8214**	**2**	**80**	**121**
宜昌市辖区	288	367	1172	288	367	1172	2	80	121
夷陵区	317	792	1173	317	792	1173			
宜都市	498	737	1892	388	582	1524			
枝江市	263	542	1805	119	357	708			
当阳市	112	93	728	52	42	338			
远安县	50	155	389	50	155	389			
兴山县	50	125	208	50	125	208			
秭归县	324	684	2123	224	675	1780			
长阳县	416	1395	2269	169	575	922			
五峰县									
襄阳市	**2127**	**4040**	**15383**	**1454**	**2438**	**8597**			
襄阳市辖区	379	247	775	324	557	1454			
老河口市	408	1395	2653	246	685	1872			
襄州区	145	550	2840	63	245	1190			
枣阳市	180	609	2655						
宜城市	213	323	3217	147	191	2313			
南漳县	185	260	800	185	260				
谷城县	593	624	2345	489	500	1768			
保康县	24	32	98						

续表1

	生产渔船合计			捕捞渔船小计					
							45–440千瓦		
	艘	总吨	千瓦	艘	总吨	千瓦	艘	总吨	千瓦
鄂州市	443	1074	1830	366	878	1518			
荆门市	1632	3523	20434	861	1936	11385			
荆门市辖区	129	258	1130	62	124	548			
沙洋县	821	1894	10721	416	1041	5559			
钟祥市	423	846	5830	297	594	3978			
京山县	259	525	2753	86	177	1300			
沙洋农场									
孝感市	2896	4673	22891	1686	2628	12080			
孝感市辖区	232	348	2049	183	290	1617			
孝昌县	208	455	2377	73	161	849			
大悟县	205	685	3340	155	335	1940			
安陆县	343	686	3712	120	240	1299			
云梦县	284	346	1583	262	298	1295			
应城县	588	737	4116	150	225	1050			
汉川市	858	1208	4313	623	934	2997			
黄冈市	2566	5121	17522	1568	3004	8273			
黄州区	145	385	1408	80	205	836			
团风县	167	440	1450	89	178	521			
红安县	53	171	888						
麻城市									
罗田县	63	82	755						
英山县	47	47	332						
浠水县	264	552	2007	177	312	882			
蕲春县	310	320	1616	185	185	898			
武穴市	168	216	1596	39	41	279			
黄梅县	1151	2565	5978	998	2083	4857			
龙感湖区	24	24	194						
咸宁市	4434	12319	28473	2680	7808	25593			
咸安区	344	769	2107						
嘉鱼县	1092	1723	6563	650	1100	3900			
赤壁市	508	1016	2468	258	516	1212			
通城县	517	857	4293	123	257	1021			
崇阳县	680	680	3483	539	539	2723			
通山县	1293	7274	12027	1368	5912	17949			
随州市	930	1550	12815	123	169	1294			
曾都区	338	558	4674	49	69	394			
随县	326	544	4433						
广水市	138	235	1942						
恩施州	291	506	2369	249	464	1981			
恩施市	70	70	525	54	54	405			
利川市									
建始县									
巴东县	195	410	1576	195	410	1576			
宣恩县	23	23	237						
咸丰县									
来凤县									
鹤峰县	3	3	31						
仙桃市	451	912	3754	451	912	3754			
天门市	464	824	4288	246	598	1940			
潜江市	522	1194	6551	377	1032	5507			
神农架林区									
省直	1669	4006	15188	1669	4006	15188			

续表2

	捕捞渔船小计			养殖渔船小计		
	44千瓦以下					
	艘	总吨	千瓦	艘	总吨	千瓦
湖北省	**25705**	**59313**	**212886**	**24296**	**52948**	**197030**
武汉市	**906**	**1245**	**5352**	**1301**	**2546**	**17603**
武汉市辖区	229	106	432	392	1134	7195
新洲区	256	512	2732	110	220	1323
江夏区	254	380	1441	490	523	4689
蔡甸区	6	5	39	179	149	2738
黄陂区	161	242	708	130	520	1658
黄石市	**1449**	**1740**	**9175**	**1145**	**1780**	**5782**
黄石市辖区	22	56	47	278	315	684
大冶市	219	401	1268	675	1235	3908
阳新县	1208	1283	7860	192	230	1190
十堰市	**2028**	**10651**	**26258**	**733**	**4328**	**9636**
十堰市辖区	176	151	1706	17	16	160
丹江口市	1250	7500	18075	506	3037	7257
郧县	420	1792	4086	150	1206	1766
郧西县	78	108	1151	20	29	253
竹山县	12	30	180			
竹溪县	28	70	420			
房县	64	1000	640	40	40	200
荆州市	**11762**	**31341**	**83306**	**22704**	**27093**	**128564**
荆州市辖区	744	1186	4074	2816	4637	18488
江陵县	81	121	371	9	14	80
松滋市	114	177	501	98	221	795
公安县	269	558	1349	432	673	1890
石首市	541	542	4734	147	147	1797
监利县	6710	12245	42550	9325	10663	41134
洪湖市	3303	16512	29727	9877	10738	64380
宜昌市	**1655**	**3590**	**8093**	**662**	**1220**	**3545**
宜昌市辖区	286	287	1051			
夷陵区	317	792	1173			
宜都市	388	582	1524	110	155	368
枝江市	119	357	708	144	185	1097
当阳市	52	42	338	60	51	390
远安县	50	155	389			
兴山县	50	125	208			
秭归县	224	675	1780	101	9	343
长阳县	169	575	922	247	820	1347
五峰县						
襄阳市	**1454**	**2438**	**8597**	**674**	**1602**	**6786**
襄阳市辖区	525	901	563	56	90	121
老河口市	232	607	1843	162	610	1781
襄州区	63	245	1190	82	305	1650
枣阳市				180	309	1655
宜城市	147	191	2313	66	132	904
南漳县						
谷城县	487	494	2688	104	124	577
保康县				24	32	98

续表3

	捕捞渔船小计			养殖渔船小计		
	44千瓦以下					
	艘	总吨	千瓦	艘	总吨	千瓦
鄂州市	**366**	**878**	**1518**	**77**	**196**	**312**
荆门市	**861**	**1936**	**11385**	**771**	**1587**	**9049**
荆门市辖区	62	124	548	67	134	582
沙洋县	416	1041	5559	405	853	5162
钟祥市	297	594	3978	126	252	1852
京山县	86	177	1300	173	348	1453
沙洋农场						
孝感市	**1686**	**2628**	**12080**	**1210**	**2045**	**10811**
孝感市辖区	183	290	1617	49	58	432
孝昌县	73	161	849	135	294	1528
大悟县	155	335	1940	50	350	1400
安陆县	120	240	1299	223	446	2413
云梦县	262	298	1295	22	48	288
应城县	150	225	1050	438	512	3066
汉川市	623	934	2997	235	274	1316
黄冈市	**1568**	**3004**	**8273**	**998**	**2117**	**9249**
黄州区	80	205	836	65	180	572
团风县	89	178	521	78	262	929
红安县				53	171	888
麻城市						
罗田县				63	82	755
英山县				47	47	332
浠水县	177	312	882	87	240	1125
蕲春县	185	185	898	125	135	718
武穴市	39	41	279	129	175	1317
黄梅县	998	2083	4857	153	482	1121
龙感湖区				24	24	194
咸宁市	**2560**	**3699**	**17772**	**1965**	**3145**	**12934**
咸安区				344	769	2107
嘉鱼县	650	1100	3900	442	623	2663
赤壁市	258	516	1212	250	500	1256
通城县	123	257	1021	394	600	3272
崇阳县	539	539	2723	141	141	760
通山县	1248	1803	10128	644	1012	4132
随州市	**123**	**169**	**1294**	**807**	**1381**	**11521**
曾都区	49	69	394	289	489	4280
随县				326	544	4433
广水市				138	235	1942
恩施州	**249**	**464**	**1981**	**42**	**42**	**388**
恩施市	54	54	405	16	16	120
利川市						
建始县						
巴东县	195	410	1576			
宣恩县				23	23	237
咸丰县						
来凤县						
鹤峰县				3	3	31
仙桃市	**451**	**912**	**3754**			
天门市	**246**	**598**	**1940**	**219**	**226**	**2348**
潜江市	**377**	**1032**	**5507**	**145**	**162**	**1044**
神农架林区						
省直	**1669**	**4006**	**15188**			

渔业工业和建筑业产值、增加值

单位：万元

	渔业工业和建筑业产值合计	增加值合计	水产品加工		渔机		渔用饲料	
			产值	增加值	产值	增加值	产值	增加值
湖北省	**2780459**	**990875**	**2366927**	**839641**	**11754**	**6391**	**246353**	**78125**
武汉市	**392984**	**148329**	**373832**	**138912**	**2**	**1**	**1750**	**1024**
武汉市辖区	288906	91805	286764	92043	2	1		
新洲区	33810	9129	33810	9129				
江夏区	32960	20765	21110	13300			1150	724
蔡甸区	23748	17364	19368	15494			600	300
黄陂区	13560	9266	12780	8946				
黄石市	**52319**	**16481**	**45110**	**13698**			**6828**	**2570**
黄石市辖区								
大冶市	18737	8902	17751	8343			728	400
阳新县	33582	7579	27359	5355			6100	2170
十堰市	**30500**	**8730**	**28600**	**8050**	**1500**	**600**		
十堰市辖区								
丹江口市	30100	8650	28600	8050	1500	600		
郧县								
郧西县	400	80						
竹山县								
竹溪县								
房县								
荆州市	**980949**	**263067**	**840768**	**224607**			**112809**	**110298**
荆州市辖区	89800	17740	44800	35940			5000	1800
江陵县	4321	639	2200	330			1656	130
松滋市	2000	350	2000	350				
公安县	180620	24099	50832	3200			42203	5343
石首市	4800	1060	3000	520			1800	
监利县	141460	10390	42400	17730			2850	
洪湖市	557948	208789	695536	166537			59300	
宜昌市	**108385**	**57690**	**83000**	**49320**	**470**	**165**	**8585**	**2970**
宜昌市辖区								
夷陵区								
宜都市	51930	40965	50000	40000			1100	550
枝江市	44760	13975	23000	7320	260	85	7000	2250
当阳市	485	170					485	170
远安县								
兴山县								
秭归县	210	80			210	80		
长阳县	11000	2500	10000	2000				
五峰县								
襄阳市	**13565**	**3288**	**6911**	**1183**			**2490**	**510**
襄阳市辖区	490	220						
老河口市	6730	976	6210	870				
襄州区	705	280						
枣阳市	3490	890	655	295			2490	510
宜城市	300	150						
南漳县	200	140						
谷城县	1610	612	46	18				
保康县	40	20						

续表1 单位:万元

	渔业工业和建筑业产值合计	增加值合计	水产品加工		渔机		渔用饲料	
			产值	增加值	产值	增加值	产值	增加值
鄂州市	**312475**	**131964**	**300584**	**127174**				
荆门市	**265898**	**139925**	**227710**	**126464**			**36988**	**13041**
荆门市辖区	13816	4696	3986	1209			9830	3487
沙洋县	93328	59711	83708	56276			9620	3435
钟祥市	101940	58188	90832	54259			9908	3509
京山县	54706	16699	47076	14089			7630	2610
沙洋农场	2108	631	2108	631				
孝感市	**69623**	**16173**	**65492**	**15120**	**620**	**60**	**1320**	**440**
孝感市辖区	272	135	62	51				
孝昌县	185	68						
大悟县	246	155						
安陆县								
云梦县	31680	11689	31680	11689				
应城县	5930	2637	4300	2170			800	300
汉川市	31310	1489	29450	1210	620	60	520	140
黄冈市	**267036**	**82893**	**156815**	**36149**	**310**	**104**	**58227**	**21590**
黄州区	9260	3790	960	420			6800	2550
团风县	3638	1455	2938	1175			500	200
红安县	2900	1330	800	410				
麻城市	7840	3375	6500	2600			140	55
罗田县	2860	1716	500	300				
英山县	161	22						
浠水县	113990	22820	102500	16250			1600	640
蕲春县	3706	1408	3620	1373				
武穴市	37463	11267	26823	8075			10640	3192
黄梅县	73960	30964	9000	4300	310	104	32000	12300
龙感湖区	11258	4746	3174	1246			6547	2653
咸宁市	**50507**	**27285**	**40542**	**20886**	**315**	**99**	**2400**	**1360**
咸安区	18197	12536	15947	11196				
嘉鱼县	9520	1540	9520	1540				
赤壁市	11715	7009	9500	5700	15	9	2200	1300
通城县								
崇阳县	1575	850	1575	850				
通山县	9500	5350	4000	1600	300	90	200	60
随州市	**8280**	**4286**	**8280**	**4286**				
曾都区	8280	4286	8280	4286				
随县								
广水市								
恩施州								
恩施市								
利川市								
建始县								
巴东县								
宣恩县								
咸丰县								
来凤县								
鹤峰县								
仙桃市	**75526**	**24398**	**45633**	**8542**	**8509**	**5348**	**13706**	**6980**
天门市	**35984**	**24732**	**30450**	**22970**			**1250**	**476**
潜江市	**116428**	**43634**	**113200**	**42280**	**28**	**14**		
神农架林区								

单位：万元

	渔用药物		建筑		其它	
	产值	增加值	产值	增加值	产值	增加值
湖北省	**9010**	**4360**	**143971**	**61558**	**2444**	**800**
武汉市	**1980**	**1172**	**15420**	**7220**		
武汉市辖区			2140	–239		
新洲区						
江夏区	1400	882	9300	5859		
蔡甸区	580	290	3200	1280		
黄陂区			780	320		
黄石市	**381**	**213**				
黄石市辖区						
大冶市	258	159				
阳新县	123	54				
十堰市			**400**	**80**		
十堰市辖区						
丹江口市						
郧县						
郧西县			400	80		
竹山县						
竹溪县						
房县						
荆州市	**945**	**462**	**24710**	**10363**	**1717**	**471**
荆州市辖区						
江陵县			465	179		
松滋市						
公安县	50	50	12500	6100	35	6
石首市						
监利县			1210	220		
洪湖市	895	412	10535	3864	1682	465
宜昌市			**16200**	**5170**	**130**	**65**
宜昌市辖区						
夷陵区						
宜都市			700	350	130	65
枝江市			14500	4320		
当阳市						
远安县						
兴山县						
秭归县						
长阳县			1000	500		
五峰县						
襄阳市			**3844**	**1425**	**320**	**170**
襄阳市辖区			490	220		
老河口市			520	106		
襄州区			385	110	320	170
枣阳市			345	85		
宜城市			300	150		
南漳县			200	140		
谷城县			1564	594		
保康县			40	20		

续表3 单位:万元

	渔用药物		建筑		其它	
	产值	增加值	产值	增加值	产值	增加值
鄂州市	**1498**	**642**	**10393**	**4148**		
荆门市	**1200**	**420**				
荆门市辖区						
沙洋县						
钟祥市	1200	420				
京山县						
沙洋农场						
孝感市			**2034**	**468**	**157**	**85**
孝感市辖区			210	84		
孝昌县			150	48	35	20
大悟县			144	92	102	63
安陆县						
云梦县						
应城县			810	165	20	2
汉川市			720	79		
黄冈市	**650**	**260**	**50914**	**24781**	**120**	**9**
黄州区			1500	820		
团风县			200	80		
红安县			2100	920		
麻城市			1200	720		
罗田县			2360	1416		
英山县			41	13	120	9
浠水县			9890	5930		
蕲春县			86	35		
武穴市						
黄梅县	650	260	32000	14000		
龙感湖区			1537	847		
咸宁市			**7250**	**4940**		
咸安区			2250	1340		
嘉鱼县						
赤壁市						
通城县						
崇阳县						
通山县			5000	3600		
随州市						
曾都区						
随县						
广水市						
恩施州						
恩施市						
利川市						
建始县						
巴东县						
宣恩县						
咸丰县						
来凤县						
鹤峰县						
仙桃市	**1006**	**586**	**6672**	**2942**		
天门市			**4284**	**1286**		
潜江市	**1350**	**605**	**1850**	**735**		
神农架林区						

渔业流通和服务业产值、增加值

单位:万元

	渔业流通和服务业产值合计	增加值合计	水产流通	
			产值	增加值
湖北省	**5019296**	**1485029**	**4398332**	**1238208**
武汉市	**780847**	**456105**	**743981**	**434342**
武汉市辖区	727430	427130	720500	423075
新洲区	8796	4398	3056	1528
江夏区	19450	12254	12450	7844
蔡甸区	16191	6763	6215	1245
黄陂区	8980	5560	1760	650
黄石市	**129426**	**38135**	**105141**	**24532**
黄石市辖区	582	152		
大冶市	8189	3807	2404	673
阳新县	120655	34176	102737	23859
十堰市	**65291**	**9569**	**44558**	**5341**
十堰市辖区	10850	1940	5017	708
丹江口市	52500	6900	37750	3950
郧县	245	85	125	45
郧西县	130	34	100	28
竹山县	1216	510	1216	510
竹溪县	350	100	350	100
房县				
荆州市	**1430489**	**141837**	**1283597**	**120175**
荆州市辖区	59110	9306	25080	2786
江陵县	8246	1132	6885	865
松滋市	13000	1750	8000	1000
公安县	20981	3845	16154	2067
石首市	12850	1600	2650	400
监利县	399480	44428	371700	41465
洪湖市	916822	79776	853128	71592
宜昌市	**251045**	**62211**	**219445**	**49232**
宜昌市辖区	19023	10289	18023	9589
夷陵区	3360	1735	1210	655
宜都市	51700	15750	50000	15000
枝江市	95110	11462	84050	6210
当阳市	76381	21303	64861	17554
远安县	1100	650		
兴山县	101	54	101	54
秭归县	450	260		
长阳县	3800	420	1200	170
五峰县	20	8		
襄阳市	**126568**	**32239**	**104862**	**21933**
襄阳市辖区	7281	1598	4654	753
老河口市	5438	2450	2974	1442
襄州区	9725	5797	4045	2427
枣阳市	7950	2910	5400	1905
宜城市	89110	16476	85400	14810
南漳县	4010	1805	1000	300
谷城县	2962	1157	1319	261
保康县	92	46	70	35

续表1 单位:万元

	渔业流通和服务业产值合计	增加值合计	水产流通	
			产值	增加值
鄂州市	**412314**	**116347**	**299612**	**58510**
荆门市	**15739**	**6454**	**96963**	**51383**
荆门市辖区			439256	107730
沙洋县	389554	78302	2658	1430
钟祥市	47044	27998		
京山县	41097	24322	25495	15004
沙洋农场	2658	1430	12944	7888
孝感市			**157519**	**26140**
孝感市辖区	142063	16812		
孝昌县	15456	9328		
大悟县	123270	37110	112072	30598
安陆县			11198	6512
云梦县			114980	19373
应城县	107534	15103		
汉川市	7446	4270		
黄冈市	**2390**	**785**	**2390**	**785**
黄州区				
团风县			391310	85661
红安县	356953	72529	5011	814
麻城市	28073	12005	1273	313
罗田县	88558	24770	87500	24375
英山县			875	319
浠水县	183	76	39205	16734
蕲春县	37525	15558		
武穴市	1680	1176		
黄梅县	335	208	109	68
龙感湖区			166	103
咸宁市	**60**	**37**	**100380**	**6378**
咸安区	93919	5383	1491	304
嘉鱼县	4970	691		
赤壁市	78730	20681	65500	14530
通城县			13230	6151
崇阳县			13302	3490
通山县	8400	1315	320	110
随州市	**4582**	**2065**		
曾都区	79800	13400	73000	11300
随县	3200	400	2570	1500
广水市	1030	200	396029	94245
恩施州	344755	69908	12810	6151
恩施市	36799	17307	1665	879
利川市	14300	5920	4700	1810
建始县	350	200	9250	3910
巴东县			6525	2610
宣恩县	4200	1680	240	96
咸丰县	2000	800	85	34
来凤县	7020	1540	1100	300
鹤峰县	600	160	5200	1050
仙桃市	**120**	**30**	**4315**	**2170**
天门市	**2320**	**1030**	**195**	**60**
潜江市	**1800**	**1080**		
神农架林区	**1600**	**960**	**50**	**30**

续表2　　单位:万元

	水产(仓储)运输		休闲渔业		其它	
	产值	增加值	产值	增加值	产值	增加值
湖北省	**146907**	**48170**	**462133**	**193987**	**11924**	**4664**
武汉市	**5212**	**2915**	**31654**	**18848**		
武汉市辖区	870	470	6060	3585		
新洲区	2322	1161	3418	1709		
江夏区	1800	1134	5200	3276		
蔡甸区			9976	5518		
黄陂区	220	150	7000	4760		
黄石市	**2463**	**1008**	**21822**	**12595**		
黄石市辖区			582	152		
大冶市	527	137	5258	2997		
阳新县	1936	871	15982	9446		
十堰市	**18570**	**3839**	**1663**	**289**	**500**	**100**
十堰市辖区	5450	1200	383	32		
丹江口市	13000	2600	1250	250	500	100
郧县	100	35	20	5		
郧西县	20	4	10	2		
竹山县						
竹溪县						
房县						
荆州市	**25199**	**6452**	**121045**	**110298**	**648**	**98**
荆州市辖区			33710	6485	320	35
江陵县			1361	267		
松滋市			5000	750		
公安县	2000	1500	2785	265	42	13
石首市			10200			
监利县	10550	2265	17230			
洪湖市	12649	2687	50759		286	50
宜昌市	**15069**	**4877**	**15631**	**7822**	**900**	**280**
宜昌市辖区			1000	700		
夷陵区			2150	1080		
宜都市	900	450	600	300	200	100
枝江市	3820	1482	7240	3770		
当阳市	8949	2685	2571	1064		
远安县			1100	650		
兴山县						
秭归县	200	110	250	150		
长阳县	1200	150	700	100	700	180
五峰县			20	8		
襄阳市	**3751**	**590**	**17215**	**9398**	**740**	**318**
襄阳市辖区	1081	48	1525	791	21	6
老河口市	520	136	1886	860	58	12
襄州区	310	180	5100	3060	270	130
枣阳市	270	65	1960	820	320	120
宜城市	1560	156	2100	1470	50	40
南漳县			3000	1500	10	5
谷城县			1632	891	11	5
保康县	10	5	12	6		

续表3　　　　　　　　　　　　　　　　　　　　　　　　　　　　单位:万元

	水产(仓储)运输		休闲渔业		其它	
	产值	增加值	产值	增加值	产值	增加值
鄂州市	**15739**	**6454**	**96963**	**51383**		
荆门市	**2658**	**1430**	**47044**	**27998**		
荆门市辖区	2658	1430	12944	7388		
沙洋县			15456	9328		
钟祥市			11198	6512		
京山县			7446	4270		
沙洋农场						
孝感市	**5011**	**814**	**28073**	**12005**	**1273**	**313**
孝感市辖区			875	319	183	76
孝昌县			1680	1176		
大悟县			166	103	60	37
安陆县	1491	304	4970	691		
云梦县			13230	6151		
应城县	320	110	4582	2065		
汉川市	3200	400	2570	1500	1030	200
黄冈市	**12810**	**6151**	**36799**	**17307**	**1665**	**879**
黄州区	350	200	9250	3910		
团风县	240	96	2000	800	85	34
红安县	600	160	5200	1050	120	30
麻城市	195	60	1800	1080		
罗田县	50	30	1500	900		
英山县	35	10	521	112	10	5
浠水县	6300	4095	1200	730	650	410
蕲春县			992	473		
武穴市			7460	4849		
黄梅县	1800	380	5000	2600	800	400
龙感湖区	3240	1120	1876	803		
咸宁市	**22900**	**8460**	**15344**	**8495**	**4888**	**1907**
咸安区			1694	508	1738	517
嘉鱼县	20000	18000	2000	2000	3000	2000
赤壁市	400	160	5200	2100	150	90
通城县			1200	840		
崇阳县			2650	1847		
通山县	2500	1300	2600	1200		
随州市	**3485**	**2134**	**5325**	**2043**		
曾都区	2120	1290	980	696		
随县			3145	1047		
广水市	365	44	700	100		
恩施州			1415	425		
恩施市			350	105		
利川市			300	90		
建始县			120	36		
巴东县			80	24		
宣恩县			105	32		
咸丰县			110	33		
来凤县			250	75		
鹤峰县			100	30		
仙桃市	**7815**	**633**	**5984**	**2689**	**1071**	**661**
天门市	**1545**	**618**	**6136**	**3068**	**239**	**108**
潜江市	**4680**	**1795**	**10020**	**4510**		
神农架林区						

渔民家庭当年收支情况调查表(一)

单位:万元

调查单位(个人)名称	全年总收入	家庭经营收入			(二)工资性收入			(三)财产性收入						转移性收入						其他收入
		小计	其中出售水产品	其他家庭经营	小计	渔业	其他行业	小计	其中利息\股息\红利	租金收入	土地或水面转包收入	土地征用补偿	其他财产性收入	小计	家庭非常住人口寄回或带回	亲友赠送	救济金\救灾款\抚恤金	生产补贴	其他转移性收入	
	1=2+5+8+14+20	2=3+4	3	4	5=6+7	6	7	8=9+10+…+13	9	10	11	1=2+5+8+14+20	2=3+4	3	4	5=6+7	6	7	8=9+10+…+13	9
合计	11118.8	10316.2	9500.6	815.6	349.0	25.6	323.4	70.4	27.1	2.7	0.3	0.2	40.2	332.4	267.9	19.3	2.0	33.2	10.0	50.8
新洲区	1491.2	1177.7	1020.0	157.7	162.7	7.5	155.2	38.8	2.3	0.4	0.1		35.9	71.4	61.2	1.4	1.7	6.9	0.2	40.6
洪湖市	1819.5	1765.0	1720.2	44.8	12.0	1.8	10.2	3.0	3.0					39.1	24.4	8.8		5.8	0.2	0.3
长阳县	994.9	953.2	842.0	111.2	26.9		26.9							14.8	11.7			3.2		
鄂州市	1581.1	1522.8	1357.4	165.4	29.8		29.8							28.5	25.7			2.8		
黄州区	2021.2	1923.6	1867.9	55.7	50.0	6.9	43.1	3.7	0.7		0.2		2.8	43.9	33.4			3.9	6.6	
仙桃市	2040.5	1906.7	1793.0	113.8	48.7	6.5	42.2	14.7	12.0	1.1		0.2	1.5	60.8	49.1	6.9	0.3	1.5	3.0	9.6
天门市	1170.4	1067.1	900.1	167.0	18.9	3.0	15.9	10.2	9.0	1.2				73.9	62.5	2.2		9.2	0.0	0.3

渔民家庭当年收支情况调查表(二)

单位:万元

调查单(个人)名称	全年总支出	生产费用支出	家庭经营费用支出	渔业生产支出					固定资产折旧支出		其他家庭经营费用支出	购置生产性固定资产支出	税费支出		财产性支出	转移性支出	生活支出		其他支出
				小计	其中:燃料及冰费用	雇工费用	饲料及苗种费用	其他生产支出	小计	其中:渔业固定资产折旧			小计	#渔业税费支出			小计	#食物支出	
	21=22+33+35+36+37+39	22=23+32	23=24+29+31	24=25+…+28	25	26	27	28	29	30	31	32	33	34	35	36	37	38	39
合计数	7988.54	6485.68	6419.77	5974.62	124.17	239.53	5328.89	282.03	146.2	129.79	298.98	65.91	279.54	260.31	109.16	42.11	853.37	592.1	218.68
新洲区	687.47	612.58	600.76	554.34	7.85	6.61	524.11	15.77	10.7	8.37	35.72	11.82	16.6	16.35			58.29	47.42	
洪湖市	1423.12	1141.56	1138.19	1096.59	43.46	13.54	1010.01	29.58	10.27	10.14	31.33	3.37	40.23	40.15	9.5	13.03	165.86	117.36	52.94
长阳县	867.44	645.22	645.22	597.97	17.72	33.6	544.28	2.37	6.35	6.35	40.9		2.79	2.79			182.45	144.89	36.98
鄂州市	1051.02	787.6	785.79	727.83	8.33	16.68	627.48	75.34	8.25	5.67	49.71	1.81	16.92	16.92	48.31		165.08	83.52	33.11
黄州区	1399.76	1094.17	1082.5	1051.92	12.07	43.02	975.19	21.64	11.01	8.79	19.57	11.67	128.02	128.02	1.68		128.42	98.27	47.47
仙桃市	1564.02	1369.99	1350.05	1217.25	19.22	103.78	987.22	107.03	96.65	88.4	36.15	19.94	23.6	21.93	22.67	29.08	81.8	70.5	36.88
天门市	995.71	834.56	817.26	728.72	15.52	22.3	660.6	30.3	2.94	2.07	85.6	17.3	51.38	34.15	27		71.47	30.16	11.3

渔业灾情(一)

单位:水产品数量-吨;损失价值:万元

	水产品损失												人员损失(人)		
	总量	损失小计	#台风、洪涝		#病害		#干旱		#污染		#其它		失踪	死亡	重伤
			数量	价值	数量	价值	数量	价值	数量	价值	数量	价值			
	1 = 3 + 5 + 7 + 9 + 11	2 = 4 + 6 + 8 + 10 + 12	3	4	5	6	7	8	9	10	11	12	13	14	15
全省核定数	33040	44070	1446	2538	23100	29007	4377	6382	4117	6143					
武汉市	6201	6514	202	400	5299	5014	400	600	300	500					
黄石市	852	383	80	11	750	320	11	31	11	21					
十堰市	290	440	110	90			90	180	90	170					
荆州市	11199	17548	516	1106	8571	12330	1106	2106	1006	2006					
宜昌市	1048	2066	153	199	140	695	399	598	356	574					
襄阳市	3984	4058	109	208	2485	2065	695	890	695	895					
鄂州市															
荆门市	1308	1594	51	134			635	735	622	725					
孝感市	3573	5361	92	184	2124	3599	684	784	673	794					
黄冈市	3377	4434	100	192	2566	3338	352	452	359	452					
咸宁市	27	1528	5	1	20	1525	1	1	1	1					
恩施州															
随州市	5	3	3	1			1	1	1	1					
仙桃市	981	35	6	0	975	35									
天门市	37	10	8	4	25	0	2	3	2	3					
潜江市	158	96	11	8	145	86	1	1	1	1					
神农架林区								110298							

渔业灾情(二)

单位:经济损失价值-万元

	渔业设施损毁(台风、洪涝)																
	经济损失总计	池塘		网箱		围栏		沉船		船损		泵站		涵闸		堤坝	
		公顷	价值	个	价值	千米	价值	艘	价值	艘	价值	座	价值	座	价值	米	价值
	1	2	3	4	5	6	7	8	9	10	11	12	13	14	15	16	17
全省核定数	50784	22480	29291	85407	3321	7636	5941	119	38	344	378	116	483	240	427	118276	3801
武汉市	5433	5756	5381													1500	50
黄石市	177	45	80	45	2	6	16					1	10	10	20	2330	19
十堰市	4206	72	230	5850	2142	513	560	3	8	63	103					9600	873
荆州市	720	263	115													8050	405
宜昌市	2679	272	665	2800	300					3	8	1	2	10	34	8825	571
襄阳市	2602	1455	1212	129	32	31	72			76	62	25	15	73	48	2671	240
鄂州市																	
荆门市	166	235	109	0	0	60	30					7	5	15	10	3100	10
孝感市	2550	5464	1371	0	0	5076	70					4	18	24	30	4273	519
黄冈市	9207	6232	6093	1163	51	96	103			50	45	31	403	105	275	16927	804
咸宁市	19598	1499	11040	9400	388	1813	5055	116	30	152	160	47	30	3	10	60000	300
恩施州																	
随州市	2690	1036	2690														
仙桃市																	
天门市	60	30	10	220	5	30	35									1000	10
潜江市	675	110	295	65800	380												
神农架林区								110298									

渔业灾情(三)

单位:经济损失价值–万元

	渔业设施损毁(续)											受灾养殖面积(公顷)					
	码头		护岸		防波堤		工厂化养殖		苗种繁育场		其它设施损失价值	小计	台风、洪涝	病害	干旱	污染	其它
	米	价值	米	价值	米	价值	座	价值	个	价值							
	1	2	3	4	5	6	7	8	9	10	11	12 = 13 + 14 ~ 17	13	14	15	16	17
全省核定数	1860	683	44438	1226	12396	701	1	180	13	414	3900	44545	7072	15441	15768	6264	
武汉市									1	2		4960	2468	1714	276	502	
黄石市			100	3	5000	25			1	2		1080	30	615	192	243	
十堰市	820	164	2520	126								1669	521	228	920		
荆州市											200	8384	2043	2744	3597		
宜昌市	500	500	7200	162				150	2	132	155	1764	434	512	818		
襄阳市			3823	335	903	363			2	30	193	3556	467	1875	1085	129	
鄂州市																	
荆门市					300	2						3869		1090	2779	0	
孝感市			9380	111	1633	190			1	15	226	5585	815	1805	2750	215	
黄冈市	540	19	21415	489	4560	121			6	233	571	4569	432	1064	2831	242	
咸宁市							1	30			2555	2817	722	1780	115	200	
恩施州																	
随州市												100			100		
仙桃市												6076		1479		4597	
天门市												590	30	400	120	40	
潜江市												526	110	135	185	96	
神农架林区								110298									

全国主要渔业省份统计指标对比分析表(淡水)

项　目		居全国位次	占全国比重(%)	全国数据	湖北2012	湖北2011
1.淡水产品总产量(万吨)		1	13.5%	2874	389	356
2.河蟹养殖产量(吨)		2	16.2%	714380	115535	83501
3.鳜鱼养殖产量(吨)		4	11.0%	281502	31026	27793
4.鲟鱼养殖产量(吨)		2	14.7%	55184	8110	7020
5.青虾养殖产量(吨)		3	10.6%	237431	25113	22765
6.克氏螯虾养殖产量(吨)		1	54.5%	554821	302179	231119
7.黄鳝养殖产量(吨)		1	45.0%	320966	144398	123835
8.黄颡鱼养殖产量(吨)		1	27.0%	256650	69194	60954
9.鮰鱼养殖产量(吨)		2	20.1%	224132	45060	41835
10.甲鱼养殖产量(吨)		2	9.5%	331424	31626	26547
11.乌龟养殖(吨)		5	7.6%	32826	2493	2083
面积(万亩)	内陆养殖总面积	1	11.5%	8861	1020	1000
	池塘养殖面积	2	14.3%	3850	551	531
	湖泊养殖面积	2	19.1%	1537	294	294
	水库养殖面积	7	5.7%	2867	164	164
单产(公斤/亩)	内陆养殖平均单产	6		282	344	323
	池塘养殖单产	11		485	536	506
	湖泊养殖单产	11		105	113	107
	水库养殖单产	11		116	119	117
1.淡水渔业产值(亿元)		2	13.7%	4565	626	509
2.水产行业第二产业产值(亿元)(加工等)(海、淡水)		6	6.7%	4127	278	184
3.水产行业第三产业产值(亿元)(流通服务等)(海、淡水)		3	12.1%	4146	502	318
4.苗种产值(亿元)		1	15.8%	513	81	52
5.渔民人均纯收入(元)		14		11256	9585	8200
6.渔业人口(万人)(海、淡水)		2	8.9%	2074	185	190
7.渔业从业人员(万人)(海、淡水)		3	8.9%	1444	128	127
8.淡水鱼苗产量(亿尾)		2	6.9%	11181	773	697
9.淡水鱼种产量(万吨)		1	27.0%	349	94	86

续表1

项　目		同比增、减	增减幅度	内陆省份2012年相关数据			沿海省份2012年相关数据		
				安徽	江西	湖南	广东	江苏	浙江
1.淡水产品总产量(万吨)		33	9.3%	208	237	221	357	345	108
2.河蟹养殖产量(吨)		32034	38.4%	105219	14467	6376	4859	326513	8762
3.鳜鱼养殖产量(吨)		3233	11.6%	36361	43917	16210	100639	27547	12715
4.鲟鱼养殖产量(吨)		1090	15.5%	302	1782	957	931	1354	3267
5.青虾养殖产量(吨)		2348	10.3%	45731	23731	4365	1600	107330	19310
6.克氏螯虾养殖产量(吨)		71060	30.7%	85704	58387	1999	13	83711	4963
7.黄鳝养殖产量(吨)		20563	16.6%	40806	77332	28635	2559	7307	906
8.黄颡鱼养殖产量(吨)		8240	13.5%	22086	37813	15305	23361	21733	24354
9.鮰鱼养殖产量(吨)		3225	7.7%	16691	29611	27087	14981	526	3326
10.甲鱼养殖产量(吨)		5079	19.1%	18567	20821	9670	17426	27164	155312
11.乌龟养殖(吨)		410	19.7%	4640	3649	2103	2798	1641	12380
面积(万亩)	内陆养殖总面积	20	2.0%	835	648	655	560	858	320
	池塘养殖面积	20	3.8%	305	231	330	419	557	107
	湖泊养殖面积	0	0.0%	307	156	133	3	136	4
	水库养殖面积	0	−0.1%	130	235	188	120	32	144
单产(公斤/亩)	内陆养殖平均单产	21	6.5%	210	325	322	614	364	308
	池塘养殖单产	30	5.9%	336	487	483	750	407	400
	湖泊养殖单产	6	5.7%	115	193	96	212	157	135
	水库养殖单产	2	1.8%	116	226	112	184	225	61
1.淡水渔业产值(亿元)		117	23.0%	328	333	302	468	818	203
2.水产行业第二产业产值(亿元)(加工等)(海、淡水)		94	11029800.0%	82	218	16	354	261	600
3.水产行业第三产业产值(亿元)(流通服务等)(海、淡水)		184	57.8%	132	138	20	688	496	404
4.苗种产值(亿元)		30	57.3%	21	28	18	27	38	29
5.渔民人均纯收入(元)		1385	16.9%	9401	9513	7178	11136	15710	16160
6.渔业人口(万人)(海、淡水)		−5	−2.6%	89	155	125	240	154	112
7.渔业从业人员(万人)(海、淡水)		1		69	96	91	134	120	81
8.淡水鱼苗产量(亿尾)		76		359	311	307	7658	459	129
9.淡水鱼种产量(万吨)		9		27	27	43	28	35	5

7 农业机械化

农业机械年末拥有量

单位名称	一、农业机械总动力	1.柴油发动机动力	2.汽油发动机动力	3.电动机动力	4.其它机械动力
	千瓦	千瓦	千瓦	千瓦	千瓦
全省合计	**38421563.25**	**27629458.13**	**1093095**	**9605408.76**	**93601.37**
武汉市	**2524033.04**	**1680314.95**	**48141.95**	**768743.44**	**26832.7**
洪山区	253327	213771	5387.5	34168.5	
东西湖区	229364.22	202253.9	5013	22097.32	
汉南区	137376.09	89205.87	5052	43118.22	
蔡甸区	377898	210279	5169	162450	
江夏区	400272	263022	4836	132414	
黄陂区	553377.32	319974	2992.42	230410.9	
新洲区	491665.41	313989.18	13680.03	137163.5	26832.7
市直	80753	67820	6012	6921	
黄石市	**827299.39**	**459511.58**	**7128.54**	**360659.27**	
黄石港区	2704.4	1537.4	35	1132	
西塞山区	7194.8	2957.8	24	4213	
下陆区	4518	3912	11	595	
铁山区	106	102		4	
阳新县	433271	265523	3468	164280	
大冶市	368676.19	179690.38	3533.54	185452.27	
经济开发区	10829	5789	57	4983	
市直					
十堰市	**1790402.01**	**1193914.41**	**14063.2**	**582424.4**	
茅箭区	39492.13	30604.73	105	8782.4	
张湾区	45260.34	31206.74	148.6	13905	
郧县	347210.52	229890.52	2781	114539	
郧西县	284981	147383	1266	136332	
竹山县	266873.3	194850.7	3514.6	68508	
竹溪县	259719	142384	1415	115920	
房县	258439.72	187670.72	2619	68150	
丹江口市	288426	229924	2214	56288	
市直					
宜昌市	**2774777**	**1870696**	**126906**	**768952**	**8223**
西陵区	5053	4116	379	558	
伍家岗区	51798	43521	2403	5874	
点军区	29256	10542	7860	10854	
猇亭区	8164	2332	3220	2612	
夷陵区	299396	169718	18591	111087	
远安县	223290	173986	623	48681	
兴山县	124476	69394	7057	48025	
秭归县	178882	86507	16456	75919	
长阳自治县	194337	113837	3399	77101	
五峰自治县	156558	59664	13039	80732	3123
宜都市	**195473**	**138679**	**10953**	**45841**	
当阳市	560994	472400	14426	74168	
枝江市	747100	526000	28500	187500	5100
市直					

续表1

单位名称	一、农业机械总动力	1.柴油发动机动力	2.汽油发动机动力	3.电动机动力	4.其它机械动力
	千瓦	千瓦	千瓦	千瓦	千瓦
襄阳市	**5731105.44**	**4863410.77**	**75713.05**	**791681.62**	**300**
襄城区	345030	259300	1260	84170	300
樊城区	136616.85	123339.24	1725.45	11552.16	
襄州区	1121443	1054782	6820	59841	
开发区	16243	15694	249	300	
南漳县	580103.28	482109.22	7668.6	90325.46	
谷城县	293597	200516	28352	64729	
保康县	331577	200214	9322	122041	
老河口市	651122	602467	6905	41750	
枣阳市	1379840	1143055	8444	228341	
宜城市	852606.1	761714.1	4765	86127	
襄北农场	22927.21	20220.21	202	2505	
市直					
鄂州市	**619871.39**	**288733.72**	**16318.52**	**314819.15**	
梁子湖区	190911	88474	3250	99187	
华容区	184236.5	88043.8	4335.5	91857.2	
鄂城区	204297.69	95897.12	3893.02	104507.55	
开发区	8000	2620	1860	3520	
葛店开发区	14553	5536	2100	6917	
西山街办	7658	3368	685	3605	
市直	10215.2	4794.8	195	5225.4	
荆门市	**4040878.67**	**3563442.2**	**73526.77**	**403909.7**	
东宝区	400618	356673	5833	38112	
掇刀区	240858.79	213383.29	2955	24520.5	
京山县	889283.86	833425.86	18673	37185	
沙洋县	862029.4	741380	29704.6	90944.8	
钟祥市	1551616.95	1340037	15768.95	195811	
屈家岭	64411.67	56930.05	221.22	7260.4	
沙洋农场	32060	21613	371	10076	
漳河新区					
市直					
孝感市	**2326060.83**	**1508073.53**	**59075.5**	**731879.2**	**27032.6**
孝南区	332733	218442	16023	98268	
孝昌县	270860	144892	3340	115245	7383
大悟县	201260.02	115346.58	3014.34	81860.5	1038.6
云梦县	249790.11	163926.95	3451.16	82412	
应城市	303938.7	191927	9955	89445.7	12611
安陆市	330855	213350	4855	106650	6000
汉川市	636624	460189	18437	157998	
市直					
荆州市	**5116328.78**	**3745355.83**	**180891.24**	**1190081.71**	
沙市区	235017.06	177817.98	7360.58	49838.5	
荆州区	310479	237217	16024	57238	
公安县	753567.19	490104.46	43036.88	220425.85	
监利县	1303290.29	1056725.34	21180.14	225384.81	
江陵县	465147.2	375659.26	21895.29	67592.65	
石首市	443454.74	326710.25	28186.49	88558	

续表2

单位名称	一、农业机械总动力	1.柴油发动机动力	2.汽油发动机动力	3.电动机动力	4.其它机械动力
	千瓦	千瓦	千瓦	千瓦	千瓦
洪湖市	1018927.65	673259.28	15078.87	330589.5	
松滋市	489149.82	316977.85	25880.17	146291.8	
开发区	97267.25	90884.41	2228.24	4154.6	
市直	28.58		20.58	8	
黄冈市	**2882708.17**	**1773576.73**	**160839.2**	**948278.24**	**14**
黄州区	111189.11	51937.76	4080.9	55156.45	14
龙感湖区	104815.3	69093.55	665.75	35056	
团风县	212195	129703	8914	73578	
红安县	251964.81	151551.23	4058.39	96355.19	
罗田县	235690	174065	2295	59330	
英山县	271782	119250	13825	138707	
浠水县	356506.84	212345.69	16253.8	127907.35	
蕲春县	344092.11	241932.5	10812.36	91347.25	
黄梅县	408704	285318	23088	100298	
麻城市	323488	228185	9268	86035	
武穴市	262281	110195	67578	84508	
市直					
咸宁市	**1680619.82**	**1099280.28**	**33267.31**	**537705.23**	**10367**
咸安区	347365.03	258088.83	3757.4	85518.8	
嘉鱼县	301981.97	188137.97	1848	110096	1900
通城县	252148	171581	8639	66577	5351
崇阳县	190512	107073	5176	76263	2000
通山县	143206.82	94461.48	866.91	47878.43	
赤壁市	445406	279938	12980	151372	1116
市直					
随州市	**1939908.19**	**1695458.29**	**15986.9**	**228463**	
随县	1112367.85	1063165.95	84.9	49117	
曾都区	473140.34	384692.34	4202	84246	
广水市	354400	247600	11700	95100	
市直					
恩施自治州	**2196757.09**	**1045855.26**	**126084.96**	**1022894.8**	**1922.07**
恩施市	390911.5	238004.47	4794.59	146390.37	1722.07
利川市	341260	163926	55230	122104	
建始县	241736.47	97466.37	10048.2	134021.9	200
巴东县	317157.5	73933.8	38513.17	204710.53	
宣恩县	213986	93901	3167	116918	
咸丰县	204050.76	126727.76	4197	73126	
来凤县	166053.86	90765.86	2891	72397	
鹤峰县	321601	161130	7244	153227	
市直					
仙桃市	**1284990**	**858705**	**38120**	**369255**	**18910**
潜江市	**985009**	**735901**	**49961**	**199147**	
天门市	**1597814.35**	**1207031**	**58121.35**	**332662**	
神农架林区	**103000.08**	**40197.58**	**8949.5**	**53853**	
省直					

续表3

单位名称	二、拖拉机及配套机械 (一)拖拉机		1.大中型 (14.7千瓦及以上)		(1)其中：14.7–18.4千瓦 (含14.7千瓦)		18.4–36.7千瓦 (含18.4千瓦)	
	台	千瓦	台	千瓦	台	千瓦	台	千瓦
全省合计	**1254008**	**12902838.61**	**138408**	**4891254.26**	**22624**	**390317.2**	**50191**	**1323685**
武汉市	**27583**	**418660.37**	**8506**	**251687.27**	**1685**	**26139.9**	**4145**	**89650.34**
洪山区	1682	37968.75	927	31616.23	135	2231.06	483	11255.46
东西湖区	2702	39186.53	491	22063.97	42	753.38	37	899.64
汉南区	1538	25177.67	316	15121.39			59	1142.26
蔡甸区	3001	50087	830	31658	290	5230	68	1587
江夏区	5562	73538	1104	33167	39	574	691	14405
黄陂区	6594	92531.8	2327	53999	1170	17199	563	10359.2
新洲区	6284	97507.64	2469	62959.7			2217	49307.07
市直	220	2662.97	42	1101.97	9	152.46	27	694.71
黄石市	**7689**	**145994.12**	**3650**	**112441.3**	**82**	**1370.88**	**2600**	**63353.52**
黄石港区	25	475.68	14	411.6			14	411.6
西塞山区	44	2127.83	29	1929.38			2	55.13
下陆区	59	1012.1	45	826.88	45	826.88		
铁山区	3	61.74	3	61.74			3	61.74
阳新县	4943	83609	1830	58199	37	544	1402	37389
大冶市	2581	57895.77	1705	50288.7			1156	24756.05
经济开发区	34	812	24	724			23	680
市直								
十堰市	**12622**	**159453.03**	**3431**	**97437.16**	**656**	**11990.98**	**1978**	**48838.11**
茅箭区	109	2105.78	72	1797.08	13	238.88	50	1029
张湾区	97	1134.44	5	323				
郧县	1240	21058.52	538	14728.7	18	264.6	369	7505.85
郧西县	829	11025	296	7381			230	4515
竹山县	1040	19786.1	466	12686.1			437	11407.2
竹溪县	120	2208	120	2208			120	2208
房县	2436	52647.9	1663	45708.29	613	11266.94	727	20794.93
丹江口市	6751	49487.29	271	12604.99	12	220.56	45	1378.13
市直								
宜昌市	**82522**	**803259.11**	**10436**	**282068.29**	**4877**	**85832.3**	**3274**	**91567.51**
西陵区								
伍家岗区	30	168						
点军区	199	2013	57	1047	57	1047		
猇亭区	140	1465.6	35	625.6	35	625.6		
夷陵区	3286	36638.28	548	12327.38	428	7820.4	64	1517.79
远安县	5262	47648	663	15210	169	2642	479	11962
兴山县	2242	20485.39	322	6002.04	315	5788.13	6	173.48
秭归县	1438	24202	1207	22504	1110	20396	96	2068
长阳自治县	521	8493	465	8078	465	8078		
五峰自治县	1240	12057.85	155	3160.85	70	1286.6	85	1874.25
宜都市	**1671**	**25596.74**	**933**	**20086.17**	**767**	**14056.07**	**85**	**2401.99**
当阳市	40793	360769	3093	112029	8	118	1171	29214
枝江市	25700	263722.25	2958	80998.25	1453	23974.5	1288	42356
市直								

续表4

单位名称	二、拖拉机及配套机械 (一)拖拉机		1.大中型 (14.7千瓦及以上)		(1)其中： 14.7–18.4千瓦 (含14.7千瓦)		18.4–36.7千瓦 (含18.4千瓦)	
	台	千瓦	台	千瓦	台	千瓦	台	千瓦
襄阳市	**395261**	**3433912.72**	**30100**	**1061993.28**	**2941**	**49464.18**	**13945**	**382932.14**
襄城区	25504	166176.01	572	19575.85	86	1580.25	108	3064.95
樊城区	7823	73650.71	522	16052.43			312	6773.05
襄州区	88614	928190	6714	272990	1272	21330	2543	89005
开发区	150	8814	150	8814				
南漳县	42445	364457.58	2003	65533.93	37	543.9	1205	32521.05
谷城县	10006	98996	1449	34490	36	573	1058	20653
保康县	6869	60667	430	9529			387	7883
老河口市	35044	398307	4694	176296			1221	22589
枣阳市	110272	764312	7437	269634	873	13813	2232	51068
宜城市	68301	561476.11	5959	180604.25	637	11624.03	4830	148148.37
襄北农场	233	8866.31	170	8473.82			49	1226.72
市直								
鄂州市	**6460**	**92342.32**	**2028**	**53761.64**	**1106**	**17448**	**481**	**12921.8**
梁子湖区	2081	34369.94	619	21424	150	2440	215	6020
华容区	1782	24511.3	653	14539.2	435	6960	155	4340
鄂城区	2178	28267.01	671	15206.85	475	7331.6	95	2173.6
开发区	41	585.91	18	416.4	12	188.4	2	42
葛店开发区	166	1475.58	11	293.2	5	81	3	67.2
西山街办	103	1718.58	22	1120.99	5	80	6	170
市直	109	1414	34	761	24	367	5	109
荆门市	**281857**	**2575606.86**	**17860**	**643064.77**	**115**	**1778.7**	**7178**	**185563.76**
东宝区	29722	230479.84	1280	37057.24	12	176.4	961	24698.21
掇刀区	17540	157100.3	695	23744.1	24	441	306	9294
京山县	51030	627100.96	6357	249904.1			2168	68178.6
沙洋县	65129	585183.49	1994	76274.63	28	411.6	632	14530.95
钟祥市	115885	938261.22	7019	233666.7	51	749.7	2911	62482
屈家岭	2403	30085.05	375	15069			192	6165
沙洋农场	148	7396	140	7349			8	215
漳河新区								
市直								
孝感市	**43767**	**778877.81**	**12518**	**469513.46**	**2639**	**45955.85**	**4026**	**129478.96**
孝南区	3853	96769	1760	76995	37	650	785	25400
孝昌县	5648	83742	1594	47956	574	10382	520	16098
大悟县	3638	48159.36	1214	29656.03	675	12399.45	482	14433.98
云梦县	3499	81869.65	1726	62322.33	140	2226.4	1056	34932.48
应城市	8681	198344	2242	119144.3			259	8525
安陆市	4761	74828.8	1801	49628.8	838	13408	200	5880
汉川市	13687	195165	2181	83811	375	6890	724	24209.5
市直								
荆州市	**111182**	**1574804.55**	**16994**	**842772.47**	**143**	**2102.1**	**1690**	**41915.59**
沙市区	7513	82669.43	565	28893.89	5	73.5	56	1353.14
荆州区	12556	161032.62	1496	71105.37	4	58.8	67	1603.77
公安县	10679	160571.57	2452	99374	76	1117.2	403	10409.8
监利县	15787	344485.45	4348	241775.08				
江陵县	18377	207386.87	1796	85624.56			173	5105.31
石首市	1590	81345.89	947	75044				

续表5

单位名称	二、拖拉机及配套机械 (一)拖拉机		1.大中型 (14.7千瓦 及以上)		(1)其中: 14.7–18.4千瓦 (含14.7千瓦)		18.4–36.7千瓦 (含18.4千瓦)	
	台	千瓦	台	千瓦	台	千瓦	台	千瓦
洪湖市	27958	318713.23	2863	134769.19	13	191.1	287	5655.09
松滋市	13435	162647.86	1810	71035.25	30	441	624	15690.05
开发区	3287	55951.63	717	35151.13	15	220.5	80	2098.43
市直								
黄冈市	**32109**	**446778.48**	**9034**	**242847.92**	**3467**	**59894.61**	**3282**	**72671.89**
黄州区	1508	22534.36	588	14444.37	420	7682.9	46	1309.9
龙感湖区	789	32763.36	592	30223.2				
团风县	1857	31262	705	20939	184	2980	381	10668
红安县	2521	45301.12	1604	36436.28	1120	18955.65	333	7830.09
罗田县	2187	28330	537	11530	10	150	470	8670
英山县	1172	14360	332	6540	240	3600	61	1730
浠水县	6587	73743.75	1421	27294.58	1324	23832	74	2299.58
蕲春县	5745	55086.56	465	12846.56	27	422.66	342	7477.12
黄梅县	5848	78401	829	34372			76	1690
麻城市	2951	45919.33	1630	34473.93	92	1352.4	1447	29174.2
武穴市	944	19077	331	13748	50	919	52	1823
市直								
咸宁市	**16633**	**261694.02**	**4294**	**151864.11**	**932**	**16812.15**	**1201**	**29917.37**
咸安区	2631	49428.02	949	33707.1	253	4336.5	279	9047.85
嘉鱼县	5468	93017.97	1433	57596	412	7570	78	1785
通城县	3445	39199	473	11807	223	4097	162	4013
崇阳县	1181	19238.13	289	11514.75	14	257.25	56	1683.89
通山县	787	15291.9	242	10257.26	30	551.4	43	1218.63
赤壁市	3121	45519	908	26982			583	12169
市直								
随州市	**132542**	**954925.9**	**5977**	**178795.23**	**1904**	**34894.13**	**2462**	**71562.76**
随县	87696	594968.55	3286	93575.88	937	17147.55	1696	44941.57
曾都区	28846	213311.35	1491	38473.35	967	17746.58	66	1925.19
广水市	16000	146646	1200	46746			700	24696
市直								
恩施自治州	**9546**	**156927.99**	**3860**	**91697.37**	**1844**	**32792.62**	**1316**	**32616.75**
恩施市	321	5351.17	122	3580	12	220.56	105	3079.44
利川市	1971	25869	549	10162	390	6436	151	3372
建始县	479	8404.2	400	7717.45	275	5036.86	121	2518.89
巴东县	946	15282.6	701	13121.7	693	12733.85		
宣恩县	859	24655	630	22454.25	38	698.25		
咸丰县	2371	32908.16	299	5495.6	299	5495.6		
来凤县	1887	32334.86	786	20684.37	15	220.5	693	17325.42
鹤峰县	712	12123	373	8482	122	1951	246	6321
市直								
仙桃市	**21684**	**261675.2**	**2719**	**112183.2**	**3**	**44.1**	**601**	**13210.5**
潜江市	**36284**	**395032**	**2486**	**126579**	**75**	**1103**	**320**	**7185**
天门市	**36109**	**440437.73**	**4399**	**170427.39**	**39**	**573.3**	**1692**	**50298.99**
神农架林区	**158**	**2456.4**	**116**	**2120.4**	**116**	**2120.4**		
省直								

续表6

单位名称	36.7–58.8千瓦(含36.7千瓦)		58.8千瓦及以上		(2)其中:轮式		2.小型(2.2–14.7千瓦,含2.2千瓦)	
	台	千瓦	台	千瓦	台	千瓦	台	千瓦
全省合计	**55704**	**2529879.51**	**9889**	**647372.56**	**130167**	**4455964.42**	**1115600**	**8011584.35**
武汉市	**2021**	**93382.47**	**655**	**42514.56**	**7738**	**224398.58**	**19077**	**166973.1**
洪山区	223	11779.11	86	6350.6	719	19153.4	755	6352.52
东西湖区	392	18929.93	20	1481.03	475	20891.64	2211	17122.56
汉南区	203	10355.4	54	3623.73	266	12454.04	1222	10056.28
蔡甸区	314	14775	158	10066	815	30684	2171	18429
江夏区	337	15805	37	2383	1056	30667	4458	40371
黄陂区	384	14092.8	210	12348	2177	49242.53	4267	38532.8
新洲区	163	7449.23	89	6203.4	2188	60204	3815	34547.94
市直	5	196	1	58.8	42	1101.97	178	1561
黄石市	**792**	**37074.1**	**176**	**10642.8**	**3500**	**105613.98**	**4039**	**33552.82**
黄石港区					14	411.6	11	64.08
西塞山区	2	110.25	25	1764	27	1819.13	15	198.45
下陆区							14	185.22
铁山区								
阳新县	391	20266			1830	58199	3113	25410
大冶市	398	16653.85	151	8878.8	1606	44504.25	876	7607.07
经济开发区	1	44			23	680	10	88
市直								
十堰市	**683**	**29292.27**	**114**	**7315.8**	**3113**	**85158.79**	**9191**	**62015.87**
茅箭区			9	529.2	72	1797.08	37	308.7
张湾区			5	323	5	294	92	811.44
郧县	130	5547.05	21	1411.2	444	9996	702	6329.82
郧西县	61	2396	5	470	291	6911	533	3644
竹山县	27	1102.5	2	176.4	437	11407.2	574	7100
竹溪县								
房县	323	13646.42			1647	45011.51	773	6939.61
丹江口市	142	6600.3	72	4406	217	9742	6480	36882.3
市直								
宜昌市	**2097**	**91322.03**	**188**	**13346.45**	**9559**	**226898.5**	**72086**	**521190.82**
西陵区								
伍家岗区							30	168
点军区					57	1047	142	966
猇亭区					35	625.6	105	840
夷陵区	52	2717.24	4	271.95	546	12187.7	2738	24310.9
远安县	15	606			663	15210	4599	32438
兴山县	1	40.43			322	6002	1920	14483.35
秭归县	1	40			1207	22504	231	1698
长阳自治县					460	7947	56	415
五峰自治县					120	3061	1085	8897
宜都市	**72**	**3051.61**	**9**	**576.5**	**190**	**4389**	**738**	**5510.57**
当阳市	1855	79043	59	3654	3080	111316	37700	248740
枝江市	101	5823.75	116	8844	2879	42609.2	22742	182724
市直								

续表7

单位名称	36.7–58.8千瓦(含36.7千瓦)		58.8千瓦及以上		(2)其中:轮式		2.小型(2.2–14.7千瓦，含2.2千瓦)	
	台	千瓦	台	千瓦	台	千瓦	台	千瓦
襄阳市	**11338**	**504736.96**	**1876**	**124860**	**29075**	**1022702.17**	**365161**	**2371919.44**
襄城区	378	14930.65			572	19575.85	24932	146600.16
樊城区	192	8198.93	18	1080.45	522	16052.43	7301	57598.28
襄州区	2685	147675	214	14980	6550	265376	81900	655200
开发区	60	3522	90	5292	150	8814		
南漳县	713	29484.88	48	2984.1	2003	65530.92	40442	298923.65
谷城县	353	13117	2	147	1449	34490	8557	64506
保康县	43	1646			430	9529	6439	51138
老河口市	3023	127004	450	26703	4667	174708	30350	222011
枣阳市	3347	135835	985	68918	6628	241356	102835	494678
宜城市	489	20633.4	3	198.45	5959	180604.25	62342	380871.86
襄北农场	55	2690.1	66	4557	145	6665.72	63	392.49
市直								
鄂州市	**286**	**13530.06**	**155**	**9861.78**	**1903**	**45802.97**	**4432**	**38580.68**
梁子湖区	176	8201.2	78	4762.8	583	20155	1462	12945.94
华容区	59	2965.9	4	273.3	633	12155	1129	9972.1
鄂城区	40	1847.8	61	3853.85	615	11932.77	1507	13060.16
开发区	3	126	1	60	15	352	23	169.51
葛店开发区	2	83	1	62	8	213	155	1182.38
西山街办	4	213.16	7	657.83	18	398.2	81	597.59
市直	2	93	3	192	31	597	75	653
荆门市	**10098**	**424778.56**	**469**	**30943.75**	**17570**	**624292.82**	**263997**	**1932542.09**
东宝区	307	12182.63			1280	37057.23	28442	193422.6
掇刀区	365	14009.1			671	23303	16845	133356.2
京山县	3919	162836	270	18889.5	6118	233167.73	44673	377196.86
沙洋县	1300	59310.83	34	2021.25	1994	76274.63	63135	508908.86
钟祥市	3954	164298	103	6137	7012	233241.23	108866	704594.52
屈家岭	167	7934	16	970	371	14835	2028	15016.05
沙洋农场	86	4208	46	2926	124	6414	8	47
漳河新区								
市直								
孝感市	**5642**	**279929.75**	**211**	**14148.9**	**12169**	**400266.26**	**31249**	**309364.35**
孝南区	895	48200	43	2745	1607	67100	2093	19774
孝昌县	475	19845	25	1631	1569	46325	4054	35786
大悟县	42	1852.4	15	970.2	1197	28582.93	2424	18503.33
云梦县	474	21459.05	56	3704.4	1707	62322.33	1773	19547.32
应城市	1962	108891	21	1728.3	2128	71288	6439	79199.7
安陆市	713	27033.3	50	3307.5	1780	40837	2960	25200
汉川市	1081	52649	1	62.5	2181	83811	11506	111354
市直								
荆州市	**11370**	**546788.48**	**3791**	**251966.3**	**15811**	**763192.05**	**94188**	**732032.08**
沙市区	372	19367.25	132	8100	509	25560	6948	53775.54
荆州区	1256	58755.9	169	10686.9	1383	64641.05	11060	89927.25
公安县	1945	86193	28	1654	2303	91671	8227	61197.57
监利县	2479	126894.08	1869	114881	4157	226659	11439	102710.37
江陵县	1465	71228.85	158	9290.4	1498	70006	16581	121762.31
石首市			947	75044	762	56007	643	6301.89

续表8

单位名称	36.7-58.8千瓦(含36.7千瓦)		58.8千瓦及以上		(2)其中:轮式		2.小型(2.2-14.7千瓦，含2.2千瓦)	
	台	千瓦	台	千瓦	台	千瓦	台	千瓦
洪湖市	2220	106998	343	21925	2782	130160	25095	183944.04
松滋市	1041	46393.2	115	8511	1734	65104	11625	91612.61
开发区	592	30958.2	30	1874	683	33384	2570	20800.5
市直								
黄冈市	**1694**	**73570.48**	**591**	**36710.94**	**8480**	**214598.35**	**23075**	**203930.56**
黄州区	107	4437.22	15	1014.35	584	14159.3	920	8089.99
龙感湖区	208	7644	384	22579.2	346	20344.8	197	2540.16
团风县	133	6843	7	448	613	17758	1152	10323
红安县	42	1873.65	109	7776.89	1509	29526.92	917	8864.84
罗田县	34	1350	23	1360	514	10180	1650	16800
英山县	31	1210			330	6100	840	7820
浠水县	19	880.5	4	282.5	1417	25506	5166	46449.17
蕲春县	74	3462.08	22	1484.7	415	10246.23	5280	42240
黄梅县	739	31789	14	893	815	33754	5019	44029
麻城市	87	3668.03	4	279.3	1608	33408.1	1321	11445.4
武穴市	220	10413	9	593	329	13615	613	5329
市直								
咸宁市	**2084**	**100136.69**	**77**	**4997.9**	**3906**	**135733.87**	**12339**	**109829.91**
咸安区	393	18764.55	24	1558.2	717	24849.42	1682	15720.92
嘉鱼县	932	47433	11	808	1330	51548	4035	35421.97
通城县	86	3579	2	118	473	11806	2972	27392
崇阳县	205	8743.06	14	830.55	289	11514.75	892	7723.38
通山县	143	6804.08	26	1683.15	235	9970.7	545	5034.64
赤壁市	325	14813			862	26045	2213	18537
市直								
随州市	**1464**	**61622.16**	**147**	**10716.18**	**4777**	**132049.22**	**126565**	**776130.67**
随县	507	20851.58	146	10635.18	3286	93575.88	84410	501392.67
曾都区	457	18720.58	1	81	1491	38473.34	27355	174838
广水市	500	22050					14800	99900
市直								
恩施自治州	**699**	**26229**	**1**	**59**	**3156**	**78516.67**	**5686**	**65230.62**
恩施市	5	280			120	3580	199	1771.17
利川市	7	295	1	59	548	10103	1422	15707
建始县	4	161.7			400	7717.45	79	686.75
巴东县	8	387.85					245	2160.9
宣恩县	592	21756			630	22454.25	229	2200.75
咸丰县					299	5495.6	2072	27412.56
来凤县	78	3138.45			786	20684.37	1101	11650.49
鹤峰县	5	210			373	8482	339	3641
市直								
仙桃市	**1998**	**91982.9**	**117**	**6945.7**	**2701**	**111115.8**	**18965**	**149492**
潜江市	**1075**	**54397**	**1016**	**63894**	**2310**	**115197**	**33798**	**268453**
天门市	**2363**	**101106.6**	**305**	**18448.5**	**4399**	**170427.39**	**31710**	**270010.34**
神农架林区							**42**	**336**
省直								

续表9

单位名称	其中:手扶式		(二)拖拉机配套农具	1.大中型	2.小型	三、种植业机械 (一)耕整地机械	
	台	千瓦	部	部	部	台(套)	千瓦
全省合计	**966294**	**6788954.62**	**2402462**	**257402**	**2145060**	**353685**	**1895638.38**
武汉市	**17307**	**146272.75**	**41423**	**13710**	**27713**	**29394**	**174338.17**
洪山区	755	6351.9	2503	925	1578	2437	14493
东西湖区	2110	16591.89	4278	1084	3194	1942	12761.1
汉南区	1160	9368.32	2427	916	1511	5953	25522.4
蔡甸区	2139	18020	4978	2154	2824	4042	23654
江夏区	4262	38363	6520	1593	4927	3880	21279
黄陂区	3631	32679	19782	6981	12801	5476	37520
新洲区	3248	24876.64	695		695	5536	38390.67
市直	2	22	240	57	183	128	718
黄石市	**3999**	**33105.07**	**14564**	**8883**	**5681**	**3116**	**21513.7**
黄石港区			71	23	48	23	138
西塞山区			17	6	11	16	41.7
下陆区			88	28	60	12	53
铁山区			11	3	8	2	12
阳新县	3113	25410	11287	7283	4004	1199	12384
大冶市	876	7607.07	3024	1494	1530	1710	7976
经济开发区	10	88	66	46	20	154	909
市直							
十堰市	**8195**	**50354.3**	**34174**	**6783**	**27391**	**25890**	**144300.5**
茅箭区			158	79	79	120	1800
张湾区						772	4246
郧县	490	3798.48	4066	2266	1800	12658	69619
郧西县	455	2767	8192	426	7766	5874	32244
竹山县			2421	738	1683	1200	8000.5
竹溪县						1300	9650
房县	773	6939.61	4706	2885	1821	886	4521
丹江口市	6477	36849.21	14631	389	14242	3080	14220
市直							
宜昌市	**71575**	**517544.01**	**230274**	**18381**	**211893**	**47164**	**251609.3**
西陵区						8	56
伍家岗区	15	105	18		18		
点军区						1123	1224
猇亭区	105	840	10	8	2		
夷陵区	2738	24310.09	10460	476	9984	9458	42835
远安县	4599	32438	28760	588	28172	11578	77072
兴山县	1920	14483.35	6324	322	6002	3106	15092
秭归县			18	18		3553	16740
长阳自治县						9400	46621
五峰自治县	1085	8897	946	8	938	724	3837
宜都市	**671**	**5006.57**	**3083**	**1456**	**1627**	**3369**	**19059.3**
当阳市	37700	248740	114223	7972	106251	1711	13403
枝江市	22742	182724	66432	7533	58899	3134	15670
市直							

续表10

单位名称	其中:手扶式		(二)拖拉机配套农具	1.大中型	2.小型	三、种植业机械 (一)耕整地机械	
	台	千瓦	部	部	部	台(套)	千瓦
襄阳市	**271387**	**1641381.56**	**812402**	**72816**	**739586**	**11610**	**55211.2**
襄城区	24932	146600.16	49233	1555	47678	1120	9996
樊城区	7118	55364.61	6891	1201	5690		
襄州区	4169	33352	158683	15612	143071		
开发区			340	140	200		
南漳县	39378	284846.93	75372	6287	69085	3581	17905
谷城县	8338	63092	18593	2708	15885	92	582
保康县	6437	51112	14795	1278	13517	2829	17679
老河口市	18210	146900	80000	10300	69700		
枣阳市	100463	479242	221177	18439	202738	3964	7344
宜城市	62342	380871.86	186557	14665	171892		
襄北农场			761	631	130	24	1705.2
市直							
鄂州市	**3122**	**26435.65**	**11592**	**4048**	**7544**	**2999**	**16546**
梁子湖区	1262	11745.94	3657	1072	2585	1139	5924
华容区	497	3605.05	3454	1325	2129	742	4479.5
鄂城区	1193	9753.26	4029	1562	2467	902	4841.3
开发区	18	129	41	18	23	62	390.6
葛店开发区	40	386	122	18	104	97	611
西山街办	52	328.4	138	25	113	12	57.6
市直	60	488	151	28	123	45	242
荆门市	**235503**	**1738432.09**	**484247**	**32813**	**451434**	**3557**	**32555.8**
东宝区	12	132	72650	2519	70131		
掇刀区	16845	133356.2	30473	1369	29104		
京山县	44673	377196.86	59077	8912	50165	2698	12628
沙洋县	63102	508437.86	106646	4055	102591	859	19927.8
钟祥市	108835	704246.12	207737	14389	193348		
屈家岭	2028	15016.05	7281	1197	6084		
沙洋农场	8	47	383	372	11		
漳河新区							
市直							
孝感市	**26718**	**259244.9**	**74076**	**21505**	**52571**	**14132**	**82224.84**
孝南区	1810	16290	5702	2992	2710	1680	9873
孝昌县	3284	26396	14765	4145	10620	460	4950
大悟县	2424	18503.33	9431	2307	7124	2624	15087.44
云梦县	1643	16129.57	4206	1901	2305	930	5468.4
应城市	6239	74591	12406	4036	8370	820	3239
安陆市	2900	21315	8750	2810	5940	5762	32842
汉川市	8418	86020	18816	3314	15502	1856	10765
市直							
荆州市	**90339**	**681110**	**239476**	**34685**	**204791**	**71558**	**286232**
沙市区	6938	53643	18504	1690	16814	470	1880
荆州区	10909	87930	22344	1813	20531	1548	6192
公安县	7997	58155	24886	6271	18615	25852	103408
监利县	11303	100911	42981	8199	34782	14601	58404
江陵县	16423	119672	50522	5604	44918	3807	15228
石首市	400	3087	8043	2548	5495	14258	57032

续表11

单位名称	其中:手扶式		(二)拖拉机配套农具	1.大中型	2.小型	三、种植业机械 (一)耕整地机械	
	台	千瓦	部	部	部	台(套)	千瓦
洪湖市	24966	182237	52704	4611	48093	7523	30092
松滋市	8973	56527	15227	2964	12263	3339	13356
开发区	2430	18948	4265	985	3280	160	640
市直							
黄冈市	**18072**	**150048.55**	**61199**	**12627**	**48572**	**48659**	**278317.36**
黄州区	682	5711.81	1140	432	708	1368	8138
龙感湖区	197	2540.16	1598	1082	516		
团风县	1152	10323	2352	479	1873	4226	19017
红安县	542	4269.62	7690	2658	5032	4498	24350.76
罗田县	1330	14630	7565	680	6885	6750	36500
英山县	833	6680	5180	320	4860	2600	15600
浠水县	4255	34914.56	11225	1905	9320	6621	41712.3
蕲春县	2224	11344	7256	1281	5975	5239	37370
黄梅县	4934	43023	11576	1648	9928	8268	41854
麻城市	1321	11445.4	3784	1485	2299	7903	48859.3
武穴市	602	5167	1833	657	1176	1186	4916
市直							
咸宁市	**10907**	**96125.77**	**24204**	**6922**	**17282**	**26170**	**130480.24**
咸安区	869	7571.98	3839	1374	2465	2176	14325.26
嘉鱼县	4035	35421.97	6065	1565	4500	3165	14429
通城县	2618	23882	4832	672	4160	10495	44171
崇阳县	892	7723.38	1504	407	1097	4438	17752
通山县	481	4201.44	938	498	440	571	2284.98
赤壁市	2012	17325	7026	2406	4620	5325	37518
市直							
随州市	**126365**	**767430.67**	**257472**	**4646**	**252826**	**28418**	**176345**
随县	84410	501392.67	168714	2926	165788	25600	150528
曾都区	27355	174838	69558	320	69238	18	1117
广水市	14600	91200	19200	1400	17800	2800	24700
市直							
恩施自治州	**1573**	**15264.5**	**10200**	**1659**	**8541**	**27462**	**155064.37**
恩施市	199	1771.17	300	135	165	1753	8346.6
利川市	677	7237	2436	484	1952	4339	23395
建始县	34	301.43	457	284	173	3464	23509
巴东县	245	2160.9	2126	74	2052	6193	35238.17
宣恩县			54	26	28	3201	16005
咸丰县			1658	208	1450	3623	18839.6
来凤县	128	1024	1163	144	1019	4069	22279
鹤峰县	290	2770	2006	304	1702	820	7452
市直							
仙桃市	**18855**	**148341**	**12713**	**5258**	**7455**	**9870**	**58232**
潜江市	**32377**	**249653**	**50583**	**4326**	**46257**	**2212**	**14378**
天门市	**29958**	**267874.8**	**43743**	**8300**	**35443**	**1197**	**8586.9**
神农架林区	**42**	**336**	**120**	**40**	**80**	**277**	**9703**
省直							

续表12

单位名称	2.机耕船		3.机引犁	4.旋耕机	5.深松机	6.机引耙	(二)种植施肥机械 1.播种机	其中：免耕播种机	精少量播种机
	艘	千瓦	台	台	台	台	台	台	台
全省合计	**30691**	**286135.65**	**831319**	**542580**	**836**	**608599**	**45610**	**3145**	**23671**
武汉市	**3867**	**47283.74**	**6608**	**13895**	**77**	**2568**	**726**	**251**	**321**
洪山区	49	530	752	659		180			
东西湖区	345	4448	1311	2458		46	3	2	1
汉南区	277	2895.46	637	794		264	52	3	8
蔡甸区	619	8065	265	1482	1	131	14		2
江夏区	2303	28202					103	2	
黄陂区	42	882	2327	5476		1367	43	27	16
新洲区	219	2126.28	1248	2920	75	572	511	217	294
市直	13	135	68	106	1	8			
黄石市	**3034**	**35041**	**3531**	**4522**		**2091**	**51**	**22**	**29**
黄石港区			21	50					
西塞山区	13	208	6	11					
下陆区	6	53	36	40					
铁山区				2					
阳新县	1946	22686	2602	2533		1598			
大冶市	936	10332	683	1693		361	50	22	28
经济开发区	133	1762	183	193		132	1		1
市直									
十堰市	**14**	**266**	**3001**	**5824**	**250**	**1367**	**256**		**215**
茅箭区			17	1		11			
张湾区			64	772					
郧县			674	896	50	650	130		130
郧西县	5	44	119	108		67	50		50
竹山县	5	200	220	1168		131	25		25
竹溪县			90	1050	200	30	41		
房县	4	22	1817	1731		478			
丹江口市				98			10		10
市直									
宜昌市	**5**	**53**	**57489**	**58016**		**37196**	**2142**	**13**	**1396**
西陵区									
伍家岗区									
点军区			124	24		124			
猇亭区				67					
夷陵区			2430	2430		264			
远安县			11403	7140		9202			
兴山县			1961	1999		426	3		3
秭归县			6	6		6			
长阳自治县			310	5998					
五峰自治县			582	985		42			
宜都市			**1217**	**1519**		**176**	**10**		**10**
当阳市	4	40	37334	34236		25570	1410	13	1328
枝江市	1	13	2122	3612		1386	719		55
市直									

续表13

单位名称	2.机耕船		3.机引犁	4.旋耕机	5.深松机	6.机引耙	(二)种植施肥机械 1.播种机	其中：免耕播种机	精少量播种机
	艘	千瓦	台	台	台	台	台	台	台
襄阳市	**111**	**1306.5**	**315771**	**134512**	**153**	**271674**	**29919**	**292**	**12186**
襄城区			24380	628		23992	10		4
樊城区			5928	630		333			
襄州区			67554	13526		57610	8847		1047
开发区			60	160			90	70	20
南漳县	47	352.5	30579	10959		22821	5576		2176
谷城县	64	954	8491	2615		6772	18	4	14
保康县			5211	5292		986	43		43
老河口市			26100	25600		26200	2000		2000
枣阳市			78882	46634		66937	6852	192	6660
宜城市			68412	28378	150	65825	6418		183
襄北农场			174	90	3	198	65	26	39
市直									
鄂州市	**937**	**13652.2**	**1831**	**4174**	**107**	**721**	**206**	**123**	**83**
梁子湖区	328	4821.5	852	1810	20	343	73	42	31
华容区	168	2348	187	256	1	54	18	6	12
鄂城区	388	5703.6	753	1889	81	305	110	72	38
开发区	15	220.5	1	80		4			
葛店开发区	18	264.6	1	12	1				
西山街办				33					
市直	20	294	37	94	4	15	5	3	2
荆门市	**104**	**931.82**	**211959**	**104053**		**138342**	**5773**	**1778**	**3974**
东宝区			26387	11123		21936	18		18
掇刀区	1	8.82	14140	6197		5273	338	10	328
京山县	63	375	18224	23115		15938	226		226
沙洋县	40	548	48491	47320		8606	237	214	23
钟祥市			102236	14190		84262	4869	1479	3369
屈家岭			2399	2051		2236	52	52	
沙洋农场			82	57		91	33	23	10
漳河新区									
市直									
孝感市	**1938**	**20320.75**	**17912**	**36211**		**9529**	**1051**	**219**	**603**
孝南区	260	2950	1550	2370		1040	324	167	157
孝昌县			4220	5200		3530	125	1	124
大悟县	26	290.75	2264	2915		1588	15	12	3
云梦县	420	3528	566	3382		152	85	4	
应城市			2721	7544		1616	207		59
安陆市			1204	4683		1406	97	35	62
汉川市	1232	13552	5387	10117		197	198		198
市直									
荆州市	**9201**	**55206**	**85458**	**95032**	**33**	**41978**	**757**	**50**	**581**
沙市区	13	78	7283	7749		3170	3		3
荆州区	40	240	9385	9936	5	2150	96	20	55
公安县	250	1500	7967	11777	28	3042	157	3	154
监利县	4182	25092	11098	11048		11283	149		149
江陵县	176	1056	16592	16592		16592	72		17
石首市	2351	14106	2488	2955		1020	32		32

续表14

单位名称	2.机耕船		3.机引犁	4.旋耕机	5.深松机	6.机引耙	(二)种植施肥机械 1.播种机	其中：免耕播种机	精少量播种机
	艘	千瓦	台	台	台	台	台	台	台
洪湖市	2158	12948	24371	25288		2325	217		167
松滋市	19	114	5524	6934		1646	31	27	4
开发区	12	72	750	2753		750			
市直									
黄冈市	**4045**	**38026.74**	**11403**	**31820**	**141**	**6747**	**555**	**112**	**400**
黄州区	76	634.2	46	1018		6	33	25	1
龙感湖区			669	771		142	6		6
团风县	236	2596	690	1276		28	47	9	38
红安县	79	552.62	2232	3170	51	2918	36	29	7
罗田县	85	980	2150	3850	25	1230	5	5	
英山县	100	850	300	1520	65	80	10	5	5
浠水县	548	3536.43	1311	6669		425			
蕲春县	1678	15016.49	1367	5480		400	37	3	24
黄梅县	623	6689	1332	5277		1326	99	6	93
麻城市	1	15	856	1849			31	30	1
武穴市	619	7157	450	940		192	251		225
市直									
咸宁市	**3189**	**34750.6**	**6791**	**12714**		**3597**	**191**	**23**	**168**
咸安区	289	3293.6	1315	2049		422	84	14	70
嘉鱼县	1135	11074	1973	2080		1627			
通城县	93	1025	873	3445		201	56		56
崇阳县	52	468	322	1182			9	9	
通山县	7	73	287	530		76	10		10
赤壁市	1613	18817	2021	3428		1271	32		32
市直									
随州市			**85554**	**2455**		**81613**	**15**	**6**	**6**
随县			84982	2090		81268			
曾都区			572	365		345	11	2	6
广水市							4	4	
市直									
恩施自治州	**2**	**41**	**2807**	**6941**	**75**	**977**	**17**	**1**	**13**
恩施市			61	53					
利川市			363	878		242	5		4
建始县			296	1662	75	290	2	1	1
巴东县			371	1655			2		
宣恩县			10	44					
咸丰县			370	1078		289	8		8
来凤县	2	41	360	646		156			
鹤峰县			976	925					
市直									
仙桃市	**3694**	**32507**	**4305**	**7031**		**887**	**279**	**171**	**108**
潜江市	**189**	**3220**	**14936**	**20639**		**8564**	**77**		**77**
天门市	**361**	**3529.3**	**1963**	**4406**		**748**	**3595**	**84**	**3511**
神农架林区				**335**					
省直									

续表15

单位名称	2.水稻种植机械 (1)水稻直播机	(2)水稻插秧机		其中:乘坐式		(3)水稻浅栽机		3.化肥深施机	4.地膜覆盖机
	台	台	千瓦	台	千瓦	台	千瓦	台	台
全省合计	**12741**	**33324**	**106974.7**	**1849**	**13853.36**	**1**	**11**	**21005**	**3217**
武汉市	**39**	**1315**	**5806.52**	**108**	**902.86**			**1860**	**340**
洪山区		9	62	3	41				
东西湖区		8	63	2	14				
汉南区	2							48	334
蔡甸区	2	244	1300	46	298			15	
江夏区	35	303	1142					47	6
黄陂区		416	1714.12	39	351			8	
新洲区		335	1525.4	18	198.86			1742	
市直									
黄石市	**416**	**902**	**1847.12**	**13**	**81**			**110**	**13**
黄石港区									
西塞山区									
下陆区									12
铁山区									
阳新县	369	499	1016	8	46			92	
大冶市	47	400	822.12	5	35			18	1
经济开发区		3	9						
市直									
十堰市	**50**	**373**	**859**	**3**	**55**			**908**	**227**
茅箭区	50							50	
张湾区									
郧县		82	164					50	
郧西县		25	103	3	55			60	27
竹山县		40	88					148	
竹溪县		45	120					600	200
房县		85	192						
丹江口市		96	192						
市直									
宜昌市	**15**	**931**	**3338.28**	**45**	**434.2**			**1366**	**1147**
西陵区									
伍家岗区									
点军区									
猇亭区									2
夷陵区		118	401						
远安县		68	199						
兴山县		2	3						432
秭归县								6	
长阳自治县		9	18						
五峰自治县		1	2					75	141
宜都市		**103**	**476**	**3**	**9**			**270**	
当阳市		272	1108	31	310			1009	452
枝江市	15	358	1131.28	11	115.2			6	120
市直									

续表16

单位名称	2.水稻种植机械 (1)水稻直播机	(2)水稻插秧机		其中:乘坐式		(3)水稻浅栽机		3.化肥深施机	4.地膜覆盖机
	台	台	千瓦	台	千瓦	台	千瓦	台	台
襄阳市		**4466**	**11795.99**	**69**	**672.29**			**5099**	**486**
襄城区		123	559						
樊城区		116	550.45	3	39.69				
襄州区		800	2500	18	217			1016	
开发区		71	227	2	42				
南漳县		702	1548.54	15	88.6			3077	268
谷城县		224	973	8	96				
保康县		71	170					64	2
老河口市		202	525	2	6			10	
枣阳市		1522	3237	11	83			458	216
宜城市		635	1506	10	100			446	
襄北农场								28	
市直									
鄂州市	**34**	**545**	**1290.38**	**7**	**35**			**10**	
梁子湖区	25	172	418	3	15			4	
华容区	4	177	389.4					1	
鄂城区	2	191	472.27	4	20			5	
开发区	2	1	2.2						
葛店开发区		1	2.21						
西山街办	1								
市直		3	6.3						
荆门市	**411**	**8182**	**24881.96**	**91**	**570.58**			**338**	
东宝区		235	614	3	14				
掇刀区		219	657	1	3				
京山县	400	3618	12658	47	156			338	
沙洋县	2	2009	5197.6	8	64				
钟祥市		1998	5263.14	12	108.98				
屈家岭	1	57	221.22	4	33.6				
沙洋农场	8	46	271	16	191				
漳河新区									
市直									
孝感市	**36**	**2690**	**8361.39**	**112**	**1027.43**			**3184**	**10**
孝南区		240	1263	23	303			48	10
孝昌县		196	679	22	210				
大悟县		153	514.73	10	74.9				
云梦县		66	251.16	5	29.4				
应城市	21	1019	3403.5	10	62.13				
安陆市	15	526	1044	16	119			955	
汉川市		490	1206	26	229			2181	
市直									
荆州市	**10368**	**4161**	**12865.44**	**422**	**3257**			**3411**	**16**
沙市区	101	94	303	12	92.64			131	
荆州区	142	554	1583	31	239.32			376	
公安县	1000	994	2894	66	509.52			598	
监利县	7825	822	2566	88	679.36			641	3
江陵县	300	582	1789	57	440.04			260	13
石首市	400	327	912	14	108.08			958	

续表17

单位名称	2.水稻种植机械							3.化肥深施机	4.地膜覆盖机
	(1)水稻直播机	(2)水稻插秧机		其中:乘坐式		(3)水稻浅栽机			
	台	台	千瓦	台	千瓦	台	千瓦	台	台
洪湖市	200	641	2317	130	1003.6			5	
松滋市	400	141	465	20	154			442	
开发区		2	15.44	2	15				
市直		4	21	2	15.44				
黄冈市	**1028**	**3462**	**12147.23**	**249**	**1346.1**			**377**	
黄州区		67	107.3					1	
龙感湖区		55	134.2	1	10				
团风县	1	441	2169	7	32				
红安县		524	1311.13	7	45.5			1	
罗田县		175	240	1	8				
英山县	110	90	750						
浠水县	238	487	2191.5	108	345.6			43	
蕲春县	25	345	1188	10	45				
黄梅县	551	494	1578	91	470			332	
麻城市	103	420	1209.1	15	135				
武穴市		364	1269	9	255				
市直									
咸宁市	**67**	**1462**	**5957.2**	**232**	**1648**			**586**	**3**
咸安区	10	258	1111	5	29			1	1
嘉鱼县		235	1330	4	32			503	
通城县	52	366	638	3	21				2
崇阳县		158	484	5	25				
通山县	5	114	379.2	2	20			3	
赤壁市		331	2015	213	1521			79	
市直									
随州市		**1546**	**3589.4**	**17**	**201.9**			**24**	
随县		783	1409.4	6	84.9				
曾都区		363	880	3	19			24	
广水市		400	1300	8	98				
市直									
恩施自治州	**10**	**230**	**1018.2**	**2**	**21**	**1**	**11**	**2**	**693**
恩施市		25	118						
利川市	7	81	352	2	21				491
建始县	2	13	110			1	11	2	183
巴东县		7	26.9						19
宣恩县		41	246						
咸丰县		52	130						
来凤县	1	10	32						
鹤峰县		1	3.3						
市直									
仙桃市		**867**	**2783**	**42**	**338**				
潜江市		**367**	**2724**	**367**	**2724**			**212**	**123**
天门市	**267**	**1825**	**7709.6**	**70**	**539**			**3518**	**159**
神农架林区									
省直									

续表18

单位名称	(三)农用排灌机械 1.排灌动力机械		其中:柴油机		电动机		2.农用水泵	3.节水灌溉类机械
	台	千瓦	台	千瓦	台	千瓦	台	套
全省合计	**902636**	**6681940.36**	**253746**	**2243788.98**	**645021**	**4340997.42**	**1032973**	**47676`**
武汉市	**45630**	**625854.89**	**16336**	**152847.84**	**29294**	**472049.81**	**42223**	**8283**
洪山区	3560	33046	1236	11989	2324	21057	2078	247
东西湖区	3150	36539	2523	32418	627	4121	3322	3904
汉南区	2089	22862	374	2407	1715	20455	2084	214
蔡甸区	4458	124605	1209	11363	3249	113242	5931	208
江夏区	8724	106770	3516	31053	5208	75717	7028	1856
黄陂区	11358	177478.6	3569	20680.96	7789	155940.4	10932	172
新洲区	11679	113155.61	3797	41949.24	7882	71106.37	9662	1677
市直	612	11398.68	112	987.64	500	10411.04	1186	5
黄石市	**16822**	**209242**	**2731**	**24553**	**14082**	**184685**	**21050**	**1847**
黄石港区	276	918	21	346	250	572	250	1086
西塞山区	75	3713	12	225	63	3488	80	18
下陆区	167	511	5	22	162	489	162	12
铁山区	4	4					4	
阳新县	6574	72556	1356	10848	5218	61708	7408	431
大冶市	9186	127443	1276	12618	7910	114825	12300	300
经济开发区	540	4097	61	494	479	3603	846	
市直								
十堰市	**48694**	**285543**	**13696**	**85150**	**34965**	**200393**	**40566**	**3184**
茅箭区	392	3687	12	111	380	3576	510	33
张湾区	633	2370	9	81	624	2289	2250	198
郧县	3420	34153	186	5445	3201	28708	3089	89
郧西县	7880	46596	132	1645	7748	44951	15859	823
竹山县	4468	32504	1518	8925	2950	23579	582	45
竹溪县	23000	93040	9500	35480	13500	57560	11250	1850
房县	2856	25366	1174	11746	1682	13620	2416	
丹江口市	6045	47827	1165	21717	4880	26110	4610	146
市直								
宜昌市	**94413**	**297658**	**7347**	**54441**	**87066**	**243217**	**120933**	**5026**
西陵区	20	500			20	500	20	1
伍家岗区	571	1463	18	56	553	1407	776	
点军区	4063	6690	78	343	3985	6347	8168	2190
猇亭区							2000	
夷陵区	27459	35119	460	4246	26999	30873	27489	
远安县	12163	20948	219	1896	11944	19052	12132	2
兴山县	1236	3600	761	2104	475	1496	1338	350
秭归县	7076	14228	587	2793	6489	11435	7522	4
长阳自治县	1735	6654	755	3648	980	3006	708	15
五峰自治县	225	1895	9	687	216	1208	296	135
宜都市	**5965**	**33364**	**3315**	**21313**	**2650**	**12051**	**7746**	**31**
当阳市	5576	46347	101	1295	5475	45052	24540	1016
枝江市	28324	126850	1044	16060	27280	110790	28198	1282
市直								

续表19

单位名称	(三)农用排灌机械 1.排灌动力机械		其中:柴油机		电动机		2.农用水泵	3.节水灌溉类机械
	台	千瓦	台	千瓦	台	千瓦	台	套
襄阳市	**38210**	**516988.01**	**10418**	**127520.55**	**27284**	**382552.66**	**63139**	**5986**
襄城区	2108	28381	521	5258	1587	23123	8760	18
樊城区	2420	27055.21	1770	21240.55	650	5814.66	1668	45
襄州区	6889	49909	1715	18865	5174	31044	8954	
开发区	50	750	18	450	32	300	30	
南漳县	3512	33307.8	1186	15698	2186	16362	3352	47
谷城县	4192	56808	559	5989	3633	50819	3259	
保康县	5717	38809	866	12128	4851	26681	5713	417
老河口市	2700	34100	1100	12400	1600	21700	6500	3500
枣阳市	7255	187463	2643	34596	4612	152867	17326	1583
宜城市	3278	58193			2910	52526	7519	315
襄北农场	89	2212	40	896	49	1316	58	61
市直								
鄂州市	**9954**	**134439.95**	**2552**	**19730**	**7339**	**113789.95**	**15695**	**833**
梁子湖区	4243	24596	1182	5117	3021	18559	5892	412
华容区	1351	32940	193	2207	1158	30733	3882	234
鄂城区	3836	64447.95	1056	11088	2780	53359.95	4979	173
开发区	33	2411	6	120	27	2291	186	6
葛店开发区	219	3910	6	176	190	3734	213	
西山街办	80	2913	56	468	24	2445	294	
市直	192	3222	53	554	139	2668	249	8
荆门市	**28158**	**269527.58**	**7569**	**69996.18**	**20589**	**199531.4**	**85814**	**518**
东宝区	2105	25558	877	.6394	1228	19164	25039	
掇刀区	2091	17602			2091	17602	9543	
京山县	7492	39134	2719	27205	4773	11929	8800	175
沙洋县	4309	45388			4309	45388	9788	
钟祥市	11993	131017.18	3923	33258.18	8070	97759	32447	48
屈家岭	80	5022.4	50	3139	30	1883.4	123	48
沙洋农场	88	5806			88	5806	74	247
漳河新区								
市直								
孝感市	**188786**	**728816.36**	**25037**	**204328.94**	**163239**	**450439.46**	**198296**	**6305**
孝南区	52200	66100	2800	14000	49400	52100	61180	1750
孝昌县	37380	100630	4310	27410	33070	73220	37085	325
大悟县	23977	114202.46	402	8053.04	23218	33672.46	26802	3285
云梦县	23500	62186	550	4851	22950	57335	22851	632
应城市	17495	65325.9	3278	19831.9	14217	45494	21875	
安陆市	6102	70027	395	3475	5554	64981	6317	313
汉川市	28132	250345	13302	126708	14830	123637	22186	
市直								
荆州市	**122205**	**1301646**	**54938**	**494442**	**67267**	**807204**	**125640**	**1127**
沙市区	3359	39885	141	1269	3218	38616	4701	362
荆州区	2463	29070	162	1458	2301	27612	9890	495
公安县	22520	246456	7928	71352	14592	175104	13589	5
监利县	28605	291873	17129	154161	11476	137712	25108	12
江陵县	5593	61275	1947	17523	3646	43752	3737	5
石首市	8800	92364	4412	39708	4388	52656	9900	24

续表20

单位名称	(三)农用排灌机械 1.排灌动力机械		其中:柴油机		电动机		2.农用水泵	3.节水灌溉类机械
	台	千瓦	台	千瓦	台	千瓦	台	套
洪湖市	40096	419211	20647	185823	19449	233388	39659	217
松滋市	10633	120072	2508	22572	8125	97500	17570	5
开发区	136	1440	64	576	72	864	1486	2
市直								
黄冈市	**50081**	**558436.27**	**21251**	**225456.37**	**28706**	**331169.94**	**66826**	**2889**
黄州区	2104	32259.42	279	3210.5	1825	29048.92	4519	2
龙感湖区	308	14784	259	12432	49	2352	259	49
团风县	5722	49804	792	23168	4930	26636	6613	147
红安县	5136	44183.17	3134	16039.92	2002	28143.25	5132	257
罗田县	3330	32250	780	8580	2550	23670	1880	
英山县	191	3870	21	240	170	3630	14685	390
浠水县	8900	99210.97	3477	34197.71	5423	63886.3	8263	1042
蕲春县	6760	60249.51	2655	29099.24	4105	31150.27	9110	
黄梅县	7071	76690	2653	20045	4294	55962	6335	354
麻城市	5227	56859.2	3491	36598	1736	20261.2	5439	449
武穴市	5332	88276	3710	41846	1622	46430	4591	199
市直								
咸宁市	**30854**	**392295**	**8518**	**114454**	**22336**	**277841**	**38807**	**721**
咸安区	9652	71469	2510	22964	7142	48505	11123	235
嘉鱼县	5668	98207	2482	26278	3186	71929	5048	
通城县	7105	29765	1213	7081	5892	22684	9976	42
崇阳县	2934	31718	278	2502	2656	29216	3243	
通山县	207	5200	62	1860	145	3340	3782	1
赤壁市	5288	155936	1973	53769	3315	102167	5635	443
市直								
随州市	**99389**	**198275**	**4683**	**52241**	**92706**	**135991**	**33715**	**3954**
随县	6202	47075	3112	33146	3090	13929	16450	3452
曾都区	20987	75700	1071	9795	17916	55862	16365	502
广水市	72200	75500	500	9300	71700	66200	900	
市直								
恩施自治州	**25775**	**88422**	**8930**	**43607**	**16223**	**42358**	**29765**	**5596**
恩施市	392	2567	137	1370	255	1197	197	
利川市	6908	16530	226	2318	6060	11755	8402	1028
建始县	768	2922.6	185	1550	583	1372.6	4630	603
巴东县	2997	4491.4	132	1216.4	2865	3275	3152	62
宣恩县	1858	4180	190	1678	1668	2502	1637	548
咸丰县	1846	10300	540	5429.6	1306	4870.4	3049	910
来凤县	8284	18503	6064	13277	2220	5226	7434	1433
鹤峰县	2722	28928	1456	16768	1266	12160	1264	1012
市直								
仙桃市	**51138**	**458678**	**41588**	**301009**	**9550**	**157669**	**113370**	
潜江市	**18076**	**196898**	**8389**	**92279**	**9687**	**104619**	**13598**	**388**
天门市	**33652**	**417212**	**19725**	**181399**	**13927**	**235813**	**23424**	**913**
神农架林区	**799**	**2008.3**	**38**	**334.1**	**761**	**1674.2**	**112**	**106**
省直								

续表21

单位名称	(四)田间管理机械 1.机动喷雾(粉)机 台	千瓦	2.茶叶修剪机 台	千瓦	(五)收获机械 1.联合收获机 台	千瓦	(1)稻麦联合收割机 台	千瓦
全省合计	**550727**	**701210.51**	**36241**	**47644.71**	**66860**	**2872067.93**	**65570**	**2826596.6**
武汉市	**28553**	**34738.82**	**416**	**514.4**	**1255**	**56136.79**	**1145**	**49516.79**
洪山区	1623	3272	5	17.5	9	518	8	463
东西湖区	2650	4862	2	2.2	23	892	15	510
汉南区	5631	5065.22			67	4235	48	2997
蔡甸区	4250	3857	4	8	255	14442	184	10026
江夏区	2498	3529	28	106	405	17019	395	16525
黄陂区	2107	2697.42	219	219	204	8144.49	204	8144.49
新洲区	9769	11404.93	158	161.7	290	10829.3	289	10794.3
市直	25	51.25			2	57	2	57
黄石市	**8708**	**4839**	**86**	**30**	**727**	**37383.6**	**723**	**37221.6**
黄石港区	17	17						
西塞山区					3	51.6	3	51.6
下陆区	8	8						
铁山区								
阳新县	5641	3266	76	27	442	23820	439	23706
大冶市	3000	1500	10	3	274	13152	273	13104
经济开发区	42	48			8	360	8	360
市直								
十堰市	**7661**	**9148**	**1737**	**5070.9**	**360**	**12086.8**	**355**	**11796**
茅箭区	24	93	10	12	3	210		
张湾区			59	100.3				
郧县	672	1471	203	450	51	750	51	750
郧西县	4583	2691	107	101	36	1075	36	1075
竹山县	980	2615	426	511.6	32	1310	32	1310
竹溪县			400	3000	15	850	15	850
房县	682	826	254	336	126	4316	126	4316
丹江口市	720	1452	278	560	97	3575.8	95	3495
市直								
宜昌市	**74982**	**91515.65**	**20823**	**24342**	**2299**	**93006.75**	**2211**	**89706**
西陵区	235	287						
伍家岗区	1452	3136						
点军区	3798	5503	489	344				
猇亭区	1600	3200	5	10				
夷陵区	5450	8175	4150	9545	34	1253	34	1253
远安县	830	414	13	13	372	14460	372	14460
兴山县	2232	4464	514	1028				
秭归县	9826	15282	964	1132				
长阳自治县	3782	3782	250	233	4	146	4	146
五峰自治县	449	382	11753	9788	15	330.75		
宜都市	**6931**	**8038**	**2681**	**2241**	**44**	**1307**	**44**	**1307**
当阳市	11510	13310	4	8	1300	53126	1273	51740
枝江市	26887	25542.65			530	22384	484	20800
市直								

续表22

单位名称	(四)田间管理机械 1.机动喷雾(粉)机		2.茶叶修剪机		(五)收获机械 1.联合收获机		(1)稻麦联合收割机	
	台	千瓦	台	千瓦	台	千瓦	台	千瓦
襄阳市	**22623**	**31559.68**	**1160**	**2377.6**	**16539**	**721020.96**	**16091**	**700587.18**
襄城区	140	467.6			772	37056	770	36960
樊城区	219	965.08			281	15631	273	15055
襄州区	4136	7030			2713	127388	2526	116448
开发区					140	6880	130	6370
南漳县	2786	5572	172	379.6	1432	54279.96	1431	54232.18
谷城县	725	964	636	1314	598	25797	596	25701
保康县	2192	2512	223	279	173	5858	172	5824
老河口市	4700	6380			2130	87980	2025	85280
枣阳市	4035	4208	129	405	5394	225352	5268	220257
宜城市	3521	3259			2831	129183	2826	128926
襄北农场	169	202			75	5616	74	5534
市直								
鄂州市	**11171**	**12377.1**	**11**	**113**	**171**	**10075.5**	**171**	**10075.5**
梁子湖区	3300	3719	5	59	53	3460	53	3460
华容区	3500	3850	2	18	56	3200	56	3200
鄂城区	3687	4055.7	4	36	59	3274.5	59	3274.5
开发区	245	269.5			1	45	1	45
葛店开发区	188	206.8			1	48	1	48
西山街办	66	72.6						
市直	185	203.5			1	48	1	48
荆门市	**29803**	**48823.81**	**2**	**15**	**11981**	**536350.91**	**11946**	**534313.91**
东宝区	2453	5204	2	15	1206	50992	1205	50933
掇刀区	1149	2298			789	36645	789	36645
京山县	4794	6015			3021	119203	3021	119203
沙洋县	16347	24507			2678	124941	2669	124433
钟祥市	5040	10505.81			3781	170033.91	3781	170033.91
屈家岭	20	294			460	27048	435	25578
沙洋农场					46	7488	46	7488
漳河新区								
市直								
孝感市	**34936**	**44635.75**	**228**	**236.76**	**4072**	**162520.77**	**4032**	**160719.57**
孝南区	9200	14700	18	15	266	10214	263	10040
孝昌县			46	33	261	10206	260	10150
大悟县	1729	2355.85	161	143.76	187	6968.07	187	6968.07
云梦县	4500	3000			206	7805.7	174	6394.5
应城市	4900	7348.9	3	45	1103	43788	1103	43788
安陆市					718	30299	718	30299
汉川市	14607	17231			1331	53240	1327	53080
市直								
荆州市	**140012**	**168014**	**10**	**10**	**11897**	**521246.9**	**11445**	**517764.9**
沙市区	5881	7057			221	11159.51	221	11159.51
荆州区	12034	14441			741	30021.47	735	29781.47
公安县	33452	40142			1983	74712.66	1980	74582.66
监利县	15512	18614			3996	198332.1	3993	198200.1
江陵县	16755	20106			1286	56340.69	1286	56340.69
石首市	22720	27264	10	10	1329	46868.81	933	45248.81

续表23

单位名称	(四)田间管理机械 1.机动喷雾(粉)机		2.茶叶修剪机		(五)收获机械 1.联合收获机		(1)稻麦联合收割机	
	台	千瓦	台	千瓦	台	千瓦	台	千瓦
洪湖市	10635	12762			1151	53183.45	1121	52383.45
松滋市	21179	25415			1166	49400.02	1152	48840.02
开发区	1844	2213			24	1228.19	24	1228.19
市直								
黄冈市	**68652**	**64165.47**	**1558**	**5477.4**	**3071**	**121443.96**	**3042**	**119812.96**
黄州区	3343	3696.11			82	3623.4	82	3623.4
龙感湖区	445	636.35			88	3861.06	74	2937.06
团风县	4860	5734	38	54	178	7832	178	7832
红安县	1908	1449.51	240	341.7	104	3941.5	104	3941.5
罗田县	2560	2560	45	45	221	7540	221	7540
英山县	690	2100	1100	4600	152	3100	152	3100
浠水县	4472	6316	13	40	273	8359.5	273	8359.5
蕲春县	1157	2143.5	78	328	261	10591	261	10591
黄梅县	21083	21580	30	45	876	38032	870	37724
麻城市	4344	4537	14	23.7	323	11069.5	322	11023.5
武穴市	23790	13413			513	23494	505	23141
市直								
咸宁市	**14754**	**21614.9**	**521**	**1033**	**3093**	**119989.65**	**3068**	**118217.85**
咸安区	734	1730.9	94	388	384	14905.65	383	14846.85
嘉鱼县	683	1016			516	22402	501	21390
通城县	5605	7286	142	160.5	587	18681	586	18580
崇阳县	3247	3910	167	250.5	621	24066	621	24066
通山县	670	740	62	141	420	19972	412	19372
赤壁市	3815	6932	56	93	565	19963	565	19963
市直								
随州市	**9392**	**11927**	**20**	**13**	**3879**	**144970**	**3879**	**144970**
随县	6820	7005	20	13	2436	94477	2436	94477
曾都区	1572	3322			943	30893	943	30893
广水市	1000	1600			500	19600	500	19600
市直								
恩施自治州	**20542**	**23729.58**	**9365**	**8107.65**	**281**	**7727.3**	**281**	**7727.3**
恩施市	426	502.68	345	431.25	23	1192	23	1192
利川市	6983	9225	2204	1634	163	3951	163	3951
建始县	3052	5073.9	381	569.8	25	711	25	711
巴东县	815	987	128	153.6	1	35.3	1	35.3
宣恩县	2108	1054	2498	1249	10	280	10	280
咸丰县	2920	3212	257	257	12	261	12	261
来凤县	2294	2703	42	31	34	856	34	856
鹤峰县	1944	972	3510	3782	13	441	13	441
市直								
仙桃市	**25488**	**35673**			**1223**	**42805**	**1191**	**40565**
潜江市	**26243**	**47237**			**1313**	**76188**	**1296**	**75168**
天门市	**26407**	**50411.75**			**4699**	**209115.04**	**4694**	**208434.04**
神农架林区	**800**	**800**	**304**	**304**				
省直								

续表24

单位名称	其中：自走式	其中：半喂入式		(2)玉米联合收获机		其中：自走式	2.割晒机		3.其他收获机械	
	台	台	千瓦	台	千瓦	台	台	千瓦	台	千瓦
全省合计	**54437**	**7968**	**327008.13**	**1290**	**45471.33**	**994**	**17733**	**59002.2**	**41284**	**276367.45**
武汉市	**919**	**239**	**13652.69**	**110**	**6620**	**101**	**104**	**795**	**978**	**8920.41**
洪山区		8	463	1	55		21	63	12	
东西湖区		15	510	8	382				2	338
汉南区	48	1	66	19	1238	19			150	1986
蔡甸区	151	33	1584	71	4416	71			446	4120
江夏区	395	12	529	10	494	10	83	732	110	360
黄陂区	88	116	8144.49						137	1586.71
新洲区	235	54	2356.2	1	35	1			121	529.7
市直	2									
黄石市	**249**	**55**	**2778**	**4**	**162**	**1**	**28**	**1993**	**4199**	**19292.4**
黄石港区										
西塞山区							1	2		
下陆区							2	3		
铁山区										
阳新县		23	1242	3	114		25	1988	832	8759
大冶市	241	32	1536	1	48	1			3367	10533.4
经济开发区	8									
市直										
十堰市	**251**	**109**	**4763**	**5**	**290.8**		**154**	**1165**	**218**	**854**
茅箭区				3	210					
张湾区										
郧县	51	7	280				68	560	129	383
郧西县	36	9	414				25	75	12	24
竹山县	26	6	270				13		20	300
竹溪县										
房县	43	83	3652				48	530	52	137
丹江口市	95	4	147	2	80.8				5	10
市直										
宜昌市	**1983**	**521**	**19922**	**88**	**3300.75**	**47**	**3749**	**26205**	**3339**	**13182**
西陵区										
伍家岗区										
点军区									27	22
猇亭区										
夷陵区	34	29	1151						314	470
远安县	372	23	1040						11	40
兴山县									52	104
秭归县									49	42
长阳自治县	2	2	73						207	35
五峰自治县				15	330.75					
宜都市	**17**	**26**	**801**				**6**	**5**	**2370**	**1883**
当阳市	1273	242	8897	27	1386	27			264	7369
枝江市	285	199	7960	46	1584	20	3743	26200	45	3217
市直										

续表25

单位名称	其中：自走式	其中：半喂入式		(2)玉米联合收获机		其中：自走式	2.割晒机		3.其他收获机械	
	台	台	千瓦	台	千瓦	台	台	千瓦	台	千瓦
襄阳市	**13113**	**191**	**11769.25**	**448**	**20433.78**	**227**	**796**	**1273**	**15261**	**21793**
襄城区	770			2	96	2			4	200
樊城区	265	8	480	8	576	8			60	3300
襄州区				187	10940				981	16375
开发区	35	68	3060	10	510	10			6	
南漳县	1431	15	551.25	1	47.78				387	
谷城县	596	41	1592	2	96	2	11	17	198	748
保康县		8	320	1	34				241	535
老河口市	2004	21	1010	105	2700	90			150	
枣阳市	5121	21	4425	126	5095	114	785	1256	12624	635
宜城市	2817	9	331	5	257				610	
襄北农场	74			1	82	1				
市直										
鄂州市	**5**	**34**	**1797**				**21**	**141.2**	**1138**	**2303.2**
梁子湖区		13	721				10	84	338	765.6
华容区	1	12	576						322	580.1
鄂城区	1	9	500				3	25.2	366	789
开发区	1								45	49.5
葛店开发区	1								35	35
西山街办							8	32	30	30
市直	1								2	54
荆门市	**11617**	**338**	**11452**	**35**	**2037**	**26**			**2485**	**17459.25**
东宝区	1178	28	1120	1	59	1			246	
掇刀区	752	37	1776						364	110.25
京山县	2962	59	2950						402	9357
沙洋县	2513	156	2340	9	508				405	7992
钟祥市	3781	8	341						999	
屈家岭	385	50	2925	25	1470	25			45	
沙洋农场	46								24	
漳河新区										
市直										
孝感市	**2367**	**1009**	**34168.7**	**40**	**1801.2**	**39**	**208**	**925**	**1164**	**15510.2**
孝南区	263	198	7120	3	174	3	8	45	235	1641
孝昌县	160	100	3500	1	56				44	1194
大悟县	29	110	4479.2						21	732.4
云梦县	174	174	6394.5	32	1411.2	32			82	1234.8
应城市		123							500	638
安陆市	484	234	9875				200	880	65	2950
汉川市	1257	70	2800	4	160	4			217	7120
市直										
荆州市	**10168**	**1277**	**50662.83**	**452**	**3482**	**452**	**373**		**3341**	**63593**
沙市区	201	20	818.06						222	3928
荆州区	484	251	10254.72	6	240	6			359	5078
公安县	1714	266	10209.15	3	130	3	4		537	9909
监利县	3873	120	4233.6	3	132	3	118		508	21167
江陵县	1258	28	987.84						387	4917
石首市	837	96	3574.31	396	1620	396			350	450

续表 26

单位名称	其中：自走式	其中：半喂入式		(2)玉米联合收获机		其中：自走式	2.割晒机		3.其他收获机械	
	台	台	千瓦	台	千瓦	台	台	千瓦	台	千瓦
洪湖市	886	235	10502.42	30	800	30	226		569	13500
松滋市	903	249	9534.42	14	560	14	25		379	3780
开发区	12	12	548.31						30	864
市直										
黄冈市	**2821**	**550**	**21466.96**	**29**	**1631**	**29**	**9138**	**13903.17**	**2157**	**17772.83**
黄州区	82	12	437.85						55	2484
龙感湖区	42	32	1270.1	14	924	14			142	2341.71
团风县	164	14	672				6	35	43	777
红安县	78	26	805.27				814	1516.57	359	786.12
罗田县	168	53	2540				360	360		
英山县	145	40	1600				560	1700	1050	4200
浠水县	243	30	761.1				6300	7560	213	445
蕲春县	261	33	1305.34				189	1027	2	100
黄梅县	870	120	5083	6	308	6	106	466	147	3388
麻城市	322	131	4360.3	1	46	1	743	576.6	22	384
武穴市	446	59	2632	8	353	8	60	662	124	2867
市直										
咸宁市	**1728**	**464**	**21563**	**25**	**1771.8**	**23**	**1050**	**1426.4**	**1204**	**8563.8**
咸安区		38	1710	1	58.8	1	13	114.4	132	1495.5
嘉鱼县	270	231	11018	15	1012	13			90	1104
通城县	586	58	2321	1	101	1	438	481	352	1692
崇阳县	522	99	4752						101	1234.5
通山县	350	33	1584	8	600	8	227	235	215	1921.8
赤壁市		5	178				372	596	314	1116
市直										
随州市	**3679**	**879**	**32062**				**800**	**8800**	**373**	**9104**
随县	2436	250	9704						210	1300
曾都区	943	329	14058						70	250
广水市	300	300	8300				800	8800	93	7554
市直										
恩施自治州	**240**	**79**	**2440.3**				**1121**	**1673.5**	**3809**	**4321.5**
恩施市		23	1192						22	16.5
利川市	163	19	207						1268	1132
建始县	13	19	436				214	465	110	276
巴东县		1	35.3						15	17
宣恩县	5	5	175						416	208
咸丰县	12						612	884	121	173
来凤县	34	11	350				295	324.5	20	9
鹤峰县	13	1	45						1837	2490
市直										
仙桃市	**1191**	**212**	**10600**	**32**	**2240**	**32**			**59**	
潜江市	**1296**	**127**	**4826**	**17**	**1020**	**17**			**555**	**30960**
天门市	**2810**	**1884**	**83084.4**	**5**	**681**		**191**	**701.93**	**1003**	**42664.36**
神农架林区									**1**	**73.5**
省直										

续表27

单位名称	其中:大豆收获机		油菜籽收获机		马铃薯收获机		甜菜收获机		花生收获机		棉花收获机		蔬菜收获机	
	台	千瓦	台	千瓦	台	千瓦	台	千瓦	台	千瓦	台	千瓦	台	千瓦
全省合计	**30**	**1966**	**4143**	**203177.1**	**82**	**2934.3**				**2851.75**			**8**	**108**
武汉市	**2**	**338**	**143**	**8088.11**	**3**	**52**			**10**	**114**				
洪山区														
东西湖区	2	338												
汉南区			31	1986										
蔡甸区			69	4090	1	30								
江夏区			4	187					10	114				
黄陂区			33	1491.11										
新洲区			6	334	2	22								
市直														
黄石市			**88**	**3825**	**25**	**1200**							**6**	**18**
黄石港区														
西塞山区														
下陆区														
铁山区														
阳新县			48	1905									6	18
大冶市			40	1920	25	1200								
经济开发区														
市直														
十堰市					**1**									
茅箭区														
张湾区														
郧县					1									
郧西县														
竹山县														
竹溪县														
房县														
丹江口市														
市直														
宜昌市			**171**	**8578**	**13**									
西陵区														
伍家岗区														
点军区														
猇亭区														
夷陵区														
远安县														
兴山县														
秭归县														
长阳自治县														
五峰自治县														
宜都市			**16**	**448**										
当阳市			115	5858	13									
枝江市			40	2272										
市直														

续表28

单位名称	其中:大豆收获机		油菜籽收获机		马铃薯收获机		甜菜收获机		花生收获机		棉花收获机		蔬菜收获机	
	台	千瓦	台	千瓦	台	千瓦	台	千瓦	台	千瓦	台	千瓦	台	千瓦
襄阳市			**526**	**20237**	**2**									
襄城区			4	200										
樊城区			60	3300										
襄州区			275	16225										
开发区														
南漳县														
谷城县			9	444										
保康县			2	68										
老河口市														
枣阳市														
宜城市			176		2									
襄北农场														
市直														
鄂州市			**15**	**828**	**2**	**18**			**5**	**300**				
梁子湖区			2	110					5	300				
华容区			4	220	2	18								
鄂城区			8	444										
开发区														
葛店开发区														
西山街办														
市直			1	54										
荆门市			**341**	**17349**										
东宝区														
掇刀区														
京山县			187	9357										
沙洋县			154	7992										
钟祥市														
屈家岭														
沙洋农场														
漳河新区														
市直														
孝感市			**319**	**13852.2**	**3**	**128.2**			**1**	**22**				
孝南区			31	1590					1	22				
孝昌县			24	1194										
大悟县			14	721.4										
云梦县			28	1234.8										
应城市			10	495	2	88.2								
安陆市			35	1537										
汉川市			177	7080	1	40								
市直														
荆州市	**24**	**1440**	**1204**	**62015**	**1**	**58**								
沙市区			70	3928										
荆州区			104	5020	1	58								
公安县			227	9829										
监利县			360	21167										
江陵县			151	4917										
石首市			10	450										

续表29

单位名称	其中:大豆收获机		油菜籽收获机		马铃薯收获机		甜菜收获机		花生收获机		棉花收获机		蔬菜收获机	
	台	千瓦	台	千瓦	台	千瓦	台	千瓦	台	千瓦	台	千瓦	台	千瓦
洪湖市	24	1440	201	12060										
松滋市			63	3780										
开发区			18	864										
市直														
黄冈市			**222**	**10453.91**	**8**	**352**			**21**	**157.5**				
黄州区			19	1214										
龙感湖区			59	2341.71										
团风县			17	734	2	43								
红安县									21	157.5				
罗田县														
英山县														
浠水县			9	304.2										
蕲春县			2	100										
黄梅县			58	2892	6	309								
麻城市			5	258										
武穴市			53	2610										
市直														
咸宁市			**129**	**5827**	**10**	**380.5**							**2**	**90**
咸安区			21	880	1	22							2	90
嘉鱼县			23	1104										
通城县			18	1080	2	96								
崇阳县			24	900	7	262.5								
通山县			30	1410										
赤壁市			13	453										
市直														
随州市			**68**	**2686**										
随县			30	1102										
曾都区			5	250										
广水市			33	1334										
市直														
恩施自治州			**7**	**235**	**1**	**29**								
恩施市														
利川市					1	29								
建始县			4	160										
巴东县														
宣恩县														
咸丰县			3	75										
来凤县														
鹤峰县														
市直														
仙桃市														
潜江市			**516**	**30960**										
天门市	**4**	**188**	**394**	**18242.88**	**12**	**643.05**			**97**	**2258.25**				
神农架林区					**1**	**73.5**								
省直														

续表30

单位名称	茶叶采摘机		青饲料收获机		牧草收获机		秸秆粉碎还田机	秸秆捡拾打捆机	
	台	千瓦	台	千瓦	台	千瓦	台	台	千瓦
全省合计	**12653**	**14902.42**	**4583**	**10571.3**	**725**	**5774**	**6283**	**218**	**2586.65**
武汉市	**137**	**192**	**84**	**136.3**			**468**		
洪山区							12		
东西湖区									
汉南区							119		
蔡甸区							259		
江夏区	21	59					61		
黄陂区	76	76	28	19.6					
新洲区	40	57	56	116.7			17		
市直									
黄石市	**8**	**223**	**3276**	**7207**	**724**	**5719**	**1**	**49**	**1100.4**
黄石港区									
西塞山区									
下陆区									
铁山区									
阳新县	7	21			724	5719		47	1096
大冶市	1	202	3276	7207			1	2	4.4
经济开发区									
市直									
十堰市	**217**	**834**							
茅箭区									
张湾区									
郧县	128	363							
郧西县	12	24							
竹山县	20	300							
竹溪县									
房县	52	137							
丹江口市	5	10							
市直									
宜昌市	**2656**	**2097**	**1**	**11**			**400**	**44**	**40**
西陵区									
伍家岗区									
点军区	27	22							
猇亭区									
夷陵区	314	470							
远安县								1	40
兴山县	52	104							
秭归县	49	42							
长阳自治县	207	35							
五峰自治县									
宜都市	**2007**	**1424**	**1**	**11**			**344**		
当阳市							54	43	
枝江市							2		
市直									

续表31

单位名称	茶叶采摘机		青饲料收获机		牧草收获机		秸秆粉碎还田机	秸秆捡拾打捆机	
	台	千瓦	台	千瓦	台	千瓦	台	台	千瓦
襄阳市	**355**	**766**					**2430**	**80**	**790**
襄城区									
樊城区									
襄州区							525	3	150
开发区									
南漳县							365		
谷城县	145	304					35		
保康县	210	462						1	5
老河口市							90		
枣阳市							1235	25	635
宜城市							180	51	
襄北农场									
市直									
鄂州市	**33**	**57**	**1035**	**1100.2**			**30**		
梁子湖区	30	30	296	325.6			3		
华容区			311	342.1					
鄂城区	3	27	318	318			27		
开发区			45	49.5					
葛店开发区			35	35					
西山街办			30	30					
市直									
荆门市							**489**	**3**	**110.25**
东宝区									
掇刀区							160	3	110.25
京山县							215		
沙洋县									
钟祥市							111		
屈家岭									
沙洋农场							3		
漳河新区									
市直									
孝感市	**5**	**9.6**	**2**	**1.4**			**186**	**1**	**29**
孝南区							174	1	29
孝昌县									
大悟县	5	9.6	2	1.4					
云梦县							12		
应城市									
安陆市									
汉川市									
市直									
荆州市			**2**	**80**			**1562**	**10**	
沙市区							67		
荆州区							254		
公安县			2	80			270	10	
监利县							120		
江陵县							101		
石首市							190		

续表32

单位名称	茶叶采摘机		青饲料收获机		牧草收获机		秸秆粉碎还田机	秸秆捡拾打捆机	
	台	千瓦	台	千瓦	台	千瓦	台	台	千瓦
洪湖市							298		
松滋市							250		
开发区							12		
市直									
黄冈市	**4532**	**4792.02**	**24**	**1485.4**	**1**	**55**	**253**	**30**	**477**
黄州区			5	955			10	21	315
龙感湖区							10		
团风县							7		
红安县	293	451.22	10	15.4			26	9	162
罗田县									
英山县		4200							
浠水县	45	140.8					150		
蕲春县									
黄梅县			2	132	1	55	7		
麻城市			2	126					
武穴市			5	257			43		
市直									
咸宁市	**740**	**1676.3**	**159**	**550**			**74**	**1**	**40**
咸安区	87	503.5							
嘉鱼县							66		
通城县	158	338	149	178			6		
崇阳县	48	72					2		
通山县	146	99.8	10	372				1	40
赤壁市	301	663							
市直									
随州市	**180**	**198**					**60**		
随县	180	198							
曾都区							60		
广水市									
市直									
恩施自治州	**3790**	**4057.5**					**11**		
恩施市	22	16.5							
利川市	1266	1103					1		
建始县	106	116							
巴东县	15	17							
宣恩县	416	208							
咸丰县	118	98							
来凤县	10	9					10		
鹤峰县	1837	2490							
市直									
仙桃市							**5**		
潜江市							**39**		
天门市							**275**		
神农架林区									
省直									

续表33

单位名称	玉米收获专用割台	大豆收获专用割台	油菜籽收获专用割台	(六)收获后处理机械 1.机动脱粒机		2.谷物烘干机		3.种子加工机械		保鲜储藏设备	
	台	台	台	台	千瓦	台	千瓦	台	千瓦	台(套)	千瓦
全省合计	**582**	**518**	**3271**	**242802**	**555428.81**	**1166**	**24748.3**	**611**	**3950.1**	**2590**	**18903.6**
武汉市	**57**	**9**	**65**	**12607**	**17150**	**12**	**129**	**7**	**91**	**5**	**109.4**
洪山区				334	3340					2	80
东西湖区											
汉南区				424							
蔡甸区	47	9	61	2139							
江夏区	10		4	2558	7674	3	39	7	91		
黄陂区				3840	5760	9	90				
新洲区				3200							
市直				112	376					3	29.4
黄石市	**1**		**21**	**8769**	**33184**	**37**	**1348**	**15**	**130**		
黄石港区											
西塞山区				6	12						
下陆区				6	12						
铁山区											
阳新县				1988	2982	12	648				
大冶市	1		21	6585	29600	25	700	15	130		
经济开发区				184	578						
市直											
十堰市				**39771**	**82030.5**	**41**	**603**	**43**	**347**	**481**	**3282**
茅箭区				182	273						
张湾区				641	705.1						
郧县				14992	32982.4	5	35	20	150	14	70
郧西县				10158	15474	4	24	8	32	175	876
竹山县											
竹溪县				500	6000						
房县				8478	16956	32	544	15	165	292	2336
丹江口市				4820	9640						
市直											
宜昌市	**35**	**3**	**16**	**43341**	**45556.7**	**19**	**80**	**13**		**88**	**590**
西陵区										2	20
伍家岗区											
点军区											
猇亭区										5	100
夷陵区				4427							
远安县			10								
兴山县				4667	4500					9	90
秭归县				5216	2888						
长阳自治县				13101	14411					68	340
五峰自治县				12011	20418.7						
宜都市			**2**	**2086**	**3339**						
当阳市	35		4			8	80			4	40
枝江市		3		1833		11		13			
市直											

续表34

单位名称	玉米收获专用割台	大豆收获专用割台	油菜籽收获专用割台	(六)收获后处理机械 1.机动脱粒机		2.谷物烘干机		3.种子加工机械		保鲜储藏设备	
	台	台	台	台	千瓦	台	千瓦	台	千瓦	台(套)	千瓦
襄阳市	**208**	**65**	**476**	**18518**	**33149.5**	**396**	**1408**	**228**	**939**	**159**	**434**
襄城区				350	1050						
樊城区											
襄州区	38		140								
开发区	3		3								
南漳县	5		17	3331	8327.5						
谷城县			9	1195	14340	8	160				
保康县	1		27	10810	5500	2	10	2	4	159	434
老河口市	60			1300							
枣阳市	86	65	94	1528	3932	386	1238	215	935		
宜城市	15		186								
襄北农场				4				11			
市直											
鄂州市			**17**	**8485**	**17712.4**	**2**	**40**	**5**	**23.4**	**29**	**1116.8**
梁子湖区			2	2700	5400					18	900
华容区			5	2520	5040			1	18.4	2	36.8
鄂城区			10	2812	6186.4	2	40	2	5	8	160
开发区				140	280						
葛店开发区				103	206						
西山街办				70	320						
市直				140	280			2		1	20
荆门市	**72**	**361**	**1219**	**1879**	**17037.62**	**93**	**4971**	**156**	**1716**	**130**	**1300**
东宝区			246	308	2402					4	40
掇刀区			201	56	493.92						
京山县				838	7374	21	736	126	1386	123	1230
沙洋县	1		250	111	977	4	140	12	132	3	30
钟祥市	36	340	512	551	4849	5	175	5	55		
屈家岭	25	10	10	15	941.7	32	1120				
沙洋农场	10	11				31	2800	13	143		
漳河新区											
市直											
孝感市	**35**		**594**	**10254**	**23351.6**	**41**	**385**	**2**	**4.4**		
孝南区	3		25	1240	3720	15	225				
孝昌县			20								
大悟县				8196	17211.6			2	4.4		
云梦县	32		7	268		18					
应城市			483			8	160				
安陆市			20	550	2420						
汉川市			39								
市直											
荆州市	**119**	**58**	**361**	**4192**		**42**	**4200**	**9**	**90**	**20**	**200**
沙市区			85	7		2	200				
荆州区				442		6	600				
公安县	1		27	1185		6	600	3	30	20	200
监利县	2		26	334		8	800				
江陵县	27		108			2	200				
石首市	50	50	50	784		5	500	6	60		

续表35

单位名称	玉米收获专用割台	大豆收获专用割台	油菜籽收获专用割台	(六)收获后处理机械 1.机动脱粒机		2.谷物烘干机		3.种子加工机械		保鲜储藏设备	
	台	台	台	台	千瓦	台	千瓦	台	千瓦	台(套)	千瓦
洪湖市	22	8	16	1402		8	800				
松滋市	17		49	38		4	400				
开发区						1	100				
市直											
黄冈市	**16**		**194**	**30726**	**101125.49**	**81**	**3283.8**	**24**	**171**	**28**	**547**
黄州区				107	300.72					1	1.5
龙感湖区	14		59			23	2129.8				
团风县			17	1450	3190	7	300	5	115	3	120
红安县				5110	11919.77	24	308.4	15	33	.23	425.5
罗田县				3250	3250						
英山县				1800	19800						
浠水县			9	5898	12975.6						
蕲春县				3981	22313						
黄梅县			73	768	3172	19	380	2	16		
麻城市	1		14	7361	16196.4	4	85.6				
武穴市	1		22	1001	8008	4	80	2	7	1	
市直											
咸宁市	**5**		**84**	**6563**	**20525**	**84**	**5755**			**76**	**783**
咸安区			21	1706	5118						
嘉鱼县	1			1337	4011						
通城县	1		18	1219	4266					28	504
崇阳县			20			3	135			45	225
通山县	3		25	539	1617					3	54
赤壁市				1762	5513	81	5620				
市直											
随州市			**5**	**1879**	**9830**	**106**	**810**	**10**	**100**	**15**	**1500**
随县				617	1820	106	810	10	100	15	1500
曾都区			5	762	3810						
广水市				500	4200						
市直											
恩施自治州				**51033**	**127459**	**199**	**1371**	**56**	**158**	**1549**	**8741.4**
恩施市				2591	3886.5					1	6.7
利川市				12854	40059	46	830	5	38	70	903
建始县				5657	11372.5	120	360	51	120	66	1350
巴东县				6375	14025	28	126			852	3827.2
宣恩县				3275	7205	5	55			308	1694
咸丰县				7866	23598					194	725.5
来凤县				5043	11095					58	235
鹤峰县				7372	16218						
市直											
仙桃市	**32**		**22**	**2958**	**26030**	**6**	**320**				
潜江市				**45**	**396**	**5**	**35**	**40**	**166**		
天门市	**2**	**22**	**197**	**1782**	**891**	**2**	**9.5**	**3**	**14.25**		
神农架林区										**10**	**300**
省直											

续表36

单位名称	(七)设施农业设备 1.水稻工厂化育秧设备	2.温室	其中：连栋温室	日光温室	塑料大棚	四、农产品初加工机械 (一)农产品初加工动力机械	
	套	平方米	平方米	平方米	平方米	台	千瓦
全省合计	**1304**	**211775017.4**	**2577895.98**	**1624030.77**	**147050232.6**	**924061**	**4597602.04**
武汉市	**23**	**30354162**	**1720040**	**14550**	**28619572**	**23221**	**267638.53**
洪山区		1202540	2540		1200000	1284	12701
东西湖区		12742000	350000		12392000	281	5496
汉南区		8178922	10500	13350	8155072	1573	14291
蔡甸区	20	990000	990000			3566	55164
江夏区		2990000	50000		2940000	4583	47927
黄陂区	1	4012000	90000		3922000	5850	73590
新洲区	2	237500	227000		10500	5948	57529.03
市直		1200		1200		136	940.5
黄石市	**34**	**1239311.92**	**13000**		**1226311.92**	**9224**	**83821.5**
黄石港区		66			66		
西塞山区						19	153.5
下陆区		8.18			8.18		
铁山区							
阳新县	30	64000			64000	1847	11082
大冶市	2	1175200	13000		1162200	7217	71950
经济开发区	2	37.74			37.74	141	636
市直							
十堰市		**8266048.59**	**10001.36**	**137212.67**	**8118834.56**	**67214**	**392588.5**
茅箭区							
张湾区		208.59	1.36	12.67	194.56	1579	11842.5
郧县		1211200	10000	1200	1200000	4613	34775
郧西县		3983340		56000	3927340	17940	107950
竹山县		840000			840000	10870	70924
竹溪县		360000			360000	13810	32300
房县		611300		80000	531300	11962	87349
丹江口市		1260000			1260000	6440	47448
市直							
宜昌市	**5**	**1845097**	**2310**		**1830089**	**155144**	**524095**
西陵区						5	20
伍家岗区		100050			100050	128	511
点军区						762	5155
猇亭区							
夷陵区		825000			825000	16611	83254
远安县						852	10680
兴山县		760000			760000	15769	56438
秭归县		6667			6667	35122	60817
长阳自治县						27136	116063
五峰自治县						40605	62710
宜都市		**42300**			**29602**	**6744**	**42778**
当阳市	2	10100			10100	2107	19832
枝江市	3	100980	2310		98670	9303	65837
市直							

续表37

单位名称	(七)设施农业设备 1.水稻工厂化育秧设备	2.温室	其中: 连栋温室	日光温室	塑料大棚	四、农产品初加工机械 (一)农产品初加工动力机械	
	套	平方米	平方米	平方米	平方米	台	千瓦
襄阳市	**15**	**1027800**	**11000**	**6400**	**1010400**	**85987**	**453468**
襄城区		650000			650000	5146	70578
樊城区						953	9073.5
襄州区		16000		5000	11000	3313	24003
开发区							
南漳县	1	20000			20000	5046	75690
谷城县	8	5000	5000			7574	39154
保康县		24000			24000	49349	95754
老河口市	3	300000			300000	3600	30000
枣阳市	1	800		400	400	8368	79809
宜城市	2	12000	6000	1000	5000	2571	28617
襄北农场						67	789.5
市直							
鄂州市	**8**	**1473591**	**46400**	**12000**	**1415191**	**9210**	**167056.39**
梁子湖区		233400	33400		200000	3741	98917
华容区	7	258000	8000		250000	1024	17922
鄂城区	1	980190	5000	12000	963190	4182	44769.39
开发区						2	12
葛店开发区						52	3198
西山街办							
市直		2001			2001	209	2238
荆门市	**15**	**30441469.26**	**5670**	**1103302.1**	**29332497.16**	**15242**	**148770.2**
东宝区	1	71.26		2.1	69.16	1554	16298
掇刀区		416800		93300	323500	466	5212.5
京山县	5	20000000			20000000	3013	28271
沙洋县	1	24498	670		23828	4419	29512
钟祥市	3	9795000		1010000	8785000	5088	60856.7
屈家岭		200100			200100	97	2388
沙洋农场	5	5000	5000			605	6232
漳河新区							
市直							
孝感市	**123**	**20565112**	**154362**	**28900**	**20381850**	**24572**	**216468.6**
孝南区	5	1926660	6660		1920000	2335	25369
孝昌县	12	152360	2310		150050	5511	42840
大悟县	98	230420	134720		95700	4991	47325.6
云梦县		16688670	6670	15000	16667000	1884	15785
应城市	1	903000		13900	889100	2785	25500
安陆市	5	660000			660000	3161	32372
汉川市	2	4002	4002			3905	27277
市直							
荆州市	**25**	**82260000**	**133400**		**21616440**	**46084**	**391625**
沙市区		2266400	26400		210000	638	6070
荆州区		19400000	20000		15517800	2504	16900
公安县	4	5221000	1000		1198800	5060	50884
监利县	1	4480000	80000		1731600	20664	170444
江陵县	2	1282000	2000		286380	1537	18983
石首市		43897600	1000		834498	6933	51750

续表38

单位名称	(七)设施农业设备 1.水稻工厂化育秧设备	2.温室	其中:连栋温室	日光温室	塑料大棚	四、农产品初加工机械 (一)农产品初加工动力机械	
	套	平方米	平方米	平方米	平方米	台	千瓦
洪湖市	17	4262000	2000		1200000	5099	34736
松滋市	1	1381000	1000		619380	3399	37808
开发区		70000			17982	250	4050
市直							
黄冈市	**722**	**12624402.34**	**1960**	**33000**	**12589442.34**	**74115**	**499334.89**
黄州区	1	7583333.34			7583333.34	776	9610
龙感湖区	2	200000			200000	371	19403.3
团风县	5	890000			890000	4937	36617
红安县	335	110620			110620	3885	42703.79
罗田县		1860000			1860000	7900	53860
英山县						29410	98510
浠水县	5	374000	1000		373000	8560	49512
蕲春县	2	65000			65000	3380	36951
黄梅县	1	1344000		33000	1311000	5583	47195
麻城市	349	196580	960		195620	6524	72731.8
武穴市	22	869			869	2789	32241
市直							
咸宁市	**6**	**1871203.28**	**23438.62**	**75000**	**1772764.66**	**24456**	**214534.8**
咸安区		94.08	8.62		85.46	4064	37394.8
嘉鱼县		53.2			53.2	2487	20911
通城县	1	112000			112000	5416	33615
崇阳县		129360	22110		107250	3973	35957
通山县		776320	1320	75000	700000	5495	46389
赤壁市	5	853376			853376	3021	40268
市直							
随州市	**295**	**9626930**	**170130**	**80000**	**9376800**	**14059**	**127375**
随县	275	420000	170000	80000	170000	7838	64489
曾都区	20	1870930	130		1870800	3321	32586
广水市		7336000			7336000	2900	30300
市直							
恩施自治州	**25**	**1989978**	**281184**	**132994**	**1575800**	**322898**	**693096.33**
恩施市		89100	30360		58740	15746	118832.23
利川市	5	140030	32700		107330	42522	89953
建始县	20	35060			35060	66469	80441.4
巴东县		94714	48024		46690	87207	103962.7
宣恩县		61000	11600	11600	37800	32311	50939
咸丰县		681674	60030	121394	500250	8800	24970
来凤县		683000	23000		660000	12523	45882
鹤峰县		205400	75470		129930	57320	178116
市直							
仙桃市						**5890**	**80186**
潜江市	**3**	**7980000**			**7980000**	**15842**	**157517**
天门市	**5**	**65000**	**5000**		**60000**	**13034**	**140252.5**
神农架林区		**144912**		**672**	**144240**	**17869**	**39773.8**
省直							

续表39

单位名称	其中:柴油机		电动机		(二)农产品初加工作业机械	其中:1.粮食加工机械	2.油料加工机械	3.棉花加工机械
	台	千瓦	台	千瓦	台(套)	台	台	台
全省合计	**135947**	**1211468.86**	**783970**	**3359546.08**	**928392**	**712202**	**43772**	**14912**
武汉市	**4467**	**62975.5**	**18754**	**204663.03**	**14642**	**6993**	**1605**	**690**
洪山区			1284	12701	119			
东西湖区	8	224	273	5272	175	82		23
汉南区	81	2511	1492	11780	727	79	47	56
蔡甸区	698	13199	2868	41965	974	859	50	57
江夏区	687	7911	3896	40016	6352	2422	304	90
黄陂区	1076	17331.6	4774	56258.4	3742	1843	848	174
新洲区	1905	21648.9	4043	35880.13	2417	1602	346	286
市直	12	150	124	790.5	136	106	10	4
黄石市	**1517**	**10725**	**7617**	**73096.5**	**6233**	**4594**	**963**	**243**
黄石港区					24		2	1
西塞山区			19	153.5	20	6	9	5
下陆区					12	12		
铁山区								
阳新县	749	4494	1098	6588	1919	1077	435	
大冶市	712	5850	6415	66100	4199	3450	510	234
经济开发区	56	381	85	255	59	49	7	3
市直								
十堰市	**22280**	**173411.5**	**43542**	**218907**	**93743**	**54315**	**4262**	**444**
茅箭区								
张湾区	325	2437.5	1254	9405	1021	612	42	
郧县	890	6580	3723	27925	11914	7011	553	20
郧西县	5979	54598	10569	53352	28385	10380	916	21
竹山县	6770	40174	4100	30750	12800	11000	500	360
竹溪县	750	4500	13060	27800	12000	9000	1000	
房县	4916	40554	7046	46795	15167	12112	565	43
丹江口市	2650	24568	3790	22880	12456	4200	686	
市直								
宜昌市	**14047**	**103728**	**140562**	**418834**	**181425**	**160217**	**3570**	**686**
西陵区			5	20	6	5	1	
伍家岗区			128	511	8			
点军区	40	600	722	4555	1378		63	
猇亭区					5			
夷陵区	696	9927	15704	72796	25142	22305	613	
远安县			528	10680	324	106	70	
兴山县	5122	16587	10647	39851	17279	14532	271	
秭归县	524	4469	34598	56348	55857	53048	343	48
长阳自治县	4192	46113	22944	69948	25298	21274	310	
五峰自治县	103	742	40502	61968	43000	41490	113	
宜都市	**1970**	**16137**	**4774**	**25641**	**5203**	**2792**	**209**	**13**
当阳市	141	1167	1966	18665	2719	1442	152	67
枝江市	1259	7986	8044	57851	5206	3223	1425	558
市直								

续表40

单位名称	其中：柴油机		电动机		(二)农产品初加工作业机械	其中：1.粮食加工机械	2.油料加工机械	3.棉花加工机械
	台	千瓦	台	千瓦	台(套)	台	台	台
襄阳市	**9034**	**71970**	**76926**	**381498**	**74359**	**53638**	**10948**	**2569**
襄城区	1220	11100	3926	59478	746	187	515	34
樊城区	278	3336	675	5737.5	210	180	10	20
襄州区	456	4013	2857	19990	2670	1810	647	213
开发区								
南漳县	793	11895	4253	63795	5263	4778	306	
谷城县	2326	5414	5248	33740	4189	2200	512	79
保康县	1379	12948	47970	82806	39708	32813	2149	
老河口市	1000	10400	2600	19600	7320	5000	1550	710
枣阳市	1582	12864	6759	66945	8408	2963	3472	1235
宜城市			2571	28617	5792	3654	1787	278
襄北农场			67	789.5	53	53		
市直								
鄂州市	**2146**	**22206**	**7064**	**144850.39**	**4967**	**3178**	**346**	**217**
梁子湖区	882	7225	2859	91692	2863	1457	158	45
华容区	205	2269	819	15653	427	327	33	67
鄂城区	997	11964	3185	32805.39	1545	1286	146	95
开发区			2	12	11	10	1	
葛店开发区	12	150	40	3048	52	34	8	10
西山街办								
市直	50	598	159	1640	64	64		
荆门市	**2299**	**26999.7**	**12943**	**121770.5**	**8682**	**5141**	**1791**	**744**
东宝区	311	2775	1243	13523	1613	1132	291	65
掇刀区			466	5212.5	210	103	79	27
京山县	1202	15590	1811	12681	2412	1277	383	299
沙洋县			4419	29512	1383	781	268	23
钟祥市	555	5790.7	4533	55066	2716	1616	760	225
屈家岭	15	882	82	1506	138	22	10	105
沙洋农场	216	1962	389	4270	210	210		
漳河新区								
市直								
孝感市	**3331**	**34763.9**	**21241**	**165720.6**	**21762**	**8210**	**3674**	**1231**
孝南区	485	5480	1850	19889	2317	1650	450	145
孝昌县	519	4320	4992	38520	5500	1317	730	310
大悟县	538	7918.5	4453	23452.7	7956	2857	1455	420
云梦县	236	2601	1648	13184	412	203	189	5
应城市	552	5105.4	2233	20364.9	2940	933	329	120
安陆市	455	4521	2706	27851	2122	978	371	139
汉川市	546	4818	3359	22459	515	272	150	92
市直								
荆州市	**24042**	**202865**	**22042**	**188760**	**32595**	**17088**	**3165**	**2019**
沙市区	68	2410	570	3660	459	197	40	102
荆州区	100	6220	2404	10680	1786	254	44	277
公安县	2069	20807	2991	30077	4860	1832	433	347
监利县	16081	124824	4583	45620	10595	8026	773	535
江陵县	111	4773	1426	14210	1558	329	152	53
石首市	3293	21420	3640	30330	5502	2662	408	298

续表41

单位名称	其中:柴油机		电动机		(二)农产品初加工作业机械	其中:1.粮食加工机械	2.油料加工机械	3.棉花加工机械
	台	千瓦	台	千瓦	台(套)	台	台	台
洪湖市	1283	11624	3816	23112	3837	1128	209	270
松滋市	1027	9347	2372	28461	3930	2627	1096	132
开发区	10	1440	240	2610	68	33	10	5
市直								
黄冈市	**12492**	**115108.66**	**59623**	**375426.23**	**71056**	**54447**	**5028**	**3501**
黄州区	9	230	767	9380	246	156	33	57
龙感湖区			371	19403.3	371	177	131	36
团风县	827	9667	4110	26950	1906	1542	125	51
红安县	821	6741.51	3064	35962.28	3439	1943	664	133
罗田县	1250	14560	5650	39300	10290	9200	980	50
英山县	1100	11830	28310	86680	30420	26200	410	
浠水县	2794	15660.15	5766	33851.85	5851	4807	586	242
蕲春县	491	5937	2889	31014	2889	1582	566	297
黄梅县	1735	13845	3848	33350	5268	1815	265	1508
麻城市	3288	33243	3236	39488.8	6522	5328	846	264
武穴市	177	3395	1612	20046	3854	1697	422	863
市直								
咸宁市	**3770**	**35068.8**	**20686**	**179466**	**27507**	**22600**	**1399**	**446**
咸安区	949	9086.8	3115	28308	3138	2466	360	47
嘉鱼县	438	3921	2049	16990	1273	839	260	90
通城县	705	6563	4711	27052	5749	4928	405	116
崇阳县	273	2457	3700	33500	4381	4185	83	50
通山县	600	5508	4895	40881	8830	6350	90	40
赤壁市	805	7533	2216	32735	4136	3832	201	103
市直								
随州市	**7387**	**58252**	**6572**	**69123**	**5975**	**3563**	**1365**	**475**
随县	6121	44713	1717	19776	2524	1756	489	180
曾都区	866	8739	2455	23847	1651	907	376	95
广水市	400	4800	2400	25500	1800	900	500	200
市直								
恩施自治州	**16444**	**158898.8**	**306454**	**534197.53**	**364621**	**303065**	**2951**	**45**
恩施市	5709	48328.3	10037	70503.93	59947	52705	317	
利川市	461	4336	42061	85617	77960	39626	261	
建始县	373	4758	66096	75683.4	36804	35168	788	45
巴东县	980	9114.5	86227	94848.2	84648	83249	814	
宣恩县	245	2840	32066	48099	32311	29393	35	
咸丰县	2530	22337	6270	2633	15834	13537	412	
来凤县	226	1904	12297	43978	13566	9940	99	
鹤峰县	5920	65281	51400	112835	43551	39447	225	
市直								
仙桃市	**260**	**2280**	**5630**	**77906**	**5496**	**4860**	**388**	**248**
潜江市	**7017**	**73679**	**8825**	**83838**	**6765**	**4397**	**1836**	**532**
天门市	**5344**	**57921**	**7690**	**82331.5**	**8564**	**5896**	**481**	**822**
神农架林区	**70**	**616**	**17799**	**39157.8**				
省直								

续表42

单位名称	4.果蔬加工机械	5.茶叶加工机械	五、畜牧养殖机械		其中:1.饲草料加工机械		2.畜牧饲养机械		3.畜产品采集加工机械	
	台(套)	台(套)	台(套)	千瓦	台(套)	千瓦	台(套)	千瓦	台(套)	千瓦
全省合计	**5422**	**53969**	**372735**	**819793.58**	**323043**	**690052.38**	**39963**	**118211.4**	**1433**	**9006.8**
武汉市	**156**	**1167**	**5378**	**32834.4**	**3149**	**22999.9**	**2130**	**8449**	**99**	**1385.5**
洪山区	65	54								
东西湖区		7	36		19		17			
汉南区			169	771	68	672	101	99		
蔡甸区	7	1	196	1708	188	1665	7	35	1	8
江夏区		113	1296	3737	623	3312	673	425		
黄陂区	13	864	1895	13197.8	1480	11229.9	415	1967.9		
新洲区	55	128	1763	13200.6	753	5929	917	5922.1	93	1349.5
市直	16		23	220	18	192			5	28
黄石市	**331**	**81**	**2359**	**14590**	**996**	**6954**	**1363**	**7636**		
黄石港区			3	9	3	9				
西塞山区										
下陆区			13	39	5	15	8	24		
铁山区			1	1	1	1				
阳新县	331	76	800	5933	76	214	724	5719		
大冶市		5	1516	8530	885	6637	631	1893		
经济开发区			26	78	26	78				
市直										
十堰市	**733**	**5222**	**40159**	**97130**	**29356**	**74652**	**3052**	**17478**	**500**	**5000**
茅箭区										
张湾区		246								
郧县	34	621	4656	34887	4587	34402	69	485		
郧西县	275	553	11600	21005	11161	16710	438	4295		
竹山县	90	650	8620	14029	7620	9029	1000	5000		
竹溪县		2000	9285	12705	35	145	1500	7560	500	5000
房县	280	885	3648	7419	3603	7281	45	138		
丹江口市	54	267	2350	7085	2350	7085				
市直										
宜昌市	**577**	**9148**	**16873**	**49911**	**16415**	**49055**	**155**	**456**	**65**	**328**
西陵区										
伍家岗区			35	110	18	58				
点军区	30	24								
猇亭区	5		5	20						
夷陵区	178	241	1510	6933	1503	6895			7	38
远安县		144	2513	12780	2513	12780				
兴山县	8	518	1548	2088	1519	2001	29	87		
秭归县	59	1175	5229	5248	5229	5248				
长阳自治县	57	3657	75	225	75	225				
五峰自治县	83	1314								
宜都市	**142**	**2047**	**3401**	**4313**	**3322**	**4206**	**79**	**107**		
当阳市	15	28	734	4518	632	4008	44	220	58	290
枝江市			1823	13676	1604	13634	3	42		
市直										

续表43

单位名称	4.果蔬加工机械	5.茶叶加工机械	五、畜牧养殖机械		其中：1.饲草料加工机械		2.畜牧饲养机械		3.畜产品采集加工机械	
	台(套)	台(套)	台(套)	千瓦	台(套)	千瓦	台(套)	千瓦	台(套)	千瓦
襄阳市	**570**	**6530**	**10070**	**32050.2**	**7866**	**24086.2**	**1771**	**7964**	**433**	
襄城区			304	4100			304	4100		
樊城区										
襄州区			554	3732	526	3692	28	40		
开发区										
南漳县	36	143	964	6945.2	763	6729.2	201	216		
谷城县	10	1388	73	525	68	510	5	15		
保康县	8	4738	3325	6603	2855	6603	470			
老河口市			1200		1200					
枣阳市	482	256	2623	7087	2438	6384	185	703		
宜城市	34	5	1011	2890			578	2890	433	
襄北农场			16	168	16	168				
市直										
鄂州市	**29**	**43**	**1784**	**20887.8**	**1138**	**14642.8**	**636**	**6225**	**10**	**20**
梁子湖区	22	32	588	6801	232	3211	346	3570	10	20
华容区			560	6120	320	3520	240	2600		
鄂城区	7	11	600	7572.5	553	7520.8	47	51.7		
开发区										
葛店开发区										
西山街办			6	15	6	15				
市直			30	379.3	27	376	3	3.3		
荆门市	**60**	**96**	**1296**	**8364**	**1274**	**8298**			**22**	**66**
东宝区	30	75	82	660	82	660				
掇刀区		1								
京山县			1002	4873	1002	4873				
沙洋县			42	1260	42	1260				
钟祥市	30	19	148	1505	148	1505				
屈家岭		1	22	66					22	66
沙洋农场										
漳河新区										
市直										
孝感市	**868**	**2968**	**6666**	**38558.5**	**3904**	**22613.1**	**2249**	**14015.4**		
孝南区		72	848	9244	836	9196	12	48		
孝昌县		451	1492	2653	635	2125	857	528		
大悟县	833	2391	2092	7370.1	2020	7047.1	72	323		
云梦县			814	6452	30	180	784	6272		
应城市	34	54	620	8039.4	96	1195	524	6844.4		
安陆市			800	4800	287	2870				
汉川市	1									
市直										
荆州市	**43**	**47**	**13048**	**58303**	**5610**	**43427**	**7438**	**14876**		
沙市区			795	2343	215	1183	580	1160		
荆州区	11		1933	9419	411	6375	1522	3044		
公安县	7	26	1271	6095	645	4843	626	1252		
监利县		11	3833	21800	1817	17768	2016	4032		
江陵县			968	2942	314	1634	654	1308		
石首市		10	1374	3660	624	2160	750	1500		

续表44

单位名称	4.果蔬加工机械	5.茶叶加工机械	五、畜牧养殖机械		其中:1.饲草料加工机械		2.畜牧饲养机械		3.畜产品采集加工机械	
	台(套)	台(套)	台(套)	千瓦	台(套)	千瓦	台(套)	千瓦	台(套)	千瓦
洪湖市			922	2012	412	992	510	1020		
松滋市	25		1884	9876	1162	8432	722	1444		
开发区			68	156	10	40	58	116		
市直										
黄冈市	**291**	**4877**	**35933**	**111231.6**	**30250**	**92152.7**	**5322**	**17830.6**	**142**	**1027.3**
黄州区			150	742.7	58	572	76	109.2	11	40.5
龙感湖区	27		1	30					1	30
团风县		188	3065	6658	364	895	2693	5476	8	287
红安县	12	296	1163	20158.5	1016	17867.1	136	1929.6	11	361.8
罗田县		60	760	6835	520	5200	155	1550	85	85
英山县	130	3680	23130	29300	23000	28100	130	1200		
浠水县		216	949	8965.6	698	5982	242	2976.6	9	7
蕲春县		220	691	3253.6	465	3013.6	45	224	2	16
黄梅县	115	108	368	3188	230	2583	88	205	15	200
麻城市		84	4137	27098.2	2392	23418	1745	3680.2		
武穴市	7	25	1519	5002	1507	4522	12	480		
市直										
咸宁市	**81**	**1038**	**8118**	**21388.5**	**2784**	**18325**	**5227**	**2933.5**	**42**	**130**
咸安区	40	225	212	932	142	846	30	56	40	30
嘉鱼县	39	45	483	4213	418	4213				
通城县		300	5172	3004	10	150	5162	2854		
崇阳县		63	1390	6950	1390	6950				
通山县	2	405	360	3083.5	323	2960	35	23.5	2	100
赤壁市			501	3206	501	3206				
市直										
随州市	**376**	**196**	**280**	**1959**	**280**	**1959**				
随县	10	89	44	440	44	440				
曾都区	266	7	136	1419	136	1419				
广水市	100	100	100	100	100	100				
市直										
恩施自治州	**1304**	**22556**	**227273**	**312172.03**	**218669**	**298360.68**	**8474**	**12461.35**	**120**	**1050**
恩施市	415	6242	290	1350	180	1350	110			
利川市	36	6360	11634	22682	7912	18034	3722	4648		
建始县	209	594	51151	63905.4	49541	58237.4	1610	5668		
巴东县	47	538	66677	73516.63	65699	73443.28	978	73.35		
宣恩县	77	2805	34618	57352	34428	56980	180	72		
咸丰县		1885	21105	41041	21105	41041				
来凤县	496	277	12001	23638	11380	21173	501	1415	120	1050
鹤峰县	24	3855	29797	28687	28424	28102	1373	585		
市直										
仙桃市										
潜江市			**673**	**5047**	**673**	**5047**				
天门市	**3**		**2825**	**15366.55**	**679**	**7480**	**2146**	**7886.55**		
神农架林区										
省直										

续表45

单位名称	其中:挤奶机		剪羊毛机		六、渔业机械		其中:1.增氧机		2.投饵机	
	台	千瓦	台	千瓦	台	千瓦	台	千瓦	台	千瓦
全省合计	**263**	**1469.4**			**357927**	**639840.98**	**205782**	**469666.59**	**151823**	**166261.8**
武汉市	**6**	**36**			**33675**	**47413.72**	**19487**	**39278.4**	**14188**	**8135.32**
洪山区					1059	2738	921	2324	138	414
东西湖区					7018	1683.12	4672	1401.6	2346	281.52
汉南区					6262	9984.9	4320	9600.9	1942	384
蔡甸区	1	8			1773	4353	1353	3925	420	428
江夏区					2550	5140	2038	4641	512	499
黄陂区					1824	5014.3	1641	4923	183	91.3
新洲区					12765	16876.4	4127	10916.9	8638	5959.5
市直	5	28			424	1624	415	1546	9	78
黄石市					**16730**	**25390.1**	**11614**	**24594.9**	**5115**	**790.2**
黄石港区					162	368	115	337	47	31
西塞山区					139	379	113	339	25	35
下陆区					13	22	7	21	6	1
铁山区										
阳新县					5818	21787	5328	21640	490	147
大冶市					10235	2287.1	5887	1765.9	4348	521.2
经济开发区					363	547	164	492	199	55
市直										
十堰市					**910**	**2509**	**842**	**2170**	**63**	**324**
茅箭区										
张湾区					56	168	56	168		
郧县					118	339	118	339		
郧西县					110	165	102	126	3	24
竹山县					180	900	120	600	60	300
竹溪县					250	300	250	300		
房县					54	316	54	316		
丹江口市					142	321	142	321		
市直										
宜昌市	**65**	**328**			**14307**	**35380.49**	**10185**	**29614.25**	**4122**	**5758.24**
西陵区					14	18	14	18		
伍家岗区					164	451	129	382	35	69
点军区					145	295	73	234	72	61
猇亭区										
夷陵区	7	38			232	485	95	280	137	205
远安县					169	2260	88	2171	81	81
兴山县										
秭归县										
长阳自治县										
五峰自治县										
宜都市					**269**	**437**	**187**	**374**	**82**	**63**
当阳市	58	290			3041	6223	1880	4928	1161	1295
枝江市					10273	25211.49	7719	21227.25	2554	3984.24
市直										

续表46

单位名称	其中:挤奶机		剪羊毛机		六、渔业机械		其中:1.增氧机		2.投饵机	
	台	千瓦	台	千瓦	台	千瓦	台	千瓦	台	千瓦
襄阳市					**3995**	**6759.5**	**2558**	**5198.5**	**1437**	**1557**
襄城区					119	285	119	285		
樊城区					668	1175	346	692	322	483
襄州区					198	368	180	365	18	3
开发区										
南漳县					256	768	256	768		
谷城县					86	147	66	143	20	3
保康县					2	6	2	3		
老河口市					300	450	300	450		
枣阳市					943	1442	556	719	387	723
宜城市					1419	2094	729	1749	690	345
襄北农场					4	24.5	4	24.5		
市直										
鄂州市					**19893**	**42642.3**	**9816**	**29211**	**10077**	**11204.3**
梁子湖区					7173	18000	4152	12450	3021	3323
华容区					4722	9583.2	2310	6930	2412	2653.2
鄂城区					7016	13113.6	2840	8520	4176	4593.6
开发区					247	499.7	120	360	127	139.7
葛店开发区					231	560	98	294	133	266
西山街办					154	231	154	231		
市直					350	654.8	142	426	208	228.8
荆门市	**22**	**66**			**42365**	**68003.96**	**23567**	**58752.58**	**18783**	**9251.38**
东宝区					1965	4765	1950	4765		
掇刀区					659	1706	382	1152	277	554
京山县					5155	7702	5115	7666	40	36
沙洋县					8859	11681.8	3651	8669.4	5208	3012.4
钟祥市					25379	41482.48	12251	35898.5	13128	5583.98
屈家岭	22	66			348	666.68	218	601.68	130	65
沙洋农场										
漳河新区										
市直										
孝感市					**19544**	**33572.24**	**12602**	**32473.84**	**6857**	**998.79**
孝南区					4831	13090	4355	12710	476	380
孝昌县					335	852	280	830	55	22
大悟县					54	149.24	54	149.24		
云梦县					5055	5441	2375	5200	2680	241
应城市					1800	1836	1105	1688.6	610	47.79
安陆市					171	302	171	302		
汉川市					7298	11902	4262	11594	3036	308
市直										
荆州市					**117374**	**135817**	**63897**	**127794**	**53477**	**8023**
沙市区					4349	5220	2469	4938	1880	282
荆州区					9926	9527	4345	8690	5581	837
公安县					7571	9150	4332	8664	3239	486
监利县					13956	20253	9816	19632	4140	621
江陵县					6222	6689	3111	6222	3111	467
石首市					1770	1912	890	1780	880	132

续表47

单位名称	其中：挤奶机		剪羊毛机		六、渔业机械		其中：1.增氧机		2.投饵机	
	台	千瓦	台	千瓦	台	千瓦	台	千瓦	台	千瓦
洪湖市					64094	72078	33764	67528	30330	4550
松滋市					8994	10455	4922	9844	4072	611
开发区					488	525	244	488	244	37
市直					4	8	4	8		
黄冈市	**128**	**909.4**			**31068**	**62098.77**	**18613**	**45544.72**	**12239**	**15000.05**
黄州区	3	36			7326	15893.48	5865	15688	1461	205.48
龙感湖区	1	30			5788	11170.9	2835	5471.6	2953	5699.3
团风县	8	287			5743	9609	2634	6189	3109	3420
红安县	10	348.4			323	328.29	195	242.22	128	86.07
罗田县	85	85			700	830	650	780	50	50
英山县					122	460	70	240	52	220
浠水县	9	7			2004	4490.2	1281	2970	723	1520.2
蕲春县	2	16			4332	8600	2114	5065	2218	2981
黄梅县	10	100			2968	5186	1339	4017	1413	169
麻城市					243	595.9	198	590.9	45	5
武穴市					1519	4935	1432	4291	87	644
市直										
咸宁市	**42**	**130**			**9132**	**33467.8**	**5053**	**13834.8**	**4079**	**19633**
咸安区	40	30			772	2655.8	602	2259.8	170	396
嘉鱼县					1341	2930	1019	2608	322	322
通城县					474	13333	319	745	155	12588
崇阳县					2110	3165	1038	1557	1072	1608
通山县	2	100			320	427	170	340	150	87
赤壁市					4115	10957	1905	6325	2210	4632
市直										
随州市					**5995**	**10144**	**3807**	**6359**	**2188**	**3785**
随县					2476	3526	2056	3084	420	442
曾都区					1219	3118	651	1575	568	1543
广水市					2300	3500	1100	1700	1200	1800
市直										
恩施自治州					**978**	**1313.6**	**901**	**1143.6**	**77**	**170**
恩施市										
利川市					203	301	201	279	2	22
建始县					13	23.1	13	23.1		
巴东县										
宣恩县					10	11	10	11		
咸丰县					162	258.5	127	190.5	35	68
来凤县					380	590	340	510	40	80
鹤峰县					210	130	210	130		
市直										
仙桃市					**33700**	**122849**	**18500**	**46849**	**15200**	**76000**
潜江市					**3569**	**5442**	**3384**	**5414**	**185**	**28**
天门市					**4692**	**7037.5**	**956**	**1434**	**3736**	**5603.5**
神农架林区										
省直										

续表48

单位名称	七、林果业机械		其中：1.挖坑机		2.果树修剪机		八、运输机械 1.农用运输车	
	台	千瓦	台	千瓦	台	千瓦	台	千瓦
全省合计	**25991**	**186899.95**	**1458**	**43066.8**	**21957**	**38607.74**	**233413**	**5066772.54**
武汉市	**260**	**2376.46**	**55**	**2108.46**	**205**	**268**	**28329**	**641409.08**
洪山区	10	253	4	235	6	18	4936	132708
东西湖区	50	739.91	18	645.51	32	94.4	2763	86767
汉南区							581	17928
蔡甸区	3	54	1	50	2	4	1500	66988
江夏区	7	258	7	258			2088	70293
黄陂区	16	16			16	16	11133	112268
新洲区	172	1050.95	25	919.95	147	131	3947	95478.5
市直	2	4.6			2	4.6	1381	58978.58
黄石市	**665**	**1456.2**	**19**	**665**	**646**	**791.2**	**2112**	**60406.1**
黄石港区							27	436
西塞山区							18	222.1
下陆区							94	2364
铁山区							5	90
阳新县	350	764	19	665	331	99	1108	34979
大冶市	315	692.2			315	692.2	829	21703
经济开发区							31	612
市直								
十堰市	**2477**	**23154**	**417**	**19928**	**2054**	**3209**	**22003**	**434752**
茅箭区								
张湾区							413	20704
郧县	146	316			146	316	4377	88992
郧西县	217	668	6	36	205	615	2485	32070
竹山县	276	1592	76	1292	200	300	4960	92484
竹溪县	1260	17350	260	16500	1000	850	1610	34600
房县	578	3228	75	2100	503	1128	1948	56772
丹江口市							6210	109130
市直								
宜昌市	**1553**	**3198.5**	**29**	**185**	**1501**	**2163**	**20903**	**478908.49**
西陵区	12	36			12	36	44	2925
伍家岗区	3	22.5					582	34418
点军区								
猇亭区								
夷陵区	6	180	6	180			4166	74500
远安县							644	25697
兴山县	665	1458			665	1458	528	14308
秭归县							3153	37639
长阳自治县	43	833	23	5			539	13080
五峰自治县							939	34854
宜都市	**824**	**669**			**824**	**669**	**2860**	**49399**
当阳市							1320	27476
枝江市							6128	164612.49
市直								

续表49

单位名称	七、林果业机械		其中:1.挖坑机		2.果树修剪机		八、运输机械 1.农用运输车	
	台	千瓦	台	千瓦	台	千瓦	台	千瓦
襄阳市	**3587**	**7383**	**168**	**745**	**3419**	**6638**	**38916**	**604073**
襄城区	44	242	12	136	32	106	1869	27038
樊城区							196	6780
襄州区							9483	112410
开发区								
南漳县							1059	38595
谷城县	13	39			13	39	2573	52136
保康县	3206	5899			3206	5899	4790	87412
老河口市							8400	140310
枣阳市	324	1203	156	609	168	594	5491	78821
宜城市							5055	60571
襄北农场								
市直								
鄂州市	**282**	**1096**	**10**	**549.5**	**272**	**546.5**	**2936**	**77580.81**
梁子湖区	179	709	7	359	172	350	784	19540
华容区	93	186			93	186	820	19680
鄂城区	8	198	3	190.5	5	7.5	1014	24541
开发区							145	8700
葛店开发区							100	3560
西山街办							23	332.81
市直	2	3			2	3	50	1227
荆门市	**4**	**45**	**4**	**45**			**9016**	**219051.3**
东宝区							1712	59104
掇刀区								
京山县	4	45	4	45			1169	17662
沙洋县								
钟祥市							6133	142181.3
屈家岭							1	60
沙洋农场							1	44
漳河新区								
市直								
孝感市	**328**	**2870.4**	**84**	**2053.4**			**12026**	**223085.28**
孝南区	9	315	9	315			2115	63450
孝昌县	53	1235	53	1235			1769	7470
大悟县	13	338.4	13	338.4			1889	22204.98
云梦县	100	200					1697	39381.3
应城市	15	272	9	165			442	4900
安陆市							2495	45498
汉川市	138	510					1619	40181
市直								
荆州市	**233**	**4775**	**228**	**4765**	**5**	**10**	**16276**	**351225**
沙市区							3136	69231
荆州区	3	30	3	30			654	14834
公安县	225	4735	225	4735			938	27208
监利县							2992	55663
江陵县							1986	39521
石首市	5	10			5	10	1568	38904

续表50

单位名称	七、林果业机械		其中：1.挖坑机		2.果树修剪机		八、运输机械 1.农用运输车	
	台	千瓦	台	千瓦	台	千瓦	台	千瓦
洪湖市							1504	30815
松滋市							1940	48879
开发区							1558	26170
市直								
黄冈市	**3968**	**9294.29**	**161**	**4072.11**	**3768**	**5176.67**	**23152**	**476448.2**
黄州区	128	146.79			104	120.58	641	13976
龙感湖区	10	29.4			10	29.4	249	8143.8
团风县	1276	957			1276	957	1054	16860
红安县	105	539.8	9	240.41	96	299.39	1868	37390.8
罗田县	340	550	40	200	300	350	2950	81250
英山县	330	4700	110	3580	210	1120	2230	70620
浠水县	5	5.5			5	5.5	1551	26656.6
蕲春县							1919	49444
黄梅县	115	163	1	14.7	109	129	4472	66497
麻城市	1464	1631.8			1464	1631.8	3127	51979
武穴市	195	571	1	37	194	534	3091	53631
市直								
咸宁市	**110**	**307.4**	**8**	**85.4**	**102**	**222**	**11890**	**309507**
咸安区	8	24			8	24	2184	97434
嘉鱼县							980	12755
通城县	20	38.4	2	7.4	18	31	1987	48491
崇阳县	10	84	6	78	4	6	1056	23142
通山县	65	113			65	113	967	44742
赤壁市	7	48			7	48	4716	82943
市直								
随州市	183	5658	183	5658			11463	193154
随县	76	4076	76	4076			5458	69373
曾都区	7	182	7	182			4505	103781
广水市	100	1400	100	1400			1500	20000
市直								
恩施自治州	**12234**	**123712.8**	**38**	**750.9**	**9932**	**19466.5**	**19754**	**518338.8**
恩施市							6188	166326
利川市	218	277	15	88	203	189	3080	94673
建始县	2002	97692.9	3	7.9	1999	4322.6	2872	57648
巴东县	6617	14732.9	20	655	6597	14077.9	2247	37991.8
宣恩县	686	410			608	304	1557	47079
咸丰县	457	457			457	457	1611	36531
来凤县	2254	10143			68	116	1058	19025
鹤峰县							1141	59065
市直								
仙桃市							**5933**	**148173**
潜江市							**961**	**27654**
天门市	**107**	**1572.9**	**54**	**1456.03**	**53**	**116.87**	**7190**	**270490.08**
神农架林区							**553**	**32516.4**
省直								

续表51

单位名称	(1)三轮汽车		(2)低速载货汽车		2.手扶变型运输机		3.农用挂车
	台	千瓦	台	千瓦	台	千瓦	台
全省合计	**119447**	**1593192.59**	**103258**	**3374556.35**	**3959**	**39777**	**819017**
武汉市	**8116**	**130695.1**	**12809**	**497348.78**	**1390**	**12324.6**	**13971**
洪山区	1155	11660	2487	120130	125	918	1163
东西湖区	1935	71627	828	15140			
汉南区	248	3293	333	14635			971
蔡甸区	152	1525	1348	65463			1100
江夏区	607	8957	1481	61336			2613
黄陂区	1947	11732.6	3123	89258.4	1253	11277	4810
新洲区	1734	18816.5	2213	76662			3279
市直	338	3084	996	54724.38	12	129.6	35
黄石市	**1173**	**9744.8**	**939**	**50661.3**			**1339**
黄石港区	20	240	7	196			
西塞山区	11	113.8	7	108.3			15
下陆区	14	124	80	2240			
铁山区			5	90			
阳新县	714	4641	394	30338			867
大冶市	398	4434	431	17269			420
经济开发区	16	192	15	420			37
市直							
十堰市	**15184**	**238043**	**6548**	**196067**	**85**	**642**	**3182**
茅箭区							
张湾区	65	500	348	20204			
郧县	3214	48210	892	40140	85	642	186
郧西县	995	11120	1490	20950			787
竹山县	4000	68000	960	24484			109
竹溪县	900	12000	710	22600			
房县	730	11683	1218	45089			
丹江口市	5280	86530	930	22600			2100
市直							
宜昌市	**6977**	**116143.5**	**13926**	**362764.99**	**50**	**2500**	**52553**
西陵区			44	2925			
伍家岗区	474	33561	108	857			
点军区							
猇亭区					50	2500	
夷陵区	1507	15350	2659	59150			2640
远安县			644	25697			274
兴山县	180	1882	348	12426			2242
秭归县	282	3268	2871	34371			
长阳自治县	230	3450	309	9630			372
五峰自治县			939	34854			
宜都市	**1403**	**19613**	**1457**	**29786**			**1660**
当阳市	542	4413	778	23063			33165
枝江市	2359	34606.5	3769	130005.99			12200
市直							

续表52

单位名称	(1)三轮汽车		(2)低速载货汽车		2.手扶变型运输机		3.农用挂车
	台	千瓦	台	千瓦	台	千瓦	台
襄阳市	**27931**	**302914**	**10978**	**249259**			**312993**
襄城区	1729	22922	140	4116			22504
樊城区	136	4080	60	2700			6931
襄州区	8610	77490	873	34920			69000
开发区							
南漳县	786	23580	273	15015			36865
谷城县	1980	26197	586	25939			8589
保康县	3280	49200	1510	38212			6339
老河口市	7200	61000	1200	27410			32600
枣阳市	4135	36375	1356	42446			66876
宜城市	75	2070	4980	58501			63113
襄北农场							176
市直							
鄂州市	**1280**	**23098.61**	**1656**	**52491.2**	**476**	**3683.1**	**3229**
梁子湖区	368	4573	416	12976			221
华容区	360	6785	460	12895	50	550	2640
鄂城区	359	4236	655	20305	406	2984.1	255
开发区	62	3720	83	4980			
葛店开发区	90	3240	10	320			90
西山街办	23	332.81					12
市直	18	211.8	32	1015.2	20	149	11
荆门市	**6080**	**74948.22**	**2936**	**144103.08**	**2**	**36.8**	**123369**
东宝区	820	10048	892	49056			27071
掇刀区							
京山县	852	6816	317	10846			2993
沙洋县							44770
钟祥市	4408	58084.22	1725	84097.08			48476
屈家岭			1	60	2	36.8	
沙洋农场			1	44			59
漳河新区							
市直							
孝感市	**4184**	**48158.48**	**5343**	**173162.8**	**1100**	**10404**	**11150**
孝南区			2115	63450			210
孝昌县	260	3350	157	4120			1352
大悟县	1686	17463.98	203	4741			2198
云梦县	715	10510.5	982	28870.8			754
应城市	442	4900					3170
安陆市	285	3340	1063	40394	200	1764	947
汉川市	796	8594	823	31587	900	8640	2519
市直							
荆州市	**7642**	**84451**	**8634**	**266774**			**85620**
沙市区	1753	14742	1383	54489			6281
荆州区	289	3302	365	11532			10029
公安县	309	5463	629	21745			7527
监利县	1732	16315	1260	39348			10513
江陵县	808	11543	1178	27978			15013
石首市	224	3881	1344	35023			626

续表53

单位名称	(1)三轮汽车		(2)低速载货汽车		2.手扶变型运输机		3.农用挂车
	台	千瓦	台	千瓦	台	千瓦	台
洪湖市	736	7501	768	23314			22729
松滋市	717	9712	1223	39167			10553
开发区	1074	11992	484	14178			2349
市直							
黄冈市	**12854**	**161901.3**	**10105**	**313759.9**	**331**	**4374.5**	**8143**
黄州区	296	4644	345	9332			519
龙感湖区	91	1872.8	158	6271	194	2566.6	
团风县	463	6019	591	10841	5	65	248
红安县	1248	21011	620	16379.8			1027
罗田县	1800	18000	1150	63250			550
英山县	550	7800	1680	62820			330
浠水县	687	8752.5	864	17904.1	79	955.9	568
蕲春县	594	8264	1293	40729	32	451	
黄梅县	2889	28436	1583	38061			2899
麻城市	1615	18272	1512	33707			1862
武穴市	2621	38830	309	14465	21	336	140
市直							
咸宁市	**5873**	**79852**	**6017**	**229655**			**6811**
咸安区	425	5129	1759	92305			1391
嘉鱼县	797	7056	183	5699			3896
通城县	670	9281	1317	39210			1209
崇阳县	875	21875	181	1267			315
通山县	300	3388	667	41354			
赤壁市	2806	33123	1910	49820			
市直							
随州市	**6419**	**77581**	**5044**	**115573**	**3**	**33**	**103571**
随县	2755	31622	2703	37751			87138
曾都区	2664	33659	1841	70122	3	33	15533
广水市	1000	12300	500	7700			900
市直							
恩施自治州	**9886**	**110566**	**9862**	**407574.8**	**45**	**487**	**4806**
恩施市	3562	40290	2626	126036			
利川市	459	4694	2621	89979	36	396	1627
建始县	2131	27744	741	29904	9	91	135
巴东县	1528	16884	719	21107.8			762
宣恩县	664	7698	893	39381			
咸丰县	603	2340	1008	34191			2282
来凤县	585	5356	467	13471			
鹤峰县	354	5560	787	53505			
市直							
仙桃市	**1430**	**8580**	**4503**	**139593**	**350**	**3895**	**18905**
潜江市	**565**	**7062**	**396**	**20592**	**127**	**1397**	**36109**
天门市	**3628**	**115313.58**	**3562**	**155176.5**			**33266**
神农架林区	**225**	**4140**					
省直							

续表54

单位名称	九、农田基本建设机械		十、其他机械	十一、农业机械原值和净值	2.农业机械净值
			其中:农用飞机	1.农业机械原值	
	台	千瓦	架	万元	万元
全省合计	**26245**	**993826.68**	**9**	**3241129.07**	**2276968.23**
武汉市	**2041**	**106671.36**		**166445.36**	**118621.95**
洪山区	177	8975		10978	8562
东西湖区	239	12952.52		13506.44	7316
汉南区	132	6797		11858.36	6945.45
蔡甸区	192	9311		28312	17769
江夏区	220	12436		29529	23623
黄陂区	527	27314.14		29435	26491.5
新洲区	516	26832.7		37595.1	23816.74
市直	38	2053		5231.46	4098.26
黄石市	**179**	**4289.6**		**43060.26**	**26647.51**
黄石港区				1324.67	927.3
西塞山区	16	235		1267.89	887.3
下陆区	8	204		731	711
铁山区				22.4	15
阳新县				11421	4303
大冶市	139	3391.6		24931.3	17451.91
经济开发区	16	459		3362	2352
市直					
十堰市	**1930**	**102579**		**127215**	**88633**
茅箭区					
张湾区				4000	3500
郧县	367	16791		36610	34167
郧西县	301	12715		26900	17670
竹山县	272	22689		9800	7000
竹溪县	498	31247		13000	10900
房县	376	15698		14720	11776
丹江口市	116	3439		22185	3620
市直					
宜昌市	**551**	**40038.6**		**278228.7**	**201033.57**
西陵区	13	1191		1167	984
伍家岗区	95	9879		5979	4479
点军区	2	81		4274.59	3615.55
猇亭区	10	3500		820	600
夷陵区	2	139.6		20589	17734
远安县	9	315		15720	14448
兴山县	14	818		7938	7415
秭归县	15	664		17461	11236
长阳自治县	43	834		9844	9040
五峰自治县				15606	13265.1
宜都市	**34**	**1169**		**14589.44**	**8970.2**
当阳市	134	9266		57344	40357
枝江市	180	12182		106896.67	68889.72
市直					

单位名称	九、农田基本建设机械		十、其他机械	十一、农业机械原值和净值	2.农业机械净值
			其中:农用飞机	1.农业机械原值	
	台	千瓦	架	万元	万元
襄阳市	**1833**	**79831.6**		**419164.24**	**291026.12**
襄城区	42	2165			
樊城区	28	1736		18000	7200
襄州区	130	10137		96347	67251
开发区					
南漳县	345	8096.4		37267	34035
谷城县	203	25573		28177.3	19387.4
保康县	77	3449		13400	10120
老河口市				61700	41300
枣阳市	785	16256		75189	35687
宜城市	194	10484		86650.53	74271.88
襄北农场	29	1935.2		2433.41	1773.84
市直					
鄂州市	**826**	**28760.92**		**87180.4**	**38220**
梁子湖区	233	2878		21656	19356
华容区	272	2510		14616	10261
鄂城区	288	21077.92		30146.4	5889
开发区	5	450		18779	1020
葛店开发区	12	672		476	400
西山街办	7	620			
市直	9	553		1507	1294
荆门市	**1565**	**93606.59**	**9**	**308216.3**	**233302.55**
东宝区	110	6939		27101	18970
掇刀区	157	10353.6		20273.6	18246.25
京山县	463	13617		65840.7	51232.7
沙洋县	210	12582		68063	52780.6
钟祥市	574	45289.99		112314	81613
屈家岭	38	4190		8231	6423
沙洋农场	13	635		6393	4037
漳河新区					
市直			9		
孝感市	**1608**	**66120.2**		**200470.01**	**148144.32**
孝南区	478	13750		37400	27200
孝昌县	111	4365		16105	12300
大悟县	86	5789.1		18877.58	16619.92
云梦县	390	17187.1		27561.43	16189.4
应城市				25591	20050
安陆市	406	17905		39100	25550
汉川市	137	7124		35835	30235
市直					
荆州市	**7072**	**190969**		**695839**	**521881**
沙市区	103	5193		31962	23972
荆州区	245	12111		42225	31669
公安县	400	15901		102485	76864
监利县	1551	74597		177247	132936
江陵县	613	28914		63260	47445
石首市	457	26867		60310	45232

续表56

单位名称	九、农田基本建设机械		十、其他机械	十一、农业机械原值和净值	2.农业机械净值
			其中:农用飞机	1.农业机械原值	
	台	千瓦	架	万元	万元
洪湖市	3507	16561		138574	103931
松滋市	101	6882		66524	49893
开发区	95	3943		13228	9921
市直				24	18
黄冈市	**1698**	**92218.16**		**284130.21**	**212170.66**
黄州区	42	2226		9203.6	5518.15
龙感湖区	116	6820.8		4281	2568.6
团风县	159	4998		18923	16140
红安县	231	16033.96		18567.51	12118.04
罗田县	20	1560		23560	16580
英山县	35	2000		33650	26800
浠水县	189	10403.6		30246.5	18147.9
蕲春县	359	23526		29171.6	17502.97
黄梅县	317	14914		57880	48810
麻城市	90	4260.8		30819	24504
武穴市	140	5475		27828	23481
市直					
咸宁市	**4945**	**92819.3**		**115184**	**89034.8**
咸安区	635	45545.1		22061	15621
嘉鱼县	653	15686		15093	12079
通城县	112	5295		31150	28035
崇阳县	200	9256		16100	12010
通山县	130	8781.2		14546	11636.8
赤壁市	3215	8256		16234	9653
市直					
随州市	**412**	**21881**		**127370.24**	**86425.65**
随县				53793.24	38261.65
曾都区	212	12781		34977	21864
广水市	200	9100		38600	26300
市直					
恩施自治州	**794**	**37897.2**		**134163.75**	**115161.1**
恩施市	167	5845		13563.02	11281
利川市	182	8959		24451.7	22426.4
建始县	48	1704.8		13320.02	10656.65
巴东县	188	9638		10447.01	8520.25
宣恩县	31	1364		11826	9285
咸丰县	153	9333		14142	12727.8
来凤县	23	1049		13775	9603
鹤峰县	2	4.4		32639	30661
市直					
仙桃市				**76301.5**	**42519**
潜江市	**380**	**20718**		**64817**	**53149**
天门市	**411**	**15426.15**		**113343.1**	**10998**
神农架林区					
省直					

农机化作业情况

单位名称	一、农机化作业总体情况	(二)机播面积	(三)机电灌溉面积	(四)机械植保面积	(五)机收面积
	(一)机耕面积				
	公顷	公顷	公顷	公顷	公顷
全省合计	**5118700.46**	**1419817.14**	**3105257.87**	**4430356.45**	**3461330.69**
武汉市	**276983.28**	**91708.88**	**283504.68**	**349261.64**	**166320.19**
洪山区	7913.33	3727.7	10000	10400	2133.33
东西湖区	13130	4160	9150	26960	8900
汉南区	22253.8	4000	27800	24660	8533
蔡甸区	36733	16800	28000	57600	22533
江夏区	39070	20870	76100	66050	27670
黄陂区	82250	21080	81900	81060	38130
新洲区	75630	21070	50550	82530	58420
市直	3.15	1.18	4.68	1.64	0.86
黄石市	**122041**	**40426**	**45815**	**85135**	**120944**
黄石港区	135		135	135	
西塞山区	1900	360	2600	200	280
下陆区	80	20	120	50	220
铁山区		140			
阳新县	62320	24050	27000	45000	81700
大冶市	56061	15856	15300	39250	38406
经济开发区	1545	140	660	500	338
市直					
十堰市	**133483.33**	**27280**	**68495**	**196250**	**53650**
茅箭区	700	100	600	500	
张湾区	733.33		260	600	
郧县	42000	5300	7300	50000	12000
郧西县	15950	3180	7335	26750	6550
竹山县	18300	5500	11000	45000	11000
竹溪县	15400	3200	26000	23400	5900
房县	21300	4000	9500	26000	9000
丹江口市	19100	6000	6500	24000	9200
市直					
宜昌市	**317058.93**	**55526.66**	**85230.33**	**322348.09**	**153979.65**
西陵区					
伍家岗区	46.66		133.33	266.66	
点军区	12360		421	650	
猇亭区	1500		100	1500	500
夷陵区	38350	1733	8740	26113	5019
远安县	18590	4500	8160	11200	9870
兴山县	11100	180	1050	10050	
秭归县	15780		3733	50050	
长阳自治县	27000	3	3440	24730	160
五峰自治县	9953.93	1081.33		12025.43	1707
宜都市	**20294**	**5159**	**9745**	**38641**	**6728**
当阳市	81845	20368	39165	88122	59583
枝江市	80239.34	22502.33	10543	59000	70412.65
市直					

续表1

单位名称	一、农机化作业总体情况 (一)机耕面积	(二)机播面积	(三)机电灌溉面积	(四)机械植保面积	(五)机收面积
	公顷	公顷	公顷	公顷	公顷
襄阳市	**745222**	**314938**	**332645**	**443592**	**579456**
襄城区	25600	13813	3072	6800	19350
樊城区	20300	6600	12000	2900	17000
襄州区	183000	77000	120000	108000	133000
开发区	9400	8400	3500	1500	22300
南漳县	76960	34635	15150	67360	65600
谷城县	37920	11786	18000	43000	33400
保康县	29600	1757	46000	38000	10100
老河口市	62800	33766	30000	60000	48000
枣阳市	181697	76088	46593	76652	145986
宜城市	106115	43073	31060	31060	77040
襄北农场	11830	8020	7270	8320	7680
市直					
鄂州市	**47509**	**15534**	**52664.5**	**57014**	**26895**
梁子湖区	13440	5810	16500	16800	9360
华容区	14595	5701.5	16160	19736	7621
鄂城区	15650	3349	17514	19355	8815
开发区	2338	623	1418.5		900
葛店开发区	1280	15	900	1000	90
西山街办	30	0.5	50		23
市直	176	35	122	123	86
荆门市	**517760**	**188760**	**270450**	**367310**	**373120**
东宝区	32870	6000	14200	27360	31850
掇刀区	24870	3540	12420	8800	21900
京山县	126250	48200	119800	160400	89100
沙洋县	112640	57780	58800	78270	97660
钟祥市	185890	53300	50130	70180	103000
屈家岭	17640	4560	2100	7300	12990
沙洋农场	17600	15380	13000	15000	16620
漳河新区					
市直					
孝感市	**375051**	**99092**	**332780**	**325069**	**285075**
孝南区	61318	13907	30450	28280	28933
孝昌县	40638	11817	28050	26139	37369
大悟县	20270	6474	23150	16130	19476
云梦县	44310	12517	25490	28480	32640
应城市	61360	17350	97540	80640	51860
安陆市	44600	13350	23100	36400	42570
汉川市	102555	23677	105000	109000	72227
市直					
荆州市	**791082**	**213491**	**734200**	**827460**	**561805**
沙市区	17400	2583	16800	16850	12450
荆州区	58093	12613	26900	41900	36850
公安县	136520	42620	71420	89120	82710
监利县	223090	68260	312570	431020	164700
江陵县	73900	12537	64400	64400	63600
石首市	65280	15487	59780	65660	38110

续表2

单位名称	一、农机化作业总体情况 (一)机耕面积	(二)机播面积	(三)机电灌溉面积	(四)机械植保面积	(五)机收面积
	公顷	公顷	公顷	公顷	公顷
洪湖市	109769	32773	122200	60180	85000
松滋市	101730	25700	55000	53200	71200
开发区	5300	313	5130	5130	4880
市直		605			2305
黄冈市	**678884.2**	**155950.6**	**294919.7**	**596953.62**	**452865.9**
黄州区	23980.5	3150	11130	41820	10379.7
龙感湖区	10679.3	3400.1	3133	10679.3	9133
团风县	39440	6910	21300	13800	36192
红安县	53805.4	19535.5	17962.7	77370.2	25103.2
罗田县	35000	15500	18000	22000	18400
英山县	36200	4800	8300	38000	15000
浠水县	86470	17293	24400	89001.12	53862
蕲春县	99388	14449	22494	41983	70665
黄梅县	104470	20757	52000	106300	72800
麻城市	99300	13900	46200	46000	55100
武穴市	90151	36256	70000	110000	86231
市直					
咸宁市	**154014**	**38497**	**81242**	**128768.4**	**120295**
咸安区	30050	9460	18220	18700	25300
嘉鱼县	20857	2800	20800	32500	18950
通城县	35187	10891	10422	20768.4	24045
崇阳县	22160	2810	7600	14800	17970
通山县	13910	1433	2200	2000	5520
赤壁市	31850	11103	22000	40000	28510
市直					
随州市	**278212**	**25085**	**71333**	**134235**	**198666**
随县	177602	11449	33453	76135	124899
曾都区	42850	3536	11180	20950	36087
广水市	57760	10100	26700	37150	37680
市直					
恩施自治州	**159699.72**	**25541**	**45058.66**	**179159.7**	**52587.95**
恩施市	21460	500		76860	7080
利川市	17577	21575	11402	23650	16920
建始县	39454.72	75	7256.66	12319.7	3377.95
巴东县	11954	76	1900	8310	3043
宣恩县	13500	170	9200	11400	5500
咸丰县	22094	465	3300	26340	7467
来凤县	19000	100	5500	8600	7100
鹤峰县	14660	2580	6500	11680	2100
市直					
仙桃市	**203300**	**25167**	**76620**	**81000**	**80730**
潜江市	**114300**	**23900**	**133200**	**133200**	**82200**
天门市	**201700**	**76520**	**197100**	**201200**	**150341**
神农架林区	**2400**	**2400**		**2400**	**2400**
省直					

续表3

单位名称	二、主要农作物农机化作业情况 (一)小麦 1.小麦机耕面积	2.小麦机播面积	3.小麦机收面积	(二)水稻 1.水稻机耕面积	2.水稻机械种植面积	其中：水稻机播面积	水稻机插面积	水稻机浅栽面积
	公顷	公顷	公顷	公顷	公顷	公顷	公顷	公顷
全省合计	**1010462.07**	**376091.7**	**946642.18**	**2017302.71**	**687856.08**	**95088.66**	**564277.35**	
武汉市	**20920.26**	**8990**	**24500.12**	**160233.12**	**62275.88**	**18760.16**	**35165.65**	
洪山区	200		200	335	335		335	
东西湖区	2170	1170	7340	1500				
汉南区	1200	500	1200	427				
蔡甸区	1950	1000	1900	14700	5420		5420	
江夏区	6180	1150	2160	28130	14060	5990	8070	
黄陂区	2320	1030	5290	71940	31650	11300	12000	
新洲区	6900	4140	6410	43200	10810	1470	9340	
市直	0.26		0.12	1.12	0.88	0.16	0.65	
黄石市	**16075**	**8150**	**14333**	**67655**	**23090**	**4450**	**18540**	
黄石港区				135				
西塞山区	200		120		250	250		
下陆区				20				
铁山区								
阳新县	8200	4250	7240	34300	14300	4200	10000	
大冶市	7630	3900	6940	32400	8340		8340	
经济开发区	45		33	800	200		200	
市直								
十堰市	**46830**	**10330**	**27350**	**33800**	**10980**		**10880**	
茅箭区	300			100	100			
张湾区								
郧县	14500	2150	8500	4650	2100		2100	
郧西县	11630	1180	4550	2850	1350		1350	
竹山县	6000	3600	5000	5000	1700		1700	
竹溪县	1500		1300	4500	1400		1400	
房县	4400		3300	10700	1730		1730	
丹江口市	8500	3400	4700	6000	2600		2600	
市直								
宜昌市	**37044.67**	**10366**	**32179.33**	**80434.67**	**24051**	**7920**	**16131**	
西陵区								
伍家岗区								
点军区								
猇亭区				500				
夷陵区				7350	1400		1400	
远安县	2006		1434	8670	4500	1800	2700	
兴山县	500			2200	180		180	
秭归县	3076							
长阳自治县	690			2300	3		3	
五峰自治县								
宜都市	**792**	**700**	**655**	**4246**	**2135**	**120**	**2015**	
当阳市	15234	5133	14997	28282	7833		7833	
枝江市	14746.67	4533	15093.33	26886.67	8000	6000	2000	
市直								

续表4

单位名称	二、主要农作物农机化作业情况 (一)小麦 1.小麦机耕面积	2.小麦机播面积	3.小麦机收面积	(二)水稻 1.水稻机耕面积	2.水稻机械种植面积	其中：水稻机播面积	水稻机插面积	水稻机浅栽面积
	公顷	公顷	公顷	公顷	公顷	公顷	公顷	公顷
襄阳市	**328423.3**	**195431**	**320453**	**195781.2**	**64527**	**160**	**64367**	
襄城区	11205.3	7131	10696	9011.2	3300		3300	
樊城区	7500	2800	8200	7800	2800		2800	
襄州区	82000	52000	83000	41000	16000		16000	
开发区	5300	5000	5300	1300	1300		1300	
南漳县	29810	18190	30940	23060	7635		7635	
谷城县	17100	7560	17080	13100	4226	160	4066	
保康县	8800	670	5500	5600	800		800	
老河口市	33800	21100	29000	11000	3333		3333	
枣阳市	88528	55600	86757	48987	13000		13000	
宜城市	40000	21000	39600	31333	12133		12133	
襄北农场	4380	4380	4380	3590				
市直								
鄂州市	**3430**	**1536**	**2578**	**30035.5**	**9973.5**	**1993.5**	**7980**	
梁子湖区	390	280	380	9580	3860	80	3780	
华容区	983	127	886	8686.5	4206.5	1906.5	2300	
鄂城区	1365	525	1225	9975	1872	7	1865	
开发区	604	604	70	1150				
葛店开发区	80		15	500	15		15	
西山街办	6			24				
市直	2		2	120	20		20	
荆门市	**119190**	**45030**	**105270**	**192030**	**83030**	**1150**	**81880**	
东宝区	7790	500	10000	16890	4000		4000	
掇刀区	1950	200	3120	11860	2800		2800	
京山县	41000	8000	24800	61300	34800		34800	
沙洋县	16470	13470	17530	48300	18200		18200	
钟祥市	36930	13860	36000	44560	17400		17400	
屈家岭	8050	2000	7800	3120	1150	150	1000	
沙洋农场	7000	7000	6020	6000	4680	1000	3680	
漳河新区								
市直								
孝感市	**78840**	**20847**	**76067**	**160516**	**56321**	**2463**	**53858**	
孝南区	9450	3350	9250	5867	5867		5867	
孝昌县	11352	957	11097	19210	7520	20	7500	
大悟县	2730	890	2700	10470	4800	133	4667	
云梦县	6470	5670	6330	21790	3667		3667	
应城市	10800	2280	9170	39900	12400	210	12190	
安陆市	13000	1700	13800	23600	9400	2100	7300	
汉川市	25038	6000	23720	39679	12667		12667	
市直								
荆州市	**97980**	**19110**	**98410**	**348410**	**150326**	**43080**	**107246**	
沙市区	3950	70	4290	6800	1363	30	1333	
荆州区	8310	2800	8210	20740	7743	1410	6333	
公安县	19510	5000	19110	51490	33900	6900	27000	
监利县	12070	1020	10680	125830	47240	16040	31200	
江陵县	14000	2300	15100	28000	7667	1000	6667	
石首市	2880	1200	1800	26000	12867	6000	6867	

续表5

单位名称	二、主要农作物农机化作业情况 (一)小麦 1.小麦机耕面积	2.小麦机播面积	3.小麦机收面积	(二)水稻 1.水稻机耕面积	2.水稻机械种植面积	其中：水稻机播面积	水稻机插面积	水稻机浅栽面积
	公顷	公顷	公顷	公顷	公顷	公顷	公顷	公顷
洪湖市	22390	3420	21850	45270	22633	6700	15933	
松滋市	13700	3000	16000	42000	16400	5000	11400	
开发区	1170	300	1170	2280	13		13	
市直			200		500		500	
黄冈市	**68031.8**	**21538.7**	**54845.4**	**359792.72**	**83788.7**	**11139**	**72649.7**	
黄州区	5918	1713	3851	7700.9	524		524	
龙感湖区	4000	2666.7	4000	3133	666.7		666.7	
团风县	3870	560	3615	26995	4210	10	4200	
红安县	3713.8	1229	3354.4	29451.5	6470	1710	4760	
罗田县	7200	5200	6500	18000	7300	5000	2300	
英山县	4200	1300	1200	13000	2500	1000	1500	
浠水县	3070	400	2130	55124.32	12133	2658	9475	
蕲春县	1094	300	930	50728	5815	61	5754	
黄梅县	10566	1170	10665	50960	13270		13270	
麻城市	16400	1000	11100	48900	10900	700	10200	
武穴市	8000	6000	7500	55800	20000		20000	
市直								
咸宁市	**7313**	**200**	**6292**	**104265**	**23957**	**1358**	**22599**	
咸安区				18050	5400		5400	
嘉鱼县	3100		3100	10500	2000		2000	
通城县	90		70	26937	5491	158	5333	
崇阳县	1110		420	18400	2000		2000	
通山县	500	200	200	6700	733	200	533	
赤壁市	2513		2502	23678	8333	1000	7333	
市直								
随州市	**90389**	**5463**	**91111**	**103446**	**18537**	**1995**	**16542**	
随县	55379	2391	64521	58856	8673	495	8178	
曾都区	18010	762	17330	19480	2774		2774	
广水市	17000	2310	9260	25110	7090	1500	5590	
市直								
恩施自治州	**7719.34**		**2603.33**	**34642.5**	**23212**		**3272**	
恩施市	3680			500	500		500	
利川市	170			8029	21520		1580	
建始县	959.34		423.33	3581.5	55		55	
巴东县	2910		2180	312	62		62	
宣恩县				5650	170		170	
咸丰县				6750	465		465	
来凤县				7100	100		100	
鹤峰县				2720	340		340	
市直								
仙桃市	**21875.7**	**1900**	**21800**	**58061**	**14667**		**14667**	
潜江市	**24400**	**3600**	**25800**	**33100**	**13500**		**13500**	
天门市	**42000**	**23600**	**43050**	**54700**	**25220**	**220**	**25000**	
神农架林区				**400**	**400**	**400**		
省直								

续表6

单位名称	3.水稻机收面积	(三)玉米 1.玉米机耕面积	2.玉米机播面积	3.玉米机收面积	(四)大豆 1.大豆机耕面积	2.大豆机播面积	3.大豆机收面积
	公顷	公顷	公顷	公顷	公顷	公顷	公顷
全省合计	**1913443.35**	**276398.53**	**62085.59**	**59626.3**	**70596.79**	**18678**	**22079**
武汉市	**113065.33**	**13055**	**7630**	**5639**	**4889**	**2400**	**1440**
洪山区	335						
东西湖区	200	5	1460	970	2160	970	330
汉南区	400	7000	1750	1039	1219	650	1110
蔡甸区	14500	3990	1750	3500	630		
江夏区	24910	1080	2670	120	70	60	
黄陂区	29970	950					
新洲区	42750	30		10	810	720	
市直	0.33						
黄石市	**59490**	**1501**	**66**	**66**	**910**		
黄石港区							
西塞山区	150						
下陆区		20					
铁山区							
阳新县	30240	1400			800		
大冶市	28800	81	66	66	110		
经济开发区	300						
市直							
十堰市	**26100**	**23670**	**2920**	**200**	**1500**		
茅箭区		100					
张湾区							
郧县	3500	12500			1000		
郧西县	2000	1470	650				
竹山县	6000	2000					
竹溪县	4600	5000			500		
房县	5700		2270				
丹江口市	4300	2600		200			
市直							
宜昌市	**72249**	**60946.63**	**5730.36**	**9299**	**7288**	**388**	**970**
西陵区							
伍家岗区							
点军区		1200					
猇亭区	500						
夷陵区	5019	8240			5630		
远安县	7500						
兴山县		6000					
秭归县		9655					
长阳自治县	160	14500					
五峰自治县		1110.63	860.03	200			
宜都市	**3903**	**6142**			**300**		
当阳市	27987	8333	1667	3333	1358	388	970
枝江市	27180	5766	3203.33	5766			
市直							

续表7

单位名称	3.水稻机收面积	(三)玉米 1.玉米机耕面积	2.玉米机播面积	3.玉米机收面积	(四)大豆 1.大豆机耕面积	2.大豆机播面积	3.大豆机收面积
	公顷	公顷	公顷	公顷	公顷	公顷	公顷
襄阳市	**181664.6**	**78750.2**	**33515.2**	**26352.3**	**6773**	**2660**	**1092**
襄城区	7301.6	1479.2	963.2	13.3	407	265	
樊城区	6700	1000	1000	500			
襄州区	42330	18000	5000	5000	3000	1000	
开发区	2600	1300	1300	500			
南漳县	21360	15160	8560	8000			
谷城县	16000	1800		40			
保康县	2130	12000					
老河口市	15000	12000	8000	4000			
枣阳市	43467	6231	1257	4815	2196	543	212
宜城市	24706	6700	4355	804	550	302	330
襄北农场	70	3080	3080	2680	620	550	550
市直							
鄂州市	**21091**	**447**	**31.03**		**550**	**40**	
梁子湖区	7480	30	30		70	40	
华容区	5624	4	1.03		80		
鄂城区	7000	350			400		
开发区	830	60					
葛店开发区	75						
西山街办							
市直	82	3					
荆门市	**186160**	**12960**	**5770**	**5520**	**11640**	**8550**	**9930**
东宝区	16890						
掇刀区	11730	260					
京山县	54700	1300					
沙洋县	49670	300	270	630	2770	2040	2770
钟祥市	44050	8000	4000	1990	5570	3210	3860
屈家岭	3120	2700	1100	1600			
沙洋农场	6000	400	400	1300	3300	3300	3300
漳河新区							
市直							
孝感市	**179288**	**1768**	**1170**	**1315**	**3002**		**812**
孝南区	17400						
孝昌县	20170	25		12	480		
大悟县	15256						
云梦县	21830	1170	1170	1170	1150		400
应城市	38750						
安陆市	26260						
汉川市	39622	573		133	1372		412
市直							
荆州市	**372910**	**10633**	**560**	**2680**	**2902**	**1240**	**200**
沙市区	6900	70			330		
荆州区	20300	643	460	530	200		
公安县	55600	3100			600		
监利县	137920	100		100			
江陵县	28000						
石首市	29910	200		200	200		200

续表8

单位名称	3.水稻机收面积	(三)玉米 1.玉米机耕面积	2.玉米机播面积	3.玉米机收面积	(四)大豆 1.大豆机耕面积	2.大豆机播面积	3.大豆机收面积
	公顷	公顷	公顷	公顷	公顷	公顷	公顷
洪湖市	46980	1400		750	1272	1240	
松滋市	42200	4700	100	1000	300		
开发区	3300	420					
市直	1800			100			
黄冈市	**328945.8**	**5648**	**250**	**1440**	**5521**		
黄州区	2600	435		290			
龙感湖区	3133						
团风县	32117	230					
红安县	21748.8						
罗田县	9200						
英山县	11500	3000			2000		
浠水县	48720				10		
蕲春县	51707	133			1211		
黄梅县	49920	850	250	150			
麻城市	40800				2300		
武穴市	57500	1000		1000			
市直							
咸宁市	**80494**	**6059**	**303**	**3360**	**612**		
咸安区	25200						
嘉鱼县	10500	2917		1750			
通城县	23394	30					
崇阳县	16400						
通山县	5000	1300	200	80	300		
赤壁市		1812	103	1530	312		
市直							
随州市	**102430**	**2093**		**1105**	**7186**		**295**
随县	58753	672		1105	6572		295
曾都区	18757	841			294		
广水市	24920	580			320		
市直							
恩施自治州	**45625.62**	**48600.7**	**2240**		**1982.79**		
恩施市	7080	7350					
利川市	12570	4430					
建始县	2948.62	13014.7			454.79		
巴东县	860	4570					
宣恩县	5500	3650			850		
咸丰县	7467	8466			678		
来凤县	7100	3500					
鹤峰县	2100	3620	2240				
市直							
仙桃市	**58030**	**5267**		**350**	**6041**		
潜江市	**33100**	**2300**			**2900**		
天门市	**52800**	**2700**	**1900**	**2300**	**6900**	**3400**	**7340**
神农架林区							
省直							

续表9

单位名称	(五)油菜 1油菜机耕面积	2.油菜机播面积	3.油菜机收面积	(六)马铃薯 1.马铃薯机耕面积	2.马铃薯机播面积	3.马铃薯机收面积	(七)花生 1.花生机耕面积	2.花生机播面积	3.花生机收面积
	公顷	公顷	公顷	公顷	公顷	公顷	公顷	公顷	公顷
全省合计	**951763.91**	**244795.67**	**389337.47**	**89369.5**	**5057.3**	**5425**	**101354.47**	**14123.9**	**911**
武汉市	**34950**	**10393**	**14483.5**	**63**			**4857**		
洪山区			133.5						
东西湖区									
汉南区	310	133	210	13			207		
蔡甸区	4300	1180	1540				1050		
江夏区	2660	930	480	50			700		
黄陂区	5190	2750	2870				1200		
新洲区	22490	5400	9250				1700		
市直									
黄石市	**34480**	**9100**	**18600**	**110**			**1070**		
黄石港区									
西塞山区	1150						500		
下陆区	30						10		
铁山区									
阳新县	17000	5500	16000	100			400		
大冶市	15600	3460	2600	10			160		
经济开发区	700	140							
市直									
十堰市	**14815**	**3050**		**800**			**4135**		
茅箭区	100			100					
张湾区									
郧县	2615	1050		500			835		
郧西县									
竹山县	2000	200					3300		
竹溪县	3700	1800		200					
房县	6200								
丹江口市	200								
市直									
宜昌市	**77291**	**11816**	**29552.67**	**11433.3**	**221.3**	**320**	**7216**		
西陵区									
伍家岗区									
点军区	534								
猇亭区									
夷陵区	7910	333		3750			5470		
远安县	7800		500	70			40		
兴山县	2400								
秭归县	3049								
长阳自治县	5490			1760					
五峰自治县				1843.3	221.3	200			
宜都市	**5410**	**2324**	**2170**	**3050**			**319**		
当阳市	25658	4693	12176	960		120	1387		
枝江市	19040	4466	14706.67						
市直									

续表10

单位名称	(五)油菜 1油菜机耕面积	2.油菜机播面积	3.油菜机收面积	(六)马铃薯 1.马铃薯机耕面积	2.马铃薯机播面积	3.马铃薯机收面积	(七)花生 1.花生机耕面积	2.花生机播面积	3.花生机收面积
	公顷	公顷	公顷	公顷	公顷	公顷	公顷	公顷	公顷
襄阳市	**51954**	**9718**	**17060.3**	**10549**	**321**		**26131.4**	**6874.4**	
襄城区	1198	780	13.3	493	321		1238.4	806.4	
樊城区	800		300	1200					
襄州区	5000		2000	3000			13000	3000	
开发区	1000	800	1000						
南漳县	2810	250	1000	1206					
谷城县	4500		280				1420		
保康县	2000	287	1500	1200					
老河口市	6000	1333							
枣阳市	14636	3458	5367	3318			4943	585	
宜城市	14000	2800	5600	132			5530	2483	
襄北农场	10	10							
市直									
鄂州市	**9813**	**3930.97**	**3113**	**454**			**415.5**		
梁子湖区	2960	1600	1500	10			100		
华容区	3749	1366.97	1021	44			15.5		
鄂城区	1960	945	590	400			300		
开发区	524	19							
葛店开发区	570								
西山街办									
市直	50		2						
荆门市	**111480**	**42020**	**66000**	**1100**			**7180**	**1430**	
东宝区	8190	1500	4960						
掇刀区	9350	540	7050				700		
京山县	16000	5400	9600						
沙洋县	37070	20870	27060						
钟祥市	40400	13400	16860	1100			6480	1430	
屈家岭	470	310	470						
沙洋农场									
漳河新区									
市直									
孝感市	**65398**	**20394**	**26653**	**3712**	**340**	**680**	**7497**	**20**	**260**
孝南区	12840	4670	2263				1058	20	20
孝昌县	6300	3340	6090	60			2640		
大悟县	3690	784	1520				3380		
云梦县	7750	1670	2000	3330	340	670	250		240
应城市	7780	2670	3940						
安陆市	8000	2250	2510						
汉川市	19038	5010	8330	322		10	169		
市直									
荆州市	**225440**	**40250**	**87600**	**750**			**270**		
沙市区	3270	1150	1260	50			50		
荆州区	19800	1610	7810						
公安县	30780	3720	8000	200			100		
监利县	65920	20000	16000						
江陵县	21100	2570	20500						
石首市	25000	1420	6000						

续表11

单位名称	(五)油菜 1油菜机耕面积	2.油菜机播面积	3.油菜机收面积	(六)马铃薯 1.马铃薯机耕面积	2.马铃薯机播面积	3.马铃薯机收面积	(七)花生 1.花生机耕面积	2.花生机播面积	3.花生机收面积
	公顷	公顷	公顷	公顷	公顷	公顷	公顷	公顷	公顷
洪湖市	31150	5480	15420						
松滋市	28010	4200	12000	500			120		
开发区	410		410						
市直		100	200						
黄冈市	**132103.4**	**44938.7**	**52926**	**8377.2**		**60**	**18966.9**	**5434.5**	
黄州区	4453	913	930						
龙感湖区	860	66.7	860	13.3					
团风县	4300	2140	400	210		60	213		
红安县	10490.4	6402		340.9			8067.9	5434.5	
罗田县	3660	3000	2700				5000		
英山县	6000	1000	300	2000					
浠水县	20310	4760	3012				10		
蕲春县	18230	8334	9228	5813			676		
黄梅县	27500	6067	12065						
麻城市	17300	2000	3200				5000		
武穴市	19000	10256	20231						
市直									
咸宁市	**30752**	**13777**	**6701**	**1170**	**260**	**450**	**410**		
咸安区	12000	4060	100						
嘉鱼县	3600	800	3600	40					
通城县	8000	5300	481	130	100	100			
崇阳县	2000	650	800	650	160	350			
通山县	3000	300	200	350			200		
赤壁市	2152	2667	1520				210		
市直									
随州市	**22366**	**934**	**492**	**9646**			**17352**	**65**	
随县	18159	234	102	8756			13552	65	
曾都区	1657			880			600		
广水市	2550	700	390	10			3200		
市直									
恩施自治州	**16826.51**	**74**	**6**	**35236**	**15**	**15**	**861.67**		
恩施市									
利川市	1668	40		3060	15	15	220		
建始县	3646.51	20	6	15006			291.67		
巴东县	1492	14		2670					
宣恩县	290			2710			350		
咸丰县	2620			3580					
来凤县	3200			3800					
鹤峰县	3910			4410					
市直									
仙桃市	**43095**	**8600**	**550**	**669**			**692**		
潜江市	**28500**	**6800**	**23300**				**800**		
天门市	**52500**	**19000**	**42300**	**3300**	**1900**	**1900**	**3500**	**300**	**651**
神农架林区				**2000**	**2000**	**2000**			
省直									

续表12

单位名称	(八)棉花	2.棉花机播面积	3.棉花机收面积	三、单项农机化作业情况	2.机械深松面积	3.机械化免耕播种面积	其中：机械化免耕覆盖播种面积	4.保护性耕作面积
	1.棉花机耕面积			1.机械深耕面积				
	公顷	公顷	公顷	公顷	公顷	公顷	公顷	公顷
全省合计	**367353.93**	**12496.4**	**388**	**653300.63**	**101723.33**	**79682.1**	**57851.1**	**149103.66**
武汉市	**10655**	**1410**	**260**	**67076**	**6105**	**930**	**930**	**60**
洪山区				466	135			
东西湖区	2000	560	260	7100				
汉南区	2705	850		4000				
蔡甸区	4600			1750	1750			
江夏区	200							
黄陂区	650			45560		750	750	
新洲区	500			8200	4220	180	180	60
市直								
黄石市	**190**	**20**		**4120**	**120**			**700**
黄石港区								
西塞山区				120	120			
下陆区		20						
铁山区								
阳新县	120			4000				400
大冶市	70							300
经济开发区								
市直								
十堰市				**10000**	**5100**	**800**		**18250**
茅箭区								200
张湾区								
郧县				1000	600	800		2050
郧西县				2000				
竹山县					3000			
竹溪县				1000	1500			16000
房县								
丹江口市				6000				
市直								
宜昌市	**14468**	**2954**		**8353.33**	**3646.33**	**420**	**420**	**2373.33**
西陵区								
伍家岗区				33.33	13.33			33.33
点军区								
猇亭区								
夷陵区								
远安县								
兴山县								
秭归县								
长阳自治县								
五峰自治县				2080				
宜都市	**35**							
当阳市	633	654				420	420	
枝江市	13800	2300		6240	3633			2340
市直								

续表13

单位名称	(八)棉花			三、单项农机化作业情况				
	1.棉花机耕面积	2.棉花机播面积	3.棉花机收面积	1.机械深耕面积	2.机械深松面积	3.机械化免耕播种面积	其中：机械化免耕覆盖播种面积	4.保护性耕作面积
	公顷	公顷	公顷	公顷	公顷	公顷	公顷	公顷
襄阳市	**35256.4**	**1891.4**		**122132**	**150**	**460**	**460**	**620**
襄城区	378.4	246.4						
樊城区								
襄州区	14000			76000				
开发区								
南漳县								
谷城县						300	300	
保康县								
老河口市								
枣阳市	12858	1645		35482		30	30	550
宜城市	7870			7800				
襄北农场	150			2850	150	130	130	70
市直								
鄂州市	**2364**			**20005**	**16562**	**2916**	**2916**	**14904**
梁子湖区	300			3900	1600	300	300	600
华容区	1033			10879	13060	2266	2266	13266
鄂城区	900			4200	1750	350	350	600
开发区								
葛店开发区	130			850	50			380
西山街办								
市直	1			176	102			58
荆门市	**31210**	**2930**		**22330**	**9660**	**28760**	**19580**	**11400**
东宝区								
掇刀区	750			370		1700	1700	
京山县	3730							6600
沙洋县	7730	2930		14460	6460	13880	13880	
钟祥市	15700					9180		
屈家岭	3300			1500	1200			
沙洋农场				6000	2000	4000	4000	4800
漳河新区								
市直								
孝感市	**23275**			**61590**	**600**	**4023**	**2733**	**1200**
孝南区	1350							
孝昌县	571			590				
大悟县				500	600	890		
云梦县	2400					133	133	
应城市	2590							
安陆市				31800		1700	1300	1200
汉川市	16364			28700		1300	1300	
市直								
荆州市	**104697**	**2005**	**5**	**178790**	**30080**	**11150**	**6460**	**2950**
沙市区	2880			2100				
荆州区	8400			3000	2000	1000	560	200
公安县	30740			55700	5500	200		
监利县	19170			65500				2500
江陵县	10800			7620				
石首市	11000							250

续表14

单位名称	(八)棉花	2.棉花机播面积	3.棉花机收面积	三、单项农机化作业情况	2.机械深松面积	3.机械化免耕播种面积	其中：机械化免耕覆盖播种面积	4.保护性耕作面积
	1.棉花机耕面积			1.机械深耕面积				
	公顷	公顷	公顷	公顷	公顷	公顷	公顷	公顷
洪湖市	8287			44770	22480	9950	5900	
松滋市	12400	2000		100	100			
开发区	1020							
市直		5	5					
黄冈市	**42881.53**			**25390**	**4000**	**11196.1**	**5916.1**	**3680**
黄州区	1980					510	510	
龙感湖区	1533							
团风县	3622			400		810		3680
红安县	1740.9			2550		1241.1	1241.1	
罗田县				10000	3000	3000		
英山县				1300	1000	1000		
浠水县	5125.63			7040		570	500	
蕲春县	3529					465	65	
黄梅县	13700					3600	3600	
麻城市	5300			4100				
武穴市	6351							
市直								
咸宁市	**1510**			**4186**	**53**	**1167**	**667**	**500**
咸安区								
嘉鱼县	700			66	53			
通城县						667	667	
崇阳县								
通山县				1000		500		500
赤壁市	810			3120				
市直								
随州市	**18705**	**86**	**123**	**6465**	**3627**	**286**	**195**	**33**
随县	15647	86	123	5065	1987	209	118	33
曾都区	1088			1400	1640	67	67	
广水市	1970					10	10	
市直								
恩施自治州				**30363.3**	**22020**	**9240**	**9240**	**92433.33**
恩施市				16910	17220	9240	9240	92300
利川市								
建始县				3013.3				133.33
巴东县								
宣恩县				1000				
咸丰县				2530	4800			
来凤县								
鹤峰县				6910				
市直								
仙桃市	**23742**			**2500**		**8334**	**8334**	
潜江市	**22300**							
天门市	**36100**	**1200**		**90000**				
神农架林区								
省直								

续表15

单位名称	5.精少量播种面积	6.机械深施化肥面积	7.机械铺膜面积	8.农田机械节水灌溉面积	9.机械播种牧草面积	10.机械收获牧草数量	11.机械化秸秆还田面积	12.秸秆捡拾打捆面积	13.机械脱粒粮食数量
	公顷	公顷	公顷	公顷	公顷	吨	公顷	公顷	吨
全省合计	**182667.4**	**180118.33**	**21778.33**	**320999.43**	**27.33**	**37520**	**668065.13**	**9251**	**19680021.18**
武汉市	**7658**	**6860**	**3850**	**36330**			**48280**		**1013600.68**
洪山区							100		
东西湖区			100	9150			610		200
汉南区	133	4500	2200	500					62000
蔡甸区	25	30		1100			4970		148000
江夏区			1550	17020			4530		272000
黄陂区	2100			3560			31970		501600
新洲区	5400	2330		5000			6100		29800
市直									0.68
黄石市		**4000**	**535**	**1165**			**22220**		**417300**
黄石港区			135	135					
西塞山区				130					
下陆区									200
铁山区									
阳新县		4000	400	500			1500		380000
大冶市				400			20720		32000
经济开发区									5100
市直									
十堰市	**2935**	**6850**	**4600**	**34850**		**200**	**33000**		**621700**
茅箭区		100		500					1100
张湾区				1600					2600
郧县	1200	2500		6550		200	11000		180000
郧西县	1735	650	2100	2800			4800		60000
竹山县			2500	3000			5000		50000
竹溪县		3600		9000			5000		165000
房县				10000			6000		105000
丹江口市				1400			1200		58000
市直									
宜昌市	**3630**	**4627**	**1900**	**14284**		**800**	**12244**	**3446**	**725202**
西陵区									
伍家岗区									
点军区									
猇亭区									4000
夷陵区									19780
远安县				1080			7200	500	
兴山县	40		800	170					52000
秭归县				900					66212
长阳自治县				75					80000
五峰自治县									103400
宜都市		**1277**		**180**		**800**	**1115**		**77650**
当阳市	1250	3350	1100	1336			3500	2946	305000
枝江市	2340			10543			429		17160
市直									

续表16

单位名称	5.精少量播种面积	6.机械深施化肥面积	7.机械铺膜面积	8.农田机械节水灌溉面积	9.机械播种牧草面积	10.机械收获牧草数量	11.机械化秸秆还田面积	12.秸秆捡拾打捆面积	13.机械脱粒粮食数量
	公顷	公顷	公顷	公顷	公顷	吨	公顷	公顷	吨
襄阳市	**52286**	**28588**	**570**	**50469**			**72876**	**3080**	**2948624.2**
襄城区									35000
樊城区									
襄州区	12000	8000					7000		
开发区				2000					
南漳县	7360	12160	560				10600		356000
谷城县				750			2000		436000
保康县		500	10	600			400		70000
老河口市	10000	333		14667			4000		300000
枣阳市	18926	2245		28732			37846	80	988500
宜城市	4000	4000					6850	3000	756924.2
襄北农场		1350		3720			4180		6200
市直									
鄂州市	**4528**	**11116**		**9690**		**3000**	**2235**		**581539**
梁子湖区	1300	3250		2580		3000	520		200000
华容区	2266	2266		1545					120819
鄂城区	945	4200		2905			595		220500
开发区									
葛店开发区	15	1280		2600			1000		40000
西山街办									
市直	2	120		60			120		220
荆门市	**17800**	**12410**		**12600**			**58500**		**1970250**
东宝区				2000			9340		178500
掇刀区	120						5920		115250
京山县	5400	3730		5600			4600		650000
沙洋县	300			3000			18840		241500
钟祥市	9180						4800		785000
屈家岭									
沙洋农场	2800	8680		2000			15000		
漳河新区									
市直									
孝感市	**25745**	**62700**	**725**	**22512**	**14**		**62223**	**25**	**1282632**
孝南区	8015	650	65	75			4250	25	158500
孝昌县	630	2050		800			2500		238500
大悟县	1400			4562			3523		119600
云梦县				125			1250		
应城市	4150			16950			43000		406000
安陆市	1500				14		3100		32
汉川市	10050	60000	660				4600		360000
市直									
荆州市	**16560**	**13270**	**2300**	**16320**			**69490**	**1500**	**3011200**
沙市区	150	400		2600			1070		41600
荆州区	200	1000	800	1100			18500		113000
公安县	1000	100	1500	1200			1100	1500	514200
监利县	5000	1440		1200			1000		1008500
江陵县	2780	2900		3000			42300		273500
石首市	1700	3000		3600			1500		242100

续表17

单位名称	5.精少量播种面积	6.机械深施化肥面积	7.机械铺膜面积	8.农田机械节水灌溉面积	9.机械播种牧草面积	10.机械收获牧草数量	11.机械化秸秆还田面积	12.秸秆捡拾打捆面积	13.机械脱粒粮食数量
	公顷	公顷	公顷	公顷	公顷	吨	公顷	公顷	吨
洪湖市	5430	4330		1000			2270		474300
松滋市	200			2600			1700		339000
开发区		100		20			50		5000
市直	100								
黄冈市	**31850.4**	**27920**	**656**	**62183.8**		**3500**	**81068**	**1200**	**2532591.3**
黄州区	280			200			1230	1200	29180
龙感湖区	2733.4	4000		3133			7133		42665
团风县	2140			1710			1320		154000
红安县			656	2840.8			384		174749.3
罗田县				8000			8000		190000
英山县	1000			2000			2000		170000
浠水县	1550	2020		22300			35001		244400
蕲春县	347								467597
黄梅县	3800	3900		1000		3000	11000		410000
麻城市	2000			6000		500			500000
武穴市	18000	18000		15000			15000		150000
市直									
咸宁市	**3815**	**510**	**735**	**24120**		**30000**	**72893.8**		**682796**
咸安区							70000		160000
嘉鱼县				20800					132500
通城县	2000		130	10			13.8		163296
崇阳县									140000
通山县	300			500		30000	580		50000
赤壁市	1515	510	605	2810			2300		37000
市直									
随州市	**1286**	**513**	**1892**	**6957**			**22601**		**1191925**
随县	896	513	1892	6517			15631		750125
曾都区	290			40			6770		221000
广水市	100			400			200		220800
市直									
恩施自治州	**2840**	**133.33**	**3105.33**	**10852.63**	**13.33**	**20**	**6653.33**		**1123833**
恩施市									128300
利川市	40		1980	3031			3090		140200
建始县		133.33	563.33	436.63	13.33	20	363.33		432290
巴东县			562	1895					72680
宣恩县				4500					101800
咸丰县	2800			800					100563
来凤县				190			3200		82000
鹤峰县									66000
市直									
仙桃市	**10234**						**56781**		**676828**
潜江市							**23000**		**470000**
天门市	**1500**	**621**	**910**	**18000**			**24000**		**430000**
神农架林区				**666**					
省直									

续表18

单位名称	14.机械烘干粮食数量	15.机械初加工农产品数量	其中：(1)加工粮食数量	(2)加工油料数量	(3)加工棉花数量	(4)加工果蔬数量	(5)加工茶叶数量	16.机械化饲草料加工数量
	吨	吨	吨	吨	吨	吨	吨	吨
全省合计	**2183861**	**29463770.5**	**21404642**	**2755719.68**	**1140568.6**	**1925880**	**302184.52**	**3334594.1**
武汉市	**34200**	**1390980**	**801100**	**134360**	**33580**	**47050**	**54870**	**187220**
洪山区		1260				1250	10	
东西湖区		10500	6700		3500		300	20
汉南区		48000	17500	500	15000			15000
蔡甸区		162000	141900	12600	7500			13400
江夏区	19000	474000	309000	41900	400	1000	1200	
黄陂区	15200	647400	315000	75000	6500	41900	53000	156000
新洲区		47820	11000	4360	680	2900	360	2800
市直								
黄石市	**95000**	**672960**	**642910**	**23950**	**4601**	**100**	**1300**	**6000**
黄石港区								
西塞山区		110	110					
下陆区		250	200	50				
铁山区								
阳新县	90000	380200	360000	15000	4000		1200	
大冶市	5000	289000	280000	8200	600	100	100	6000
经济开发区		3400	2600	700	1			
市直								
十堰市	**20545**	**1201852**	**717400**	**96850**	**300**	**258200**	**42780**	**523800**
茅箭区		2400	1200	1000			100	2000
张湾区		2972	2200	500			20	
郧县	500	395680	200000	15000		180000	680	85000
郧西县	45	235000	185000	7850		4500	480	138000
竹山县		240000	120000	40000		50000	30000	140000
竹溪县		141000	116000	20000			5000	134000
房县	20000	112800	59000	8000	300	2700	500	800
丹江口市		72000	34000	4500		21000	6000	24000
市直								
宜昌市	**49780**	**3021847**	**1542659**	**342806**	**103910**	**1001775**	**20976**	**652672**
西陵区								
伍家岗区		15000				15000		
点军区								
猇亭区		500				500		
夷陵区		481750	187500	32000		261000	1250	
远安县		112000	100000	5000		5000	1000	
兴山县		116000	70000	7500		30000	850	1000
秭归县		342119	82765	14861		242149	2344	131112
长阳自治县		100918	86655	11900			1292	
五峰自治县		18882	15112	1109			2661	
宜都市		**451538**	**107527**	**17426**	**80**	**315026**	**11479**	**24160**
当阳市	12000	698820	351000	179820	56900	111000	100	492000
枝江市	37780	684320	542100	73190	46930	22100		4400
市直								

续表19

单位名称	14.机械烘干粮食数量	15.机械初加工农产品数量	其中：(1)加工粮食数量	(2)加工油料数量	(3)加工棉花数量	(4)加工果蔬数量	(5)加工茶叶数量	16.机械化饲草料加工数量
	吨	吨	吨	吨	吨	吨	吨	吨
襄阳市	**240400**	**3566866.52**	**2572100**	**386300**	**133012**	**25300**	**30000**	**78600**
襄城区		20812	20000	500	12	300		
樊城区								
襄州区		720000	650000	40000	30000			10000
开发区								
南漳县		138100	127600	10500				
谷城县	5000	92800	31000	15800			13000	50000
保康县		147500	125000	14500			8000	15000
老河口市		1050000	800000	200000	50000			
枣阳市	235400	922000	758000	87000	43000	25000	9000	
宜城市		454154.52	39000	18000	10000			
襄北农场		21500	21500					3600
市直								
鄂州市	**36000**	**497396**	**431177**	**31418**	**6581**	**9520**	**300**	**8200**
梁子湖区	1000	258800	215000	13600	3000	9000	200	7500
华容区		2101	1957	113	31			
鄂城区	35000	232000	210000	17500	3500	500	100	700
开发区								
葛店开发区		4250	4000	200	50			
西山街办								
市直		245	220	5		20		
荆门市	**671000**	**1960500**	**1695700**	**180100**	**24500**	**18500**		**10000**
东宝区	1000	142800	115200	21500	1200	1500		
掇刀区		78600	73000	3300				
京山县	410000	607500	591500	9000	7000			
沙洋县	180000	134600	103000	30300	1300			10000
钟祥市		982000	798000	116000	15000	17000		
屈家岭								
沙洋农场	80000	15000	15000					
漳河新区								
市直								
孝感市	**340131**	**1438458**	**1222310**	**86493.2**	**27002.6**	**97300**	**5352**	**118.1**
孝南区	38500	243832	135000	17500	6000	85300	32	
孝昌县		230000	187260	41000	550		1190	110
大悟县		44510	36150	4230			4130	
云梦县	8500	13880	12580	850	450			
应城市	3120	496200	491300	4900				
安陆市	11	36	20	13.2	2.6			8.1
汉川市	290000	410000	360000	18000	20000	12000		
市直								
荆州市	**315000**	**3540690**	**2831100**	**419800**	**133690**	**145500**	**100**	**86853**
沙市区	20000	69800	41600	4800	23400			2365
荆州区	45000	375700	232000	20000	23700	100000		12750
公安县	60000	790600	670000	111300	8800	500		9686
监利县	60000	759390	705800	45600	7990			35536
江陵县	20000	243700	174000	63900	5800			3268
石首市	20000	167000	126000	36000	5000			4320

续表20

单位名称	14.机械烘干粮食数量	15.机械初加工农产品数量	其中：(1)加工粮食数量	(2)加工油料数量	(3)加工棉花数量	(4)加工果蔬数量	(5)加工茶叶数量	16.机械化饲草料加工数量
	吨	吨	吨	吨	吨	吨	吨	吨
洪湖市	60000	644200	616700	26000	1000			1984
松滋市	20000	475300	253000	110200	57000	45000	100	16864
开发区	10000	15000	12000	2000	1000			80
市直								
黄冈市	**322620**	**4702306.08**	**3816033**	**438498.08**	**327536**	**30520**	**27160.02**	**425028**
黄州区	1200	58450	49910	6420	1920	200		9028
龙感湖区	90000	59375	50000	2925	5250	1200		
团风县	3500	254600	178200	53400	23000			45000
红安县	4920	201289.8	133826	55063	2138	8820	1442.8	
罗田县		250000	170000	20000			0.02	250000
英山县		1272000	1220000	30000			22000	30000
浠水县		453500	450000	910	51			
蕲春县		262781.28	233097	23780.08	5877		7.2	
黄梅县	3000	503610	411000	51000	41300	300	10	11000
麻城市	180000	721200	520000	150000	48000		3200	
武穴市	40000	665500	400000	45000	200000	20000	500	80000
市直								
咸宁市	**500**	**2199371.4**	**1811300**	**171898.4**	**26330**	**6000**	**36043**	**165000**
咸安区		150600	9000	5250			1400	50000
嘉鱼县		133300	132500	800				
通城县		202058.4	199800	518.4	290		1450	2000
崇阳县	500	160413	160000	330	40		43	
通山县		980000	900000	55000	6000	6000	150	113000
赤壁市		573000	410000	110000	20000		33000	
市直								
随州市	**6415**	**433283**	**316979**	**49568**	**42626**	**22648**	**1462**	**12969**
随县	6415	56629	4879	1568	33145	15678	1359	1011
曾都区		161154	142000	18000	681	470	3	11958
广水市		215500	170100	30000	8800	6500	100	
市直								
恩施自治州	**31270**	**2218290.5**	**1635754**	**76878**		**263467**	**81691.5**	**1176833**
恩施市	9350	174854	128300	12723		17217	16614	417643
利川市	470	525710	484300	9490		20470	11450	113630
建始县	6450	457416.5	408184	14595		30810	3827.5	63140
巴东县		344580	189270	9850		142510	2950	152120
宣恩县	15000	146660	124000	6400		8460	7800	8000
咸丰县		135970	107600	7920			20450	108000
来凤县		339400	125000	9400		44000	500	155300
鹤峰县		93700	69100	6500			18100	159000
市直								
仙桃市		**825820**	**677120**	**117800**	**30900**			
潜江市		**1366000**	**410000**	**110000**	**190000**			
天门市	**21000**	**425000**	**280000**	**89000**	**56000**			**301**
神农架林区		**2150**	**1000**				**150**	**1000**
省直								

续表21

单位名称	其中：机械化青贮秸秆数量	17.农机运输作业量	其中：农业运输作业量	18.农田基本建设作业量	19.农用飞机作业面积	20.农机专业合作社作业服务面积	21.农机跨区作业面积	其中：(1)跨区机耕面积
	吨	万吨·公里	万吨·公里	立方米	公顷	公顷	公顷	公顷
全省合计	**939577.1**	**714088.26**	**575107.44**	**226421710.7**	**240000**	**1190453.73**	**1155571.86**	**224097.07**
武汉市	**20**	**86332**	**70069**	**369678**		**64713**	**57507**	**12690**
洪山区		80	60	68000		2000	380	100
东西湖区	20	3787	3787	53			6400	1800
汉南区		7050	2150	57200		11713	4667	1100
蔡甸区		17575	17575			19800	3870	
江夏区		23210	13361	43000		10200	10600	4500
黄陂区		19578	19578	201000		21000	16120	2340
新洲区		10700	9270	425			15470	2850
市直		4352	4288					
黄石市	**5000**	**76868.04**	**76607.57**	**50700**		**44540**	**2690**	
黄石港区		265.34	151.67					
西塞山区		80	80	9700			90	
下陆区		189.7	42.9					
铁山区								
阳新县		74600	74600					
大冶市	5000	1603	1603	30000		42380	2600	
经济开发区		130	130	11000		2160		
市直								
十堰市	**97300**	**29166**	**22066**	**54226000**		**17100**	**42000**	**20000**
茅箭区		300	200	5000			400	200
张湾区		740	740					
郧县		2560	1480	50000000		600	500	
郧西县	8000	4750	3200	85000		4500	7200	5000
竹山县	8500	5000	3000	90000		2000	20000	8000
竹溪县	80000	4500	2600	3000000		6000		
房县	800	2666	2666	86000			10500	6000
丹江口市		8650	8180	960000		4000	3400	800
市直								
宜昌市	**127040**	**43393.2**	**31894.3**	**22142902.72**		**47297**	**50519**	**16230**
西陵区								
伍家岗区		22.5	18					
点军区								
猇亭区		10	5	50000		600	500	
夷陵区		3427	3427	13410			2862	1052
远安县		2600	2600	75000		1000	1500	750
兴山县	1000	2369	2369	3000000		1200		
秭归县		6295	4406	86520		6132		
长阳自治县		5152	3082	419			100	
五峰自治县		1880				30000		
宜都市		**5346**	**4266**	**555029.72**		**265**	**371**	**176**
当阳市	125000	7115	6403	18361000		8100	15326	1512
枝江市	1040	9176.7	5318.3	1524			29860	12740
市直								

续表22

单位名称	其中：机械化青贮秸秆数量	17.农机运输作业量	其中：农业运输作业量	18.农田基本建设作业量	19.农用飞机作业面积	20.农机专业合作社作业服务面积	21.农机跨区作业面积	其中：(1)跨区机耕面积
	吨	万吨·公里	万吨·公里	立方米	公顷	公顷	公顷	公顷
襄阳市	**1500**	**176786.6**	**149218.4**	**22500000**		**294599**	**220807**	**21547**
襄城区		16000	14000					
樊城区								
襄州区		74623	62758	140000		80000	47000	11000
开发区						15000	15000	1500
南漳县		312	87.6	50000		26866	5500	
谷城县		1998	1263	72000			1570	300
保康县		450	450	8000		20000	1500	
老河口市		16240	13800	200000		23333	5334	667
枣阳市		41365	41365	21980000		129400	25343	
宜城市		25724	15426	50000			119000	8000
襄北农场	1500	74.6	68.8				560	80
市直								
鄂州市	**8200**	**4828.89**	**3644.34**	**48220**		**14800**	**5490**	**1690**
梁子湖区	7500	958	576	23400		6600	1900	600
华容区		1812.89	1554.34				860	271
鄂城区	700	1102	745	18900		8000	2730	819
开发区								
葛店开发区		900	724	5000				
西山街办								
市直		56	45	920		200		
荆门市	**10000**	**31308.07**	**24306.77**	**7710000**	**240000**	**53000**	**84281**	**8180**
东宝区		8284	3283	3200000			10100	800
掇刀区							6550	
京山县		85	85	1280000		35000	5920	
沙洋县	10000	735.07	58.77	110000			11901	3500
钟祥市		22180	20860	3000000			18410	
屈家岭						400	29900	3880
沙洋农场		24	20	120000		17600	1500	
漳河新区								
市直					240000			
孝感市	**8.1**	**31322.4**	**22935.5**	**13512010**		**55641**	**38563**	**8790**
孝南区		11280	4485	2290		3400	6470	1350
孝昌县				28000			1500	
大悟县		3160.5	3160.5	2310			1250	
云梦县		6430	5090	45000		12580	8910	1430
应城市		3700	3700	134400		16208	1234	410
安陆市	8.1	6700	6500	10			15200	5600
汉川市		51.9		13300000		23453	3999	
市直								
荆州市		**13388**	**10831**	**3229200**		**160067**	**261360.42**	**71240**
沙市区		1035	584	19500		3480	7200	2150
荆州区		1340	1340	65000		11619	23160.42	2790
公安县		1850	1480	699000		27304	60650	16100
监利县		3503	2913	1500000		44618	17660	5000
江陵县		1331	988	157100		14780	21030	5000
石首市		999	716	60000		13056	42500	5200

续表23

单位名称	其中：机械化青贮秸秆数量	17.农机运输作业量	其中：农业运输作业量	18.农田基本建设作业量	19.农用飞机作业面积	20.农机专业合作社作业服务面积	21.农机跨区作业面积	其中：(1)跨区机耕面积
	吨	万吨·公里	万吨·公里	立方米	公顷	公顷	公顷	公顷
洪湖市	1500	176786.6	149218.4	22500000		294599	220807	21547
松滋市		16000	14000					
开发区								
市直		74623	62758	140000		80000	47000	11000
黄冈市						**15000**	**15000**	**1500**
黄州区		312	87.6	50000		26866	5500	
龙感湖区		1998	1263	72000			1570	300
团风县		450	450	8000		20000	1500	
红安县		16240	13800	200000		23333	5334	667
罗田县		41365	41365	21980000		129400	25343	
英山县		25724	15426	50000			119000	8000
浠水县	1500	74.6	68.8				560	80
蕲春县								
黄梅县	8200	4828.89	3644.34	48220		14800	5490	1690
麻城市	7500	958	576	23400		6600	1900	600
武穴市		1812.89	1554.34				860	271
市直	700	1102	745	18900		8000	2730	819
咸宁市								
咸安区		900	724	5000				
嘉鱼县								
通城县		56	45	920		200		
崇阳县	10000	31308.07	24306.77	7710000	240000	53000	84281	8180
通山县		8284	3283	3200000			10100	800
赤壁市							6550	
市直		85	85	1280000		35000	5920	
随州市	**10000**	**735.07**	**58.77**	**110000**			**11901**	**3500**
随县		22180	20860	3000000			18410	
曾都区						400	29900	3880
广水市		24	20	120000		17600	1500	
市直								
恩施自治州					**240000**			
恩施市	8.1	31322.4	22935.5	13512010		55641	38563	8790
利川市		11280	4485	2290		3400	6470	1350
建始县				28000			1500	
巴东县		3160.5	3160.5	2310			1250	
宣恩县		6430	5090	45000		12580	8910	1430
咸丰县		3700	3700	134400		16208	1234	410
来凤县	8.1	6700	6500	10			15200	5600
鹤峰县		51.9		13300000		23453	3999	
市直								
仙桃市		**13388**	**10831**	**3229200**		**160067**	**261360.42**	**71240**
潜江市		**1035**	**584**	**19500**		**3480**	**7200**	**2150**
天门市		**1340**	**1340**	**65000**		**11619**	**23160.42**	**2790**
神农架林区		**1850**	**1480**	**699000**		**27304**	**60650**	**16100**
省直		**3503**	**2913**	**1500000**		**44618**	**17660**	**5000**

续表24

单位名称	(2)跨区机播面积	(3)跨区机收面积	其中:跨区机收小麦	跨区机收水稻	跨区机收玉米	免耕播种面积	其中:小麦免耕播种面积	水稻免耕播种面积	玉米免耕播种面积
	公顷	公顷	公顷	公顷	公顷	公顷	公顷	公顷	公顷
全省合计	**41732**	**760003.77**	**280939**	**365795.37**	**3840**	**23195**	**4371**	**12791**	**1466**
武汉市	**280**	**44337**	**11687**	**31790**	**860**				
洪山区	80	200	200						
东西湖区		4400	3100	1300					
汉南区		3567	3057	310	200				
蔡甸区		3870		3310	560				
江夏区	200	5900	1650	4150	100				
黄陂区		13780	600	13180					
新洲区		12620	3080	9540					
市直									
黄石市		**2680**	**1400**	**1280**					
黄石港区									
西塞山区		80		80					
下陆区									
铁山区									
阳新县									
大冶市		2600	1400	1200					
经济开发区									
市直									
十堰市	**5600**	**14310**	**4450**	**4850**					
茅箭区		200	100	100					
张湾区									
郧县		500	350	150					
郧西县	600	1510	900	600					
竹山县	5000	5000							
竹溪县									
房县		4500	1500	3000					
丹江口市		2600	1600	1000					
市直									
宜昌市	**1010**	**33279**	**13414**	**19365**		**840**	**20**		
西陵区									
伍家岗区									
点军区									
猇亭区		500							
夷陵区		1810	790	1020					
远安县		750	250	500					
兴山县									
秭归县									
长阳自治县		100		100					
五峰自治县									
宜都市		**195**	**42**	**153**			**20**		
当阳市	1010	12804	2400	10404		840			
枝江市		17120	9932	7188					
市直									

续表25

单位名称	(2)跨区机播面积	(3)跨区机收面积	其中：跨区机收小麦	跨区机收水稻	跨区机收玉米	免耕播种面积	其中：小麦免耕播种面积	水稻免耕播种面积	玉米免耕播种面积
	公顷	公顷	公顷	公顷	公顷	公顷	公顷	公顷	公顷
襄阳市	**18620**	**180640**	**59806**	**22834**					
襄城区									
樊城区									
襄州区	4000	32000	27000	5000					
开发区	1500	12000	8000	4000					
南漳县		5500	2300	3200					
谷城县		1270	680	590					
保康县		1500	1000	500					
老河口市		4667	4000	667					
枣阳市		25343	16466	8877					
宜城市	13000	98000							
襄北农场	120	360	360						
市直									
鄂州市	**960**	**2833**	**901**	**1350**		**485**	**274**	**65**	**146**
梁子湖区	300	1000	400	600		300	200		100
华容区		582							
鄂城区	660	1251	501	750		185	74	65	46
开发区									
葛店开发区									
西山街办									
市直									
荆门市	**400**	**75701**	**47580**	**27921**	**200**	**4000**			**1300**
东宝区		9300	5700	3600					
掇刀区		6550	2250	4300					
京山县		5920	3840	2080					
沙洋县	400	8001	2730	5271					
钟祥市		18410	14310	4100					
屈家岭		26020	17400	8420	200				
沙洋农场		1500	1350	150		4000			1300
漳河新区									
市直									
孝感市	**154**	**29619**	**16643**	**12326**		**3000**	**400**	**1500**	
孝南区		5120	1500	3620					
孝昌县		1500	250	1250					
大悟县		1250		1250					
云梦县		7480	2360	5120					
应城市	154	670	200	420					
安陆市		9600	9000			2600		1500	
汉川市		3999	3333	666		400	400		
市直									
荆州市	**3720**	**186400.4**	**43780**	**141810**	**310**	**11150**		**11150**	
沙市区	400	4650	2480	2170					
荆州区	370	20000.4	5520	14410	70	1000		1000	
公安县	2000	42550	11060	30990		200		200	
监利县	250	12410	4700	7710					
江陵县		16030	3120	12910					
石首市		37300	2300	35000					

续表26

单位名称	(2)跨区机播面积	(3)跨区机收面积	其中：跨区机收小麦	跨区机收水稻	跨区机收玉米	免耕播种面积	其中：小麦免耕播种面积	水稻免耕播种面积	玉米免耕播种面积
	公顷	公顷	公顷	公顷	公顷	公顷	公顷	公顷	公顷
洪湖市	500	15960	7600	8220	140	9950		9950	
松滋市		25600	5800	19800					
开发区		10000	1000	9000					
市直	200	1900	200	1600	100				
黄冈市	**258**	**57047.3**	**22512**	**29515.3**	**1005**	**3630**	**3630**		
黄州区	12	680	391	269	5				
龙感湖区	18	17000	6000	11000					
团风县		1730	400	1330					
红安县		800	200	600					
罗田县		4000							
英山县		5000	1000	4000					
浠水县		2760	510	2250					
蕲春县	128	3977.3	11	3966.3					
黄梅县	100	12000	11000	1000		3600	3600		
麻城市		3100	1000	2100		30	30		
武穴市		6000	2000	3000	1000				
市直									
咸宁市	**4800**	**11820.4**	**6900**	**4388.4**	**360**	**23**		**76**	
咸安区		200	200						
嘉鱼县		132						53	
通城县		788.4		788.4		23		23	
崇阳县		4500	3000	1500					
通山县		3700	3000	600	60				
赤壁市	4800	2500	700	1500	300				
市直									
随州市	**1300**	**91425**	**40552**	**49768**	**1105**	**67**	**47**		**20**
随县		36358	17152	18101	1105				
曾都区		36087	17330	18757		67	47		20
广水市	1300	18980	6070	12910					
市直									
恩施自治州	**1530**	**7143.67**	**1580**	**5563.67**					
恩施市	1530	2780	1480	1300					
利川市		2532		2532					
建始县		66.67		66.67					
巴东县									
宣恩县		1000		1000					
咸丰县		165		165					
来凤县		600	100	500					
鹤峰县									
市直									
仙桃市		**3868**	**2134**	**1734**					
潜江市		**13000**	**5100**	**7900**					
天门市	**3100**	**5900**	**2500**	**3400**					
神农架林区									
省直									

农机化系统机构及人员

单位名称	一、农机化管理机构			1.省级			2.地级			3.县级		
	年末机构数(个)	年末人数(人)		年末机构数(个)	年末人数(人)		年末机构数(个)	年末人数(人)		年末机构数(个)	年末人数(人)	
		合计	其中:科技人员(教师)		合计	其中:科技人员(教师)		合计	其中:科技人员(教师)		合计	其中:科技人员(教师)
全省合计	**903**	**3144**	**1776**	**1**	**29**		**17**	**209**	**60**	**98**	**1144**	**693**
武汉市	**77**	**313**	**137**				**1**	**6**		**7**	**102**	**57**
洪山区	9	20	3							1	9	3
东西湖区	1	1								1	1	
汉南区	7	12								1	4	
蔡甸区	11	39	12							1	18	12
江夏区	14	139	47							1	29	15
黄陂区	20	38	25							1	12	6
新洲区	14	58	50							1	29	21
市直	1	6					1	6				
黄石市	**39**	**138**	**110**				**1**	**2**		**2**	**36**	**21**
黄石港区												
西塞山区												
下陆区												
铁山区												
阳新县	22	55	39							1	20	14
大冶市	15	79	70							1	16	7
经济开发区	1	2	1									
市直	1	2					1	2				
十堰市	**79**	**298**	**154**				**1**	**25**	**16**	**10**	**136**	**72**
茅箭区	1	3	3									
张湾区	1	12	7							1	12	7
郧县	19	35	28							1	15	8
郧西县	1	11	5							1	11	5
竹山县	1	22	18							1	22	18
竹溪县	16	39	31							1	22	14
房县	21	81								1	13	
丹江口市	18	70	46							4	41	20
市直	1	25	16				1	25	16			
宜昌市	**39**	**141**	**92**				**1**	**8**	**7**	**14**	**93**	**64**
西陵区		2	2								1	1
伍家岗区	1	1										
点军区	6	7								1	2	
猇亭区	1	2								1	2	
夷陵区	14	14								1	1	
远安县	2	10	10							1	8	8
兴山县	1	4	1							1	4	1
秭归县	1	6	5							1	6	5
长阳自治县	1	8	2							1	8	2
五峰自治县	1	3	2							1	3	2
宜都市	**5**	**28**	**27**							**1**	**10**	**9**
当阳市	1	4	2							1	4	2
枝江市	4	44	34							4	44	34
市直	1	8	7				1	8	7			

续表1

单位名称	一、农机化管理机构			1.省级			2.地级			3.县级		
	年末机构数(个)	年末人数(人)		年末机构数(个)	年末人数(人)		年末机构数(个)	年末人数(人)		年末机构数(个)	年末人数(人)	
		合计	其中:科技人员(教师)		合计	其中:科技人员(教师)		合计	其中:科技人员(教师)		合计	其中:科技人员(教师)
襄阳市	**69**	**448**	**154**				**1**	**6**	**2**	**11**	**105**	**65**
襄城区	4	13	1							1	3	
樊城区	3	9								1	2	
襄州区	14	124	58							1	25	20
开发区	3									1		
南漳县	1	19	8							1	19	8
谷城县	11	26	16							1	5	3
保康县	1	7	7							1	7	7
老河口市	1	15	1							1	15	1
枣阳市	18	104	33							1	16	15
宜城市	11	123	28							1	11	9
襄北农场	1	2								1	2	2
市直	1	6	2				1	6	2			
鄂州市	**26**	**62**	**60**				**1**	**18**	**18**	**3**	**16**	**14**
梁子湖区	6	10	8							1	5	3
华容区	6	17	17							1	10	10
鄂城区	11	13	13							1	1	1
开发区	1	1	1									
葛店开发区	1	1	1									
西山街办		2	2									
市直	1	18	18				1	18	18			
荆门市	**7**	**73**	**42**				**1**	**21**		**6**	**52**	**42**
东宝区	1	6	6							1	6	6
掇刀区	1	8	5							1	8	5
京山县	1	16	14							1	16	14
沙洋县	1	8	6							1	8	6
钟祥市	1	11	8							1	11	8
屈家岭												
沙洋农场	1	3	3							1	3	3
漳河新区												
市直	1	21					1	21				
孝感市	**49**	**174**	**103**				**1**	**18**		**7**	**108**	**70**
孝南区	1	15	12							1	15	12
孝昌县	1	10	6							1	10	6
大悟县	1	17	15							1	17	15
云梦县	1	16	12							1	16	12
应城市	1	15								1	15	
安陆市	16	40	17							1	18	10
汉川市	27	43	41							1	17	15
市直	1	18					1	18				
荆州市	**131**	**234**	**169**				**1**	**6**	**4**	**9**	**96**	**64**
沙市区	6	7	5							1	2	1
荆州区	10	10	10							1	1	1
公安县	17	33	26							1	17	10
监利县	24	43	19							1	20	14
江陵县	14	26	24							1	13	11
石首市	15	28	20							1	14	6

续表2

单位名称	一、农机化管理机构			1.省级			2.地级			3.县级		
	年末机构数(个)	年末人数(人) 合计	年末人数(人) 其中:科技人员(教师)	年末机构数(个)	年末人数(人) 合计	年末人数(人) 其中:科技人员(教师)	年末机构数(个)	年末人数(人) 合计	年末人数(人) 其中:科技人员(教师)	年末机构数(个)	年末人数(人) 合计	年末人数(人) 其中:科技人员(教师)
洪湖市	22	34	29							1	13	9
松滋市	17	42	27							1	15	11
开发区	5	5	5							1	1	1
市直	1	6	4				1	6	4			
黄冈市	**145**	**440**	**288**				**1**	**27**		**11**	**176**	**106**
黄州区	5	9	1							1	5	1
龙感湖区	8	12	1							1	5	1
团风县	7	16	10							1	8	2
红安县	13	47	41							1	20	16
罗田县	13	28	20							1	16	8
英山县	18	38	21							1	21	8
浠水县	14	54	35							1	22	22
蕲春县	16	48	43							1	18	16
黄梅县	17	35	35							1	15	15
麻城市	20	85	81							1	21	17
武穴市	13	41								1	25	
市直	1	27					1	27				
咸宁市	**61**	**255**	**139**				**1**	**17**		**6**	**159**	**90**
咸安区	15	34	14							1	20	6
嘉鱼县	9	28	19							1	20	11
通城县	12	41	24							1	22	13
崇阳县	7	40	18							1	28	12
通山县	2	27	7							1	15	5
赤壁市	15	68	57							1	54	43
市直	1	17					1	17				
随州市	**31**	**100**	**56**				**1**	**6**		**4**	**30**	**6**
随县	21	58	37							2	11	4
曾都区	8	21	19							1	4	2
广水市	1	15								1	15	
市直	1	6					1	6				
恩施自治州	**99**	**347**	**240**				**1**	**4**	**1**	**8**	**35**	**22**
恩施市	18	43	1							1	5	1
利川市	15	88	87							1	3	2
建始县	11	55	47							1	4	
巴东县	13	27								1	3	
宣恩县	10	37	37							1	2	2
咸丰县	12	34	25							1	15	15
来凤县	9	40	23							1	2	1
鹤峰县	10	19	19							1	1	1
市直	1	4	1				1	4	1			
仙桃市	**20**	**33**	**7**				**1**	**13**	**7**			
潜江市	**1**	**15**					**1**	**15**				
天门市	**28**	**36**	**25**				**1**	**9**	**5**			
神农架林区	**1**	**8**					**1**	**8**				
省直	**1**	**29**		**1**	**29**							

续表3

单位名称	4.乡级			其中:单设机构			二、农机化教育、培训机构			1、农机化大、中专		
	年末机构数(个)	年末人数(人)		年末机构数(个)	年末人数(人)		年末机构数(个)	年末人数(人)		年末机构数(个)	年末人数(人)	
		合计	其中:科技人员(教师)		合计	其中:科技人员(教师)		合计	其中:科技人员(教师)		合计	其中:科技人员(教师)
全省合计	**787**	**1762**	**1031**	**209**	**558**	**346**	**60**	**844**	**535**			
武汉市	**69**	**205**	**80**	**30**	**147**	**61**	**5**	**35**	**25**			
洪山区	8	11		1	3		1	3				
东西湖区												
汉南区	6	8		2	4							
蔡甸区	10	21		1	1		1	3	3			
江夏区	13	110	32	13	110	32	1	10	5			
黄陂区	19	26	19				1	14	14			
新洲区	13	29	29	13	29	29	1	5	3			
市直												
黄石市	**36**	**100**	**89**	**3**	**6**	**5**	**1**	**34**	**14**			
黄石港区												
西塞山区												
下陆区												
铁山区												
阳新县	21	35	25	2	4	4	1	34	14			
大冶市	14	63	63									
经济开发区	1	2	1	1	2	1						
市直												
十堰市	**68**	**137**	**66**	**34**	**97**	**26**	**5**	**45**	**38**			
茅箭区	1	3	3									
张湾区												
郧县	18	20	20				1	9	9			
郧西县							1	10	10			
竹山县							1	8	8			
竹溪县	15	17	17				1	6	5			
房县	20	68		20	68							
丹江口市	14	29	26	14	29	26	1	12	6			
市直												
宜昌市	**24**	**40**	**21**	**1**	**2**	**2**	**4**	**31**	**30**			
西陵区		1	1									
伍家岗区	1	1										
点军区	5	5										
猇亭区												
夷陵区	13	13						3	3			
远安县	1	2	2	1	2	2	1	6	6			
兴山县												
秭归县												
长阳自治县												
五峰自治县							1					
宜都市	**4**	**18**	**18**				**1**	**5**	**4**			
当阳市												
枝江市							1	17	17			
市直												

续表4

单位名称	4.乡级 年末机构数(个)	4.乡级 年末人数(人) 合计	4.乡级 年末人数(人) 其中:科技人员(教师)	其中:单设机构 年末机构数(个)	其中:单设机构 年末人数(人) 合计	其中:单设机构 年末人数(人) 其中:科技人员(教师)	二、农机化教育、培训机构 年末机构数(个)	二、农机化教育、培训机构 年末人数(人) 合计	二、农机化教育、培训机构 年末人数(人) 其中:科技人员(教师)	1、农机化大、中专 年末机构数(个)	1、农机化大、中专 年末人数(人) 合计	1、农机化大、中专 年末人数(人) 其中:科技人员(教师)
襄阳市	**57**	**337**	**89**	**10**	**21**	**13**	**4**	**96**	**44**			
襄城区	3	10	1									
樊城区	2	7										
襄州区	13	99	38									
开发区	2											
南漳县												
谷城县	10	21	13	10	21	13	1	23	12			
保康县							1					
老河口市							1	35				
枣阳市	17	88	18				1	38	32			
宜城市	10	112	19									
襄北农场												
市直												
鄂州市	**22**	**28**	**28**	**5**	**5**	**5**						
梁子湖区	5	5	5	5	5	5						
华容区	5	7	7									
鄂城区	10	12	12									
开发区	1	1	1									
葛店开发区	1	1	1									
西山街办		2	2									
市直												
荆门市							**4**	**62**	**42**			
东宝区												
掇刀区							1	6	5			
京山县												
沙洋县							1	7	5			
钟祥市							1	41	24			
屈家岭							1	8	8			
沙洋农场												
漳河新区												
市直												
孝感市	**41**	**48**	**33**	**1**	**2**		**6**	**71**	**48**			
孝南区							1	9	6			
孝昌县							1	6	4			
大悟县							1	10	4			
云梦县												
应城市							1	1	1			
安陆市	15	22	7	1	2		1	15	8			
汉川市	26	26	26				1	30	25			
市直												
荆州市	**121**	**132**	**101**	**51**	**51**	**34**	**6**	**115**	**71**			
沙市区	5	5	4									
荆州区	9	9	9				1	16	12			
公安县	16	16	16	16	16	16	1	8	4			
监利县	23	23	5	21	21	5	1	17	12			
江陵县	13	13	13	13	13	13						
石首市	14	14	14				1	37	16			

续表5

单位名称	4.乡级			其中:单设机构			二、农机化教育、培训机构			1、农机化大、中专		
	年末机构数(个)	年末人数(人)		年末机构数(个)	年末人数(人)		年末机构数(个)	年末人数(人)		年末机构数(个)	年末人数(人)	
		合计	其中:科技人员(教师)		合计	其中:科技人员(教师)		合计	其中:科技人员(教师)		合计	其中:科技人员(教师)
洪湖市	21	21	20	1	1		1	17	12			
松滋市	16	27	16				1	20	15			
开发区	4	4	4									
市直												
黄冈市	**133**	**237**	**182**	**25**	**29**	**20**	**10**	**187**	**101**			
黄州区	4	4					1	42	15			
龙感湖区	7	7		7	7							
团风县	6	8	8	2	2		1	9	6			
红安县	12	27	25				1	21	13			
罗田县	12	12	12				1	12	6			
英山县	17	17	13				1	4	4			
浠水县	13	32	13				1	7	3			
蕲春县	15	30	27				1	12	12			
黄梅县	16	20	20	16	20	20	1	11	8			
麻城市	19	64	64				1	59	30			
武穴市	12	16					1	10	4			
市直												
咸宁市	**54**	**79**	**55**				**3**	**21**	**15**			
咸安区	14	14	14				1	9	5			
嘉鱼县	8	8	8									
通城县	11	19	11									
崇阳县	6	12	6									
通山县	1	12	2				1	7	5			
赤壁市	14	14	14				1	5	5			
市直												
随州市	**26**	**64**	**50**	**25**	**62**	**48**	**3**	**43**	**31**			
随县	19	47	33	19	47	33	2	24	15			
曾都区	7	17	17	6	15	15						
广水市							1	19	16			
市直												
恩施自治州	**90**	**308**	**217**	**24**	**136**	**132**	**7**	**77**	**56**			
恩施市	17	38					1	12	5			
利川市	14	85	85	14	85	85	1	22	17			
建始县	10	51	47	10	51	47	1	13	9			
巴东县	12	24					1	6	6			
宣恩县	9	35	35				1	2	2			
咸丰县	11	19	10				1	15	12			
来凤县	8	38	22				1	7	5			
鹤峰县	9	18	18									
市直												
仙桃市	**19**	**20**										
潜江市												
天门市	**27**	**27**	**20**				**1**	**22**	**15**			
神农架林区							**1**	**5**	**5**			
省直												

续表6

单位名称	2、农机化学校			三、农机化科研机构			1.省级			2.地级		
	年末机构数(个)	年末人数(人)		年末机构数(个)	年末人数(人)		年末机构数(个)	年末人数(人)		年末机构数(个)	年末人数(人)	
		合计	其中:科技人员(教师)		合计	其中:科技人员(教师)		合计	其中:科技人员(教师)		合计	其中:科技人员(教师)
全省合计	**60**	**844**	**535**	**2**	**109**	**78**	**1**	**68**	**58**	**1**	**41**	**20**
武汉市	**5**	**35**	**25**									
洪山区	1	3										
东西湖区												
汉南区												
蔡甸区	1	3	3									
江夏区	1	10	5									
黄陂区	1	14	14									
新洲区	1	5	3									
市直												
黄石市	**1**	**34**	**14**									
黄石港区												
西塞山区												
下陆区												
铁山区												
阳新县	1	34	14									
大冶市												
经济开发区												
市直												
十堰市	**5**	**45**	**38**									
茅箭区												
张湾区												
郧县	1	9	9									
郧西县	1	10	10									
竹山县	1	8	8									
竹溪县	1	6	5									
房县												
丹江口市	1	12	6									
市直												
宜昌市	**4**	**31**	**30**									
西陵区												
伍家岗区												
点军区												
猇亭区												
夷陵区		3	3									
远安县	1	6	6									
兴山县												
秭归县												
长阳自治县												
五峰自治县	1											
宜都市	**1**	**5**	**4**									
当阳市												
枝江市	1	17	17									
市直												

续表7

单位名称	2、农机化学校			三、农机化科研机构			1.省级			2.地级		
	年末机构数(个)	年末人数(人)		年末机构数(个)	年末人数(人)		年末机构数(个)	年末人数(人)		年末机构数(个)	年末人数(人)	
		合计	其中：科技人员（教师）		合计	其中：科技人员（教师）		合计	其中：科技人员（教师）		合计	其中：科技人员（教师）
襄阳市	**4**	**96**	**44**									
襄城区												
樊城区												
襄州区												
开发区												
南漳县												
谷城县	1	23	12									
保康县	1											
老河口市	1	35										
枣阳市	1	38	32									
宜城市												
襄北农场												
市直												
鄂州市				**1**	**41**	**20**				**1**	**41**	**20**
梁子湖区												
华容区												
鄂城区												
开发区												
葛店开发区												
西山街办												
市直				1	41	20				1	41	20
荆门市	**4**	**62**	**42**									
东宝区												
掇刀区	1	6	5									
京山县												
沙洋县	1	7	5									
钟祥市	1	41	24									
屈家岭	1	8	8									
沙洋农场												
漳河新区												
市直												
孝感市	**6**	**71**	**48**									
孝南区	1	9	6									
孝昌县	1	6	4									
大悟县	1	10	4									
云梦县												
应城市	1	1	1									
安陆市	1	15	8									
汉川市	1	30	25									
市直												
荆州市	**6**	**115**	**71**									
沙市区												
荆州区	1	16	12									
公安县	1	8	4									
监利县	1	17	12									
江陵县												
石首市	1	37	16									

续表8

单位名称	2、农机化学校			三、农机化科研机构			1.省级			2.地级		
	年末机构数(个)	年末人数(人)		年末机构数(个)	年末人数(人)		年末机构数(个)	年末人数(人)		年末机构数(个)	年末人数(人)	
		合计	其中：科技人员（教师）		合计	其中：科技人员（教师）		合计	其中：科技人员（教师）		合计	其中：科技人员（教师）
洪湖市	1	17	12									
松滋市	1	20	15									
开发区												
市直												
黄冈市	**10**	**187**	**101**									
黄州区	1	42	15									
龙感湖区												
团风县	1	9	6									
红安县	1	21	13									
罗田县	1	12	6									
英山县	1	4	4									
浠水县	1	7	3									
蕲春县	1	12	12									
黄梅县	1	11	8									
麻城市	1	59	30									
武穴市	1	10	4									
市直												
咸宁市	**3**	**21**	**15**									
咸安区	1	9	5									
嘉鱼县												
通城县												
崇阳县												
通山县	1	7	5									
赤壁市	1	5	5									
市直												
随州市	**3**	**43**	**31**									
随县	2	24	15									
曾都区												
广水市	1	19	16									
市直												
恩施自治州	**7**	**77**	**56**									
恩施市	1	12	5									
利川市	1	22	17									
建始县	1	13	9									
巴东县	1	6	6									
宣恩县	1	2	2									
咸丰县	1	15	12									
来凤县	1	7	5									
鹤峰县												
市直												
仙桃市												
潜江市												
天门市	**1**	**22**	**15**									
神农架林区	**1**	**5**	**5**									
省直				**1**	**68**	**58**	**1**	**68**	**58**			

续表9

单位名称	四、农机试验鉴定机构			1.省级			2.地级			五、农机化技术推广机构		
	年末机构数(个)	年末人数(人)		年末机构数(个)	年末人数(人)		年末机构数(个)	年末人数(人)		年末机构数(个)	年末人数(人)	
		合计	其中:科技人员(教师)		合计	其中:科技人员(教师)		合计	其中:科技人员(教师)		合计	其中:科技人员(教师)
全省合计	**1**	**20**	**15**	**1**	**20**	**15**				**101**	**830**	**591**
武汉市										**8**	**58**	**41**
洪山区										1	2	
东西湖区										1	2	
汉南区										1	2	1
蔡甸区										1	2	1
江夏区										1	8	7
黄陂区										1	14	12
新洲区										1	15	13
市直										1	13	7
黄石市										**3**	**63**	**47**
黄石港区												
西塞山区												
下陆区												
铁山区												
阳新县										1	20	20
大冶市										1	33	18
经济开发区												
市直										1	10	9
十堰市										**8**	**47**	**40**
茅箭区												
张湾区										1	7	5
郧县										1	8	8
郧西县										1	5	5
竹山县										1	4	4
竹溪县										1	5	4
房县										1	3	3
丹江口市										1	7	3
市直										1	8	8
宜昌市										**9**	**63**	**52**
西陵区												
伍家岗区												
点军区												
猇亭区												
夷陵区										1	9	7
远安县										1	2	2
兴山县										1	3	1
秭归县												
长阳自治县										1	6	4
五峰自治县										1	10	10
宜都市										**1**	**8**	**5**
当阳市										1	11	11
枝江市										1	5	3
市直										1	9	9

续表10

单位名称	四、农机试验鉴定机构			1.省级			2.地级			五、农机化技术推广机构		
	年末机构数(个)	年末人数(人)		年末机构数(个)	年末人数(人)		年末机构数(个)	年末人数(人)		年末机构数(个)	年末人数(人)	
		合计	其中:科技人员(教师)		合计	其中:科技人员(教师)		合计	其中:科技人员(教师)		合计	其中:科技人员(教师)
襄阳市										**9**	**110**	**69**
襄城区												
樊城区												
襄州区										1	8	6
开发区												
南漳县										1	4	3
谷城县										1	13	7
保康县										1	10	8
老河口市										1	4	
枣阳市										1	16	7
宜城市										1	5	4
襄北农场										1	18	
市直										1	32	23
鄂州市										**10**	**22**	**21**
梁子湖区										1	2	2
华容区										6	10	10
鄂城区										1	1	1
开发区												
葛店开发区												
西山街办										1	3	2
市直										1	6	6
荆门市										**5**	**61**	**32**
东宝区										1	6	6
掇刀区												
京山县										1	9	7
沙洋县										1	3	3
钟祥市										1	23	4
屈家岭												
沙洋农场												
漳河新区												
市直										1	20	12
孝感市										**8**	**73**	**47**
孝南区										1	6	5
孝昌县										1	6	4
大悟县										1	15	11
云梦县										1	8	8
应城市										1	5	2
安陆市										1	18	10
汉川市										1	7	7
市直										1	8	
荆州市										**9**	**72**	**59**
沙市区										1	7	2
荆州区										1	6	6
公安县										1	5	2
监利县										1	9	8
江陵县										1	13	11
石首市										1	5	3

续表11

单位名称	四、农机试验鉴定机构			1.省级			2.地级			五、农机化技术推广机构		
	年末机构数(个)	年末人数(人)		年末机构数(个)	年末人数(人)		年末机构数(个)	年末人数(人)		年末机构数(个)	年末人数(人)	
		合计	其中：科技人员(教师)		合计	其中：科技人员(教师)		合计	其中：科技人员(教师)		合计	其中：科技人员(教师)
洪湖市										1	11	8
松滋市										1	7	5
开发区												
市直										1	9	9
黄冈市										**12**	**103**	**66**
黄州区										1	4	2
龙感湖区										1	2	
团风县										1	7	3
红安县										1	13	13
罗田县										1	12	4
英山县										1	4	4
浠水县										1	12	3
蕲春县										1	4	4
黄梅县										1	2	2
麻城市										1	8	8
武穴市										1	15	5
市直										1	20	18
咸宁市										**6**	**50**	**27**
咸安区										1	6	4
嘉鱼县										1	5	5
通城县										1	5	3
崇阳县										1	24	10
通山县										1	5	1
赤壁市										1	5	4
市直												
随州市										**3**	**28**	**27**
随县										1	2	2
曾都区										1	4	3
广水市										1	22	22
市直												
恩施自治州										**7**	**20**	**14**
恩施市												
利川市										1	3	3
建始县												
巴东县										1	3	
宣恩县										1	5	5
咸丰县										1	3	3
来凤县										1	2	1
鹤峰县										1		
市直										1	4	2
仙桃市										**1**	**4**	**3**
潜江市										**1**	**42**	**37**
天门市										**1**	**10**	**7**
神农架林区										**1**	**4**	**2**
省直	**1**	**20**	**15**	**1**	**20**	**15**						

续表12

单位名称	1.省级			2.地级			3.县级			六、农机安全监理机构		
	年末机构数(个)	年末人数(人)		年末机构数(个)	年末人数(人)		年末机构数(个)	年末人数(人)		年末机构数(个)	年末人数(人)	
		合计	其中：科技人员(教师)		合计	其中：科技人员(教师)		合计	其中：科技人员(教师)		合计	其中：科技人员(教师)
全省合计				**15**	**199**	**152**	**86**	**631**	**439**	**113**	**1270**	**647**
武汉市				**1**	**13**	**7**	**7**	**45**	**34**	**8**	**68**	**30**
洪山区							1	2		1	2	
东西湖区							1	2		1	3	1
汉南区							1	2	1	1	4	1
蔡甸区							1	2	1	1	4	1
江夏区							1	8	7	1	21	10
黄陂区							1	14	12	1	14	4
新洲区							1	15	13	1	14	10
市直				1	13	7				1	6	3
黄石市				**1**	**10**	**9**	**2**	**53**	**38**	**3**	**29**	**17**
黄石港区												
西塞山区												
下陆区												
铁山区												
阳新县							1	20	20	1	13	7
大冶市							1	33	18	1	12	6
经济开发区												
市直				1	10	9				1	4	4
十堰市				**1**	**8**	**8**	**7**	**39**	**32**	**8**	**68**	**51**
茅箭区												
张湾区							1	7	5	1	7	5
郧县							1	8	8	1	9	9
郧西县							1	5	5	1	7	7
竹山县							1	4	4	1	9	9
竹溪县							1	5	4	1	5	4
房县							1	3	3	1	8	5
丹江口市							1	7	3	1	10	6
市直				1	8	8				1	13	6
宜昌市				**1**	**9**	**9**	**8**	**54**	**43**	**9**	**71**	**48**
西陵区												
伍家岗区												
点军区												
猇亭区												
夷陵区							1	9	7	1	3	3
远安县							1	2	2	1	5	5
兴山县							1	3	1	1	4	1
秭归县												
长阳自治县							1	6	4	1	12	7
五峰自治县							1	10	10	1	7	5
宜都市							**1**	**8**	**5**	**1**	**7**	**7**
当阳市							1	11	11	1	9	7
枝江市							1	5	3	1	11	3
市直				1	9	9				1	13	10

续表13

单位名称	1.省级			2.地级			3.县级			六、农机安全监理机构		
	年末机构数(个)	年末人数(人)		年末机构数(个)	年末人数(人)		年末机构数(个)	年末人数(人)		年末机构数(个)	年末人数(人)	
		合计	其中:科技人员(教师)		合计	其中:科技人员(教师)		合计	其中:科技人员(教师)		合计	其中:科技人员(教师)
襄阳市				**1**	**32**	**23**	**8**	**78**	**46**	**12**	**187**	**71**
襄城区										1	4	
樊城区										1	2	
襄州区							1	8	6	1	42	3
开发区										1		
南漳县							1	4	3	1	21	3
谷城县							1	13	7	1	19	12
保康县							1	10	8	1	13	13
老河口市							1	4		1	29	
枣阳市							1	16	7	1	18	10
宜城市							1	5	4	1	12	8
襄北农场							1	18	11	1	9	8
市直				1	32	23				1	18	14
鄂州市				**1**	**6**	**6**	**9**	**16**	**15**	**3**	**14**	**14**
梁子湖区							1	2	2	1	3	3
华容区							6	10	10			
鄂城区							1	1	1	1	1	1
开发区												
葛店开发区												
西山街办							1	3	2			
市直				1	6	6				1	10	10
荆门市				**1**	**20**	**12**	**4**	**41**	**20**	**15**	**91**	**54**
东宝区							1	6	6	1	9	9
掇刀区										1	8	5
京山县							1	9	7	1	11	5
沙洋县							1	3	3	1	6	5
钟祥市							1	23	4	1	21	13
屈家岭										1	5	5
沙洋农场										8	11	9
漳河新区												
市直				1	20	12				1	20	3
孝感市				**1**	**8**		**7**	**65**	**47**	**8**	**119**	**51**
孝南区							1	6	5	1	14	14
孝昌县							1	6	4	1	13	11
大悟县							1	15	11	1	20	4
云梦县							1	8	8	1	8	4
应城市							1	5	2	1	19	
安陆市							1	18	10	1	18	7
汉川市							1	7	7	1	20	11
市直				1	8					1	7	
荆州市				**1**	**9**	**9**	**8**	**63**	**50**	**10**	**174**	**86**
沙市区							1	7	7	1	6	2
荆州区							1	6	6	1	26	20
公安县							1	5	2	1	9	6
监利县							1	9	8	1	35	15
江陵县							1	13	11	1	11	9
石首市							1	5	3	1	21	6

续表 14

单位名称	1.省级			2.地级			3.县级			六、农机安全监理机构		
	年末机构数(个)	年末人数(人)		年末机构数(个)	年末人数(人)		年末机构数(个)	年末人数(人)		年末机构数(个)	年末人数(人)	
		合计	其中:科技人员(教师)		合计	其中:科技人员(教师)		合计	其中:科技人员(教师)		合计	其中:科技人员(教师)
洪湖市							1	11	8	1	30	11
松滋市							1	7	5	1	22	7
开发区										1	2	2
市直				1	9	9				1	12	8
黄冈市				**1**	**20**	**18**	**11**	**83**	**48**	**12**	**141**	**78**
黄州区							1	4	2	1	5	1
龙感湖区							1	2		1	2	
团风县							1	7	3	1	9	4
红安县							1	13	13	1	28	23
罗田县							1	12	4	1	12	4
英山县							1	4	4	1	8	6
浠水县							1	12	3	1	13	4
蕲春县							1	4	4	1	6	6
黄梅县							1	2	2	1	9	9
麻城市							1	8	8	1	20	8
武穴市							1	15	5	1	16	3
市直				1	20	18				1	13	10
咸宁市							**6**	**50**	**27**	**6**	**82**	**36**
咸安区							1	6	4		10	2
嘉鱼县							1	5	5	1	7	3
通城县							1	5	3	1	18	6
崇阳县							1	24	10	1	12	4
通山县							1	5	1	1	9	1
赤壁市							1	5	4	1	20	20
市直										1	6	
随州市							**3**	**28**	**27**	**4**	**38**	**28**
随县							1	2	2	1	9	4
曾都区							1	4	3	1	6	4
广水市							1	22	22	1	23	20
市直										1		
恩施自治州				**1**	**4**	**2**	**6**	**16**	**12**	**9**	**67**	**43**
恩施市										1	4	1
利川市							1	3	3	1	8	8
建始县										1	16	11
巴东县							1	3		1	8	
宣恩县							1	5	5	1	4	4
咸丰县							1	3	3	1	4	4
来凤县							1	2	1	1	11	5
鹤峰县							1			1	7	6
市直				1	4	2				1	5	4
仙桃市				**1**	**4**	**3**				**1**	**13**	**8**
潜江市				**1**	**4**	**37**				**1**	**38**	**15**
天门市				**1**	**10**	**7**				**1**	**36**	**15**
神农架林区				**1**	**4**	**2**				**1**	**4**	**2**
省直										**1**	**30**	

续表15

单位名称	1.省级			2.地级			3.县级		
	年末机构数(个)	年末人数(人)		年末机构数(个)	年末人数(人)		年末机构数(个)	年末人数(人)	
		合计	其中:科技 人员(教师)		合计	其中:科技人员(教师)		合计	其中:科技人员(教师)
全省合计	**1**	**30**		**17**	**218**	**112**	**95**	**1022**	**535**
武汉市				**1**	**6**	**3**	**7**	**62**	**27**
洪山区							1	2	
东西湖区							1	3	1
汉南区							1	4	1
蔡甸区							1	4	1
江夏区							1	21	10
黄陂区							1	14	4
新洲区							1	14	10
市直				1	6	3			
黄石市				**1**	**4**	**4**	**2**	**25**	**13**
黄石港区									
西塞山区									
下陆区									
铁山区									
阳新县							1	13	7
大冶市							1	12	6
经济开发区									
市直				1	4	4			
十堰市				**1**	**13**	**6**	**7**	**55**	**45**
茅箭区									
张湾区							1	7	5
郧县							1	9	9
郧西县							1	7	7
竹山县							1	9	9
竹溪县							1	5	4
房县							1	8	5
丹江口市							1	10	6
市直				1	13	6			
宜昌市				**1**	**13**	**10**	**8**	**58**	**38**
西陵区									
伍家岗区									
点军区									
猇亭区									
夷陵区							1	3	3
远安县							1	5	5
兴山县							1	4	1
秭归县									
长阳自治县							1	12	7
五峰自治县							1	7	5
宜都市							**1**	**7**	**7**
当阳市							1	9	7
枝江市							1	11	3
市直				1	13	10			

续表16

单位名称	1.省级			2.地级			3.县级		
	年末机构数(个)	年末人数(人)		年末机构数(个)	年末人数(人)		年末机构数(个)	年末人数(人)	
		合计	其中:科技人员(教师)		合计	其中:科技人员(教师)		合计	其中:科技人员(教师)
襄阳市				**1**	**18**	**14**	**11**	**169**	**57**
襄城区							1	4	
樊城区							1	2	
襄州区							1	42	3
开发区							1		
南漳县							1	21	3
谷城县							1	19	12
保康县							1	13	13
老河口市							1	29	
枣阳市							1	18	10
宜城市							1	12	8
襄北农场							1	9	8
市直				1	18	14			
鄂州市				**1**	**10**	**10**	**2**	**4**	**4**
梁子湖区							1	3	3
华容区									
鄂城区							1	1	1
开发区									
葛店开发区									
西山街办									
市直				1	10	10			
荆门市				**1**	**20**	**3**	**14**	**71**	**51**
东宝区							1	9	9
掇刀区							1	8	5
京山县							1	11	5
沙洋县							1	6	5
钟祥市							1	21	13
屈家岭							1	5	5
沙洋农场							8	11	9
漳河新区									
市直				1	20	3			
孝感市				**1**	**7**		**7**	**112**	**51**
孝南区							1	14	14
孝昌县							1	13	11
大悟县							1	20	4
云梦县							1	8	4
应城市							1	19	
安陆市							1	18	7
汉川市							1	20	11
市直				1	7				
荆州市				**1**	**12**	**8**	**9**	**162**	**78**
沙市区							1	6	2
荆州区							1	26	20
公安县							1	9	6
监利县							1	35	15
江陵县							1	11	9
石首市							1	21	6

续表17

单位名称	1.省级			2.地级			3.县级		
	年末机构数(个)	年末人数(人)		年末机构数(个)	年末人数(人)		年末机构数(个)	年末人数(人)	
		合计	其中:科技人员(教师)		合计	其中:科技人员(教师)		合计	其中:科技人员(教师)
洪湖市							1	30	11
松滋市							1	22	7
开发区							1	2	2
市直				1	12	8			
黄冈市				**1**	**13**	**10**	**11**	**128**	**68**
黄州区							1	5	1
龙感湖区							1	2	
团风县							1	9	4
红安县							1	28	23
罗田县							1	12	4
英山县							1	8	6
浠水县							1	13	4
蕲春县							1	6	6
黄梅县							1	9	9
麻城市							1	20	8
武穴市							1	16	3
市直				1	13	10			
咸宁市				**1**	**6**		**6**	**76**	**36**
咸安区							1	10	2
嘉鱼县							1	7	3
通城县							1	18	6
崇阳县							1	12	4
通山县							1	9	1
赤壁市							1	20	20
市直				1	6				
随州市				**1**			**3**	**38**	**28**
随县							1	9	4
曾都区							1	6	4
广水市							1	23	20
市直				1					
恩施自治州				**1**	**5**	**4**	**8**	**62**	**39**
恩施市							1	4	1
利川市							1	8	8
建始县							1	16	11
巴东县							1	8	
宣恩县							1	4	4
咸丰县							1	4	4
来凤县							1	11	5
鹤峰县							1	7	6
市直				1	5	4			
仙桃市				**1**	**13**	**8**			
潜江市				**1**	**38**	**15**			
天门市				**1**	**36**	**15**			
神农架林区				**1**	**4**	**2**			
省直	**1**	**30**							

农机化管理服务情况

单位名称	一、农机化培训	其中：1.培训农机管理人员	2.培训农机技术人员	3.培训农机监理人员	4.培训农机操作人员	二、农机维修 1.维修拖拉机	2.维修联合收获机
	人次	人次	人次	人次	人次	台次	台次
全省合计	**490938**	**9846**	**61854**	**2632**	**382690**	**513257**	**45723**
武汉市	**21919**	**174**	**971**	**57**	**20267**	**9953**	**612**
洪山区	564	16	10	6	532	328	9
东西湖区	1725	9	6		1710	656	68
汉南区	1576	4	8	4	1560	590	102
蔡甸区	3600	30	180	10	3380	701	110
江夏区	3350	44	365	10	2481	2996	184
黄陂区	6481	32	312	14	6123	2124	51
新洲区	4622	38	90	13	4481	2415	86
市直	1	1				143	2
黄石市	**39749**	**372**	**1853**	**54**	**37470**	**5434**	**263**
黄石港区	3		3			3	
西塞山区	80		12		68	7	
下陆区							
铁山区							
阳新县	19940	200	1000	40	18700	3820	43
大冶市	19680	168	800	12	18700	1600	220
经济开发区	3		3			4	
市直	43	4	35	2	2		
十堰市	**78444**	**4759**	**19423**	**822**	**50770**	**9165**	**222**
茅箭区	1704	52	238	4	1410	30	1
张湾区	4059	31	210	28	3770	30	
郧县	12569	60	4700	9	7800	450	12
郧西县	10480	780	1800	750	7150	58	17
竹山县	13210	800	3500	10	8900	2000	25
竹溪县	12302	800	2800	2	7500	2500	12
房县	11895	780	2570	5	7740	1497	100
丹江口市	12210	1450	3600	10	6500	2600	55
市直	15	6	5	4			
宜昌市	**21891**	**161**	**1462**	**172**	**19502**	**59042**	**6411**
西陵区	120				120		
伍家岗区	450				450		
点军区	516	1	220		295		
猇亭区	300	2	2	1	295	5	
夷陵区	4300				4300	4795	7
远安县	1226	2	5	5	620	3426	128
兴山县	2000				2000	990	
秭归县	1816				1816	5752	
长阳自治县	733		400		333	298	
五峰自治县	565	4	11	5	545	221	5
宜都市	**1601**	**19**	**61**	**5**	**1516**	**822**	**35**
当阳市	2421	45	420	36	1920	22173	886
枝江市	5843	88	343	120	5292	20560	5350
市直							

续表1

单位名称	一、农机化培训	其中：1.培训农机管理人员	2.培训农机技术人员	3.培训农机监理人员	4.培训农机操作人员	二、农机维修 1.维修拖拉机	2.维修联合收获机
	人次	人次	人次	人次	人次	台次	台次
襄阳市	**27371**	**487**	**3641**	**180**	**21829**	**167695**	**7110**
襄城区	347	5	30	12	300	3860	124
樊城区	245	20	20	5	200	545	35
襄州区	5121	45	35	11	5030	24768	1324
开发区	150	20	80	10	40	180	200
南漳县	1260	19	305	21	915	1836	335
谷城县	2100	14	50	2	800	13000	1760
保康县	7200	258	1000	42	5900	8000	160
老河口市	3120	20	50	50	3000	48000	2000
枣阳市	3505		1856		1649	46385	725
宜城市	3918	10	189	6	3713	21019	399
襄北农场	405	76	26	21	282	102	48
市直							
鄂州市	**13990**	**650**	**4032**	**189**	**8769**	**13014**	**383**
梁子湖区	6483	120	1812	22	4179	5813	223
华容区	460	300	80	10	70	93	10
鄂城区	5772	200	1860	132	3580	4998	135
开发区	364	2	150	2	210	510	12
葛店开发区	261	3	25	3	230	25	3
西山街办	10	5	5			15	
市直	640	20	100	20	500	1560	
荆门市	**79584**	**476**	**2026**	**157**	**75367**	**53632**	**6288**
东宝区	10072				10072	10709	1127
掇刀区	7200	60	400	60	6680	5811	664
京山县	18725	40	97	15	18573	12496	1450
沙洋县	18717	1	10		18206	16816	1522
钟祥市	21163	287	1005	21	18800	6800	1180
屈家岭	2800	8	400	6	2386	860	300
沙洋农场	312	30	14	10	250	140	45
漳河新区							
市直	595	50	100	45	400		
孝感市	**15359**	**146**	**2359**	**91**	**12032**	**35585**	**4045**
孝南区	2500	25	120		2355	1800	350
孝昌县	2510	35	865	40	1500	3945	250
大悟县	1520	6	500	5	1009	11230	272
云梦县	1883	24	39		1820	2625	83
应城市	2234	3	5	5	1560	5885	1606
安陆市	2048	18	790	21	1219	1700	300
汉川市	2664	35	40	20	2569	8400	1184
市直							
荆州市	**82924**	**1230**	**16205**	**396**	**48062**	**30924**	**6284**
沙市区	2747	13	46	8	680	3482	230
荆州区	8244	9	9	26	4800	1860	140
公安县	12102	33	3410	8	8000	5524	1437
监利县	6845	3	1860	25	4258	3722	293
江陵县	4902	18	405	14	3814	1991	402
石首市	15670	150	5000	30	5000	2700	650

续表2

单位名称	一、农机化培训	其中：1.培训农机管理人员	2.培训农机技术人员	3.培训农机监理人员	4.培训农机操作人员	二、农机维修 1.维修拖拉机	2.维修联合收获机
	人次	人次	人次	人次	人次	台次	台次
洪湖市	6912	80	871	81	2770	8612	2438
松滋市	22010	830	4200	200	16780	1907	595
开发区	592	4	4	4	460	1100	10
市直	2900	90	400		1500	26	89
黄冈市	**30231**	**472**	**3065**	**193**	**21723**	**28446**	**3518**
黄州区	444	1	121	5	317	957	150
龙感湖区	168	3	12	3	150	450	160
团风县	1500	3	16	2	1350	133	87
红安县	1342	31	120	6	1185	1487	101
罗田县	3545	35	650	10	2850	1300	125
英山县	1557	25	22	10	1500	320	140
浠水县	2916	1	1	3	2911	5435	412
蕲春县	4863	195	372	80	4216	4029	157
黄梅县	8000	80	250	21	3000	12000	1800
麻城市	4494	64	1200	20	3210	1735	186
武穴市	1393	26	301	32	1034	600	200
市直	9	8		1			
咸宁市	**7291**	**37**	**1165**	**27**	**5862**	**4225**	**1761**
咸安区	747	4	42	1	700	1300	200
嘉鱼县	1438		7	1	1430	650	230
通城县	1925	20	35	18	1852	275	161
崇阳县	500				300	500	750
通山县	611	8	1	2	600	850	210
赤壁市	2070	5	1080	5	980	650	210
市直							
随州市	**17445**	**154**	**1224**	**31**	**16036**	**44650**	**1967**
随县	12581	110	1176	17	11278	29160	1146
曾都区	4120	6	35	5	4074	6390	421
广水市	744	38	13	9	684	9100	400
市直							
恩施自治州	**33538**	**270**	**753**	**75**	**29700**	**11747**	**576**
恩施市	505	55	4	3	443	52	
利川市	5385	85	85	1	4709	3132	467
建始县	2382				2382	722	27
巴东县	8000	42	500	20	7438	512	1
宣恩县	2143	4	35	4	2100	1440	10
咸丰县	4330	26	48	6	4250	375	3
来凤县	6472	23	45	11	4158	4954	56
鹤峰县	4221	35	36		4150	560	12
市直	100			30	70		
仙桃市	**6200**	**150**	**180**	**70**	**5800**	**26500**	**2560**
潜江市	**5039**	**130**	**2750**	**38**	**2121**	**9881**	**879**
天门市	**8823**	**148**	**645**	**70**	**6380**	**3364**	**2844**
神农架林区	**1140**	**30**	**100**	**10**	**1000**		
省直							

续表3

单位名称	3.维修水稻插秧机	4.维修运输机械	5.维修其它农机具	三、农机鉴定	四、农机监理装备			
				推广鉴定证书当年发证数量	1.监理车辆	其中：摩托车	2.安全检测设备	其中：拖拉机检测设备
	台次	台次	台次	件	辆	辆	套	套
全省合计	**14527**	**174893**	**923548**	**387**	**251**	**60**	**118**	**100**
武汉市	**220**	**5591**	**23037**	**5**	**10**		**13**	**12**
洪山区	9	56	1152		1		3	2
东西湖区			1987		1		1	1
汉南区		810	3472		1		4	4
蔡甸区	55	311	2100		1		1	1
江夏区	33	1047	2028		1		1	1
黄陂区	43	1523	1211		1		1	1
新洲区	79	1736	11026	5	2		1	1
市直	1	108	61		2		1	1
黄石市	**581**	**210**	**12464**	**170**	**3**		**2**	**1**
黄石港区			15					
西塞山区			46					
下陆区								
铁山区								
阳新县	290	210	5000		1		1	
大冶市	291		7368	170	1		1	1
经济开发区			35					
市直					1			
十堰市	**155**	**10745**	**36741**		**10**	**1**	**9**	**8**
茅箭区		400	300					
张湾区		90	310		1			
郧县	8	2800	12500		1		1	1
郧西县	7	265	9843		1		1	1
竹山县	35	3000	3000		3	1	1	1
竹溪县	5	1400	5600				1	1
房县	60	1580	3988		1		4	4
丹江口市	40	1210	1200		2		1	
市直					1			
宜昌市	**3749**	**35380**	**61203**		**60**		**4**	**3**
西陵区			200					
伍家岗区								
点军区			2054					
猇亭区			100		50			
夷陵区	12	2150	5200		1		1	1
远安县	6	1532	2235		1		1	1
兴山县		240	1200		1		1	1
秭归县		12612	37836		1			
长阳自治县		881	1400		1			
五峰自治县		303	700		1			
宜都市	**37**	**3119**	**5400**					
当阳市	114	2106	4878		1			
枝江市	3580	12437			2		1	
市直					1			

续表4

单位名称	3.维修水稻插秧机	4.维修运输机械	5.维修其它农机具	三、农机鉴定	四、农机监理装备			
				推广鉴定证书当年发证数量	1.监理车辆	其中：摩托车	2.安全检测设备	其中：拖拉机检测设备
	台次	台次	台次	件	辆	辆	套	套
襄阳市	**1000**	**24983**	**319362**		**21**		**26**	**20**
襄城区	18	85	5130					
樊城区	10							
襄州区	148	9651	6208		6			
开发区	20		300		1		20	15
南漳县	26	765	1035		2			
谷城县	300	5000	31000		2		1	1
保康县	85	6600	21000		1		1	1
老河口市	200	2000	40000		4		1	
枣阳市	153	496	163496		2		1	1
宜城市	40	380	51008		2		1	1
襄北农场		6	185		1		1	1
市直								
鄂州市	**660**	**11521**	**68240**	**2**	**4**		**4**	**2**
梁子湖区	326	4240	21398					
华容区	15	78	80					
鄂城区	260	5200	41052		2		2	
开发区	2	150	320					
葛店开发区	1	23	110					
西山街办			20	2				
市直	56	1830	5260		2		2	2
荆门市	**2993**	**5935**	**46565**		**11**	**2**	**8**	**7**
东宝区	253	2532	14285		1	1	1	1
掇刀区	77		4246		1		1	1
京山县	1503	191	9690		2		1	1
沙洋县	598	1895	12324		1		1	
钟祥市	505	1270	5450		2		1	1
屈家岭	22	13	320					
沙洋农场	35	34	250		3	1	3	3
漳河新区								
市直					1			
孝感市	**1092**	**8333**	**59227**		**10**		**11**	**9**
孝南区	230	360	3850		1		1	1
孝昌县	75	900	3480		1		1	1
大悟县	31	1260	24610		1		1	1
云梦县	11	1812	3125		1		1	1
应城市	400	786	3015		2		2	
安陆市	100	1200	11500		3		4	4
汉川市	245	2015	9647		1		1	1
市直								
荆州市	**728**	**9627**	**44259**		**53**	**33**	**8**	**7**
沙市区	36	735	840		1			
荆州区	22	450	205		4			
公安县	57	1565	5357		17	16	1	1
监利县	99	130	24005		3		2	2
江陵县	79	610	2058		1			
石首市	100	725	4300		1		1	

续表5

单位名称	3.维修水稻插秧机	4.维修运输机械	5.维修其它农机具	三、农机鉴定 推广鉴定证书当年发证数量	四、农机监理装备 1.监理车辆	其中：摩托车	2.安全检测设备	其中：拖拉机检测设备
	台次	台次	台次	件	辆	辆	套	套
洪湖市	108	4245	6759		17	16	2	2
松滋市	41	1042	395		7		1	1
开发区		100	100		1	1		
市直	186	25	240		1		1	1
黄冈市	**1518**	**24512**	**39750**		**17**	**1**	**13**	**13**
黄州区	31	364	753				1	1
龙感湖区	17	790	430		1		1	1
团风县	71	410	920		2		1	1
红安县	512	1687	1238		3		1	1
罗田县	130	1530	1540		1		1	1
英山县	70	2340	13460		1		1	1
浠水县	242	2857	6053		1		2	2
蕲春县	82	2524	3300		1		1	1
黄梅县	150	4500	6200		1		1	1
麻城市	63	3010	2556		4	1	1	1
武穴市	150	4500	3300		1		1	1
市直					1		1	1
咸宁市	**222**	**5954**	**12402**	**30**	**10**	**5**	**6**	**4**
咸安区	50	952	700		1		1	1
嘉鱼县	30	600	1050		1			
通城县	37	102	1102					
崇阳县	25	1500	3850	30	6	5	3	1
通山县	24	1600	2600				1	1
赤壁市	56	1200	3100		2		1	1
市直								
随州市	**595**	**4631**	**45606**		**3**		**2**	**2**
随县	258	2012	21124		2		1	1
曾都区	137	1419	20182					
广水市	200	1200	4300		1		1	1
市直								
恩施自治州	**82**	**20603**	**74329**	**180**	**6**		**5**	**5**
恩施市		49	177		1		1	1
利川市	50	5805	10024		1			
建始县	3	2894	10767					
巴东县	5	144	2761					
宣恩县	8	5380	23500		1		1	1
咸丰县	5	875	5200					
来凤县	10	4998	8400	40	1		1	1
鹤峰县	1	458	13500		1		1	1
市直				140	1		1	1
仙桃市	**568**	**4600**	**58900**		**21**	**18**	**3**	**3**
潜江市	**101**	**1711**	**1617**		**5**		**2**	**2**
天门市	**263**	**557**	**19846**		**6**		**1**	**1**
神农架林区					**1**		**1**	**1**
省直								

农机化服务组织及人员

单位名称	一、农机化作业服务组织及农机户		(1)其中：拥有农机原值20–50万元（含20万元）的		拥有农机原值50万元（含50万元）以上的		(2)其中：农机专业合作社	
	1.农机化作业服务组织							
	年末机构数(个)	年末人数(人)	年末机构数(个)	年末人数(人)	年末机构数(个)	年末人数(人)	年末机构数(个)	年末人数(人)
全省合计	**7571**	**80218**	**3020**	**24692**	**971**	**20140**	**1296**	**39138**
武汉市	**2424**	**8627**	**138**	**1237**	**49**	**707**	**107**	**1317**
洪山区	7	82	5	46			5	46
东西湖区	15	317	9	259	1	12	5	191
汉南区	24	589	7	286	2	88	9	92
蔡甸区	45	549	6	148	15	323	24	369
江夏区	1896	4751	26	245	9	153	19	313
黄陂区	91	449	54	118	19	114	24	126
新洲区	343	1865	31	135	3	17	21	180
市直	3	25						
黄石市	**61**	**725**	**28**	**156**	**5**	**34**	**28**	**535**
黄石港区	2	51	1	38			1	13
西塞山区	2	48	1	36			1	12
下陆区								
铁山区								
阳新县	20	56	16	42	4	14		
大冶市	36	449	10	40	1	20	25	389
经济开发区	1	121					1	121
市直								
十堰市	**99**	**2556**	**44**	**540**	**19**	**418**	**38**	**1770**
茅箭区								
张湾区	1	4					1	4
郧县	1	115					1	115
郧西县	18	430	8	40	3	24	8	430
竹山县	4	74			2	38	2	36
竹溪县	16	585	7	135	1	108	9	450
房县	17	583	9	45	1	8	7	530
丹江口市	42	765	20	320	12	240	10	205
市直								
宜昌市	**431**	**6215**	**162**	**1821**	**32**	**733**	**58**	**2953**
西陵区								
伍家岗区								
点军区	1	5					1	5
猇亭区	1	50	1	5			1	50
夷陵区	6	131	4	35	2	18	6	78
远安县	2	225			2	225	2	225
兴山县	6	870					6	870
秭归县	3	42					3	42
长阳自治县	5	400					5	400
五峰自治县	22	341	10	55	3	15	9	271
宜都市	**76**	**543**	**74**	**424**			**5**	**263**
当阳市	292	2525	64	685	25	475	12	283
枝江市	17	1083	9	617			8	466
市直								

续表1

单位名称	一、农机化作业服务组织及农机户 1.农机化作业服务组织		(1)其中:拥有农机原值20–50万元(含20万元)的		拥有农机原值50万元(含50万元)以上的		(2)其中:农机专业合作社	
	年末机构数(个)	年末人数(人)	年末机构数(个)	年末人数(人)	年末机构数(个)	年末人数(人)	年末机构数(个)	年末人数(人)
襄阳市	**956**	**6015**	**737**	**2082**	**98**	**982**	**119**	**3152**
襄城区	3	170	2	80	1	90	3	170
樊城区	1	140					1	140
襄州区	20	620					20	620
开发区	6	150	1	30	5	45	6	150
南漳县	31	365					31	365
谷城县	19	544	12	176	2	6	5	368
保康县	22	289	4	40	3	48	4	151
老河口市	8	460					8	460
枣阳市	809	2734	718	1756	59	568	32	410
宜城市	9	318					9	318
襄北农场	28	225			28	225		
市直								
鄂州市	**45**	**605**	**25**	**218**	**7**	**192**	**31**	**531**
梁子湖区	5	215	3	46	2	169	5	215
华容区	23	228	13	70	3	11	10	158
鄂城区	10	110	8	98	2	12	10	110
开发区								
葛店开发区								
西山街办	6	40	1	4			5	36
市直	1	12					1	12
荆门市	**466**	**7813**	**123**	**1279**	**77**	**1817**	**266**	**4717**
东宝区	20	469					20	469
掇刀区	39	224	29	67			10	157
京山县	49	729					49	729
沙洋县	35	1013	1	175	6	80	28	758
钟祥市	302	4968	93	1037	58	1447	151	2484
屈家岭	8	120					8	120
沙洋农场	13	290			13	290		
漳河新区								
市直								
孝感市	**447**	**3861**	**301**	**681**	**57**	**1110**	**100**	**2799**
孝南区	40	410	23	115	15	280	15	290
孝昌县	45	900	20	110	13	416	12	715
大悟县	28	239	13	46	10	46	5	147
云梦县	14	514			6	312	6	312
应城市	81	495	54	132			27	366
安陆市	168	856	143	230	13	56	12	570
汉川市	71	447	48	48			23	399
市直								
荆州市	**449**	**12554**	**330**	**6922**	**75**	**2973**	**142**	**5644**
沙市区	85	523	77	258	4	19	6	254
荆州区	23	723			23	723	23	723
公安县	24	1117	14	128	3	94	15	922
监利县	40	1128	4	150	3	9	23	236
江陵县	208	5778	198	5494	10	250	16	250
石首市	14	712	2	12	12	700	14	712

续表2

单位名称	一、农机化作业服务组织及农机户 1.农机化作业服务组织		(1)其中:拥有农机原值20-50万元(含20万元)的		拥有农机原值50万元(含50万元)以上的		(2)其中:农机专业合作社	
	年末机构数(个)	年末人数(人)	年末机构数(个)	年末人数(人)	年末机构数(个)	年末人数(人)	年末机构数(个)	年末人数(人)
洪湖市	22	1632	11	773	11	847	22	1632
松滋市	22	748	14	81	8	164	22	748
开发区	10	26	10	26				
市直	1	167			1	167	1	167
黄冈市	**262**	**7541**	**104**	**2653**	**93**	**2619**	**165**	**6971**
黄州区	27	231	23	195	1	7	4	72
龙感湖区	3	87			3	87	3	87
团风县	41	794	16	115	5	126	20	553
红安县	64	422	15	68	22	149	17	324
罗田县	12	1159	2	202	10	140	12	1159
英山县	6	155	3	93	3	62	6	155
浠水县	17	1680	13	1453	1	12	17	1680
蕲春县	32	1011	22	299	10	712	32	1011
黄梅县	25	1067	8	206	17	861	25	1067
麻城市	18	522			6	72	12	450
武穴市	17	413	2	22	15	391	17	413
市直								
咸宁市	**124**	**1319**	**75**	**305**	**19**	**365**	**37**	**892**
咸安区	4	225			4	225	4	225
嘉鱼县	57	256	43	151	4	37	10	68
通城县	17	269	11	68	1	46	5	155
崇阳县	28	266	12	35	5	36	10	195
通山县	3	18	2	10	1	8	3	18
赤壁市	15	285	7	41	3	13	5	231
市直								
随州市	**62**	**560**	**17**	**42**	**11**	**128**	**41**	**449**
随县	27	179	12	36	2	8	13	135
曾都区	7	92			7	92	7	92
广水市	28	289	5	6	2	28	21	222
市直								
恩施自治州	**485**	**4706**	**353**	**2136**	**95**	**1627**	**58**	**2256**
恩施市	294	721	242	495	43	143	9	83
利川市	95	1412	58	746	24	386	13	280
建始县	11	146	3	32	1	8	10	146
巴东县	5	31	3	16	2	15	4	23
宣恩县	8	99	5	65	3	34	3	43
咸丰县	59	902	35	158	18	458	6	286
来凤县	5	310	3	85	2	225	5	310
鹤峰县	8	1085	4	539	2	358	8	1085
市直								
仙桃市	**280**	**2026**	**115**	**1062**	**65**	**755**	**15**	**209**
潜江市	**604**	**3541**	**279**	**1369**	**144**	**568**	**22**	**651**
天门市	**369**	**11515**	**184**	**2158**	**123**	**5104**	**62**	**4253**
神农架林区	**7**	**39**	**5**	**31**	**2**	**8**	**7**	**39**
省直								

续表3

单位名称	2.农机户		(1)其中:拥有农机原值20–50万元(含20)的		拥有农机原值50万元(含50)以上的		(2)其中:农机化作业服务专业户	
	年末机构数(个)	年末人数(人)	年末机构数(个)	年末人数(人)	年末机构数(个)	年末人数(人)	年末机构数(个)	年末人数(人)
全省合计	**1692665**	**2329479**	**9829**	**25496**	**1437**	**5236**	**266990**	**476125**
武汉市	**56034**	**69757**	**292**	**719**	**128**	**336**	**17387**	**27178**
洪山区	1842	2211					1827	2193
东西湖区	6785	7487	42	56	6	8	1051	1554
汉南区	7615	8384	2	4			812	837
蔡甸区	5977	5977	3	3			265	265
江夏区	10733	12856	31	56	4	6	4835	6145
黄陂区	6580	12434	159	477	95	285	6326	11672
新洲区	16242	18122	55	123	23	37	4029	4431
市直	2102	2286					69	81
黄石市	**1861**	**5988**	**170**	**480**	**16**	**49**	**1355**	**4849**
黄石港区	223	446	8	24	2	18	8	24
西塞山区	132	278	8	24	2	2	8	24
下陆区	88	163			2	2	85	159
铁山区								
阳新县	462	2852	117	320	5	12	340	2520
大冶市	845	2105	36	108	5	15	804	1982
经济开发区	111	144	1	4			110	140
市直								
十堰市	**35841**	**74649**	**449**	**1813**	**78**	**475**	**27000**	**56794**
茅箭区	331	463	1	3			330	460
张湾区	1510	4230	16	43			1500	2950
郧县	7372	25879	256	1312	58	382	6058	21650
郧西县	9122	15465	16	60			2135	3628
竹山县	4275	5167	97	205	13	62	4165	4900
竹溪县	120	250					120	250
房县	3931	11813	38	130	1	7	3892	11676
丹江口市	9180	11382	25	60	6	24	8800	11280
市直								
宜昌市	**183523**	**217049**	**1114**	**1966**	**66**	**353**	**28908**	**43239**
西陵区	37	70	13	24	8	16	16	30
伍家岗区	1400	1572	20	40	10	20	30	60
点军区	1465	1465	326	326			632	632
猇亭区	1400	1500	5	30		10	450	500
夷陵区	43530	43765	89	184	9	18	8879	9131
远安县	9800	9800	50	60	2	4	480	480
兴山县	7100	7304					544	583
秭归县	26312	26856	55	356	12	125	6217	11225
长阳自治县	10354	11979	2	2			338	534
五峰自治县	5820	6170					910	1810
宜都市	**7451**	**7888**	**173**	**423**	**13**	**135**	**1590**	**1981**
当阳市	40041	53235	198	338	7	20	4152	5116
枝江市	28813	45445	183	183	5	5	4670	11157
市直								

续表4

单位名称	2.农机户		(1)其中:拥有农机原值20-50万元(含20)的		拥有农机原值50万元(含50)以上的		(2)其中:农机化作业服务专业户	
	年末机构数(个)	年末人数(人)	年末机构数(个)	年末人数(人)	年末机构数(个)	年末人数(人)	年末机构数(个)	年末人数(人)
襄阳市	**377398**	**595119**	**1320**	**4005**	**20**	**96**	**15944**	**43634**
襄城区	170	192	5	5			112	135
樊城区	35	35	35	35				
襄州区	86278	129015	98	290	4	41	530	720
开发区								
南漳县	1574	2803	91	273			1483	2530
谷城县	15769	19990	46	90	1	2	65	112
保康县	41759	167107	49	155			4150	13550
老河口市	22600	26900	800	2800			2510	6200
枣阳市	127046	161510	124	265	15	53	6907	19833
宜城市	81970	87370	10	30			187	554
襄北农场	197	197	62	62				
市直								
鄂州市	**7791**	**14863**	**176**	**717**	**46**	**266**	**5623**	**11644**
梁子湖区	2355	4858	62	286	10	45	2283	4527
华容区	435	1320	74	187	4	44	357	1089
鄂城区	2873	5746	12	150	24	125	2873	5746
开发区	1100	1300						
葛店开发区	526	859	15	30			10	12
西山街办	445	570	13	64	8	52	50	80
市直	57	210					50	190
荆门市	**298804**	**330642**	**391**	**852**	**50**	**160**	**4282**	**6482**
东宝区	31773	38233	64	185			1402	2005
掇刀区	28260	32260	29	67			1568	1678
京山县	41455	52625	121	275	42	126	87	273
沙洋县	52206	58860	31	40			558	1165
钟祥市	144673	147991	121	228	7	23	611	961
屈家岭	395	608	20	48			20	355
沙洋农场	42	65	5	9	1	11	36	45
漳河新区								
市直								
孝感市	**77799**	**100710**	**1148**	**3064**	**142**	**824**	**29865**	**41842**
孝南区	205	970	175	520	26	440	45	135
孝昌县	3702	6980	118	240	8	35	230	710
大悟县	2523	2988	186	420	25	65	2312	2503
云梦县	6820	20642	263	1052	46	184	3562	10686
应城市	1884	2790	116	204	2	8	1766	2578
安陆市	20097	23772	242	580	35	92	19820	23100
汉川市	42568	42568	48	48			2130	2130
市直								
荆州市	**318303**	**381962**	**1395**	**2661**	**179**	**657**	**24119**	**30130**
沙市区	11449	13739	85	226	2	11	457	830
荆州区	17161	20593	260	520	4	5	1249	1460
公安县	60295	72354	136	337	14	63	4535	6363
监利县	63997	76796	30	90	25	235	4670	5785
江陵县	28535	34242	128	522	8	45	1293	2255
石首市	27326	32791	15	45	10	40	700	1500

续表5

单位名称	2.农机户		(1)其中:拥有农机原值20-50万元(含20)的		拥有农机原值50万元(含50)以上的		(2)其中:农机化作业服务专业户	
	年末机构数(个)	年末人数(人)	年末机构数(个)	年末人数(人)	年末机构数(个)	年末人数(人)	年末机构数(个)	年末人数(人)
洪湖市	78376	94051	620	682	106	228	1132	1247
松滋市	27567	33080	101	194	5	5	10013	10510
开发区	3597	4316	20	45	5	25	70	180
市直								
黄冈市	**115749**	**205684**	**880**	**2070**	**222**	**565**	**35110**	**68788**
黄州区	8985	31866	42	93			530	2165
龙感湖区	148	296	12	24			136	272
团风县	3275	3699	37	81	7	31	3231	3587
红安县	6379	6890	106	169	104	246	3245	3518
罗田县	4580	11020	80	180	25	50	1085	2215
英山县	6900	31500	150	630	15	55	6735	30815
浠水县	5260	6836	35	66			3280	5316
蕲春县	23782	32324	33	51	21	36	2069	2547
黄梅县	26945	27693	157	289	7	21	5239	5643
麻城市	20214	40910	38	57	2	6	510	610
武穴市	9281	12650	190	430	41	120	9050	12100
市直								
咸宁市	**31164**	**92378**	**227**	**1275**	**41**	**192**	**9724**	**28335**
咸安区	18000	60000	63	63	16	16	984	1356
嘉鱼县		16012		305		37		16012
通城县	9461	11323	124	773	7	54	5090	6127
崇阳县	3531	4645	21	85	10	60	3500	4500
通山县	150	340	3	6	2	10	150	340
赤壁市	22	58	16	43	6	15		
市直								
随州市	**45298**	**47616**	**769**	**1139**	**39**	**75**	**7022**	**8133**
随县	2759	3635	79	133	10	27	2670	3475
曾都区	28363	28898	290	487			1609	1872
广水市	14176	15083	400	519	29	48	2743	2786
市直								
恩施自治州	**95980**	**124994**	**717**	**2496**	**201**	**710**	**35086**	**56982**
恩施市	1732	4796	223	579	48	97	330	758
利川市	18650	25067	228	907			2989	5448
建始县	4374	9612	7	14			4367	9598
巴东县	7945	8426					7945	8426
宣恩县	57480	68980					13860	25790
咸丰县	2232	3218					2232	3218
来凤县	3230	3455	21	66	54	103	3155	3328
鹤峰县	337	1440	238	930	99	510	208	416
市直								
仙桃市	**38950**	**46740**	**41**	**123**	**5**	**20**	**18778**	**28167**
潜江市	**514**	**1029**	**335**	**661**	**179**	**368**	**514**	**1029**
天门市	**7622**	**20154**	**375**	**1327**	**21**	**73**	**6239**	**18754**
神农架林区	**34**	**145**	**30**	**128**	**4**	**17**	**34**	**145**
省直								

续表6

单位名称	二、农机化中介服务组织		三、农机维修厂及维修点		其中：1.一级维修点		2.二级维修点		3.三级维修点	
	年末机构数(个)	年末人数(人)	年末机构数(个)	年末人数(人)	年末机构数(个)	年末人数(人)	年末机构数(个)	年末人数(人)	年末机构数(个)	年末人数(人)
全省合计	**119**	**3323**	**6524**	**20576**	**116**	**644**	**337**	**1152**	**2654**	**6876**
武汉市			**504**	**1514**	**32**	**89**	**45**	**155**	**220**	**485**
洪山区			2	4						
东西湖区										
汉南区			42	142			1	15		
蔡甸区			38	114					2	12
江夏区			112	530					21	85
黄陂区			77	151			8	24	69	127
新洲区			233	573	32	89	36	116	128	261
市直										
黄石市			**150**	**302**					**116**	**200**
黄石港区										
西塞山区										
下陆区										
铁山区										
阳新县			117	230					116	200
大冶市			33	72						
经济开发区										
市直										
十堰市	**2**	**6**	**634**	**2157**			**1**	**2**	**266**	**734**
茅箭区										
张湾区			10	37			1	2		
郧县	2	6	286	1240						
郧西县			86	385					86	385
竹山县			80	160					80	160
竹溪县			9	18					9	18
房县			41	85					41	85
丹江口市			122	232					50	86
市直										
宜昌市	**11**	**3029**	**385**	**2813**	**2**	**23**	**3**	**15**	**83**	**142**
西陵区										
伍家岗区			2	6						
点军区			13	64						
猇亭区										
夷陵区			67	176	2	23			41	92
远安县			12	46						
兴山县			19	19					19	19
秭归县			49	243			1	11		
长阳自治县										
五峰自治县			38	211						
宜都市			**26**	**46**			**2**	**4**	**23**	**31**
当阳市	10	29	145	223						
枝江市	1	3000	14	1779						
市直										

续表7

单位名称	二、农机化中介服务组织		三、农机维修厂及维修点		其中：1.一级维修点		2.二级维修点		3.三级维修点	
	年末机构数(个)	年末人数(人)	年末机构数(个)	年末人数(人)	年末机构数(个)	年末人数(人)	年末机构数(个)	年末人数(人)	年末机构数(个)	年末人数(人)
襄阳市			**1057**	**3528**	**6**	**42**	**28**	**128**	**604**	**1937**
襄城区			64	135			6	17	58	118
樊城区			4	15						
襄州区			293	701	4	19	16	67	69	206
开发区			6	30					4	20
南漳县			13	50					11	44
谷城县			63	126					2	2
保康县			48	89					48	89
老河口市			111	295					11	35
枣阳市			345	1916	1	11	2	35	303	1285
宜城市			105	153			4	9	98	138
襄北农场			5	18	1	12				
市直										
鄂州市	**11**	**22**	**89**	**340**	**11**	**55**	**29**	**86**	**44**	**191**
梁子湖区	11	20	16	34					13	30
华容区										
鄂城区		2	67	277	8	40	28	84	30	151
开发区										
葛店开发区			1	10					1	10
西山街办										
市直			5	19	3	15	1	2		
荆门市			**975**	**1535**			**29**	**92**	**368**	**604**
东宝区			49	95			1	3		
掇刀区			36	77			3	14		
京山县			64	186					64	186
沙洋县			94	164					55	100
钟祥市			702	945			17	50	235	290
屈家岭			22	53			8	25	14	28
沙洋农场			8	15						
漳河新区										
市直										
孝感市	**51**	**56**	**419**	**977**	**2**	**9**	**4**	**14**	**211**	**536**
孝南区			33	133	1	8			30	110
孝昌县			18	65					18	65
大悟县			28	59					28	59
云梦县			33	69					33	69
应城市			110	445			2	8	38	167
安陆市	15	20	10	19			2	6	5	7
汉川市	36	36	187	187	1	1			59	59
市直										
荆州市			**352**	**1314**	**13**	**43**	**8**	**91**	**90**	**184**
沙市区			12	47			2	10	8	27
荆州区			50	59			1	2	41	47
公安县			91	226			4	61		
监利县			25	601			1	18		
江陵县			12	33	12	33				
石首市			64	131					31	65

续表8

单位名称	二、农机化中介服务组织		三、农机维修厂及维修点		其中：1.一级维修点		2.二级维修点		3.三级维修点	
	年末机构数(个)	年末人数(人)	年末机构数(个)	年末人数(人)	年末机构数(个)	年末人数(人)	年末机构数(个)	年末人数(人)	年末机构数(个)	年末人数(人)
洪湖市			83	154					2	10
松滋市			7	43	1	10			5	25
开发区			7	14					2	4
市直			1	6					1	6
黄冈市	**6**	**67**	**777**	**2325**	**6**	**236**	**82**	**191**	**370**	**1158**
黄州区			29	56					25	52
龙感湖区			5	10			3	6		
团风县			43	103						
红安县	3	5	77	586	1	181	1	9	75	396
罗田县	1	56	43	132			10	30	23	78
英山县			33	92					6	24
浠水县			35	101					10	36
蕲春县			27	80					6	24
黄梅县	2	6	183	416					40	130
麻城市			98	279			3	16	95	263
武穴市			204	470	5	55	65	130	90	155
市直										
咸宁市			**214**	**718**	**4**	**40**	**30**	**195**	**70**	**230**
咸安区			19	25						
嘉鱼县			9	17	1	4			5	10
通城县			13	21					13	21
崇阳县			94	251	1	16	18	90	35	105
通山县			55	236			2	18	8	48
赤壁市			24	168	2	20	10	87	9	46
市直										
随州市	**26**	**37**	**203**	**1326**					**17**	**53**
随县			87	1026					12	36
曾都区			58	136					5	17
广水市	26	37	58	164						
市直										
恩施自治州	**9**	**83**	**526**	**1204**	**40**	**107**	**78**	**183**	**189**	**387**
恩施市	9	83	108	260	40	107	68	153		
利川市			81	167					41	54
建始县			74	184					27	66
巴东县			20	82					20	82
宣恩县			32	58						
咸丰县			82	126					51	92
来凤县			66	138			10	30	50	93
鹤峰县			63	189						
市直										
仙桃市			**47**	**121**					**2**	**6**
潜江市			**1**	**4**					**1**	**4**
天门市	**3**	**23**	**178**	**318**					**3**	**25**
神农架林区			**13**	**80**						
省直										

续表9

单位名称	4.专项维修点		四、农机经销机构 1.农机经销企业		2.农机经销点		五、农机供油站(点)		六、拖拉机驾驶培训机构	
	年末机构数(个)	年末人数(人)	年末机构数(个)	年末人数(人)	年末机构数(个)	年末人数(人)	年末机构数(个)	年末人数(人)	年末机构数(个)	年末人数(人)
全省合计	**3060**	**8990**	**445**	**2833**	**3204**	**8312**	**858**	**1931**	**81**	**776**
武汉市	**207**	**785**	**5**	**71**	**172**	**381**			**8**	**48**
洪山区	2	4			2	4			2	5
东西湖区									1	3
汉南区	41	127	1	38	12	21			1	5
蔡甸区	36	102	2	2	18	18			1	10
江夏区	91	445			29	65			1	6
黄陂区			1	16	56	143			1	14
新洲区	37	107	1	15	55	130			1	5
市直										
黄石市	**33**	**72**	**8**	**16**	**44**	**93**			**2**	**39**
黄石港区										
西塞山区										
下陆区			6	12						
铁山区										
阳新县					26	48			1	34
大冶市	33	72			18	45			1	5
经济开发区			2	4						
市直										
十堰市	**367**	**1421**	**30**	**237**	**251**	**694**	**6**	**33**	**8**	**68**
茅箭区			10	30	10	30			1	5
张湾区	9	35			2	3	2	18	1	5
郧县	286	1240	1	7	101	367			1	9
郧西县			1	12	72	165			1	8
竹山县			5	23	23	45			1	12
竹溪县					9	19			1	5
房县			1	9	17	37	4	15	1	8
丹江口市	72	146	12	156	17	28			1	16
市直										
宜昌市	**136**	**615**	**28**	**139**	**248**	**522**	**19**	**49**	**9**	**67**
西陵区										
伍家岗区					3	6				
点军区	13	64			4	7				
猇亭区			1	2			2	10		
夷陵区	24	61	7	35	72	155			1	3
远安县	12	46	1	6	11	36	10	20	1	6
兴山县					13	13			1	6
秭归县	48	232	2	22	15	45			1	5
长阳自治县			6	11	8	13			1	9
五峰自治县	38	211	3	18	18	47	1	2	1	4
宜都市	**1**	**1**			**50**	**86**	**1**	**2**	**1**	**4**
当阳市			5	25	38	75			1	13
枝江市			3	20	16	39	5	15	1	17
市直										

续表10

单位名称	4.专项维修点		四、农机经销机构 1.农机经销企业		2.农机经销点		五、农机供油站（点）		六、拖拉机驾驶培训机构	
	年末机构数(个)	年末人数(人)	年末机构数(个)	年末人数(人)	年末机构数(个)	年末人数(人)	年末机构数(个)	年末人数(人)	年末机构数(个)	年末人数(人)
襄阳市	**315**	**849**	**46**	**550**	**469**	**1115**	**144**	**216**	**6**	**55**
襄城区			1	5	48	68	82	96		
樊城区					3	6	1	2		
襄州区	204	409			108	268			1	9
开发区	2	10			9	15	13	20		
南漳县	2	6	7	146	40	83			1	4
谷城县	61	124	1	85	38	58	2	4	1	21
保康县			13	85	25	99			1	4
老河口市					50	150				
枣阳市	39	288	12	165	75	258	45	89	1	9
宜城市	3	6	11	56	72	108				
襄北农场	4	6	1	8	1	2	1	5	1	8
市直										
鄂州市	**5**	**8**	**1**	**2**	**19**	**64**	**6**	**27**	**1**	**6**
梁子湖区	3	4			8	21				
华容区							6	27		
鄂城区	1	2			5	20				
开发区										
葛店开发区			1	2	1	2				
西山街办					2	6				
市直	1	2			3	15			1	6
荆门市	**578**	**839**	**93**	**320**	**334**	**723**	**260**	**521**	**4**	**59**
东宝区	48	92			29	63	3	9		
掇刀区	33	63	13	45	21	42			1	6
京山县			3	24	29	103			1	6
沙洋县	39	64	2	18	49	91	5	10		
钟祥市	450	605	74	220	191	394	236	447	1	41
屈家岭					15	30	8	40	1	6
沙洋农场	8	15	1	13			8	15		
漳河新区										
市直										
孝感市	**202**	**418**	**26**	**178**	**142**	**297**	**127**	**290**	**7**	**60**
孝南区	2	15	8	75	15	45	15	120	1	6
孝昌县					14	50			1	6
大悟县					30	65			1	10
云梦县			2	11	14	28			1	7
应城市	70	270	5	60	5	12	43	101	1	5
安陆市	3	6	5	26	25	58			1	6
汉川市	127	127	6	6	39	39	69	69	1	20
市直										
荆州市	**241**	**996**	**69**	**423**	**369**	**1331**	**33**	**90**	**7**	**93**
沙市区	2	10	5	11	4	7	4	14		
荆州区	8	10	23	122	36	108	6	18	1	15
公安县	87	165	3	160	22	281			1	5
监利县	24	583	4	30	121	490			1	13
江陵县			13	42	28	93				
石首市	33	66	16	35	16	35			1	29

续表11

单位名称	4.专项维修点		四、农机经销机构 1.农机经销企业		2.农机经销点		五、农机供油站（点）		六、拖拉机驾驶培训机构	
	年末机构数(个)	年末人数(人)	年末机构数(个)	年末人数(人)	年末机构数(个)	年末人数(人)	年末机构数(个)	年末人数(人)	年末机构数(个)	年末人数(人)
洪湖市	81	144	4	8	89	190	19	38	1	12
松滋市	1	8	1	15	51	125	4	20	1	7
开发区	5	10			2	2				
市直									1	12
黄冈市	**319**	**740**	**14**	**296**	**384**	**1126**			**10**	**115**
黄州区	4	4			30	60				
龙感湖区	2	4			4	8			1	2
团风县	43	103	3	55	37	161			1	9
红安县			1	187	47	115			1	21
罗田县	10	24			40	56			1	12
英山县	27	68	2	12	32	66			1	4
浠水县	25	65			31	47			1	5
蕲春县	21	56			20	54			1	12
黄梅县	143	286	7	32	26	57			1	11
麻城市			1	10	42	102			1	29
武穴市	44	130			75	400			1	10
市直										
咸宁市	**91**	**228**	**8**	**153**	**135**	**439**	**15**	**27**	**6**	**49**
咸安区					23	37			1	9
嘉鱼县	3	3	2	99	40	105			1	13
通城县			4	28	13	50	11	22	1	9
崇阳县	40	40	1	24	20	60			1	6
通山县	45	170	1	2	9	34			1	7
赤壁市	3	15			30	153	4	5	1	5
市直										
随州市	**186**	**1204**	**31**	**88**	**123**	**217**	**163**	**356**	**3**	**30**
随县	75	990	18	40	66	128	128	260	2	24
曾都区	53	119	8	36	16	30				
广水市	58	95	5	12	41	59	35	96	1	6
市直										
恩施自治州	**147**	**327**	**74**	**221**	**302**	**654**	**24**	**69**	**6**	**62**
恩施市			40	107	68	153				
利川市	40	113	1	18	69	178	1	4	1	22
建始县	47	118	5	18	25	54	12	27		
巴东县			2	10	25	56			1	6
宣恩县	23	47	2	10	51	86			1	7
咸丰县	31	34	3	10	29	48			1	15
来凤县	6	15			35	79	11	38	1	7
鹤峰县			21	48					1	5
市直										
仙桃市	**45**	**115**	**2**	**13**	**142**	**498**	**60**	**249**	**1**	**8**
潜江市			**4**	**37**	**25**	**51**			**1**	**7**
天门市	**175**	**293**	**5**	**86**	**42**	**97**	**1**	**4**	**1**	**5**
神农架林区	**13**	**80**	**1**	**3**	**3**	**10**			**1**	**5**
省直										

续表12

单位名称	七、乡村农机从业人员	1.其中：初中(含初中)以上文化程度	2.其中：高中(含高中)以上文化程度	3.其中：拖拉机驾驶从业人员	4.其中：联合收获机驾驶从业人员	5.其中：农用运输车驾驶从业人员	6.其中：农机维修人员	其中：获得农机职业技能鉴定证书人员	其中：修理工
	年末人数(人)	年末人数(人)	年末人数(人)	年末人数(人)	年末人数(人)	年末人数(人)	年末人数(人)	年末人数(人)	年末人数(人)
全省合计	**2579837**	**1400258**	**737985**	**900652**	**77767**	**195354**	**49982**	**1722**	**5106**
武汉市	**62736**	**40985**	**15594**	**19199**	**1454**	**13721**	**1964**	**79**	**210**
洪山区	2211	1658	443	422	9	135	4	21	43
东西湖区	4466			1380	138	2854	94		
汉南区	1765	1412	353	998	44	581	142		142
蔡甸区	7217	5929	1288	2625	317	649	114		
江夏区	21888	17948	3283	5562	418	1688	578	12	2
黄陂区	4866	2162	2704	1853	236	2346	431	46	23
新洲区	17989	10790	7199	6084	290	3947	573		
市直	2334	1086	324	275	2	1521	28		
黄石市	**10062**	**6134**	**1352**	**4532**	**860**	**3936**	**409**	**170**	**170**
黄石港区	536			129	12	136	26		
西塞山区	52	37	15	19	2	31			
下陆区	174	69	97	46		81			
铁山区									
阳新县	3821	2873	948	1471	527	1720	103		
大冶市	5385	3120	282	2840	315	1950	280	170	170
经济开发区	94	35	10	27	4	18			
市直									
十堰市	**75859**	**41660**	**26010**	**32833**	**275**	**11986**	**3084**	**13**	**1148**
茅箭区	622	220	402	71	1	400	80		
张湾区	680	209	80	25		346	20		
郧县	23568	15430	5866	22105	20	1106	1469	5	854
郧西县	16403	6561	9842	1824	60	4104	465		
竹山县	13335	6200	5030	2650	25	1960	500		
竹溪县	860	630	230	670	5	590	92		
房县	5843			2608	126	1760	272	8	62
丹江口市	14548	12410	4560	2880	38	1720	186		232
市直									
宜昌市	**221872**	**133049**	**90715**	**42989**	**2662**	**26150**	**2836**	**4**	**4**
西陵区	60	34	26			60			
伍家岗区	1572	1325	247	12		1548	6		
点军区	1265	985	342	240		942	74		
猇亭区	1400	1000	200	200		50	5		
夷陵区	43765	26229	11190	4035	42	2095	176		
远安县	9800	6236	3218	956	302	1569	46	4	4
兴山县	7304	3768	1540	2693		522	21		
秭归县	26125	14369	11756	1450		3255	243		
长阳自治县	12179	6177	3800	825	4	1276	97		
五峰自治县	6175	4258	1917	686	8	648	83		
宜都市	**8518**	**3731**	**1975**	**1540**	**35**	**1849**	**63**		
当阳市	56041	52337	34004	2968	1027	1052	223		
枝江市	47668	12600	20500	27384	1244	11284	1799		
市直									

续表13

单位名称	七、乡村农机从业人员	1.其中：初中(含初中)以上文化程度	2.其中：高中(含高中)以上文化程度	3.其中：拖拉机驾驶从业人员	4.其中：联合收获机驾驶从业人员	5.其中：农用运输车驾驶从业人员	6.其中：农机维修人员	其中：获得农机职业技能鉴定证书人员	其中：修理工
	年末人数(人)	年末人数(人)	年末人数(人)	年末人数(人)	年末人数(人)	年末人数(人)	年末人数(人)	年末人数(人)	年末人数(人)
襄阳市	**634908**	**412400**	**135672**	**263280**	**15032**	**29776**	**4480**	**4**	
襄城区	1221	1056	868	620	730	230	135		
樊城区	11000	8500	1600	7500	260	300	15		
襄州区	130921	130347	2573	11974	2756	7820	1412		
开发区	200	120	80	70		100	30		
南漳县	20282	14197	6085	15725	1432	2819	306		
谷城县	20770	14056	6714	10340	780	2567	126		
保康县	167574	117301	6839	2869	111	3160	89		
老河口市	28159	8440	19719	25600	810	1200	295		
枣阳市	166423	49178	73769	110272	5268	5941	1916		
宜城市	87897	69133	17284	78169	2831	5639	138	4	
襄北农场	461	72	141	141	54		18		
市直									
鄂州市	**11891**	**6267**	**5091**	**3685**	**113**	**1972**	**1340**		
梁子湖区	6785	3000	3785	1542	23	734	33		
华容区									
鄂城区	3482	2089	1244	1653	88	670	1071		
开发区									
葛店开发区	1020	960	60	325	2	352	15		
西山街办	384					201	183		
市直	220	218	2	165		15	38		
荆门市	**306080**	**172681**	**76100**	**137060**	**10777**	**5023**	**1918**	**368**	**211**
东宝区	35014			21528	1593	1777	116		
掇刀区	18372	11023	5512	15451	985	1153	236	92	92
京山县	55300	40625	14675	31433	3299	393	72	42	10
沙洋县	73792			35129	2649		264	72	72
钟祥市	120344	120344	54155	32809	1733	1699	1190	2	2
屈家岭	2800	489	1500	365	446		25	10	10
沙洋农场	458	200	258	345	72	1	15	150	25
漳河新区									
市直									
孝感市	**106685**	**68475**	**24835**	**28658**	**4346**	**11233**	**21535**	**16**	
孝南区	6420	4650	146	2985	330	2650	185		
孝昌县	11510	7000	3000	2300	320	570	320		
大悟县	8775	5265	1320	3027	343	1861	252		
云梦县	28961	11476	5799	4390	415	2413	69		
应城市	9916	7930	5621	1044	559	620	16	16	
安陆市	25613	18213	7400	3913	690	600	20410		
汉川市	15490	13941	1549	10999	1689	2519	283		
市直									
荆州市	**400481**	**120143**	**240289**	**111182**	**22890**	**16276**	**1900**	**299**	**793**
沙市区	20014	6004	12008	7513	442	3136	33	5	2
荆州区	28101	8430	16861	12556	1470	654	35	8	2
公安县	62927	18878	37756	10679	3960	938	320	77	72
监利县	77284	23185	46370	15787	7986	2992	602	2	602
江陵县	45357	13607	27214	18377	2572	1986	165	105	38
石首市	26518	7955	15911	1590	1866	1568	180	40	24

续表14

单位名称	七、乡村农机从业人员	1.其中：初中(含初中)以上文化程度	2.其中：高中(含高中)以上文化程度	3.其中：拖拉机驾驶从业人员	4.其中：联合收获机驾驶从业人员	5.其中：农用运输车驾驶从业人员	6.其中：农机维修人员	其中：获得农机职业技能鉴定证书人员	其中：修理工
	年末人数(人)	年末人数(人)	年末人数(人)	年末人数(人)	年末人数(人)	年末人数(人)	年末人数(人)	年末人数(人)	年末人数(人)
洪湖市	93146	27944	55888	27958	2242	1504	310	33	33
松滋市	39416	11825	23650	13435	2304	1940	235	17	17
开发区	7718	2315	4631	3287	48	1558	20		
市直								12	3
黄冈市	**138943**	**69799**	**34120**	**31847**	**3510**	**22963**	**4208**	**531**	**407**
黄州区	2483	1394	1089	1667	96	645	91		
龙感湖区	1308	915	393	592	147	559	10	10	10
团风县	8716	791	230	526	203	1370	351	53	25
红安县	9430	7544	953	2509	137	1787	271	185	202
罗田县	11020	2670	7850	2500	280	3200	132		125
英山县	6080	4300	1780	700	280	1700	92		
浠水县	16721	13136	739	7635	476	1518	578		
蕲春县	25862	16951	1118	6344	175	904	135		
黄梅县	27693	2680	13000	6000	900	4500	416	283	45
麻城市	16130	9618	3268	2430	303	3080	1662		
武穴市	13500	9800	3700	944	513	3100	470		
市直									
咸宁市	**42583**	**24084**	**10568**	**15654**	**3449**	**11967**	**1863**	**26**	**1135**
咸安区	6996	4861	2135	3400	700	2856	40		
嘉鱼县	6930	5010	3000	3795	312	569	820		1128
通城县	11323	3091	248	3918	642	1987	385		
崇阳县	7775	5000	2500	1040	960	1700	250	25	6
通山县	1360	810	550	650	270	240	200	1	1
赤壁市	8199	5312	2135	2851	565	4615	168		
市直									
随州市	**151827**	**31628**	**8307**	**119488**	**3938**	**6167**	**1694**	**25**	**19**
随县	103802			97508	2418	2755	1121	12	6
曾都区	32817	26077	6650	15656	868	2393	299	13	13
广水市	15208	5551	1657	6324	652	1019	274		
市直									
恩施自治州	**189640**	**101380**	**54452**	**11116**	**363**	**19870**	**1255**	**187**	**929**
恩施市	10749	3356	1678	1242	71	4096	306	42	40
利川市	26846	11450	2021	1379	163	3080	54	54	30
建始县	15252	9426	3624	506	25	1481	190	12	4
巴东县	21560	18960	2600	1052	1	4272	116	1	50
宣恩县	28763	9652	19111	1789	25	3846	255	2	55
咸丰县	35384	15568	19576	2287	21	1012		32	242
来凤县	14335	7168	2862	1775	39	1165	149	44	28
鹤峰县	36751	25800	2980	1086	18	918	185		480
市直									
仙桃市	**66130**	**62824**	**3306**	**18989**	**1120**	**4998**	**398**		
潜江市	**31645**	**10311**	**207**	**25354**	**1742**	**1106**	**706**		
天门市	**127938**	**98438**	**11362**	**34781**	**5236**	**7653**	**312**		
神农架林区	**557**		**5**	**5**		**557**	**80**		**80**
省直									

农机化经营效益

单位名称	一、总收入(万元)		1.农机化作业收入(万元)		其中:(1)田间作业收入(万元)		其中:跨区作业收入(万元)	
	合计	其中:农机户	合计	其中:农机户	合计	其中:农机户	合计	其中:农机户
全省合计	**2379600.73**	**1885945.51**	**2047928.53**	**1681030.76**	**1024577.01**	**859499.11**	**93217.36**	**72839.17**
武汉市	**164799.4**	**147515.8**	**154960.2**	**138797.6**	**70616.9**	**61525.5**	**4303.23**	**4051.63**
洪山区	9906	7151	9875	7120	8985	6478	165	
东西湖区	11647	11647	11448	11448	1427	1427	66	66
汉南区	10301	9551	9445.9	9129	3678.4	3521.5	450.63	450.63
蔡甸区	30110	30110	28722	28722	13147	13147	341	341
江夏区	25300	22517	21904	19502	7296	6496	813	810
黄陂区	33996.6	23001	32710.7	22022	12226.5	6599	193.6	110
新洲区	37863	38200	36036	36036	23136	23136	2274	2274
市直	5338.8	5338.8	4818.6	4818.6	721	721		
黄石市	**30051.48**	**28419.42**	**29381.07**	**27808.01**	**20733.7**	**19713.6**	**205.8**	**182.3**
黄石港区	54.06	53.62	35.65	35.21	7	6.8	5.9	5.7
西塞山区	156	151	141	137	27.5	26.7	1.9	1.6
下陆区	168.8	165.4	138.8	137.4	49.2	48.1		
铁山区								
阳新县	16273	15502	15921	15156	11069	10504	148	125
大冶市	13125	12281	12870	12076	9356	8910	50	50
经济开发区	274.62	266.4	274.62	266.4	225	218		
市直								
十堰市	**113383**	**96481**	**78749**	**66849**	**26951**	**19419**	**1700**	**1090**
茅箭区	5100	2800	4720	2420	2420	120	120	10
张湾区	6335	3290	2780	1390	60	30		
郧县	25043	25043	15801	15801	1961	1961	5	5
郧西县	22018	22018	14818	14818	5808	5808	685	685
竹山县	10230	10230	8300	8300	1850	1850	50	50
竹溪县	10300	10300	6200	6200				
房县	10867		7520		4562		460	
丹江口市	23490	22800	18610	17920	10290	9650	380	340
市直								
宜昌市	**151606.89**	**144563.29**	**122554.69**	**116430.19**	**42832.49**	**38150.49**	**5575.5**	**5366**
西陵区	800	800	500	500	350	350		
伍家岗区	9180	8782	9090	8692				
点军区	1456	1456	1366	1366	15	15		
猇亭区	2940	2650	1920	1850	120	100	50	50
夷陵区	13891	13491	13335	12935	3473		71.5	
远安县	4025	2318	3960	2318	2055	1650	128	128
兴山县	3131	3131	2872	2872	606	606		
秭归县	5636	5636	5030	5030	1600	1600		
长阳自治县	4978	4978	3078	3078	763	763	10	10
五峰自治县	8807	6756	7970	5919	35	14		
宜都市	**6048.49**	**5928.49**	**5069.19**	**5069.19**	**1165.49**	**1165.49**	**32**	**32**
当阳市	38895	38895	29400	29400	13583	13583	1830	1830
枝江市	51819.4	49741.8	38964.5	37401	19067	18304	3454	3316
市直								

续表1

单位名称	一、总收入(万元)		1.农机化作业收入(万元)		其中:(1)田间作业收入(万元)		其中:跨区作业收入(万元)	
	合计	其中:农机户	合计	其中:农机户	合计	其中:农机户	合计	其中:农机户
襄阳市	**375147**	**307627.7**	**349747.8**	**293172.8**	**190122.7**	**166149.7**	**5387.5**	**5038.5**
襄城区	5330	3685	4923	3438	3280	2110		
樊城区	6250	6250	5600	5600	2600	2600		
襄州区	137505	103259	131751	103259	64795	64795	1857	1857
开发区	490	490	450	450	410	410	400	400
南漳县	15223	10567	9106	7387	3936	3140	9	9
谷城县	9716.5	9392.2	8415.3	8295.3	3352.2	3352.2	956	956
保康县	15999	15999	11779	11779	4129	4129	200	200
老河口市	77322	75000	75540	74000	22160	21000	350	300
枣阳市	86733	62407	82849	59630	74451	53604	766	467
宜城市	19146.5	19146.5	18056.5	18056.5	10062.5	10062.5	729	729
襄北农场	1432	1432	1278	1278	947	947	120.5	120.5
市直								
鄂州市	**45242.3**	**40809.83**	**32420.85**	**29255.39**	**12615.2**	**11354.38**	**1823.5**	**1588.15**
梁子湖区	18952.7	17048.43	12863.1	11567.79	3806.2	3425.58	288.8	205.92
华容区	5008	4506	3963	3566	3167	2850	1426	1283
鄂城区	17871	16083	12774	11496	4940	4446	94	85
开发区	1102	991.8	1002	901.8	360	324		
葛店开发区	365	328.5	290	261	65	58.5		
西山街办	1050	1048	890	888	30	28	10	10
市直	893.6	804.1	638.75	574.8	247	222.3	4.7	4.23
荆门市	**186287.4**	**183866.6**	**167384**	**165242.2**	**72500.2**	**71002.6**	**6865.7**	**6850.7**
东宝区	16136.5	16136.5	14744.1	14744.1	5846.5	5846.5	928.7	928.7
掇刀区	5130.4	5130.4	5000.4	5000.4	3768.4	3768.4	464	464
京山县	24998.7	24998.7	24512.7	24512.7	22284.7	22284.7	805	805
沙洋县	27272	27272	25876	25876	11663	11663	609	609
钟祥市	106715	106715	91500	91500	23880	23880	1480	1480
屈家岭	4203	3614	4018	3609	3564	3560	2564	2564
沙洋农场	1831.8		1732.8		1493.6		15	
漳河新区								
市直								
孝感市	**156518.8**	**154046.8**	**133674.3**	**131680.3**	**65319.2**	**63545.2**	**2683.8**	**2683.8**
孝南区	28920	27900	15720	14900	7600	6900	200	200
孝昌县	12000	11924	11400	11400	3800	3800	200	200
大悟县	8580.8	8580.8	8269.3	8269.3	3910.2	3910.2	172.8	172.8
云梦县	29919	29919	26087	26087	10852	10852	821	821
应城市	20582	20502	19633	19633	8024	8024	181	181
安陆市	31202	30178	29897	28873	15555	14531	659	659
汉川市	25315	25043	22668	22518	15578	15528	450	450
市直								
荆州市	**382448**	**246623**	**308951**	**223312**	**219603**	**175428**	**35521**	**28170**
沙市区	10679	6302	6830	5045	4606	3684	998	798
荆州区	44147	24191	30753	20095	14653	11723	3374	2699
公安县	64243	41087	52428	37199	35136	28109	8524	6819
监利县	95731	66955	85443	63798	67453	53962	2488	1990
江陵县	31964	21739	27112	20228	21173	16939	3005	2404
石首市	29425	18394	20748	15597	16609	13288	6219	4975

续表2

单位名称	一、总收入(万元)		1.农机化作业收入(万元)		其中:(1)田间作业收入(万元)		其中:跨区作业收入(万元)	
	合计	其中:农机户	合计	其中:农机户	合计	其中:农机户	合计	其中:农机户
洪湖市	54286	35303	45017	32148	31183	24946	3347	2677
松滋市	47380	30085	37369	27043	26797	21437	6660	5328
开发区	4265	2567	2923	2159	1675	1340	600	480
市直	328		328		318		306	
黄冈市	**257823.72**	**234421.56**	**244220**	**223687.34**	**94783.49**	**84010.12**	**11971.92**	**9825.22**
黄州区	4642	3986	3317	2929	1857	1781	226	176
龙感湖区	9182	8064	9112	7994	5862	5862	4239	4239
团风县	17055	15698	15985	14657	4218	3069	310	230
红安县	7998.02	5990.98	7305.8	5436.96	3419.89	2273.64	108	74.6
罗田县	14980	13200	14600	12870	7580	7550	160	160
英山县	23500	18800	22200	18400	6200	4900	1500	1300
浠水县	20825.6	16660.48	19789.1	15831.28	13535.6	10828.48	2686.52	2449.22
蕲春县	12474.1	11912.1	11803.1	11761.1	6717	6717	452.4	452.4
黄梅县	38702	35687	36355	34097	13738	11480	1543	
麻城市	32791	30009	31278	28496	8736	7889	27	24
武穴市	75674	74414	72475	71215	22920	21660	720	720
市直								
咸宁市	**53303.6**	**35593**	**44973.96**	**30881**	**21700.12**	**17326**	**685.12**	**539**
咸安区	12353	12353	10743	10743	4900	4900	20	20
嘉鱼县	5473	5473	3411	3411	3213	3213	18	18
通城县	10092.6	9530	9786.96	9420	6225.12	5913	96.12	91
崇阳县	5770	5770	4950	4950	2500	2500	250	250
通山县	11558	2467	8628	2357	1800	800	260	160
赤壁市	8057		7455		3062		41	
市直								
随州市	**74922**	**62322.9**	**58164**	**50881**	**36836**	**33393**	**6757**	**5576.6**
随县	38997	38997	29173	29173	21037	21037	2300	2300
曾都区	15496	10946	10736	10736	4890	4890	1530	1530
广水市	20429	12379.9	18255	10972	10909	7466	2927	1746.6
市直								
恩施自治州	**116306.44**	**74992.91**	**96983.96**	**62472.23**	**23757.31**	**14066.82**	**470.99**	**285.27**
恩施市	24861.43	7458.43	23560.33	7068.1	11394.27	3418.28	26.67	8.05
利川市	25893.46	24328.23	17589.98	17589.98	2490.34	2490.34	189.47	189.47
建始县	8679	8504.5	7790.4	7648.4	1401.2	1379.2	43	43
巴东县	8763	6900	8561	6742	572	415		
宣恩县	6563	4576	5693	3706	386	386	20	20
咸丰县	14212.75	9437.75	9287.75	7247.75	682	443	24.75	24.75
来凤县	13545.8		12031.5		1296.5		167.1	
鹤峰县	13788	13788	12470	12470	5535	5535		
市直								
仙桃市	**104301.7**	**61289.7**	**80431.7**	**58859.7**	**47399.7**	**47399.7**	**1260.3**	**882**
潜江市	**67077**		**53767**		**23565**		**6933**	
天门市	**96094**	**64721**	**87667**	**59064**	**54443**	**36295**	**1073**	**710**
神农架林区	**4288**	**2651**	**3898**	**2638**	**798**	**720**		
省直								

续表3

单位名称	(2)农产品初加工作业收入(万元)		(3)农机运输收入(万元)		其中:农业运输收入(万元)		2.农机维修收入(万元)	
	合计	其中:农机户	合计	其中:农机户	合计	其中:农机户	合计	其中:农机户
全省合计	**345124.74**	**234736.82**	**629906.74**	**558864.62**	**433511.67**	**393789.62**	**82581.56**	**63633.68**
武汉市	**7482.7**	**6071**	**76774**	**67640.5**	**57597.4**	**52612.5**	**5027.4**	**4565.2**
洪山区	722		168	168	97	97	26	26
东西湖区			10021	10021	10021	10021	199	199
汉南区	480	320	5287.5	5287.5	1612.5	1612.5	420.1	287
蔡甸区			15575	15575	15575	15575	281	281
江夏区	3259	2906	11349	10100	7568	6735	1688	1501
黄陂区	821.7	645	19662.5	14778	18929.9	14778	551.1	409
新洲区	2200	2200	10700	10700	3794	3794	1827	1827
市直			4011	1011			35.2	35.2
黄石市	**348.72**	**307.36**	**7948.25**	**7687.76**	**5255.45**	**5198.56**	**623.91**	**567.41**
黄石港区	21	20.4	7.65	7.36	7.65	7.36	12.91	12.91
西塞山区	2.6	2.3	109.6	103.5	6.8	6.1	4	3.5
下陆区	3	2.8	85.5	84.8	20.5			
铁山区								
阳新县	232	192	4620	4368	2621	2587	352	346
大冶市	80	80	3086	3086	2560	2560	255	205
经济开发区	10.12	9.86	39.5	38.1	39.5	38.1		
市直								
十堰市	**13431**	**12338**	**38267**	**35062**	**18886**	**17659**	**9113**	**6870**
茅箭区	200	200	2100	2100	1900	1900	180	180
张湾区	80	40	2640	1320			340	285
郧县	1438	1438	12402	12402	4259	4259	995	995
郧西县	3950	3950	5060	5060	2650	2650	1350	1350
竹山县	2850	2850	3600	3600	2780	2780	1080	1080
竹溪县	1500	1500	4700	4700	3200	3200	1300	1300
房县	1053		1805		1227		2188	
丹江口市	2360	2360	5960	5880	2870	2870	1680	1680
市直								
宜昌市	**35841.6**	**30140.6**	**43855.6**	**42849.1**	**28554.4**	**28151.4**	**7656.9**	**7437.9**
西陵区			150	150	10	10		
伍家岗区	398		8692	8692	8682	8682	60	60
点军区	1135	1135	216	216	216	216	75	75
猇亭区	1000	900	800	800	500	400	20	
夷陵区	2907	750	6955	6955	5230	5230	41	41
远安县	860	320	1030	348	480	322	15	
兴山县	629	629	1637	1637	1637	1637	116	116
秭归县	1530	1530	1900	1900			94	94
长阳自治县	544	544	1771	1771	1240	1240	220	220
五峰自治县	5886	3856	2049	2049	968	968	323	323
宜都市	**747.6**	**747.6**	**3146.1**	**3146.1**	**1369.4**	**1369.4**	**157.9**	**157.9**
当阳市	8312	8312	7505	7505	4608	4608	1935	1935
枝江市	11893	11417	8004.5	7680	3614	3469	4600	4416
市直								

续表4

单位名称	(2)农产品初加工作业收入(万元)		(3)农机运输收入(万元)		其中:农业运输收入(万元)		2.农机维修收入(万元)	
	合计	其中:农机户	合计	其中:农机户	合计	其中:农机户	合计	其中:农机户
襄阳市	**19558.1**	**17871.1**	**109338**	**106300**	**88284.3**	**86837.3**	**9435.6**	**5109.6**
襄城区	323	158	1320	1170	1048	920	280	160
樊城区	1200	1200	1800	1800			200	200
襄州区	5046	5046	33418	33418	26635	26635	2961	
开发区							20	20
南漳县	968	806	2838	1358	1423	1185	988	823
谷城县	2799.1	2799.1	2160	2144	1289.3	1273.3	266.6	248.6
保康县	3150	3150	4500	4500	3800	3800	120	120
老河口市	600	600	52780	52400	51380	51000	900	550
枣阳市	4852	3492	3546	2534	2443	1758	2548	1836
宜城市	620	620	6645	6645			1090	1090
襄北农场			331	331	266	266	62	62
市直								
鄂州市	**7132.6**	**4098.47**	**12545.35**	**11375.61**	**7146.95**	**6512.26**	**5587.25**	**5033.34**
梁子湖区	3855.3	3469.77	5173.9	4656.51	1879.4	1691.46	2600.6	2340.54
华容区	137	123	659	593	629	566	695	625
鄂城区	2865	257	4969	4472	3051	2746	2073	1866
开发区	32	28.8	510	459	500	450	20	18
葛店开发区	90	81	135	121.5	135	121.5	45	40.5
西山街办	10	10	850	850	800	800	50	50
市直	143.3	128.9	248.45	223.6	152.55	137.3	103.65	93.3
荆门市	**34835.6**	**34440.6**	**57048.2**	**56898**	**45462.2**	**45332.2**	**2929.9**	**2844.9**
东宝区	1092.6	1092.6	7805	7805	4363.2	4363.2	252.9	252.9
掇刀区	205	205	1027	1027	1027	1027	130	130
京山县	998	998	1230	1230	1219	1219	86	86
沙洋县	1540	1540	9772	9772	6159	6159	661	661
钟祥市	30600	30600	37020	37020	32550	32550	1710	1710
屈家岭	400	5	54	44	14	14	65	5
沙洋农场			140.2		130		25	
漳河新区								
市直								
孝感市	**17280.5**	**17160.5**	**51044.6**	**50944.6**	**32602.2**	**32452.2**	**9789.5**	**9609.5**
孝南区	2320	2300	5800	5700	1950	1800	4500	4400
孝昌县	400	400	7200	7200	6300	6300	300	300
大悟县	1097.5	1097.5	3261.6	3261.6	3145.2	3145.2	31.5	31.5
云梦县	1725	1725	13510	13510	7128	7128	3246	3246
应城市	5175	5175	6434	6434	985	985	560	480
安陆市	5174	5174	9138	9138	9138	9138	821	821
汉川市	1389	1289	5701	5701	3956	3956	331	331
市直								
荆州市	**78628**	**39314**	**10720**	**8567**	**8674**	**6931**	**2523**	**2019**
沙市区	1396	698	828	662	467	374	205	164
荆州区	15028	7514	1072	858	1072	858	156	125
公安县	15812	7906	1480	1184	1184	947	687	550
监利县	15188	7594	2802	2242	2330	1864	141	113
江陵县	4874	2437	1065	852	790	632	111	89
石首市	3340	1670	799	639	573	458	388	310

续表5

单位名称	(2)农产品初加工作业收入(万元)		(3)农机运输收入(万元)		其中:农业运输收入(万元)		2.农机维修收入(万元)	
	合计	其中:农机户	合计	其中:农机户	合计	其中:农机户	合计	其中:农机户
洪湖市	12884	6442	950	760	920	736	749	599
松滋市	9506	4753	1066	852	920	736	76	61
开发区	600	300	648	518	408	326	10	8
市直			10		10			
黄冈市	**49879.6**	**44689.02**	**98369.41**	**93650.1**	**68811.56**	**64852.45**	**7714.44**	**6797.68**
黄州区	575	491	885	657	531	316	194	186
龙感湖区	1500	382	1750	1750	1050	1050	70	70
团风县	5413	5391	6354	6197	2415	2173	367	356
红安县	1251.4	957.22	2634.51	2206.1	1635.56	1359.45	459.54	337.64
罗田县	4300	3300	2560	1560	1560	1560	160	110
英山县	6000	5500	10000	8000	8900	6900	800	200
浠水县	3336	2668.8	1890	1512	1810	1448	356.3	285.04
蕲春县	1349.2	1340	3736.9	3648	3198	3025	185.6	151
黄梅县	6674	6674	15943	15943	10800	10800	1610	1590
麻城市	12826	11330	9716	9277	6912	6221	1513	1513
武穴市	6655	6655	42900	42900	30000	30000	1999	1999
市直								
咸宁市	**4586.2**	**2610**	**17059.64**	**9157**	**6425.88**	**2315**	**3263.64**	**2535**
咸安区	665	665	3568	3568	350	350	10	10
嘉鱼县	80	80	100	100	90	90	1535	1535
通城县	1069.2	1015	2492.64	2492	605.88	605	116.64	110
崇阳县	450	450	2000	2000	400	400	800	800
通山县	1841	400	4987	997	1365	870	410	80
赤壁市	481		3912		3615		392	
市直								
随州市	**6139**	**5128**	**14625**	**12360**	**10274**	**9584.6**	**6141**	**5961.5**
随县	1902	1902	6234	6234	6234	6234	5719	5719
曾都区	1276	1276	4570	4570	1980	1980	80	80
广水市	2961	1950	3821	1556	2060	1370.6	342	162.5
市直								
恩施自治州	**34410.12**	**19682.17**	**34673.69**	**26768.95**	**15146.33**	**12578.15**	**6019.02**	**4208.65**
恩施市	10019.78	3005.93	1374.49	412.35	106.69	32.01	778.1	233.43
利川市	4218.64	4218.64	10881	10881	4277.44	4277.44	602.72	602.72
建始县	1052.6	1052.6	5336.6	5216.6	2980.7	2878.7	301	292.5
巴东县	5024	3682	2763	2487	2215	2146	85	62
宣恩县	3315	1328	1992	1992	1704	1704	330	330
咸丰县	3331	1990	3620	3250	1630	1540	2505	1880
来凤县	3044.1		6176.6		2232.5		609.2	
鹤峰县	4405	4405	2530	2530			808	808
市直								
仙桃市	**18382**		**14650**	**11460**	**11460**	**11460**	**220**	
潜江市	**12432**		**15691**		**10099**		**5385**	
天门市	**4157**	**498**	**24797**	**16614**	**16332**	**9963**	**762**	**61**
神农架林区	**600**	**388**	**2500**	**1530**	**2500**	**1350**	**390**	**13**
省直								

续表6

单位名称	3.其他收入(万元)		其中:农机及油料经销收入(万元)		二、成本与费用(万元)		1.服务成本与费用(万元)	
	合计	其中:农机户	合计	其中:农机户	合计	其中:农机户	合计	其中:农机户
全省合计	**249090.64**	**141281.07**	**186346.21**	**89255.44**	**1596506.42**	**1244825.66**	**1272465.4**	**1034523.06**
武汉市	**4811.8**	**4153**	**1284.8**	**803**	**94140.77**	**86630.49**	**84927.72**	**78524.97**
洪山区	5	5	5		6934	4867	6241	4494
东西湖区					6035	6035	5064	5064
汉南区	435	135	435	135	6609.2	5933.85	5391.76	5004.41
蔡甸区	1107	1107			22817	22817	22817	22817
江夏区	1708	1514	110	98	15838	14004	13326	11763
黄陂区	734.8	570	734.8	570	13764.3	10831	12731.4	10026
新洲区	337	337			17997.39	117997.39	15967.06	15967.06
市直	485	485			4145.88	4145.88	3389.5	3389.5
黄石市	**46.5**	**44**	**39.3**	**36.9**	**18090.9**	**17228.31**	**15061.23**	**14644.9**
黄石港区	5.5	5.5	5.5	5.5	25.29	24.87	12.25	12.1
西塞山区	11	10.5	3.8	3.4	90.5	88.8	61.9	61.2
下陆区	30	28	30	28	45	44.1	40	39.4
铁山区								
阳新县					8981	8808	7365	7312
大冶市					8857	8173	7518	7157
经济开发区					92.11	89.54	64.08	63.2
市直								
十堰市	**25521**	**22762**	**12554**	**11743**	**77856**	**68130**	**61923**	**56304**
茅箭区	200	200	100	100	2720	2720	2520	2520
张湾区	3215	1615			5568	2795	2683	1323
郧县	8247	8247	6753	6753	16447	16447	13061	13061
郧西县	5850	5850	4350	4350	12185	12185	10450	10450
竹山县	850	850	540	540	8023	8023	6630	6630
竹溪县	2800	2800			8300	8300	7900	7900
房县	1159		811		6303		3819	
丹江口市	3200	3200			18310	17660	14860	14420
市直								
宜昌市	**21395.3**	**20695.2**	**8932.9**	**8444.8**	**107638.03**	**102599.23**	**87044.7**	**83943.4**
西陵区	300	300	50	50	289	289	250	250
伍家岗区	30	30	20	20	7526	7346	6236	6236
点军区	15	15	5	5	1019	1019	713	713
猇亭区	1000	800	750	500	2440	2190	1300	1250
夷陵区	515	515	410	410	8485	8305	6237	6237
远安县	50		50		2890	1438	2780	1328
兴山县	143	143	72	72	2196	2196	1673	1673
秭归县	512	512	512	512	3382	3382	2818	2818
长阳自治县	1680	1680			3335	3335	2962	2962
五峰自治县	514	514			6150	5205	4305	3913
宜都市	**821.4**	**701.4**	**458.4**	**458.4**	**4310.23**	**4190.23**	**4131.4**	**4091.4**
当阳市	7560	7560	4415	4415	28458	28458	24472	24472
枝江市	8254.9	7924.8	2190.5	2002.4	37157.8	35246	29167.3	28000
市直								

续表7

单位名称	3.其他收入(万元)		其中:农机及油料经销收入(万元)		二、成本与费用(万元)		1.服务成本与费用(万元)	
	合计	其中:农机户	合计	其中:农机户	合计	其中:农机户	合计	其中:农机户
襄阳市	**15963.6**	**9345.3**	**13729.2**	**6792**	**293422.26**	**233207.86**	**257995.58**	**202517.18**
襄城区	127	87	105	74	1889	1433	1692	1286
樊城区	450	450	450	450	4500	4500	3100	3100
襄州区	2793		2610		115751	82656	114109	82656
开发区	20	20			300	300	210	210
南漳县	5129	2357	4966	1267	11780	7960	9866	6363
谷城县	1034.6	848.3	317.2	265	5503.4	5430	4705.4	4681
保康县	4100	4100	3700	3700	12883	12883	8963	8963
老河口市	882	450	800	450	54292	52500	35940	35170
枣阳市	1336	941	707	512	74915	53937	69003	49681
宜城市					10590.06	10590.06	9605.18	9605.18
襄北农场	92	92	74	74	1018.8	1018.8	802	802
市直								
鄂州市	**7234.2**	**6521.1**	**3374.3**	**3043.12**	**27789.7**	**25099.03**	**23787.6**	**21487.34**
梁子湖区	3489	3140.1	1328.8	1195.92	11550.8	10395.72	10189.9	9170.91
华容区	350	315	322	289	2128	1912.7	1881	1692
鄂城区	3024	2721	1470	1323	12218	10995	10154	9138
开发区	80	72	80	72	176	158.4	115	103.5
葛店开发区	30	27	30	27	186	167.4	140	126
西山街办	110	110	70	70	920	920	800	800
市直	151.2	136	73.5	66.2	610.9	549.81	507.7	456.93
荆门市	**15973.5**	**15779.5**	**14844**	**14684**	**126291.1**	**124594.9**	**87499.9**	**86315.5**
东宝区	1139.5	1139.5	648	648	15229.7	15229.7	7590.6	7590.6
掇刀区					2108.7	2108.7	1654.7	1654.7
京山县	400	400	400	400	11188.1	11188.1	10934.2	10934.2
沙洋县	735	735	556	556	13732	13732	12261	12261
钟祥市	13505	13505	13080	13080	80535	80535	52075	52075
屈家岭	120		120		2108.8	1801.4	2052.4	1800
沙洋农场	74		40		1388.8		932	
漳河新区								
市直								
孝感市	**13055**	**12757**	**3326**	**3326**	**84764.5**	**83057.5**	**70955.8**	**70286.8**
孝南区	8700	8600			8250	7230	3600	3400
孝昌县	300	224			8400	8324	7605	7553
大悟县	280	280	280	280	7324.5	7324.5	4536.8	4536.8
云梦县	586	586	356	356	12347	12347	11658	11658
应城市	389	389	203	203	11948	11948	11222	11222
安陆市	484	484	484	484	19473	19062	18443	18065
汉川市	2316	2194	2003	2003	17022	16822	13891	13852
市直								
荆州市	**70974**	**21292**	**69603**	**20881**	**336369**	**216900**	**244011**	**185157**
沙市区	3644	1093	3644	1093	9635	5782	6813	4973
荆州区	13238	3971	12238	3671	38818	22574	28166	19434
公安县	11128	3338	11128	3338	55752	35975	40987	31553
监利县	10147	3044	10086	3026	85127	58550	61076	47018
江陵县	4741	1422	4441	1332	27825	17917	20393	15699
石首市	8289	2487	8289	2487	25663	16503	18773	14452

续表8

单位名称	3.其他收入(万元)		其中:农机及油料经销收入(万元)		二、成本与费用(万元)		1.服务成本与费用(万元)	
	合计	其中:农机户	合计	其中:农机户	合计	其中:农机户	合计	其中:农机户
洪湖市	8520	2556	8520	2556	48182	30614	34634	26663
松滋市	9935	2981	9935	2981	41419	26592	30228	23270
开发区	1332	400	1322	397	3723	2393	2721	2095
市直					225		220	
黄冈市	**5889.28**	**3936.54**	**3200.88**	**2389.32**	**128659.01**	**115395.14**	**106388.02**	**97652.88**
黄州区	1131	871	969	649	2632	2109	1650	1350
龙感湖区					8260	7500	8000	7500
团风县	703	685	49	46	10142	9733	8971	8676
红安县	232.68	216.38	186.48	144.32	5317.73	3504.72	4558.87	3055.4
罗田县	220	220	220	220	4840	4353	4102	3690
英山县	500	200	200	130	16000	13900	8000	7500
浠水县	680.2	544.16			9099.28	7279.42	8996.85	7197.48
蕲春县	485.4		195.4		4837	4707	4252.3	4199
黄梅县	737		181		19821	18523	19766	18472
麻城市					17440	14776	13875	12931
武穴市	1200	1200	1200	1200	30270	29010	24216	23082
市直								
咸宁市	**5066**	**2177**	**2936**	**477**	**34534.9**	**23445.5**	**28181.8**	**21288**
咸安区	1600	1600			8125	8125	8125	8125
嘉鱼县	527	527	462	462	2565	2565	2420	2420
通城县	189		189		8089.9	7685	6465.8	6143
崇阳县	20	20			3708	3708	3500	3500
通山县	2520	30	2200	15	6507	1362.5	3865	1100
赤壁市	210		85		5540		3806	
市直								
随州市	**10617**	**5480.4**	**9564**	**4681.8**	**42525**	**34865.8**	**31847**	**25291**
随县	4105	4105	4105	4105	23721	23721	16510	16510
曾都区	4680	130	4530		9100	4890	8200	4200
广水市	1832	1245.4	929	576.8	9704	6254.8	7137	4581
市直								
恩施自治州	**13303.46**	**8312.03**	**10872.83**	**6357.5**	**64759.25**	**46956.9**	**48965.05**	**34320.09**
恩施市	523	156.9	414	124.2	13610.19	6805.2	11674.61	5837.31
利川市	7700.76	6135.53	6893.53	5328.3	18760.98	17334.63	14933.78	13958.23
建始县	587.6	563.6	493	473	5529.38	5457.07	3859.86	3795.55
巴东县	117	96			4812	4364	3370	3047
宣恩县	540	540	432	432	3102	3102	2738	2738
咸丰县	2420	310	1940		4751	2333	3001	1993
来凤县	905.1		700.3		6632.7		6436.8	
鹤峰县	510	510			7561	7561	2951	2951
市直								
仙桃市	**23650**	**2430**	**21220**		**60693**	**39131**	**47193**	**34557**
潜江市	**7925**		**3200**		**46981**		**36822**	
天门市	**7665**	**5596**	**7665**	**5596**	**49675**	**27584**	**39004**	**22233**
神农架林区					**2317**		**858**	
省直								

续表9

单位名称	2.管理与财务费用(万元)		3.税金及附加(万元)		4.其他费用(万元)		三、利润总额(万元)	
	合计	其中：农机户	合计	其中：农机户	合计	其中：农机户	合计	其中：农机户
全省合计	**177095.39**	**101412.28**	**49720.32**	**30629.79**	**97225.31**	**78260.53**	**783125.94**	**638468.85**
武汉市	**2974.51**	**2372.21**	**2288.94**	**2097.61**	**3949.6**	**3635.7**	**70690.26**	**60885.31**
洪山区	198				495	373	2972	2284
东西湖区	307	307	227	227	437	437	5612	5612
汉南区	863.39	593.39	354.05	336.05			3691.8	3617.15
蔡甸区							7293	7293
江夏区	968	871	704	632	840	738	9462	8513
黄陂区	168.3	131	469.7	369	394.9	305	20232.3	12170
新洲区	191	191	177.63		1661.7	1661.7	20234.24	20203.24
市直	278.82	278.82	356.56	356.56	121	121	1192.92	1192.92
黄石市	**932.43**	**787.14**	**193.04**	**157.57**	**1904.2**	**1638.7**	**11960.58**	**11191.11**
黄石港区	6.9	6.8	6.14	5.97			28.77	28.75
西塞山区	1.8	1.5	4	3.8	22.8	22.3	65.5	62.2
下陆区			3.9	3.8	1.1	0.9	123.8	121.3
铁山区								
阳新县	670	616	104	94	842	786	7292	6694
大冶市	240	150	75	50	1024	816	4268	4108
经济开发区	13.73	12.84			14.3	13.5	182.51	176.86
市直								
十堰市	**5600**	**4238**	**3108**	**2080**	**7225**	**5508**	**35527**	**28351**
茅箭区	150	150	30	30	20	20	2380	80
张湾区	75	31	90	43	2720	1398	767	495
郧县	1087	1087	1194	1194	1105	1105	8596	8596
郧西县	590	590	400	400	745	745	9833	9833
竹山县	850	850	73	73	470	470	2207	2207
竹溪县	50	50	200	200	150	150	2000	2000
房县	1198		951		335		4564	
丹江口市	1600	1480	170	140	1680	1620	5180	5140
市直								
宜昌市	**10175.74**	**9078.84**	**3696.48**	**3342.18**	**6721.11**	**6234.81**	**43968.86**	**41964.06**
西陵区	10	10	4	4	25	25	511	511
伍家岗区	490	390	530	450	270	270	1654	1436
点军区	204	204	51	51	51	51	437	437
猇亭区	300	250	140	90	700	600	500	460
夷陵区			821	821	1427	1247	5406	5186
远安县	60	60			50	50	1135	880
兴山县			128	128	395	395	935	935
秭归县	564	564					2254	2254
长阳自治县	294	294	52	52	27	27	1643	1643
五峰自治县	784	548	583	409	478	335	2657	1551
宜都市	**86.84**	**26.84**	**15.18**	**13.18**	**76.81**	**58.81**	**1738.26**	**1738.26**
当阳市	1118	1118	460	460	2408	2408	10437	10437
枝江市	6264.9	5614	912.3	864	813.3	768	14661.6	14495.8
市直								

续表10

单位名称	2.管理与财务费用(万元)		3.税金及附加(万元)		4.其他费用(万元)		三、利润总额(万元)	
	合计	其中：农机户	合计	其中：农机户	合计	其中：农机户	合计	其中：农机户
襄阳市	**3534.3**	**2653.3**	**5380.5**	**3522.5**	**26511.88**	**24514.88**	**81724.74**	**74419.84**
襄城区	72	51	125	96			3441	2252
樊城区	600	600			800	800	1750	1750
襄州区	240		975		427		21754	20603
开发区	40	40	50	50			190	190
南漳县	292	245	572	477	1050	875	3443	2607
谷城县	280	238	123	116	395	395	4213.1	3962.2
保康县	800	800	520	520	2600	2600	3116	3116
老河口市	297		355	330	17700	17000	23030	22500
枣阳市	839	605	2599	1872	2474	1779	11818	8470
宜城市					984.88	984.88	8556.44	8556.44
襄北农场	74.3	74.3	61.5	61.5	81	81	413.2	413.2
市直								
鄂州市	**1809.9**	**1633.33**	**837.2**	**758.22**	**1355**	**1220.14**	**17452.6**	**15710.8**
梁子湖区	376.9	339.21	329.8	296.82	654.2	588.78	7401.9	6652.71
华容区	153.2	137.7	61.4	55	32.4	28	2880	2593.3
鄂城区	1116	1004	360	324	588	529	5653	5088
开发区	38	34.2	12	10.8	11	9.9	926	833.4
葛店开发区	20	18	6	5.4	20	18	179	161.1
西山街办	50	50	50	50	20	20	130	128
市直	55.8	50.22	18	16.2	29.4	26.46	282.7	254.29
荆门市	**26056.2**	**25930.6**	**1771.5**	**1756.5**	**10963.5**	**10592.3**	**59996.3**	**59271.7**
东宝区	6948.6	6948.6	502.5	502.5	188	188	906.8	906.8
掇刀区					454	454	3021.7	3021.7
京山县					253.9	253.9	13810.6	13810.6
沙洋县	632	632	174	174	665	665	13540	13540
钟祥市	18350	18350	1080	1080	9030	9030	26180	26180
屈家岭	45				11.4	1.4	2094.2	1812.6
沙洋农场	80.6		15		361.2		443	
漳河新区								
市直								
孝感市	**6678.5**	**6031.7**	**2819**	**2582**	**4311.2**	**4157**	**71754.3**	**70989.3**
孝南区	2850	2300	1300	1150	500	380	20670	20670
孝昌县	135	124.2	160	160	500	486.8	3600	3600
大悟县	2618.5	2618.5			169.2	169.2	1256.3	1256.3
云梦县	175	175	102	102	412	412	17572	17572
应城市	76	76	530	530	120	120	8634	8554
安陆市	344	318	28	21	658	658	11729	11116
汉川市	480	420	699	619	1952	1931	8293	8221
市直								
荆州市	**87402**	**30599**	**3371**	**827**	**1585**	**317**	**46079**	**29723**
沙市区	2442	733	120	24	260	52	1044	520
荆州区	10097	3029	220	44	335	67	5329	1617
公安县	14694	4408	46	9	25	5	8491	5112
监利县	21896	10948	1530	459	625	125	10604	8405
江陵县	7311	2193	93	19	28	6	4139	3822
石首市	6730	2019	100	20	60	12	3762	1891

续表11

单位名称	2.管理与财务费用(万元)		3.税金及附加(万元)		4.其他费用(万元)		三、利润总额(万元)	
	合计	其中：农机户	合计	其中：农机户	合计	其中：农机户	合计	其中：农机户
洪湖市	12416	3725	960	192	172	34	6104	4689
松滋市	10837	3251	300	60	54	11	5961	3493
开发区	976	293	2		24	5	542	174
市直	3				2		103	
黄冈市	**6087.61**	**3684.55**	**8601.36**	**7376.71**	**7582.02**	**6681**	**129164.71**	**119026.42**
黄州区			236	163	746	596	2010	1877
龙感湖区	200		60				922	564
团风县	175	168	420	397	576	492	6913	5965
红安县	359.91	269.59	279.93	179.73	119.02		2680.29	2486.26
罗田县	70	63	450	410	218	190	10140	8847
英山县	3000	2500	3000	2300	2000	1600	7500	4900
浠水县	18.7	14.96	53.73	42.98	30	24	11726.32	9381.06
蕲春县	317	312	88.7	38	179	158	7637.1	7205.1
黄梅县	25	25			30	26	18881	17164
麻城市	1619	155	986	819	960	871	15351	15233
武穴市	303	177	3027	3027	2724	2724	45404	45404
市直								
咸宁市	**1202**	**613**	**1972.6**	**1054**	**3178.5**	**490.5**	**18768.7**	**12147.5**
咸安区							4228	4228
嘉鱼县	20	20	100	100	25	25	2908	2908
通城县	451	428	804.6	764	368.5	350	2002.7	1845
崇阳县	90	90	100	100	18	18	2062	2062
通山县	210	75	385	90	2047	97.5	5051	1104.5
赤壁市	431		583		720		2517	
市直								
随州市	**1060**	**762.8**	**600**	**408.4**	**9018**	**8403.6**	**32397**	**27457.1**
随县	210	210	96	96	6905	6905	15276	15276
曾都区	360	280	240	190	300	220	6396	6056
广水市	490	272.8	264	122.4	1813	1278.6	10725	6125.1
市直								
恩施自治州	**6564.2**	**5018.81**	**4228.7**	**3447.1**	**5001.3**	**4170.9**	**51547.19**	**28036.01**
恩施市	1711.58	855.79	157	78.5	67	33.6	11251.24	653.23
利川市	1783	1488	1049.7	984.4	994.5	904	7132.48	6993.6
建始县	970.02	969.02	381.2	375.2	318.3	317.3	3149.62	3047.43
巴东县	351	325	742	671	349	321	3951	2536
宣恩县	115	115	174	174	75	75	3461	1474
咸丰县	286		510		954	340	9461.75	7104.75
来凤县	81.6		50.8		63.5		6913.1	
鹤峰县	1266	1266	1164	1164	2180	2180	6227	6227
市直								
仙桃市	**8050**	**4374**	**4850**		**600**	**200**	**43608.7**	**22158.7**
潜江市	**2341**		**2992**		**4826**		**20096**	
天门市	**5769**	**3635**	**2838**	**1220**	**2064**	**496**	**46419**	**37137**
神农架林区	**858**		**172**		**429**		**1971**	
省直								

农机化投入情况

单位名称	一、农机化总投入	1.一般行政事业支出	2.基本建设	3.科研	4.推广培训	5.农业机械购置	6.其他
	万元	万元	万元	万元	万元	万元	万元
全省合计		**17779.7**	**9013.67**	**150.8**	**2630.58**	**481412.57**	**11467.57**
武汉市	**26997.45**	**2324.97**	**2164.07**		**34.2**	**22469.21**	**5**
洪山区	523.64	140.9			8.2	374.54	
东西湖区	1169.87					1169.87	
汉南区	2832.24	24.37	1691.07			1116.8	
蔡甸区	3969	353	100			3511	5
江夏区	4683.7	724.7				3959	
黄陂区	6913	502	123			6288	
新洲区	6906	580	250		26	6050	
市直							
黄石市	**12202.98**		**118**		**12**	**11690.98**	**382**
黄石港区	36.89					36.89	
西塞山区	4.64					4.64	
下陆区							
铁山区							
阳新县	8328		118		12	8196	2
大冶市	3783					3403	380
经济开发区	50.45					50.45	
市直							
十堰市	**38310.5**	**1350**	**926**	**73**	**313.5**	**34225**	**1423**
茅箭区	1069.5				4.5	1065	
张湾区	975				15	960	
郧县	8787	255	126	45	125	8131	105
郧西县	8730	72	650		70	6638	1300
竹山县	4195	180	150	28	9	3810	18
竹溪县	5590	240				5350	
房县	4683	118			5	4560	
丹江口市	4281	485			85	3711	
市直							
宜昌市	**39322.42**	**993**	**531.2**		**434.97**	**35968.78**	**1362.47**
西陵区	37.13					22.26	14.87
伍家岗区	699.09					699.09	
点军区	502					502	
猇亭区	223				5	188	30
夷陵区	3261	91				3170	
远安县	4435.2	26	220		14.2	3080	1095
兴山县	1911	111				1800	
秭归县	1996.9	65.5	15		10	1891.4	15
长阳自治县	3010	90				2920	
五峰自治县	4500					4500	
宜都市	**4339.87**		**146.2**	**32**	**351.07**	**3632.2**	**178.4**
当阳市	9834.12	117	150		10	9557.12	
枝江市	4173.41	92.8			44.7	4006.71	29.2
市直	399.7	399.7					

续表1

单位名称	一、农机化总投入	1.一般行政事业支出	2.基本建设	3.科研	4.推广培训	5.农业机械购置	6.其他
	万元	万元	万元	万元	万元	万元	万元
襄阳市	**61583.46**	**1083.61**	**51.5**	**2.8**	**103.08**	**59687.98**	**654.49**
襄城区	910	6	2		2	900	
樊城区	1285					1285	
襄州区	10051	160	45		17	9816	13
开发区	856	5	1	2	2	846	
南漳县	5432				7	5304	121
谷城县	4569.46	122.96				4446.5	
保康县	4260.52	123.52			41	4039	57
老河口市	8614.5	84.5				8530	
枣阳市	11201	248				10925	28
宜城市	13725.68	58.43			6.28	13517.48	143.49
襄北农场	399.3	11.2	3.5	0.8	12.8	79	292
市直	279	264			15		
鄂州市	**12102.7**	**288.7**	**1277**	**32**	**96.1**	**10031.8**	**377.1**
梁子湖区	3115.8	18	316		7	2628.8	146
华容区	2563.7		24		4.1	2485.5	50.1
鄂城区	5824	33.8	906		9	4694.2	181
开发区	76	30				46	
葛店开发区	100.9	3.9	1		1	95	
西山街办	36	7				29	
市直	386.3	196	30	32	75	53.3	
荆门市	**38871.96**	**664.3**	**330**		**29.9**	**37644.21**	**203.55**
东宝区	3570.37	80.82				3409	80.55
掇刀区	3676.64	16.73			10	3632.91	17
京山县	7420.65	27.75			11.9	7381	
沙洋县	8800.31	41.91			8	8750.4	
钟祥市	9449.8	82.8	50			9267	50
屈家岭	3442.9					3442.9	
沙洋农场	2097		280			1761	56
漳河新区							
市直	414.29	414.29					
孝感市	**44151.98**	**1701.22**	**463**		**240.6**	**35755.16**	**5992**
孝南区	4668.15	150.15				4478	40
孝昌县	4137	110	30		20	3943	34
大悟县	4405.16	225			17	4163.16	
云梦县	4346.47	173.47	130		103	3900	40
应城市	11351	304	91		18	5739	5199
安陆市	6951	185	212		38	6516	
汉川市	7998	296			7	7016	679
市直	295.2	257.6			37.6		
荆州市	**67655.6**	**909.79**	**1105**		**122.95**	**65259.86**	**258**
沙市区	3766.2	23.2	80		9	3644	10
荆州区	5492.73	47.77			30	5414.96	
公安县	11429	225				11128	76
监利县	11111	128.1			3	10979.9	
江陵县	5061	19	85		6	4941	10
石首市	8496.28	116.28			3	8289	88

续表2

单位名称	一、农机化总投入	1.一般行政事业支出	2.基本建设	3.科研	4.推广培训	5.农业机械购置	6.其他
	万元	万元	万元	万元	万元	万元	万元
洪湖市	10589.68	52.68			4	10533	
松滋市	11111.59	109.64	940		56.95	9935	70
开发区	397	2				395	
市直	201.12	186.12			11		4
黄冈市	**53144**	**1855.1**	**872**	**20**	**389.22**	**49631.54**	**376.14**
黄州区	2366.8	136.8				2230	
龙感湖区	1491.1	3			2	1476.1	10
团风县	5093.5	45	110		4	4878	56.5
红安县	6276.26	290.62	19		31.9	5863.6	71.14
罗田县	5808	130			15	5663	
英山县	3438	90			10	3138	200
浠水县	4059.84	163.68	13	10	18.32	3836.34	18.5
蕲春县	5270	102			20	5148	
黄梅县	7263	263	530		70	6400	
麻城市	5072.5	155		10	110	4797.5	
武穴市	6792	273	200		98	6201	20
市直	213	203			10		
咸宁市	**30881.22**	**607**	**57**		**120**	**30005.82**	**91.4**
咸安区	4856	159	30		41	4626	
嘉鱼县	3529	110			22	3342	55
通城县	10168.9	125			14	10012.5	17.4
崇阳县	3864	72	23		31	3731	7
通山县	3484.32	80			7	3387.32	10
赤壁市	4979	61	4		5	4907	2
市直							
随州市	**18897.22**	**657.6**	**50**		**216.26**	**17908.36**	**65**
随县	8466.15	475.15			24	7962	5
曾都区	5625.68	79.45			44.26	5501.97	
广水市	4777.39	75	50		148	4444.39	60
市直	28	28					
恩施自治州	31668.96	1357.33	305		150	29749.77	106.86
恩施市	6072.29	110.1			11	5951.19	
利川市	5425.34	320.5	233		70	4801.84	
建始县	2101.72	141.43				1895.43	64.86
巴东县	2901.32	105			19	2777.32	
宣恩县	3483	221				3262	
咸丰县	4711.5	66.5	15			4625	5
来凤县	2874.79	149.8	57			2646.99	21
鹤峰县	3835	45				3790	
市直	264	198			50		16
仙桃市	**9249**	**196**			**56**	**8902**	**95**
潜江市	**9413**	**394**			**2**	**9017**	
天门市	**23821**	**1027**	**630**		**231**	**21908**	**25**
神农架林区	**1978.3**	**240.5**	**133.9**	**8**	**38.8**	**1557.1**	
省直	**2235.14**	**2129.58**		**15**	**40**		**50.56**

续表3

单位名称	二、财政投入	(一)中央财政	1.一般行政事业支出	2.基本建设	3.科研	4.推广培训	5.农业机械购置	6.其他
	万元	万元	万元	万元	万元	万元	万元	万元
全省合计	**129558.86**	**104621.97**		**115**	**10**	**426.37**	**104000**	**70.6**
武汉市	**9932.53**	**6891**		**100**			**6786**	**5**
洪山区	257.86	103.16					103.16	
东西湖区	529.77	529.77					529.77	
汉南区	607.26	329.7					329.7	
蔡甸区	1581	1128		100			1023	5
江夏区	2077.7	1353					1353	
黄陂区	2412.77	1737.77					1737.77	
新洲区	2466.17	1709.6					1709.6	
市直								
黄石市	**3106.37**	**2676**					**2676**	
黄石港区	8.13							
西塞山区	1.03							
下陆区								
铁山区								
阳新县	1664	1664					1664	
大冶市	1422	1012					1012	
经济开发区	11.21							
市直								
十堰市	**9730**	**5869**					**5869**	
茅箭区	315	300					300	
张湾区	305	290					290	
郧县	1476	1160					1160	
郧西县	3290	798					798	
竹山县	1150	800					800	
竹溪县	990	750					750	
房县	1023	900					900	
丹江口市	1181	871					871	
市直								
宜昌市	**8967.02**	**7510.97**				**116.37**	**7387**	**7.6**
西陵区	22.26							
伍家岗区	24.09							
点军区	47							
猇亭区	43							
夷陵区	891	800					800	
远安县	575.2	532.2				12.2	520	
兴山县	561	450					450	
秭归县	705.5	600					600	
长阳自治县	710	620					620	
五峰自治县	750	750					750	
宜都市	**1282.57**	**1121.77**				**104.17**	**1010**	**7.6**
当阳市	1575	1423					1423	
枝江市	1380.7	1214					1214	
市直	399.7							

续表4

单位名称	二、财政投入	(一)中央财政	1.一般行政事业支出	2.基本建设	3.科研	4.推广培训	5.农业机械购置	6.其他
	万元	万元	万元	万元	万元	万元	万元	万元
襄阳市	**12684.18**	**11349**				**24**	**11297**	**28**
襄城区	306	300					300	
樊城区	310	310					310	
襄州区	2446	2226					2226	
开发区	292	282					282	
南漳县	1341	1312					1312	
谷城县	956.96	834					834	
保康县	882.52	755				24	731	
老河口市	1714.5	1630					1630	
枣阳市	2701	2453					2425	28
宜城市	1455.2	1247					1247	
襄北农场								
市直	279							
鄂州市	**3090.7**	**1762**					**1762**	
梁子湖区	698.8	424.8					424.8	
华容区	540.7	504.7					504.7	
鄂城区	1455	773.2					773.2	
开发区	31	11					11	
葛店开发区	24.9	19					19	
西山街办	19	12					12	
市直	321.3	17.3					17.3	
荆门市	**9981.75**	**9090**					**9090**	
东宝区	1002.37	841					841	
掇刀区	830.73	787					787	
京山县	2213.65	2174					2174	
沙洋县	2000.91	1951					1951	
钟祥市	2469.8	2287					2287	
屈家岭	750	750					750	
沙洋农场	300	300					300	
漳河新区								
市直	414.29							
孝感市	**11455.82**	**9661**				**121**	**9540**	
孝南区	1068.15	878					878	
孝昌县	1860	1740					1740	
大悟县	1365	1140				17	1123	
云梦县	1233.47	1067				75	992	
应城市	1811	1501				10	1491	
安陆市	1612	1427				19	1408	
汉川市	2211	1908					1908	
市直	295.2							
荆州市	**16696.34**	**14924**					**14924**	
沙市区	1006.2	973					973	
荆州区	1719.73	1671.96					1671.96	
公安县	2430.14	2129.14					2129.14	
监利县	2731	2599.9					2599.9	
江陵县	1702	1673					1673	
石首市	1889.28	1642					1642	

续表5

单位名称	二、财政投入	(一)中央财政	1.一般行政事业支出	2.基本建设	3.科研	4.推广培训	5.农业机械购置	6.其他
	万元	万元	万元	万元	万元	万元	万元	万元
洪湖市	2251.68	2195					2195	
松滋市	2668.19	1945					1945	
开发区	97	95					95	
市直	201.12							
黄冈市	**14375.7**	**12125**			**10**	**44**	**12051**	**20**
黄州区	836.8	700					700	
龙感湖区	1030.22	1030.22					1030.22	
团风县	1146.5	1098					1078	20
红安县	1295.1	1024					1024	
罗田县	808	653					653	
英山县	758	688					688	
浠水县	1506.08	1274.78					1274.78	
蕲春县	1348	1234					1234	
黄梅县	1983	1644				24	1620	
麻城市	1609	1319			10		1309	
武穴市	1842	1450				10	1440	
市直	213	10				10		
咸宁市	**6673.9**	**6014**				**63**	**5951**	
咸安区	1216	1026				26	1000	
嘉鱼县	1205	1120				15	1105	
通城县	1124.9	914				10	904	
崇阳县	1046	938				12	926	
通山县	670	670					670	
赤壁市	1412	1346					1346	
市直								
随州市	**4757.86**	**3878**				**24**	**3854**	
随县	2149.15	1674				24	1650	
曾都区	1283.95	1160.24					1160.24	
广水市	1296.76	1043.76					1043.76	
市直	28							
恩施自治州	**7531.53**	**6020**		**15**		**24**	**5971**	**10**
恩施市	1009.1	885				9	876	
利川市	1460.5	1075					1075	
建始县	727.64	586.01					586.01	
巴东县	790	681				15	666	
宣恩县	942	721					721	
咸丰县	911.5	840		15			825	
来凤县	841.79	691.99					681.99	10
鹤峰县	585	540					540	
市直	264							
仙桃市	**2362**	**2075**					**2075**	
潜江市	**2286**	**1890**					**1890**	
天门市	**2784**	**2300**				**10**	**2290**	
神农架林区	**1042.4**	**587**					**587**	
省直	**2100.76**							

续表6

单位名称	(二)地方财政	1.一般行政事业支出	2.基本建设	3.科研	4.推广培训	5.农业机械购置	6.其他
	万元	万元	万元	万元	万元	万元	万元
全省合计	**24936.89**	**16389**	**2591.9**	**82**	**1282.51**	**1688.78**	**2902.7**
武汉市	**3041.53**	**2224.97**	**563**		**34.2**	**219.36**	
洪山区	154.7	140.9			8.2	5.6	
东西湖区							
汉南区	277.56	24.37	240			13.19	
蔡甸区	453	353				100	
江夏区	724.7	724.7					
黄陂区	675	502	123			50	
新洲区	756.57	480	200		26	50.57	
市直							
黄石市	**430.37**					**50.37**	**380**
黄石港区	8.13					8.13	
西塞山区	1.03					1.03	
下陆区							
铁山区							
阳新县							
大冶市	410					30	380
经济开发区	11.21					11.21	
市直							
十堰市	**3861**	**1085**	**596**	**25**	**197**	**623**	**1335**
茅箭区	15				2	13	
张湾区	15				15		
郧县	316	255	6	5	15	10	25
郧西县	2492	72	450		70	600	1300
竹山县	350	175	140	20	5		10
竹溪县	240	240					
房县	123	118			5		
丹江口市	310	225			85		
市直							
宜昌市	**1456.05**	**993**	**50**		**71.7**	**131.35**	**210**
西陵区	22.26					22.26	
伍家岗区	24.09					24.09	
点军区	47					47	
猇亭区	43				5	38	
夷陵区	91	91					
远安县	43	26			2		15
兴山县	111	111					
秭归县	105.5	65.5	15		10		15
长阳自治县	90	90					
五峰自治县							
宜都市	**160.8**				**10**		**150.8**
当阳市	152	117	35				
枝江市	166.7	92.8			44.7		29.2
市直	399.7	399.7					

续表7

单位名称	(二)地方财政	1.一般行政事业支出	2.基本建设	3.科研	4.推广培训	5.农业机械购置	6.其他
	万元	万元	万元	万元	万元	万元	万元
襄阳市	**1335.18**	**1042.41**	**31**	**2**	**47.28**		**212.49**
襄城区	6	6					
樊城区							
襄州区	220	160	30		17		13
开发区	10	5	1	2	2		
南漳县	29				7		22
谷城县	122.96	122.96					
保康县	127.52	93.52					34
老河口市	84.5	84.5					
枣阳市	248	248					
宜城市	208.2	58.43			6.28		143.49
襄北农场							
市直	279	264			15		
鄂州市	**1328.7**	**256.7**	**810**	**30**	**78**	**62**	**92**
梁子湖区	274	18	162		2	52	40
华容区	36		24		2	10	
鄂城区	681.8	33.8	593		3		52
开发区	20	20					
葛店开发区	5.9	3.9	1		1		
西山街办	7	7					
市直	304	174	30	30	70		
荆门市	**891.75**	**664.3**			**29.9**	**50**	**147.55**
东宝区	161.37	80.82					80.55
掇刀区	43.73	16.73			10		17
京山县	39.65	27.75			11.9		
沙洋县	49.91	41.91			8		
钟祥市	182.8	82.8				50	50
屈家岭							
沙洋农场							
漳河新区							
市直	414.29	414.29					
孝感市	**1794.82**	**1665.22**	**10**		**49.6**	**20**	**50**
孝南区	190.15	150.15					40
孝昌县	120	110					10
大悟县	225	225					
云梦县	166.47	146.47				20	
应城市	310	295	10		5		
安陆市	185	185					
汉川市	303	296			7		
市直	295.2	257.6			37.6		
荆州市	**1772.34**	**909.79**	**300**		**64.55**	**240**	**258**
沙市区	33.2	23.2					10
荆州区	47.77	47.77					
公安县	301	225					76
监利县	131.1	128.1			3		
江陵县	29	19					10
石首市	247.28	116.28			3	40	88

续表8

单位名称	(二)地方财政	1.一般行政事业支出	2.基本建设	3.科研	4.推广培训	5.农业机械购置	6.其他
	万元	万元	万元	万元	万元	万元	万元
洪湖市	56.68	52.68			4		
松滋市	723.19	109.64	300		43.55	200	70
开发区	2	2					
市直	201.12	186.12			11		4
黄冈市	**2250.7**	**1779.22**	**43**	**10**	**243.22**	**111**	**64.26**
黄州区	136.8	136.8					
龙感湖区							
团风县	48.5	45					3.5
红安县	271.1	237.74			6.9		26.46
罗田县	155	130			15	10	
英山县	70	70					
浠水县	231.3	163.68	13	10	18.32	12	14.3
蕲春县	114	102				12	
黄梅县	339	263	30		46		
麻城市	290	155			110	25	
武穴市	392	273			47	52	20
市直	203	203					
咸宁市	**659.9**	**465**	**35**		**33**	**99.5**	**27.4**
咸安区	190	129	20		15	26	
嘉鱼县	85	80					5
通城县	210.9	125				68.5	17.4
崇阳县	108	70	15		13	5	5
通山县							
赤壁市	66	61			5		
市直							
随州市	**879.86**	**657.6**	**20**		**192.26**		**10**
随县	475.15	475.15					
曾都区	123.71	79.45			44.26		
广水市	253	75	20		148		10
市直	28	28					
恩施自治州	**1511.53**	**1357.33**			**121**	**12.2**	**21**
恩施市	124.1	110.1			2	12	
利川市	385.5	320.5			65		
建始县	141.63	141.43				0.2	
巴东县	109	105			4		
宣恩县	221	221					
咸丰县	71.5	66.5					5
来凤县	149.8	149.8					
鹤峰县	45	45					
市直	264	198			50		16
仙桃市	**287**	**156**			**26**	**10**	**95**
潜江市	**396**	**394**			**2**		
天门市	**484**	**425**			**59**		
神农架林区	**455.4**	**227.7**	**133.9**		**33.8**	**60**	
省直	**2100.76**	**2085.76**		**15**			

续表9

单位名称	三、单位和集体投入	1.一般行政事业支出	2.基本建设	3.科研	4.推广培训	5.农业机械购置	6.其他
	万元	万元	万元	万元	万元	万元	万元
全省合计	**11718.91**	**1390.7**	**3491.57**	**50.8**	**458.8**	**5566**	**761.04**
武汉市	**1629.57**	**100**	**1501.07**			**28.5**	
洪山区	28.5					28.5	
东西湖区							
汉南区	1451.07		1451.07				
蔡甸区							
江夏区							
黄陂区							
新洲区	150	100	50				
市直							
黄石市	**132**		**118**		**12**		**2**
黄石港区							
西塞山区							
下陆区							
铁山区							
阳新县	132		118		12		2
大冶市							
经济开发区							
市直							
十堰市	**1977.5**	**265**	**190**	**48**	**64.5**	**1402**	**8**
茅箭区	32.5				0.5	32	
张湾区							
郧县	180		80	40	60		
郧西县	1300		100			1200	
竹山县	45	5	10	8	4	10	8
竹溪县							
房县	160					160	
丹江口市	260	260					
市直							
宜昌市	**49.12**					**29.12**	**20**
西陵区							
伍家岗区							
点军区							
猇亭区							
夷陵区							
远安县							
兴山县							
秭归县							
长阳自治县							
五峰自治县							
宜都市	**20**						**20**
当阳市	29.12					29.12	
枝江市							
市直							

续表10

单位名称	三、单位和集体投入	1.一般行政事业支出	2.基本建设	3.科研	4.推广培训	5.农业机械购置	6.其他
	万元	万元	万元	万元	万元	万元	万元
襄阳市	**510.3**	**41.2**	**5.5**	**0.8**	**31.8**	**116**	**315**
襄城区	4		2		2		
樊城区							
襄州区							
开发区							
南漳县	116					116	
谷城县							
保康县	70	30			17		23
老河口市							
枣阳市							
宜城市							
襄北农场	320.3	11.2	3.5	0.8	12.8		292
市直							
鄂州市	**337**	**32**	**201**	**2**	**18.1**	**83.8**	**0.1**
梁子湖区	67		34		5	28	
华容区	3				2.1	0.8	0.1
鄂城区	228		167		6	55	
开发区	10	10					
葛店开发区							
西山街办							
市直	29	22		2	5		
荆门市	**1652**		**280**			**1316**	**56**
东宝区							
掇刀区							
京山县							
沙洋县							
钟祥市							
屈家岭							
沙洋农场	1652		280			1316	56
漳河新区							
市直							
孝感市	**637**	**36**	**292**		**50**	**210**	**49**
孝南区							
孝昌县	74		30		20		24
大悟县							
云梦县	135	27	50		8	30	20
应城市	17	9			3		5
安陆市	411		212		19	180	
汉川市							
市直							
荆州市	**768.4**		**285**		**53.4**	**430**	
沙市区	284		80		4	200	
荆州区	50				30	20	
公安县							
监利县							
江陵县	291		85		6	200	
石首市							

续表11

单位名称	三、单位和集体投入	1.一般行政事业支出	2.基本建设	3.科研	4.推广培训	5.农业机械购置	6.其他
	万元	万元	万元	万元	万元	万元	万元
洪湖市							
松滋市	143.4		120		13.4	10	
开发区							
市直							
黄冈市	**1233.26**	**75.88**	**569**		**72**	**359**	**157.38**
黄州区							
龙感湖区	15	3			2		10
团风县	55		50		2		3
红安县	137.06	52.88	19		25		40.18
罗田县							
英山县	180	20			10	50	100
浠水县	4.2						4.2
蕲春县							
黄梅县	700		500			200	
麻城市							
武穴市	142				33	109	
市直							
咸宁市	**310**	**142**	**10**		**21**	**125**	**12**
咸安区	140	30	10			100	
嘉鱼县	55	30			5	20	
通城县	3				3		
崇阳县	15	2			6	5	2
通山县	97	80			7		10
赤壁市							
市直							
随州市	**355**		**30**			**270**	**55**
随县	5						5
曾都区							
广水市	350		30			270	50
市直							
恩施自治州	**1222.58**		**10**		**5**	**1196.58**	**11**
恩施市							
利川市	1200.58		10		5	1185.58	
建始县	11					11	
巴东县							
宣恩县							
咸丰县							
来凤县	11						11
鹤峰县							
市直							
仙桃市	**70**	**40**			**30**		
潜江市							
天门市	**688**	**602**			**61**		**25**
神农架林区	**12.8**	**12.8**					
省直	**134.38**	**43.82**			**40**		**50.56**

续表12

单位名称	四、农民个人投入	1.一般行政事业支出	2.基本建设	3.科研	4.推广培训	5.农业机械购置	6.其他
	万元	万元	万元	万元	万元	万元	万元
全省合计	**377126.38**		**2754.2**	**32**	**433.9**	**371395.05**	**2511.23**
武汉市	**15651.12**					**15651.12**	
洪山区	237.28					237.28	
东西湖区	640.1					640.1	
汉南区	773.91					773.91	
蔡甸区	2388					2388	
江夏区	2606					2606	
黄陂区	4716					4716	
新洲区	4289.83					4289.83	
市直							
黄石市	**8964.61**					**8964.61**	
黄石港区	28.76					28.76	
西塞山区	3.61					3.61	
下陆区							
铁山区							
阳新县	6532					6532	
大冶市	2361					2361	
经济开发区	39.24					39.24	
市直							
十堰市	**26181**		**140**		**50**	**25911**	**80**
茅箭区	360					360	
张湾区	670					670	
郧县	7131		40		50	6961	80
郧西县	4080		100			3980	
竹山县	3000					3000	
竹溪县	4600					4600	
房县	3500					3500	
丹江口市	2840					2840	
市直							
宜昌市	**30569.63**		**481.2**	**32**	**246.9**	**28684.66**	**1124.87**
西陵区	14.87						14.87
伍家岗区	675					675	
点军区	455					455	
猇亭区	180					150	30
夷陵区	2370					2370	
远安县	3860		220			2560	1080
兴山县	1350					1350	
秭归县	1291.4					1291.4	
长阳自治县	2300					2300	
五峰自治县	3750					3750	
宜都市	**3300.65**		**146.2**	**32**	**236.9**	**2885.55**	
当阳市	8230		115		10	8105	
枝江市	2792.71					2792.71	
市直							

续表13

单位名称	四、农民个人投入	1.一般行政事业支出	2.基本建设	3.科研	4.推广培训	5.农业机械购置	6.其他
	万元	万元	万元	万元	万元	万元	万元
襄阳市	**48388.98**		**15**			**48274.98**	**99**
襄城区	600					600	
樊城区	975					975	
襄州区	7605		15			7590	
开发区	564					564	
南漳县	3975					3876	99
谷城县	3612.5					3612.5	
保康县	3308					3308	
老河口市	6900					6900	
枣阳市	8500					8500	
宜城市	12270.48					12270.48	
襄北农场	79					79	
市直							
鄂州市	**8675**		**266**			**8124**	**285**
梁子湖区	2350		120			2124	106
华容区	2020					1970	50
鄂城区	4141		146			3866	129
开发区	35					35	
葛店开发区	76					76	
西山街办	17					17	
市直	36					36	
荆门市	**27238.21**		**50**			**27188.21**	
东宝区	2568					2568	
掇刀区	2845.91					2845.91	
京山县	5207					5207	
沙洋县	6799.4					6799.4	
钟祥市	6980		50			6930	
屈家岭	2692.9					2692.9	
沙洋农场	145					145	
漳河新区							
市直							
孝感市	**27507.16**		**161**		**20**	**26627.16**	**699**
孝南区	3600					3600	
孝昌县	2845					2845	
大悟县	3040.16					3040.16	
云梦县	2978		80		20	2858	20
应城市	4329		81			4248	
安陆市	4928					4928	
汉川市	5787					5108	679
市直							
荆州市	**50192**		**520**		**5**	**49667**	
沙市区	2476				5	2471	
荆州区	3723					3723	
公安县	9000					9000	
监利县	8380					8380	
江陵县	3068					3068	
石首市	6607					6607	

续表14

单位名称	四、农民个人投入	1.一般行政事业支出	2.基本建设	3.科研	4.推广培训	5.农业机械购置	6.其他
	万元	万元	万元	万元	万元	万元	万元
洪湖市	8338					8338	
松滋市	8300		520			7780	
开发区	300					300	
市直							
黄冈市	**38220.16**		**260**		**10**	**37815.66**	**134.5**
黄州区	1530					1530	
龙感湖区	1151					1151	
团风县	3892		60		2	3800	30
红安县	4844.1					4839.6	4.5
罗田县	5000					5000	
英山县	2500					2400	100
浠水县	2549.56					2549.56	
蕲春县	3902					3902	
黄梅县	4580					4580	
麻城市	3463.5					3463.5	
武穴市	4808		200		8	4600	
市直							
咸宁市	**23879.32**		**8**		**1**	**23820.32**	**50**
咸安区	3500					3500	
嘉鱼县	2257					2207	50
通城县	9041				1	9040	
崇阳县	2803		8			2795	
通山县	2717.32					2717.32	
赤壁市	3561					3561	
市直							
随州市	**13842.63**					**13842.63**	
随县	6312					6312	
曾都区	4400					4400	
广水市	3130.63					3130.63	
市直							
恩施自治州	**22831.86**		**223**			**22570**	**38.86**
恩施市	5063.19					5063.19	
利川市	2764.26		223			2541.26	
建始县	1308.09					1298.23	9.86
巴东县	2111.32					2111.32	
宣恩县	2541					2541	
咸丰县	3800					3800	
来凤县	1994					1965	29
鹤峰县	3250					3250	
市直							
仙桃市	**6817**					**6817**	
潜江市	**7127**					**7127**	
天门市	**20349**		**630**		**101**	**19618**	
神农架林区	**691.7**					**691.7**	
省直							

续表15

单位名称	五、其他投入	1.一般行政事业支出	2.基本建设	3.科研	4.推广培训	5.农业机械购置	6.其他
	万元	万元	万元	万元	万元	万元	万元
全省合计	**6110.4**		**4**	**8**	**29**	**818.4**	**5251**
武汉市							
洪山区							
东西湖区							
汉南区							
蔡甸区							
江夏区							
黄陂区							
新洲区							
市直							
黄石市							
黄石港区							
西塞山区							
下陆区							
铁山区							
阳新县							
大冶市							
经济开发区							
市直							
十堰市	**592**				**2**	**590**	
茅箭区	532				2	530	
张湾区							
郧县							
郧西县	60					60	
竹山县							
竹溪县							
房县							
丹江口市							
市直							
宜昌市							
西陵区							
伍家岗区							
点军区							
猇亭区							
夷陵区							
远安县							
兴山县							
秭归县							
长阳自治县							
五峰自治县							
宜都市							
当阳市							
枝江市							
市直							

续表16

单位名称	五、其他投入	1.一般行政事业支出	2.基本建设	3.科研	4.推广培训	5.农业机械购置	6.其他
	万元	万元	万元	万元	万元	万元	万元
襄阳市							
襄城区							
樊城区							
襄州区							
开发区							
南漳县							
谷城县							
保康县							
老河口市							
枣阳市							
宜城市							
襄北农场							
市直							
鄂州市							
梁子湖区							
华容区							
鄂城区							
开发区							
葛店开发区							
西山街办							
市直							
荆门市							
东宝区							
掇刀区							
京山县							
沙洋县							
钟祥市							
屈家岭							
沙洋农场							
漳河新区							
市直							
孝感市	**5194**						**5194**
孝南区							
孝昌县							
大悟县							
云梦县							
应城市	5194						5194
安陆市							
汉川市							
市直							
荆州市							
沙市区							
荆州区							
公安县							
监利县							
江陵县							
石首市							

续表17

单位名称	五、其他投入	1.一般行政事业支出	2.基本建设	3.科研	4.推广培训	5.农业机械购置	6.其他
	万元	万元	万元	万元	万元	万元	万元
洪湖市							
松滋市							
开发区							
市直							
黄冈市	**20**				**20**		
黄州区							
龙感湖区							
团风县							
红安县							
罗田县							
英山县							
浠水县							
蕲春县	20				20		
黄梅县							
麻城市							
武穴市							
市直							
咸宁市	**18**		**4**		**2**	**10**	**2**
咸安区							
嘉鱼县	12				2	10	
通城县							
崇阳县							
通山县							
赤壁市	6		4				2
市直							
随州市							
随县							
曾都区							
广水市							
市直							
恩施自治州	**55**						**55**
恩施市							
利川市							
建始县	55						55
巴东县							
宣恩县							
咸丰县							
来凤县							
鹤峰县							
市直							
仙桃市							
潜江市							
天门市							
神农架林区	**231.4**			**8**	**5**	**218.4**	
省直							

农业生产燃油消耗情况

单位名称	农业生产燃油消耗	(1)其中：柴油	(2)其中：用于农机抗灾救灾	1.农田作业	(1) 机耕	(2) 机播	(3) 机收	(4) 植保
	吨	吨	吨	吨	吨	吨	吨	吨
全省合计	**1428696.77**	**1221654.39**	**93296.68**	**705879.93**	**363436.54**	**49299.52**	**206086.65**	**48161.95**
武汉市	**75572**	**65184**	**2754**	**37425**	**24034**	**1763**	**6620**	**1831**
洪山区	1923	1635	128	1652	1087	35	485	32
东西湖区	4099	4089	90	3322	423	71	268	930
汉南区	4031	4031	100	945	562	75	211	
蔡甸区	12700	12700	100	9400	8000	200	1200	
江夏区	12527	12300	1080	5375	3878	269	830	183
黄陂区	18500	13000	1000	4100	2000	100	800	200
新洲区	19269	16204	121	12068	7899	978	2641	380
市直	1298	1225	135	563	185	35	185	106
黄石市	**38998**	**35942**	**5088**	**25741**	**10937**	**3614**	**10898**	**237**
黄石港区	488	372	10	53	13			10
西塞山区	688	357	20	238	175	15	28	20
下陆区	325	213	20	55	15	10	20	
铁山区	135	20	5	5				
阳新县	20821	18720	4913	15229	5609	2165	7353	102
大冶市	16121	15840	100	10021	5045	1419	3457	100
经济开发区	420	420	20	140	80	5	40	5
市直								
十堰市	**122137**	**119152**	**3990**	**21826**	**10280**	**3271**	**2970**	**1070**
茅箭区	2250	2250		2250		2250		
张湾区	2252	2102	150	1115	1100		10	5
郧县	5500	5500	150	866	750	6	15	10
郧西县	18800	18000	110	665	180	35	230	70
竹山县	19535	18000	280	980	250	180	265	85
竹溪县	48400	48400	2000	4450	1000	200	100	150
房县	13000	12500	1000	6600	3000	500	2000	600
丹江口市	12400	12400	300	4900	4000	100	350	150
市直								
宜昌市	**207746**	**180813**	**11648**	**101573.7**	**61724.1**	**4669.1**	**19349.4**	**10934**
西陵区	120	110						
伍家岗区	2535	2200		30	20			10
点军区	951	951		288	75		25	188
猇亭区	1500	1500		700	500			
夷陵区	9060	8160	210	1610	1350	15	30	5
远安县	5160	4800	200	2300	1200	20	860	200
兴山县	16000	15000	1000	9000	8000			1000
秭归县	1576	1213	427	463	276		2	185
长阳自治县	465	265		265	263		2	
五峰自治县	880	700	80	433	158	80	155	40
宜都市	**4648**	**4121**	**155**	**1789**	**825**	**88**	**344**	**296**
当阳市	71464	57171	8576	3902	2515	235	1007	145
枝江市	93487	84622	1000	80793.7	46542.1	4231.1	16924.4	8865
市直								

续表1

单位名称	农业生产燃油消耗	(1)其中：柴油	(2)其中：用于农机抗灾救灾	1.农田作业	(1) 机耕	(2) 机播	(3) 机收	(4) 植保
	吨	吨	吨	吨	吨	吨	吨	吨
襄阳市	**162872.81**	**135520.03**	**14132.41**	**106066.12**	**46449**	**10243**	**34270**	**9641.95**
襄城区	6544	6300	1200	3644	1597	486	1161	200
樊城区	3384	1780	300	2524	1267	137	1020	50
襄州区	33111	20050	3500	25911	11419	2772	7980	3240
开发区	2285	2200	60	2225	537	310	1338	10
南漳县	15860	11000	25	9820	4800	970	3900	50
谷城县	5880	2292	240	4860	2366	292	1782	180
保康县	10388	10000	2000	3388	1847	35	606	600
老河口市	22665	22000	5000	10665	3920	1105	2640	1500
枣阳市	40193	39000	625	26534	11338	2731	8760	2646
宜城市	21009.81	19398.03	1162.41	14992.12	6620	1115	4623	1160.95
襄北农场	1553	1500	20	1503	738	290	460	5
市直								
鄂州市	**14408.09**	**11558**	**1437**	**10661.04**	**5337.5**	**1900**	**2617**	**525.04**
梁子湖区	5288	3200	600	3320	1400	870	720	280
华容区	2895	2630	265	2300	880	610	690	30
鄂城区	4847	4500	400	4500	2670	400	1100	200
开发区	300	300	50	250	190		50	5
葛店开发区	51.09	21	2	16.04	14		2	0.04
西山街办	700	600	100	50	50			
市直	327	307	20	225	133.5	20	55	10
荆门市	**66584.8**	**61553.4**	**6283.4**	**50858.2**	**22407**	**4102**	**14877**	**4532.2**
东宝区	4830.8	4595.4	233.4	2706.2	1248	46	1165	7.2
掇刀区	4600	4600	300	3200	1290	60	1350	
京山县	10301	10286	15	10216	6439	366	3381	20
沙洋县	10000	8000	3000	6000	2000	500	2000	500
钟祥市	32800	30900	2600	25600	10400	3000	5500	3900
屈家岭	3181	2300	55	2366	780	50	1366	70
沙洋农场	872	872	80	770	250	80	115	35
漳河新区								
市直								
孝感市	**82573.67**	**71087**	**5130**	**47947.34**	**19077.7**	**3647.6**	**15089.08**	**5845.86**
孝南区	9517	9100	220	5874	2974	628	1292	480
孝昌县	9359	9000	2000	6359	1900	770	2466	1223
大悟县	9056	8896	900	4709	1412	706	1460	235
云梦县	7452	6445	50	3318	1661	351	956	2
应城市	13325.67	9003		8990.34	2720.7	570.1	2105.58	3549.86
安陆市	14356	13500	600	11000	4600	520	3700	62
汉川市	19508	15143	1360	7697	3810	102.5	3109.5	294
市直								
荆州市	**90047**	**83903**	**3305**	**59422**	**35600**	**2135**	**21065**	**311**
沙市区	3054	2924	76	1288	783	26	467	6
荆州区	6561	6250	121	4151	2614	126	1379	16
公安县	13980	13134	321	9737	6143	426	3102	33
监利县	26929	24598	1407	17222	10039	683	6176	162
江陵县	8662	8198	290	5884	3326	125	2385	24
石首市	6718	6238	269	4572	2938	155	1429	25

续表2

单位名称	农业生产燃油消耗	(1)其中：柴油	(2)其中：用于农机抗灾救灾	1.农田作业	(1) 机耕	(2) 机播	(3) 机收	(4) 植保
	吨	吨	吨	吨	吨	吨	吨	吨
洪湖市	12098	11125	550	8502	4940	328	3188	23
松滋市	10238	9673	248	7545	4578	257	2670	20
开发区	1715	1677	23	429	239	3	183	2
市直	6	86		6		6	86	
黄冈市	**107831.91**	**91753.85**	**8040**	**56127.61**	**26732.97**	**6213.36**	**15587.18**	**4370.4**
黄州区	4237	2553	278	2045	995	250	353	189
龙感湖区	1345	1345	50	685	320	41	274	20
团风县	12000	10100	1300	2340	1500	30	800	10
红安县	7956.9	5757.3	60	3667.8	1493.4	455.7	556.6	1059.8
罗田县	9750	9650	650	5900	2500	120	1800	150
英山县	3330	1900	200	1730	650	30	850	100
浠水县	17634.81	15949.55	1599	10454.81	6038.57	1652.16	2566.58	122.1
蕲春县	6483.2	3511	313	3847	1937	412.5	1466	31.5
黄梅县	15300	13300	1000	8950	3370	1330	2200	1950
麻城市	9718	7821	876	6043	3872	260	1487	414
武穴市	20077	19867	1714	10465	4057	1632	3234	324
市直								
咸宁市	**107618.88**	**60667.7**	**2864.8**	**46664.71**	**25624.26**	**4012.96**	**12871.99**	**3224**
咸安区	9156	9100	15	3415	2184	263	868	100
嘉鱼县	847	847	130	707	377		280	
通城县	5165.6	5058.7	61.8	2346.3	1187.9	264	836.9	56
崇阳县	36152	3000	2000	17052	7672	780	6100	2000
通山县	6784.28	4500	200	2215.41	736.36	80.96	1168.09	50
赤壁市	49394	38162	458	20929	13467	2625	3619	1018
市直								
随州市	**177548**	**139944**	**13476**	**67683**	**32881**	**177**	**28992**	**3337**
随县	163229	126235	12596	59924	28459	162	25905	3205
曾都区	6889	6509	280	3409	1622	15	1587	132
广水市	7430	7200	600	4350	2800		1500	
市直								
恩施自治州	**80553.61**	**75991.41**	**13191.07**	**24675.21**	**17092.01**	**141.5**	**2496**	**1254.5**
恩施市	21600	20100	9100	12100	8000	100	1000	1000
利川市	6743	6548	200	705	280	25	305	45
建始县	5147.7	4324	20.57	1714.1	1065.4	1	115	72.5
巴东县	16429.91	16379.41	50.5	4055.11	3986.61	15	3	
宣恩县	650	640	20	18	10	0.5	5	2
咸丰县	1950	1950	300	805	670		120	15
来凤县	19383	18400	3500	1778	1080		448	120
鹤峰县	3150	7650		2500	2000		500	
市直								
仙桃市	**35150**	**34550**	**1000**	**12600**	**7700**	**700**	**3000**	**200**
潜江市	**23800**	**22000**	**700**	**21300**	**10400**	**400**	**10400**	**100**
天门市	**35155**	**31975**	**217**	**15269**	**7140**	**2310**	**4984**	**738**
神农架林区	**100**	**60**	**40**	**40**	**20**			**10**
省直								

续表3

单位名称	(5) 其他	2.农田排灌	3.农田基本建设	4.畜牧业生产	5.农产品初加工	6.农业运输	7.其他
	吨	吨	吨	吨	吨	吨	吨
全省合计	**38895.27**	**72088.99**	**141593.26**	**16032.79**	**71451.82**	**355567.27**	**66082.71**
武汉市	**3177**	**3505**	**5450**	**1283**	**2059**	**23404**	**2446**
洪山区	13	45	122		28	76	
东西湖区	1630	210	100		4	463	
汉南区	97	105	560		145	2150	126
蔡甸区		300	1000			2000	
江夏区	215	1475	1381	487	425	2866	518
黄陂区	1000	1000	2000	200	200	10000	1000
新洲区	170	355	95	550	1225	5467	734
市直	52	15	192	46	32	382	68
黄石市	**55**	**1562**	**1803**	**165**	**617**	**8775**	**335**
黄石港区	30	50	60	30	20	250	25
西塞山区		35	40	30	20	325	
下陆区	10	20				250	
铁山区	5	10				120	
阳新县		827	423		272	3870	200
大冶市		600	1200	100	300	3800	100
经济开发区	10	20	80	5	5	160	10
市直							
十堰市	**4235**	**1898**	**16008**	**1216**	**2600**	**53180**	**25409**
茅箭区							
张湾区		6	120	16	15	980	
郧县	85	120	860	60	150	3200	244
郧西县	150	120	5000	40	60	12000	915
竹山县	200	152	6328	50	75	11000	950
竹溪县	3000	500	500	250	700	20000	22000
房县	500	700	2000	400	800	2000	500
丹江口市	300	300	1200	400	800	4000	800
市直							
宜昌市	**4897.1**	**10050.2**	**44538**	**433**	**3522**	**45216.1**	**2413**
西陵区			40			80	
伍家岗区					5	2500	
点军区		12				649	2
猇亭区	200		500			300	
夷陵区	210	250	300	50	150	5500	1200
远安县	20	200	920	50	50	1280	360
兴山县		500	500		2000	4000	
秭归县		215	355		158	385	
长阳自治县		10	40		70	80	
五峰自治县			80		50	200	17
宜都市	**236**	**177**	**388**	**231**	**455**	**1380**	**228**
当阳市		224	41415	102	584	24631	606
枝江市	4231.1	8462.2				4231.1	
市直							

续表4

单位名称	(5) 其他	2.农田排灌	3.农田基本建设	4.畜牧业生产	5.农产品初加工	6.农业运输	7.其他
	吨	吨	吨	吨	吨	吨	吨
襄阳市	**5462.17**	**11325.59**	**11733.83**	**5937.59**	**8459.47**	**17082.24**	**2267.97**
襄城区	200	700	600	400	400	600	200
樊城区	50	80	100	80	200	400	
襄州区	500	1200	500			4500	1000
开发区	30	60					
南漳县	100	868	3372	50	500	1050	200
谷城县	240	120	480	60	60	180	120
保康县	300	2500	500		1000	3000	
老河口市	1500	1400	1500	800	1000	6700	600
枣阳市	1059	3705	4234	512	5055	153	
宜城市	1473.17	672.59	427.83	4035.59	244.47	489.24	147.97
襄北农场	10	20	20			10	
市直							
鄂州市	**281.5**	**280.5**	**256.5**	**60.5**	**66.55**	**2848**	**235**
梁子湖区	50	150	50	20	28	1600	120
华容区	90	95	40	30	20	360	50
鄂城区	130	20	130	10	15	160	12
开发区	5	10	20		2	18	
葛店开发区		3	10		0.05	20	2
西山街办						600	50
市直	6.5	2.5	6.5	0.5	1.5	90	1
荆门市	**4940**	**758.4**	**6222.2**	**538**	**589**	**5842**	**1777**
东宝区	240	128.4	764.2	8	59	1115	50
掇刀区	500		458			942	
京山县	10	25	50	10			
沙洋县	1000	500	1000	500	500	1000	500
钟祥市	2800		3900			2200	1100
屈家岭	100	105	15	20	30	545	100
沙洋农场	290		35			40	27
漳河新区							
市直							
孝感市	**4287.1**	**9647.9**	**9387.33**	**370**	**1548**	**10832.1**	**2841**
孝南区	500	370	240	160	760	910	1203
孝昌县		700	800		300	1200	
大悟县	896	1811	906	180	453	910	87
云梦县	348	15	452	20	15	3580	52
应城市	44.1	4272.9	59.33			3.1	
安陆市	2118	10	80	10	2	3200	54
汉川市	381	2469	6850		18	1029	1445
市直							
荆州市	**311**	**3305**	**3230**	**72**	**315**	**20083**	**3620**
沙市区	6	76	20	1	20	1553	96
荆州区	16	121	65	3	45	2010	166
公安县	33	321	699	7	60	2775	381
监利县	162	1407	1500	18	60	5255	1467
江陵县	24	290	157	4	20	1997	310
石首市	25	269	60	10	20	1498	289

续表5

单位名称	(5) 其他	2.农田排灌	3.农田基本建设	4.畜牧业生产	5.农产品初加工	6.农业运输	7.其他
	吨	吨	吨	吨	吨	吨	吨
洪湖市	23	550	584	10	60	1782	610
松滋市	20	248	140	19	20	1998	268
开发区	2	23	5		10	1215	33
市直							
黄冈市	**3223.7**	**7208.5**	**6738.7**	**1640.8**	**6024.8**	**25069.2**	**5022.3**
黄州区	258	314	271	116	195	1008	288
龙感湖区	30	10	300		50	300	
团风县		30	680		50	7600	1300
红安县	102.3	1245.6	1265.8	12.7	417.5	1276.2	71.3
罗田县	1330	1100	500	200	200	1100	750
英山县	100	100	100		100	1200	100
浠水县	75.4	160.3	1352.6	83.1	1095	4209	280
蕲春县		312.6	42.3		80.3	2201	
黄梅县	100	1330	500	1120	1300	2000	100
麻城市	10	892	27		726	2030	
武穴市	1218	1714	1700	109	1811	2145	2133
市直							
咸宁市	**931.5**	**10910.7**	**8334.7**	**708.9**	**2977**	**37042.87**	**980**
咸安区		19	4000	20	20	1682	
嘉鱼县	50	120	15		15	50	60
通城县	1.5	66.7	264.7	8.9	27	2434	18
崇阳县	500	800	1500		1500	15000	300
通山县	180	120	1059	100	50	2839.87	400
赤壁市	200	9785	1496	580	1365	15037	202
市直							
随州市	**2296**	**7054**	**20027**	**2265**	**39854**	**30798**	**9867**
随县	2193	6007	19877	2250	39757	26713	8701
曾都区	53	1037	90	15	87	2085	166
广水市	50	10	60		10	2000	1000
市直							
恩施自治州	**3691.2**	**1633.2**	**6047**	**1198**	**2005**	**36942.76**	**8052.44**
恩施市	3000	1000	2500	1000	1000	2000	2000
利川市	50	105	50	20	150	4463	1250
建始县	460.2	31.7	115	10	55	3209.46	12.44
巴东县	50.5	125.5	2512		315	9422.3	
宣恩县	0.5	5	100	8	10	508	1
咸丰县		16	120	10	125	585	289
来凤县	130	350	150	100	250	12255	4500
鹤峰县			500	50	100	4500	
市直							
仙桃市	**1000**	**2000**	**1000**	**50**	**500**	**18500**	**500**
潜江市		**800**	**600**		**200**	**900**	
天门市	**97**	**140**	**207**	**85**	**110**	**19032**	**312**
神农架林区	**10**	**10**	**10**	**10**	**5**	**20**	**5**
省直							

8 农村用电及化肥施用

农村电气化

指标名称	乡、村办水电站数（个）	装机容量(万千瓦)	发电量(万千瓦小时)	农村用电量（万千瓦）
湖北省	**611**	**1524.68**	**190769.2**	**1212293**
武汉市	**1**	**8**	**75**	**121145**
武汉市辖区				17641
汉南区				4210
蔡甸区				19045
江夏区				8323
黄陂区	1	8	75	50733
新洲区				21193
黄石市	**29**	**0.85**	**2957**	**114885.4**
黄石市辖区				9899.4
阳新县	27	0.8	2932	30112
大冶市	2	0.05	25	74874
十堰市	**131**	**36.96**	**113439.4**	**48897.4**
茅箭区				1891
张湾区				1269.4
郧县	15	0.59	59.4	9377
郧西县	8	1.26	567	6854
竹山县	12	4	2632	6040
竹溪县	42	27.68	86104	3941
房县	52	3.4	23969	9973
丹江口市	2	0.03	108	9552
宜昌市	**170**	**92.39**	**53640**	**87791**
宜昌市辖区				17087
夷陵区	22	36.9	3881	14087
远安县	13	0.6	2255	4716
兴山县	25	2.39	7617	3216
秭归县				5634
长阳自治县	46	40	11672	6031
五峰自治县	57	11.45	25653	4238
宜都市	7	1.05	2562	9466
当阳市				13787
枝江市				9529
襄阳市	**17**	**3.95**	**6753.6**	**88337.22**
高新区				2533.6
襄城区				4911
樊城区				15398
襄州区	2	2.35	2830	14892
南漳县	1	0.02	57.6	6541.62
谷城县	1	0.01	16	5486
保康县	7	1.36	3300	3901
老河口市	6	0.21	550	4776
枣阳市				20537
宜城市				9361
鄂州市				**42897**
荆门市	**10**	**8.96**	**299**	**87545**
荆门市辖区	1	0.03	73	8357
京山县	5	8.79	80	18156
沙洋县				23062
钟祥市	4	0.14	146	37970
孝感市	**1**	**0.03**	**24**	**87482.31**
孝感市辖区				1575
孝南区				14995
孝昌县				7879

续表

指标名称	乡、村办水电站数（个）	装机容量（万千瓦）	发电量（万千瓦小时）	农村用电量（万千瓦）
大悟县				10670
云梦县				9958
应城市	1	0.03	24	15722
安陆市				5.31
汉川市				26678
荆州市	**1**	**0.15**	**277**	**138373**
荆州市辖区				2058
沙市区			7	10644
荆州区				12519
公安县				26848
监利县				28603
江陵县				10989
石首市				9473
洪湖市				16671
松滋市	1	0.15	270	20568
黄冈市	**122**	**25.71**	**4666.36**	**184537.2**
龙感湖农场				6753
黄州区				19533
团风县	3	1	190	13798
红安县	23	0.16	109	16906
罗田县	39	0.52	1452	11012
英山县	18	0.32	845.36	8524.2
浠水县	13	0.17	480	15996
蕲春县	3	1	540	25277
黄梅县	12	22	490	33550
麻城市	11	0.54	560	20889
武穴市				12299
咸宁市	**102**	**86.56**	**7194.86**	**40917.74**
咸安区	9	0.15	131	5140.23
嘉鱼县				8306.81
通城县	48	1.07	2294	7798.7
崇阳县	12	0.16	740.86	5726
通山县	24	1.59	3200	6251
赤壁市	9	83.59	829	7695
随州市	**21**	**0.82**	**464.06**	**40915.37**
曾都区				10793
随县	15	0.17	63.06	18189
广水市	6	0.65	401	11933.37
恩施自治州	**1**	**1260**	**756**	**41119.79**
恩施市				9743.84
利川市				8838
建始县				4297
巴东县	1	1260	756	5062
宣恩县				3875
咸丰县				3082
来凤县				2111
鹤峰县				4110.95
仙桃市				**44638**
潜江市				**16169**
天门市	**2**	**0.22**	**223**	**25507.96**
神农架林区	**3**	**0.08**		**1135**

农村化肥施用

指标名称	农用化肥施用量(按折纯法计算)	氮肥	磷肥	钾肥	复合肥
湖北省	**3576644**	**1561645**	**651020**	**325245**	**1038734**
武汉市	**154951**	**59287**	**23538**	**16822**	**55304**
武汉市辖区	20671	4648	2767	2068	11188
汉南区	7984	2538	1237	469	3740
蔡甸区	15828	4999	1739	1386	7704
江夏区	20804	5973	3345	1904	9582
黄陂区	44282	16934	6429	6303	14616
新洲区	45382	24195	8021	4692	8474
黄石市	**49992**	**25899**	**8889**	**4336**	**10868**
黄石市辖区	602	216	124	80	182
阳新县	24708	12132	4666	1895	6015
大冶市	24682	13551	4099	2361	4671
十堰市	**143267**	**68540**	**26158**	**10023**	**38546**
茅箭区	942	329	34	90	489
张湾区	2950	816	338	341	1455
郧县	27107	12821	5308	2431	6547
郧西县	33824	10359	5833	3223	14409
竹山县	12659	8144	1755	1008	1752
竹溪县	38953	18714	8047	1952	10240
房县	9823	6932	1718	711	462
丹江口市	17009	10425	3125	267	3192
宜昌市	**375562**	**140543**	**69662**	**30512**	**134845**
宜昌市辖区	18494	5296	3196	1865	8137
夷陵区	67557	23802	12046	5005	26704
远安县	8406	4075	1164	715	2452
兴山县	5033	1472	640	323	2598
秭归县	36176	13325	6859	2727	13265
长阳自治县	25931	11378	2478	365	11710
五峰自治县	29095	13555	6504	2053	6983
宜都市	20154	7455	1681	2005	9013
当阳市	90834	37342	22249	7770	23473
枝江市	73882	22843	12845	7684	30510
襄阳市	**576603**	**291916**	**104876**	**31642**	**148169**
高新区	6885	3645	1801	120	1319
襄城区	60717	38987	10441	3952	7337
樊城区	48581	26293	8361	3443	10484
襄州区	111241	49446	25297	7310	29188
南漳县	53039	22896	15154	2267	12722
谷城县	57776	31682	14627	2057	9410
保康县	12479	5153	556	839	5931
老河口市	33192	12714	1951	830	17697
枣阳市	150259	80675	14270	8244	47070
宜城市	42434	20425	12418	2580	7011
鄂州市	**120318**	**53010**	**32894**	**13102**	**21312**
荆门市	**287778**	**101260**	**59908**	**34179**	**92431**
荆门市辖区	23166	9773	4166	2142	7085
京山县	59053	19781	8450	7845	22977
沙洋县	88335	29184	13093	12853	33205
钟祥市	117224	42522	34199	11339	29164
孝感市	**210020**	**107114**	**38733**	**18003**	**46170**
孝感市辖区	1310	580	110	40	580
孝南区	32018	15076	5786	2492	8664
孝昌县	33569	15677	6538	3572	7782

续表

指标名称	农用化肥施用量(按折纯法计算)	氮肥	磷肥	钾肥	复合肥
大悟县	14839	9484	1276	608	3471
云梦县	13775	6457	1869	1498	3951
应城市	27235	11543	6181	2618	6893
安陆市	39868	23214	8488	2820	5346
汉川市	47406	25083	8485	4355	9483
荆州市	**357999**	**162125**	**65894**	**44582**	**85398**
荆州市辖区	980	384	167	125	304
沙市区	11348	2819	2167	2324	4038
荆州区	34030	13676	5440	5395	9519
公安县	67321	31705	13484	9193	12939
监利县	80353	36666	16117	9944	17626
江陵县	36371	18348	7182	3791	7050
石首市	27040	9883	5110	3680	8367
洪湖市	50141	25099	10208	4688	10146
松滋市	50415	23545	6019	5442	15409
黄冈市	**510256**	**203269**	**74198**	**44829**	**187960**
龙感湖农场	7048	1815	428	608	4197
黄州区	24222	9537	5222	2622	6841
团风县	27351	13602	5291	2457	6001
红安县	49629	20792	9153	2665	17019
罗田县	14617	6776	1170	1569	5102
英山县	6943	2502	713	541	3187
浠水县	44329	23115	1427	2960	16827
蕲春县	41121	21466	5523	2539	11593
黄梅县	183100	46500	22300	17953	96347
麻城市	31651	18613	5893	3133	4012
武穴市	80245	38551	17078	7782	16834
咸宁市	**118559**	**43182**	**23359**	**13561**	**38457**
咸安区	30977	10800	6124	2840	11213
嘉鱼县	29450	9615	5987	4061	9787
通城县	18443	6330	2400	2093	7620
崇阳县	19663	7500	4489	2442	5232
通山县	6579	2729	982	767	2101
赤壁市	13447	6208	3377	1358	2504
随州市	**160345**	**83962**	**40875**	**11484**	**24024**
曾都区	44860	25767	9414	3659	6020
随县	86693	40971	24494	5886	15342
广水市	28792	17224	6967	1939	2662
恩施自治州	**291554**	**135646**	**48841**	**26610**	**80457**
恩施市	45180	20120	5285	3796	15979
利川市	78462	39699	13596	7749	17418
建始县	30033	14820	5815	1930	7468
巴东县	39189	18769	4559	2303	13558
宣恩县	21473	8492	3958	2234	6789
咸丰县	30209	15261	7060	2350	5538
来凤县	13327	5308	2253	2290	3476
鹤峰县	33681	13177	6315	3958	10231
仙桃市	**65739**	**33044**	**8787**	**3984**	**19924**
潜江市	**73289**	**23714**	**15285**	**10855**	**23435**
天门市	**77278**	**28274**	**8805**	**10578**	**29621**
神农架林区	**3134**	**860**	**318**	**143**	**1813**

9 农业技术推行及应用

全省耕作制度状况

单位：千公顷

	面 积		面 积
一、三熟制耕地面积	502.10	2、大麦棉	8.98
(一)水田三熟制面积	302.31	3、蚕豆棉	2.38
1、油稻稻	197.19	4、油菜棉	107.42
其中：油杂杂	99.48	5、蔬菜棉	20.35
2、麦稻稻	14.57	6、麦 玉	148.66
3、蚕豆稻稻	0.60	7、蚕豆玉	5.66
4、油豆稻	2.90	8、芋 玉	50.78
5、油瓜稻	11.82	9、油 玉	56.44
6、油杂再生	14.04	10、油花生	23.33
7、芋稻稻	4.34	11、麦 豆	22.69
8、其 它	56.85	12、麦 苕	17.71
(二)旱地三熟制面积	199.79	13、麦 烟	4.17
1、麦玉豆	16.80	14、油 苕	38.15
2、麦玉苕	15.74	15、麦 芝	17.90
3、麦豆苕	4.98	16、蚕豆芝	1.26
4、芋玉豆	22.71	17、油 芝	15.54
5、麦豆棉	3.47	18、麦花生	35.31
6、麦菜棉	14.68	19、花生玉	8.27
7、麦棉菜	7.41	20、其 它	103.06
8、菜豆棉	3.30	三、一熟制耕地面积	209.51
9、菜瓜菜	22.13	(一)水田一熟制面积	134.19
10、其 它	88.57	1、肥 稻	14.65
二、二熟制耕地面积	2057.61	2、冬泡稻	38.81
(一)水田二熟制面积	1232.48	3、冬板稻	28.70
1、麦 稻	458.37	4、冬炕稻	14.80
2、油 稻	513.45	4、其 它	37.23
3、蚕豆稻	7.89	(二)旱地一熟制面积	75.32
4、花生稻	9.21	1、高山油菜	13.47
5、玉 稻	9.55	2、高山玉米	26.50
6、大豆稻	2.99	3、高山洋芋	15.76
7、芋 稻	16.21	4、其 它	19.59
8、中杂再生	22.21	附报：	
9、瓜 稻	10.88	1、纯种麻类面积	2.31
10、菜 稻	46.73	2、纯种蔬菜面积	109.90
11、藕 稻	2.64	其中：高山纯蔬菜	27.77
12、肥稻稻	18.62	3、农民自留地菜地面积	31.53
13、其 它	113.73	4、冬泡田	69.63
(二)旱地二熟制面积	825.13	5、冬板田	39.98
1、小麦棉	137.07	6、冬炕田	46.07

耕作制度状况

	三熟制耕地面积	水田					旱地			
		三熟制	油稻稻	油杂杂	麦稻稻	油杂再生	三熟制	麦玉豆	麦玉苕	芋玉豆
全省合计	**502.10**	**302.31**	**197.19**	**99.48**	**14.57**	**14.04**	**199.79**	**16.80**	**15.74**	**22.71**
武汉市	**63.65**	**37.72**	**26.67**	**8.60**	**1.18**	**0.90**	**25.93**	**0.54**		
武汉市辖区	1.42						1.42			
蔡甸区	3.18	1.26	0.73		0.28		1.92	0.34		
江夏区	10.62	6.87	2.57	2.39	0.55	0.20	3.75			
黄陂区	14.03	11.57	7.87	4.51	0.35		2.46	0.20		
新洲区	34.40	18.02	15.50	1.70	0.00	0.70	16.38			
黄石市	**28.15**	**22.39**	**17.70**	**16.70**	**3.26**		**5.76**	**0.63**	**2.61**	
黄石市辖区	0.07	0.05	0.05	0.05			0.02			
阳新县	15.68	11.84	9.65	9.65	0.76		3.84	0.53	1.61	
大冶市	12.40	10.50	8.00	7.00	2.50		1.90	0.10	1.00	
十堰市	**30.84**						**30.84**	**9.49**	**6.65**	**2.84**
十堰市辖区	0.37						0.37	0.08	0.13	
郧 县	7.20						7.20	2.40	2.00	
郧西县	9.23						9.23	3.93	1.90	0.38
竹山县	1.74						1.74	0.33	0.67	0.07
竹溪县	5.80						5.80	0.50	0.80	2.11
房 县	4.90						4.90	1.45	0.35	0.28
丹江口市	1.60						1.60	0.80	0.80	
宜昌市	**38.20**	**8.17**	**6.62**	**2.34**			**30.03**	**0.51**	**1.71**	**4.51**
宜昌市辖区	0.45						0.45			0.05
夷陵区	3.75	1.50					2.25			1.45
宜都市	0.09						0.09			
枝江市	9.49	6.62	6.62	2.34			2.87			
当阳市	4.80						4.80			
远安县	0.50	0.05					0.45	0.04	0.20	0.06
兴山县	2.86						2.86	0.25	0.35	0.35
秭归县	0.27						0.27	0.07	0.07	
长阳县	11.43						11.43	0.15	0.88	1.30
五峰县	4.56						4.56		0.21	1.30
襄阳市	**8.69**						**8.69**	**0.02**	**1.56**	
襄阳市辖区										
襄州区	3.00						3.00			
南漳县										
谷城县	0.30						0.30			
保康县	1.10						1.10		0.50	
老河口市										
枣阳市										
宜城市	4.29						4.29	0.02	1.06	
鄂州市	**19.41**	**17.50**	**8.00**	**8.00**	**0.50**	**6.00**	**1.91**	**0.03**		
荆门市	**13.36**	**6.31**	**3.60**	**0.68**		**0.01**	**7.05**	**0.70**	**0.15**	
荆门市辖区										
屈家岭	0.07						0.07			
沙洋县	1.69	0.01				0.01	1.68			
钟祥市	4.80	0.50					4.30	0.50		
京山县	6.80	5.80	3.60	0.68			1.00	0.20	0.15	
孝感市	**28.53**	**20.00**	**10.98**	**0.69**	**3.71**		**8.53**	**0.23**	**0.01**	**0.06**
孝南区	4.99	4.49	1.80	0.14	0.60		0.50			
孝昌县	3.52	3.34	0.95	0.15	2.02		0.18			
大悟县	0.17	0.07					0.10			
安陆市	0.13						0.13			

续表1

单位:千公顷

	三熟制耕地面积	水田三熟制	油稻稻	油杂杂	麦稻稻	油杂再生	旱地三熟制	麦玉豆	麦玉苕	芋玉豆
云梦县	5.21	4.35	2.39		1.00		0.86			
应城市	6.02	5.64	5.34	0.08			0.38			
汉川市	8.49	2.11	0.50	0.32	0.09		6.38	0.23	0.01	0.06
荆州市	**46.22**	**37.83**	**27.53**	**3.15**	**4.35**	**0.90**	**8.39**	**0.12**	**0.24**	
荆州区										
沙市区	0.66						0.66			
开发区	0.07	0.04					0.03			
江陵县	0.86	0.01			0.01		0.85			
松滋市	16.71	10.86	9.35	3.15	0.84		5.85	0.12	0.24	
公安县	14.34	14.34	7.00		3.00					
石首市	3.00	2.00	2.00				1.00			
监利县	10.58	10.58	9.18		0.50	0.90				
洪湖市										
黄冈市	**126.76**	**115.98**	**74.11**	**43.62**	**0.33**	**6.23**	**10.78**	**0.91**	**0.81**	**0.10**
黄州区	2.72	1.75	1.30	1.30			0.97			
团风县	8.92	8.50	6.20	6.20		0.42	0.42	0.01	0.01	
红安县	9.67	8.78	5.96	2.55	0.23		0.89		0.11	
罗田县	0.90	0.60	0.20		0.10	0.20	0.30	0.10		
英山县	2.81	1.87	0.44	0.44			0.94	0.16	0.17	0.10
浠水县	24.41	22.91	13.33	6.66		2.40	1.50	0.64	0.46	
蕲春县	32.33	27.73	10.15	9.60		3.21	4.60			
黄梅县	18.90	18.39	12.42	7.52			0.51			
麻城市	9.63	9.27	9.27	0.60			0.36		0.06	
武穴市	16.47	16.18	14.84	8.75			0.29			
龙感湖										
咸宁市	**35.96**	**28.49**	**16.96**	**15.70**	**1.24**		**7.47**	**0.50**	**0.34**	**0.02**
咸安区	13.19	9.95	1.58	1.07			3.24	0.09		
嘉鱼县	3.45	2.22	1.68	1.33	0.54		1.23	0.02		
赤壁市	6.29	5.70	5.10	4.80			0.59	0.01		0.02
通城县	6.97	5.82	4.50	4.50	0.70		1.15	0.35	0.30	
崇阳县	5.44	4.50	4.00	4.00			0.94			
通山县	0.62	0.30	0.10				0.32	0.03	0.04	
随州市										
曾都区										
随 县										
广水市										
恩施自治州	**44.53**	**0.84**					**43.69**	**2.12**	**1.66**	**15.18**
恩施市	11.40						11.40	0.82	0.34	4.90
利川市	5.20						5.20			5.00
建始县										
巴东县	18.39						18.39	1.30	1.30	1.63
宣恩县	2.06						2.06		0.02	1.20
咸丰县	2.56						2.56			1.75
来凤县	1.14	0.84					0.30			0.20
鹤峰县	3.78						3.78			0.50
仙桃市	**2.70**	**1.88**	**0.82**				**0.82**			
潜江市	**5.65**						**5.65**			
天门市	**9.40**	**5.20**	**4.20**				**4.20**	**1.00**		
神农架林区	**0.05**						**0.05**			

	旱地三熟制（续）		二熟制耕地面积							
				水田二熟制						
	麦菜棉	菜瓜菜			麦稻	油稻	芋稻	中杂再生	菜稻	肥稻稻
全省合计	**14.68**	**22.13**	**2057.61**	**1232.48**	**458.37**	**513.45**	**16.21**	**22.21**	**46.73**	**18.62**
武汉市	**2.47**	**2.41**	**66.74**	**40.15**	**2.28**	**11.85**		**2.10**	**1.40**	**1.91**
武汉市辖区		0.37	10.17	2.77	0.70	0.05				
蔡甸区	0.89	0.69								
江夏区		0.65	21.54	12.47		2.00		1.00	0.50	1.57
黄陂区		0.20	19.71	14.04	0.38	6.90			0.90	0.21
新洲区	1.58	0.50	15.32	10.87	1.20	2.90		1.10		0.13
黄石市	**0.16**	**0.55**	**28.89**	**16.49**	**3.12**	**9.35**		**0.02**	**0.51**	**0.90**
黄石市辖区		0.02	0.78	0.20	0.04	0.12		0.02		
阳新县	0.16	0.23	17.63	10.66	1.28	6.23			0.41	0.17
大冶市		0.30	10.48	5.63	1.80	3.00			0.10	0.73
十堰市		**0.01**	**105.09**	**34.25**	**12.77**	**14.48**	**2.52**		**2.13**	
十堰市辖区		0.01	0.94	0.43	0.10	0.06			0.09	
郧　县			24.74	6.86	3.50	1.24	0.32		1.17	
郧西县			15.45	3.15	2.20	0.80				
竹山县			16.11	6.01	0.67	4.75			0.07	
竹溪县			17.22	5.50	0.20	2.49	2.00		0.80	
房　县			15.42	5.90	2.60	2.50	0.20			
丹江口市			15.21	6.40	3.50	2.64				
宜昌市	**0.40**	**2.66**	**160.95**	**67.02**	**14.56**	**44.96**	**0.23**		**3.02**	**0.10**
宜昌市辖区			3.32	0.80	0.25	0.30				
夷陵区			17.80	8.31		5.10			2.32	
宜都市		0.09	9.06	4.42	0.85	2.57				
枝江市	0.20	1.47	30.95	13.72	2.40	9.50			0.40	0.10
当阳市	0.20	1.01	45.89	28.74	10.22	18.52				
远安县		0.02	8.92	6.10	0.60	4.80	0.20			
兴山县			11.90	1.96		1.56			0.30	
秭归县		0.07	18.09	0.52	0.14	0.35	0.03			
长阳县			8.66	2.19	0.10	2.00				
五峰县			6.36	0.26		0.26				
襄阳市		**2.90**	**398.95**	**193.04**	**156.11**	**16.79**			**1.90**	
襄阳市辖区			21.24	15.79	15.36	0.40				
襄州区		0.80	100.23	46.12	40.00	1.50				
南漳县			39.55	21.88	18.20	2.50				
谷城县		0.10	18.76	11.86	8.90	1.96				
保康县			14.56	3.14	1.16	1.97			0.01	
老河口市			40.44	14.24	11.55					
枣阳市			107.98	47.81	44.94	2.87				
宜城市		2.00	56.19	32.20	16.00	5.59			1.89	
鄂州市	**0.40**		**5.17**	**3.02**	**0.40**	**0.50**		**0.60**		
荆门市	**2.15**	**0.64**	**201.72**	**146.35**	**59.31**	**71.33**			**0.60**	**1.25**
荆门市辖区			25.80	23.77	7.16	15.61				
屈家岭		0.06	5.85	1.86	1.20	0.66				
沙洋县	0.13	0.28	56.86	45.33	12.10	26.73				
钟祥市	2.00	0.30	70.92	41.74	20.10	19.80				
京山县	0.02		42.29	33.65	18.75	8.53			0.60	1.25
孝感市	**4.53**	**1.74**	**191.96**	**152.85**	**61.51**	**57.49**	**3.08**		**12.17**	**0.26**
孝南区	0.03	0.44	21.73	18.72	6.42	10.80	0.16		0.45	0.01
孝昌县		0.03	26.91	21.02	9.98	8.62				
大悟县		0.10	28.29	21.00	6.60	4.22			1.85	0.21
安陆市			30.60	26.23	16.08	5.10			5.05	

续表3　　　　单位：千公顷

	旱地三熟制（续）		二熟制耕地面积	水田二熟制						
	麦菜棉	菜瓜菜			麦稻	油稻	芋稻	中杂再生	菜稻	肥稻稻
云梦县		0.35	16.66	12.59	4.23	4.14	2.20		1.52	
应城市		0.26	23.95	20.93	6.60	9.40			0.05	0.02
汉川市	4.50	0.56	43.82	32.36	11.60	15.21	0.72		3.25	0.02
荆州市	0.55	5.42	262.36	172.97	21.21	121.48		5.26	7.52	6.50
荆州区			19.39	9.71	0.20	9.00			0.01	
沙市区		0.31	7.75	6.43	3.22	3.21				
开发区	0.01	0.01	0.29	0.05	0.01	0.03			0.01	
江陵县	0.20	0.40	26.94	24.00	11.00	13.00				
松滋市	0.34	3.70	40.13	20.66	3.78	15.08		0.04		0.11
公安县			48.98	25.30	3.00	14.00			3.00	
石首市		1.00	25.30	14.10		13.50				0.50
监利县			93.58	72.72		53.66		5.22	4.50	5.89
洪湖市										
黄冈市	0.40	1.50	155.37	106.66	20.99	41.54	5.22	13.14	0.54	2.57
黄州区		0.13	6.67	3.21	1.10	0.83			0.15	0.24
团风县		0.09	6.89	5.01	0.96	0.91		1.28	0.39	
红安县		0.04	13.17	8.49	0.79	2.22		0.26		
罗田县		0.10	18.75	15.38	1.00	5.00		6.80		
英山县			13.99	12.16	2.75	5.42	2.82			0.17
浠水县	0.20	0.20	10.06	5.76		0.60		3.00		1.99
蕲春县	0.20	0.43	8.17	7.11	0.26	3.10	1.70	1.80		
黄梅县		0.21	31.05	16.31	2.80	8.10	0.70			
麻城市		0.30	34.12	25.48	8.23	12.10				0.17
武穴市			8.43	4.90	0.25	3.26				
龙感湖			4.07	2.85	2.85					
咸宁市		3.64	73.92	59.21	1.81	24.00	0.07		5.65	5.06
咸安区		1.81	19.12	16.07		15.88			0.08	
嘉鱼县		0.86	14.32	12.25	1.66	3.26			3.08	
赤壁市		0.40	15.42	12.00		1.90	0.07		0.46	0.55
通城县			6.56	6.00	0.08	1.28				3.50
崇阳县		0.36	13.84	10.34	0.07	1.24			1.63	0.81
通山县		0.21	4.66	2.55		0.44			0.40	0.20
随州市			117.26	102.87	76.02	11.65			4.20	
曾都区			22.32	18.56	15.32	2.24			1.00	
随　县			70.27	60.97	42.03	4.74			3.20	
广水市			24.67	23.34	18.67	4.67				
恩施自治州		0.63	92.57	24.89		10.02	5.09		5.51	
恩施市			20.60	3.70		0.70	0.70		2.30	
利川市		0.20	15.00	7.00		2.20	0.50		2.00	
建始县			10.60	2.32		2.05			0.07	
巴东县		0.14	17.47	1.90		1.70	0.10			
宣恩县		0.04	9.60	2.60		0.80	0.80			
咸丰县		0.25	10.96	5.21		1.42	2.01		1.14	
来凤县			0.43	0.26		0.18	0.05			
鹤峰县			7.91	1.90		0.97	0.93			
仙桃市			56.61	40.14	1.30	34.37		1.09	1.23	
潜江市	0.42		57.81	34.88	14.48	19.52			0.35	
天门市	3.20		81.74	37.69	12.50	24.12				0.07
神农架林区		0.03	0.50							

续表4 单位:千公顷

	二熟制面积(续)									
	旱地二熟制	小麦棉	油菜棉	蔬菜棉	麦玉	芋玉	油玉	油花生	麦豆	麦苕
全省合计	**825.13**	**137.07**	**107.42**	**20.35**	**148.66**	**50.78**	**56.44**	**23.33**	**22.69**	**17.71**
武汉市	**26.59**	**1.99**	**1.78**	**1.10**	**0.26**		**0.12**	**2.22**	**2.03**	**0.67**
武汉市辖区	7.40	0.30	0.06	0.80					0.65	
蔡甸区										
江夏区	9.07	0.01			0.14			2.10		
黄陂区	5.67	0.30	0.62	0.30	0.12		0.12	0.12	0.13	0.67
新洲区	4.45	1.38	1.10						1.25	
黄石市	**12.40**	**0.59**	**0.24**	**0.09**	**0.64**		**1.30**	**0.06**	**0.62**	**2.02**
黄石市辖区	0.58	0.03	0.06		0.03		0.07	0.06	0.02	0.04
阳新县	6.97	0.26	0.18	0.09	0.31		1.23			1.48
大冶市	4.85	0.30			0.30				0.60	0.50
十堰市	**70.84**	**0.14**		**0.01**	**18.12**	**4.01**	**4.92**	**1.70**	**2.34**	**6.00**
十堰市辖区	0.51				0.21		0.01		0.02	
郧 县	17.88	0.07			3.96	0.14	1.20		0.45	2.76
郧西县	12.30				3.75	0.67				0.98
竹山县	10.10				2.84		1.33	1.33	0.67	1.33
竹溪县	11.72				0.30	2.30	1.30	0.20	0.30	0.20
房 县	9.52			0.01	2.80	0.90	1.08	0.17	0.90	0.28
丹江口市	8.81	0.07			4.26					0.45
宜昌市	**93.93**	**7.60**	**2.80**	**2.60**	**8.35**	**17.77**	**18.35**	**2.76**	**1.46**	**2.30**
宜昌市辖区	2.52					0.04	0.01	0.29	0.07	
夷陵区	9.49					4.55	2.44	0.30		
宜都市	4.64						0.80	0.50		
枝江市	17.23	6.10	2.30	1.30	5.00	0.20	0.81		0.29	0.20
当阳市	17.15	1.50	0.50	1.30	1.20	1.36	6.12	0.50	0.50	0.70
远安县	2.82				0.70	0.60	0.80	0.20		0.10
兴山县	9.94				0.22	4.10	2.00			
秭归县	17.57				0.63	3.92	4.07	0.17	0.50	1.00
长阳县	6.47				0.60			0.80	0.10	0.30
五峰县	6.10					3.00	1.30			
襄阳市	**205.91**	**17.63**	**4.50**	**2.79**	**107.80**		**9.89**	**2.63**	**2.78**	**1.19**
襄阳市辖区	5.45	0.20			3.46		0.37	1.08		
襄州区	54.11	4.00	1.50	2.00	25.00		1.50		1.00	0.50
南漳县	17.67	0.19			13.50					
谷城县	6.90				3.60		0.20	0.10	0.10	0.10
保康县	11.42				4.23		3.42	0.45		
老河口市	26.20	5.16			13.57					
枣阳市	60.17	2.78			41.94				1.68	0.59
宜城市	23.99	5.30	3.00	0.79	2.50		4.40	1.00		
鄂州市	**2.15**	**0.15**	**1.00**							**0.50**
荆门市	**55.37**	**12.41**	**7.71**	**0.94**	**2.35**		**3.77**	**4.65**	**3.01**	**0.21**
荆门市辖区	2.03	0.21	1.02	0.00	0.09		0.11	0.28	0.10	
屈家岭	3.99	1.80								
沙洋县	11.53	1.72	1.54	0.22	0.13		0.11	0.07	0.21	
钟祥市	29.18	4.43	4.80	0.60	2.00		3.50	4.00	2.50	0.05
京山县	8.64	4.25	0.35	0.12	0.13		0.05	0.30	0.20	0.16
孝感市	**39.11**	**11.14**	**3.27**	**3.76**	**0.08**	**0.72**	**0.45**	**2.96**	**2.95**	**1.13**
孝南区	3.01	0.20	0.24	0.98	0.02		0.03	0.11	0.07	
孝昌县	5.89	1.08	0.25	0.04				1.26	0.21	0.04
大悟县	7.29	0.01	0.02	0.02				0.60	0.78	0.80
安陆市	4.37	0.30	0.30				0.03	0.60	1.05	0.27

续表5　　单位：千公顷

	二　熟　制　面　积（续）									
	旱地二熟制	小麦棉	油菜棉	蔬菜棉	麦玉	芋玉	油玉	油花生	麦豆	麦苕
云梦县	4.07	0.66	0.63	0.91		0.71	0.24	0.13	0.35	0.01
应城市	3.02	1.29	0.61	0.03	0.01		0.03	0.18	0.29	
汉川市	11.46	7.60	1.22	1.78	0.05	0.01	0.12	0.08	0.20	0.01
荆州市	**89.39**	**29.43**	**43.09**	**5.09**	**2.12**		**3.60**	**0.09**	**0.28**	**0.38**
荆州区	9.68	8.75	0.50	0.05	0.05		0.05	0.09		
沙市区	1.32	1.32								
开发区	0.24	0.04		0.10	0.04					
江陵县	2.94	1.00		1.94						
松滋市	19.47	4.48	6.57		2.03		3.37		0.28	0.38
公安县	23.68	3.00	15.00	3.00			0.18			
石首市	11.20	1.00	10.00							
监利县	20.86	9.84	11.02							
洪湖市										
黄冈市	**48.71**	**13.98**	**10.84**	**1.41**	**0.70**		**0.30**	**2.53**	**1.05**	**1.88**
黄州区	3.46	2.67		0.13	0.15					
团风县	1.88	0.42	0.41	0.18	0.01		0.01	0.07	0.01	0.03
红安县	4.68	0.38	0.59				0.02	0.92		0.12
罗田县	3.37	0.22		0.10						
英山县	1.83	0.10	0.08		0.23		0.07	0.02	0.03	
浠水县	4.30	0.50	0.80	0.60			0.20	1.20		0.10
蕲春县	1.06		0.40		0.26					
黄梅县	14.74	4.70	4.90	0.34				0.19		0.73
麻城市	8.64	2.30	2.00						1.00	0.90
武穴市	3.53	2.31	0.85	0.06	0.05			0.13		
龙感湖	1.22	0.38	0.81						0.01	
咸宁市	**14.71**	**0.28**	**0.24**	**0.19**	**0.70**		**2.03**	**2.07**	**0.43**	**0.26**
咸安区	3.05		0.10	0.09	0.10			1.39		
嘉鱼县	2.07	0.25			0.40		0.53	0.00	0.36	0.05
赤壁市	3.42	0.01	0.01		0.01			0.01	0.01	
通城县	0.56		0.03		0.00			0.20		
崇阳县	3.50	0.02	0.10	0.10	0.07		0.60	0.07		0.20
通山县	2.11				0.12		0.90	0.40	0.06	0.01
随州市	**14.39**	**4.71**	**1.91**	**1.30**	**3.62**					**0.74**
曾都区	3.76	1.00		1.30	0.40					0.74
随　县	9.30	3.04	1.25		3.22					
广水市	1.33	0.67	0.66							
恩施自治州	**67.68**				**1.14**	**28.28**	**10.65**	**1.25**		**0.10**
恩施市	16.90				0.45	6.66	4.00	0.15		
利川市	8.00					5.10	1.00	0.10		0.10
建始县	8.28				0.37		0.95			
巴东县	15.57				0.30	5.40	1.50	0.90		
宣恩县	7.00				0.02	5.31	0.20	0.10		
咸丰县	5.75					2.28	0.62			
来凤县	0.17					0.17				
鹤峰县	6.01					3.36	2.38			
仙桃市	**16.47**	**9.37**	**6.68**							
潜江市	**22.93**	**7.58**	**10.32**	**1.07**	**0.37**		**0.66**	**0.41**	**0.74**	
天门市	**44.05**	**20.07**	**13.04**		**2.20**		**0.25**		**5.00**	**0.25**
神农架林区	**0.50**				**0.21**		**0.15**			**0.08**

续表6 单位：千公顷

	旱地二熟制（续）				一熟制耕地面积					
						水田一熟制				
	油茬	麦芝	油芝	麦花生			肥稻	冬泡稻	冬板稻	冬炕稻
全省合计	**38.15**	**17.90**	**15.54**	**35.31**	**209.51**	**134.19**	**14.65**	**38.81**	**28.70**	**14.80**
武汉市	**0.23**	**2.32**	**3.46**	**0.20**	**11.80**	**11.30**	**0.72**	**7.50**	**1.23**	**0.42**
武汉市辖区		0.10	0.03							
蔡甸区										
江夏区		1.00	2.70		2.63	2.63	0.60	0.80	0.80	
黄陂区	0.23	1.02	0.67	0.20	9.17	8.67	0.12	6.70	0.43	0.42
新洲区		0.20	0.06							
黄石市	**2.16**	**0.31**	**1.91**	**0.11**	**13.89**	**4.24**	**1.10**	**1.08**	**1.12**	**0.94**
黄石市辖区	0.09	0.01	0.10	0.01	0.13	0.07		0.02	0.05	
阳新县	1.17		1.11		9.35	2.62	0.40	0.21	1.07	0.94
大冶市	0.90	0.30	0.70	0.10	4.41	1.55	0.70	0.85		
十堰市	**4.40**	**5.01**	**3.89**	**2.34**	**14.32**	**3.70**	**1.08**	**0.57**	**0.43**	**0.79**
十堰市辖区			0.04		0.14					
郧 县		1.50	1.20		0.07	0.01				
郧西县		0.67	1.33	0.67	1.03	0.18				
竹山县	2.00	0.33	0.07	0.07	4.69	0.56	0.03	0.07	0.13	0.33
竹溪县	1.20	0.70	0.80	0.40	2.28	0.18		0.10		
房 县	0.45	0.10	0.45	0.20	5.35	2.57	1.05	0.40	0.30	0.46
丹江口市	0.75	1.71		1.00	0.76	0.20				
宜昌市	**8.75**	**0.37**	**0.90**	**0.97**	**3.33**	**2.77**	**0.83**	**0.01**	**0.40**	**0.01**
宜昌市辖区		0.05		0.01						
夷陵区	2.20									
宜都市	3.00		0.04							
枝江市	0.69				0.20	0.20	0.20			
当阳市	0.60	0.30	0.50	0.50	0.79	0.79	0.33		0.39	
远安县	0.10	0.01	0.02	0.01	2.05	1.55	0.10			
兴山县	0.14		0.12		0.23	0.23	0.20	0.01	0.01	0.01
秭归县	1.00		0.20	0.25	0.06					
长阳县	0.02	0.01	0.02	0.20						
五峰县	1.00									
襄阳市	**0.05**	**2.66**	**0.28**	**14.39**	**12.12**	**6.33**	**1.10**	**2.20**		**2.60**
襄阳市辖区		0.15	0.14							
襄州区		1.00		9.00	5.73	2.73		1.00		1.50
南漳县				0.30						
谷城县	0.05	0.20	0.14	1.00	3.90	3.60	1.10	1.20		1.10
保康县		0.14		0.23	2.49					
老河口市										
枣阳市		0.71		1.56						
宜城市		0.46		2.30						
鄂州市		**0.30**								
荆门市	**0.07**	**0.75**	**0.52**	**3.60**	**4.96**	**4.58**	**0.90**	**1.30**	**0.10**	**0.30**
荆门市辖区			0.12	0.10	1.72	1.72				
屈家岭										
沙洋县					0.86	0.66	0.40			
钟祥市		0.60	0.10	1.50						
京山县	0.07	0.15	0.30	2.00	2.38	2.20	0.50	1.30	0.10	0.30
孝感市	**0.23**	**1.93**	**1.29**	**7.57**	**23.44**	**23.22**	**1.66**	**8.55**	**5.15**	**1.03**
孝南区	0.01	0.37	0.06	0.63	1.68	1.68	0.08		1.20	
孝昌县	0.01	0.32	0.26	1.52	1.44	1.44		0.64	0.65	
大悟县		0.15	0.10	4.80	7.22	7.00	1.16	0.70	0.40	0.55
安陆市	0.20	0.50	0.50	0.22	0.40	0.40	0.40			

续表 7

单位：千公顷

	旱地二熟制（续）				一熟制耕地面积					
						水田一熟制				
	油茬	麦芝	油芝	麦花生			肥稻	冬泡稻	冬板稻	冬炕稻
云梦县		0.29		0.13	1.65	1.65		1.09		
应城市		0.14	0.22	0.22	4.11	4.11		0.02	2.90	0.48
汉川市	0.01	0.16	0.15	0.05	6.94	6.94	0.02	6.10		
荆州市	**0.15**	**0.43**	**0.15**	**0.26**	**13.81**	**12.09**	**0.94**	**0.26**	**1.16**	**0.53**
荆州区		0.12	0.05	0.01						
沙市区										
开发区										
江陵县										
松滋市	0.15	0.31	0.10	0.25	2.78	2.06	0.11	0.26	1.16	0.53
公安县					8.00	7.00				
石首市										
监利县					3.03	3.03	0.83			
洪湖市										
黄冈市	**3.71**	**1.87**	**0.57**	**4.49**	**18.31**	**12.42**	**0.55**	**0.35**	**4.08**	**1.76**
黄州区		0.15								
团风县	0.14	0.15	0.16	0.16	0.42	0.41	0.06	0.15	0.07	0.06
红安县	1.12	0.10	0.16	0.71	2.28	1.79			0.19	1.50
罗田县	1.65			1.40	6.23	4.91		0.10	0.30	0.20
英山县	0.40	0.30		0.60	0.49	0.49	0.49			
浠水县					3.85	0.80				
蕲春县	0.10		0.10							
黄梅县	0.08	0.32		0.38	3.36	2.52			2.52	
麻城市	0.20	0.80	0.10	1.24	1.00	1.00			1.00	
武穴市	0.02	0.03	0.05		0.68	0.50		0.10		
龙感湖		0.02								
咸宁市	**2.09**		**1.38**		**23.91**	**17.26**	**3.34**	**2.38**	**1.51**	**0.98**
咸安区			1.27		0.37	0.37		0.24	0.06	0.07
嘉鱼县	0.08				3.30	2.70	0.50	0.80	0.20	0.70
赤壁市	0.02				5.29	4.78	0.04	0.26		
通城县	0.29		0.04		6.41	2.97				
崇阳县	1.20				2.66	2.05	1.00	0.08	0.20	
通山县	0.50		0.07		5.88	4.39	1.80	1.00	1.05	0.21
随州市		**0.92**		**1.04**	**6.60**	**6.60**	**2.38**		**3.33**	**0.89**
曾都区		0.32								
随　县		0.60		1.04	1.98	1.98	1.76			0.22
广水市					4.62	4.62	0.62		3.33	0.67
恩施自治州	**16.01**	**0.20**	**0.17**		**61.29**	**29.60**		**14.61**	**10.19**	**4.55**
恩施市	4.67				2.50	2.50		1.01	1.00	0.49
利川市	1.00				25.99	13.15		8.15	2.50	2.50
建始县	2.33				15.27	1.20		1.20		
巴东县	5.80	0.20	0.17							
宣恩县	1.00				9.02	6.65		3.00	3.00	0.65
咸丰县	1.21				6.69	5.60		1.08	3.36	0.91
来凤县					0.62					
鹤峰县					1.20	0.50		0.17	0.33	
仙桃市										
潜江市	**0.00**	**0.30**	**0.22**	**0.34**	**0.05**	**0.05**	**0.05**			
天门市	**0.25**	**0.53**	**0.80**							
神农架林区	**0.05**				**1.68**	**0.03**				

单位:千公顷

	一熟制面积(续)				附报:					
	旱地一熟制	高山油菜	高山玉米	高山洋芋	纯种蔬菜面积	高山纯蔬菜	农民自留地菜地	冬泡田	冬板田	冬炕田
全省合计	**75.32**	**13.47**	**26.50**	**15.76**	**109.90**	**27.77**	**31.53**	**69.63**	**39.98**	**46.07**
武汉市	**0.50**	**0.20**			**8.00**			**10.60**	**4.40**	**3.20**
武汉市辖区					8.00					
蔡甸区										
江夏区								2.00	1.00	1.00
黄陂区	0.50	0.20						8.60	3.40	2.20
新洲区										
黄石市	**9.65**	**7.78**	**1.87**		**1.15**	**0.52**	**1.42**	**4.23**	**2.13**	**3.23**
黄石市辖区	0.06	0.06			0.25	0.00	0.10	0.02	0.06	
阳新县	6.73	4.86	1.87		0.90	0.52	1.32	1.21	2.07	3.23
大冶市	2.86	2.86						3.00		
十堰市	**10.62**	**0.97**	**4.98**	**3.41**	**17.89**	**7.45**	**5.89**	**0.90**	**0.87**	**0.89**
十堰市辖区	0.14	0.11	0.03		0.50	0.25				
郧　县	0.06		0.05	0.01	3.07	0.30				
郧西县	0.85	0.43	0.42		1.05	0.10	0.08	0.15	0.14	
竹山县	4.13	0.13	2.00	2.00	7.65	5.00	2.00	0.07	0.13	0.33
竹溪县	2.10		1.30	0.60	2.05	0.50	1.30	0.10	0.20	
房　县	2.78	0.30	1.18	0.80	1.52	0.90	1.42	0.50	0.40	0.56
丹江口市	0.56				2.05	0.40	1.09	0.08		
宜昌市	**0.56**	**0.09**	**0.17**	**0.30**	**8.15**	**2.02**	**4.64**	**0.01**	**0.40**	**0.01**
宜昌市辖区					0.80	0.20				
夷陵区					2.00	0.60	1.00			
宜都市					2.30	0.42	2.00			
枝江市					1.10		1.14			
当阳市					1.00		0.50		0.39	
远安县	0.50	0.06	0.14	0.30						
兴山县					0.95	0.80		0.01	0.01	0.01
秭归县	0.06	0.03	0.03							
长阳县										
五峰县										
襄阳市	**5.79**	**0.15**	**2.30**		**6.81**	**2.78**	**3.90**	**18.86**	**0.26**	**19.10**
襄阳市辖区					2.10			0.86	0.26	
襄州区	3.00							1.00		1.50
南漳县					0.50	0.50				
谷城县	0.30	0.10	0.20		0.33		2.50	17.00		15.00
保康县	2.49	0.05	2.10		3.28	2.28	0.70			
老河口市										
枣阳市										
宜城市					0.60		0.70			2.60
鄂州市										
荆门市	**0.38**						**0.95**	**1.35**	**0.10**	**0.30**
荆门市辖区										
屈家岭										
沙洋县	0.20									
钟祥市										
京山县	0.18						0.95	1.35	0.10	0.30
孝感市	**0.22**				**11.60**			**10.55**	**7.68**	**8.28**
孝南区					1.78				1.20	
孝昌县					0.33			0.64	0.78	0.65
大悟县	0.22				1.00			0.70	0.40	0.55
安陆市					0.60				0.40	0.10

续表9　　　　　　　　　　　　　　　　　　　　　　　　　　　　　　　　单位：千公顷

	一熟制面积(续)				附报：					
	旱地一熟制	高山油菜	高山玉米	高山洋芋	纯种蔬菜面积	高山纯蔬菜	农民自留地菜地	冬泡田	冬板田	冬炕田
云梦县					1.36			1.09		
应城市					1.73			0.02	2.90	0.48
汉川市					4.80			8.10	2.00	6.50
荆州市	**1.72**	**0.15**		**0.57**	**0.51**		**0.04**	**0.26**	**1.16**	**0.53**
荆州区										
沙市区										
开发区										
江陵县					0.51		0.04			
松滋市	0.72	0.15		0.57				0.26	1.16	0.53
公安县	1.00									
石首市										
监利县										
洪湖市										
黄冈市	**5.89**	**3.58**	**0.01**	**0.17**	**7.52**		**1.68**	**0.36**	**4.25**	**1.94**
黄州区					1.18		0.36			
团风县	0.01						0.42	0.16	0.21	0.24
红安县	0.49	0.11							0.22	1.50
罗田县	1.32	1.32						0.10	0.30	0.20
英山县										
浠水县	3.05	2.00		0.05						
蕲春县										
黄梅县	0.84			0.10					2.52	
麻城市					6.34		0.90		1.00	
武穴市	0.18	0.15	0.01	0.02				0.10		
龙感湖										
咸宁市	**6.65**	**0.14**	**1.00**	**0.44**	**8.26**	**0.80**	**2.05**	**2.90**	**1.96**	**2.37**
咸安区					0.85	0.20	0.46	0.24	0.06	0.07
嘉鱼县	0.60				6.26	0.30	0.50	0.80	0.20	0.70
赤壁市	0.51	0.02	0.01					0.26		
通城县	3.44									
崇阳县	0.61	0.04	0.02	0.00	0.45	0.10	0.33	0.10	0.20	
通山县	1.49	0.08	0.97	0.44	0.70	0.20	0.76	1.50	1.50	1.60
随州市					**6.00**			**4.00**	**3.33**	**1.67**
曾都区					0.20					
随　县					5.80			4.00		1.00
广水市									3.33	0.67
恩施自治州	**31.69**	**0.35**	**15.08**	**10.87**	**16.12**	**13.81**	**7.65**	**15.61**	**13.44**	**4.55**
恩施市					6.30	5.10	3.00	1.01	1.00	0.49
利川市	12.84		8.27		4.67	4.67	2.50	9.15	2.50	2.50
建始县	14.07	0.33	4.67	9.07				1.20		
巴东县										
宣恩县	2.37	0.02	1.20	1.10	2.00	1.20	2.00	3.00	3.00	0.65
咸丰县	1.09		0.32		3.15	2.84	0.15	1.08	4.52	0.91
来凤县	0.62		0.62							
鹤峰县	0.70			0.70				0.17	2.42	
仙桃市					**13.64**		**1.50**			
潜江市					**3.86**		**1.73**			
天门市										
神农架林区	**1.65**	**0.06**	**1.09**		**0.39**	**0.39**	**0.08**			

全省经济特产作物技术推广情况

	计量单位	数 值		计量单位	数 值
一、低产园改造面积	公顷	45724	九、果品商品化处理	—	×
1、果树低产园改造面积	公顷	26620	1、商品化处理生产线	条	338
其中:柑 桔	公顷	13943	2、时处理能力	吨/小时	9215
2、茶树低产园改造面积	公顷	17766	3、商品化处理数量	吨	1120945
3、桑树低产园改造面积	公顷	1338	十、果汁加工生产线	条	30
二、育苗面积	公顷	6733	生产量	吨	38633
1、果树育苗面积	公顷	1263	十一、水果罐头加工生产线	条	36
其中:柑 桔	公顷	432	生产量	吨	325550
2、茶树无性系育苗面积	公顷	1590	其中:桔瓣罐头加工生产线	条	21
其中:苗 圃	公顷	759	生产量	吨	307300
母本园	公顷	730	十二、茶园行间覆草面积	公顷	32996
3、桑树育苗面积	公顷	86	十三、机械化采摘和修剪茶园面积	公顷	85583.8
4、中药材育苗面积	公顷	1500	十四、采茶机数量	台	12441
5、花卉育苗面积	公顷	2294	十五、修剪机数量	台	30045
三、出圃苗数	万株	89884.68	十六、茶叶冷藏保鲜库	立方米	26630
1、果树出圃苗数	万株	11885.67	十七、名优茶机械数量	台	34973
(1)柑 桔	万株	1750.65	十八、名优茶产量	吨	70030
(2)桃 子	万株	3500.30	其中:机制名优茶	吨	60681
(3)梨 子	万株	1141.20	十九、有机茶园面积	公顷	14717
(4)其 它	万株	5493.52	有机茶产量	吨	8114
2、茶树出圃苗数	万株	57483.45	二十、中药深加工厂	个	129
(1)福鼎大白茶	万株	11381.00	中药材加工产量	吨	84730
(2)鄂茶1号	万株	13502.00	二十一、遮阳网覆盖面积	公顷	6316
(3)鄂茶10号	万株	12110.00	二十二、大棚面积(不含蔬菜瓜类花卉)	公顷	1652
(4)金观音	万株	1662.00	其中:水果	公顷	173
(5)金萱	万株		茶叶	公顷	189
(6)黄棪	万株	300.00	二十三、花卉保护地栽培	公顷	215
(7)其它	万株	18528.45	1、温室	公顷	28
3、桑苗出圃苗数	万株	713.01	2、大中小棚	公顷	112
其中:湖 桑	万株	603.00	3、遮荫棚	公顷	75
杂交桑	万株	44.01	二十四、花卉生产经营实体	—	×
4、中药材出圃苗数	万株	11899.25	1、花卉市场	个	39
其中:木 本	万株	4521.60	2、花卉企业	个	327
草 本	万株	7057.65	其中:大型企业	个	63
5、花卉出圃苗数	万株	7903.30	3、从业人员	人	24332
四、果树高接换种	万株	570.11	其中:花农	人	15939
其中:柑 桔	万株	352.39	专业技术人员	人	1218
梨	万株	108.03	二十五、秸杆覆盖栽培面积	公顷	20122
五、柑桔园覆草栽培面积	公顷	58414.30	其中:果园	公顷	9310
六、柑桔贮藏保鲜量	吨	455796	二十六、省力化养蚕张数	万张	6.53
其中:通风库贮藏	吨	323616	产量	吨	2095
冷库贮藏	吨	129876	二十七、小蚕共育张数	万张	4.43
七、果树设施栽培面积	公顷	1704	产量	吨	1317
八、果实套袋数	万个	13132.56	二十八、方格簇应用片数	万片	5723.00

经济推广情况

单位：公顷、万株

	低产园改造面积	果树低产园		茶树低产园	出圃苗数	果树			
			柑桔				柑桔	桃子	梨子
全省合计	**45724**	**26620**	**13943**	**17766**	**89884.7**	**11885.7**	**1750.7**	**3500.3**	**1141.2**
武汉市	**150**	**32**	**10**	**118**	**1552.5**	**189.5**	**73.6**	**67.5**	**22.3**
武汉市辖区									
蔡甸区					70.5	70.5	15.6	36.5	12.3
江夏区					447.0	82.0	52.0	10.0	5.0
黄陂区									
新洲区	150	32	10	118	1035.0	37.0	6.0	21.0	5.0
黄石市	**140**	**80**	**80**	**50**	**115.8**	**48.8**	**24.1**	**5.4**	**6.2**
黄石市辖区									
阳新县	100	60	60	30	83.0	33.0	20.0	3.0	5.0
大冶市	40	20	20	20	32.8	15.8	4.1	2.4	1.2
十堰市	**5123**	**3270**	**2942**	**1853**	**4210.0**	**3470.0**	**301.0**	**1.0**	
十堰市辖区	60	30	20	30	120.0	100.0			
郧　县	1500	1500	1500		380.0	260.0	160.0		
郧西县	170	40	32	130					
竹山县					900.0	900.0			
竹溪县	1333			1333					
房　县	50	20	20	30	2620.0	2050.0	1.0	1.0	
丹江口市	2010	1680	1370	330	190.0	150.0	140.0		
宜昌市	**19895**	**14045**	**7990**	**5630**	**9725.7**	**610.2**	**513.4**	**35.3**	**30.0**
宜昌市辖区	100	100	75		0.9	0.4	0.4		
夷陵区	6470	3800	3800	2670	13.0	13.0	13.0		
宜都市	2684	1334	1334	1330	2060.0	60.0	60.0		
枝江市	5800	5800			270.0	270.0	200.0	30.0	30.0
当阳市	2000	2000	2000		10.0	10.0	10.0		
远安县	1300	800	600	300	91.8	21.8	20.0	0.3	
兴山县	340	210	180	130	1060.0	25.0	10.0	5.0	
秭归县	1	1	1		4100.0	100.0	100.0		
长阳县					120.0	110.0	100.0		
五峰县	1200			1200	2000.0				
襄阳市	**4420**	**1460**	**150**	**2570**	**10515.5**	**3241.5**	**88.4**	**2325.7**	**500.1**
襄阳市辖区					380.0	220.0	80.0	100.0	40.0
襄州区	1000	1000			7.0	4.0		1.0	2.0
南漳县	1250	100	100	1020	120.0				
谷城县	700			700	400.0				
保康县	1110	100		800	6623.8	47.8	7.9	23.5	0.1
老河口市	110	110			468.0	468.0		200.0	258.0
枣阳市					2500.0	2500.0		2000.0	200.0
宜城市	250	150	50	50	16.7	1.7	0.5	1.2	
鄂州市	**3**	**3**	**2**		**39.0**	**25.0**	**22.0**	**1.0**	**1.0**
荆门市	**2115**	**1935**	**130**	**180**	**433.7**	**43.7**	**21.7**	**7.0**	**5.0**
荆门市辖区	1800	1650		150	41.0	31.0	21.0	5.0	5.0
屈家岭					2.7	2.7	0.7	2.0	
沙洋县					180.0				
钟祥市	55	55							
京山县	260	230	130	30	210.0	10.0			
孝感市	**2484**	**440**	**72**	**2044**	**3543.5**	**488.5**	**24.0**	**448.0**	**10.0**
孝南区	210	100		110	835.5	35.5	12.0	22.0	
孝昌县	874	300	62	574	156.0	23.0	7.0	16.0	
大悟县	1300			1300	2400.0	400.0		400.0	
安陆市	65	25	10	40	32.0	30.0	5.0	10.0	10.0

续表1　　　　单位:公顷、万株

	低产园改造面积	果树低产园		茶树低产园	出圃苗数	果树			
			柑桔				柑桔	桃子	梨子
云梦县					120.0				
应城市	35	15		20					
汉川市									
荆州市	**750**	**750**	**750**		**333.0**	**123.0**	**120.0**	**2.0**	
荆州区									
沙市区									
开发区									
江陵县									
松滋市	750	750	750		300.0	100.0	100.0		
公安县					33.0	23.0	20.0	2.0	
石首市									
监利县									
洪湖市									
黄冈市	**1960**	**656**	**338**	**719**	**10771.0**	**139.0**	**88.5**	**16.0**	**6.1**
黄州区									
团风县	36	26	10	10					
红安县									
罗田县	690	120	8	90	902.0	11.0			
英山县	445			340	6320.0				
浠水县	1			1	114.0	83.0	72.0	4.0	5.0
蕲春县	100	50	10	50	245.0	25.0	5.0	5.0	
黄梅县	150	80	50	70					
麻城市	255	100	20	155	3177.0	7.0	5.0	1.5	0.5
武穴市	283	280	240	3	13.0	13.0	6.5	5.5	0.6
龙感湖									
咸宁市	**2843**	**1378**	**551**	**1465**	**4335.1**	**122.5**	**105.0**	**7.4**	**3.5**
咸安区	282	58	16	224	576.0				
嘉鱼县	70	40		30	10.0	10.0	7.0	2.0	
赤壁市	840	300		540					
通城县	500			500	500.0				
崇阳县	650	550	200	100	3121.0	6.0		2.0	2.0
通山县	501	430	335	71	128.1	106.5	98.0	3.4	1.5
随州市	**1850**	**1150**		**700**	**940.0**	**300.0**		**200.0**	
曾都区									
随　县	1600	1000		600	940.0	300.0		200.0	
广水市	250	150		100					
恩施自治州	**3553**	**1183**	**837**	**2237**	**38760.0**	**2994.0**	**347.0**	**363.0**	**517.0**
恩施市	800	300	300	500	3621.0	21.0	16.0	1.0	
利川市					6200.0	200.0			200.0
建始县	463	133	67	330	3300.0	1300.0	100.0	100.0	100.0
巴东县	599	266	266	200	8020.0	20.0	17.0		
宣恩县	867	200	200	667	8125.0	28.0	28.0		
咸丰县	820	280		540	2060.0	375.0		52.0	
来凤县					3234.0	1050.0	186.0	210.0	217.0
鹤峰县	4	4	4		4200.0				
仙桃市	**57**	**57**	**57**		**30.0**	**10.0**	**2.0**	**6.0**	
潜江市	**158**	**158**	**11**		**4580.0**	**80.0**	**20.0**	**15.0**	**40.0**
天门市	**23**	**23**	**23**						
神农架林区	**200**			**200**					

续表2

单位:万株

	出圃苗数(续)								
	茶树出圃苗数					桑苗	中药材		
	茶树	福鼎大白茶	鄂茶1号	鄂茶10号	金观音			木本	草本
全省合计	**57483.5**	**11381.0**	**13502.0**	**12110.0**	**1662.0**	**713.0**	**11899.3**	**4521.6**	**7057.7**
武汉市	**457.0**	**212.0**	**52.0**	**53.0**			**46.0**	**21.0**	**25.0**
武汉市辖区									
蔡甸区									
江夏区	315.0	152.0		53.0					
黄陂区									
新洲区	142.0	60.0	52.0				46.0	21.0	25.0
黄石市	**30.0**	**10.0**	**10.0**	**5.0**		**4.0**	**13.0**	**6.7**	**6.3**
黄石市辖区									
阳新县	30.0	10.0	10.0	5.0			10.0	5.0	5.0
大冶市						4.0	3.0	1.7	1.3
十堰市						**55.0**	**525.0**	**20.0**	**505.0**
十堰市辖区									
郧县						55.0			
郧西县									
竹山县									
竹溪县									
房县							520.0	20.0	500.0
丹江口市							5.0		5.0
宜昌市	**9080.5**	**1300.0**	**2000.0**			**0.0**	**25.0**	**5.0**	**20.0**
宜昌市辖区	0.5					0.0			
夷陵区									
宜都市	2000.0	800.0							
枝江市									
当阳市									
远安县	70.0								
兴山县	1000.0	500.0					25.0	5.0	20.0
秭归县	4000.0		2000.0						
长阳县	10.0								
五峰县	2000.0								
襄阳市	**4000.0**	**1450.0**		**120.0**	**770.0**	**66.0**	**2550.0**	**1870.0**	**680.0**
襄阳市辖区									
襄州区									
南漳县	120.0			120.0					
谷城县	400.0	50.0			150.0				
保康县	3480.0	1400.0			620.0	66.0	2550.0	1870.0	680.0
老河口市									
枣阳市									
宜城市									
鄂州市							**2.0**	**1.0**	**1.0**
荆门市	**10.0**						**100.0**	**20.0**	**80.0**
荆门市辖区	10.0								
屈家岭									
沙洋县									
钟祥市									
京山县							100.0	20.0	80.0
孝感市	**2908.0**	**532.0**	**1240.0**	**100.0**	**200.0**				
孝南区	800.0	500.0	200.0	100.0					
孝昌县	108.0	32.0	40.0						
大悟县	2000.0		1000.0		200.0				
安陆市									

续表3 单位：万株

	出圃苗数（续）								
	茶树出圃苗数					桑苗	中药材		
	茶树	福鼎大白茶	鄂茶1号	鄂茶10号	金观音			木本	草本
云梦县									
应城市									
汉川市									
荆州市									
荆州区									
沙市区									
开发区									
江陵县									
松滋市									
公安县									
石首市									
监利县									
洪湖市									
黄冈市	**8231.0**	**1647.0**	**4934.0**		**492.0**	**40.0**	**2340.0**	**1000.0**	**1020.0**
黄州区									
团风县									
红安县									
罗田县	50.0	10.0				40.0	800.0	800.0	
英山县	6000.0	1400.0	3200.0		490.0		320.0		
浠水县	31.0	22.0	4.0		2.0				
蕲春县	100.0	10.0	90.0				120.0	100.0	20.0
黄梅县									
麻城市	2050.0	205.0	1640.0				1100.0	100.0	1000.0
武穴市									
龙感湖									
咸宁市	**3584.0**	**1565.0**	**131.0**				**128.3**	**117.9**	**10.4**
咸安区	184.0	65.0	51.0						
嘉鱼县									
赤壁市									
通城县	400.0	300.0	80.0				100.0	100.0	
崇阳县	3000.0	1200.0					15.0	15.0	
通山县							13.3	2.9	10.4
随州市							**320.0**	**100.0**	**220.0**
曾都区									
随县							320.0	100.0	220.0
广水市									
恩施自治州	**29183.0**	**4665.0**	**5135.0**	**11832.0**	**200.0**	**548.0**	**5850.0**	**1360.0**	**4490.0**
恩施市	3600.0	200.0	1000.0	600.0	200.0				
利川市	6000.0		1500.0	1500.0					
建始县	2000.0	500.0		1500.0					
巴东县	2500.0			2500.0			5500.0	1300.0	4200.0
宣恩县	8097.0		2295.0	5592.0					
咸丰县	1150.0	85.0					350.0	60.0	290.0
来凤县	1636.0	1080.0	320.0	120.0		548.0			
鹤峰县	4200.0	2800.0	20.0	20.0					
仙桃市									
潜江市									
天门市									
神农架林区									

续表4

单位：公顷、吨

	花卉出圃苗数（万株）	柑桔园覆草栽培面积	柑桔贮藏保鲜量(吨)	柑橘贮藏保鲜量		果实套袋数(万个)	果品商品化处理		
				通风库贮藏	冷库贮藏		生产线(条)	时处理能力(吨/时)	商品化处理数量
全省合计	**7903.3**	**58414**	**455796**	**323616**	**129876**	**13132.6**	**338**	**9215**	**1120945**
武汉市	**860.0**					**750.0**			
武汉市辖区						700.0			
蔡甸区									
江夏区	50.0								
黄陂区									
新洲区	810.0					50.0			
黄石市	**20.0**	**190**	**1000**	**900**	**100**	**140.0**	**1**		**200**
黄石市辖区									
阳新县	10.0	40	500	400	100	40.0	1		200
大冶市	10.0	150	500	500		100.0			
十堰市	**160.0**	**2322**	**800**	**800**		**26.0**	**28**	**6000**	**5**
十堰市辖区	20.0	252							
郧　县	65.0	1600	600	600		16.0			5
郧西县									
竹山县									
竹溪县									
房　县	50.0	200	100	100		10.0			
丹江口市	25.0	270	100	100			28	6000	
宜昌市	**10.0**	**50847**	**408500**	**287700**	**120200**	**4380.0**	**275**	**3081**	**1015260**
宜昌市辖区		110	7800	7200			16	65	53000
夷陵区		20000	30000	20000	10000		68	700	420000
宜都市		6667	20000	20000		5.0	90	450	60
枝江市		10050	50000	40000	10000	4000.0	78	600	300000
当阳市		3300	250000	150000	100000		15	1000	200000
远安县		220	300	300				8	6000
兴山县	10.0	5500				375.0	7	250	35000
秭归县		5000							
长阳县			50000	50000					
五峰县			400	200	200		1	8	1200
襄阳市	**658.0**		**10000**	**10000**		**1834.0**	**3**	**10**	**60000**
襄阳市辖区	160.0					10.0			
襄州区	3.0					10.0			
南漳县			10000	10000		10.0			
谷城县									
保康县	480.0					16.0	1		
老河口市						1678.0	2	10	60000
枣阳市						110.0			
宜城市	15.0								
鄂州市	**12.0**	**1**	**20000**	**12000**	**8000**	**100.0**			
荆门市	**280.0**		**2500**	**1000**	**1500**	**285.0**	**5**		**3500**
荆门市辖区			2000	800	1200		3		3000
屈家岭									
沙洋县	180.0								
钟祥市						280.0			
京山县	100.0		500	200	300	5.0	2		500
孝感市	**147.0**	**324**	**1838**	**1282**	**56**	**40.3**			
孝南区		4	500						
孝昌县	25.0	320	1338	1282	56	4.3			
大悟县									
安陆市	2.0								

续表5

单位:公顷、吨

	花卉出圃苗数(万株)	柑桔园覆草栽培面积	柑桔贮藏保鲜量(吨)	柑橘贮藏保鲜量		果实套袋数(万个)	果品商品化处理		
				通风库贮藏	冷库贮藏		生产线(条)	时处理能力(吨/时)	商品化处理数量
云梦县	120.0								
应城市						36.0			
汉川市									
荆州市	**210.0**	**1070**	**1200**			**200.0**	**15**	**100**	**40000**
荆州区		1000							
沙市区									
开发区									
江陵县									
松滋市	200.0	70	1200			200.0	15	100	40000
公安县	10.0								
石首市									
监利县									
洪湖市									
黄冈市	**21.0**	**630**	**3870**	**3850**	**20**	**559.7**			
黄州区									
团风县									
红安县						9.7			
罗田县	1.0								
英山县									
浠水县			20	0	20				
蕲春县		30	850	850		500.0			
黄梅县									
麻城市	20.0					50.0			
武穴市		600	3000	3000					
龙感湖									
咸宁市	**500.3**	**1350**	**1338**	**1334**		**1405.6**	**7**	**12**	**1500**
咸安区	392.0	50	18	14					
嘉鱼县						100.0	3	3	
赤壁市						100.0	3	3	
通城县									
崇阳县	100.0	100	800	800		1200.0			
通山县	8.3	1200	520	520		5.6	1	6	1500
随州市	**320.0**					**160.0**			
曾都区									
随　县	320.0					160.0			
广水市									
恩施自治州	185.0	1680	4750	4750		3042.0	4	12	480
恩施市		1600				500.0			
利川市						82.0			
建始县									
巴东县			4000	4000			1	3	
宣恩县		60				580.0	1	5	
咸丰县	185.0		750	750		1580.0	2	4	480
来凤县						300.0			
鹤峰县		20							
仙桃市	**20.0**					**10.0**			
潜江市	**4500.0**					**200.0**			
天门市									
神农架林区									

续表6

单位:公顷、吨

	茶园行间覆草面积	机械化采摘修剪茶园面积	采茶机数量(台)	修剪机数量(台)	茶叶冷藏保鲜库(立方米)	名优茶机械数量(台)	名优茶产量	机制名优茶	秸秆覆盖栽培面积
全省合计	**32996**	**85584**	**12441**	**30045**	**26630**	**34973**	**70030**	**60681**	**20122**
武汉市	**20**		**7**	**12**	**35**	**440**	**622**	**420**	**2**
武汉市辖区									
蔡甸区									1
江夏区			7	12	20	200	500	300	1
黄陂区									
新洲区	20				15	240	122	120	
黄石市	**40**	**30**	**35**	**10**	**307**	**180**	**160**	**50**	**20**
黄石市辖区									
阳新县	10	20	35	10	300	180	120	50	20
大冶市	30	10			7		40		
十堰市	**5623**	**10460**	**151**	**453**	**376**	**6974**	**4257**	**4250**	**1402**
十堰市辖区				2					252
郧　县	1150		18	19	20	85	70	68	1000
郧西县	435					32	27	22	
竹山县	1430	9700	3	210	85	1500	2400	2400	
竹溪县	1333	500	115	90	161	5160	1420	1420	
房　县	340	260	15	72	100	77	280	280	150
丹江口市	935			60	10	120	60	60	
宜昌市	**10616**	**23345**	**7077**	**8412**	**7130**	**10332**	**20035**	**19295**	**1616**
宜昌市辖区	10	22	22	32	30	15	25	15	
夷陵区	1333	10670	270	1100	5000	2200	4560	4560	
宜都市	1251	6200	5400	2650	100	1200	4500	4500	1333
枝江市									
当阳市	50						100		33
远安县	120	200	20	30	1000	300	400	350	250
兴山县	850	1250	20	150		35	350	350	
秭归县	2	3	45	150		382	1320	1320	
长阳县			300	300		1200	550		
五峰县	7000	5000	1000	4000	1000	5000	8230	8200	
襄阳市	**5550**	**2920**	**157**	**290**	**700**	**1135**	**4100**	**1570**	**4200**
襄阳市辖区									
襄州区									
南漳县	1000	400	20	10	200	50	600	500	
谷城县	700	2000	70	130	100	485	1800		
保康县	3700	460	50	103	400	600	1680	1050	4200
老河口市							20	20	
枣阳市			12	45					
宜城市	150	60	5	2					
鄂州市	**1**	**1**	**16**	**11**	**90**	**11**	**100**	**100**	**3200**
荆门市	**150**				**50**		**11**		
荆门市辖区					50				
屈家岭									
沙洋县									
钟祥市	150								
京山县							11		
孝感市	**4051**	**10192**	**70**	**10175**	**2156**	**6048**	**5098**	**4633**	**1926**
孝南区		12			3		81		3
孝昌县	2688			82			1367	1367	1923
大悟县	1333	10000		10000	2000	6000	3500	3200	
安陆市	30	60	70	85	3	30	60	30	

单位:公顷、吨

	茶园行间覆草面积	机械化采摘修剪茶园面积	采茶机数量(台)	修剪机数量(台)	茶叶冷藏保鲜库(立方米)	名优茶机械数量(台)	名优茶产量	机制名优茶	秸秆覆盖栽培面积
云梦县									
应城市		120		8	150	18	90	36	
汉川市									
荆州市	**158**					**6**	**8**		**810**
荆州区									
沙市区									10
开发区									
江陵县									
松滋市									800
公安县									
石首市	158					6	8		
监利县									
洪湖市									
黄冈市	**1258**	**7355**	**633**	**1059**	**7777**	**3446**	**17843**	**13305**	**1851**
黄州区									
团风县		23	6	15			48	41	
红安县		1	35	26	2	434	541	279	
罗田县	100	50	100	120		500	55	35	
英山县	350	3475	460	407	6800	1385	16000	12000	1
浠水县					55	36	130	60	
蕲春县	40	100	10	60	120	550	400	300	50
黄梅县	30	20	2	3		450	51		
麻城市	733	3666	8	420	800	66	600	590	300
武穴市	5	20	12	8		25	18		1500
龙感湖									
咸宁市	**918**	**9832**	**2893**	**1032**	**1509**	**3551**	**4098**	**4060**	**1550**
咸安区	158	390		7	22	420	726	688	
嘉鱼县						280	50	50	
赤壁市	100	5267	361		107	321	3012	3012	
通城县		3500	2500	1000	1360	2500	300	300	
崇阳县	10	550	32	25	20	30	10	10	300
通山县	650	125							1250
随州市	**1200**	**1500**	**11**	**82**	**750**	**50**	**305**	**270**	**1200**
曾都区									
随 县	1200	1500	11	82	600	50	275	250	1200
广水市					150		30	20	
恩施自治州	**3410**	**19949**	**1391**	**8389**	**5750**	**2800**	**13393**	**12728**	**2345**
恩施市	260	1300	60	152	1800	225	5693	5693	
利川市			10	30		500	2700	2700	
建始县							380		
巴东县	200	333	50	50	200	50	400	200	
宣恩县	2000	7066	554	2665	300	694	3680	3650	2060
咸丰县	850	1250	205	405	450	385	540	485	285
来凤县			12	87		186			
鹤峰县	100	10000	500	5000	3000	760			
仙桃市									
潜江市				**120**					
天门市									
神农架林区									

全省主要油料作物良种面积、产量

单位:千公顷、吨

	面积	产量		面积	产量
油料良种面积合计	1453.36		1、华油杂6号面积	22.74	41022
一、花生良种	176.42		2、华油杂8号面积	23.45	49939
3、鄂花6号	37.38		3、华油杂9号面积	148.28	316273
4、中花4号	4.96		4、华油杂12号面积	67.81	142591
5、中花5号	10.27		5、华油杂13号面积	77.61	191521
6、中花6号	29.65		6、华油杂62面积	25.09	44640
7、中花7号	4.07		7、中油杂8号面积	16.05	34470
8、中花8号	32.42		8、中油杂11号面积	90.05	176427
9、中花16	15.46		9、中油杂12号面积	86.25	170969
10、天府11号	8.44		10、中双9号面积	95.41	164393
11、其它	33.77		11、中双10号面积	115.48	221255
二、芝麻良种	73.00		12、中双12号面积	48.06	70366
1、鄂芝1号	7.40		13、华双4号面积	35.32	63297
2、鄂芝2号	2.74		14、华双5号面积	26.94	50817
3、鄂芝3号	6.08		15、广源58面积	17.58	36435
4、中芝9号	12.22		16、沣油5103面积	20.64	46744
5、中芝10号	20.73		17、大地55面积	13.53	24618
6、其 它	23.83		18、中农油2008面积	10.25	22194
三、油菜良种面积	1191.81	2333365	19、其它面积	216.67	402996
㈠"双低"优质油菜面积	1157.21	2270967	㈡其它良种油菜面积	34.60	62398

2012年主要油料粮种

单位：千公顷

	油料良种面积合计	花生					芝麻		
			鄂花6号	中花6号	中花8号	中花16		中芝9号	中芝10号
全省合计	**1453.45**	**176.42**	**37.38**	**29.65**	**32.42**	**15.46**	**73.00**	**12.22**	**20.73**
武汉市	**80.72**	**11.94**	**1.24**	**2.47**	**2.06**		**9.55**	**2.53**	**2.89**
武汉市辖区	1.02	0.14	0.14				0.18		0.18
蔡甸区	1.64	0.15			0.15		0.26		
江夏区	20.34	3.28	0.50	1.20	0.30		5.43	2.20	1.60
黄陂区	29.51	6.77		0.67	1.21		2.07	0.33	0.40
新洲区	28.21	1.60	0.60	0.60	0.40		1.61		0.71
黄石市	**54.03**	**3.56**	**1.03**	**0.87**	**0.04**		**7.88**	**2.08**	**2.37**
黄石市辖区	0.85	0.08		0.02	0.04		0.13		0.05
阳新县	32.02	1.66	0.67				4.63	2.08	2.32
大冶市	21.16	1.82	0.36	0.85			3.12		
十堰市	**75.93**	**18.20**	**1.90**	**1.80**	**2.50**	**5.20**	**13.14**	**1.80**	**3.60**
十堰市辖区	0.41	0.08					0.04		
郧　县	10.88	1.77	0.80	0.70			3.62	1.10	1.20
郧西县	10.83	2.32	1.10	0.50			2.21	0.30	
竹山县	22.74	9.42			2.50	5.20	1.86		0.70
竹溪县	14.73	2.09		0.50			2.70		1.60
房　县	9.89	1.50		0.10			1.00	0.40	0.10
丹江口市	6.45	1.02					1.71		
宜昌市	**110.14**	**11.82**	**1.52**	**1.15**	**1.50**	**0.20**	**2.90**	**0.30**	**0.23**
宜昌市辖区	1.69	0.35	0.20	0.05			0.10		0.05
夷陵区	12.97	1.95					0.46		
宜都市	9.20	0.76					0.04		
枝江市	22.21	1.52	0.50				0.68	0.30	0.18
当阳市	31.22	3.47		0.50	1.50	0.20	1.01		
远安县	6.98	0.25	0.02				0.03		
兴山县	4.57	0.16		0.10			0.09		
秭归县	7.81	1.49					0.44		
长阳县	9.64	1.55	0.80	0.50			0.03		
五峰县	3.85	0.32					0.02		
襄阳市	**75.21**	**24.22**	**5.42**	**2.99**	**4.50**	**3.00**	**7.26**	**0.51**	**1.63**
襄阳市辖区	5.48	1.70	0.37	0.04			0.81		0.08
襄州区	15.15	9.61			2.20	2.00	1.00		0.40
南漳县	3.48	0.41			0.30		0.43		0.05
谷城县	6.00	1.30	0.50		0.30		0.58	0.20	
保康县	6.88	0.70	0.41	0.15			0.16	0.11	
老河口市	11.46	2.27	1.17	1.10			2.61		1.10
枣阳市	5.14	1.56	0.30	0.20	0.70		0.71	0.20	
宜城市	21.62	6.67	2.67	1.50	1.00	1.00	0.96		
鄂州市	**23.00**								
荆门市	**131.52**	**16.74**	**7.26**	**2.07**	**1.41**	**0.22**	**4.07**	**1.24**	**1.52**
荆门市辖区	19.88	2.17	0.50				0.13		
屈家岭	0.80	0.11	0.06	0.04			0.11	0.04	0.02
沙洋县	43.47	4.10		0.33	0.61	0.22	1.15		0.80
钟祥市	46.93	6.81	4.50	1.20	0.80		0.88		0.40
京山县	20.44	3.55	2.20	0.50			1.80	1.20	0.30
孝感市	**106.86**	**23.70**	**6.29**	**2.78**	**4.87**	**5.74**	**4.74**	**0.78**	**0.93**
孝南区	14.69	0.91	0.20	0.20	0.15	0.10	0.68	0.10	0.02
孝昌县	15.86	3.66	0.23	1.20	1.23	0.36	0.98	0.21	0.23
大悟县	21.69	16.37	5.00	0.80	3.00	5.00	0.22		0.12
安陆市	9.69	1.58	0.67	0.33	0.30	0.28	1.38	0.33	0.32

续表1 单位：千公顷

	油料良种面积合计	花生	鄂花6号	中花6号	中花8号	中花16	芝麻	中芝9号	中芝10号
云梦县	8.28	0.26		0.06			0.29	0.11	
应城市	17.80	0.73	0.18	0.18	0.16		0.83		0.24
汉川市	18.85	0.19	0.01	0.01	0.03		0.36	0.03	
荆州市	**254.91**	**1.07**		**0.52**	**0.22**		**2.64**	**0.57**	**1.97**
荆州区	17.29								
沙市区	3.82								
开发区	0.36								
江陵县	22.27	0.44		0.44			0.46	0.46	
松滋市	36.16	0.33					0.41	0.11	0.20
公安县	38.39	0.08		0.08			0.17		0.17
石首市	29.54								
监利县	76.58	0.22			0.22		1.60		1.60
洪湖市	30.50								
黄冈市	**235.47**	**36.52**	**8.28**	**7.12**	**9.78**		**7.44**	**0.93**	**1.46**
黄州区	4.18	0.12					0.22	0.12	
团风县	11.37	1.77		0.29	0.12		1.00	0.16	0.21
红安县	29.46	14.64	5.13	0.38	2.13		0.03		0.02
罗田县	11.10	1.00	0.20		0.20		0.60		0.20
英山县	8.70	0.79	0.10				0.41	0.05	0.15
浠水县	34.20	2.20	2.20				0.80		0.10
蕲春县	27.50	1.48	0.40	0.30			1.06	0.40	
黄梅县	31.07	0.59					0.71		0.38
麻城市	47.33	13.33		6.00	7.33		2.00		0.30
武穴市	29.73	0.60	0.25	0.15			0.59	0.20	0.10
龙感湖	0.83						0.02		
咸宁市	**77.17**	**5.97**	**1.31**	**0.64**	**0.73**		**4.49**		**1.42**
咸安区	29.69	2.69		0.23	0.73		1.56		0.47
嘉鱼县	7.43	0.18	0.10	0.08			0.78		0.25
赤壁市	19.19	0.60	0.10	0.20			1.92		0.70
通城县	8.24	0.90	0.90						
崇阳县	8.54	1.07					0.10		
通山县	4.08	0.53	0.21	0.13			0.13		
随州市	**30.11**	**9.83**		**5.71**	**2.64**		**3.91**	**0.30**	**1.52**
曾都区	2.16	0.30		0.30			0.30	0.30	
随 县	12.51	3.29		2.01			1.83		1.52
广水市	15.44	6.24		3.40	2.64		1.78		
恩施自治州	**58.61**	**7.07**	**1.56**	**0.40**	**0.70**		**0.57**	**0.10**	
恩施市	12.54	1.26	1.26						
利川市	8.00	0.64							
建始县	8.46	1.06							
巴东县	15.90	2.00	0.30	0.40	0.40		0.57	0.10	
宣恩县	3.60	0.80			0.30				
咸丰县	4.05	0.83							
来凤县	5.73	0.48							
鹤峰县	0.33								
仙桃市	**50.22**	**0.73**	**0.23**	**0.18**	**0.13**		**2.27**	**1.08**	**0.73**
潜江市	**35.10**	**1.13**	**0.34**	**0.45**	**0.34**		**0.81**		**0.46**
天门市	**54.12**	**3.92**	**1.00**	**0.50**	**1.00**	**1.10**	**1.33**		
神农架林区	**0.33**								

续表2 单位:千公顷、吨

	油菜		"双低"优质油菜		华油杂6号		华油杂8号	
	面积	产量	面积	产量	面积	产量	面积	产量
全省合计	**1191.81**	**2333365**	**1157.21**	**2270967**	**22.74**	**41022**	**23.45**	**49939**
武汉市	**56.72**	**99681**	**52.94**	**94153**	**0.63**	**1265**	**0.23**	**733**
武汉市辖区	0.70	1575	0.70	1575	0.40	842		
蔡甸区	1.23	3426	1.23	3426				
江夏区	11.63	20596	11.05	19566				
黄陂区	20.67	37300	14.96	28026	0.23	423	0.23	733
新洲区	25.00	41560	25.00	41560				
黄石市	**42.58**	**64261**	**40.01**	**62573**	**1.20**	**2175**		
黄石市辖区	0.64	1174	0.64	1174	0.20	366		
阳新县	25.73	33760	23.16	32072				
大冶市	16.21	29327	16.21	29327	1.00	1809		
十堰市	**44.50**	**58020**	**41.23**	**53934**	**0.68**	**980**	**0.70**	**1000**
十堰市辖区	0.29	427	0.29	427				
郧县	5.49	5192	4.90	4634				
郧西县	6.21	4797	6.21	4797				
竹山县	11.46	16259	9.30	13537				
竹溪县	9.94	15628	9.44	14842				
房县	7.39	10297	7.37	10277			0.70	1000
丹江口市	3.72	5420	3.72	5420	0.68	980		
宜昌市	**94.62**	**189736**	**86.95**	**173481**	**3.99**	**8374**	**0.40**	**710**
宜昌市辖区	1.24	2404	1.24	2404	0.39	804		
夷陵区	10.30	21270	9.48	18648				
宜都市	8.40	17313	8.22	16963				
枝江市	20.01	48464	20.01	48464	1.20	2910		
当阳市	26.74	53188	26.74	53188	2.00	4000		
远安县	6.70	12230	6.70	12230	0.20	360	0.20	370
兴山县	3.94	6603	3.50	5950			0.20	340
秭归县	5.88	11640						
长阳县	8.06	11804	8.06	11804				
五峰县	3.35	4820	3.00	3830	0.20	300		
襄阳市	**43.66**	**114468**	**40.05**	**104659**				
襄阳市辖区	2.97	11701	2.97	11701				
襄州区	4.54	13830	4.54	13830				
南漳县	2.64	6691	2.29	5864				
谷城县	4.12	8257	4.12	8257				
保康县	6.02	8178	6.02	8178				
老河口市	6.51	15322	6.01	14214				
枣阳市	2.87	9011	2.87	9011				
宜城市	13.99	41478	11.23	33604				
鄂州市	**23.00**	**46000**	**23.00**	**46000**				
荆门市	**109.92**	**259576**	**107.84**	**253890**			**12.85**	**30651**
荆门市辖区	17.58	42318	16.14	38825			5.35	12267
屈家岭	0.58	1172	0.58	1172			0.20	392
沙洋县	38.22	102609	38.22	102609			4.20	11214
钟祥市	39.24	87793	39.10	86850				
京山县	14.30	25684	13.80	24434			3.10	6778
孝感市	**78.27**	**140418**	**76.57**	**137286**	**2.27**	**3848**	**0.35**	**527**
孝南区	13.00	19496	12.50	18775	0.20	294	0.10	148
孝昌县	11.17	16911	10.94	16527			0.25	379
大悟县	5.10	7699	5.10	7699				
安陆市	6.73	13600	6.73	13600				

续表3 单位：千公顷、吨

	油菜							
			“双低”优质油菜		华油杂6号		华油杂8号	
	面 积	产 量	面 积	产 量	面 积	产 量	面 积	产 量
云梦县	7.73	17046	7.73	17046				
应城市	16.24	26252	15.67	25350	1.85	2994		
汉川市	18.30	39414	17.90	38289	0.22	560		
荆州市	**250.99**	**554400**	**248.28**	**548495**	**5.70**	**12480**	**2.74**	**7675**
荆州区	17.29	53613	17.29	53613	1.00	3100	2.00	6210
沙市区	3.82	11277	3.13	9192	0.42	1240		
开发区	0.31	749	0.29	729			0.10	245
江陵县	21.37	66245	21.37	66245				
松滋市	35.42	67345	33.42	63545	4.28	8140	0.64	1220
公安县	38.14	100128	38.14	100128				
石首市	29.38	61389	29.38	61389				
监利县	74.76	115822	74.76	115822				
洪湖市	30.50	77832	30.50	77832				
黄冈市	**186.68**	**346066**	**185.01**	**343117**	**1.82**	**3223**	**1.24**	**2075**
黄州区	3.84	6210	3.84	6210				
团风县	8.60	16733	8.17	15899	0.38	739	0.39	758
红安县	12.00	19799	11.26	18624	0.74	1214	0.85	1317
罗田县	9.50	17894	9.00	16954				
英山县	7.50	13914	7.50	13914				
浠水县	29.20	54756	29.20	54756				
蕲春县	24.96	43287	24.96	43287	0.70	1270		
黄梅县	29.73	57080	29.73	57080				
麻城市	32.00	47729	32.00	47729				
武穴市	28.54	67417	28.54	67417				
龙感湖	0.81	1247	0.81	1247				
咸宁市	**65.56**	**73810**	**65.56**	**73810**	**1.58**	**1298**	**0.52**	**484**
咸安区	24.69	32523	24.69	32523				
嘉鱼县	6.45	8338	6.45	8338				
赤壁市	16.61	20402	16.61	20402				
通城县	7.34	3346	7.34	3346				
崇阳县	7.37	5906	7.37	5906	1.35	1077		
通山县	3.10	3295	3.10	3295	0.23	221	0.52	484
随州市	**16.37**	**23568**	**16.37**	**23568**	**1.56**	**2905**	**1.97**	**2023**
曾都区	1.56	2905	1.56	2905	1.55	2905		
随 县	7.39	7248	7.39	7248			1.97	2023
广水市	7.42	13415	7.42	13415				
恩施自治州	**49.36**	**59705**	**44.10**	**53058**	**2.31**	**2644**	**1.45**	**2231**
恩施市	10.74	13203	9.08	11429				
利川市	6.49	7526	6.49	7526	0.87	1010		
建始县	7.40	11787	5.50	8860			1.20	1920
巴东县	13.33	12611	13.33	12611				
宣恩县	2.80	3459	2.30	2849			0.25	311
咸丰县	3.02	4910	3.02	4910				
来凤县	5.25	5909	4.05	4573	1.44	1634		
鹤峰县	0.33	300	0.33	300				
仙桃市	**47.22**	**114521**	**47.22**	**114521**				
潜江市	**33.16**	**99477**	**33.16**	**99477**				
天门市	**48.87**	**89167**	**48.59**	**88454**	**1.00**	**1830**	**1.00**	**1830**
神农架林区	**0.33**	**491**	**0.33**	**491**				

续表4

单位：千公顷、吨

	"双低"优质油菜（续）							
	华油杂9号		华油杂12号		华油杂13号		华油杂62号	
	面积	产量	面积	产量	面积	产量	面积	产量
全省合计	**148.28**	**316273**	**67.81**	**142591**	**77.61**	**191521**	**25.09**	**44640**
武汉市	**3.24**	**6583**	**1.45**	**3462**			**1.15**	**1833**
武汉市辖区								
蔡甸区	0.56	1609	0.67	1817				
江夏区	1.80	3511					1.15	1833
黄陂区			0.23	731				
新洲区	0.88	1463	0.55	914				
黄石市	**2.80**	**5073**					**3.95**	**6318**
黄石市辖区	0.30	550						
阳新县							1.95	2700
大冶市	2.50	4523					2.00	3618
十堰市	**3.04**	**2889**	**0.90**	**799**	**1.20**	**1048**	**2.10**	**3087**
十堰市辖区	0.04	70						
郧　县	0.50	473	0.60	567	0.70	662		
郧西县	2.00	1546	0.30	232	0.50	386		
竹山县							2.10	3087
竹溪县								
房　县	0.50	800						
丹江口市								
宜昌市	**8.39**	**16987**	**4.82**	**10310**	**4.88**	**10619**	**6.30**	**13858**
宜昌市辖区								
夷陵区	1.24	2177						
宜都市							1.00	2058
枝江市	2.00	4860	2.00	4850	2.30	5569	3.00	7290
当阳市	4.00	8000	2.00	4000	2.00	4000	2.00	4000
远安县	0.45	820	0.52	950	0.58	1050		
兴山县	0.40	680	0.30	510			0.30	510
秭归县								
长阳县								
五峰县	0.30	450						
襄阳市	**5.32**	**11772**	**4.94**	**14302**	**1.12**	**3646**	**0.30**	**537**
襄阳市辖区	0.40	1101	0.77	3682				
襄州区			1.00	3046	1.00	3046		
南漳县			0.25	710				
谷城县	1.50	2525	1.50	2820	0.12	600	0.30	537
保康县	1.20	1650						
老河口市			1.16	3229				
枣阳市	0.22	690	0.26	815				
宜城市	2.00	5806						
鄂州市								
荆门市	**14.20**	**33262**	**13.65**	**33015**	**6.90**	**16880**	**1.73**	**4335**
荆门市辖区	0.80	2002	5.05	12263			1.73	4335
屈家岭								
沙洋县	3.20	8544	4.40	11748	3.40	9078		
钟祥市	10.20	22716	2.80	6244	3.50	7802		
京山县			1.40	2760				
孝感市	**8.78**	**15773**	**5.44**	**9036**	**4.64**	**9453**	**0.24**	**362**
孝南区	0.45	594	0.55	742	0.25	357	0.10	150
孝昌县	1.10	1667	1.20	1818	1.62	2454	0.14	212
大悟县								
安陆市	0.33	668	0.67	1356	0.67	1357		

续表5

单位:千公顷、吨

	“双低”优质油菜(续)							
	华油杂9号		华油杂12号		华油杂13号		华油杂62号	
	面积	产量	面积	产量	面积	产量	面积	产量
云梦县								
应城市	3.00	4855	2.60	4200				
汉川市	3.90	7989	0.42	920	2.10	5285		
荆州市	**65.32**	**146070**	**15.53**	**30879**	**42.08**	**107999**		
荆州区	2.00	6168	1.00	3101				
沙市区	0.38	1118	0.47	1376	0.26	762		
开发区	0.05	122	0.08	240				
江陵县	21.37	66245						
松滋市	6.22	11825	0.98	1860	3.18	6050		
公安县					38.14	100128		
石首市					0.50	1059		
监利县	30.00	46650	8.00	12300				
洪湖市	5.30	13942	5.00	12002				
黄冈市	**10.26**	**19266**	**13.25**	**24461**	**0.84**	**1306**	**3.49**	**6645**
黄州区							0.76	1368
团风县	0.26	506	0.25	486	0.21	408	0.23	447
红安县					0.63	898		
罗田县			2.00	3780				
英山县								
浠水县	10.00	18760	10.40	19105				
蕲春县			0.60	1090			2.00	3630
黄梅县							0.50	1200
麻城市								
武穴市								
龙感湖								
咸宁市	**0.65**	**726**			**0.47**	**512**	**5.83**	**7665**
咸安区							4.33	5804
嘉鱼县								
赤壁市							1.00	1275
通城县								
崇阳县								
通山县	0.65	726			0.47	512	0.50	586
随州市	**3.40**	**6300**	**0.60**	**530**				
曾都区								
随 县			0.60	530				
广水市	3.40	6300						
恩施自治州	**3.60**	**4259**	**1.60**	**2003**	**1.03**	**1333**		
恩施市	1.05	1300	1.60	2003	1.03	1333		
利川市	1.24	1450						
建始县								
巴东县								
宣恩县	0.25	311						
咸丰县								
来凤县	1.06	1198						
鹤峰县								
仙桃市	**2.00**	**4433**	**4.30**	**11361**	**2.50**	**6572**		
潜江市	**9.28**	**28240**			**8.62**	**26059**		
天门市	**8.00**	**14640**	**1.33**	**2433**	**3.33**	**6094**		
神农架林区								

	"双低"优质油菜（续）							
	中油杂8号		中油杂11号		中油杂12号		中双9号	
	面积	产量	面积	产量	面积	产量	面积	产量
全省合计	**16.05**	**34470**	**90.05**	**176427**	**86.25**	**170969**	**95.41**	**164393**
武汉市			**2.30**	**4396**	**2.83**	**4597**	**16.65**	**28813**
武汉市辖区								
蔡甸区								
江夏区			2.30	4396	1.20	1756	1.00	1766
黄陂区					0.83	1512	5.85	10749
新洲区					0.80	1329	9.80	16298
黄石市	**2.70**	**3735**	**6.78**	**11329**	**3.08**	**4265**	**4.62**	**6414**
黄石市辖区			0.05	96				
阳新县	2.70	3735	2.23	3092	3.08	4265	4.62	6414
大冶市			4.50	8141				
十堰市			**3.20**	**4159**	**5.44**	**6449**	**4.28**	**6034**
十堰市辖区								
郧　县			0.50	474	0.54	510		
郧西县					1.40	1081		
竹山县			2.70	3685				
竹溪县					1.50	2358	1.44	2264
房　县					2.00	2500	1.30	1500
丹江口市							1.54	2270
宜昌市	**0.20**	**400**	**7.24**	**15000**	**8.68**	**17967**	**4.34**	**8917**
宜昌市辖区							0.45	800
夷陵区			0.92	1645			0.62	1081
宜都市					3.70	7713		
枝江市			2.50	6025	1.30	3084	1.71	4156
当阳市	0.20	400	3.00	5950	3.00	5950	0.50	1000
远安县			0.60	1010	0.48	880	0.56	1030
兴山县			0.22	370	0.20	340	0.50	850
秭归县								
长阳县								
五峰县								
襄阳市	**2.53**	**8632**	**6.60**	**15239**	**6.63**	**19660**	**2.12**	**4659**
襄阳市辖区	0.45	2486			0.59	1816		
襄州区			0.50	1523			0.50	1523
南漳县			0.50	1350	1.02	2538		
谷城县								
保康县			2.30	3100			1.10	1500
老河口市			1.30	3100				
枣阳市					1.02	3200	0.52	1636
宜城市	2.08	6146	2.00	6166	4.00	12106		
鄂州市								
荆门市	**2.00**	**4236**	**20.31**	**46487**	**15.40**	**37350**	**2.70**	**6835**
荆门市辖区			0.21	520	2.00	4933	1.00	2505
屈家岭								
沙洋县			4.00	10680	5.80	15486	1.20	3060
钟祥市			15.00	33157	7.60	16931		
京山县	2.00	4236	1.10	2130			0.50	1270
孝感市	**2.65**	**5810**	**9.42**	**16317**	**12.22**	**21711**	**7.07**	**12768**
孝南区	0.10	1450	2.50	3450	1.20	1632	2.82	4145
孝昌县	0.62	939	0.92	1394	1.16	1757	0.45	682
大悟县	1.20	1812	0.80	1208	1.10	1661		
安陆市			0.67	1356	0.33	667	0.67	1356

续表7 单位:千公顷、吨

	“双低”优质油菜(续)							
	中油杂8号		中油杂11号		中油杂12号		中双9号	
	面积	产量	面积	产量	面积	产量	面积	产量
云梦县	0.73	1609			0.73	1609	2.05	4520
应城市			0.65	1050	3.60	5825	0.30	485
汉川市			3.88	7859	4.10	8560	0.78	1580
荆州市	**2.21**	**6013**	**15.47**	**32455**	**14.89**	**29758**	**18.45**	**37005**
荆州区	1.50	4651	1.00	3100	1.00	3100	1.50	4651
沙市区			0.56	1653	0.29	846		
开发区	0.06	122						
江陵县								
松滋市	0.65	1240	0.71	1350	0.80	1520	4.25	8080
公安县								
石首市							8.70	18174
监利县			8.00	12400	8.00	12300	4.00	6100
洪湖市			5.20	13952	4.80	11992		
黄冈市	**0.28**	**544**	**0.91**	**1671**	**4.31**	**7200**	**22.04**	**37332**
黄州区			0.67	1206			0.76	1254
团风县	0.28	544	0.24	465	0.25	486	1.32	2569
红安县					3.56	5804		
罗田县							1.00	1850
英山县							2.50	4563
浠水县							4.00	7520
蕲春县					0.50	910		
黄梅县							2.50	4700
麻城市							9.60	14323
武穴市								
龙感湖							0.36	553
咸宁市	**1.04**	**897**	**6.91**	**9005**	**0.67**	**854**	**8.13**	**7788**
咸安区			2.91	3905			3.25	4169
嘉鱼县								
赤壁市			4.00	5100	0.67	854		
通城县							0.67	420
崇阳县	1.04	897					4.21	3199
通山县								
随州市			**0.80**	**750**				
曾都区								
随　县			0.80	750				
广水市								
恩施自治州	**0.44**	**543**	**3.94**	**5654**	**6.90**	**9124**	**2.51**	**3182**
恩施市			0.80	1000	1.00	1280	1.00	1280
利川市	0.34	390	0.54	630	3.50	4046		
建始县			2.20	3520	2.10	3420		
巴东县							0.60	567
宣恩县			0.40	504	0.30	378	0.30	365
咸丰县							0.61	970
来凤县								
鹤峰县	0.10	153						
仙桃市			**3.50**	**9079**	**3.60**	**9177**	**0.50**	**986**
潜江市								
天门市	**2.00**	**3660**	**2.67**	**4886**	**1.33**	**2433**	**2.00**	**3660**
神农架林区					**0.27**	**424**		

续表8 单位：千公顷、吨

	"双 低" 优 质 油 菜（续）							
	中双10号		中双12号		华双4号		华双5号	
	面 积	产 量	面 积	产 量	面 积	产 量	面 积	产 量
全省合计	**115.48**	**221255**	**48.06**	**70366**	**35.32**	**63297**	**26.94**	**50817**
武汉市	**10.50**	**18598**	**1.10**	**1826**	**4.31**	**7343**	**3.03**	**5035**
武汉市辖区								
蔡甸区								
江夏区	2.50	4478	1.10	1826				
黄陂区	4.80	8802			1.02	1874		
新洲区	3.20	5318			3.29	5469	3.03	5035
黄石市	**5.33**	**8442**	**2.32**	**3207**	**3.47**	**4810**	**3.55**	**6424**
黄石市辖区	0.04	70					0.05	92
阳新县	2.79	3849	2.32	3207	3.47	4810		
大冶市	2.50	4523					3.50	6332
十堰市	**3.20**	**3339**	**0.70**	**662**	**1.04**	**1484**	**0.28**	**406**
十堰市辖区								
郧 县	0.60	567	0.70	662				
郧西县	1.00	772						
竹山县								
竹溪县								
房 县	1.60	2000			0.50	700		
丹江口市					0.54	784	0.28	406
宜昌市	**1.75**	**3190**	**0.90**	**1650**			**0.40**	**600**
宜昌市辖区			0.40	800				
夷陵区								
宜都市								
枝江市								
当阳市	0.50	1000						
远安县	0.55	1000						
兴山县	0.70	1190	0.50	850				
秭归县								
长阳县								
五峰县							0.40	600
襄阳市	**5.07**	**11624**	**0.46**	**1518**	**0.50**	**650**	**0.92**	**1278**
襄阳市辖区			0.46	1518				
襄州区	0.50	1523						
南漳县	0.52	1266						
谷城县	0.50	950						
保康县					0.50	650	0.92	1278
老河口市	3.55	7885						
枣阳市								
宜城市								
鄂州市								
荆门市	**3.50**	**8756**						
荆门市辖区								
屈家岭								
沙洋县	2.80	7476						
钟祥市								
京山县	0.70	1280						
孝感市	**5.94**	**9720**	**0.94**	**1670**	**1.34**	**2567**	**3.33**	**5374**
孝南区	1.50	2028	0.30	450	0.15	210	1.45	1914
孝昌县	0.87	1318	0.32	485	0.12	181	0.65	985
大悟县	1.30	1963						
安陆市	0.67	1356			0.33	668		

续表9　　　　单位：千公顷、吨

	“双低”优质油菜（续）							
	中双10号		中双12号		华双4号		华双5号	
	面 积	产 量	面 积	产 量	面 积	产 量	面 积	产 量
云梦县							0.83	1830
应城市	0.72	1165			0.24	388	0.40	645
汉川市	0.88	1890	0.32	735	0.50	1120		
荆州市	**27.23**	**60918**	**3.20**	**7784**	**0.20**	**380**	**0.87**	**1655**
荆州区	3.00	9312						
沙市区	0.47	1376						
开发区								
江陵县								
松滋市	3.66	6960			0.20	380	0.87	1655
公安县								
石首市	9.10	19010						
监利县	4.00	6100						
洪湖市	7.00	18160	3.20	7784				
黄冈市	**36.45**	**66304**	**22.26**	**36128**	**18.83**	**39210**	**12.24**	**25873**
黄州区	0.35	525						
团风县	1.59	3094	0.27	525	0.29	564	0.25	486
红安县			2.49	4009			2.99	5382
罗田县	1.00	1880			1.50	2850		
英山县	3.10	5766	0.50	903				
浠水县					4.80	9371		
蕲春县	10.00	17340	5.30	9190	2.00	3465	1.00	1730
黄梅县	2.10	3761	2.50	4800	2.00	4000	0.50	1000
麻城市	11.20	16705	11.20	16701				
武穴市	6.80	16740			8.24	18960	7.50	17275
龙感湖	0.31	493						
咸宁市	**5.82**	**7202**	**15.18**	**14362**	**2.00**	**2550**		
咸安区	3.10	3987	5.32	6836				
嘉鱼县								
赤壁市	1.67	2129	4.00	5100	2.00	2550		
通城县			5.86	2426				
崇阳县	0.32	320						
通山县	0.73	766						
随州市	**0.78**	**760**						
曾都区								
随 县	0.78	760						
广水市								
恩施自治州	**2.42**	**2952**			**3.63**	**4303**	**0.32**	**512**
恩施市	1.00	1280			1.60	1953		
利川市								
建始县								
巴东县	0.80	757			1.40	1325		
宣恩县	0.30	365						
咸丰县	0.32	550			0.63	1025	0.32	512
来凤县								
鹤峰县								
仙桃市	**0.80**	**1553**	**1.00**	**1559**				
潜江市	**5.69**	**16067**						
天门市	**1.00**	**1830**					**2.00**	**3660**
神农架林区								

续表10 单位:千公顷、吨

	“双低”优质油菜(续)						其它良种油菜	
	广源58		沣油5103		大地55			
	面 积	产 量	面 积	产 量	面 积	产 量	面 积	产 量
全省合计	**17.58**	**36435**	**20.64**	**46744**	**13.53**	**24618**	**34.60**	**62398**
武汉市	**0.22**	**403**					**3.78**	**5528**
武汉市辖区								
蔡甸区								
江夏区							0.58	1030
黄陂区	0.22	403					3.20	4498
新洲区								
黄石市							**2.57**	**1688**
黄石市辖区								
阳新县							2.57	1688
大冶市								
十堰市			**6.50**	**10114**			**3.27**	**4086**
十堰市辖区								
郧 县							0.59	558
郧西县								
竹山县			2.50	3825			2.16	2722
竹溪县			4.00	6289			0.50	786
房 县							0.02	20
丹江口市								
宜昌市	**6.82**	**13042**	**2.80**	**4982**	**3.70**	**6419**	**7.67**	**16255**
宜昌市辖区								
夷陵区							0.82	2622
宜都市	2.52	5015					0.18	350
枝江市	2.00	4860			1.30	3159		
当阳市								
远安县								
兴山县							0.44	653
秭归县							5.88	11640
长阳县	2.30	3167	2.80	4982	2.40	3260		
五峰县							0.35	990
襄阳市	**1.00**	**2946**			**0.50**	**1523**	**3.61**	**9809**
襄阳市辖区								
襄州区					0.50	1523		
南漳县							0.35	827
谷城县								
保康县								
老河口市							0.50	1108
枣阳市								
宜城市	1.00	2946					2.76	7874
鄂州市								
荆门市							**2.08**	**5686**
荆门市辖区							1.44	3493
屈家岭								
沙洋县								
钟祥市							0.14	943
京山县							0.50	1250
孝感市	**1.33**	**2451**	**0.65**	**962**	**0.75**	**1478**	**1.70**	**3132**
孝南区	0.10	150	0.30	432	0.23	328	0.50	721
孝昌县	0.10	151	0.35	530			0.23	384
大悟县								
安陆市	0.33	667						

续表11　　单位：千公顷、吨

	"双低"优质油菜（续）						其它良种油菜	
	广源58		沣油5103		大地55			
	面积	产量	面积	产量	面积	产量	面积	产量
云梦县								
应城市	0.40	648			0.12	194	0.57	902
汉川市	0.40	835			0.40	956	0.40	1125
荆州市	**1.21**	**2591**			**3.82**	**7260**	**2.71**	**5905**
荆州区								
沙市区	0.28	821					0.69	2085
开发区							0.02	20
江陵县								
松滋市	0.93	1770			3.82	7260	2.00	3800
公安县								
石首市								
监利县								
洪湖市								
黄冈市	**1.80**	**3383**	**0.12**	**234**	**0.18**	**350**	**1.67**	**2949**
黄州区								
团风县	0.30	583	0.12	234	0.18	350	0.43	834
红安县							0.74	1175
罗田县	1.50	2800					0.50	940
英山县								
浠水县								
蕲春县								
黄梅县								
麻城市								
武穴市								
龙感湖								
咸宁市								
咸安区								
嘉鱼县								
赤壁市								
通城县								
崇阳县								
通山县								
随州市								
曾都区								
随　县								
广水市								
恩施自治州							**5.26**	**6647**
恩施市							1.66	1774
利川市								
建始县							1.90	2927
巴东县								
宣恩县							0.50	610
咸丰县								
来凤县							1.20	1336
鹤峰县								
仙桃市	**4.20**	**9789**	**1.00**	**1341**	**3.58**	**5758**		
潜江市			**9.57**	**29111**				
天门市	**1.00**	**1830**			**1.00**	**1830**	**0.28**	**713**
神农架林区								

全省主要油料作物良种面积、产量

单位:千公顷、吨

	面 积	产 量
一、杂交水稻		
1、推广	1897.48	15092517
(1)早杂	230.04	1386275
(2)中杂	1322.62	11401535
(3)晚杂	344.82	2304707
2、制种	6.55	27707
其中:春制	0.28	1540
夏制	0.65	2986
3、亲繁	0.31	820
二、杂交玉米推广	550.98	2744492
三、杂交棉花推广	380.19	559505
四、杂交油菜		
1、推广	900.16	1728603
2、制种	0.51	711
五、再生稻推广	52.99	331119

杂交生产情况

单位:千公顷、吨

	杂交水稻		杂交早稻		杂交中稻		杂交晚稻	
	推广面积	产量	面积	产量	面积	产量	面积	产量
全省合计	**1897.48**	**15092517**	**230.04**	**1386275**	**1322.62**	**11401535**	**344.82**	**2304707**
武汉市	**83.52**	**582392**	**21.75**	**140547**	**35.65**	**294268**	**26.12**	**147577**
武汉市辖区	2.23	2507			2.12	2507	0.11	
蔡甸区	7.22	78510	0.38	2753	6.54	73115	0.30	2642
江夏区	29.89	212975	10.11	69828	6.29	49054	13.49	94093
黄陂区	28.98	212823	6.98	42928	14.50	121800	7.50	48095
新洲区	15.20	75577	4.28	25038	6.20	47792	4.72	2747
黄石市	**77.73**	**419555**	**28.30**	**144048**	**15.96**	**102912**	**33.47**	**172595**
黄石市辖区	2.01	7542	0.82	4377	0.26	1580	0.93	1585
阳新县	39.56	214745	14.00	68250	8.50	56375	17.06	90120
大冶市	36.16	197268	13.48	71421	7.20	44957	15.48	80890
十堰市	**35.96**	**259828**			**35.96**	**259828**		
十堰市辖区	0.25	1205			0.25	1205		
郧 县	6.53	43323			6.53	43323		
郧西县	3.00	23953			3.00	23953		
竹山县	6.38	50842			6.38	50842		
竹溪县	5.79	51945			5.79	51945		
房 县	7.99	46000			7.99	46000		
丹江口市	6.02	42560			6.02	42560		
宜昌市	**80.92**	**645502**	**3.00**	**23611**	**69.82**	**563191**	**8.10**	**58700**
宜昌市辖区	0.58	2283			0.58	2283		
夷陵区	9.28	70818			9.28	70818		
宜都市	4.42	28508			4.42	28508		
枝江市	23.80	187316	3.00	23611	12.70	105005	8.10	58700
当阳市	27.90	253200			27.90	253200		
远安县	7.80	62700			7.80	62700		
兴山县	2.19	12501			2.19	12501		
秭归县	2.40	12447			2.40	12447		
长阳县	2.29	14485			2.29	14485		
五峰县	0.26	1244			0.26	1244		
襄阳市	**170.37**	**1673821**			**170.37**	**1673821**		
襄阳市辖区	18.71	174759			18.71	174759		
襄州区	40.00	428621			40.00	428621		
南漳县								
谷城县	16.86	141624			16.86	141624		
保康县	3.14	29600			3.14	29600		
老河口市	11.55	102217			11.55	102217		
枣阳市	48.81	471800			48.81	471800		
宜城市	31.30	325200			31.30	325200		
鄂州市	**26.50**	**185750**	**7.50**	**56250**	**9.00**	**60750**	**10.00**	**68750**
荆门市	**166.89**	**1703928**	**6.37**	**50717**	**152.75**	**1595901**	**7.77**	**57310**
荆门市辖区	24.38	187628			24.38	187628		
屈家岭	2.81	25012			2.81	25012		
沙洋县	53.35	561492	0.35	2887	53.00	558605		
钟祥市	44.67	582556			44.67	582556		
京山县	41.68	347240	6.02	47830	27.89	242100	7.77	57310
孝感市	**143.45**	**1261495**	**2.31**	**17669**	**128.78**	**1154136**	**12.36**	**89690**
孝南区	14.40	92660	0.20	1320	13.00	84820	1.20	6520
孝昌县	19.08	147243	0.36	2527	18.26	141880	0.46	2836
大悟县	20.30	200363	0.18	1064	19.84	197843	0.28	1456
安陆市	28.68	251569			28.68	251569		

续表1 单位:千公顷、吨

	杂交水稻		杂交早稻		杂交中稻		杂交晚稻	
	推广面积	产量	面积	产量	面积	产量	面积	产量
云梦县	8.69	77693	0.95	8493	6.43	57487	1.31	11713
应城市	13.50	110505	0.50	3450	5.88	54945	7.12	52110
汉川市	38.80	381462	0.12	815	36.69	365592	1.99	15055
荆州市	**386.64**	**3011680**	**54.20**	**394118**	**245.25**	**1974062**	**87.19**	**643500**
荆州区	22.51	123457	1.98	10840	18.08	98606	2.45	14011
沙市区	8.98	48244			8.94	48044	0.04	200
开发区	0.15	806			0.15	806		
江陵县	28.83	199490	0.01	43	28.76	199039	0.06	408
松滋市	37.62	217108	4.09	20245	22.18	135514	11.35	61349
公安县	65.76	523435	16.69	105020	31.03	277910	18.04	140505
石首市	27.10	155090	2.10	11970	17.00	96800	8.00	46320
监利县	136.69	1190484	22.00	187800	76.13	694256	38.56	308428
洪湖市	59.00	553566	7.33	58200	42.98	423087	8.69	72279
黄冈市	**280.62**	**1971586**	**77.06**	**401695**	**97.43**	**838478**	**106.13**	**731413**
黄州区	6.14	33000	1.61	8299	2.08	12023	2.45	12678
团风县	20.22	92659	6.84	25300	5.19	29091	8.19	38268
红安县	32.98	132976	7.38	25830	9.57	46800	16.03	60346
罗田县	20.10	189200	0.30	2500	19.10	177800	0.70	8900
英山县	14.18	74000	0.66	2600	11.48	61700	2.04	9700
浠水县	39.57	311777	16.15	100658	5.45	49014	17.97	162105
蕲春县	49.74	413520	18.06	94480	10.23	129700	21.45	189340
黄梅县	17.63	149603	5.33	29315	9.00	81000	3.30	39288
麻城市	45.06	387251	10.73	71763	21.33	221200	13.00	94288
武穴市	35.00	187600	10.00	40950	4.00	30150	21.00	116500
龙感湖								
咸宁市	**128.41**	**730465**	**23.68**	**117978**	**66.59**	**390711**	**38.14**	**221776**
咸安区	25.74	146380	1.59	8295	21.76	125949	2.39	12136
嘉鱼县	17.38	82687	1.61	7308	13.82	65379	1.95	10000
赤壁市	25.01	150629	1.19	6903	14.12	93520	9.70	50206
通城县	25.77	154462	10.07	53312	1.54	9983	14.16	91167
崇阳县	25.42	144631	8.87	40442	6.97	48088	9.58	56101
通山县	9.09	51676	0.35	1718	8.38	47792	0.36	2166
随州市	**102.48**	**933292**			**102.48**	**933292**		
曾都区	15.50	132727			15.50	132727		
随 县	58.97	523365			58.97	523365		
广水市	28.01	277200			28.01	277200		
恩施自治州	**65.53**	**324407**			**65.53**	**324407**		
恩施市	9.18	49000			9.18	49000		
利川市	20.90	54849			20.90	54849		
建始县	3.78	27314			3.78	27314		
巴东县	1.90	9305			1.90	9305		
宣恩县	8.37	44820			8.37	44820		
咸丰县	10.25	82054			10.25	82054		
来凤县	8.85	55533			8.85	55533		
鹤峰县	2.30	1532			2.30	1532		
仙桃市	**59.77**	**599404**	**0.74**	**5241**	**55.40**	**562304**	**3.63**	**31859**
潜江市	**34.97**	**346665**			**34.97**	**346665**		
天门市	**53.66**	**442362**	**5.13**	**34401**	**36.62**	**326424**	**11.91**	**81537**
神农架林区	**0.06**	**385**			**0.06**	**385**		

续表2

单位：千公顷、吨

	杂交玉米		杂交棉花		杂交油菜		再生稻	
	推广面积	产量	推广面积	产量	推广面积	产量	推广面积	产量
全省合计	**550.98**	**2744492**	**380.19**	**559505**	**900.16**	**1728603**	**52.99**	**331119**
武汉市	**13.60**	**53845**	**15.03**	**14767**	**30.92**	**61030**	**3.50**	**19324**
武汉市辖区	8.62	24842	5.64	6624	0.70	1575		
蔡甸区			1.92	1260				
江夏区	3.51	15203	0.03	85	11.63	20596	1.70	5100
黄陂区	1.47	13800	1.64	2361	14.39	31299		
新洲区			5.80	4437	4.20	7560	1.80	14224
黄石市	**11.96**	**42486**	**4.50**	**7166**	**19.21**	**32515**	**3.81**	**22823**
黄石市辖区	0.13	500	0.05	230	0.60	1050	0.02	110
阳新县	8.63	33120	2.80	3615	5.51	7765	2.25	12842
大冶市	3.20	8866	1.65	3321	13.10	23700	1.54	9871
十堰市	**82.52**	**367330**	**0.08**	**17**	**44.48**	**58000**		
十堰市辖区	0.56	2243			0.29	427		
郧　县	16.90	51027			5.49	5192		
郧西县	16.68	61353			6.21	4797		
竹山县	14.99	87548			11.46	16259		
竹溪县	12.29	94072			9.94	15628		
房　县	14.59	51416			7.37	10277		
丹江口市	6.51	19671	0.08	17	3.72	5420		
宜昌市	**87.17**	**393318**	**21.15**	**32846**	**57.69**	**106273**		
宜昌市辖区	2.72	3401			1.40	2445		
夷陵区	16.22	85441			10.30	18159		
宜都市	10.37	58701	0.02	24	8.40	17313		
枝江市			15.30	23115				
当阳市	16.69	116590	5.83	9707	18.72	38300		
远安县	3.93	19725			5.50	10000		
兴山县	7.52	26803			1.80	3200		
秭归县								
长阳县	16.27	42657			8.06	11804		
五峰县	13.45	40000			3.51	5052		
襄阳市	**153.87**	**851453**	**29.51**	**40899**	**40.90**	**106704**		
襄阳市辖区	6.51	55812	0.87	1615	2.39	10249		
襄州区	36.08	220913	8.85	14281	3.00	9139		
南漳县	15.27	77934			2.00	5070		
谷城县	9.06	42300			4.12	8257		
保康县	13.22	67839			6.02	8178		
老河口市	13.57	83743	5.16	6193	6.51	15322		
枣阳市	46.05	219600	5.33	8730	2.87	9011		
宜城市	14.11	83312	9.30	10080	13.99	41478		
鄂州市	**0.10**	**320**	**2.00**	**6060**	**6.00**	**9200**	**6.60**	**25000**
荆门市	**21.46**	**139938**	**30.58**	**43624**	**103.50**	**243501**	**0.01**	**53**
荆门市辖区	2.39	16161	1.85	2289	17.88	42991		
屈家岭	2.69	18100	3.20	4620	0.58	1182		
沙洋县	1.46	10084	5.10	9180	30.80	83035	0.01	53
钟祥市	7.59	56993	13.93	17651	39.24	87793		
京山县	7.33	38600	6.50	9884	15.00	28500		
孝感市	**2.56**	**13383**	**28.84**	**43076**	**75.01**	**126309**		
孝南区	0.30	1050	4.10	5920	12.50	18500		
孝昌县	0.06	254	1.23	1384	9.65	14765		
大悟县	0.15	1587	0.20	309	5.10	7699		
安陆市	0.12	100	1.03	1030	6.73	13600		

续表3 单位：千公顷、吨

	杂交玉米		杂交棉花		杂交油菜		再生稻	
	推广面积	产量	推广面积	产量	推广面积	产量	推广面积	产量
云梦县	1.19	5520	2.77	3541	7.73	17046		
应城市	0.21	996	3.50	4900	15.40	16410		
汉川市	0.53	3876	16.01	25992	17.90	38289		
荆州市	**9.59**	**50768**	**95.75**	**139893**	**174.24**	**389760**	**6.24**	**29120**
荆州区	2.51	17122	9.34	14609	17.29	53613		
沙市区	0.02	80	3.12	4231	3.62	10695		
开发区					0.31	749		
江陵县	0.14	1033	8.05	10870	21.37	66245		
松滋市	5.84	26066	13.83	17292	26.21	49840	0.04	120
公安县	0.18	1179	28.27	44392	38.14	100128		
石首市			10.70	16478	7.50	15750		
监利县	0.90	5288	22.44	32021	59.80	92740	6.20	29000
洪湖市								
黄冈市	**5.94**	**26941**	**51.66**	**84265**	**96.55**	**157386**	**31.74**	**232645**
黄州区	1.21	5185	4.75	11984	3.84	6210		
团风县	0.05	500	2.86	5774	8.60	16733	1.70	4463
红安县			0.04	65	7.41	10935	0.26	1168
罗田县	0.30	975	0.20	215	7.80	14800	7.00	26250
英山县	0.96	2818	0.28	262	7.50	13914		
浠水县	1.47	11500	10.34	12923	10.34	12923	5.45	49014
蕲春县	0.26	1152	3.50	6623	3.80	6900	10.00	93750
黄梅县	0.29	3611	14.30	19734	14.75	26419	4.00	50000
麻城市	1.40	1200	7.30	12898	32.00	47729	3.33	8000
武穴市			6.90	11990				
龙感湖			1.19	1797	0.51	823		
咸宁市	**15.68**	**54617**	**2.20**	**3323**	**58.06**	**70623**		
咸安区	2.87	13014	0.20	197	24.69	32523		
嘉鱼县	2.50	9770	0.14	188	5.49	7997		
赤壁市	0.11	621	1.18	2125	16.61	20402		
通城县	0.17	900	0.23	270	0.80	500		
崇阳县	5.96	15675	0.45	543	7.37	5906		
通山县	4.07	14637	0.00	0	3.10	3295		
随州市	**5.65**	**35882**	**11.53**	**16310**	**16.96**	**11411**		
曾都区	0.30	5208	1.84	2603	2.24	4150		
随　县	4.22	24020	5.79	7857	7.39	7248		
广水市	1.13	6654	3.90	5850	7.33	13		
恩施自治州	**127.20**	**609124**	**0.03**		**53.18**	**67096**		
恩施市	20.70	84700	0.03		9.70	12700		
利川市	27.00	113641			6.49	7526		
建始县	19.13	104027			7.40	11787		
巴东县	22.71	109100			13.33	12611		
宣恩县	9.53	36606			2.76	3477		
咸丰县	12.21	88766			4.95	8955		
来凤县	6.52	30294			5.25	5909		
鹤峰县	9.40	41990			3.30	4131		
仙桃市	**5.56**	**51047**	**23.16**	**31013**	**47.22**	**114521**	**1.09**	**2154**
潜江市	**2.87**	**26100**	**26.23**	**42954**	**27.37**	**85107**		
天门市	**5.25**	**27940**	**37.94**	**53292**	**48.87**	**89167**		
神农架林区								

全省农业信息体系建设基本情况

单位:个

	全省合计	武汉市	黄石市	十堰市	宜昌市	襄阳市	鄂州市	荆门市	孝感市	荆州市	黄冈市	咸宁市	随州市	恩施自治州	仙桃市	潜江市	天门市	神农架林区
一、信息服务机构	16672	1357	178	428	2183	834	67	377	1284	2614	2105	331	1381	1192	77	136	1996	135
1、市、州	37	1	1	1	4	2	2	1	1	1	22	1	1	1				1
2、县、市	305	11	3	28	32	37	3	5	16	10	35	6	3	113	1	1	1	
3、乡、镇	1331	71	38	104	100	125	12	57	93	106	175	58	45	176	18	120	25	8
4、村组	8141	1209	45	18	674	211	20		914	1408	1016	209	1302	235	32	3	778	67
5、中介龙头	6858	65	91	277	1373	459	30	314	260	1089	857	57	30	667	26	12	1192	59
二、农村信息员	43415	1859	587	803	6078	1663	76	1849	5816	6877	3559	2304	2054	4755	687	662	3606	202
1、市、州	136	15	2	1	75	2	1	33	2	3	10	2	2	2				8
2、县、市	1949	67	13	77	324	145	3	10	69	213	194	84	30	592	76	22	30	
3、乡、镇	6354	122	38	326	1648	369	22	119	427	1586	365	144	49	525	126	278	75	135
4、村组	25934	1565	399	86	2448	573	20	1414	4913	2650	2104	1842	1973	2915	348	350	2334	
5、中介龙头	9042	90	135	313	1583	574	30	273	405	2425	886	232	0	721	137	12	1167	59
三、信息网站	535	42	7	68	63	38	6	38	39	17	81	33	5	63	2	5	25	3
1、农业信息网	88	8	2	7	15	9	1	5	7	6	10	5	2	7	1	1	1	1
2、农业专业网	107	14	3	13	15	6		12	8		15	5	2	8		1	4	1
3、涉农信息网	340	20	2	48	33	23	5	21	24	11	56	23	1	48	1	3	20	1

全省棉麻作物良种面积、产量

单位：千公顷、吨

	面 积	产 量
一、棉花良种面积	399.14	583653
其中：优质棉花面积	280.66	393517
1、鄂杂棉5号F1面积	3.40	5152
2、鄂杂棉6号F1面积	4.99	7327
3、鄂杂棉10号F1面积	90.75	129254
4、鄂杂棉11 F1面积	59.80	89327
5、鄂杂棉13号F1面积	7.46	10445
6、鄂杂棉14号F1面积	4.17	5818
7、鄂杂棉16号F1面积	2.98	4492
8、鄂杂棉17 F1面积	6.61	9382
9、鄂杂棉18 F1面积	4.39	6482
10、鄂杂棉19 F1面积	2.70	3853
11、鄂杂棉21 F1面积	3.91	5214
12、鄂杂棉23 F1面积	10.88	16275
13、鄂杂棉24 F1面积	7.60	10223
14、鄂杂棉26 F1面积	26.45	38512
15、鄂杂棉28 F1面积	19.20	26909
16、铜杂411 F1面积	24.54	34573
17、E K288 F1面积	17.36	26373
18、冈杂棉8号F1面积	11.49	17127
19、华杂棉H321面积	0.65	1061
20、荆杂棉142 F1面积	13.07	17320
21、荆杂棉88 F1面积	5.39	7851
22、其 它面积	71.35	110683
二、麻类良种面积	10.05	
其中：苎麻良种	10.00	
其中：华苎4号	4.85	
华苎5号	1.33	
湘苎2号	2.09	
中苎1号	0.80	

主要棉麻作物良种生产情况

单位：千公顷、吨

	棉花良种		优质棉花		鄂杂棉10号F1		鄂杂棉11 F1	
	面积	产量	面积	产量	面积	产量	面积	产量
全省合计	**399.14**	**583653**	**280.66**	**393517**	**90.75**	**129254**	**59.80**	**89327**
武汉市	**20.09**	**21097**	**11.79**	**9979**	**5.88**	**5967**	**1.60**	**1746**
武汉市辖区	5.64	6624			3.04	3504	0.30	360
蔡甸区	2.31	4084			1.23	1218	0.45	756
江夏区	0.03	85	0.03	85	0.03	85		
黄陂区	1.99	2772	1.64	2362				
新洲区	10.12	7532	10.12	7532	1.58	1160	0.85	630
黄石市	**4.50**	**7166**	**4.50**	**7166**	**0.89**	**1689**	**0.01**	**45**
黄石市辖区	0.05	230	0.05	230	0.02	92	0.01	45
阳新县	2.80	3615	2.80	3615	0.22	289		
大冶市	1.65	3321	1.65	3321	0.65	1308		
十堰市	**0.08**	**16**						
十堰市辖区								
郧县								
郧西县								
竹山县								
竹溪县								
房县								
丹江口市	0.08	16						
宜昌市	**21.34**	**34793**	**4.97**	**8324**	**5.00**	**8250**	**1.50**	**2500**
宜昌市辖区								
夷陵区								
宜都市	0.02	24	0.02	24				
枝江市	15.49	25062			4.00	6600		
当阳市	5.83	9707	4.95	8300	1.00	1650	1.50	2500
远安县								
兴山县								
秭归县								
长阳县								
五峰县								
襄阳市	**29.75**	**41357**	**19.84**	**30163**	**8.39**	**11709**		
襄阳市辖区	0.92	1674	0.50	959	0.62	1173		
襄州区	8.85	14281	8.85	14281	2.60	4196		
南漳县	0.19	399			0.19	399		
谷城县								
保康县								
老河口市	5.16	6193	5.16	6193	1.10	1246		
枣阳市	5.33	8730	5.33	8730	0.88	1440		
宜城市	9.30	10080			3.00	3255		
鄂州市	**5.50**	**7350**			**1.50**	**1800**	**1.00**	**1350**
荆门市	**34.22**	**47985**	**30.64**	**41436**	**6.10**	**8236**		
荆门市辖区	3.39	4146	1.51	1869	0.65	809		
屈家岭	3.40	5096	3.40	5096	1.70	2600		
沙洋县	6.00	10108	4.80	7920	0.75	1237		
钟祥市	13.93	17651	13.93	17651	2.00	2300		
京山县	7.50	10984	7.00	8900	1.00	1290		
孝感市	**29.32**	**42729**	**25.62**	**35630**	**8.36**	**11952**	**3.42**	**4876**
孝南区	4.20	5097	3.05	4412	0.40	601		
孝昌县	1.23	1385	0.29	326				
大悟县	0.15	232			0.15	232		
安陆市	1.03	1030			0.33	332		

续表1

单位:千公顷、吨

	棉花良种		优质棉花		鄂杂棉10号F1		鄂杂棉11 F1	
	面 积	产 量	面 积	产 量	面 积	产 量	面 积	产 量
云梦县	2.77	3541	2.77		0.97	1237	0.10	128
应城市	3.75	5252	3.50	4900	1.28	1800	0.12	168
汉川市	16.19	26192	16.01	25992	5.23	7750	3.20	4580
荆州市	**100.19**	**146827**	**44.54**	**61850**	**18.26**	**26964**	**41.75**	**63104**
荆州区	8.85	13847			1.00	1568		
沙市区	3.12	4231	1.58	2126	0.34	460	0.24	322
开发区	0.24	365					0.24	365
江陵县	8.05	10870					8.05	10870
松滋市	13.83	17292	13.83	17292	1.13	1415	0.45	565
公安县	28.27	44392					28.27	44392
石首市	8.70	13398			1.10	1694	1.50	2310
监利县	22.44	32021	22.44	32021	8.00	11416	3.00	4280
洪湖市	6.69	10411	6.69	10411	6.69	10411		
黄冈市	**52.56**	**88627**	**43.71**	**61536**	**15.95**	**21985**	**2.61**	**4758**
黄州区	4.75	11984	4.75	11984	1.67	2750	0.67	1080
团风县	2.86	5774	2.86	5774	0.39	787	0.20	404
红安县	0.04	42						
罗田县	0.32	330						
英山县	0.28	262	0.28	262				
浠水县	10.34	12923	10.34	12923	10.00	12498		
蕲春县	4.23	7763	4.23	7763	0.50	915	0.50	915
黄梅县	14.30	22830	14.30	22830	2.10	2873	0.50	1184
麻城市	7.30	12898			0.58	1025		
武穴市	6.95	12024	6.95		0.33	580	0.40	672
龙感湖	1.19	1797			0.38	557	0.34	503
咸宁市	**3.52**	**5067**	**3.52**	**5067**	**0.76**	**929**		
咸安区	0.20	197	0.20	197	0.08	79		
嘉鱼县	1.56	2075	1.56	2075				
赤壁市	1.18	2125	1.18	2125	0.10	180		
通城县	0.23	270	0.23	270	0.23	270		
崇阳县	0.35	400	0.35	400	0.35	400		
通山县								
随州市	**10.88**	**14298**	**4.34**	**6026**	**1.50**	**2034**	**1.73**	**2460**
曾都区	1.84	1781	1.84	1781				
随 县	6.54	8272			1.30	1644	1.23	1580
广水市	2.50	4245	2.50	4245	0.20	390	0.50	880
恩施自治州	**0.03**	**44**	**0.03**	**44**	**0.03**	**44**		
恩施市	0.03	44	0.03	44	0.03	44		
利川市								
建始县								
巴东县								
宣恩县								
咸丰县								
来凤县								
鹤峰县								
仙桃市	**23.16**	**31013**	**23.16**	**31013**	**3.64**	**4877**	**3.18**	**4258**
潜江市	**26.23**	**42954**	**26.23**	**42954**	**10.49**	**17178**		
天门市	**37.77**	**52330**	**37.77**	**52330**	**4.00**	**5640**	**3.00**	**4230**
神农架林区								

续表2 单位：千公顷、吨

	棉花良种（续）							
	鄂杂棉26 F1		鄂杂棉28 F1		铜杂411 F1		E K 288 F1	
	面积	产量	面积	产量	面积	产量	面积	产量
全省合计	**26.45**	**38512**	**19.20**	**26909**	**24.54**	**34573**	**17.36**	**26373**
武汉市	**1.08**	**969**	**1.06**	**1014**	**1.22**	**1315**	**0.15**	**180**
武汉市辖区					0.33	396	0.15	180
蔡甸区					0.18	379		
江夏区								
黄陂区	0.20	289	0.30	434				
新洲区	0.88	680	0.76	580	0.71	540		
黄石市			**1.02**	**1749**	**0.31**	**398**	**0.48**	**615**
黄石市辖区								
阳新县			0.42	542	0.31	398	0.48	615
大冶市			0.60	1207				
十堰市								
十堰市辖区								
郧　县								
郧西县								
竹山县								
竹溪县								
房　县								
丹江口市								
宜昌市	**3.20**	**5230**			**1.80**	**3070**	**1.70**	**2800**
宜昌市辖区								
夷陵区								
宜都市								
枝江市	2.70	4400			1.30	2240	1.70	2800
当阳市	0.50	830			0.50	830		
远安县								
兴山县								
秭归县								
长阳县								
五峰县								
襄阳市	**3.50**	**4853**	**2.20**	**2751**	**2.00**	**2169**	**1.40**	**2306**
襄阳市辖区							0.08	144
襄州区	2.00	3227	0.70	1130				
南漳县								
谷城县								
保康县								
老河口市								
枣阳市							1.32	2162
宜城市	1.50	1626	1.50	1621	2.00	2169		
鄂州市	**1.00**	**1500**	**1.00**	**1350**				
荆门市	**3.40**	**4307**	**2.00**	**2350**	**1.76**	**1919**	**1.20**	**1700**
荆门市辖区								
屈家岭							1.20	1700
沙洋县	0.80	1320			0.46	759		
钟祥市	2.60	2987	2.00	2350	1.30	1160		
京山县								
孝感市	**2.81**	**4150**	**1.32**	**1708**	**0.39**	**474**	**0.28**	**346**
孝南区	0.30	431	0.50	724				
孝昌县	0.12	135	0.12	135	0.06	68	0.08	90
大悟县								
安陆市	0.33	331	0.30	301	0.07	66		

续表3 单位:千公顷、吨

	棉花良种(续)							
	鄂杂棉26 F1		鄂杂棉28 F1		铜杂411 F1		E K 288 F1	
	面积	产量	面积	产量	面积	产量	面积	产量
云梦县	0.10	128	0.10	128	0.20	256	0.20	256
应城市	0.34	475	0.30	420	0.06	84		
汉川市	1.62	2650						
荆州市	**2.61**	**3764**	**2.29**	**3213**	**7.71**	**10959**	**2.58**	**3498**
荆州区					1.00	1560		
沙市区	0.43	575			0.45	604		
开发区								
江陵县								
松滋市	0.58	725	1.09	1365	1.76	2200	1.08	1350
公安县								
石首市	1.60	2464	1.20	1848	1.50	2310		
监利县					3.00	4285	1.50	2148
洪湖市								
黄冈市	**0.15**	**210**	**1.06**	**1697**	**2.15**	**3527**	**4.57**	**7878**
黄州区					0.15	225		
团风县			0.10	202	0.10	203	0.15	303
红安县								
罗田县	0.05	52	0.05	53				
英山县								
浠水县			0.34	425				
蕲春县			0.50	915				
黄梅县					1.50	2400	2.20	3500
麻城市							0.22	389
武穴市	0.10	158	0.07	102	0.40	699	2.00	3686
龙感湖								
咸宁市	**0.46**	**828**			**1.56**	**2075**		
咸安区								
嘉鱼县					1.56	2075		
赤壁市	0.46	828						
通城县								
崇阳县								
通山县								
随州市	**0.20**	**330**						
曾都区								
随 县								
广水市	0.20	330						
恩施自治州								
恩施市								
利川市								
建始县								
巴东县								
宣恩县								
咸丰县								
来凤县								
鹤峰县								
仙桃市								
潜江市	**6.04**	**9891**	**5.25**	**8597**	**3.14**	**5142**		
天门市	**2.00**	**2480**	**2.00**	**2480**	**2.50**	**3525**	**5.00**	**7050**
神农架林区								

全省主要粮食作物良种面积

单位:千公顷

	面 积		面 积
一、水稻	2182.47	(6)新两优6号	109.07
(一)常规品种	354.60	(7)丰两优香1号	187.25
1、早 稻	148.78	(8)冈优725	17.54
(1)鄂早18	69.37	(9)D优202	12.22
(2)嘉育948	9.48	(10)金优725	6.36
(3)鄂早16	7.10	(11)红莲优6号	4.35
(4)舟903	2.19	(12)天两优616	13.57
(5)鄂早14	5.36	(13)珞优8号	71.28
(6)中鉴100	1.64	(14)荆两优10号	4.34
(7)其 它	53.64	(15)Q优6号	75.70
2、中 稻	123.57	(16)培两优3076	13.32
(1)扬稻6号	6.95	(17)天优8号	19.60
(2)鉴真2号	8.07	(18)荆两优10号	16.32
(3)鄂荆糯7号	10.24	(19)广两优476	63.42
(4)鄂中5号	6.43	(20)广两优香66	66.11
(5)黄华占	24.69	(21)深两优5814	55.39
(6)其 它	67.19	(22)其它	288.93
3、晚 稻	82.25	3、晚 稻	328.29
(1)鄂晚11	6.40	(1)荆楚优148	29.14
(2)鄂晚15	4.61	(2)金优207	22.50
(3)鄂晚17	25.00	(3)金优928	65.11
(4)鄂粳912	8.23	(4)金优12	2.88
(5)其 它	38.01	(5)金优38	38.35
(二)杂交组合	1827.87	(6)金优桂99	1.60
1、早 稻	211.19	(7)金优77	5.10
(1)两优42	18.21	(8)金优晚3	6.50
(2)金优152	3.13	(9)中9优288	63.59
(3)金优402	50.71	(10)汕优晚3	0.35
(4)金优928	4.36	(11)荆优928	0.66
(5)两优287	95.60	(12)鄂粳杂1号	8.42
(6)其它	39.18	(13)鄂粳杂3号	11.51
2、中 稻	1288.39	(14)岳优9113	20.72
(1)扬两优6号	148.76	(15)其 它	51.86
(2)Ⅱ优明86	12.91	二、小 麦	1087.38
(3)Ⅱ优725	15.97	1、鄂恩6号	10.81
(4)绵Ⅱ优838	10.04	2、鄂麦14	23.31
(5)两优培九	75.93	3、鄂麦18	91.80

续表

单位:千公顷

	面 积		面 积
4、鄂麦23	71.74	3、其 它	1.43
5、鄂麦24	14.10	六、马铃薯良种	272.65
6、鄂麦352	16.00	1、鄂马铃薯1号	9.42
7、鄂麦596	36.50	2、鄂马铃薯3号	37.11
8、华麦13	30.03	3、鄂马铃薯4号	20.13
9、郑麦9023	549.04	4、鄂马铃薯5号	83.14
10、鄂恩5号	37.72	5、南中552	9.70
11、襄麦25	65.12	6、其 它	113.15
12、襄麦55	22.99	七、红薯良种	149.33
13、其 它	118.22	1、鄂薯1号	15.30
三、大麦良种	17.71	2、鄂薯2号	13.50
1、鄂大麦6号	2.93	3、鄂薯3号	18.65
2、鄂大麦7号	5.53	4、鄂薯407	2.32
3、鄂大麦8号	2.90	5、鄂薯603	14.46
4、华大麦1号	0.49	6、其 它	85.10
5、华大麦2号	0.66	八、大豆良种	120.18
6、华大麦3号	1.55	1、鄂豆6号	8.36
7、其 它	3.65	2、鄂豆7号	6.80
四、玉米良种	579.21	3、鄂豆8号	29.68
1、农大108	18.46	4、中豆8号	7.83
2、鄂玉10号	13.68	5、中豆29	1.87
3、鄂玉23	5.85	6、中豆30	5.93
4、鄂玉25	33.77	7、中豆33	17.20
5、鄂玉26	17.81	8、中豆34	1.49
6、蠡玉16	54.25	9、其 它	41.02
7、宜单629	51.32	九、蚕豆良种	23.24
8、鄂玉16	4.50	1、启豆50号	1.92
9、鄂玉18	47.48	2、青皮豆	7.88
10、雅玉2号	15.99	3、78-2	0.00
11、登海9号	56.66	4、其 它	13.44
12、中农大451	24.74	十、豌豆良种	13.85
13、华甜玉3号	8.72	1、中豌6号	8.62
14、惠民379	10.51	2、秦选1号	0.13
15、其 它	215.47	3、其它	5.10
五、高粱良种	1.55		
1、辽杂10号	0.11		
2、晋杂12号	0.01		

主要粮食粮种

单位：千公顷

	水稻良种面积合计	常规水稻	早稻		中稻		晚稻		杂交水稻
				鄂早18		黄华占		鄂晚17	
全省合计	**2182.47**	**354.60**	**148.78**	**69.37**	**123.57**	**24.69**	**82.25**	**25.00**	**1827.87**
武汉市	**138.24**	**62.66**	**25.99**	**11.75**	**4.22**	**0.24**	**32.45**	**16.75**	**75.58**
武汉市辖区	4.09	1.86			1.75		0.11		2.23
蔡甸区	6.83	1.64	0.57	0.16	0.49		0.58	0.34	5.19
江夏区	33.76	3.88	2.85	1.18	0.33	0.13	0.70		29.88
黄陂区	45.76	22.68	6.77	3.40	1.65	0.11	14.26	4.01	23.08
新洲区	47.80	32.60	15.80	7.01	0.00	0.00	16.80	12.40	15.20
黄石市	**87.42**	**11.69**	**6.14**	**2.95**	**4.85**	**0.80**	**0.70**		**75.73**
黄石市辖区	2.11	0.10	0.10	0.10					2.01
阳新县	47.49	7.93	3.68	1.00	4.25	0.20			39.56
大冶市	37.82	3.66	2.36	1.85	0.60	0.60	0.70		34.16
十堰市	**36.27**	**0.31**			**0.31**	**0.19**			**35.96**
十堰市辖区	0.25								0.25
郧　县	6.53								6.53
郧西县	3.00								3.00
竹山县	6.38								6.38
竹溪县	5.79								5.79
房　县	8.18	0.19			0.19	0.19			7.99
丹江口市	6.14	0.12			0.12				6.02
宜昌市	**86.50**	**5.77**	**3.79**	**1.00**	**1.94**	**0.60**	**0.04**		**80.73**
宜昌市辖区	0.45								0.45
夷陵区	9.28								9.28
宜都市	4.42								4.42
枝江市	27.95	4.15	3.79	1.00	0.32		0.04		23.80
当阳市	29.46	1.56			1.56	0.60			27.90
远安县	7.86	0.06			0.06				7.80
兴山县	2.19								2.19
秭归县	2.40								2.40
长阳县	2.29								2.29
五峰县	0.20								0.20
襄阳市	**196.12**	**29.05**			**29.05**	**3.40**			**167.07**
襄阳市辖区	18.71	0.00							18.71
襄州区	46.12	6.12			6.12	3.30			40.00
南漳县	22.93	22.93			22.93	0.10			
谷城县	13.56								13.56
保康县	3.14								3.14
老河口市	11.55								11.55
枣阳市	48.81								48.81
宜城市	31.30								31.30
鄂州市	**42.42**	**15.92**	**7.36**	**3.00**	**1.97**		**6.59**		**26.50**
荆门市	**182.55**	**23.31**	**2.16**	**0.85**	**20.51**	**1.85**	**0.64**		**159.24**
荆门市辖区	25.56	1.33			1.33	0.85			24.23
屈家岭	2.96	0.20			0.20				2.76
沙洋县	53.36	7.46	0.26		6.98		0.22		45.90
钟祥市	44.67								44.67
京山县	56.00	14.32	1.90	0.85	12.00	1.00	0.42		41.68
孝感市	**202.31**	**62.36**	**17.31**	**5.88**	**31.99**	**1.68**	**13.06**	**4.59**	**139.95**
孝南区	23.15	8.75	1.33	0.40	3.87	0.40	3.55	1.67	14.40
孝昌县	26.88	7.80	2.52	2.10	2.46	0.04	2.82	0.86	19.08
大悟县	17.92	1.12	0.02		1.10				16.80
安陆市	28.68								28.68

续表1　　　　单位:千公顷

	水稻良种面积合计	常规水稻							杂交水稻
			早稻		中稻		晚稻		
				鄂早18		黄华占		鄂晚17	
云梦县	22.57	13.88	3.20		7.22	0.89	3.46	1.14	8.69
应城市	41.16	27.66	8.27	2.70	16.50		2.89	0.80	13.50
汉川市	41.95	3.15	1.97	0.68	0.84	0.35	0.34	0.12	38.80
荆州市	**391.24**	**27.16**	**26.39**	**13.69**	**0.37**	**0.37**	**0.40**		**364.08**
荆州区	22.43								22.43
沙市区	8.98								8.98
开发区	0.15								0.15
江陵县	28.83								28.83
松滋市	43.95	6.33	6.33	1.55					37.62
公安县	65.76								65.76
石首市	33.89	6.79	6.02	2.10	0.37	0.37	0.40		27.10
监利县	150.73	14.04	14.04	10.04					136.69
洪湖市	36.52								36.52
黄冈市	**347.33**	**89.18**	**40.68**	**21.05**	**21.06**	**13.97**	**27.44**	**2.97**	**258.15**
黄州区	6.14								6.14
团风县	22.78	2.56	0.81	0.30	0.84	0.84	0.91		20.22
红安县	43.71	10.73	7.40	1.83	0.50		2.83	0.27	32.98
罗田县	20.61	0.51	0.16	0.11	0.17		0.18	0.10	20.10
英山县	14.18								14.18
浠水县	18.90	1.80	1.00	1.00	0.80	0.80			17.10
蕲春县	58.33	8.59	5.49	3.60			3.10		49.74
黄梅县	55.15	37.52	10.69	3.80	12.13	7.30	14.70		17.63
麻城市	53.99	8.93	4.60	3.68			4.33	2.60	45.06
武穴市	50.69	15.69	10.53	6.73	3.77	2.20	1.39		35.00
龙感湖	2.85	2.85			2.85	2.83			
咸宁市	**142.22**	**13.81**	**12.04**	**4.69**	**1.24**	**1.24**	**0.53**	**0.53**	**128.41**
咸安区	26.98	1.24			1.24	1.24			25.74
嘉鱼县	17.61	0.23					0.23	0.23	17.38
赤壁市	33.35	8.34	8.34	4.00					25.01
通城县	29.07	3.30	3.00	0.00			0.30	0.30	25.77
崇阳县	26.12	0.70	0.70	0.69					25.42
通山县	9.09								9.09
随州市	**106.48**	**4.00**			**4.00**	**0.20**			**102.48**
曾都区	16.00	0.50			0.50				15.50
随　县	60.97	2.00			2.00	0.20			58.97
广水市	29.51	1.50			1.50				28.01
恩施自治州	**67.43**	**1.90**			**1.90**				**65.53**
恩施市	9.21	0.03			0.03				9.18
利川市	21.91	1.01			1.01				20.90
建始县	3.78								3.78
巴东县	1.90								1.90
宣恩县	8.57	0.20			0.20				8.37
咸丰县	10.81	0.56			0.56				10.25
来凤县	8.85								8.85
鹤峰县	2.40	0.10			0.10				2.30
仙桃市	**61.33**	**1.56**	**1.01**	**0.51**	**0.15**	**0.15**	**0.40**	**0.16**	**59.77**
潜江市	**34.97**								**34.97**
天门市	**59.57**	**5.91**	**5.91**	**4.00**					**53.66**
神农架林区	**0.07**	**0.01**			**0.01**				**0.06**

续表2

单位:千公顷

	杂交水稻良种面积(续)								
	早稻	两优42	金优402	两优287	中稻	扬两优6号	Ⅱ优725	两优培九	新两优6号
全省合计	**211.19**	**18.21**	**50.71**	**95.60**	**1288.39**	**148.76**	**15.97**	**75.93**	**109.07**
武汉市	**21.72**	**0.50**	**5.61**	**11.38**	**29.28**	**7.58**		**1.93**	**1.12**
武汉市辖区					2.12	1.90			
蔡甸区	0.35		0.06	0.05	4.56	0.32		0.13	0.24
江夏区	10.11	0.50	1.73	5.23	6.28	0.83		0.30	0.70
黄陂区	6.98		3.21	2.92	10.12	3.30		1.50	
新洲区	4.28		0.61	3.18	6.20	1.23			0.18
黄石市	**28.30**	**2.00**	**11.80**	**5.80**	**15.96**	**0.06**		**4.02**	**0.57**
黄石市辖区	0.82		0.30	0.30	0.26	0.06		0.02	0.07
阳新县	14.00	2.00	5.00	2.00	8.50			1.00	0.50
大冶市	13.48		6.50	3.50	7.20			3.00	
十堰市					**35.96**	**1.06**			**1.79**
十堰市辖区					0.25				0.06
郧　县					6.53	0.40			1.03
郧西县					3.00				0.70
竹山县					6.38				
竹溪县					5.79				
房　县					7.99				
丹江口市					6.02	0.66			
宜昌市	**3.00**	**0.67**	**1.33**	**1.00**	**69.63**	**1.80**	**0.20**	**0.85**	**2.53**
宜昌市辖区					0.45				
夷陵区					9.28	0.30			0.30
宜都市					4.42				
枝江市	3.00	0.67	1.33	1.00	12.70				0.80
当阳市					27.90				1.33
远安县					7.80	1.50	0.20	0.10	0.10
兴山县					2.19			0.25	
秭归县					2.40				
长阳县					2.29			0.50	
五峰县					0.20				
襄阳市					**167.07**	**14.81**	**4.20**	**14.20**	**10.43**
襄阳市辖区					18.71				0.53
襄州区					40.00	3.60		7.00	3.50
南漳县					0.00				
谷城县					13.56	0.80			
保康县					3.14	0.21			0.67
老河口市					11.55	1.40			1.53
枣阳市					48.81	3.80	4.20	4.20	1.20
宜城市					31.30	5.00	0.00	3.00	3.00
鄂州市	**7.50**	**2.00**	**2.50**		**9.00**			**3.00**	**2.00**
荆门市	**6.37**	**2.02**		**3.00**	**145.10**	**25.14**	**0.50**	**0.01**	**22.95**
荆门市辖区					24.23				2.50
屈家岭					2.76	1.24			
沙洋县	0.35				45.55	5.30			6.25
钟祥市					44.67	8.50			13.20
京山县	6.02	2.02		3.00	27.89	10.10	0.50	0.01	1.00
孝感市	**2.27**	**0.11**	**0.70**	**1.23**	**125.34**	**7.86**	**4.65**	**1.81**	**15.56**
孝南区	0.20			0.20	13.00	1.33		1.33	0.33
孝昌县	0.36	0.11		0.10	18.26	0.06			0.05
大悟县	0.14		0.06	0.08	16.40		3.50		0.80
安陆市					28.68	3.30			1.30

续表3　　单位：千公顷

	杂交水稻良种面积(续)								
	早　稻	两优42	金优402	两优287	中　稻	扬两优6号	Ⅱ优725	两优培九	新两优6号
云梦县	0.95		0.53	0.42	6.43	1.34	0.30	0.41	0.62
应城市	0.50		0.10	0.35	5.88	1.60	0.48		0.14
汉川市	0.12		0.01	0.08	36.69	0.23	0.37	0.07	12.32
荆州市	**48.57**	**2.50**	**2.17**	**43.07**	**233.12**	**24.35**		**34.18**	**17.60**
荆州区	1.90		0.70	1.20	18.08	0.50			10.00
沙市区					8.94	0.32			0.20
开发区					0.15				
江陵县	0.01			0.01	28.76				
松滋市	4.09	0.50	1.47	1.76	22.18	4.33		3.15	1.20
公安县	16.69			16.69	31.03			31.03	
石首市	2.10			1.80	17.00				1.20
监利县	22.00	2.00		20.00	76.13	8.00			5.00
洪湖市	1.78			1.61	30.85	11.20			
黄冈市	**63.91**	**5.33**	**20.21**	**19.83**	**96.28**	**19.48**	**1.72**	**9.24**	**7.82**
黄州区	1.61		0.67	0.33	2.08	0.42			0.30
团风县	6.84	2.65	0.32	2.17	5.19	2.21		0.10	0.10
红安县	7.38		1.49	3.85	9.57	2.75	0.72	0.86	1.34
罗田县	0.30	0.10	0.05	0.05	19.10	1.00	1.00	2.00	1.00
英山县	0.66	0.28	0.10	0.28	11.48	2.20		1.60	0.28
浠水县	3.00	0.80	1.00	1.20	4.30	2.10			0.30
蕲春县	18.06	0.50	6.50	2.80	10.23	0.50		0.50	0.50
黄梅县	5.33	1.00		3.50	9.00	2.00		1.00	1.00
麻城市	10.73		8.58	2.15	21.33	5.30		1.98	3.00
武穴市	10.00		1.50	3.50	4.00	1.00		1.20	
龙感湖									
咸宁市	**23.68**	**2.08**	**6.39**	**6.35**	**66.59**	**9.86**	**0.20**	**2.36**	**10.01**
咸安区	1.59		0.89	0.55	21.76	1.58	0.20		0.55
嘉鱼县	1.61	0.81		0.80	13.82	5.88		0.20	3.74
赤壁市	1.19	0.20		0.30	14.12	2.00		1.00	0.60
通城县	10.07		5.00	4.20	1.54	0.40			
崇阳县	8.87	0.87	0.50	0.50	6.97			1.16	1.02
通山县	0.35	0.20			8.38			0.00	4.10
随州市					**102.48**	**10.98**	**3.50**	**2.20**	**3.40**
曾都区					15.50	2.78			
随　县					58.97	6.70		2.20	3.40
广水市					28.01	1.50	3.50		
恩施自治州					**65.53**		**1.00**		**10.08**
恩施市					9.18				9.18
利川市					20.90				
建始县					3.78		1.00		0.90
巴东县					1.90				
宣恩县					8.37				
咸丰县					10.25				
来凤县					8.85				
鹤峰县					2.30				
仙桃市	**0.74**			**0.74**	**55.40**	**10.17**		**0.93**	
潜江市					**34.97**	**6.94**			**2.21**
天门市	**5.13**	**1.00**		**3.20**	**36.62**	**8.67**		**1.20**	**1.00**
神农架林区					**0.06**				

续表4

单位:千公顷

	杂交中稻良种面积(续)								
	丰两优香1号	冈优725	天两优616	珞优8号	Q优6号	天优8号	荆两优10号	广两优476	广两优香66
全省合计	**187.25**	**17.54**	**13.57**	**71.28**	**75.70**	**19.60**	**16.32**	**63.42**	**66.11**
武汉市	**2.75**	**0.06**	**0.16**	**3.10**	**2.25**	**1.10**	**0.57**	**0.61**	
武汉市辖区							0.07	0.05	
蔡甸区	0.37				0.32			0.56	
江夏区	0.80			1.67	0.50	0.30	0.50		
黄陂区	0.38		0.16	0.93	1.03	0.30			
新洲区	1.20	0.06		0.50	0.40	0.50			
黄石市	**0.70**		**0.50**	**2.08**	**0.03**	**0.50**	**0.50**	**1.00**	**1.11**
黄石市辖区				0.08	0.02		0.00	0.00	0.01
阳新县	0.50		0.50	1.00		0.50	0.50	1.00	1.00
大冶市	0.20			1.00	0.01				0.10
十堰市		**1.67**	**0.60**	**2.79**	**7.59**	**1.40**			
十堰市辖区									
郧　县		0.50	0.60	1.00	2.00	1.00			
郧西县		0.50			0.50				
竹山县				0.27	1.62				
竹溪县				1.12	2.00				
房　县				0.40	0.80	0.40			
丹江口市		0.67			0.67				
宜昌市	**3.40**	**1.20**		**5.63**	**3.43**	**0.10**	**0.33**	**5.27**	**7.50**
宜昌市辖区								0.10	0.35
夷陵区	0.30	0.30		0.30	0.60				0.30
宜都市				2.50	0.30				1.32
枝江市	2.00			1.50				3.50	1.40
当阳市	1.00	0.50		1.33	1.33		0.33	1.67	3.33
远安县	0.10	0.30				0.10			0.80
兴山县		0.10			0.40				
秭归县									
长阳县					0.80				
五峰县									
襄阳市	**18.58**	**3.30**	**0.50**	**7.10**	**7.77**	**6.60**	**3.00**	**11.43**	**11.00**
襄阳市辖区	0.80				0.67			2.63	
襄州区	3.50			3.40	3.50	3.30		3.00	3.00
南漳县									
谷城县	0.06			1.00	1.00	1.00			2.00
保康县									
老河口市	8.62								
枣阳市	1.60	3.30	0.50	2.70	2.60			0.80	
宜城市	4.00					2.30	3.00	5.00	6.00
鄂州市	**2.00**								
荆门市	**18.03**		**0.57**	**7.62**	**3.29**	**0.07**	**0.02**	**8.22**	**5.84**
荆门市辖区	2.20			1.00					
屈家岭	0.63		0.52						
沙洋县	8.20			0.06				2.14	3.22
钟祥市	2.00			6.50	3.20			6.00	2.60
京山县	5.00		0.05	0.06	0.09	0.07	0.02	0.08	0.02
孝感市	**13.75**	**7.22**	**0.95**	**13.55**	**16.78**	**4.78**	**2.72**	**6.58**	**7.26**
孝南区	1.33		0.33	0.33	0.33	0.33	0.33	0.33	2.33
孝昌县	0.07			6.56	8.96	0.08	0.12	0.32	0.48
大悟县	0.80	3.50			2.60			0.80	
安陆市	1.30	3.30			1.30	1.30	1.30	3.30	3.30

续表5 单位：千公顷

	杂交中稻良种面积(续)								
	丰两优香1号	冈优725	天两优616	珞优8号	Q优6号	天优8号	荆两优10号	广两优476	广两优香66
云梦县		0.30	0.62	0.62	0.62	0.62			
应城市	0.40	0.12		0.18	0.20	0.10		0.80	1.10
汉川市	9.85			5.86	2.77	2.35	0.97	1.03	0.05
荆州市	**85.90**		**6.94**	**5.88**	**8.58**	**0.87**	**5.78**	**10.19**	**1.20**
荆州区	1.00			0.40				4.00	1.20
沙市区	1.87		0.84	1.24			0.78		
开发区									
江陵县	28.76								
松滋市	2.12			1.11	1.28	0.87		0.39	
公安县									
石首市	3.80		1.10		1.00			0.80	
监利县	30.00		5.00	3.13	5.00		5.00	5.00	
洪湖市	18.35				1.30				
黄冈市	**5.08**	**0.50**	**1.92**	**4.38**	**8.37**	**3.55**	**1.00**	**1.45**	**1.40**
黄州区									0.20
团风县			1.12		1.33				
红安县				1.95					
罗田县	1.00	0.50		1.33	1.63		1.00	0.54	0.50
英山县	0.50				3.10			0.41	0.20
浠水县				0.60	0.80	0.50			
蕲春县	0.50		0.50	0.50	0.50	0.10		0.50	0.50
黄梅县	0.80								
麻城市	1.98				1.01	2.95			
武穴市	0.30		0.30						
龙感湖									
咸宁市	**4.40**	**0.39**	**1.43**	**11.25**	**11.36**	**0.10**		**4.88**	**4.64**
咸安区	0.00	0.39	1.38	1.95	5.22			3.68	3.84
嘉鱼县	2.00			2.00					
赤壁市	2.00			3.00	2.00			1.00	0.60
通城县	0.20			0.20	0.20	0.10		0.20	0.20
崇阳县	0.00		0.05	0.90	3.06				
通山县	0.20			3.20	0.88				
随州市	**5.40**	**3.20**		**7.10**	**1.80**			**8.62**	**10.00**
曾都区					1.80			5.62	
随　县	5.40			4.30					
广水市		3.20		2.80				3.00	10.00
恩施自治州	**0.98**				**0.10**				
恩施市									
利川市									
建始县	0.98								
巴东县					0.10				
宣恩县									
咸丰县									
来凤县									
鹤峰县									
仙桃市	**5.82**				**1.13**		**0.62**	**1.21**	**6.22**
潜江市	**9.79**				**1.55**		**1.78**	**2.76**	**9.94**
天门市	**10.67**			**0.80**	**1.67**	**0.53**		**1.20**	
神农架林区									

续表6　　单位：千公顷

	中杂良种面积(续)	晚稻							小麦良种面积
	深两优5814		荆楚优148	金优207	金优928	金优38	中9优288	岳优9113	
全省合计	**55.39**	**328.29**	**29.14**	**22.50**	**65.11**	**38.35**	**63.59**	**20.72**	**1087.38**
武汉市		**24.58**	**1.47**	**0.53**	**1.37**	**3.59**	**7.22**		**18.14**
武汉市辖区		0.11							2.83
蔡甸区		0.28							1.22
江夏区		13.49	1.47	0.53	1.27	1.52	5.30		2.82
黄陂区		5.98				0.87			4.05
新洲区		4.72			0.10	1.20	1.92		7.22
黄石市	**1.00**	**31.47**	**2.00**	**2.00**	**5.20**	**7.28**	**8.40**	**0.50**	**14.83**
黄石市辖区		0.93			0.20	0.28	0.40		0.20
阳新县	1.00	17.06	2.00	2.00	1.00	4.00	5.00	0.50	7.24
大冶市		13.48			4.00	3.00	3.00		7.39
十堰市									**73.27**
十堰市辖区									0.65
郧　县									22.36
郧西县									17.33
竹山县									7.58
竹溪县									4.04
房　县									8.00
丹江口市									13.31
宜昌市	**6.77**	**8.10**	**0.00**	**2.10**	**1.10**	**2.00**	**1.50**	**0.90**	**41.62**
宜昌市辖区									0.40
夷陵区	1.30								
宜都市									0.85
枝江市	2.00	8.10		2.10	1.10	2.00	1.50	0.90	16.04
当阳市	2.67								15.79
远安县	0.80								1.30
兴山县									0.99
秭归县									3.11
长阳县									2.64
五峰县									0.50
襄阳市	**18.44**								**355.49**
襄阳市辖区	2.35								27.54
襄州区	3.50								94.75
南漳县									35.53
谷城县									22.99
保康县									8.02
老河口市									30.31
枣阳市	12.59								96.35
宜城市									40.00
鄂州市		**10.00**	**2.50**		**0.50**	**3.50**			**5.50**
荆门市	**12.80**	**7.77**		**3.10**	**1.30**	**0.20**			**105.93**
荆门市辖区	2.10								7.74
屈家岭									8.01
沙洋县	10.67								19.35
钟祥市									35.84
京山县	0.03	7.77		3.10	1.30	0.20			34.99
孝感市	**2.51**	**12.34**	**0.83**	**0.73**	**3.67**	**3.22**	**0.83**	**0.12**	**100.95**
孝南区	0.33	1.20	0.13	0.27	0.10	0.20	0.13		8.10
孝昌县	0.36	0.46				0.09	0.10		14.26
大悟县		0.26			0.03	0.21			10.50
安陆市	1.67								19.56

续表7 单位：千公顷

	中杂良种面积(续) 深两优5814	晚 稻	荆楚优148	金优207	金优928	金优38	中9优288	岳优9113	小麦良种面积
云梦县		1.31							6.67
应城市		7.12	0.32		3.46	2.00	0.30	0.12	12.38
汉川市	0.15	1.99	0.38	0.46	0.08	0.72	0.30		29.48
荆州市	**0.80**	**82.39**	**8.29**	**5.14**	**41.06**	**2.21**	**10.58**	**8.20**	**105.28**
荆州区	0.80	2.45				1.00	1.00	0.20	13.25
沙市区		0.04			0.04				6.33
开发区									0.09
江陵县		0.06				0.06			14.79
松滋市		11.35	3.27	1.42	1.18		1.38		14.04
公安县		18.04			18.04				23.91
石首市		8.00	1.20	3.10	1.80		1.90		
监利县		38.56	3.00		20.00		5.00	8.00	9.84
洪湖市		3.89	0.82	0.62		1.15	1.30		23.03
黄冈市	**2.70**	**97.96**	**5.34**	**3.25**	**7.46**	**9.94**	**20.90**	**11.00**	**55.14**
黄州区	0.20	2.45					0.36		5.71
团风县		8.19			0.57	3.35	0.29		3.50
红安县		16.03			2.46	1.09			1.63
罗田县	1.00	0.70		0.05	0.15				3.34
英山县		2.04	0.14	1.20	0.20	0.50			4.90
浠水县		9.80	0.20	1.00	0.60	2.00	6.00		0.70
蕲春县	1.00	21.45	3.00	1.00	1.00	3.00	5.50	3.50	0.92
黄梅县	0.50	3.30							11.27
麻城市		13.00			0.73				16.67
武穴市		21.00	2.00		1.75		8.75	7.50	3.16
龙感湖									3.34
咸宁市	**0.04**	**38.14**	**7.71**	**5.65**	**3.02**	**5.03**	**11.47**		**9.49**
咸安区		2.39	0.21	0.67	0.12	0.33	0.58		0.27
嘉鱼县		1.95			0.40	1.15	0.40		4.64
赤壁市		9.70	2.00	3.00			4.42		0.40
通城县	0.04	14.16	5.50			2.00	4.16		1.93
崇阳县		9.58		1.98	2.50	1.55	1.91		1.93
通山县		0.36							0.32
随州市	**10.33**								**92.48**
曾都区	5.30								18.59
随 县	1.02								53.77
广水市	4.01								20.12
恩施自治州									**8.75**
恩施市									1.93
利川市									0.14
建始县									1.65
巴东县									4.92
宣恩县									0.08
咸丰县									0.03
来凤县									
鹤峰县									
仙桃市		**3.63**			**0.43**	**0.38**	**1.36**		**23.27**
潜江市									**28.54**
天门市		**11.91**	**1.00**			**1.00**	**1.33**		**48.35**
神农架林区									**0.35**

续表8　　单位:千公顷

	小麦良种面积(续)								
	鄂麦14	鄂麦18	鄂麦23	鄂麦24	鄂麦35	鄂麦596	华麦13	郑麦9023	鄂恩5号
全省合计	**23.31**	**91.80**	**71.74**	**14.10**	**16.00**	**36.50**	**30.03**	**549.04**	**37.72**
武汉市		**2.92**	**2.05**	**0.29**	**1.05**	**0.08**	**0.40**	**8.55**	
武汉市辖区								2.83	
蔡甸区		0.07	0.02		1.05	0.08			
江夏区		0.62	0.40					1.80	
黄陂区		0.77	0.83	0.29				1.26	
新洲区		1.46	0.80				0.40	2.66	
黄石市		**3.05**					**0.50**	**8.35**	
黄石市辖区		0.05						0.15	
阳新县		0.00					0.50	5.00	
大冶市		3.00						3.20	
十堰市	**1.50**	**9.51**	**6.76**					**36.84**	
十堰市辖区		0.20						0.45	
郧　县			2.00					14.00	
郧西县		1.50	2.70					8.90	
竹山县	0.80	1.70						2.05	
竹溪县		1.30						1.50	
房　县	0.70	1.40						3.30	
丹江口市		3.41	2.06					6.64	
宜昌市	**2.10**	**4.90**	**1.30**	**1.50**	**0.30**	**0.20**	**0.10**	**15.15**	**0.50**
宜昌市辖区	0.10	0.30							
夷陵区									
宜都市		0.20	0.20		0.20	0.20			
枝江市	2.00	3.00		1.50				6.00	0.50
当阳市		1.00	1.00					6.00	
远安县		0.10	0.10		0.10		0.10	0.30	
兴山县		0.30						0.55	
秭归县									
长阳县								2.10	
五峰县								0.20	
襄阳市	**3.62**	**15.48**	**24.39**	**2.00**	**4.70**	**13.10**	**8.30**	**196.91**	
襄阳市辖区		0.02						13.92	
襄州区		6.00	5.00	2.00		1.00		67.00	
南漳县		1.50	3.00		0.50			15.00	
谷城县								10.80	
保康县	3.12	1.36	1.33					1.33	
老河口市			4.50					19.86	
枣阳市	0.50	3.60	6.56		1.20	6.10	0.30	59.00	
宜城市		3.00	4.00		3.00	6.00	8.00	10.00	
鄂州市		**1.50**	**1.00**				**1.00**	**1.00**	
荆门市		**11.40**	**12.50**	**0.50**			**5.00**	**60.08**	
荆门市辖区								7.39	
屈家岭		0.90	2.90					4.10	
沙洋县		2.50	3.60					8.60	
钟祥市		5.00	6.00				5.00	15.00	
京山县		3.00		0.50				24.99	
孝感市	**4.04**	**6.34**	**11.11**	**3.82**	**3.33**	**19.37**	**6.63**	**27.91**	**0.38**
孝南区		0.90	0.20	0.20	0.20	0.20	0.50	5.30	
孝昌县	1.24	0.85	3.62	1.20	0.63	0.52	0.68	1.32	0.32
大悟县	2.80		1.67	0.70				4.50	
安陆市		3.30	3.30		1.67	1.30	1.30	1.30	

续表9　　单位：千公顷

	小 麦 良 种 面 积 (续)								
	鄂麦14	鄂麦18	鄂麦23	鄂麦24	鄂麦35	鄂麦596	华麦13	郑麦9023	鄂恩5号
云梦县		0.70	0.70					4.37	
应城市		0.30	1.50	1.70			0.40	8.10	
汉川市		0.29	0.12	0.02	0.83	17.35	3.75	3.02	0.06
荆州市	**0.56**	**14.34**	**8.16**	**1.17**	**3.22**	**0.21**		**72.51**	**0.46**
荆州区						0.20		13.00	
沙市区								6.33	
开发区			0.08			0.01			
江陵县								14.79	
松滋市	0.56	0.32	1.08	1.17	0.22			5.63	0.46
公安县								23.91	
石首市									
监利县		5.00			3.00			1.84	
洪湖市		9.02	7.00					7.01	
黄冈市	**9.12**	**11.03**	**0.57**	**1.29**	**0.20**	**1.31**	**1.93**	**20.25**	**1.00**
黄州区		0.67		0.60				3.70	
团风县	0.19	0.52	0.16	0.24			0.19	1.26	
红安县			0.21	0.05				1.02	
罗田县	0.67	0.67						2.00	
英山县	1.50	1.10						2.20	
浠水县		0.30						0.20	
蕲春县		0.20	0.20					0.40	
黄梅县		3.00						3.00	1.00
麻城市	6.76	2.54					1.74	5.63	
武穴市		1.38		0.40	0.20			0.84	
龙感湖		0.65				1.31			
咸宁市	**0.27**	**0.73**		**0.53**			**0.17**	**7.11**	
咸安区		0.06					0.17		
嘉鱼县		0.00						4.64	
赤壁市		0.00						0.40	
通城县	0.27	0.67		0.53				0.46	
崇阳县		0.00						1.61	
通山县		0.00						0.00	
随州市	**2.10**	**6.78**		**2.50**	**3.20**	**0.30**		**28.86**	**34.80**
曾都区		5.58						7.56	
随　县	2.10	1.20		2.50	3.20	0.30		1.30	34.80
广水市								20.00	
恩施自治州		**0.20**				**1.93**		**1.70**	**0.58**
恩施市						1.93			
利川市									
建始县								0.40	0.55
巴东县		0.20						1.30	
宣恩县									0.03
咸丰县									
来凤县									
鹤峰县									
仙桃市		**1.10**	**2.40**					**18.40**	
潜江市								**17.02**	
天门市		**2.40**	**1.50**	**0.50**			**6.00**	**28.20**	
神农架林区		**0.12**						**0.20**	

续表10　　单位:千公顷

	小麦良种面积(续)		大麦良种面积	玉米良种面积					
	襄麦25	襄麦55			农大108	鄂玉10号	鄂玉25	鄂玉26	蠡玉16
全省合计	**65.12**	**22.99**	**17.71**	**579.21**	**18.46**	**13.68**	**33.77**	**17.81**	**54.25**
武汉市			**0.68**	**15.97**			**1.01**	**0.50**	**3.38**
武汉市辖区			0.11	8.62					1.63
蔡甸区				2.86			0.41		1.75
江夏区				3.97			0.60	0.50	
黄陂区			0.54	0.52					
新洲区			0.03	0.00					
黄石市	**1.00**		**0.10**	**12.93**	**1.22**	**0.00**	**1.00**		**2.00**
黄石市辖区				0.13	0.02				
阳新县	1.00			8.63	1.00		1.00		2.00
大冶市			0.10	4.17	0.20				
十堰市	**4.46**	**3.00**		**82.52**	**2.79**	**1.76**	**8.74**	**2.85**	**9.30**
十堰市辖区				0.56		0.20	0.19		
郧 县	3.36	3.00		16.90			4.00		2.00
郧西县	0.40			16.68	2.00		2.35	2.35	3.50
竹山县				14.99			1.20	0.50	1.50
竹溪县				12.29					2.00
房 县	0.70			14.59			1.00		0.30
丹江口市				6.51	0.79	1.56			
宜昌市			**1.99**	**102.43**	**2.38**		**7.90**	**3.35**	**12.10**
宜昌市辖区				0.70			0.20		0.50
夷陵区				16.22	0.18				
宜都市				10.37			1.00		5.00
枝江市				6.21	1.00			0.50	
当阳市			1.06	16.69	1.00		2.00		2.00
远安县			0.93	3.90	0.10				0.30
兴山县				7.52	0.10		0.30	0.85	0.30
秭归县				12.25			3.40		
长阳县				16.27					3.00
五峰县				12.30			1.00	2.00	1.00
襄阳市	**35.49**	**11.50**	**3.58**	**155.54**	**2.26**	**5.77**	**7.31**	**7.40**	**14.55**
襄阳市辖区	1.57			8.18	0.26			1.00	
襄州区	5.00	2.00	1.50	36.08	2.00	1.00	1.00		4.00
南漳县	6.00	4.00		15.27				2.00	3.00
谷城县	8.10	2.50		9.06			2.00		
保康县	0.67			13.22		4.77			2.35
老河口市	5.95			13.57			2.20	1.60	
枣阳市	5.20		1.90	46.05				1.80	3.20
宜城市	3.00	3.00	0.18	14.11			2.11	1.00	2.00
鄂州市				**0.97**	**0.20**				
荆门市	**2.00**			**21.99**	**3.78**	**1.20**	**1.00**		**4.33**
荆门市辖区				2.38					1.00
屈家岭				2.69	1.65				
沙洋县				2.00					0.33
钟祥市	2.00			7.59			1.00		3.00
京山县				7.33	2.13	1.20			
孝感市	**4.56**	**5.19**	**1.49**	**2.98**	**0.07**	**0.10**	**0.13**	**0.16**	**0.05**
孝南区	0.10	0.20	0.20	0.30					
孝昌县	2.23	0.36	0.22	0.06			0.01	0.01	
大悟县			0.80	0.16		0.06			
安陆市	1.30	1.30	0.12	0.12			0.03	0.03	0.03

	小麦良种面积(续)		大麦良种面积	玉米良种面积					
	襄麦25	襄麦55			农大108	鄂玉10号	鄂玉25	鄂玉26	蠡玉16
云梦县		0.50		1.19					
应城市	0.08			0.21	0.05	0.04			
汉川市	0.85	2.83	0.15	0.94	0.02		0.09	0.12	0.02
荆州市	**1.11**		**3.78**	**9.11**	**0.86**	**0.02**	**0.01**		**1.79**
荆州区			0.20	2.00					
沙市区			0.15	0.02					
开发区			0.06	0.03		0.02	0.01		
江陵县			0.45	0.14					
松滋市	1.11		1.82	5.84	0.86				1.79
公安县			1.10	0.18					
石首市									
监利县				0.90					
洪湖市									
黄冈市	**1.20**	**1.00**	**1.34**	**6.27**			**2.37**		**0.02**
黄州区				1.21					
团风县				0.05					
红安县				0.82			0.77		
罗田县				0.20					
英山县			0.24	0.96			0.20		0.02
浠水县	0.20		0.20	0.20					
蕲春县				0.26					
黄梅县	1.00	1.00		0.90					
麻城市			0.90	1.40			1.40		
武穴市				0.27					
龙感湖									
咸宁市				**19.63**			**1.77**	**1.80**	
咸安区				2.87					
嘉鱼县				5.57			1.60	1.80	
赤壁市				0.40					
通城县				0.76			0.17		
崇阳县				5.96					
通山县				4.07					
随州市	**2.78**	**2.30**	**0.96**	**6.97**					
曾都区	2.78		0.06	0.41					
随　县		2.30	0.90	5.40					
广水市				1.16					
恩施自治州				**126.07**	**4.40**	**4.83**	**1.83**	**1.75**	**2.92**
恩施市				20.07					
利川市				28.00					
建始县				18.63	4.20	4.40			0.63
巴东县				22.71		0.06			
宣恩县				9.53				1.50	
咸丰县				12.21				0.25	
来凤县				6.52	0.20	0.37	1.83		2.29
鹤峰县				8.40					
仙桃市			**2.33**	**5.56**					**2.06**
潜江市	**11.52**		**0.43**	**2.87**			**0.58**		**1.15**
天门市	**1.00**		**1.00**	**5.25**	**0.50**				**0.60**
神农架林区			**0.03**	**2.15**			**0.12**		

续表12

单位:千公顷

	玉米良种面积(续)					马铃薯良种面积			
	宜单629	鄂玉18	雅玉2号	登海9号	中农大451		鄂马铃薯3号	鄂马铃薯4号	鄂马铃薯5号
全省合计	**51.32**	**47.48**	**15.99**	**56.66**	**24.74**	**272.65**	**37.11**	**20.13**	**83.14**
武汉市	**0.82**	**1.04**		**5.10**		**0.98**	**0.10**		**0.18**
武汉市辖区				3.80					
蔡甸区	0.06	0.64							
江夏区	0.76	0.40		1.30					
黄陂区						0.48	0.10		0.18
新洲区						0.50			
黄石市	**1.00**	**1.20**		**2.37**	**0.50**	**3.39**		**0.50**	**0.01**
黄石市辖区				0.07		0.01			0.01
阳新县	1.00	0.20		2.00	0.50	2.88		0.50	
大冶市		1.00		0.30		0.50			
十堰市	**12.30**	**8.30**	**1.70**		**4.70**	**20.13**	**0.20**	**1.50**	**4.50**
十堰市辖区									
郧　县	7.00	2.00			1.90	0.92			
郧西县	0.50	1.20	0.40		0.50	3.71		1.50	
竹山县	1.30	1.50	1.10		1.70	4.53			2.50
竹溪县	2.50	2.00				7.01			2.00
房　县	1.00	1.60	0.20		0.60	3.40	0.20		
丹江口市						0.56			
宜昌市	**22.50**	**5.20**	**0.50**	**2.70**	**4.07**	**43.63**	**11.70**	**5.40**	**15.50**
宜昌市辖区						0.70		0.30	
夷陵区	3.30					4.80	2.00		0.30
宜都市	3.00				1.17	4.34		2.00	1.30
枝江市	1.50	1.50		1.50		0.85	0.20	0.60	
当阳市				1.00	1.00	1.78		0.30	0.30
远安县	0.10	0.10			0.20	1.20	0.10	0.10	0.10
兴山县	0.20	1.55		0.20	0.20	5.39	1.20		2.80
秭归县	6.80	2.05				4.73	0.80		3.00
长阳县	6.10				1.50	9.24	1.80	2.10	4.20
五峰县	1.50		0.50			10.60	5.60		3.50
襄阳市	**10.95**	**7.23**	**3.00**	**27.33**	**11.00**	**19.20**	**3.47**	**3.01**	**3.43**
襄阳市辖区	1.12			0.23					
襄州区	2.00		2.00	7.00		5.65	0.50	0.50	1.50
南漳县	2.50		1.00	1.00	1.00	0.39		0.10	
谷城县	1.00	3.00		1.00	0.50	0.45		0.20	0.20
保康县	2.33	0.13				7.52	1.47	1.00	0.53
老河口市		2.10		3.10	1.50	0.02			
枣阳市				15.00	3.00	4.16	1.50	0.60	0.80
宜城市	2.00	2.00			5.00	1.01		0.61	0.40
鄂州市		**0.27**				**0.62**		**0.30**	**0.02**
荆门市	**1.00**	**2.00**		**4.45**	**0.75**	**5.05**		**0.90**	**0.70**
荆门市辖区				1.33					
屈家岭					0.75				
沙洋县				0.62		0.46			
钟祥市	1.00			1.50		3.00		0.80	0.60
京山县		2.00		1.00		1.59		0.10	0.10
孝感市	**0.15**	**0.65**		**0.96**	**0.08**	**10.63**		**1.29**	**1.71**
孝南区		0.10		0.10		2.20		0.20	
孝昌县		0.02				1.42			0.60
大悟县						0.77		0.32	0.24
安陆市	0.03					1.00		0.40	0.40

续表13 单位：千公顷

	玉米良种面积(续)					马铃薯良种面积			
	宜单629	鄂玉18	雅玉2号	登海9号	中农大451		鄂马铃薯3号	鄂马铃薯4号	鄂马铃薯5号
云梦县	0.10			0.81		3.68			
应城市				0.03	0.03	0.51		0.14	0.15
汉川市	0.02	0.53		0.02	0.05	1.05		0.23	0.32
荆州市	**1.53**	**0.30**		**2.02**		**2.36**	**0.15**	**0.17**	**0.04**
荆州区				2.00		2.00			
沙市区				0.02					
开发区									
江陵县						0.04			0.04
松滋市	1.53								
公安县						0.17		0.17	
石首市									
监利县		0.30				0.15	0.15		
洪湖市									
黄冈市				**0.34**		**29.99**	**3.37**	**2.35**	**0.80**
黄州区						0.10			
团风县						1.08			
红安县						1.92			
罗田县						1.00		0.20	0.20
英山县				0.12		7.72		0.50	0.60
浠水县				0.20		0.15		0.15	
蕲春县						9.14	0.80		
黄梅县						2.26		1.50	
麻城市						5.33	2.32		
武穴市				0.02		1.29	0.25		
龙感湖									
咸宁市		**0.63**		**6.26**	**2.68**	**8.38**		**0.36**	
咸安区		0.63		1.88		1.70			
嘉鱼县				1.90		0.36		0.36	
赤壁市				0.06		0.11			
通城县						2.08			
崇阳县				2.42	2.68	3.13			
通山县						1.00			
随州市				**2.30**		**7.76**			
曾都区				0.20		0.31			
随 县				2.10		7.00			
广水市						0.45			
恩施自治州	**0.05**	**20.50**	**10.79**	**0.35**	**0.20**	**114.24**	**17.30**	**3.50**	**55.27**
恩施市		20.07				23.28			9.00
利川市			10.00			27.37	10.00		17.37
建始县			0.10			20.85	4.00	2.00	6.25
巴东县	0.05		0.30			15.72	1.50		10.00
宣恩县						6.50	1.00		4.00
咸丰县			0.15			6.42			3.85
来凤县		0.43	0.24	0.35	0.20	8.00		1.50	0.50
鹤峰县						6.10	0.80		4.30
仙桃市				**1.72**		**1.11**	**0.32**		
潜江市	**0.45**			**0.43**	**0.26**	**1.83**		**0.85**	**0.98**
天门市	**0.20**			**0.33**	**0.50**	**3.35**	**0.50**		
神农架林区	**0.37**	**0.16**							

续表14

单位：千公顷

	红薯良种面积	鄂薯1号	鄂薯3号	鄂薯603号	大豆良种面积	鄂豆8号	中豆33	蚕豆良种面积	豌豆良种面积
全省合计	**149.33**	**15.30**	**18.65**	**14.46**	**120.18**	**29.68**	**17.20**	**23.24**	**13.85**
武汉市	**2.22**		**0.22**		**7.42**	**1.58**	**1.40**		**0.81**
武汉市辖区					1.06				0.16
蔡甸区									
江夏区					4.66	1.26	1.20		
黄陂区	1.42		0.22		1.10	0.32	0.20		0.65
新洲区	0.80				0.60				
黄石市	**8.91**	**1.80**	**2.30**		**3.81**	**0.15**	**1.60**	**1.27**	**1.24**
黄石市辖区	0.13	0.10			0.07	0.05		0.03	0.01
阳新县	5.81	0.50	1.00		2.04		0.50	0.34	0.33
大冶市	2.97	1.20	1.30		1.70	0.10	1.10	0.90	0.90
十堰市	**24.29**	**1.03**	**0.20**	**3.43**	**21.76**	**3.04**	**0.77**	**1.04**	**3.62**
十堰市辖区	0.13				0.10	0.04			0.03
郧 县	4.96				2.89				
郧西县	5.58			3.33	3.59	1.20			0.21
竹山县	5.13	0.63			5.19				1.98
竹溪县	4.09	0.20			5.42	1.50		0.40	1.00
房 县	2.40	0.20	0.20	0.10	3.80	0.30		0.50	0.30
丹江口市	2.00				0.77		0.77	0.14	0.10
宜昌市	**23.00**	**0.30**	**1.10**	**0.50**	**8.39**	**2.30**	**1.05**	**2.30**	**0.55**
宜昌市辖区	0.60		0.20		0.06		0.05		
夷陵区	2.40	0.20		0.20					
宜都市	3.91				0.45	0.20	0.20	0.44	
枝江市	0.89		0.50	0.30	1.28	0.20	0.50	0.50	0.15
当阳市	1.41		0.40		1.89	0.60	0.30	0.20	0.15
远安县	0.80	0.10			0.20			0.10	
兴山县	0.62				0.84			0.40	0.04
秭归县	3.90				1.03			0.66	0.21
长阳县	6.17				1.64	1.10			
五峰县	2.30				1.00	0.20			
襄阳市	**7.46**	**3.20**	**1.28**		**6.47**	**3.32**	**0.48**	**2.63**	
襄阳市辖区					0.51			0.10	
襄州区	0.94				1.42	1.00		0.47	
南漳县					0.17	0.07			
谷城县	0.55		0.30		0.70	0.40		0.21	
保康县	0.92		0.22		1.67	0.50		0.15	
老河口市	2.40	2.40			0.71	0.71		1.05	
枣阳市	0.59		0.20		1.07	0.50	0.40	0.65	
宜城市	2.06	0.80	0.56		0.22	0.14	0.08		
鄂州市									
荆门市	**1.96**	**0.50**			**11.10**	**3.90**	**2.10**	**1.07**	
荆门市辖区	0.27				0.49				
屈家岭	0.20								
沙洋县	0.17				2.00	0.60		0.47	
钟祥市	0.35	0.15			7.06	3.00	2.00		
京山县	0.97	0.35			1.55	0.30	0.10	0.60	
孝感市	**3.32**	**0.62**	**0.35**	**0.01**	**5.94**	**1.62**	**1.34**	**2.43**	**0.96**
孝南区	0.20				0.40	0.10	0.10	0.20	0.15
孝昌县	0.15				0.59	0.08	0.25	0.42	0.07
大悟县	2.45	0.42	0.35		0.82	0.35	0.12	0.17	0.12
安陆市	0.48	0.20			1.49	0.67	0.33	0.35	0.18

续表 15 单位：千公顷

	红薯良种面积	鄂薯1号	鄂薯3号	鄂薯603号	大豆良种面积	鄂豆8号	中豆33	蚕豆良种面积	豌豆良种面积
云梦县	0.01								
应城市					1.46	0.42	0.53	0.09	0.31
汉川市	0.03			0.01	1.18		0.01	1.20	0.13
荆州市	**0.98**	**0.35**			**5.90**	**3.12**	**1.17**		**0.22**
荆州区									
沙市区									
开发区					0.03				0.01
江陵县					1.10				
松滋市	0.98	0.35			0.65		0.17		0.21
公安县					0.85	0.85			
石首市									
监利县					3.27	2.27	1.00		
洪湖市									
黄冈市	**11.51**	**0.98**	**3.00**		**8.76**	**1.82**	**1.20**	**1.92**	**0.49**
黄州区	0.08				0.11			0.09	0.03
团风县	0.19	0.08			0.28			0.20	
红安县	1.44		0.08		0.37	0.37			
罗田县	1.30	0.20	0.30		2.10	0.40	0.40		0.25
英山县	2.10		0.10		1.47				
浠水县	0.30	0.20			0.05	0.05		0.01	
蕲春县	2.56	0.50	0.80		1.40	0.30	0.30	0.46	0.20
黄梅县	1.00				0.65			0.64	0.01
麻城市	2.54		1.72		1.40	0.50	0.40	0.21	
武穴市					0.93	0.20	0.10	0.31	
龙感湖									
咸宁市	**11.70**	**3.81**			**6.70**	**1.21**	**2.12**	**3.95**	**0.82**
咸安区	1.73	0.12			1.03			0.97	0.42
嘉鱼县	0.14				0.52	0.30	0.22	0.68	
赤壁市	0.90	0.40			1.01			1.00	0.10
通城县	0.89	0.89			0.91	0.91		0.20	0.24
崇阳县	4.23				2.40		1.90	0.80	0.05
通山县	3.81	2.40			0.83			0.30	0.01
随州市	**3.96**	**1.60**			**2.03**			**1.39**	**2.39**
曾都区	0.74				0.32				0.84
随 县	2.64	1.60			0.87			0.25	1.55
广水市	0.58				0.84			1.14	
恩施自治州	**48.57**	**0.40**	**10.20**	**10.52**	**16.91**	**0.40**	**0.23**	**4.32**	**2.75**
恩施市	10.52			10.52	5.67		0.03	0.83	0.67
利川市	12.00		10.00		4.00			1.00	
建始县	7.79	0.40	0.20		2.76			0.61	0.60
巴东县	5.10							1.00	1.38
宣恩县	4.80				1.50	0.20	0.20	0.05	0.08
咸丰县	3.52				2.24			0.06	0.02
来凤县	4.84				0.74	0.20		0.77	
鹤峰县									
仙桃市	**0.17**				**5.63**	**2.28**	**1.07**		
潜江市	**0.31**	**0.31**			**2.51**	**1.54**	**0.97**	**0.26**	
天门市	**0.50**	**0.40**			**6.85**	**3.40**	**1.70**	**0.66**	
神农架林区	**0.47**								

全省主要经济作物良种生产情况

单位:千公顷、吨

	面 积	产 量		面 积	产 量
一、茶叶无性系良种	100.45		(1)芋角		137018
1、福鼎大白茶	40.48		(2)精粉		24957
2、鄂茶1号	8.43		(3)食品		17389
3、鄂茶10号	7.26		(4)保健品		5
4、金观音	2.35		(5)其它		52168
5、金萱	0.24		3、加工产值		69145
6、黄棪	0.20		4、出口量		120
7、其它	41.49		创汇额(万美元)		43
二、水果	385.49	5339978	五、桑园	11.51	
(一)柑桔园	242.91	3811329	其中:湖桑	10.21	
其中:温州蜜柑	92.51	1203844	六、养蚕(万张)	14.72	4905
椪柑	40.77	1019300	1、春蚕	11.28	3777
锦橙	2.14	19154	2、夏蚕	0.23	135.5
脐橙	39.78	319182	3、秋蚕	3.21	992.5
其中:纽荷尔	7.00	117632	七、一代杂交蚕种生产张数	3.09	
夏橙	1.60	19140	八、中药材	130.42	451489
桃叶橙	0.20	1747	1、黄连留存	9.27	13305
柚	9.55	84788	2、党参留存	2.81	3878
(二)梨园	36.87	534570	3、贝母留存	0.80	818
其中:丰水梨	4.24	9919	4、茯苓留存	4.37	33026
华梨	0.56	10980	5、天麻留存	3.78	32946
黄花梨	4.39	74996	6、黄姜	8.04	187026
金水梨	2.56	21794	7、麦冬	2.17	1098
湘南梨	1.83	19078	8、白术	4.06	10278
(三)其它果园	105.71	994079	9、杜仲(万株)	6285.30	9708
其中:苹果园	1.55	8789	10、厚朴(万株)	2951.21	6794
桃园	49.97	646777	11、黄柏(万株)	661.19	3170
其中:油桃	2.42	24662	12、其它	95.12	149442
猕猴桃	5.18	15501	九、中药材出口量		240
葡萄	9.31	194622	创汇额(万美元)		400
枣园	2.06	30756	十、食用菌产销情况		
其中:冬枣	0.09	402	(一)干鲜混合		311413
李园	0.24	928	1、干菌		112512
柿	2.46	38138	(1)香菇		93215
其中:甜柿	0.52	5926	(2)黑木耳		18784
三、果用瓜	91.51	3143541	(3)白木耳		513
其中:西瓜	74.48	2736158	2、鲜菌		198901
其中:无籽西瓜	12.70	449685	(1)蘑菇		147147
特种西瓜	1.23	51999	(2)平菇		5723
甜瓜	11.73	325950	(3)草菇		2821
草莓	1.22	19709	(4)金针菇		32515
四、魔芋产加销情况	×	×	(5)其它		10695
1、魔芋	28.59	610097	(二)出口量		4280
2、魔芋加工量	—	231537	创汇额(万美元)		6740

主要经济作物良种

单位:公顷、吨

	茶叶无性系良种面积	福鼎大白茶	水果(不含果用瓜)		柑橘		温州蜜柑	
			面积	产量	面积	产量	面积	产量
全省合计	**100454**	**40483**	**385488**	**5339978**	**242908**	**3811329**	**92509**	**1203844**
武汉市	**790**	**313**	**8821**	**71497**	**4437**	**29054**	**27**	**1072**
武汉市辖区			823	13826	132	2864	27	1072
蔡甸区			700	8423	312	4966		
江夏区	790	313	4162	19737	3644	17906		
黄陂区			1225	8445	63	373		
新洲区			1911	23177	286	2945		
黄石市	**20**	**10**	**8500**	**39935**	**5992**	**34820**	**4501**	**28397**
黄石市辖区			227	2035	149	1818	146	1801
阳新县	20	10	7202	31348	5203	29317	4140	23300
大冶市			1071	6552	640	3685	215	3296
十堰市	**6147**	**5182**	**51922**	**342933**	**34059**	**320464**	**29785**	**264558**
十堰市辖区	444	300	1139	2510	466	674		
郧　县	476	190	23190	37943	10077	32103	8010	25600
郧西县	545	450	1765	6277	249	902		
竹山县	2800	2800	587	2126	31	253		
竹溪县	1292	1022	209	686	1	100	1	100
房　县	70	70	2225	9156	607	5888	500	2100
丹江口市	520	350	22807	284235	22628	280544	21274	236758
宜昌市	**12242**	**3494**	**127980**	**2679661**	**123654**	**2620791**	**44785**	**786351**
宜昌市辖区	500	300	4533	149008	4500	148000	2000	66000
夷陵区	2650	600	22657	546722	22617	546522	19364	445908
宜都市	1330	400	20956	553366	20715	551923	17300	2941
枝江市			22213	575757	20323	534435		30436
当阳市			22306	458556	21813	450862	5237	192856
远安县	163	20	4143	12357	3859	10919		
兴山县	250	80	5959	71767	5537	68976	270	3674
秭归县	4680	93	16165	250982	16117	250259	414	10507
长阳县	2	1	8680	59099	7923	57493		33679
五峰县	2667	2000	368	2047	250	1402	200	350
襄阳市	**4730**	**488**	**31191**	**561264**	**2704**	**48864**	**454**	**3100**
襄阳市辖区	9		297	5142	99	1109		
襄州区			3372	86991	29			
南漳县	3200		979	29737	806	26474		
谷城县	170	60	784	6795	254	3405	254	
保康县	670	260	204	5361	68	485		
老河口市			7493	122592	194	1350		
枣阳市	409	86	16997	284539	437	1311		
宜城市	272	82	1065	20107	817	14730	200	3100
鄂州市			**6494**	**36060**	**3118**	**27870**		
荆门市	**140**	**120**	**25669**	**444110**	**11375**	**181593**	**1820**	**40890**
荆门市辖区			9164	107046	7350	95443		
屈家岭			1807	12900	260	2800		
沙洋县			1305	23021	653	11346		
钟祥市			9654	239595	2323	51134	1650	36300
京山县	140	120	3739	61548	789	20870	170	4590
孝感市	**9425**	**7440**	**16645**	**173915**	**2304**	**19956**	**122**	**1148**
孝南区	380	310	1923	12161	138	1223	110	1131
孝昌县	5433	4800	8902	94047	1766	16115		
大悟县	3000	2000	2203	8522				
安陆市	321	230	1537	14098	336	1563		

续表1 单位:公顷、吨

	茶叶无性系良种面积	福鼎大白茶	水果(不含果用瓜) 面积	水果(不含果用瓜) 产量	柑橘 面积	柑橘 产量	温州蜜柑 面积	温州蜜柑 产量
云梦县			939	16822	15	23	12	17
应城市	291	100	647	15777	23	165		
汉川市			494	12488	25	867		
荆州市	**36**	**18**	**22921**	**387742**	**17933**	**247874**	**513**	**11432**
荆州区			1480	19853	1008	9922		
沙市区			105	3426	29	1070		875
开发区			2	160	1	140	1	20
江陵县			169	1638	106	1113		
松滋市			14268	151898	13458	141330	388	9909
公安县	36	18	5419	188730	2367	79036		
石首市			1128	17345	823	13433		
监利县			350	4692	141	1830	124	628
洪湖市								
黄冈市	**9003**	**2788**	**13609**	**102270**	**5186**	**54304**	**2643**	**11902**
黄州区	11		155	1334	106	849	106	849
团风县	263	86	441	2099	225	719		
红安县			980	2340	22	118		
罗田县	400	100	821	8370	168	702		
英山县	7510	2560	470	2554	84	630		
浠水县			1044	13655	853	12790		
蕲春县	400		3947	38783	945	13633	712	9903
黄梅县			746	3664	403	2022		
麻城市	419	42	2658	4566	260	931	25	101
武穴市			2331	24545	2117	21851	1800	1049
龙感湖			16	360	3	59		
咸宁市	**7787**	**3325**	**20746**	**65109**	**9134**	**37051**	**2414**	**11242**
咸安区	312	145	944	2753	208	993	164	782
嘉鱼县	688	450	423	3503	280	2751		
赤壁市	1930	1870	3748	26742	1210	16835		
通城县	3000	500	3180	3384	2756	2534		
崇阳县			6794	14250	1733	2987		
通山县	1857	360	5657	14477	2947	10951	2250	10460
随州市	**2000**	**1300**	**12385**	**127533**	**1221**	**6593**		
曾都区			9783	59850	731	4518		
随　县	2000	1300	2602	67683	490	2075		
广水市								
恩施自治州	**47881**	**15883**	**35801**	**232045**	**21088**	**166959**	**5022**	**34430**
恩施市	16730	5500	3630	17455	2160	13715	1409	9893
利川市	6000	400	3504	29905	181	2031	80	911
建始县	1334	200	2703	15180	784	6475		
巴东县	167		8464	54303	6741	48154	128	5512
宣恩县	7000	733	8708	77609	8016	75298	1630	4000
咸丰县	6150	2050	3830	13870	387	1556	105	380
来凤县			3207	20289	1898	18120	1269	12413
鹤峰县	10500	7000	1755	3434	921	1610	401	1321
仙桃市			**991**	**22624**	**447**	**9778**	**423**	**9322**
潜江市			**1198**	**36905**	**93**	**2139**		
天门市			**615**	**16375**	**163**	**3219**		
神农架林区	**253**	**122**						

续表2　　　　单位：公顷、吨

	水果良种(续)							
	柑橘良种(续)				梨		桃	
	椪柑		脐橙					
	面积	产量	面积	产量	面积	产量	面积	产量
全省合计	**40771**	**1019300**	**39781**	**319182**	**36871**	**534570**	**49965**	**646777**
武汉市					**1548**	**16205**	**1778**	**19752**
武汉市辖区					163	3365	286	3993
蔡甸区					230	940	76	1408
江夏区					11	380	347	385
黄陂区					36	490	625	6371
新洲区					1108	11030	444	7595
黄石市	**403**	**2519**	**663**	**3773**	**553**	**1311**	**911**	**2019**
黄石市辖区	3	16			21	88	30	102
阳新县	400	2244	663	3773	392	610	642	583
大冶市		259			140	613	239	1334
十堰市	**1400**	**510**	**2021**	**12365**	**138**	**488**	**786**	**7877**
十堰市辖区						6	12	11
郧县	1400	510	667	260	38	45	92	2803
郧西县					66	199	119	994
竹山县					28	200	131	719
竹溪县							40	83
房县					3	22	236	985
丹江口市			1354	12105	3	16	156	2282
宜昌市	**20385**	**850453**	**32934**	**265039**	**1201**	**23842**	**1891**	**29111**
宜昌市辖区	800	30000	100	200			33	1008
夷陵区	2000	38256	100	910			40	200
宜都市	477	20000	86	1303	9	27	223	1018
枝江市		480730	15924		818	21371	1032	19138
当阳市	16309	255953			65	769	228	5581
远安县					53	277	161	687
兴山县	70	3823	3457	41299	76	690	58	542
秭归县	679	4538	13267	215679	21	184	21	456
长阳县		16913		5648	139	309	95	481
五峰县	50	240			20	215		
襄阳市	**400**	**8525**			**6224**	**127321**	**19937**	**353020**
襄阳市辖区					72	1302	97	1596
襄州区					932	22518	2016	55949
南漳县					11	174		
谷城县					38	961	85	1327
保康县					2	193	41	938
老河口市					4650	88113	1839	26598
枣阳市					383	12598	15807	264709
宜城市	400	8525			136	1462	52	1903
鄂州市					**1509**	**1489**	**758**	**3392**
荆门市					**8224**	**218770**	**1733**	**15155**
荆门市辖区					452	9373	113	497
屈家岭					80	2100	836	8000
沙洋县					321	6089	247	3082
钟祥市					5219	165677		
京山县					2152	35531	537	3576
孝感市	**17**	**92**			**1852**	**25219**	**8620**	**89589**
孝南区	17	92			27	260	1323	9408
孝昌县					151	1456	4635	54826
大悟县					778	2360	1414	6065
安陆市					100	903	755	9017

续表3　　　　　　　　　　　　　　　　　　　　　　　　　　单位：公顷、吨

	水果良种（续）							
	柑橘良种（续）				梨		桃	
	椪柑		脐橙					
	面积	产量	面积	产量	面积	产量	面积	产量
云梦县					297	6844	305	6630
应城市					297	5616	188	3643
汉川市					202	7780		
荆州市	**12713**	**124125**	**386**	**4126**	**662**	**10377**	**412**	**3123**
荆州区	1008	9922			101	3178		
沙市区		195			6	47		15
开发区								
江陵县					12	79	30	294
松滋市	11705	114008	380	4052	372	2816	139	571
公安县					23	713	18	406
石首市					43	1125	148	1532
监利县			6	74	105	2419	77	305
洪湖市								
黄冈市	**191**	**3683**	**81**	**205**	**1035**	**7112**	**4063**	**27500**
黄州区					14	84	28	277
团风县	11	35			50	155	161	457
红安县					185	765	171	712
罗田县					71	312	103	694
英山县					126	601	108	707
浠水县					181	790		
蕲春县	180	3648	51	77	101	2146	2712	21657
黄梅县					204	685	118	630
麻城市					66	732	556	1114
武穴市			30	128	27	549	106	1252
龙感湖					10	293		
咸宁市	**310**	**43**	**437**	**478**	**4575**	**9529**	**2601**	**7038**
咸安区					29	294	478	1035
嘉鱼县							109	742
赤壁市					485	1904	415	1772
通城县	50	30			52	55	369	731
崇阳县					3349	5638	956	2385
通山县	260	13	437	478	660	1638	274	373
随州市					**784**	**12292**	**4568**	**77726**
曾都区					652	5322	4421	34898
随　县					132	6970	147	42828
广水市								
恩施自治州	**4952**	**29350**	**3235**	**32784**	**7202**	**44318**	**1569**	**4674**
恩施市	102	1287	92	236	448	1208	233	1050
利川市					2819	26490	95	730
建始县	517	3136			95	1310	88	623
巴东县	3063	17497	2961	21785	13	823	709	341
宣恩县	333	4022	53	9418	642	2229	40	38
咸丰县	32	15			2407	10934	67	780
来凤县	405	3290	121	1265	481	928	60	519
鹤峰县	500	103	8	80	297	396	277	593
仙桃市			**24**	**412**	**356**	**8545**	**163**	**3979**
潜江市					**644**	**15943**	**105**	**2822**
天门市					**364**	**11809**	**70**	
神农架林区								

单位：千公顷、吨

	果用瓜(含草莓)		西瓜		无籽西瓜		甜瓜	
	面积	产量	面积	产量	面积	产量	面积	产量
全省合计	**91.51**	**3143541**	**74.48**	**2736158**	**12.70**	**449685**	**11.73**	**325950**
武汉市	**16.20**	**467991**	**13.83**	**412199**	**0.15**	**5500**	**1.85**	**47167**
武汉市辖区	3.97	119500	3.37	101990	0.15	5500	0.43	10941
蔡甸区	3.88	97622	3.08	75255			0.75	21652
江夏区	3.97	99841	3.50	90632			0.44	9041
黄陂区	2.35	84962	2.07	78640			0.23	5533
新洲区	2.03	66066	1.81	65682				
黄石市	**2.10**	**74360**	**1.77**	**59707**	**1.03**	**40383**	**0.25**	**14336**
黄石市辖区	0.02	470	0.01	272			0.01	198
阳新县	1.47	37766	1.41	36652	0.68	17600	0.05	1022
大冶市	0.61	36124	0.35	22783	0.35	22783	0.19	13116
十堰市	**1.48**	**30255**	**1.25**	**26272**			**0.03**	**703**
十堰市辖区	0.01	300						
郧　县	1.16	23351	1.06	22892				
郧西县	0.17	3720	0.08	1199				
竹山县								
竹溪县	0.03	451	0.03	451				
房　县	0.11	2433	0.08	1730			0.03	703
丹江口市								
宜昌市	**3.27**	**128578**	**2.40**	**104872**	**0.62**	**25000**	**0.84**	**23109**
宜昌市辖区								
夷陵区								
宜都市	0.09	1259	0.04	649			0.04	470
枝江市	2.03	78993	1.34	60474			0.68	18312
当阳市	1.01	45880	0.88	41303	0.62	25000	0.12	4327
远安县								
兴山县	0.04	829	0.04	829				
秭归县	0.07	1361	0.07	1361				
长阳县	0.03	256	0.03	256				
五峰县								
襄阳市	**14.57**	**604809**	**13.45**	**563051**	**3.10**	**123632**	**0.70**	**24363**
襄阳市辖区	0.43	24108	0.28	18570	0.10	8200	0.06	3759
襄州区	0.96	51761	0.65	35791			0.02	921
南漳县	0.01	2370	0.01	2370				
谷城县	0.30	5410	0.25	4787			0.01	167
保康县								
老河口市	0.99	29745	0.76	24208			0.23	5426
枣阳市	2.73	149199	2.45	137820			0.28	11379
宜城市	9.15	342216	9.05	339505	3.00	115432	0.10	2711
鄂州市	**2.70**	**108179**	**1.86**	**83003**			**0.73**	**24637**
荆门市	**5.87**	**166931**	**4.85**	**139281**	**1.51**	**41399**	**0.71**	**18518**
荆门市辖区	0.84	19817	0.66	15840			0.17	3912
屈家岭	0.06	240	0.06	240	0.03	119		
沙洋县	0.78	20550	0.68	17833			0.10	2717
钟祥市	2.01	51896	1.44	35328	0.80	19800	0.28	7539
京山县	2.18	74428	2.01	70040	0.68	21480	0.16	4350
孝感市	**7.01**	**288476**	**5.77**	**259031**	**0.85**	**28617**	**1.19**	**22464**
孝南区	1.12	56686	0.93	50314	0.25	6900	0.19	6348
孝昌县	0.97	32778	0.52	23060			0.45	5570
大悟县	1.10	13793	0.83	10781	0.30	3897	0.25	2939
安陆市	0.96	44215	0.96	44215				

续表5 单位：千公顷、吨

	果用瓜(含草莓)		西瓜		无籽西瓜		甜瓜	
	面积	产量	面积	产量	面积	产量	面积	产量
云梦县	0.35	12775	0.30	11057			0.05	118
应城市	1.49	82171	1.30	77734	0.30	17820	0.16	3301
汉川市	1.02	46058	0.93	41870			0.09	4188
荆州市	**12.99**	**523557**	**11.26**	**473277**	**4.49**	**163913**	**1.70**	**43825**
荆州区	1.54	83180	1.53	83029				
沙市区	0.48	25354	0.33	17712	0.12	7008	0.14	7286
开发区	0.10	4873	0.07	3427	0.07	3427	0.03	1120
江陵县	1.15	66313	1.04	61146			0.11	5
松滋市	4.63	160124	4.42	155804	3.10	109274	0.21	4320
公安县	1.34	61164	1.12	53381			0.22	7743
石首市	1.76	55011	1.19	44541	0.50	18714	0.56	10050
监利县	1.99	67538	1.56	54237	0.70	25490	0.43	13301
洪湖市								
黄冈市	**3.96**	**114376**	**3.10**	**94997**	**0.21**	**4085**	**0.74**	**16599**
黄州区	0.50	15925	0.39	13074			0.10	2781
团风县	0.45	8863	0.35	6809	0.21	4085	0.10	2031
红安县	0.16	5900	0.14	5000			0.01	600
罗田县	0.40	7398	0.30	5548			0.02	446
英山县	0.01	44	0.01	44				
浠水县	0.41	14015	0.33	12500			0.07	1500
蕲春县	0.58	14099	0.47	9885			0.11	3358
黄梅县	0.32	11318	0.24	9296			0.08	1950
麻城市	0.40	17448	0.30	15975			0.10	1473
武穴市	0.69	17387	0.53	14887			0.15	2460
龙感湖	0.04	1979	0.04	1979				
咸宁市	**5.61**	**149823**	**5.22**	**136314**	**0.41**	**5056**	**0.33**	**5361**
咸安区	2.34	64262	2.26	55826			0.05	890
嘉鱼县	1.52	51801	1.32	47871			0.20	3820
赤壁市								
通城县	0.35	3987	0.31	3594	0.21	2435	0.04	302
崇阳县	1.14	25563	1.10	25183			0.04	349
通山县	0.26	4210	0.23	3840	0.20	2621		
随州市	**2.67**	**142242**	**2.15**	**113641**			**0.45**	**21846**
曾都区	1.01	36815	0.89	31408			0.10	4614
随　县	1.66	105427	1.26	82233			0.35	17232
广水市								
恩施自治州	**1.21**	**20612**	**1.02**	**17451**			**0.08**	**2189**
恩施市	0.10	2197	0.08	1407			0.02	790
利川市	0.13	1606	0.13	1606				
建始县	0.18	1360	0.17	986			0.01	152
巴东县	0.14	2522	0.14	2507				
宣恩县	0.08	1887	0.07	1727				
咸丰县	0.25	2500	0.17	1950				
来凤县	0.31	8325	0.25	7078			0.05	1247
鹤峰县	0.02	215	0.01	190				
仙桃市	**3.52**	**88236**	**2.43**	**69263**			**1.08**	**18742**
潜江市	**3.56**	**165503**	**2.71**	**132098**			**0.68**	**24245**
天门市	**1.79**	**69547**	**1.41**	**51701**	**0.33**	**12100**	**0.38**	**17846**
神农架林区	**3.00**	**66**						

续表6

单位：公顷、吨

	魔芋产加销情况						养蚕	
	魔芋生产		魔芋加工			加工产值(万元)	发种量(万张)	产茧量
	面积	鲜芋产量	加工量	芋角	精粉			
全省合计	**28588**	**610097**	**231537**	**137018**	**24957**	**69145**	**14.72**	**4905**
武汉市								
武汉市辖区								
蔡甸区								
江夏区								
黄陂区								
新洲区								
黄石市							**0.08**	**36**
黄石市辖区								
阳新县							0.08	36
大冶市								
十堰市	**5704**	**171514**	**138750**	**83000**	**3150**	**13812**	**1.00**	**440**
十堰市辖区								
郧　县	1	22000	13000		1000	4200	0.30	236
郧西县	370	5488					0.70	204
竹山县								
竹溪县	5333	32610	15750	3000	2150	5612		
房　县	1	111416	110000	80000		4000		
丹江口市								
宜昌市	**6959**	**45000**	**7805**	**700**	**4400**	**13905**	**3.60**	**1482**
宜昌市辖区								
夷陵区							0.80	320
宜都市							1.10	486
枝江市								
当阳市								
远安县							1.70	676
兴山县	3422	2465	2465			405		
秭归县								
长阳县	1937	24415	4000		4000			
五峰县	1600	18120	1340	700	400	13500		
襄阳市								
襄阳市辖区								
襄州区								
南漳县								
谷城县								
保康县								86
老河口市								
枣阳市								
宜城市								
鄂州市								
荆门市								
荆门市辖区								
屈家岭								
沙洋县								
钟祥市								
京山县								
孝感市								
孝南区								
孝昌县								
大悟县								
安陆市								

续表7

单位:公顷、吨

	魔芋产加销情况						养蚕	
	魔芋生产		魔芋加工			加工产值(万元)		
	面积	鲜芋产量	加工量	芋角	精粉		发种量(万张)	产茧量
云梦县								
应城市								
汉川市								
荆州市								
荆州区								
沙市区								
开发区								
江陵县								
松滋市								
公安县								
石首市								
监利县								
洪湖市								
黄冈市							**9.71**	**2717**
黄州区								
团风县								
红安县								
罗田县							0.21	95
英山县							2.80	622
浠水县								
蕲春县								
黄梅县								
麻城市							6.70	2000
武穴市								
龙感湖								
咸宁市								
咸安区								
嘉鱼县								
赤壁市								
通城县								
崇阳县								
通山县								
随州市								
曾都区								
随 县								
广水市								
恩施自治州	**15925**	**393583**	**84982**	**53318**	**17407**	**41428**	**0.33**	**144**
恩施市	5	68702	66282	46398	13257	7600		
利川市	2667	60000	5000			10000		
建始县	5333	60000						
巴东县	4428	89061	3640	2400	1200	9800	0.03	23
宣恩县	1	20000						
咸丰县	825	15820	6260	1520	2150	4028		
来凤县							0.30	121
鹤峰县	2666	80000	3800	3000	800	10000		
仙桃市								
潜江市								
天门市								
神农架林区								

续表8　　单位:千公顷、吨

	中药材		杜仲		厚朴		黄柏	
	面积	产量	总株数(万株)	产量	总株数(万株)	产量	总株数(万株)	产量
全省合计	**130.42**	**451489**	**6285.30**	**9708**	**2951.21**	**6794**	**661.19**	**3170**
武汉市								
武汉市辖区								
蔡甸区								
江夏区								
黄陂区								
新洲区								
黄石市	**0.28**	**167**						
黄石市辖区								
阳新县	0.28	167						
大冶市								
十堰市	**19.49**	**232769**	**150.00**	**5471**			**10.00**	**8**
十堰市辖区								
郧　县	1.29	485						
郧西县	3.99	130000						
竹山县	0.81	3158						
竹溪县	7.51	62000						
房　县	5.74	37124	150.00	5471			10.00	8
丹江口市	0.15	2						
宜昌市	**1.61**	**6320**	**5250.00**	**296**				
宜昌市辖区								
夷陵区								
宜都市								
枝江市								
当阳市								
远安县								
兴山县	0.33	1920	5250.00	296				
秭归县								
长阳县	0.38	2100						
五峰县	0.90	2300						
襄阳市	**6.95**	**18**						
襄阳市辖区	0.80	18						
襄州区								
南漳县								
谷城县								
保康县	6.15							
老河口市								
枣阳市								
宜城市								
鄂州市								
荆门市	**0.62**							
荆门市辖区								
屈家岭								
沙洋县								
钟祥市	0.62							
京山县								
孝感市	**1.17**							
孝南区	0.09							
孝昌县	0.92							
大悟县								
安陆市								

续表9 单位:千公顷、吨

	中药材		杜仲		厚朴		黄柏	
	面积	产量	总株数(万株)	产量	总株数(万株)	产量	总株数(万株)	产量
云梦县								
应城市	0.06							
汉川市	0.10							
荆州市	**0.01**	**42**						
荆州区								
沙市区								
开发区								
江陵县								
松滋市	0.01	42						
公安县								
石首市								
监利县								
洪湖市								
黄冈市	**36.86**	**92596**						
黄州区								
团风县	0.38	392						
红安县								
罗田县	9.67	52700						
英山县	7.64	30073						
浠水县								
蕲春县	14.04	5553						
黄梅县								
麻城市	5.13	3878						
武穴市								
龙感湖								
咸宁市	**0.74**	**1880**						
咸安区								
嘉鱼县								
赤壁市								
通城县	0.48	700						
崇阳县	0.12	1080						
通山县	0.14	100						
随州市								
曾都区								
随 县								
广水市								
恩施自治州	**62.69**	**117697**	**885.30**	**3941**	**2951.21**	**6794**	**651.19**	**3162**
恩施市	19.97	11955	226.00	1308	666.00	2229	75.20	326
利川市	12.14	42483	120.00	1011	150.00	1222	60.00	1164
建始县	4.56	3503	222.99	464	500.00	1000	75.12	255
巴东县	6.00	26938	0.21	220	0.21	220	0.87	35
宣恩县	8.23	7440	211.00		467.00	1226	190.00	450
咸丰县	3.65	6566	105.00	98	82.00	52	55.00	26
来凤县	3.22	15911						
鹤峰县	4.92	2901	0.10	840	1086.00	845	195.00	906
仙桃市								
潜江市								
天门市								
神农架林区								

全省农业技术推广面积

单位：千公顷

	面 积
一、水稻育秧生产技术(大田)	—
1、早稻保温育秧面积	187.48
其中：地膜育秧面积	138.37
2、杂交稻两段育秧面积	147.27
其中：旱育抛寄两段秧	7.64
3、水稻旱育秧面积	478.50
(1)早稻旱育秧	53.72
(2)中稻旱育秧	401.86
(3)晚稻旱育秧	22.92
4、壮秧剂应用面积	343.37
二、水稻抛栽面积	307.03
1、早稻抛栽	44.17
2、中稻抛栽	235.72
3、晚稻抛栽	27.14
三、水稻少免耕技术应用面积	230.59
其中：少免耕直播	161.46
少免耕抛栽	54.39
四、再生稻生产面积(大田)	32.70
其中：旱抛再面积	3.91
五、小麦精量半精量播种面积	426.03
六、小麦旱稀肥控栽培面积	224.41
七、玉米预留行面积	220.35
其中：冬套蔬菜面积	27.90
小麦预留行面积	48.27
八、稻、棉轮作面积	34.15
九、吨粮田面积	750.35
十、双百棉面积	175.17
十一、棉田套种情况	—
1、套种粮食面积	32.97
其中：套种早黄豆	8.87
套种玉米或高粱	9.92
2、套种油料面积	7.80
其中：套种花生	5.66
套种芝麻	2.05
3、间作套种蔬菜	33.75
其中：春季套种	11.54
夏季套种	9.89
冬季预留行套菜	8.30
4、套种瓜类面积	21.56
其中：套种西瓜	18.80
套种甜瓜	2.29
十二、棉花营养钵移栽面积	322.46
其中：麦林套栽面积	90.50
麦油豆后移栽面积	191.58
十三、油菜育苗移栽面积	522.12
十四、油菜秋冬发高产栽培面积	572.02
十五、脱毒薯类栽培面积	184.31
其中：脱毒马铃薯	157.85
十六、微机优化模式栽培面积	183.96
1、小 麦	21.16
2、杂交水稻	82.26
3、杂交玉米	2.00
4、棉 花	7.18
5、油 菜	58.01
6、其 它	13.35
十七、地膜覆盖栽培面积	829.32
1、水 稻	152.60
2、小 麦	1.52
3、玉 米	214.63
其中：大田地膜玉米	92.48
地膜育苗移栽	93.51
塑盘育苗移栽	25.26
4、棉 花	133.07
其中：移栽地膜棉	85.01
直播地膜棉	14.59
5、花 生	40.15
6、烟 叶	41.86
7、蔬 菜	202.80
8、其 它	42.69
十八、秸秆覆盖栽培面积	295.81
其中：麦田	114.64
油菜田	55.69
棉田	14.71
十九、秸秆还田面积	1248.50
二十、蔬菜遮阳网覆盖面积	51.86
二十一、蔬菜防虫网覆盖面积	20.06
二十二、作物棚栽面积	163.23
1、大棚栽培面积	71.37
其中：蔬菜	46.89
果用瓜	12.47
其中：西瓜	8.64
甜瓜	1.84
2、中棚栽培面积	42.85
其中：蔬菜	35.53
3、小拱棚栽培面积	49.01
其中：蔬菜	39.64
二十三、蔬菜良种繁育面积	59.32
二十四、配方施肥面积	5503.70
1、小 麦	900.48
2、早 稻	289.96
3、中稻一晚	1190.50
4、双 晚	323.73
5、玉 米	429.69
6、薯 类	224.35
7、棉 花	304.57
8、油 菜	901.96
9、花 生	111.79
10、芝 麻	30.70
11、麻 类	1.97
12、蔬 菜	542.79
13、其 它	251.21
二十五、化肥深施面积	1409.03
二十六、使用微量元素肥面积	3397.75
1、专用配合微肥	1132.81
其中：小 麦	221.89
水 稻	481.01

续表 单位:千公顷

	面 积		面 积
棉 花	166.50	二十九、种子包衣面积	1310.81
蔬 菜	230.00	1、小 麦	299.43
2、硼 肥	1402.84	2、水 稻	227.27
其中:小 麦	23.14	3、玉 米	361.67
水 稻	93.30	4、棉 花	345.80
棉 花	236.83	5、油 菜	51.06
油 菜	956.29	6、其 它	25.58
花 生	71.18	三十、化学除草剂使用面积	4739.54
芝 麻	5.69	1、小 麦	866.83
3、锌 肥	685.80	2、水 稻	1860.73
其中:水 稻	536.70	3、玉 米	331.63
玉 米	77.52	4、棉 花	306.41
棉 花	64.68	5、油 菜	840.61
4、钼 肥	107.57	6、花 生	111.25
其中:小 麦	25.61	7、芝 麻	34.50
大 豆	16.23	8、麻 类	0.50
花 生	45.38	9、蔬 菜	213.73
5、其 它	68.73	10、其 它	173.35
二十七、喷施磷酸二氢钾	2466.22	三十一、生物农药施用面积	1194.24
1、小 麦	585.21	三十二、灯光诱蛾防治面积	572.66
2、水 稻	933.22	其中:优质稻大田应用面积	273.91
3、棉 花	225.32	棉田应用面积	136.13
4、油 菜	471.96	蔬菜田(地)应用面积	77.85
5、花 生	31.55	三十三、节水灌溉技术应用面积	594.04
6、芝 麻	5.32	三十四、各种技术承包人数(人)	72307
7、蔬 菜	135.41	1、行政干部	3033
8、其 它	78.23	2、技术干部	7337
二十八、化学调控面积	2950.57	3、农民技术员	57821
1、缩节安(助壮素)	407.66	4、其 它	4116
其中:小 麦	92.39	三十五、各种技术承包面积	3200.25
棉 花	288.94	1、种 子	461.54
2、多效唑	1362.90	2、植 保	1037.93
其中:小 麦	138.00	3、栽 培	659.17
水 稻	633.87	4、土 肥	772.48
棉 花	89.24	5、蔬 菜	194.38
油 菜	399.65	6、其 它	74.75
花 生	45.86	三十六、科技示范园(场)个数	910
3、乙烯利	85.48	面积	99.35
其中:棉花催熟	71.06	1、县(市)科技示范园个数	241
4、8 0 2	151.56	面积	46.44
其中:棉 花	147.44	2、乡镇科技示范场个数	669
5、生物有机肥	498.07	面积	52.91
其中:小 麦	86.95	三十七、科技示范户(户)	190925
水 稻	174.34	1、小 麦	21222
玉 米	69.57	2、水 稻	56542
棉 花	33.75	3、玉 米	14826
油 菜	89.21	4、棉 花	12239
6、棉花应用调节安面积	92.97	5、油 菜	19090
7、棉花应用壮苗素、床草净	93.73	6、蔬 菜	26922
8、2.4–D	52.15	7、中药材	11320
9、坐果灵	72.21	8、其 它	28764
10、赤霉素	78.27		
11、其 它	55.57		

农技推广情况

单位：千公顷

	水稻育秧生产技术(大田)							壮秧剂应用面积	水稻抛栽面积
	早稻保温育秧面积	地膜育秧	杂交稻两段育秧面积	水稻旱育秧面积	早稻	中稻	晚稻		
全省合计	**187.48**	**138.37**	**147.27**	**478.50**	**53.72**	**401.86**	**22.92**	**343.37**	**307.03**
武汉市	**3.09**	**3.01**		**9.39**	**4.40**	**2.61**	**2.38**	**7.14**	**9.07**
武汉市辖区									
蔡甸区	0.04			0.33		0.33			
江夏区	1.30	1.26		0.81	0.33	0.25	0.23		6.00
黄陂区	1.75	1.75		0.13		0.08	0.05	0.91	0.62
新洲区				8.12	4.07	1.95	2.10	6.23	2.45
黄石市	**25.30**	**14.49**		**1.74**	**1.74**			**27.27**	**2.01**
黄石市辖区	0.12	0.05							
阳新县	17.68	14.44		1.73	1.73			12.27	1.51
大冶市	7.50			0.01	0.01			15.00	0.50
十堰市			**19.66**	**15.56**		**15.56**		**9.23**	**2.11**
十堰市辖区				0.16		0.16			0.15
郧 县			6.40	0.02		0.02		0.10	0.10
郧西县			2.90	0.10		0.10			
竹山县			1.00	0.13		0.13		0.13	0.13
竹溪县			1.00	4.79		4.79		5.50	0.33
房 县			3.00	5.00		5.00		3.50	
丹江口市			5.36	5.36		5.36			1.40
宜昌市	**5.20**	**3.50**	**2.50**	**33.64**	**1.76**	**31.08**	**0.80**	**34.73**	**48.21**
宜昌市辖区				0.55		0.55			0.35
夷陵区				9.28		9.28		8.35	8.35
宜都市			2.50	2.00		2.00		4.00	2.50
枝江市	5.20	3.50		9.66	1.76	7.10	0.80	17.00	6.50
当阳市				2.20		2.20			22.00
远安县				4.00		4.00		5.00	5.10
兴山县				2.19		2.19			1.85
秭归县				2.40		2.40		0.30	0.20
长阳县				1.10		1.10			1.10
五峰县				0.26		0.26		0.08	0.26
襄阳市			**50.19**	**93.96**		**93.96**		**42.35**	**21.91**
襄阳市辖区			0.89	8.06		8.06			1.30
襄州区			20.00	26.00		26.00			7.00
南漳县				12.50		12.50		10.00	1.00
谷城县				10.00		10.00		10.00	3.40
保康县				1.00		1.00		0.45	0.01
老河口市				6.80		6.80			0.60
枣阳市				28.30		28.30			7.60
宜城市			29.30	1.30		1.30		21.90	1.00
鄂州市				**0.09**	**0.03**	**0.02**	**0.04**	**0.06**	**0.03**
荆门市	**1.31**	**1.09**		**51.58**	**0.60**	**50.50**	**0.48**	**49.75**	**48.21**
荆门市辖区				15.70		15.70			11.20
屈家岭				1.86		1.86			0.40
沙洋县	0.22			29.63	0.12	29.51		21.41	29.50
钟祥市				2.00		2.00		25.00	2.80
京山县	1.09	1.09		2.39	0.48	1.43	0.48	3.34	4.31
孝感市	**16.99**	**12.53**	**7.36**	**11.09**	**0.43**	**10.45**	**0.21**	**37.93**	**11.26**
孝南区	0.60	0.50		0.40	0.10	0.30		4.20	0.50
孝昌县	1.85	0.76	3.86	0.39	0.04	0.35		1.16	0.11
大悟县	0.02	0.02	3.50	1.90	0.01	1.87	0.02	1.86	8.30
安陆市				1.67		1.67		3.30	1.67

续表1 单位：千公顷

	水稻育秧生产技术(大田)								水稻抛栽面积
	早稻保温育秧面积	地膜育秧	杂交稻两段育秧面积	水稻旱育秧面积	早稻	中稻	晚稻	壮秧剂应用面积	
云梦县	3.80	3.80		0.15			0.15		
应城市	8.77	6.13		6.18	0.28	5.86	0.04	6.18	0.20
汉川市	1.95	1.32		0.40		0.40		21.23	0.48
荆州市	**54.15**	**43.82**	**0.02**	**93.56**	**20.21**	**66.11**	**7.24**	**40.01**	**53.48**
荆州区				1.50		1.50			0.85
沙市区									0.45
开发区			0.02	0.01		0.01		0.01	0.01
江陵县				10.00		10.00			5.00
松滋市	2.71	2.22		7.80	1.22	3.70	2.88		8.83
公安县	5.00	5.00		17.50	5.50	9.00	3.00		13.00
石首市	6.60	6.60						1.30	4.50
监利县	34.04	26.00		38.70	13.20	25.50		38.70	8.70
洪湖市	5.80	4.00		18.05	0.29	16.40	1.36		12.14
黄冈市	**60.68**	**40.66**	**0.16**	**55.28**	**19.17**	**25.45**	**10.66**	**28.21**	**34.99**
黄州区	1.61	1.61	0.16	0.16		0.06	0.10	0.16	0.16
团风县	5.30			2.06	1.13	0.73	0.20	3.00	
红安县	2.05	1.13		6.13	1.86	3.66	0.61	4.12	6.15
罗田县	0.50	0.40		3.33		3.33		3.33	5.33
英山县	0.66			8.45	0.45	6.80	1.20	9.10	7.45
浠水县	9.80	3.80		5.80	3.00	1.70	1.10	1.10	2.80
蕲春县	17.70	15.05		13.30	6.30	4.00	3.00	4.80	6.50
黄梅县	9.80	9.80		2.50	2.00		0.50		
麻城市	12.26	8.27		9.95	2.33	4.67	2.95		3.90
武穴市	1.00	0.60		3.60	2.10	0.50	1.00	2.60	2.70
龙感湖									
咸宁市	**9.72**	**8.23**		**4.06**	**1.56**	**1.39**	**1.11**	**0.63**	**32.96**
咸安区	0.15	0.06		0.33	0.12	0.21		0.33	3.03
嘉鱼县	0.20	0.16		0.85	0.60	0.25		0.30	0.80
赤壁市	1.50	1.20		0.17	0.17				13.07
通城县	2.87	2.00		2.00	0.67	0.33	1.00		3.33
崇阳县	4.81	4.81							4.83
通山县	0.19			0.71		0.60	0.11		7.90
随州市			**67.38**	**30.86**		**30.86**		**29.44**	**10.50**
曾都区				9.26		9.26		6.50	1.90
随　县			39.37	21.60		21.60		21.60	8.60
广水市			28.01					1.34	
恩施自治州				**52.39**		**52.39**		**19.02**	**19.59**
恩施市				0.84		0.84		4.00	7.50
利川市				21.91		21.91		2.00	5.50
建始县				3.33		3.33		1.33	0.33
巴东县				1.20		1.20		0.30	0.40
宣恩县				8.40		8.40		1.50	2.00
咸丰县				8.24		8.24		1.05	1.22
来凤县				6.55		6.55		6.84	2.40
鹤峰县				1.92		1.92		2.00	0.24
仙桃市				**1.26**	**0.02**	**1.24**		**12.30**	**1.20**
潜江市				**18.67**		**18.67**			**2.00**
天门市	**11.04**	**11.04**		**5.30**	**3.80**	**1.50**		**5.30**	**9.50**
神农架林区				**0.07**		**0.07**			

续表2 单位：千公顷

	水稻抛栽面积			水稻少免耕技术应用面积			再生稻生产面积(大田)	小麦精量半精量播种面积	小麦旱稀肥控栽培面积
	早稻	中稻	晚稻		少免耕直播	少免耕抛栽			
全省合计	**44.17**	**235.72**	**27.14**	**230.59**	**161.46**	**54.39**	**32.70**	**426.03**	**224.41**
武汉市	**3.80**	**2.27**	**3.00**	**33.73**	**28.53**	**1.75**		**7.90**	**9.61**
武汉市辖区				0.30	0.30				
蔡甸区								1.07	0.54
江夏区	1.93	1.38	2.69	1.38	0.73	0.65		0.67	2.01
黄陂区		0.31	0.31	23.45	20.00			1.36	0.36
新洲区	1.87	0.58		8.60	7.50	1.10		4.80	6.70
黄石市	**2.01**			**13.45**	**13.45**		**0.02**	**11.44**	**5.63**
黄石市辖区				0.20	0.20		0.02	0.20	0.10
阳新县	1.51			12.75	12.75			7.24	5.53
大冶市	0.50			0.50	0.50			4.00	
十堰市		**2.11**		**2.56**	**0.83**	**1.72**		**8.41**	**13.92**
十堰市辖区		0.15		0.06	0.00	0.06		0.20	0.18
郧 县		0.10							1.65
郧西县									3.45
竹山县		0.13						1.33	2.00
竹溪县		0.33		0.33		0.33		2.67	2.34
房 县				0.50	0.50			1.20	1.00
丹江口市		1.40		1.67	0.33	1.33		3.01	3.30
宜昌市	**1.50**	**46.71**		**7.00**	**3.50**	**3.50**		**16.53**	**15.84**
宜昌市辖区		0.35							
夷陵区		8.35		0.20		0.20			
宜都市		2.50							
枝江市	1.50	5.00		1.00	0.30	0.70		15.00	13.40
当阳市		22.00		2.70	2.40	0.30			
远安县		5.10		1.30	0.80	0.50			1.00
兴山县		1.85		1.80		1.80		0.85	0.82
秭归县		0.20							0.07
长阳县		1.10							0.20
五峰县		0.26						0.68	0.35
襄阳市		**21.91**		**4.10**	**3.10**	**1.00**		**182.32**	**78.52**
襄阳市辖区		1.30						14.27	
襄州区		7.00		2.60	2.60			65.00	7.00
南漳县		1.00						25.00	10.00
谷城县		3.40						10.00	10.00
保康县		0.01						0.75	0.52
老河口市		0.60						7.80	3.00
枣阳市		7.60						46.00	38.00
宜城市		1.00		1.50	0.50	1.00		13.50	10.00
鄂州市	**0.01**	**0.01**	**0.01**				**1.00**	**0.50**	**0.30**
荆门市	**0.87**	**46.98**	**0.36**	**4.49**	**3.10**	**1.39**	**0.01**	**14.10**	**24.76**
荆门市辖区		11.20		0.93	0.60	0.33		4.95	1.00
屈家岭		0.40							
沙洋县	0.12	29.38		1.53	1.33	0.20	0.01	5.50	8.20
钟祥市		2.80		0.02	0.01	0.01		2.00	8.00
京山县	0.75	3.20	0.36	2.01	1.16	0.85		1.65	7.56
孝感市	**0.63**	**10.61**	**0.02**	**39.33**	**30.12**	**2.58**		**31.35**	**20.90**
孝南区	0.50								3.20
孝昌县	0.03	0.08		0.38	0.32	0.06			
大悟县	0.08	8.20	0.02	2.37	1.05	1.32		7.95	1.40
安陆市		1.67		4.00	3.00	1.00		5.30	6.70

续表3

单位:千公顷

	水稻抛栽面积			水稻少免耕技术应用面积			再生稻生产面积(大田)	小麦精量半精量播种面积	小麦早稀肥控栽培面积
	早稻	中稻	晚稻		少免耕直播	少免耕抛栽			
云梦县				11.20	11.20			5.40	2.40
应城市		0.20		13.80	9.20			6.50	
汉川市	0.02	0.46		7.58	5.35	0.20		6.20	7.20
荆州市	**16.23**	**30.86**	**6.39**	**10.18**	**9.05**	**1.13**	**6.20**	**32.81**	**5.33**
荆州区	0.05	0.80						1.50	0.10
沙市区		0.45							
开发区		0.01							
江陵县		5.00							
松滋市	1.20	4.60	3.03	0.76	0.35	0.41		11.47	5.23
公安县	6.00	5.00	2.00						
石首市	3.30	1.20							
监利县	5.40	3.30					6.20	19.84	
洪湖市	0.28	10.50	1.36	9.42	8.70	0.72			
黄冈市	**8.82**	**20.77**	**5.40**	**62.61**	**44.29**	**13.67**	**24.38**	**21.67**	**16.80**
黄州区		0.06	0.10	0.16	0.16			3.00	4.80
团风县								2.60	2.80
红安县	2.07	2.78	1.30	1.48	1.23	0.25	0.05	0.89	
罗田县		5.33		6.67	2.30	4.37	7.00	3.00	5.00
英山县	0.25	6.10	1.10						
浠水县	1.00	0.60	1.20	6.75	1.35	0.75			0.90
蕲春县	2.50	3.00	1.00	8.80	3.50	5.30	10.00		0.30
黄梅县				19.00	19.00		4.00	0.50	
麻城市	1.50	2.40		5.60	5.30	0.30	3.33	8.34	1.00
武穴市	1.50	0.50	0.70	11.30	8.60	2.70			
龙感湖				2.85	2.85			3.34	2.00
咸宁市	**8.80**	**12.20**	**11.96**	**36.05**	**21.69**	**14.36**		**3.20**	**0.66**
咸安区	0.88	1.76	0.39	0.63	0.52	0.11			
嘉鱼县	0.70	0.10		11.80	11.00	0.80		1.53	0.33
赤壁市	4.73	1.35	6.99	19.74	6.67	13.07			
通城县	2.00	0.33	1.00	0.33	0.20	0.13		1.53	0.33
崇阳县	0.49	0.76	3.58						
通山县		7.90		3.55	3.30	0.25		0.14	
随州市		**10.50**		**2.30**	**1.00**	**1.30**		**65.96**	**17.53**
曾都区		1.90		0.50	0.50			13.00	7.40
随　县		8.60		1.80	0.50	1.30		39.62	8.80
广水市								13.34	1.33
恩施自治州		**19.59**		**9.92**		**9.92**		**2.07**	**0.67**
恩施市		7.50		6.00		6.00		0.74	
利川市		5.50		2.00		2.00			
建始县		0.33						1.33	0.67
巴东县		0.40							
宣恩县		2.00		0.50		0.50			
咸丰县		1.22		0.92		0.92			
来凤县		2.40		0.50		0.50			
鹤峰县		0.24							
仙桃市		**1.20**		**0.30**	**0.30**		**1.09**	**3.77**	**10.94**
潜江市		**2.00**		**0.07**		**0.07**		**20.00**	
天门市	**1.50**	**8.00**		**4.50**	**2.50**	**2.00**		**4.00**	**3.00**
神农架林区									

续表4　　　　单位：千公顷

	玉米预留行面积	冬套蔬菜面积	小麦预留行面积	稻、棉轮作面积	吨粮田面积	双百棉面积	棉田套种面积			
							套种粮食	间作套种蔬菜	套种瓜类	套种西瓜
全省合计	**220.35**	**27.90**	**48.27**	**34.15**	**750.35**	**175.17**	**32.97**	**33.75**	**21.56**	**18.80**
武汉市	**0.36**		**0.18**	**1.37**	**17.35**	**4.30**	**4.72**	**6.90**	**1.53**	**1.51**
武汉市辖区							3.10	4.90	1.03	1.03
蔡甸区							0.80			
江夏区					9.70		0.02			
黄陂区	0.36		0.18	0.72	3.43	0.70	0.20		0.10	0.08
新洲区				0.65	4.22	3.60	0.60	2.00	0.40	0.40
黄石市	**5.47**	**1.12**	**4.25**	**2.21**	**7.86**	**2.26**	**0.72**	**0.42**	**0.15**	**0.15**
黄石市辖区					0.05	0.03				
阳新县	5.37	1.12	4.25	2.21	7.81	2.23	0.72	0.42	0.15	0.15
大冶市	0.10									
十堰市	**29.63**	**2.88**	**14.30**		**17.01**					
十堰市辖区	0.34		0.18		0.16					
郧　县	2.45		2.45		8.25					
郧西县	2.70		1.30							
竹山县	10.00	1.33	2.67		2.00					
竹溪县	5.60		2.20		3.10					
房　县	6.00	1.55	3.50		0.50					
丹江口市	2.54		2.00		3.00					
宜昌市	**49.81**	**9.04**	**5.98**	**0.40**	**41.06**	**11.50**	**2.30**	**1.80**	**0.51**	**0.31**
宜昌市辖区	0.60	0.60								
夷陵区	9.98	1.60								
宜都市	10.37	1.26	0.15		0.66					
枝江市	2.50	0.40	1.50	0.40	10.00	8.50	1.50	1.60	0.50	0.30
当阳市					10.00	3.00	0.80	0.20	0.01	0.01
远安县	1.50									
兴山县	7.10	1.80	0.85		2.00					
秭归县	1.30	0.60	0.70		1.30					
长阳县	13.00		2.10		5.10					
五峰县	3.46	2.78	0.68		12.00					
襄阳市	**27.52**	**5.30**	**16.81**	**0.50**	**178.60**	**11.50**	**1.20**	**1.80**	**8.53**	**8.37**
襄阳市辖区	2.10	1.50	0.60	0.50	11.00	0.40				
襄州区					60.00			1.50		
南漳县	13.20		13.20		20.00					
谷城县	2.00	1.00								
保康县	3.82									
老河口市	2.90	1.30	1.01		27.00	4.60				
枣阳市					30.00	2.50			0.93	0.87
宜城市	3.50	1.50	2.00		30.60	4.00	1.20	0.30	7.60	7.50
鄂州市	**0.50**	**0.30**	**0.20**							
荆门市	**1.45**	**0.63**	**0.35**	**0.01**	**55.48**	**14.10**	**1.34**	**1.70**	**1.27**	**0.83**
荆门市辖区						0.25	0.03			
屈家岭										
沙洋县	0.33				18.35	3.40	0.06	0.16	0.04	0.01
钟祥市	0.10		0.10		12.00	4.30	0.60	1.20	1.20	0.80
京山县	1.02	0.63	0.25	0.01	25.13	6.15	0.65	0.34	0.03	0.02
孝感市	**0.58**	**0.10**	**0.42**	**2.28**	**53.99**	**9.23**	**0.75**	**1.98**	**0.45**	**0.33**
孝南区	0.20	0.06	0.10	1.20	0.00	4.60	0.30	0.90	0.10	0.00
孝昌县				0.12	4.36	0.04	0.01	0.02	0.03	0.03
大悟县	0.08	0.04	0.04		9.20					
安陆市	0.03		0.01	0.33	10.00		0.02			

续表5

单位：千公顷

	玉米预留行面积	冬套蔬菜面积	小麦预留行面积	稻、棉轮作面积	吨粮田面积	双百棉面积	棉田套种面积			
							套种粮食	间作套种蔬菜	套种瓜类	套种西瓜
云梦县				0.30	7.40	1.12	0.11	0.90		
应城市				0.16	22.80	2.72	0.10	0.16	0.10	0.08
汉川市	0.27		0.27	0.17	0.23	0.75	0.21		0.22	0.22
荆州市	**0.05**			**9.29**	**123.17**	**54.74**	**11.99**	**4.44**	**5.54**	**4.40**
荆州区	0.05				12.00	1.20	8.00		0.50	0.50
沙市区				1.31		0.62		0.85	0.20	0.10
开发区				0.01		0.02		0.01		
江陵县										
松滋市				0.67	5.87	5.53	0.56	3.28	2.55	2.34
公安县					65.76	28.27	3.33			
石首市				1.20	3.50	8.10	0.10	0.30	0.60	0.20
监利县				2.00	36.04	11.00			1.69	1.26
洪湖市				4.10						
黄冈市	**2.15**	**0.50**	**1.28**	**5.45**	**122.20**	**33.94**	**2.85**	**5.60**	**0.51**	**0.43**
黄州区	0.10		0.10		3.30	2.50	0.13	1.00	0.12	0.12
团风县					10.20	1.90		1.21	0.19	0.18
红安县				0.58			0.42	0.04	0.03	0.02
罗田县	0.02				6.80		0.10			
英山县	0.80	0.20	0.25		2.00	0.10	0.10	0.03		
浠水县	0.90	0.30	0.60	2.70	38.25	5.40	1.20	0.60		
蕲春县				1.50	27.40	1.90	0.60	1.50	0.02	0.01
黄梅县					6.10	9.62				
麻城市	0.33		0.33		22.00	4.38		0.12		
武穴市					3.30	6.95	0.30	1.10	0.15	0.10
龙感湖				0.67	2.85	1.19				
咸宁市	**3.70**	**2.76**	**0.14**		**11.73**					
咸安区	0.20	0.16			1.33					
嘉鱼县	0.50	0.50			5.20					
赤壁市	0.25	0.25			2.20					
通城县	0.25	0.25			3.00					
崇阳县										
通山县	2.50	1.60	0.14							
随州市				**2.87**	**60.64**	**5.40**	**3.00**		**0.40**	**0.20**
曾都区					4.60	0.50	1.40			
随　县				2.20	50.70	4.50	1.10			
广水市				0.67	5.34	0.40	0.50		0.40	0.20
恩施自治州	**94.63**	**5.27**	**4.12**		**13.13**					
恩施市	18.40		0.50		1.45					
利川市	15.00	2.00								
建始县	16.67	2.67	1.00		0.33					
巴东县	20.90	0.60	2.60		7.50					
宣恩县	6.70		0.02		0.10					
咸丰县	5.82				0.75					
来凤县	1.35									
鹤峰县	9.79				3.00					
仙桃市	**2.35**		**0.24**	**2.30**	**23.88**	**5.32**	**0.37**	**0.32**	**0.14**	**0.08**
潜江市				**6.67**	**0.71**	**2.88**	**1.23**	**1.49**	**1.53**	**1.19**
天门市				**0.80**	**23.54**	**20.00**	**2.50**	**7.30**	**1.00**	**1.00**
神农架林区	**2.15**									

续表6 单位:千公顷

	棉花营养钵移栽面积	麦林套栽	麦油豆后移栽	油菜育苗移栽面积	油菜秋冬发高产栽培面积	脱毒薯类栽培面积	脱毒马铃薯	微机优化模式栽培面积	小麦
全省合计	**322.46**	**90.50**	**191.58**	**522.12**	**572.02**	**184.31**	**157.85**	**183.96**	**21.16**
武汉市	**14.25**	**1.62**	**8.82**	**23.20**	**41.00**	**1.92**	**0.94**	**8.90**	**1.60**
武汉市辖区	1.80			0.20	0.20	0.30	0.05		
蔡甸区	1.67								
江夏区				5.00	11.00				
黄陂区	0.66	0.02	0.30	5.50	19.20	1.22	0.49		
新洲区	10.12	1.60	8.52	12.50	10.60	0.40	0.40	8.90	1.60
黄石市	**1.00**	**0.42**	**0.58**	**21.11**	**28.67**	**1.28**	**1.28**	**26.89**	
黄石市辖区	0.03		0.03	0.40	0.40	0.01	0.01		
阳新县	0.97	0.42	0.55	10.71	20.27	1.22	1.22	18.44	
大冶市				10.00	8.00	0.05	0.05	8.45	
十堰市	**0.12**	**0.11**		**36.36**	**28.56**	**16.74**	**12.17**	**6.53**	**0.53**
十堰市辖区				0.06	0.04				
郧 县	0.04	0.03		2.85	2.75	0.45	0.45		
郧西县				6.21	3.50	3.71	3.71		
竹山县				11.46	8.00	2.33	2.00	0.33	0.33
竹溪县				9.94	9.20	4.90	4.90	6.20	0.20
房 县				4.50	4.00	3.00	1.00		
丹江口市	0.08	0.08		1.34	1.07	2.35	0.11		
宜昌市	**19.90**	**12.30**	**5.30**	**51.14**	**55.98**	**26.56**	**21.78**		
宜昌市辖区				0.50	0.33	0.30	0.10		
夷陵区				4.92	3.20	3.30	3.30		
宜都市				8.40	5.88	4.34	0.10		
枝江市	15.10	11.80	1.00	18.50	19.00	0.80	0.80		
当阳市	4.80	0.50	4.30	4.74	12.50	0.10	0.10		
远安县				2.50	3.00				
兴山县				3.25	3.10	3.95	3.95		
秭归县				3.33	4.67	3.67	3.33		
长阳县				4.30	2.20	3.50	3.50		
五峰县				0.70	2.10	6.60	6.60		
襄阳市	**19.88**	**2.20**	**12.68**	**15.91**	**9.54**	**9.17**	**3.35**		
襄阳市辖区	0.85	0.20	0.65	0.79	0.10				
襄州区	8.00	1.50	6.50	0.50					
南漳县	0.10		0.10	0.50	2.00	0.20	0.20		
谷城县				1.52	1.52	0.50			
保康县				1.33	2.00	3.33			
老河口市	5.00			1.77	1.22				
枣阳市	5.33		5.33		1.20	2.14	2.14		
宜城市	0.60	0.50	0.10	9.50	1.50	3.00	1.01		
鄂州市									
荆门市	**22.55**	**4.80**	**9.55**	**29.88**	**38.27**	**2.24**	**1.04**		
荆门市辖区	2.75		0.60	1.44	1.55	0.80			
屈家岭	3.40		3.00	0.09		0.10			
沙洋县	4.80			22.92	21.00				
钟祥市	7.50	2.00	5.50	3.33	15.60	0.70	0.40		
京山县	4.10	2.80	0.45	2.10	0.12	0.64	0.64		
孝感市	**17.93**	**6.12**	**10.01**	**16.87**	**20.52**	**6.84**	**5.86**	**1.40**	**0.40**
孝南区	2.10	0.20	0.50	0.80	0.80	0.20	0.20	1.40	0.40
孝昌县	0.28	0.12	0.16	0.76	2.98				
大悟县				3.90	1.30	1.40	0.60		
安陆市	0.60	0.30	0.30	0.67	3.30	1.00	1.00		

续表7 单位:千公顷

	棉花营养钵移栽面积	麦林套栽	麦油豆后移栽	油菜育苗移栽面积	油菜秋冬发高产栽培面积	脱毒薯类栽培面积	脱毒马铃薯	微机优化模式栽培面积	小麦
云梦县	2.15	0.70	1.45	3.32	4.14	2.65	2.65		
应城市	3.60	1.70	1.50	0.30	6.50	0.51	0.51		
汉川市	9.20	3.10	6.10	7.12	1.50	1.08	0.90		
荆州市	**92.80**	**23.38**	**69.31**	**94.47**	**168.43**	**3.44**	**2.57**		
荆州区	8.00	6.50	1.50	13.00	12.00	2.10	2.10		
沙市区				0.65	2.42				
开发区	0.24		0.13		0.05				
江陵县	8.05		8.05			0.04	0.04		
松滋市	13.83	9.68	4.15	7.08	21.06	0.59			
公安县	28.27		28.27	38.14	38.14	0.45	0.17		
石首市	7.50	1.00	6.50	5.60	20.00				
监利县	20.00		20.00	30.00	74.76	0.15	0.15		
洪湖市	6.91	6.20	0.71			0.11	0.11		
黄冈市	**35.30**	**9.46**	**17.52**	**117.84**	**75.24**	**18.13**	**16.90**	**124.91**	**3.30**
黄州区	4.50	3.00		2.30	0.67	0.10	0.10		
团风县	2.13	0.61	0.53	5.60	3.10	0.38	0.38		
红安县	0.36		0.02	12.59	0.00	0.05	0.05	0.96	
罗田县	0.20	0.20		7.33	6.50	2.00	1.00	16.00	3.00
英山县				3.50	5.10	2.80	2.80	0.35	
浠水县	3.00	0.30	0.60	24.00	22.50	3.80	3.80	30.00	0.30
蕲春县	3.61		3.50	19.62	17.46	5.50	5.50	77.60	
黄梅县	13.78	4.70	5.80	20.30	6.91	1.10	0.87		
麻城市	6.53	0.65	5.88	22.40	12.80	2.40	2.40		
武穴市									
龙感湖	1.19		1.19	0.20	0.20				
咸宁市	**0.90**	**0.40**	**0.38**	**26.73**	**23.45**	**7.63**	**5.63**		
咸安区	0.12	0.00	0.00	9.86	7.39	1.70	1.70		
嘉鱼县	0.39	0.20	0.19	5.08	3.50	0.40			
赤壁市	0.39	0.20	0.19	5.60	3.00	0.80			
通城县				2.67	4.80	0.80	0.80		
崇阳县				3.52	2.46	3.13	3.13		
通山县					2.30	0.80	0.00		
随州市	**11.04**	**2.40**	**5.90**	**6.53**	**7.54**	**2.35**	**2.35**	**15.33**	**15.33**
曾都区	1.84	1.00				0.15	0.15		
随 县	5.20	1.40	3.80	5.86	4.20	2.20	2.20		
广水市	4.00		2.10	0.67	3.34			15.33	15.33
恩施自治州	**0.02**		**0.02**	**31.23**	**23.72**	**82.39**	**79.05**		
恩施市	0.02		0.02	0.97	5.40	14.00	14.00		
利川市				6.00	2.00	20.00	20.00		
建始县				7.40	7.40	16.67	13.33		
巴东县				8.10	3.30	14.10	14.10		
宣恩县				2.00	1.20	4.00	4.00		
咸丰县				3.25	2.55	6.42	6.42		
来凤县				1.50	0.87	1.50	1.50		
鹤峰县				2.01	1.00	5.70	5.70		
仙桃市	**23.16**	**0.47**	**17.32**	**37.15**	**29.58**	**1.78**	**1.37**		
潜江市	**26.23**	**11.82**	**14.19**	**13.40**	**21.22**	**1.06**	**1.06**		
天门市	**37.38**	**15.00**	**20.00**			**2.50**	**2.50**		
神农架林区				**0.30**	**0.30**	**0.28**			

续表8 单位:千公顷

	微机优化模式(续)		地膜覆盖栽培面积						
	杂交水稻	油菜		水稻	玉米	大田地膜玉米	地膜育苗移栽	塑盘育苗移栽	棉花
全省合计	**82.26**	**58.01**	**829.32**	**152.60**	**214.63**	**92.48**	**93.51**	**25.26**	**133.07**
武汉市		**3.20**	**37.80**	**8.49**	**8.43**	**7.13**	**1.17**	**0.13**	**1.41**
武汉市辖区			10.31		4.33	4.20		0.13	0.60
蔡甸区			8.38		1.33	1.33			
江夏区			7.98	1.26	1.30	0.80	0.50		
黄陂区			4.63	1.73	1.47	0.80	0.67		0.81
新洲区		3.20	6.50	5.50					
黄石市		**26.11**	**34.39**	**17.68**	**7.46**	**7.44**	**0.01**	**0.01**	**1.81**
黄石市辖区			0.19		0.04	0.02	0.01	0.01	0.03
阳新县		17.66	30.99	17.68	7.32	7.32			1.78
大冶市		8.45	3.21		0.10	0.10			
十堰市	**0.50**	**1.50**	**71.53**	**4.98**	**22.08**	**6.76**	**9.64**	**5.68**	**0.08**
十堰市辖区			0.61	0.11	0.29	0.05	0.14	0.10	
郧 县			7.10	0.10	0.35			0.35	
郧西县			2.92	0.10	0.75	0.55	0.20		
竹山县			23.06	0.53	1.33	0.53	0.67	0.13	
竹溪县	0.50	1.50	19.00	2.40	11.00	2.80	4.60	3.60	
房 县			15.90	1.40	7.00	2.50	3.00	1.50	
丹江口市			2.94	0.34	1.36	0.33	1.03		0.08
宜昌市			**96.99**	**13.10**	**43.86**	**20.05**	**16.42**	**7.14**	**3.10**
宜昌市辖区			0.68		0.25	0.20			
夷陵区			7.10		7.10	3.30	3.30	0.50	
宜都市			5.01		3.00		2.50	0.50	
枝江市			22.00	11.00	2.50	2.10	0.40		2.40
当阳市			7.72		1.40	0.50	0.40	0.50	0.70
远安县			0.20		0.20				
兴山县			17.48	2.10	7.30	2.85	3.95	0.50	
秭归县			3.68		1.67	0.70	0.60	0.37	
长阳县			19.40		12.80	4.30	4.50	4.00	
五峰县			13.72		7.64	6.10	0.77	0.77	
襄阳市			**68.39**	**0.23**	**18.22**	**14.20**	**2.02**	**2.00**	**16.87**
襄阳市辖区			4.69	0.20	0.20	0.20			0.71
襄州区			7.93						2.60
南漳县			4.00		3.00	2.00	0.50	0.50	
谷城县			6.80		3.50	3.00		0.50	0.00
保康县			4.41	0.03	0.02		0.02		
老河口市			13.30		1.50	1.50			5.00
枣阳市			2.26						1.06
宜城市			25.00		10.00	7.50	1.50	1.00	7.50
鄂州市									
荆门市			**20.60**	**2.33**	**3.88**	**1.83**	**2.04**	**0.01**	**9.64**
荆门市辖区									
屈家岭									
沙洋县			2.16		0.67	0.13	0.54		0.34
钟祥市			7.40		2.00	0.50	1.50		5.00
京山县			11.04	2.33	1.21	1.20		0.01	4.30
孝感市		**0.80**	**32.33**	**0.62**	**0.77**	**0.63**	**0.05**		**4.72**
孝南区		0.80	4.65	0.30	0.20	0.20			1.20
孝昌县			2.22						0.02
大悟县			15.81	0.32	0.01		0.01		0.02
安陆市			1.03						1.03

	微机优化模式(续)		地膜覆盖栽培面积						
	杂交水稻	油菜		水稻	玉米	大田地膜玉米	地膜育苗移栽	塑盘育苗移栽	棉花
云梦县			3.10		0.30	0.30			
应城市			1.52		0.05	0.03	0.02		0.05
汉川市			4.00		0.21	0.10	0.02		2.40
荆州市			**119.37**	**39.00**	**7.75**	**3.26**	**4.37**	**0.12**	**48.48**
荆州区			10.50		2.50	2.50			
沙市区			1.49						
开发区			0.31		0.03	0.03			0.24
江陵县									
松滋市			11.44		3.55	0.62	2.81	0.12	0.78
公安县			33.27						28.27
石首市			4.00						1.50
监利县			53.44	39.00					14.44
洪湖市			4.92		1.67	0.11	1.56		3.25
黄冈市	**81.76**	**26.40**	**99.04**	**38.30**	**1.97**	**1.06**	**0.89**	**0.02**	**13.40**
黄州区			8.87	0.67	0.53	0.53			3.00
团风县			4.24						1.32
红安县	0.56	0.05	17.95						0.03
罗田县	10.00	3.00	2.10	0.20					0.20
英山县		0.35	3.80		0.30	0.08	0.22		
浠水县	29.70		8.80	5.80	0.60	0.30	0.30		0.80
蕲春县	41.50	23.00	13.80	3.50					0.90
黄梅县			0.01						0.01
麻城市			39.00	28.13	0.27		0.27		6.94
武穴市			0.27		0.27	0.15	0.10	0.02	
龙感湖			0.20						0.20
咸宁市			**12.52**	**0.83**	**5.34**	**4.10**	**0.26**		**0.12**
咸安区			2.71	0.15	0.49	0.43	0.06		0.12
嘉鱼县			1.39	0.20	1.19	0.20	0.10		
赤壁市			1.56	0.20	0.09				
通城县			2.00		0.30	0.20	0.10		
崇阳县			1.92		1.52	1.52			
通山县			2.94	0.28	1.75	1.75			
随州市			**27.11**	**14.84**	**0.20**				**4.94**
曾都区			19.48	14.84					1.84
随 县			5.40		0.20				2.80
广水市			2.23						0.30
恩施自治州			**153.96**	**12.20**	**84.19**	**20.30**	**53.74**	**10.15**	**0.02**
恩施市			50.52	9.20	20.50	3.33	17.17		0.02
利川市			8.00		3.00	2.00	1.00		
建始县			16.67		16.67	4.67	12.00		
巴东县			38.90		20.10	5.30	9.70	5.10	
宣恩县			5.97	0.10	1.67	1.33	0.29	0.05	
咸丰县			17.52		11.45	0.24	11.21		
来凤县			7.08	2.90	1.50		1.00	0.50	
鹤峰县			9.30		9.30	3.43	1.37	4.50	
仙桃市			**5.17**		**2.30**		**2.30**		**1.66**
潜江市			**37.08**		**0.75**	**0.47**	**0.28**		**26.23**
天门市			**9.84**		**5.25**	**5.25**			**0.59**
神农架林区			**3.20**		**2.18**		**0.32**		

	地膜覆盖栽培面积(续)					秸秆覆盖栽培面积			
	地膜棉(续)		花生	烟叶	蔬菜		麦田	油菜田	棉田
	移栽地膜棉	直播地膜棉							
全省合计	**85.01**	**14.59**	**40.15**	**41.86**	**202.80**	**295.81**	**114.64**	**55.69**	**14.71**
武汉市	**0.71**	**0.20**	**0.87**		**17.07**	**2.35**	**0.50**	**1.85**	
武汉市辖区	0.05	0.05	0.05		4.80	0.80	0.40	0.40	
蔡甸区			0.20		6.85				
江夏区					5.42	1.35		1.35	
黄陂区	0.66	0.15	0.62			0.20	0.10	0.10	
新洲区									
黄石市	**1.11**	**0.70**	**0.01**		**5.98**	**13.93**	**2.54**	**10.11**	**1.28**
黄石市辖区	0.03				0.12				
阳新县	1.08	0.70			3.76	13.93	2.54	10.11	1.28
大冶市			0.01		2.10				
十堰市	**0.08**		**10.15**	**8.05**	**22.76**	**2.19**	**1.11**	**1.08**	
十堰市辖区					0.21				
郧　县			0.22		6.00				
郧西县				1.88	0.19				
竹山县			9.42	1.53	10.25	0.13	0.13		
竹溪县			0.20	1.20	3.00	1.00	0.30	0.70	
房　县			0.10	2.80	2.80	0.60	0.30	0.30	
丹江口市	0.08		0.21	0.64	0.31	0.46	0.38	0.08	
宜昌市	**1.70**	**1.40**	**0.40**	**7.39**	**23.55**	**16.54**	**4.96**	**5.78**	**0.80**
宜昌市辖区					0.43				
夷陵区									
宜都市					1.33	0.33	0.13	0.20	
枝江市	1.60	0.80			6.10	9.40	4.00	4.60	0.80
当阳市	0.10	0.60	0.40		4.21	5.00			
远安县						0.20	0.20		
兴山县				1.98	5.70	1.35	0.50	0.85	
秭归县				2.01		0.26	0.13	0.13	
长阳县				0.60	3.00				
五峰县				2.80	2.78				
襄阳市	**9.47**	**7.40**	**1.80**	**4.31**	**22.06**	**145.83**	**48.50**	**4.23**	
襄阳市辖区	0.71				3.58	0.40	0.20	0.20	
襄州区	2.00	0.60			3.33	93.00			
南漳县				1.00					
谷城县			0.30		2.50	10.00	6.00	4.00	
保康县				3.31	0.65	0.01		0.01	
老河口市	4.70	0.30			6.80				
枣阳市	1.06				1.20	42.32	42.30	0.02	
宜城市	1.00	6.50	1.50		4.00	0.10			
鄂州市									
荆门市	**6.03**	**0.52**	**0.73**		**2.46**	**3.83**	**3.73**		
荆门市辖区									
屈家岭									
沙洋县	0.33	0.01	0.13		0.81	3.43	3.33		
钟祥市	1.50	0.50	0.30						
京山县	4.20	0.01	0.30		1.65	0.40	0.40		
孝感市	**2.83**	**0.50**	**11.57**		**13.51**	**11.87**	**7.23**	**4.44**	**0.20**
孝南区	0.80	0.40			2.80	1.30	0.50	0.60	0.20
孝昌县		0.02			1.85				
大悟县		0.02	11.55		3.52	6.42	4.60	1.82	
安陆市						3.30	1.30	2.00	

续表11 单位：千公顷

	地膜覆盖栽培面积(续)					秸秆覆盖栽培面积			
	地膜棉(续)		花 生	烟 叶	蔬 菜		麦 田	油菜田	棉 田
	移 栽地膜棉	直 播地膜棉							
云梦县					2.80	0.83	0.83		
应城市	0.03	0.02	0.02		1.34	0.02		0.02	
汉川市	2.00	0.04			1.20				
荆州市	**17.77**	**2.44**	**0.06**		**23.60**	**8.01**	**8.01**		
荆州区					8.00	8.00	8.00		
沙市区					1.24				
开发区	0.24				0.03	0.01	0.01		
江陵县									
松滋市	0.78		0.06		6.83				
公安县					5.00				
石首市	1.50				2.50				
监利县	12.00	2.44							
洪湖市	3.25								
黄冈市	**12.71**	**0.47**	**13.28**		**22.10**	**49.48**	**16.81**	**23.25**	**6.02**
黄州区	3.00				4.67	2.80	2.80		
团风县	1.22	0.10	0.10		1.62	3.30	0.80	2.10	0.40
红安县	0.01		10.25		5.28				
罗田县			0.50		1.20	10.00	5.00	5.00	
英山县					1.60	4.20	2.50	1.60	
浠水县	0.80		0.60		1.00	0.60	0.30		
蕲春县	0.90		0.30		4.60	12.50	0.40	6.50	2.60
黄梅县	0.01								
麻城市	6.57	0.37	1.53		2.13	14.00	4.30	7.50	2.20
武穴市						0.75		0.25	0.50
龙感湖	0.20					1.33	0.71	0.30	0.32
咸宁市	**0.12**		**0.54**		**3.52**	**5.42**	**0.95**	**1.15**	
咸安区	0.12		0.24		0.81	0.22	0.00	0.18	
嘉鱼县						1.60	0.40	0.40	
赤壁市					0.50	0.80	0.20	0.20	
通城县					1.20	0.80	0.20	0.20	
崇阳县					0.40				
通山县			0.30		0.61	2.00	0.15	0.17	
随州市	**4.24**	**0.70**	**0.30**		**6.83**	**11.20**	**10.30**	**0.80**	
曾都区	1.84				2.80				
随 县	2.10	0.70	0.30		2.10	11.20	10.30	0.80	
广水市	0.30				1.93				
恩施自治州	**0.02**		**0.21**	**22.11**	**25.32**	**5.75**			
恩施市	0.02			8.80	12.00				
利川市					4.00				
建始县									
巴东县				5.90	6.30				
宣恩县				3.00	0.70				
咸丰县			0.21	3.21	0.84	0.42			
来凤县				1.20	1.48				
鹤峰县						5.33			
仙桃市	**1.66**				**1.21**	**0.32**			**0.32**
潜江市	**26.23**		**0.23**		**7.82**	**5.09**	**2.00**		**3.09**
天门市	**0.33**	**0.26**	**0.00**		**4.00**	**14.00**	**8.00**	**3.00**	**3.00**
神农架林区					**1.01**				

续表12 单位:千公顷

	秸秆还田面积	蔬菜遮阳网覆盖面积	蔬菜防虫网覆盖面积	作物棚栽面积	大棚	蔬菜	中棚	蔬菜	小拱棚	蔬菜
全省合计	**1248.50**	**51.86**	**20.06**	**163.23**	**71.37**	**46.89**	**42.85**	**35.53**	**49.01**	**39.64**
武汉市	**32.73**	**2.89**	**1.38**	**37.66**	**16.49**	**6.67**	**13.40**	**10.27**	**7.77**	**3.77**
武汉市辖区	5.00	0.60	0.30	17.32	9.32	4.18	3.80	3.80	4.20	0.50
蔡甸区	13.33	0.07	0.03	4.90	0.23	0.10	4.00	1.47	0.67	0.47
江夏区	3.10	0.30	0.20	5.60	3.40	2.07	1.20	1.20	1.00	1.00
黄陂区	6.70			1.54	0.44	0.32	0.60		0.50	0.40
新洲区	4.60	1.92	0.85	8.30	3.10		3.80	3.80	1.40	1.40
黄石市	**23.49**	**1.31**	**1.77**	**12.66**	**5.67**	**3.08**	**2.27**	**0.79**	**4.72**	**3.99**
黄石市辖区		0.02	0.02	0.05	0.03	0.02	0.01	0.01	0.01	0.01
阳新县	12.71	1.26	1.74	6.60	3.12	1.08	0.77	0.57	2.71	1.98
大冶市	10.78	0.03	0.01	6.01	2.52	1.98	1.49	0.21	2.00	2.00
十堰市	**25.95**	**1.90**	**0.96**	**6.44**	**2.67**	**1.96**	**1.27**	**1.16**	**2.50**	**2.25**
十堰市辖区	0.33	0.33	0.36	0.58	0.24	0.24	0.24	0.24	0.10	0.10
郧 县	0.20	0.10		1.70	0.90	0.70			0.80	0.80
郧西县				0.19	0.19	0.19				
竹山县	0.33	0.07		0.19	0.08	0.07	0.04	0.04	0.07	0.07
竹溪县	13.90	1.30	0.60	2.60	0.90	0.50	0.60	0.50	1.10	0.90
房 县	4.50	0.10		1.10	0.35	0.25	0.35	0.34	0.40	0.35
丹江口市	6.69			0.08	0.01	0.01	0.04	0.04	0.03	0.03
宜昌市	**117.19**	**12.75**	**5.96**	**16.13**	**4.68**	**4.45**	**4.22**	**3.92**	**7.23**	**6.82**
宜昌市辖区		1.50	1.00	5.00	2.00	2.00	2.00	1.80	1.00	0.60
夷陵区	3.00			1.00	0.40	0.30			0.60	0.60
宜都市	1.33	1.00	1.00	0.30	0.10	0.07	0.10	0.10	0.10	0.10
枝江市	20.00	2.00		6.50	1.00	1.00	1.50	1.50	4.00	4.00
当阳市	72.13	0.20		1.73	0.27	0.22	0.50	0.40	0.96	0.96
远安县	6.50			0.03	0.02	0.01			0.01	
兴山县	14.20	0.55	0.30	1.47	0.79	0.75	0.12	0.12	0.56	0.56
秭归县	0.03	5.70	2.80							
长阳县				0.10	0.10	0.10				
五峰县		1.80	0.86							
襄阳市	**224.05**	**0.59**	**0.17**	**11.44**	**4.79**	**1.97**	**2.67**	**2.54**	**3.98**	**2.78**
襄阳市辖区	19.85	0.20	0.10	2.40	0.40	0.30	0.60	0.50	1.40	1.20
襄州区				2.00	1.20	1.00	0.40	0.40	0.40	0.40
南漳县	35.00	0.02	0.04							
谷城县	10.00	0.07	0.03	3.58	2.48		0.80	0.80	0.30	0.30
保康县	0.40			0.16	0.06	0.02	0.07	0.04	0.03	0.03
老河口市	18.80	0.30		1.10			0.80	0.80	0.30	0.30
枣阳市	50.00			2.00	0.50	0.50			1.50	0.50
宜城市	90.00			0.20	0.15	0.15			0.05	0.05
鄂州市										
荆门市	**131.09**	**0.11**	**0.11**	**4.69**	**1.46**	**1.21**	**1.01**	**0.71**	**2.22**	**2.12**
荆门市辖区				0.32	0.15	0.15			0.17	0.17
屈家岭	6.56			0.07					0.07	0.07
沙洋县	23.33			0.88	0.49	0.44	0.21	0.21	0.18	0.18
钟祥市	50.00	0.10	0.10	1.20	0.80	0.60			0.40	0.40
京山县	51.20	0.01	0.01	2.22	0.02	0.02	0.80	0.50	1.40	1.30
孝感市	**75.35**	**3.62**	**0.97**	**13.59**	**8.48**	**6.77**	**1.75**	**1.45**	**3.36**	**3.03**
孝南区	7.50	0.30	0.01	0.79	0.09	0.08	0.30	0.25	0.40	0.38
孝昌县	6.86	0.36		0.69	0.13	0.13	0.35	0.35	0.21	0.16
大悟县	8.82	0.93	0.62	1.24	0.40	0.32	0.46	0.43	0.38	0.33
安陆市	6.67	0.30	0.30	0.55	0.20	0.10	0.20		0.15	

续表13 单位：千公顷

	秸秆还田面积	蔬菜遮阳网覆盖面积	蔬菜防虫网覆盖面积	作物棚栽面积						
					大棚	蔬菜	中棚	蔬菜	小拱棚	蔬菜
云梦县	11.30	1.60	0.02	4.54	2.60	2.60			1.94	1.94
应城市	34.20	0.08		0.86	0.34	0.24	0.24	0.22	0.28	0.22
汉川市		0.05	0.02	4.92	4.72	3.30	0.20	0.20		
荆州市	**51.53**	**4.21**	**1.00**	**7.33**	**3.34**	**2.48**	**1.13**	**0.85**	**2.86**	**2.41**
荆州区	12.00	4.00	1.00	2.23	1.30	1.30	0.40	0.40	0.53	0.53
沙市区	8.20	0.10		0.73	0.41	0.20			0.32	0.18
开发区	0.05	0.01		0.01	0.01					
江陵县										
松滋市	10.98			0.52	0.12	0.11			0.40	0.40
公安县				2.00	1.10	0.77	0.45	0.45	0.45	0.45
石首市	20.30			0.24	0.10	0.10	0.08		0.06	0.05
监利县		0.10		1.60	0.30		0.20		1.10	0.80
洪湖市										
黄冈市	**219.64**	**6.18**	**1.91**	**12.63**	**6.82**	**5.89**	**4.02**	**3.47**	**1.79**	**1.27**
黄州区	3.00	1.00	0.67	1.88	1.23	1.00	0.30	0.30	0.35	0.35
团风县	22.60	1.20	0.20	2.20	1.10	0.84	0.70	0.50	0.40	0.30
红安县	1.56	0.37		0.42	0.29	0.25	0.06		0.07	
罗田县	20.00	0.20	0.20	1.00	0.80	0.60			0.20	
英山县	5.60	0.06	0.02	0.80	0.25	0.25	0.40	0.30	0.15	0.10
浠水县	25.00	2.80	0.80	2.50	1.60	1.40	0.60	0.60	0.30	0.30
蕲春县	45.00									
黄梅县	17.36	0.45		1.50	0.35	0.35	0.95	0.95	0.20	0.20
麻城市	76.67	0.10	0.02	2.00	1.20	1.20	0.80	0.80		
武穴市										
龙感湖	2.85			0.33			0.21	0.02	0.12	0.02
咸宁市	**24.38**	**7.30**	**3.05**	**11.37**	**3.01**	**1.60**	**2.21**	**1.82**	**6.15**	**5.29**
咸安区	7.18	0.49		0.74	0.45	0.26	0.08	0.05	0.21	0.20
嘉鱼县	7.60	3.70	2.50	4.82	2.02	1.02	1.80	1.50	1.00	1.00
赤壁市	3.80	0.20	0.07	0.31	0.21	0.15			0.10	0.10
通城县	3.80	0.20	0.07	2.50					2.50	2.50
崇阳县		0.01	0.01	1.34	0.03	0.02	0.02	0.02	1.29	1.29
通山县	2.00	2.70	0.40	1.66	0.30	0.15	0.31	0.25	1.05	0.20
随州市	**82.90**	**4.00**		**11.27**	**2.29**	**2.15**	**5.24**	**5.24**	**3.74**	**3.74**
曾都区		2.80		2.80	0.80	0.80	0.90	0.90	1.10	1.10
随 县	42.90	1.20		6.52	0.82	0.82	3.40	3.40	2.30	2.30
广水市	40.00			1.95	0.67	0.53	0.94	0.94	0.34	0.34
恩施自治州	**68.99**	**1.44**	**0.60**	**3.19**	**1.79**	**1.44**	**0.45**	**0.23**	**0.95**	**0.65**
恩施市		0.14	0.60	0.60	0.30	0.20			0.30	0.20
利川市	30.00	0.20		0.30	0.20	0.20	0.10	0.10		
建始县	6.67			0.05	0.01	0.01	0.01	0.01	0.03	0.03
巴东县	26.50	1.00		0.41	0.01	0.01	0.20	0.10	0.20	0.10
宣恩县	2.20	0.05		0.10	0.06	0.04	0.02	0.02	0.02	0.02
咸丰县	1.85	0.05		0.56	0.24	0.21			0.32	0.30
来凤县	1.77			1.17	0.97	0.77	0.12		0.08	
鹤峰县										
仙桃市	**17.28**	**1.13**	**1.37**	**4.44**	**3.50**	**3.20**	**0.87**	**0.87**	**0.07**	**0.07**
潜江市	**43.22**	**0.92**	**0.00**	**2.61**	**1.40**	**1.02**	**0.34**	**0.21**	**0.87**	**0.65**
天门市	**110.71**	**3.50**	**0.80**	**6.78**	**3.98**	**3.00**	**2.00**	**2.00**	**0.80**	**0.80**
神农架林区		**0.01**	**0.01**	**1.00**	**1.00**					

续表14　　　　　　　　　　　　　　　　　　　　　　　　　　　　单位：千公顷

	蔬菜良种繁育面积	配方施肥面积	小麦	早稻	中稻一晚	双晚	玉米	薯类	棉花
全省合计	**59.32**	**5503.70**	**900.48**	**289.96**	**1190.50**	**323.73**	**429.69**	**224.35**	**304.57**
武汉市	**1.20**	**255.62**	**14.27**	**33.20**	**20.95**	**35.27**	**10.82**	**3.43**	**10.23**
武汉市辖区		26.17	1.10		2.35		5.50		3.50
蔡甸区		13.47	0.67		3.33		0.67	0.13	
江夏区	1.00	75.48	2.00	12.00	6.30	12.00	3.18		
黄陂区		43.50	4.07	3.10	3.77	4.43	1.47	3.30	1.90
新洲区	0.20	97.00	6.43	18.10	5.20	18.84			4.83
黄石市	**0.11**	**152.87**	**11.35**	**25.29**	**15.61**	**28.65**	**8.77**	**2.77**	**3.28**
黄石市辖区		2.66	0.20	0.40	0.25	0.40	0.10	0.15	0.05
阳新县	0.11	90.22	5.34	12.76	9.68	14.21	6.03	2.21	2.24
大冶市		59.99	5.81	12.13	5.68	14.04	2.64	0.41	0.99
十堰市	**0.45**	**290.34**	**66.19**		**34.66**		**62.57**	**17.35**	
十堰市辖区	0.11	3.00	0.48		0.06		0.56		
郧　县		64.30	20.00		6.30		15.00	4.80	
郧西县		27.35	13.47		2.18		6.30		
竹山县	0.01	65.80	7.33		6.38		14.67	8.67	
竹溪县	0.30	54.20	3.60		5.60		11.50		
房　县		42.00	8.00		8.00		9.20	3.20	
丹江口市	0.03	33.69	13.31		6.14		5.34	0.68	
宜昌市	**0.85**	**452.56**	**34.71**	**6.50**	**67.09**	**7.90**	**81.51**	**31.76**	**18.07**
宜昌市辖区		4.38			0.58		1.10		
夷陵区		38.90			8.50		11.80	3.00	
宜都市	0.15	28.69			4.42		10.37		
枝江市		99.75	13.70	6.50	12.70	7.90	5.40	0.20	14.00
当阳市	0.20	112.00	15.00		27.87		11.00		4.07
远安县		17.55	0.50		7.55		3.00		
兴山县	0.50	29.25	0.75		2.15		7.35	5.50	
秭归县		36.82	1.74		1.04		5.99	1.32	
长阳县		55.90	2.50		2.10		16.00	12.00	
五峰县		29.32	0.52		0.18		9.50	9.74	
襄阳市	**4.80**	**684.15**	**299.24**		**164.74**		**110.66**	**2.70**	**18.40**
襄阳市辖区		49.75	23.82		16.23		3.00		0.20
襄州区		189.50	87.00		43.00		26.00		8.50
南漳县		81.84	35.00		22.80		15.00		0.10
谷城县	0.50	61.47	22.90		16.86		9.06	1.00	
保康县		26.73	5.32		2.85		9.80		
老河口市	3.30	68.00	28.70		11.00		10.80		4.50
枣阳市		176.36	90.00		42.00		36.00	1.20	2.10
宜城市	1.00	30.50	6.50		10.00		1.00	0.50	3.00
鄂州市									
荆门市	**0.31**	**419.84**	**84.73**	**7.05**	**140.25**	**7.60**	**12.81**	**1.35**	**24.42**
荆门市辖区		51.85	5.00		21.57		0.20	0.25	1.60
屈家岭	0.05	14.77	7.23		2.78				3.26
沙洋县	0.10	104.38	14.20	0.30	42.18		0.41		3.66
钟祥市		137.90	31.00		42.20		5.70		10.30
京山县	0.16	110.94	27.30	6.75	31.52	7.60	6.50	1.10	5.60
孝感市	**13.98**	**488.27**	**91.73**	**20.28**	**150.34**	**22.12**	**1.40**	**7.23**	**25.73**
孝南区	2.10	55.42	7.00	3.00	20.00	4.50	0.02		2.50
孝昌县	0.32	68.27	15.20	3.15	21.26	3.02	0.06	0.65	1.20
大悟县	0.32	69.20	12.10	0.18	20.20	0.20	0.10	2.60	0.10
安陆市		73.50	19.56		28.68		0.12	0.48	1.03

续表15

单位：千公顷

	蔬菜良种繁育面积	配方施肥面积							
			小麦	早稻	中稻一晚	双晚	玉米	薯类	棉花
云梦县		64.30	6.40	4.10	13.20	4.50	1.10	3.50	2.50
应城市		53.30	6.80	8.30	16.00	8.30			3.20
汉川市	11.24	104.28	24.67	1.55	31.00	1.60			15.20
荆州市	**0.01**	**648.77**	**65.42**	**70.25**	**163.88**	**75.65**	**8.02**	**0.78**	**80.58**
荆州区		42.00	2.00	1.00	16.00	1.00	2.00		8.00
沙市区		13.20	4.62		4.94				1.64
开发区	0.01	0.01	0.01						
江陵县									
松滋市		109.33	14.04	10.42	22.18	11.35	5.84	0.33	13.83
公安县		167.06	23.91	16.69	31.03	18.04	0.18	0.45	28.27
石首市		49.40	1.00	6.10	13.60	6.70			6.40
监利县		267.77	19.84	36.04	76.13	38.56			22.44
洪湖市									
黄冈市	**3.36**	**682.38**	**51.20**	**90.07**	**104.68**	**103.03**	**4.10**	**29.40**	**38.08**
黄州区	0.01	30.00	4.50	1.60	2.00	2.45	1.00	0.18	4.70
团风县		47.15	3.50	7.65	6.03	9.10	0.05	1.27	2.86
红安县		57.11	0.94	11.28	6.40	10.21		0.53	0.51
罗田县	3.00	51.67	10.67	0.50	19.00	0.50		2.00	
英山县	0.05	38.20	4.50	0.60	11.20	2.00	0.70	6.40	0.20
浠水县	0.30	89.50		16.00	6.00	23.00	0.50		8.00
蕲春县		129.70	0.92	23.55	10.23	24.55	0.26	11.70	4.23
黄梅县		82.08	7.33	14.63	21.13	15.10	0.29		9.60
麻城市		148.67	15.50	14.26	19.84	16.12	1.30	7.32	6.79
武穴市									
龙感湖		8.30	3.34		2.85				1.19
咸宁市	**1.20**	**244.77**	**3.57**	**26.28**	**57.49**	**30.32**	**9.27**	**7.15**	**0.18**
咸安区	0.53	72.95	0.27	1.59	22.88	2.39	2.87	2.15	0.18
嘉鱼县	0.55	41.08			8.50	2.00	2.00		
赤壁市	0.06	37.10		7.00	11.30	6.10			
通城县	0.06	34.73	1.33	10.00	1.00	12.00	0.40	0.30	
崇阳县		36.68	1.83	7.58	5.43	7.62	2.91	1.10	
通山县		22.23	0.14	0.11	8.38	0.21	1.09	3.60	
随州市	**0.05**	**250.60**	**87.30**		**101.30**		**3.74**	**3.44**	**11.40**
曾都区		35.14	15.80		15.80		0.34	1.20	2.00
随 县	0.05	139.59	52.83		57.50		2.30	2.24	5.30
广水市		75.87	18.67		28.00		1.10		4.10
恩施自治州	**33.00**	**501.20**	**6.00**		**52.92**		**107.80**	**114.85**	
恩施市		126.38	1.93		9.21		20.70	22.00	
利川市	33.00	123.13	0.14		20.00		29.90	30.00	
建始县		63.13	1.33		3.33		16.67	26.67	
巴东县		56.00	2.60		1.50		18.00	12.10	
宣恩县		36.65			3.33		5.33		
咸丰县		31.40			4.70		4.01	4.58	
来凤县		38.50			8.85		6.52	11.50	
鹤峰县		26.01			2.00		6.67	8.00	
仙桃市		**82.98**	**10.00**		**45.00**	**1.28**			**10.00**
潜江市		**146.44**	**28.54**		**34.97**		**2.87**	**2.14**	**26.23**
天门市		**199.51**	**45.93**	**11.04**	**36.62**	**11.91**	**3.25**		**37.97**
神农架林区		**3.40**	**0.30**				**2.10**		

续表16　　单位:千公顷

	配方施肥面积(续)				化肥深施面积	使用微量元素肥面积			
	油菜	花生	芝麻	蔬菜			专用配合微肥	小麦	水稻
全省合计	**901.96**	**111.79**	**30.70**	**542.79**	**1409.03**	**3397.75**	**1132.81**	**221.89**	**481.01**
武汉市	**40.70**	**6.51**	**5.74**	**69.60**	**97.20**	**195.50**	**55.67**	**2.23**	**20.55**
武汉市辖区				13.68	4.30	9.10	2.00		
蔡甸区				8.67	14.00	0.20	0.07		
江夏区	11.00	2.00	5.00	22.00	52.00	50.00	24.90	1.90	10.00
黄陂区	6.60	3.01		10.53	21.10	74.60	28.70	0.33	10.55
新洲区	23.10	1.50	0.74	14.72	5.80	61.60			
黄石市	**33.97**	**0.97**	**3.36**	**16.64**	**55.87**	**145.32**	**89.57**	**6.73**	**49.13**
黄石市辖区	0.60	0.06	0.10	0.30	0.80	0.65	0.03	0.02	
阳新县	20.12	0.61	2.86	12.24	37.48	85.76	50.04	5.21	32.13
大冶市	13.25	0.30	0.40	4.10	17.59	58.91	39.50	1.50	17.00
十堰市	**39.83**	**12.35**	**6.37**	**34.22**	**145.99**	**137.99**	**58.17**	**24.12**	**16.46**
十堰市辖区	0.28	0.08	0.04	1.50	1.40	0.61	0.61	0.15	0.06
郧　县	4.50	0.40	1.80	9.50	33.00	21.50	18.00	13.00	5.00
郧西县	5.40					6.62	3.92	1.00	1.00
竹山县	11.33	9.42	1.33	6.67	53.33	32.68	13.34	2.67	4.00
竹溪县	9.60	2.00	2.10	6.60	12.10	34.90	12.10	2.10	4.50
房　县	5.00	0.30	0.10	6.60	26.00	30.80	10.20	5.20	1.90
丹江口市	3.72	0.15	1.00	3.35	20.16	10.88			
宜昌市	**87.33**	**3.33**	**0.72**	**66.98**	**189.95**	**225.40**	**81.82**	**9.50**	**24.70**
宜昌市辖区	0.50			1.60	11.50	3.80	1.70	0.20	0.40
夷陵区	8.50	1.60		5.30		24.90	14.50		8.70
宜都市	8.40			4.00	4.30	15.12	6.42		4.42
枝江市	19.50	1.00	0.60	9.75	60.00	95.30	42.00	9.00	11.00
当阳市	26.74			11.00	86.00	47.00	8.00		
远安县	6.50					5.50			
兴山县	3.90	0.20	0.10	6.55	7.85	6.14	0.55		
秭归县	4.53	0.31		7.60					
长阳县	6.30			15.00		12.00	2.30	0.30	
五峰县	2.46	0.22	0.02	6.18	20.30	15.64	6.35		0.18
襄阳市	**28.19**	**12.71**	**1.45**	**35.94**	**147.70**	**395.14**	**205.45**	**72.13**	**95.97**
襄阳市辖区	0.60	0.20	0.20	5.50	12.50	9.21	2.50	1.00	0.30
襄州区	4.00	9.00		7.00		90.70	60.70	33.00	16.70
南漳县	2.60	0.35	0.40	4.50	15.00	13.00			
谷城县	4.12	1.30	0.56	5.67	37.09	47.67	43.05	22.99	16.86
保康县	6.02			2.21	43.21	8.06	1.60	0.14	0.81
老河口市	5.00			8.00	34.60	5.60			
枣阳市	1.85	0.36	0.29	1.06	5.30	42.00	37.00		30.00
宜城市	4.00	1.50		2.00		178.90	60.60	15.00	31.30
鄂州市									
荆门市	**101.79**	**4.15**	**1.20**	**22.86**	**28.60**	**207.38**	**32.47**	**5.62**	**10.48**
荆门市辖区	16.98	1.15	0.10		26.50	30.33	6.50		5.20
屈家岭	0.40				2.10	9.24			
沙洋县	35.21			8.21		57.64	15.27	4.42	3.62
钟祥市	37.20			7.50		68.43			
京山县	12.00	3.00	1.10	7.15		41.74	10.70	1.20	1.66
孝感市	**65.56**	**22.31**	**2.81**	**62.62**	**80.82**	**232.44**	**54.49**	**11.77**	**22.55**
孝南区	10.00	0.20	0.20	6.00	10.50	27.40	13.80	3.00	5.60
孝昌县	10.23	2.13	0.83	5.98	31.32	28.29	9.72	1.92	5.23
大悟县	4.90	18.20	0.20	9.80	32.50	60.12	14.77	6.25	5.32
安陆市	6.73	1.58	1.38	8.98		7.23	0.50		

续表17　　　　单位：千公顷

	配方施肥面积(续)				化肥深施面积	使用微量元素肥面积			
	油菜	花生	芝麻	蔬菜			专用配合微肥		
								小麦	水稻
云梦县	7.30	0.20	0.20	18.30		13.70	5.10		
应城市	8.20			2.50	6.50	29.20	10.60	0.60	6.40
汉川市	18.20			11.06		66.50			
荆州市	**166.53**	**0.28**	**0.35**	**17.03**	**71.95**	**573.14**	**69.68**	**23.96**	**7.48**
荆州区	12.00					41.00	7.00		3.00
沙市区	1.15			0.85	1.52	12.23			
开发区						0.75	0.07	0.05	0.02
江陵县									
松滋市	26.98	0.20	0.18	3.98	12.43	101.54	10.43		4.46
公安县	38.14	0.08	0.17	10.10		128.59	52.18	23.91	
石首市	13.50			2.10	18.00	40.20			
监利县	74.76				40.00	248.83			
洪湖市									
黄冈市	**139.11**	**30.82**	**5.04**	**63.83**	**287.32**	**592.63**	**227.03**	**15.68**	**144.97**
黄州区	3.80	0.12		7.00	25.00	24.77	14.47	1.67	4.80
团风县	8.60	1.77	1.00	3.72	42.10	63.05	21.40	1.20	14.50
红安县	12.68	13.55			2.19	80.37	16.59	1.31	9.98
罗田县	9.00	1.00	1.00	8.00	10.00	20.70	10.50	3.00	5.00
英山县	7.50	0.50	0.10	3.30	33.10	46.30	22.30	4.50	13.10
浠水县	28.00			8.00	3.50	62.20	30.00	1.00	21.00
蕲春县	24.96	1.48	1.06	10.95	36.50	120.94	64.58		49.58
黄梅县	14.00				78.10	36.60	5.80		
麻城市	29.76	12.40	1.86	22.82	43.33	42.35	5.66	0.33	1.33
武穴市					13.50	78.51	29.51		23.40
龙感湖	0.81		0.02	0.04		16.84	6.22	2.67	2.28
咸宁市	**46.20**	**4.08**	**1.15**	**41.55**	**69.86**	**96.64**	**36.67**	**0.15**	**15.64**
咸安区	23.51	2.87	1.15	10.88	2.08	27.12	0.42		0.24
嘉鱼县	3.80			12.28	33.48	35.30	23.80		12.00
赤壁市	3.20			7.10	24.10	8.18	2.58	0.01	2.50
通城县	6.34	0.66		2.70	5.00	6.60			
崇阳县	6.50			3.49	5.20	7.80	1.60		0.90
通山县	2.85	0.55		5.10	0.00	11.64	8.27	0.14	
随州市	**12.65**	**6.27**	**1.70**	**22.80**	**15.40**	**22.77**	**9.63**		
曾都区						8.24	2.30		
随　县	7.32	1.60	1.70	8.80	15.40	7.20			
广水市	5.33	4.67		14.00		7.33	7.33		
恩施自治州	**41.37**	**2.96**		**74.69**	**173.00**	**144.95**	**41.52**	**1.65**	**13.51**
恩施市	9.54			10.00		10.80	8.60		
利川市	6.49	0.60		30.00	22.00	36.00	18.00		8.00
建始县	7.40	1.06		6.67	53.33	33.40	9.33	1.65	2.00
巴东县	6.20	1.30		7.50	76.00	16.80			
宣恩县	2.00			5.33	15.00	16.50	3.00		1.00
咸丰县	2.34			5.02		9.48			
来凤县	4.73			3.50		6.92	0.59		0.51
鹤峰县	2.67			6.67	6.67	15.05	2.00		2.00
仙桃市	**16.70**				**45.37**	**46.53**			
潜江市	**33.16**	**1.13**	**0.81**	**13.03**		**128.98**	**10.49**		
天门市	**48.87**	**3.92**				**251.74**	**158.95**	**48.35**	**59.57**
神农架林区				**1.00**		**1.20**	**1.20**		

续表18　　单位：千公顷

	使用微量元素肥面积(续)									
	专用配合微肥(续)		硼肥						锌肥	
	棉花	蔬菜		小麦	水稻	棉花	油菜	花生		水稻
全省合计	**166.50**	**230.00**	**1402.84**	**23.14**	**93.30**	**236.83**	**956.29**	**71.18**	**685.80**	**536.70**
武汉市	**0.33**	**32.56**	**84.13**	**0.63**	**8.66**	**14.26**	**56.46**	**2.91**	**32.70**	**25.63**
武汉市辖区		2.00	4.10			3.80	0.30		3.00	
蔡甸区		0.07	0.13			0.13				
江夏区		13.00	20.20	0.30	6.00		11.30	2.00	2.90	2.10
黄陂区	0.33	17.49	25.50	0.33	2.66	0.33	20.66	0.91	16.70	13.43
新洲区			34.20			10.00	24.20		10.10	10.10
黄石市	**2.52**	**15.19**	**44.22**			**0.01**	**42.54**	**1.67**	**9.21**	**9.21**
黄石市辖区		0.01	0.62			0.01	0.60	0.01	0.00	0.00
阳新县	2.52	10.18	27.39				25.73	1.66	7.21	7.21
大冶市		5.00	16.21				16.21	0.00	2.00	2.00
十堰市		**17.59**	**43.15**	**0.40**	**3.20**		**29.02**	**9.25**	**15.90**	**8.71**
十堰市辖区		0.40			0.00					
郧　县			3.00		1.20		1.80		0.50	0.50
郧西县		1.92	2.70				2.70			
竹山县		6.67	14.67				8.00	6.67	2.00	0.67
竹溪县		5.50	11.70				9.20	1.50	5.10	2.00
房　县		3.10	6.20	0.40	2.00		3.60	0.20	3.10	2.20
丹江口市			4.88				3.72	0.88	5.20	3.34
宜昌市	**14.00**	**33.62**	**93.86**	**1.30**	**10.18**	**15.00**	**63.86**	**3.52**	**44.78**	**21.78**
宜昌市辖区		1.10	1.30	0.30			0.90	0.10	0.50	
夷陵区		5.80	7.00				6.00	1.00	2.30	1.20
宜都市		2.00	6.50				6.50		2.20	1.20
枝江市	14.00	8.00	29.60	1.00	10.00	12.00	6.60		23.00	12.00
当阳市		8.00	31.00			3.00	26.00	2.00	8.00	5.00
远安县			4.50				4.50		1.00	1.00
兴山县		0.55	3.90				3.90		0.85	0.85
秭归县										
长阳县		2.00	7.20				7.00	0.20	1.40	0.40
五峰县		6.17	2.86		0.18		2.46	0.22	5.53	0.13
襄阳市	**21.50**	**15.85**	**94.82**	**0.20**	**35.20**	**15.00**	**32.50**	**6.20**	**72.37**	**55.59**
襄阳市辖区	0.20	1.00	2.37	0.20	0.20		1.77	0.20	3.34	2.94
襄州区	8.00	3.00	10.00			6.00	3.30		17.00	10.00
南漳县			2.60				2.60		10.00	10.00
谷城县		3.20	4.12						0.50	0.50
保康县		0.65	5.23				5.23		1.23	0.85
老河口市			5.60				5.60			
枣阳市	4.00	3.00	5.00		4.00		1.00			
宜城市	9.30	5.00	59.90		31.00	9.00	13.00	6.00	40.30	31.30
鄂州市										
荆门市	**8.03**	**8.32**	**138.45**	**3.74**	**0.50**	**23.31**	**106.98**	**2.47**	**30.05**	**27.58**
荆门市辖区	1.00	0.30	18.78			1.75	17.03		5.05	4.00
屈家岭			6.74	3.54		3.20			2.50	2.10
沙洋县	3.41	3.82	41.46			3.21	37.43	0.82		
钟祥市			47.45			8.65	38.80		19.88	19.88
京山县	3.62	4.20	24.02	0.20	0.50	6.50	13.72	1.65	2.62	1.60
孝感市	**3.21**	**16.96**	**114.35**	**1.89**	**1.88**	**14.15**	**72.25**	**19.81**	**40.02**	**32.54**
孝南区	0.70	4.50	11.80	0.10		0.50	11.00	0.10	0.60	0.50
孝昌县	0.21	2.36	11.86	0.41	0.26	0.63	9.20	1.21	1.48	1.32
大悟县		3.20	26.16	1.38	1.62	0.02	4.62	18.50	3.84	3.82
安陆市	0.50		6.73				6.73			

续表19

单位：千公顷

	使用微量元素肥面积(续)									
	专用配合微肥(续)		硼肥						锌肥	
	棉花	蔬菜		小麦	水稻	棉花	油菜	花生		水稻
云梦县		5.10	6.60				6.60		1.00	1.00
应城市	1.80	1.80	16.00				16.00		1.80	1.80
汉川市			35.20			13.00	18.10		31.30	24.10
荆州市	**33.59**	**4.65**	**287.81**	**3.56**	**16.00**	**82.68**	**184.74**	**0.26**	**215.13**	**198.71**
荆州区	1.00	3.00	34.00		16.00	6.00	12.00			
沙市区			9.41	3.56		2.45	3.40		2.82	2.82
开发区			0.29			0.05	0.02		0.33	
江陵县										
松滋市	4.32	1.65	40.30			11.37	28.32	0.26	50.35	35.16
公安县	28.27		66.41			28.27	38.14		10.00	10.00
石首市			40.20			12.10	28.10			
监利县			97.20			22.44	74.76		151.63	150.73
洪湖市										
黄冈市	**30.56**	**34.23**	**230.03**	**4.71**	**10.76**	**25.19**	**162.36**	**23.36**	**87.73**	**76.67**
黄州区	4.50	3.50	8.20			4.50	3.50	0.10	1.90	0.35
团风县	2.60	3.10	14.07			2.70	8.60	1.77	25.11	22.20
红安县	0.38	4.92	36.34	1.05	7.55	0.23	15.29	12.22	1.87	1.66
罗田县	0.20	2.00	4.20	1.00	1.00	0.20	1.00	0.50	2.00	2.00
英山县	0.20	4.50	7.70				7.50	0.20	13.30	12.50
浠水县	6.00	2.00	27.70			0.50	26.00	1.00	3.50	3.50
蕲春县	4.00	10.00	29.26			2.00	24.96	0.70	18.50	18.50
黄梅县	2.80	3.00	26.80			5.00	21.80		2.00	2.00
麻城市	3.33	0.67	34.69			2.67	25.30	6.67	1.00	0.67
武穴市	5.60	0.51	34.10			6.20	27.60	0.20	14.90	10.70
龙感湖	0.95	0.03	6.97	2.66	2.21	1.19	0.81		3.65	2.59
咸宁市		**15.63**	**40.95**		**2.27**	**0.10**	**35.17**	**0.96**	**4.51**	**4.51**
咸安区		0.18	23.62				23.62		2.04	2.04
嘉鱼县		11.80	4.80		2.07	0.10		0.21		
赤壁市		0.07	0.03							
通城县			5.50		0.20		5.00	0.30	0.50	0.50
崇阳县		0.70	3.90				3.90		1.80	1.80
通山县		2.88	3.10				2.65	0.45	0.17	0.17
随州市	**4.30**	**5.33**	**9.44**			**0.90**	**8.54**		**3.70**	**3.70**
曾都区	2.30		2.24				2.24		3.70	3.70
随　县			7.20			0.90	6.30			
广水市	2.00	5.33								
恩施自治州		**15.91**	**40.13**		**4.65**		**33.31**	**0.77**	**58.00**	**17.10**
恩施市			2.20		1.00		1.00			
利川市		10.00	8.00		3.00		5.00		8.00	4.00
建始县		5.33	7.40				7.40		16.00	2.67
巴东县			9.80				9.80		6.00	0.30
宣恩县		0.50	3.50		0.50		2.50	0.50	9.50	5.00
咸丰县			3.56				2.11	0.25	5.12	2.65
来凤县		0.08	2.32		0.15		2.15	0.02	3.68	2.48
鹤峰县			3.35				3.35		9.70	
仙桃市			**46.53**				**46.53**			
潜江市	**10.49**		**66.10**	**6.71**		**26.23**	**33.16**	**0.00**	**51.70**	**34.97**
天门市	**37.97**	**12.96**	**68.87**			**20.00**	**48.87**	**0.00**	**20.00**	**20.00**
神农架林区		**1.20**								

续表20 单位：千公顷

	使用微量元素肥面积(续)						喷施磷酸二氢钾		
	锌肥(续)		钼肥					小麦	水稻
	玉米	棉花		小麦	大豆	花生			
全省合计	**77.52**	**64.68**	**107.57**	**25.61**	**16.23**	**45.38**	**2466.22**	**585.21**	**933.22**
武汉市	**2.22**	**1.93**	**11.24**	**7.20**	**0.70**	**2.75**	**142.84**	**11.85**	**61.94**
武汉市辖区	1.30	1.70					12.52	1.50	0.15
蔡甸区							0.47		
江夏区	0.80		2.00	0.40	0.70	0.90	23.00	2.00	10.00
黄陂区	0.12	0.23	1.50			0.91	20.85	0.13	5.29
新洲区			7.74	6.80		0.94	86.00	8.22	46.50
黄石市			**1.12**			**1.12**	**73.25**	**13.96**	**31.08**
黄石市辖区			0.00				0.06	0.02	
阳新县			1.12			1.12	48.59	7.24	27.78
大冶市							24.60	6.70	3.30
十堰市	**6.39**		**17.67**	**1.33**	**2.60**	**3.83**	**70.11**	**30.93**	**6.88**
十堰市辖区							1.94	0.30	0.15
郧　县							13.70	8.50	1.20
郧西县							17.98	13.30	
竹山县	1.33		2.67	1.33		1.33	9.99	3.33	1.33
竹溪县	3.10		4.00		2.00	2.00	18.00	3.00	3.00
房　县	0.10		10.20		0.20	0.10	8.50	2.50	1.20
丹江口市	1.86		0.80		0.40	0.40			
宜昌市	**11.00**	**12.00**	**4.12**		**1.45**	**2.65**	**166.65**	**32.94**	**44.00**
宜昌市辖区	0.50						1.50	0.30	0.40
夷陵区	1.10		1.10			1.10	14.60		6.00
宜都市	1.00						14.98		4.42
枝江市	1.00	10.00	0.70		0.40	0.30	78.00	14.00	25.00
当阳市	1.00	2.00					21.67	14.67	5.00
远安县							1.00		1.00
兴山县			0.82		0.65	0.15	2.75	0.15	0.85
秭归县							9.92	2.92	1.20
长阳县	1.00		1.10			1.10	13.80	0.30	
五峰县	5.40		0.40		0.40		8.43	0.60	0.13
襄阳市	**12.78**	**4.00**	**13.50**	**10.60**	**0.10**	**2.50**	**372.69**	**218.74**	**97.73**
襄阳市辖区	0.40		1.00	0.60		0.10	32.60	18.25	12.35
襄州区	7.00						96.00	80.00	14.00
南漳县			0.40			0.40	52.00	35.00	15.00
谷城县							46.55	22.99	16.86
保康县	0.38						6.52	1.20	2.72
老河口市							26.80	21.30	5.50
枣阳市									
宜城市	5.00	4.00	12.10	10.00	0.10	2.00	112.22	40.00	31.30
鄂州市									
荆门市	**0.40**	**1.65**	**5.21**	**2.40**	**0.84**	**1.87**	**172.48**	**44.02**	**84.26**
荆门市辖区		1.05					12.50	4.50	6.30
屈家岭		0.40					8.83	2.65	2.95
沙洋县			0.91		0.24	0.67	38.45	9.67	15.51
钟祥市			1.10	1.10			73.90	18.60	44.00
京山县	0.40	0.20	3.20	1.30	0.60	1.20	38.80	8.60	15.50
孝感市	**0.02**	**7.46**	**17.43**	**1.02**	**2.54**	**13.87**	**195.44**	**47.06**	**82.72**
孝南区		0.10	1.20	0.30	0.50	0.40	28.50	7.00	9.50
孝昌县		0.16	2.58		0.26	2.32	15.87	2.96	6.12
大悟县	0.02		12.15	0.72	0.63	10.80	42.87	11.50	11.80
安陆市							6.70		6.70

续表21

单位：千公顷

	使用微量元素肥面积(续)						喷施磷酸二氢钾		
	锌肥(续)		钼肥					小麦	水稻
	玉米	棉花		小麦	大豆	花生			
云梦县			1.00		0.80	0.20	26.40	5.50	6.10
应城市			0.50		0.35	0.15	9.60		7.20
汉川市		7.20					65.50	20.10	35.30
荆州市	**5.24**	**11.01**	**0.52**	**0.06**	**0.46**		**402.09**	**45.52**	**193.23**
荆州区									
沙市区							16.68	4.22	5.50
开发区	0.04	0.12	0.06	0.06			0.40		0.21
江陵县									
松滋市	4.30	10.89	0.46		0.46		60.67	9.51	28.79
公安县							53.15	11.95	8.00
石首市							3.20		
监利县	0.90						267.99	19.84	150.73
洪湖市									
黄冈市	**1.16**	**9.90**	**26.18**	**3.00**	**3.06**	**10.79**	**288.18**	**11.93**	**146.98**
黄州区	0.20	1.35	0.20		0.10	0.10	15.26	1.67	3.00
团风县	0.05	2.86	2.47	0.50	0.20	1.77	21.17	0.72	8.10
红安县	0.21		16.24		0.26	6.65			
罗田县			2.00	1.00	0.50	0.50	4.50	1.00	1.00
英山县	0.70	0.10	2.50	1.50	0.80	0.20	34.30	4.50	13.10
浠水县			1.00		0.60	0.40	28.10	0.00	16.00
蕲春县			1.10		0.60	0.50	70.50	0.50	45.50
黄梅县							43.70		26.10
麻城市		0.33	0.67			0.67	1.33	0.20	0.13
武穴市		4.20					61.02		31.20
龙感湖		1.06					8.30	3.34	2.85
咸宁市			**2.24**		**0.65**	**1.59**	**29.49**	**1.68**	**10.80**
咸安区			1.04		0.15	0.89	5.71		3.58
嘉鱼县							6.89	0.01	
赤壁市							6.26	0.01	2.50
通城县			0.60		0.30	0.30	4.66	1.66	
崇阳县			0.50		0.20	0.30	3.59		2.97
通山县			0.10			0.10	2.38		1.75
随州市							**41.32**		**12.99**
曾都区							32.78	18.59	12.99
随　县							2.70	2.70	
广水市							5.84	1.00	
恩施自治州	**38.31**		**3.73**		**3.42**	**0.21**	**71.53**	**5.83**	**20.99**
恩施市							6.20		5.00
利川市	4.00		2.00		2.00		27.00		4.00
建始县	13.33		0.67		0.67		2.66	1.33	
巴东县	3.50						9.20	4.50	1.10
宣恩县	4.50		0.50		0.30	0.20	8.00		4.00
咸丰县	2.08		0.25		0.25		10.62		3.44
来凤县	1.20		0.31		0.20	0.01	4.50		3.45
鹤峰县	9.70						3.35		
仙桃市							**115.77**	**21.63**	**50.33**
潜江市		**16.73**	**0.69**		**0.41**	**0.28**	**125.70**	**28.48**	**29.72**
天门市		**0.00**	**3.92**			**3.92**	**198.68**	**48.35**	**59.57**
神农架林区									

续表22

单位:千公顷

	喷施磷酸二氢钾(续)				化学调控面积	缩节安(助壮素)			多效唑
	棉花	油菜	花生	蔬菜			小麦	棉花	
全省合计	**225.32**	**471.96**	**31.55**	**135.41**	**2950.57**	**407.66**	**92.39**	**288.94**	**1362.90**
武汉市	**12.88**	**42.96**	**0.36**	**10.12**	**127.56**	**20.93**		**15.13**	**47.02**
武汉市辖区	5.27	0.15		5.30	20.56	7.27		7.27	2.47
蔡甸区				0.47	1.47				
江夏区		11.00			5.04				5.04
黄陂区	0.33	7.81	0.36	4.35	37.99	7.60		1.80	23.70
新洲区	7.28	24.00			62.50	6.06		6.06	15.81
黄石市	**0.01**	**24.79**		**0.02**	**69.52**	**2.80**		**2.80**	**16.77**
黄石市辖区	0.01	0.01		0.02	0.06				0.03
阳新县		10.18			64.36	2.80		2.80	14.64
大冶市		14.60			5.10				2.10
十堰市		**17.71**	**2.50**	**7.87**	**125.79**	**2.33**	**2.03**		**21.82**
十堰市辖区		0.20	0.07	1.20					
郧　县		1.00		3.00	36.90				4.30
郧西县		4.68			19.90				3.90
竹山县		3.33	1.33	0.67	19.13	0.13	0.13		0.67
竹溪县		5.50	1.00	2.50	27.80	0.80	0.50		8.00
房　县		3.00	0.10	0.50	11.70				2.50
丹江口市					10.36	1.40	1.40		2.45
宜昌市	**13.00**	**35.86**	**1.06**	**27.74**	**251.90**	**20.10**		**19.00**	**70.10**
宜昌市辖区				0.50	1.40				0.50
夷陵区		5.80	0.90	1.10	8.40	1.10			1.10
宜都市		7.56		1.00	14.90				6.20
枝江市	13.00	18.00		8.00	160.60	14.00		14.00	41.50
当阳市				2.00	11.33	5.00		5.00	6.30
远安县					2.00				2.00
兴山县		0.75		0.55	13.80				1.50
秭归县				5.80	10.10				5.10
长阳县		2.00		3.50	13.87				5.00
五峰县		1.75	0.16	5.29	15.50				0.90
襄阳市	**9.30**	**18.39**	**6.67**	**10.91**	**285.65**	**53.52**	**29.82**	**23.70**	**100.83**
襄阳市辖区		0.90		1.10	18.61	4.69	3.82	0.87	6.62
襄州区					63.00	14.00	6.00	8.00	38.00
南漳县									
谷城县		3.10		2.80	12.60				3.50
保康县		0.40		2.01	2.51				0.01
老河口市					19.03	2.53		2.53	3.10
枣阳市					21.00	3.00		3.00	9.00
宜城市	9.30	13.99	6.67	5.00	148.90	29.30	20.00	9.30	40.60
鄂州市									
荆门市	**21.90**	**12.70**	**1.50**	**4.00**	**211.66**	**29.83**	**2.00**	**27.83**	**147.20**
荆门市辖区		1.70			21.00	1.75		1.75	18.75
屈家岭	3.23				6.55	3.00		3.00	0.70
沙洋县	3.67	6.80		2.80	53.68	3.20		3.20	45.00
钟祥市	10.80				85.40	15.00	2.00	13.00	61.10
京山县	4.20	4.20	1.50	1.20	45.03	6.88		6.88	21.65
孝感市	**13.54**	**21.06**	**12.62**	**15.34**	**191.26**	**27.33**	**4.50**	**18.83**	**109.28**
孝南区	0.50	8.20	0.20	2.50	18.56	3.40	2.20	1.20	10.60
孝昌县	0.32	2.36	0.82	2.32	14.53	0.32		0.32	10.04
大悟县	0.02	4.90	11.60	1.82	46.32	1.51	1.50	0.01	33.37
安陆市					15.25				15.17

续表23

单位：千公顷

	喷施磷酸二氢钾(续)				化学调控面积	缩节安(助壮素)			多效唑
	棉花	油菜	花生	蔬菜			小麦	棉花	
云梦县	1.60	5.00		8.20	12.80	1.50	0.80	0.70	7.10
应城市	1.00	0.60		0.50	15.40	3.60		3.60	2.80
汉川市	10.10				68.40	17.00		13.00	30.20
荆州市	**49.34**	**104.62**	**0.27**	**7.60**	**590.91**	**94.30**	**7.75**	**73.49**	**361.02**
荆州区					39.00	12.00	6.00	6.00	27.00
沙市区	2.31	1.53		3.12	16.31	3.06		3.06	10.19
开发区	0.03	0.14			2.86	1.31	0.09	0.16	0.60
江陵县									
松滋市	8.43	7.92	0.05	4.48	96.59	15.49	1.66	13.83	30.56
公安县	14.13	19.07			133.84	28.00		28.00	47.34
石首市	2.00	1.20			12.10	12.00			
监利县	22.44	74.76	0.22		290.21	22.44		22.44	245.33
洪湖市									
黄冈市	**30.51**	**62.71**	**1.52**	**17.60**	**371.05**	**42.71**	**1.68**	**39.46**	**167.68**
黄州区	2.53	2.53		5.00	13.70	4.35		4.35	7.48
团风县	1.32	7.40	0.32	2.91	20.55	2.20		2.10	3.40
红安县					2.60	0.06	0.01	0.04	1.18
罗田县		2.00		0.50	26.10	1.00	1.00		6.00
英山县	0.20	7.00	0.20	2.20	31.75	0.15		0.15	19.90
浠水县	1.00	10.00	0.10	1.00	45.80	1.80		1.50	32.00
蕲春县	3.10	6.90	0.20	5.50	91.30	4.70		4.10	42.50
黄梅县	14.10	3.50			19.01	14.86		14.30	0.50
麻城市	0.67	0.07	0.10	0.13	35.59	6.00	0.67	5.33	12.73
武穴市	6.40	22.50	0.60	0.32	71.05	6.40		6.40	38.00
龙感湖	1.19	0.81		0.04	13.60	1.19		1.19	3.99
咸宁市		**5.76**	**0.10**	**6.65**	**58.14**	**1.00**	**0.80**	**0.00**	**17.65**
咸安区		1.61		0.38	6.23				1.52
嘉鱼县				6.20	5.20				
赤壁市				0.07	25.20				2.52
通城县		3.00			15.61	1.00	0.80		11.50
崇阳县		0.62			4.22				1.89
通山县		0.53	0.10		1.68				0.22
随州市	**2.70**			**3.34**	**51.32**	**4.50**		**4.50**	**19.00**
曾都区	1.20				29.62				19.00
随县					4.30				
广水市	1.50			3.34	17.40	4.50		4.50	
恩施自治州		**11.80**	**1.03**	**13.92**	**108.04**	**1.60**	**1.30**		**26.03**
恩施市		1.20			27.20				6.70
利川市		3.00		10.00	25.00				10.00
建始县		1.33			8.99				0.33
巴东县		1.50	1.00		11.30	1.60	1.30		
宣恩县		0.20		1.80	19.50				2.70
咸丰县		0.45		2.12	10.46				4.88
来凤县		0.77	0.03		3.26				1.42
鹤峰县		3.35			2.33				
仙桃市	**7.94**	**35.87**			**182.39**	**22.51**	**22.51**		**134.20**
潜江市	**26.23**	**28.86**		**10.30**	**156.44**	**26.23**		**26.23**	**54.30**
天门市	**37.97**	**48.87**	**3.92**	**0.00**	**168.94**	**57.97**	**20.00**	**37.97**	**70.00**
神农架林区									

续表24　　　　单位：千公顷

	化学调控面积(续)								
			使用多效唑面积(续)			乙烯利		802	
	小麦	水稻	棉花	油菜	花生		棉花催熟		棉花
全省合计	**138.00**	**633.87**	**89.24**	**399.65**	**45.86**	**85.48**	**71.06**	**151.56**	**147.44**
武汉市	**4.01**	**9.67**	**1.40**	**24.83**	**7.11**	**3.25**	**3.08**	**2.05**	**1.95**
武汉市辖区	0.50	0.62	1.20	0.15		3.00	3.00	1.20	1.20
蔡甸区									
江夏区	0.01	2.15		2.88					
黄陂区	3.50	6.90	0.20	7.30	5.80	0.25	0.08	0.25	0.15
新洲区				14.50	1.31			0.60	0.60
黄石市	**3.06**	**11.81**	**1.78**	**0.02**	**0.10**	**1.23**	**1.22**	**0.98**	**0.98**
黄石市辖区		0.01	0.00	0.02		0.01			
阳新县	3.06	9.80	1.78			1.22	1.22	0.98	0.98
大冶市		2.00			0.10				
十堰市	**3.12**	**8.00**		**10.10**					
十堰市辖区									
郧　县		3.50		0.80					
郧西县		1.50		2.40					
竹山县				0.67					
竹溪县		3.00		5.00					
房　县	1.00			0.90					
丹江口市	2.12			0.33					
宜昌市	**4.95**	**31.35**		**26.50**	**2.70**	**1.20**	**0.80**	**15.00**	**14.00**
宜昌市辖区				0.50					
夷陵区				1.10					
宜都市		2.00		4.20					
枝江市	1.50	24.00		16.00		0.80	0.80	15.00	14.00
当阳市	0.30			3.50	2.50				
远安县		2.00							
兴山县		0.40		0.50		0.20			
秭归县	3.00	2.10							
长阳县		0.80			0.20	0.20			
五峰县	0.15	0.05		0.70					
襄阳市	**15.00**	**58.52**	**12.40**	**6.51**	**7.70**	**15.20**	**5.50**	**6.00**	**3.00**
襄阳市辖区	2.00	4.41		0.11	0.10	0.20	0.20		
襄州区	10.00	17.00		3.30	7.00				
南漳县									
谷城县		0.80		2.10	0.60				
保康县		0.01							
老河口市			3.10					1.00	1.00
枣阳市	3.00	5.00		1.00					
宜城市		31.30	9.30			15.00	5.30	5.00	2.00
鄂州市									
荆门市	**17.68**	**60.17**	**8.67**	**53.98**	**6.70**	**5.65**	**5.32**	**5.44**	**5.44**
荆门市辖区	1.00	8.17		9.58				0.50	0.50
屈家岭		0.70							
沙洋县	4.28	21.20	0.67	18.22	0.63	1.35	1.32	1.24	1.24
钟祥市	12.00	20.00	8.00	18.50	2.60	2.20	2.20	2.40	2.40
京山县	0.40	10.10		7.68	3.47	2.10	1.80	1.30	1.30
孝感市	**20.94**	**35.52**	**2.06**	**7.94**	**12.62**	**1.51**	**1.02**	**14.52**	**14.50**
孝南区	1.50	5.20	1.20	2.50	0.20	0.20		0.02	
孝昌县	0.42	7.12	0.36	1.32	0.82	0.41	0.32		
大悟县	3.25	16.90		1.62	11.60				
安陆市	14.67		0.50						

续表25　　　　单位：千公顷

	化学调控面积(续)								
	使用多效唑面积(续)					乙烯利		802	
	小麦	水稻	棉花	油菜	花生		棉花催熟		棉花
云梦县	0.80	3.80		2.50					
应城市	0.30	2.50				0.90	0.70	1.40	1.40
汉川市								13.10	13.10
荆州市	**25.93**	**183.38**	**36.29**	**115.19**		**28.73**	**28.73**	**64.22**	**64.22**
荆州区	6.00	13.00	8.00						
沙市区		7.43		2.76					
开发区	0.09	0.21	0.02	0.05		0.10	0.10	0.10	0.10
江陵县									
松滋市		12.01		18.55		0.63	0.63	13.68	13.68
公安县			28.27	19.07		28.00	28.00	28.00	28.00
石首市									
监利县	19.84	150.73		74.76				22.44	22.44
洪湖市									
黄冈市	**4.83**	**98.14**	**2.52**	**48.79**	**8.32**	**1.95**	**1.58**	**7.48**	**7.48**
黄州区		4.13		3.35		0.67	0.67		
团风县		2.45			0.67	0.31	0.31	0.86	0.86
红安县			0.29	0.21	0.68				
罗田县	1.00	2.00		3.00					
英山县		13.10	0.20	6.50	0.10				
浠水县		30.00		2.00					
蕲春县		18.50	1.50	17.50	0.20	0.30			
黄梅县				0.50				3.60	3.60
麻城市	0.33	3.67	0.53	1.53	6.67	0.67	0.60	0.67	0.67
武穴市	1.50	22.30		14.20				1.40	1.40
龙感湖	2.00	1.99						0.95	0.95
咸宁市	**0.30**	**9.08**	**0.00**	**5.55**	**0.20**	**2.65**			
咸安区		0.69		0.83					
嘉鱼县									
赤壁市						2.30			
通城县	0.30	7.00		4.00	0.20	0.10			
崇阳县		1.17		0.72					
通山县		0.22				0.25			
随州市	**9.30**	**7.40**	**2.30**			**0.20**	**0.20**	**1.40**	**1.40**
曾都区	9.30	7.40	2.30						
随　县								1.40	1.40
广水市						0.20	0.20		
恩施自治州		**10.45**		**3.18**	**0.05**				
恩施市		6.70							
利川市		1.00		1.00					
建始县				0.33					
巴东县									
宣恩县		1.50		1.20					
咸丰县		0.15		0.38					
来凤县		1.10		0.27	0.05				
鹤峰县									
仙桃市	**7.53**	**58.76**	**21.82**	**45.73**	**0.36**			**8.24**	**8.24**
潜江市	**1.35**	**21.62**		**31.33**		**23.91**	**23.61**	**26.23**	**26.23**
天门市	**20.00**	**30.00**		**20.00**					
神农架林区									

	化学调控面积(续)								
	生物有机肥	小麦	水稻	玉米	棉花	油菜	棉花应用调节安面积	棉花用壮苗素床草净	2.4-D
全省合计	**498.07**	**86.95**	**174.34**	**69.57**	**33.75**	**89.21**	**92.97**	**93.73**	**52.15**
武汉市	**29.27**	**0.70**	**9.55**	**1.50**	**2.32**	**9.60**	**4.53**	**0.90**	**0.38**
武汉市辖区	5.27		0.25	1.50	1.52				0.05
蔡甸区									
江夏区									
黄陂区							1.33	0.90	0.33
新洲区	24.00	0.70	9.30		0.80	9.60	3.20		
黄石市	**23.04**	**3.78**	**6.62**	**2.73**	**0.78**	**6.63**	**1.78**	**0.78**	**11.72**
黄石市辖区									
阳新县	20.04	3.78	6.62	2.73	0.78	6.13	1.78	0.78	11.72
大冶市	3.00					0.50			
十堰市	**85.41**	**26.87**	**15.47**	**27.48**		**14.97**			
十堰市辖区						0.00			
郧　县	27.10	16.50	3.50	6.50		0.60			
郧西县	15.30	4.80	1.50	6.90		2.10			
竹山县	18.00	1.33	3.33	6.67		6.67			
竹溪县	14.50	1.50	3.00	5.00		5.00			
房　县	6.00	1.50	1.80	1.50		0.60			
丹江口市	4.51	1.24	2.34	0.91					
宜昌市	**45.97**	**4.95**	**14.45**	**10.15**	**4.40**	**9.70**	**14.40**	**1.51**	**27.65**
宜昌市辖区	0.90			0.50		0.40			
夷陵区	6.20		1.20	4.10		0.90			
宜都市	8.70		2.50	2.00		4.20			
枝江市	16.40	1.30	8.00		4.40	2.70	14.40	1.50	20.00
当阳市								0.01	
远安县									
兴山县	4.50	0.50	0.70	0.85		0.80			0.65
秭归县	5.00	3.00	2.00						
长阳县	0.67								2.00
五峰县	3.60	0.15	0.05	2.70		0.70			5.00
襄阳市	**60.50**	**23.62**	**25.41**	**7.05**	**2.10**	**2.32**	**18.10**	**14.60**	**2.00**
襄阳市辖区	5.00	2.00	2.00	0.50	0.10	0.40	0.10		1.00
襄州区							6.00	2.00	
南漳县									
谷城县	4.30	0.60	1.80	1.30		0.60			
保康县	2.50	0.02	0.91	0.25		1.32			
老河口市	7.70	3.00	2.70		2.00			3.60	
枣阳市	6.00	3.00	3.00				3.00		
宜城市	35.00	15.00	15.00	5.00			9.00	9.00	1.00
鄂州市									
荆门市	**5.42**	**0.60**	**2.50**		**0.50**	**0.60**	**9.26**	**0.56**	
荆门市辖区									
屈家岭							2.85		
沙洋县	1.22						1.21	0.46	
钟祥市							4.20		
京山县	4.20	0.60	2.50		0.50	0.60	1.00	0.10	
孝感市	**14.10**	**0.60**	**3.14**		**3.32**	**1.53**	**7.22**	**4.40**	**0.35**
孝南区	3.30	0.50	1.20		0.30	1.30	0.40	0.40	0.05
孝昌县	0.31		0.06		0.02	0.23	0.02		
大悟县	6.01	0.10	0.48						
安陆市	0.08								

	化学调控面积(续)								
	生物有机肥	小麦	水稻	玉米	棉花	油菜	棉花应用调节安面积	棉花用壮苗素床草净	2.4-D
云梦县							1.30		
应城市	1.80		1.40		0.40		3.20	0.80	0.30
汉川市	2.60				2.60		2.30	3.20	
荆州市	**18.86**	**0.90**	**10.34**	**1.26**	**2.74**	**3.57**	**13.24**	**4.11**	**2.64**
荆州区									
沙市区							3.06		
开发区	0.40		0.21	0.04	0.10		0.10		0.05
江陵县									
松滋市	18.46	0.90	10.13	1.22	2.64	3.57	10.08	4.01	1.59
公安县									1.00
石首市								0.10	
监利县									
洪湖市									
黄冈市	**97.63**	**14.07**	**35.67**	**1.78**	**10.68**	**27.26**	**13.46**	**3.75**	**3.85**
黄州区	0.53			0.53					
团风县	6.90		4.80		0.40	1.60	2.62	2.56	
红安县	0.88		0.21		0.03	0.40	0.02	0.01	
罗田县	14.00	5.00	6.00			3.00	0.10		
英山县	11.70	3.50	4.10	0.20	0.10	3.80			
浠水县	12.00	2.00	3.00	1.00	3.00	3.00			
蕲春县	18.50		8.00		1.50	6.50	4.20	0.10	1.00
黄梅县								0.05	
麻城市	9.99	0.33	0.33		0.67	3.33	5.33	0.08	
武穴市	20.65	1.50	8.80	0.05	4.80	5.50			
龙感湖	2.48	1.74	0.43		0.18	0.13	1.19	0.95	2.85
咸宁市	**28.62**	**1.50**	**22.16**	**0.26**		**3.60**			**0.31**
咸安区	4.71		2.55	0.26		1.90			
嘉鱼县	2.20		2.20						
赤壁市	16.30		15.20						
通城县	1.90	0.30	1.00			0.60			0.31
崇阳县	2.30	1.20	0.00			1.10			
通山县	1.21		1.21						
随州市	**17.72**	**5.74**	**6.40**		**2.58**	**3.00**	**4.50**	**3.20**	**0.30**
曾都区	10.62	4.64	4.60		1.38				
随　县	2.90	1.10	1.80						
广水市	4.20				1.20	3.00	4.50	3.20	0.30
恩施自治州	**58.77**	**0.67**	**17.15**	**17.36**		**6.43**			**2.00**
恩施市	13.00		5.00			1.70			
利川市	13.00		5.00	5.00		3.00			
建始县	8.66	0.67	1.33	3.33					
巴东县	5.10		0.50	3.80		0.80			2.00
宣恩县	10.00		3.00	3.00		0.50			
咸丰县	5.40		1.12	0.25					
来凤县	1.28		0.53	0.65		0.10			
鹤峰县	2.33		0.67	1.33		0.33			
仙桃市	**3.93**	**1.24**	**2.69**				**3.28**	**6.33**	**0.00**
潜江市	**5.83**	**1.71**	**2.79**		**1.33**		**3.20**	**15.62**	**0.95**
天门市	**3.00**				**3.00**			**37.97**	
神农架林区									

续表28 单位：千公顷

	化学调控面积(续)		包衣种子使用面积						化学除草剂使用面积
	坐果灵	赤霉素		小麦	水稻	玉米	棉花	油菜	
全省合计	**72.21**	**78.27**	**1310.81**	**299.43**	**227.27**	**361.67**	**345.80**	**51.06**	**4739.54**
武汉市	**4.87**	**14.16**	**66.93**	**5.30**	**15.00**	**9.13**	**14.95**	**19.70**	**277.20**
武汉市辖区	1.30		15.12			5.80	7.27		16.89
蔡甸区	1.47		1.33				1.33		16.66
江夏区			2.02			2.00	0.02		55.00
黄陂区	2.10	1.33	3.46			1.33	1.33		97.65
新洲区		12.83	45.00	5.30	15.00		5.00	19.70	91.00
黄石市	**3.69**	**6.73**	**10.48**	**2.00**		**5.47**	**3.01**		**151.65**
黄石市辖区	0.01	0.01	0.13			0.10	0.03		2.42
阳新县	3.68	6.72	7.15			5.37	1.78		84.95
大冶市			3.20	2.00			1.20		64.28
十堰市	**7.03**	**2.20**	**80.51**	**21.80**	**10.67**	**36.34**		**5.20**	**174.21**
十堰市辖区			0.84	0.47		0.37			0.22
郧 县	4.00	0.50	13.00	9.50		3.50			30.00
郧西县	0.70		10.20	4.50		5.70			23.90
竹山县	0.13	0.20	2.67	1.33	0.67	0.67			19.33
竹溪县		1.50	23.00	2.00	3.00	11.00		3.00	34.00
房 县	0.20		24.50	4.00	7.00	8.80		2.20	30.00
丹江口市	2.00		6.30			6.30			36.76
宜昌市	**23.52**	**26.95**	**157.11**	**12.80**	**35.50**	**87.41**	**18.90**	**0.30**	**345.91**
宜昌市辖区			1.10	0.30		0.80			5.60
夷陵区			16.22			16.22			23.90
宜都市			10.37			10.37			21.92
枝江市	17.00	20.00	57.00	10.10	27.30	6.20	13.40		85.68
当阳市	0.02		26.20	2.00	0.70	16.00	5.50		120.46
远安县			10.50		7.00	3.50			11.00
兴山县	3.50	0.95	7.52			7.52			19.63
秭归县									0.60
长阳县		4.00	16.70	0.20	0.50	16.00			35.39
五峰县	3.00	2.00	11.50	0.20		10.80		0.30	21.73
襄阳市	**6.60**	**2.80**	**270.15**	**131.69**	**21.80**	**86.29**	**26.17**		**657.06**
襄阳市辖区	1.00		15.06	10.89		3.40	0.57		52.78
襄州区	1.00		62.30	26.00	5.00	23.30	6.00		187.30
南漳县			8.00			8.00			69.50
谷城县	2.50	1.80	47.86	22.00	16.80	9.06			53.63
保康县			13.22			13.22			11.09
老河口市	1.10		11.00	2.80		3.20	5.00		65.80
枣阳市			67.30	50.00		12.00	5.30		112.00
宜城市	1.00	1.00	45.41	20.00		14.11	9.30		104.96
鄂州市									
荆门市	**4.20**	**3.60**	**47.59**	**2.50**	**3.10**	**13.91**	**27.46**		**399.06**
荆门市辖区									49.89
屈家岭			3.28				3.28		18.49
沙洋县			6.99			1.34	5.43		95.95
钟祥市			24.50	2.50	3.10	5.90	12.60		130.06
京山县	4.20	3.60	12.82			6.67	6.15		104.67
孝感市	**3.61**	**3.04**	**43.84**	**8.30**	**13.75**	**0.02**	**21.32**	**0.20**	**359.36**
孝南区	0.08	0.06	13.72	4.20	8.50	0.02	0.80	0.20	44.80
孝昌县	0.71	1.52	1.10				0.85		38.49
大悟县	2.52	1.31	1.17	0.60	0.55		0.02		59.14
安陆市			0.90				0.90		45.78

续表29

单位：千公顷

	化学调控面积(续)		包衣种子使用面积						化学除草剂使用面积
	坐果灵	赤霉素		小麦	水稻	玉米	棉花	油菜	
云梦县			9.70	3.50	4.10		2.10		40.00
应城市	0.30	0.15	4.25		0.60		3.65		62.25
汉川市			13.00				13.00		68.90
荆州市	**2.04**	**0.91**	**150.35**	**17.29**	**26.73**	**1.70**	**85.80**	**17.87**	**620.22**
荆州区			56.00	12.00	20.00		8.00	16.00	71.00
沙市区			6.26	3.20			3.06		24.95
开发区	0.20		0.40		0.20				0.44
江陵县									
松滋市	1.34	0.41	25.68	0.99	6.53	1.70	13.83	1.87	119.83
公安县	0.50	0.50	28.27				28.27		78.01
石首市			11.30	1.10			10.20		57.10
监利县			22.44				22.44		268.89
洪湖市									
黄冈市	**4.74**	**8.65**	**106.07**	**11.18**	**37.48**	**1.36**	**49.59**	**2.67**	**631.28**
黄州区	0.67		7.06			0.53	4.53	2.00	21.28
团风县		0.50	25.81	0.15	22.75	0.05	2.86		41.21
红安县			2.55	1.26					58.68
罗田县			0.20				0.20		37.30
英山县			0.40			0.30	0.10		32.85
浠水县			10.00	0.80			9.20		75.00
蕲春县	4.00	3.50	13.90		6.50	0.20	4.20	0.50	99.10
黄梅县			14.30				14.30		85.36
麻城市	0.07	0.05	11.52	4.67		0.28	6.57		96.84
武穴市		4.60	15.20	1.96	6.80		6.44		75.36
龙感湖			5.13	2.34	1.43		1.19	0.17	8.30
咸宁市	**0.33**	**0.70**	**9.25**	**1.12**	**2.02**	**2.55**	**0.43**	**2.56**	**184.63**
咸安区			1.20	0.02	0.59	0.40	0.09		48.55
嘉鱼县			1.08	0.25	0.03	0.22	0.07	0.51	38.90
赤壁市	0.20		2.07	0.10				1.50	21.29
通城县	0.13	0.67	1.15	0.50	0.50	0.15			35.85
崇阳县		0.03	0.50			0.23	0.27		34.79
通山县			3.25	0.25	0.90	1.55		0.55	5.25
随州市	**0.50**		**56.07**	**42.26**	**1.60**	**1.40**	**10.81**		**233.31**
曾都区			2.18				2.18		41.85
随　县			48.89	42.26	1.60	0.40	4.63		132.29
广水市	0.50		5.00			1.00	4.00		59.17
恩施自治州	**8.11**	**7.43**	**146.12**	**0.10**	**41.61**	**104.41**			**205.52**
恩施市		4.50	29.91		9.21	20.70			41.00
利川市	1.00	1.00	38.10	0.10	10.00	28.00			43.00
建始县			22.45		3.78	18.67			11.99
巴东县	1.00	0.60	24.61		1.90	22.71			26.90
宣恩县	6.00	0.80	18.10		8.57	9.53			16.30
咸丰县		0.18							29.71
来凤县	0.11	0.35	12.95		8.15	4.80			14.02
鹤峰县									22.60
仙桃市	**2.87**	**1.03**	**45.52**	**17.29**		**5.07**	**23.16**		**149.00**
潜江市	**0.10**	**0.07**	**71.20**	**22.50**	**17.61**	**1.66**	**26.23**	**2.56**	**118.16**
天门市			**47.52**	**3.00**	**0.40**	**3.15**	**37.97**		**232.83**
神农架林区			**2.10**	**0.30**		**1.80**			**0.14**

续表30

单位:千公顷

	化学除草剂使用面积(续)								生物农药施用面积
	小 麦	水 稻	玉 米	棉 花	油 菜	花 生	芝 麻	蔬 菜	
全省合计	**866.83**	**1860.73**	**331.63**	**306.41**	**840.61**	**111.25**	**34.50**	**213.73**	**1194.24**
武汉市	**17.49**	**146.53**	**11.48**	**12.28**	**56.28**	**12.13**	**8.23**	**12.78**	**133.16**
武汉市辖区	3.73	0.37	6.51	5.27	0.30	0.20	0.31	0.20	5.70
蔡甸区		13.33						3.33	0.47
江夏区	2.50	30.00	3.50		11.00	3.00	5.00		18.00
黄陂区	4.06	60.13	1.47	1.93	20.67	7.33	2.06		78.79
新洲区	7.20	42.70		5.08	24.31	1.60	0.86	9.25	30.20
黄石市	**9.97**	**86.69**	**5.95**	**2.61**	**37.23**	**1.09**	**5.69**	**2.42**	**12.32**
黄石市辖区	0.10	1.20		0.03	0.60	0.06	0.13	0.30	0.10
阳新县	3.17	47.49	5.17	1.18	22.03	1.03	2.76	2.12	10.22
大冶市	6.70	38.00	0.78	1.40	14.60		2.80		2.00
十堰市	**48.33**	**29.92**	**36.94**		**21.41**	**5.47**	**1.40**	**3.80**	**56.72**
十堰市辖区	0.10	0.02	0.10						0.33
郧 县	16.50	4.50	5.50						13.00
郧西县	11.20	3.00	2.50		5.60				
竹山县	3.33	4.00	6.67		2.00	3.33			10.00
竹溪县	2.50	5.00	9.00		8.00	1.50	1.00	2.00	16.00
房 县	6.50	7.30	8.10		2.50	0.30		1.80	10.70
丹江口市	8.20	6.10	5.07		3.31	0.34	0.40		6.69
宜昌市	**33.27**	**81.95**	**69.11**	**18.49**	**75.11**	**4.92**	**0.99**	**25.92**	**172.88**
宜昌市辖区		0.50	0.80		0.30			1.50	7.00
夷陵区		9.00	6.20		8.10	0.60			8.70
宜都市		4.42	8.20		6.30			3.00	2.00
枝江市	16.04	27.95	6.20	15.49	20.00				30.00
当阳市	15.00	29.46	15.00	3.00	24.00	3.20	0.80	10.00	90.00
远安县		6.00			5.00				0.30
兴山县	0.20	2.15	7.25		3.65	0.10	0.08	5.25	6.55
秭归县						0.50	0.10		3.33
长阳县	1.50	2.29	16.00		5.30	0.30			15.00
五峰县	0.53	0.18	9.46		2.46	0.22	0.01	6.17	10.00
襄阳市	**282.97**	**155.02**	**111.46**	**25.67**	**31.53**	**19.24**	**2.56**	**17.31**	**118.58**
襄阳市辖区	22.73	15.37	4.45	0.67	2.41	1.37	0.58	5.00	37.46
襄州区	80.00	40.00	33.30	8.00	4.00	9.00	1.00	7.00	
南漳县	30.00	22.90	12.00		2.60				35.00
谷城县	22.90	16.80	9.06		3.10	0.67		0.30	25.10
保康县	3.54	2.95	2.65		0.42	0.20	0.02	0.01	0.52
老河口市	23.80	11.00	13.00	5.00	6.00	2.00		5.00	11.50
枣阳市	60.00	26.00	23.00	3.00					
宜城市	40.00	20.00	14.00	9.00	13.00	6.00	0.96		9.00
鄂州市									
荆门市	**88.56**	**161.46**	**13.41**	**22.53**	**87.58**	**9.32**	**2.30**	**11.85**	**30.10**
荆门市辖区	6.35	22.93	0.33	1.89	11.25	1.67	0.13	5.34	10.00
屈家岭	8.01	2.96	2.69	3.40	0.58	0.11	0.11	0.63	
沙洋县	15.35	44.76	0.26	2.42	31.68	0.27		1.21	
钟祥市	31.50	44.66	4.20	8.30	36.40	4.00	0.20	0.20	
京山县	27.35	46.15	5.93	6.52	7.67	3.27	1.86	4.47	20.10
孝感市	**76.97**	**162.02**	**1.52**	**21.24**	**47.66**	**22.18**	**1.45**	**24.52**	**52.90**
孝南区	5.20	20.00	0.10	1.50	9.50	0.60	0.40	7.00	1.50
孝昌县	12.23	16.68	0.02	0.32	6.68	1.32	0.12	0.52	8.68
大悟县	10.50	21.20	0.03	0.02	4.80	19.26	0.03	3.20	4.80
安陆市	15.64	22.94	0.12	0.90	5.38	0.60	0.20		0.30

续表31　　单位：千公顷

	化学除草剂使用面积(续)								生物农药施用面积
	小 麦	水 稻	玉 米	棉 花	油 菜	花 生	芝 麻	蔬 菜	
云梦县	6.10	18.60	1.10	2.10	5.30			6.80	36.00
应城市	7.00	27.00	0.15	3.40	16.00	0.40	0.70	7.00	1.62
汉川市	20.30	35.60		13.00					
荆州市	**65.49**	**286.89**	**8.96**	**74.60**	**162.16**	**0.30**	**0.46**	**20.80**	**99.98**
荆州区	13.00	22.00	2.00	9.00	17.00			8.00	0.50
沙市区	6.11	8.86		3.06	3.52			3.40	14.28
开发区		0.21	0.04	0.14	0.03		0.02		0.20
江陵县									
松滋市	14.04	40.71	5.84	13.83	35.18		0.27	9.40	69.00
公安县	11.50	32.88	0.18	14.13	19.07	0.08	0.17		
石首市	1.00	31.50		12.00	12.60				
监利县	19.84	150.73	0.90	22.44	74.76	0.22			16.00
洪湖市									
黄冈市	**55.09**	**337.15**	**2.05**	**38.16**	**142.50**	**24.16**	**3.11**	**10.25**	**214.71**
黄州区	5.70	6.00	1.20	4.50	3.53	0.10	0.10	0.15	20.00
团风县	3.50	22.70	0.05	2.86	8.60	1.70	1.00	0.10	25.60
红安县	3.85	19.84		1.06	13.76	15.71			19.89
罗田县	8.00	16.00	0.10	0.20	8.00	1.00	1.00	3.00	10.00
英山县	4.80	13.20	0.50	0.15	6.50	0.10	0.10		45.70
浠水县	1.00	49.00		1.80	23.00			0.20	5.50
蕲春县	0.80	55.00	0.20	4.20	24.90	0.60	0.80	6.50	28.20
黄梅县	4.90	52.76		10.30	17.40				6.80
麻城市	16.50	51.00		5.50	18.80	4.95	0.09		35.00
武穴市	2.70	48.80		6.40	17.20			0.26	10.30
龙感湖	3.34	2.85		1.19	0.81		0.02	0.04	7.72
咸宁市	**1.34**	**116.29**	**6.18**	**0.74**	**28.10**	**3.65**	**2.54**	**19.79**	**37.22**
咸安区	0.16	22.31	0.68	0.18	16.88	2.32	1.58	3.83	3.70
嘉鱼县		18.50	0.80		3.50	0.18	0.66	10.20	6.20
赤壁市		18.70	0.12		1.70	0.19	0.30		7.20
通城县	1.00	26.00	0.40	0.15	4.00	0.80		3.50	14.30
崇阳县		26.13	3.86	0.41	2.02	0.11		2.26	2.80
通山县	0.18	4.65	0.32			0.05			3.02
随州市	**88.09**	**105.39**	**3.56**	**12.59**	**14.65**	**3.04**	**1.72**	**4.27**	**28.10**
曾都区	18.59	18.56	0.40	2.30	2.00				
随 县	52.83	57.50	2.49	5.79	7.32	3.04	1.72	1.60	28.10
广水市	16.67	29.33	0.67	4.50	5.33			2.67	
恩施自治州	**2.07**	**43.33**	**52.75**		**11.80**	**0.82**		**39.12**	**33.62**
恩施市		9.00						9.00	3.00
利川市		7.00	10.00		1.00			15.00	20.00
建始县	0.67	1.33	3.33		3.33				
巴东县	1.40	1.60	15.00		1.50	0.80		2.60	
宣恩县		8.00	7.00		0.50				2.50
咸丰县		9.85	5.12		0.52			4.82	5.02
来凤县		4.15	4.50		2.45	0.02		2.40	3.10
鹤峰县		2.40	7.80		2.50			5.30	
仙桃市	**23.27**	**55.32**	**2.96**	**18.29**	**46.55**	**0.34**	**2.27**	**0.00**	**58.75**
潜江市	**25.56**	**33.20**		**21.24**	**29.18**	**0.67**	**0.45**	**7.86**	**34.67**
天门市	**48.35**	**59.57**	**5.25**	**37.97**	**48.87**	**3.92**	**1.33**	**12.96**	**110.50**
神农架林区	**0.01**		**0.05**					**0.08**	**0.03**

续表32 单位：千公顷

	灯光诱蛾防治面积	优质稻大田应用	棉田应用	蔬菜田应用	节水灌溉技术应用面积	各种技术承包人数（人）	行政干部	技术干部	农民技术员
全省合计	**572.66**	**273.91**	**136.13**	**77.85**	**594.04**	**72307**	**3033**	**7337**	**57821**
武汉市	**13.00**	**3.30**	**1.50**	**6.53**	**46.47**	**25588**	**401**	**957**	**23650**
武汉市辖区	0.63			0.63	10.67				
蔡甸区	0.27				2.00				
江夏区	5.50	2.20		3.30	5.00	193	11	62	120
黄陂区	2.20	1.10	0.30	0.80	26.00	10045	320	775	8500
新洲区	4.40		1.20	1.80	2.80	15350	70	120	15030
黄石市	**22.27**	**19.36**	**1.13**	**1.78**	**18.60**	**645**	**168**	**117**	**288**
黄石市辖区					0.02	16	2	4	10
阳新县	21.37	18.46	1.13	1.78	10.17	372	96	63	176
大冶市	0.90	0.90			8.41	257	70	50	102
十堰市	**27.63**	**7.21**		**8.41**	**48.17**	**12363**	**447**	**968**	**8760**
十堰市辖区	0.10			0.10	0.16	150	37	35	50
郧 县	9.50			4.80	28.00	1900	80	220	1500
郧西县						620	30	160	380
竹山县	2.00	1.33		0.67	3.33	253		53	200
竹溪县	7.00	5.00		2.00	2.00	8200		200	6000
房 县	4.00	0.20		0.30	13.00	950	300	180	460
丹江口市	5.03	0.68		0.54	1.68	290		120	170
宜昌市	**113.41**	**26.23**	**18.07**	**26.28**	**10.85**	**5548**	**160**	**1405**	**3843**
宜昌市辖区	5.00					15		5	5
夷陵区	23.90	2.70		1.60					
宜都市	4.00			2.00		463		123	295
枝江市	50.00	20.10	15.40	9.10		2255	25	130	2100
当阳市	7.33	3.33	2.67	1.33	4.00				
远安县	5.00					46		46	
兴山县	4.75			4.75	6.85	234		55	89
秭归县	5.33					2245	95	950	1200
长阳县	6.00			5.50		290	40	96	154
五峰县	2.10	0.10		2.00					
襄阳市	**32.60**	**28.60**	**0.80**	**3.20**	**74.00**	**1388**	**276**	**232**	**768**
襄阳市辖区	0.10			0.10	2.20	141	71	55	15
襄州区									
南漳县	12.00	11.80		0.20	30.00				
谷城县	1.80	1.00		0.80	0.20	220	25	45	130
保康县						666	158	82	386
老河口市	1.70	0.80	0.80	0.10	11.60	70			30
枣阳市									
宜城市	17.00	15.00		2.00	30.00	291	22	50	207
鄂州市									
荆门市	**54.70**	**43.38**	**9.77**	**1.55**	**0.33**				
荆门市辖区									
屈家岭									
沙洋县									
钟祥市	48.30	40.00	8.10	0.20					
京山县	6.40	3.38	1.67	1.35	0.33				
孝感市	**28.06**	**2.40**	**13.50**	**7.18**	**73.30**	**3264**	**126**	**480**	**2493**
孝南区	6.20		1.20	0.70	6.00	428	46	112	220
孝昌县	0.34					72	15	18	39
大悟县	0.92			0.58	5.90	1700	20	125	1505
安陆市	1.30			1.30		200	40	60	100

续表33

单位：千公顷

	灯光诱蛾防治面积				节水灌溉技术应用面积	各种技术承包人数（人）			
		优质稻大田应用	棉田应用	蔬菜田应用			行政干部	技术干部	农民技术员
云梦县	4.20	1.10		3.10	25.40	85		20	65
应城市	1.30	1.30				124	5	50	4
汉川市	13.80		12.30	1.50	36.00	655		95	560
荆州市	**94.04**	**38.00**	**51.74**	**4.30**		**2830**	**259**	**648**	**1863**
荆州区	8.00	3.00	2.00	3.00		762	122	260	380
沙市区	0.10			0.10					
开发区									
江陵县									
松滋市	30.67	20.00	10.67			448	37	68	283
公安县	28.27		28.27			1620	100	320	1200
石首市	11.00		9.80	1.20					
监利县	16.00	15.00	1.00						
洪湖市									
黄冈市	**90.93**	**61.76**	**12.40**	**6.05**	**154.30**	**7761**	**374**	**693**	**5995**
黄州区	0.83		0.30	0.53	0.67	55		20	35
团风县	14.80	13.60		1.20	16.90	1740	116	162	1052
红安县	0.24			0.12	3.48	103	12	28	47
罗田县	4.00				20.00	2046		46	2000
英山县	8.90	3.10		0.20	0.20	425		55	160
浠水县	5.00	4.00	1.00		2.00	316	132	161	23
蕲春县	15.50	10.00	0.50	4.00	92.00	645		65	580
黄梅县	23.30	20.00	3.30			581			518
麻城市	9.00	8.10	0.90		3.80	1770	90	100	1580
武穴市	8.50	2.10	6.40		9.40	80	24	56	
龙感湖	0.86	0.86			5.85				
咸宁市	**6.80**	**1.31**		**2.40**	**51.05**	**660**	**112**	**315**	**233**
咸安区	0.79					117	52	65	
嘉鱼县	2.40			2.40	45.00	109	8	24	77
赤壁市	1.31	1.31				157	35	89	33
通城县						92	10	30	52
崇阳县	2.30					129	1	68	60
通山县					6.05	56	6	39	11
随州市	**9.47**	**7.57**	**0.50**	**1.40**	**6.00**	**1413**	**30**	**116**	**1267**
曾都区	7.40	5.90	0.50	1.00	6.00	1406	30	109	1267
随 县	2.07	1.67		0.40					
广水市						7		7	
恩施自治州	**19.95**	**3.03**		**8.45**	**17.84**	**957**	**70**	**415**	**408**
恩施市	6.00			3.00	0.20				
利川市	7.00	3.00		4.00	2.00	500		300	200
建始县									
巴东县	1.80	0.03							
宣恩县	2.00				2.00	80	10	20	30
咸丰县	1.95			0.25	1.22	117	20	35	38
来凤县	1.20			1.20	2.42	260	40	60	140
鹤峰县					10.00				
仙桃市	**2.57**	**1.76**	**0.49**	**0.32**	**92.33**	**223**	**64**	**56**	**103**
潜江市	**36.23**	**10.00**	**26.23**		**0.80**	**567**	**46**	**135**	**350**
天门市	**20.00**	**20.00**				**9100**	**500**	**800**	**7800**
神农架林区	**1.00**								

	各种技术承包面积	各种技术承包面积(续)					科技示范园(场)		县(市)科技示范园	
		种子	植保	栽培	土肥	蔬菜	个数	面积	个数	面积
全省合计	**3200.25**	**461.54**	**1037.93**	**659.17**	**772.48**	**194.38**	**910**	**99.35**	**241**	**46.44**
武汉市	**193.00**	**23.70**	**56.50**	**33.70**	**48.90**	**22.00**	**83**	**8.88**	**32**	**6.26**
武汉市辖区							1	0.03	1	0.03
蔡甸区							2	0.23	2	0.23
江夏区	120.00	20.00	40.00	20.00	30.00	10.00	5	0.20	5	0.20
黄陂区	23.00	2.50	3.50	3.50	2.50	3.50	15	1.82	4	1.80
新洲区	50.00	1.20	13.00	10.20	16.40	8.50	60	6.60	20	4.00
黄石市	**34.42**	**4.98**	**15.05**	**7.20**	**2.60**	**4.46**	**29**	**7.22**	**4**	**4.23**
黄石市辖区	6.90	1.20	2.60	0.20	2.60	0.30	3	0.06		
阳新县	14.25	3.78	6.21	3.11		1.02	25	7.05	3	4.12
大冶市	13.27		6.24	3.89		3.14	1	0.11	1	0.11
十堰市	**231.44**	**31.00**	**42.07**	**66.17**	**47.37**	**18.33**	**74**	**3.65**	**20**	**1.55**
十堰市辖区							2	0.20		
郧　县	57.00		15.00	12.00	21.00	6.00	6	0.04	1	0.01
郧西县	41.77	8.87	4.80	14.50	3.10	3.00	1	0.01	1	0.01
竹山县	13.47	0.13	8.67	0.67	2.67	1.33	2	0.20	1	0.10
竹溪县	57.00	2.00	8.00	22.00	11.00	4.00	2	0.27	1	0.10
房　县	56.20	20.00	3.60	15.00	9.60	4.00	35	2.60	8	1.20
丹江口市	6.00		2.00	2.00			26	0.33	8	0.13
宜昌市	**230.55**	**29.50**	**65.10**	**65.50**	**44.10**	**17.60**	**80**	**6.72**	**21**	**2.08**
宜昌市辖区	4.00		2.00			2.00	3	0.20	1	0.15
夷陵区							9	0.60		
宜都市	16.60	0.00	2.80	8.50	4.50	0.80	22	1.47	10	0.67
枝江市	90.00	12.00	39.00	16.00	19.00	4.00				
当阳市							1	2.00		
远安县	15.00			15.00			2	0.03	2	0.03
兴山县	29.15	2.50	6.50	5.40	3.80	6.40	3	0.85	3	0.85
秭归县	14.70		1.80	3.60	2.80	4.30	37	1.36	2	0.17
长阳县	61.10	15.00	13.00	17.00	14.00	0.10	2	0.01	2	0.01
五峰县							1	0.20	1	0.20
襄阳市	**205.55**	**3.30**	**120.53**	**42.35**	**27.91**	**8.86**	**85**	**24.04**	**25**	**1.23**
襄阳市辖区	89.32		27.10	31.45	22.91	7.86	8	4.08	4	0.60
襄州区										
南漳县							21	0.97	10	0.52
谷城县	41.20	0.50	30.20	8.90			12	7.45	1	0.08
保康县							32		7	
老河口市	3.80	2.80	1.00				2	11.00		
枣阳市							4	0.04	3	0.03
宜城市	71.23	0.00	62.23	2.00	5.00	1.00	6	0.50		
鄂州市										
荆门市							**30**	**0.22**	**3**	**0.04**
荆门市辖区										
屈家岭										
沙洋县							15	0.16	2	0.03
钟祥市										
京山县							15	0.06	1	0.01
孝感市	**221.09**	**1.40**	**112.80**	**34.03**	**57.60**	**14.44**	**133**	**6.05**	**24**	**2.75**
孝南区	11.50	0.20	5.20		2.50	3.60	13	2.22	1	0.31
孝昌县							9	0.82	4	0.31
大悟县	0.59			0.03		0.14	82	0.56	10	0.07
安陆市							6	0.05	2	0.02

续表35　　　　单位：千公顷

	各种技术承包面积	各种技术承包面积（续）					科技示范园（场）			
		种子	植保	栽培	土肥	蔬菜			县(市)科技示范园	
							个数	面积	个数	面积
云梦县	24.00	1.20	15.60		5.10	2.10	6	2.00	6	2.00
应城市	30.00	0.00	12.00	13.00	4.00	0.60	17	0.40	1	0.04
汉川市	155.00	0.00	80.00	21.00	46.00	8.00				
荆州市	**633.65**	**143.29**	**184.01**	**105.78**	**173.96**	**19.41**	**21**	**10.02**	**15**	**9.42**
荆州区	242.00		80.00	80.00	72.00	10.00	4	0.80	2	0.40
沙市区										
开发区										
江陵县										
松滋市	82.36	11.12	38.25	19.78	8.60	3.41	3	0.20	1	0.01
公安县	309.29	132.17	65.76	6.00	93.36	6.00	11	9.00	11	9.00
石首市							3	0.02	1	0.01
监利县										
洪湖市										
黄冈市	**336.42**	**53.30**	**135.55**	**63.78**	**64.03**	**11.32**	**146**	**18.73**	**56**	**13.26**
黄州区	2.00					2.00	5	2.67	5	2.67
团风县	56.90		19.30	17.20	15.60	3.20	4	0.45	1	0.24
红安县	16.92		4.85	2.78	3.33	0.52	14	0.47	4	0.13
罗田县	53.00	6.00	20.00	10.00	15.00	2.00	24	3.00	20	2.50
英山县	14.80	1.80	6.70	2.80	1.60	1.00	52	6.10	14	5.50
浠水县	69.00	42.00	19.00	6.00	1.00	1.00	1	0.07	1	0.07
蕲春县	70.70	3.50	22.70	15.50	27.50	1.50	19	3.30	4	0.80
黄梅县	18.30		18.30				6	0.70	3	0.50
麻城市	2.00		1.40	0.50		0.10	4	0.69	3	0.50
武穴市	32.80		23.30	9.00			13	1.20	1	0.35
龙感湖							4	0.08		
咸宁市	**95.29**	**15.72**	**32.69**	**10.11**	**10.51**	**22.72**	**91**	**6.29**	**13**	**3.78**
咸安区	12.42		9.88	0.75	1.33	0.30	4	0.18	4	0.18
嘉鱼县	22.70	1.20	2.50	2.50	1.00	15.50	13	3.00	4	2.70
赤壁市	14.30	0.52	5.10	3.20	1.70	0.40	11	2.30	1	0.80
通城县	11.47	7.00	1.50	1.50	0.67	0.80	15	0.40	4	0.10
崇阳县	13.50		7.91	2.16	2.61	0.82	12	0.40		
通山县	20.90	7.00	5.80		3.20	4.90	36	0.01		
随州市	**148.50**	**26.00**	**36.00**	**41.00**	**41.00**	**4.50**	**34**	**2.05**	**6**	**0.75**
曾都区	148.50	26.00	36.00	41.00	41.00	4.50	19	0.66		
随　县							11	1.34	5	0.72
广水市							4	0.05	1	0.03
恩施自治州	**497.29**	**103.18**	**103.69**	**114.55**	**133.56**	**33.74**	**54**	**3.31**	**14**	**0.85**
恩施市							20	0.33	3	0.03
利川市	475.00	100.00	100.00	110.00	130.00	30.00	15	1.60	1	0.20
建始县										
巴东县							3			
宣恩县	3.30	0.30	0.80	0.50	0.50	1.20	4	0.20	4	0.20
咸丰县	7.74		1.52	2.84		1.52	4	0.35	4	0.35
来凤县	11.25	2.88	1.37	1.21	3.06	1.02	4	0.05	1	0.02
鹤峰县							4	0.78	1	0.05
仙桃市	**23.05**	**1.17**	**10.94**		**10.94**		**1**		**1**	
潜江市	**111.00**	**25.00**	**38.00**	**20.00**	**20.00**	**8.00**	**21**	**0.16**	**1**	**0.03**
天门市	**239.00**		**85.00**	**55.00**	**90.00**	**9.00**	**27**	**2.00**	**5**	**0.20**
神农架林区							**1**	**0.01**	**1**	**0.01**

续表36　　单位：千公顷

	科技示范园(续) 乡镇科技示范场		科技示范户(户)	小 麦	水 稻	玉 米	棉 花	油 菜	蔬 菜	中药材
	个数	面积								
全省合计	**669**	**52.91**	**190925**	**21222**	**56542**	**14826**	**12239**	**19090**	**26922**	**11320**
武汉市	**51**	**2.62**	**2961**	**9**	**343**	**370**	**137**	**133**	**669**	
武汉市辖区			666			351	87		228	
蔡甸区										
江夏区			683		272	14		3	356	
黄陂区	11	0.02	852	3	27	5		10	25	
新洲区	40	2.60	760	6	44		50	120	60	
黄石市	**25**	**2.99**	**3100**	**185**	**850**	**500**	**150**	**400**	**265**	
黄石市辖区	3	0.06	400	50	50	50			150	
阳新县	22	2.93	1400	70	500	200	70	200	60	
大冶市			1300	65	300	250	80	200	55	
十堰市	**54**	**2.10**	**33448**	**9097**	**3837**	**4297**		**1917**	**9887**	**1500**
十堰市辖区	2	0.20	400	20	30	30		20	300	
郧 县	5	0.03	18370	6300	2100	1700		300	7500	50
郧西县			6510	1260	640	1200		360	1200	900
竹山县	1	0.10	1468	167	167	167		167	167	100
竹溪县	1	0.17	4300	250	650	950		950	600	350
房 县	27	1.40	1100	100	250	250		120	120	100
丹江口市	18	0.20	1300	1000						
宜昌市	**59**	**4.64**	**18900**	**175**	**3070**	**4780**	**290**	**2835**	**2520**	**465**
宜昌市辖区	2	0.05	350						200	
夷陵区	9	0.60	3000		990	1080		750	180	
宜都市	12	0.80	5000		1000	2000		1000	1000	
枝江市			1880	110	320	50	290	260	210	
当阳市	1	2.00	1420		490			290	110	
远安县			920		100			130		
兴山县			940	35	120	450		85	150	15
秭归县	35	1.19	2200			60		40	50	50
长阳县			2100			640		180	320	320
五峰县			1090	30	50	500		100	300	80
襄阳市	**60**	**22.81**	**28769**	**7170**	**6838**	**2620**	**1359**	**1401**	**3705**	**65**
襄阳市辖区	4	3.48	1590	400	380	100	10	30	420	40
襄州区			8000	3000	3000		1000		500	
南漳县	11	0.45	1230	290	330	150			70	
谷城县	11	7.37	6450	1150	1200	1000		500	1800	
保康县	25		2700		80				35	25
老河口市	2	11.00	5359	1130	1108	1370	119	871	750	
枣阳市	1	0.01	2000	1200	300		230		130	
宜城市	6	0.50	1440		440					
鄂州市										
荆门市	**27**	**0.18**	**3950**	**500**	**2160**	**200**	**350**	**690**	**50**	
荆门市辖区										
屈家岭										
沙洋县	13	0.13	1300		660		150	490		
钟祥市										
京山县	14	0.05	2650	500	1500	200	200	200	50	
孝感市	**109**	**3.30**	**11628**	**395**	**5740**	**22**	**1862**	**908**	**1544**	**51**
孝南区	12	1.91	2828	285	1345	12	62	313	576	1
孝昌县	5	0.51	540		337			165	38	
大悟县	72	0.49	970		408			120	80	50
安陆市	4	0.03	1000		1000					

续表37 单位：千公顷

	科技示范园(续)		科技示范户（户）							
	乡镇科技示范场			小麦	水稻	玉米	棉花	油菜	蔬菜	中药材
	个数	面积								
云梦县			1320		510		100	110	500	
应城市	16	0.36	1470	110	420	10	220	200	50	
汉川市			3500		1720		1480		300	
荆州市	**6**	**0.60**	**7110**	**190**	**3345**	**36**	**1314**	**522**	**303**	
荆州区	2	0.40	940		640		120	120	60	
沙市区			950		100		100	100	150	
开发区										
江陵县										
松滋市	2	0.19	760	140	350	31	109	87	43	
公安县			1200	50	410	5	675	40	20	
石首市	2	0.01	1000		560		280	130	30	
监利县			2260		1285		30	45		
洪湖市										
黄冈市	**90**	**5.47**	**43061**	**1591**	**14083**	**240**	**3457**	**7140**	**2906**	**8750**
黄州区			920	50	180	50	100	50	250	
团风县	3	0.21	4990	50	1700		1200	700	900	40
红安县	10	0.34	60		16		2	13	6	
罗田县	4	0.50	19700	1000	5000	100	100	3000	500	8000
英山县	38	0.60	2100	110	800	30			130	310
浠水县			4580	60	2000	40	460	1600	420	
蕲春县	15	2.50	5000		2000		500	1000	500	300
黄梅县	3	0.20	2500		1000		450	300	100	
麻城市	1	0.19	2621	100	1200	20	540	400	100	100
武穴市	12	0.85								
龙感湖	4	0.08	590	221	187		105	77		
咸宁市	**78**	**2.51**	**13616**	**65**	**8818**	**447**		**2014**	**1777**	**58**
咸安区			5445		3650	165		1000	420	
嘉鱼县	9	0.30	1050		433			100	400	
赤壁市	10	1.50	3893	50	3270	22		503	48	
通城县	11	0.30	253	15	110	10		46	54	8
崇阳县	12	0.40	1900		1000	50		250	600	
通山县	36	0.01	1075		355	200		115	255	50
随州市	**28**	**1.30**	**3490**	**1250**	**1340**				**200**	
曾都区	19	0.66	1090	550	540					
随　县	6	0.62	1700	500	500					
广水市	3	0.02	700	200	300				200	
恩施自治州	**40**	**2.46**	**8870**	**10**	**990**	**990**		**430**	**1630**	**420**
恩施市	17	0.30	1160						150	
利川市	14	1.40	1270		400				410	
建始县			610	10	50	100		100	200	50
巴东县	3		900			190			160	80
宣恩县			2100		210	200		300	300	200
咸丰县			1000		150	120		30	150	90
来凤县	3	0.03	760		180	130			160	
鹤峰县	3	0.73	1070			250			100	
仙桃市			**4500**	**250**	**2800**	**50**	**1000**	**400**		
潜江市	**20**	**0.13**	**1500**	**260**	**300**		**320**	**240**	**150**	
天门市	**22**	**1.80**	**5050**		**2000**	**50**	**2000**		**1000**	
神农架林区			**972**	**75**	**28**	**224**		**60**	**316**	**11**

10 水利建设

水利项目投资规模及结构表

单位:万元

	计划 总投资	中央政府 投资	地方政府 投资	企业和私人 投资	银行 贷款	利用 外资	其他 投资
合 计	2068829.84	1226090.05	813064.11	4194.3	7710		17771.38
一、项目类型	2068829.84	1226090.05	813064.11	4194.3	7710		17771.38
控制性枢纽工程项目	1238		1238				
水库枢纽工程	1118		1118				
水闸枢纽工程	120		120				
其他枢纽工程							
防洪项目	980816.43	642567.52	333008.4				5240.51
堤防工程	12334.33	850	10584.33				900
江河湖泊治理工程	426529.3	251904	171378.79				3246.51
行蓄洪区安全建设	1000		1000				
城市防洪工程							
水库除险加固	495405.12	375087.52	119277.6				1040
海堤建设							
国际界河工程							
大中型病险水闸除险加固	9398.68	3956	5442.68				
其他防洪项目	36149	10770	25325				54
灌溉除涝项目	629508.24	336704.53	290593.44	125			2085.27
灌区建设工程	345850.91	182465	162728.91				657
节水灌溉工程	20832	8882	11884	66			
小型农田水利建设	192482.58	103198	88372.31	59			853.27
水库工程	1004		1004				
泵站工程	69191.75	42159.53	26457.22				575
其他灌溉除涝项目	147		147				
供水项目	283921	183861	93417		2550		4093
引水(调水)工程							
人饮解困及饮水安全工程	283921	183861	93417		2550		4093
其他供水工程							
水务项目							
自来水厂建设							
城镇供水管线建设							

续表1

单位:万元

	计划总投资	中央政府投资	地方政府投资	企业和私人投资	银行贷款	利用外资	其他投资
城镇排水系统建设							
污水处理工程							
其他水务项目							
非常规水资源利用项目							
中水回用							
雨水集用							
海水淡化							
水电开发利用	89854.4	23323	52152.5	4069.3	5160		5149.6
水力发电工程	65376	13588	42207	2501	4390		2690
电网建设与改造	20714.4	8985	7701.5	1568.3			2459.6
其他电气化工程	3764	750	2244		770		
水保及生态	59897	31739	26955				1203
水土流失治理	29094	20267	8509				318
流域生态综合治理	3		3				
水环境污染防治							
水利血防项目	30748	11442	18421				885
其他环境水利项目	52	30	22				
滩涂治理及围垦工程建设							
机构能力建设专项	1299.77	445	854.77				
水文设施及能力建设	290	145	145				
科研教育设施							
防汛通讯设施等能力建设	1009.77	300	709.77				
其他水利发展项目							
前期工作项目							
水利规划							
专题研究							
项目前期							
基础管理							
其他前期工作							
其他水利项目	22295	7450	14845				

水利项目总体投资进度表

单位:万元

	计划总投资	实际需要总投资	其中:移民征地费	累计安排投资	累计到位资金	累计完成投资	累计新增固定资产
合 计	2068829.84	2169127.44	867.06	1879716.14	1788955.55	1595422.23	1300118.78
一、项目类型	2068829.84	2169127.44	867.06	1879716.14	1788955.55	1595422.23	1300118.78
控制性枢纽工程项目	1238	1238		1238	1238	1238	1238
水库枢纽工程	1118	1118		1118	1118	1118	1118
水闸枢纽工程	120	120		120	120	120	120
其他枢纽工程							
防洪项目	980816.43	984348.33	856.4	951509.44	923354.86	807120.86	603175.66
堤防工程	12334.33	12334.33		12334.33	7905.33	5926.33	2386.33
江河湖泊治理工程	426529.3	429548.01		412241.01	398528.01	323009.21	241299.21
行蓄洪区安全建设	1000	1000		1000	1000		
城市防洪工程							
水库除险加固	495405.12	495918.31	856.4	480836.1	471173.52	434537.32	338273.12
海堤建设							
国际界河工程							
大中型病险水闸除险加固	9398.68	9398.68		8949	8599	8599	8599
其他防洪项目	36149	36149		36149	36149	35049	12618
灌溉除涝项目	629508.24	725620.24	10.66	488754.6	441922.69	382682.07	326649.92
灌区建设工程	346285.91	441962.91		212668.91	181815	158383.2	122661.05
节水灌溉工程	20832	20832		20832	17125	16440	6829
小型农田水利建设	192482.58	192482.58		184910.94	183636.94	159205.67	148510.67
水库工程	1004	1004		1004	1004	664	664
泵站工程	69191.75	69191.75	10.66	69191.75	58194.75	47842.2	47838.2
其他灌溉除涝项目	147	147		147	147	147	147
供水项目	283921	284208		282888	274219.2	272779.2	259213.2
引水(调水)工程							
人饮解困及饮水安全工程	283921	284208		282888	274219.2	272779.2	259213.2
其他供水工程							
水务项目							
自来水厂建设							
城镇供水管线建设							
城镇排水系统建设							

续表1

单位:万元

	计划总投资	实际需要总投资	其中:移民征地费	累计安排投资	累计到位资金	累计完成投资	累计新增固定资产
污水处理工程							
其他水务项目							
非常规水资源利用项目							
中水回用							
雨水集用							
海水淡化							
水电开发利用	89854.4	90756.1		79492.1	74187.8	66440.1	59733.5
水力发电工程	65376	66051		56690	54834	46963	43055
电网建设与改造	20714.4	20941.1		19038.1	17314.8	17438.1	14639.5
其他电气化工程	3764	3764		3764	2039	2039	2039
水保及生态	59362	59362		52540	50739	43075	40769
水土流失治理	28559	28559		26778	26353	21633	19327
流域生态综合治理	3	3		3	3	3	3
水环境污染防治							
水利血防项目	30748	30748		25707	24331	21387	21387
其他环境水利项目	52	52		52	52	52	52
滩涂治理及围垦工程建设							
机构能力建设专项	1299.77	1299.77		999	999	854	709
水文设施及能力建设	290	290		290	290	145	
科研教育设施							
防汛通讯设施等能力建设	1009.77	1009.77		709	709	709	709
其他水利发展项目							
前期工作项目							
水利规划							
专题研究							
项目前期							
基础管理							
其他前期工作							
其他水利项目	22295	22295		22295	22295	21233	8630.5
二、按地区分	2068294.84	2169127.44	867.06	1879716.14	1788955.55	1595422.23	1300118.78
湖 北	2068294.84	2169127.44	867.06	1879716.14	1788955.55	1595422.23	1300118.78
水利基建项目编码	2068294.84	2169127.44	867.06	1879716.14	1788955.55	1595422.23	1300118.78
湖 北	2068294.84	2169127.44	867.06	1879716.14	1788955.55	1595422.23	1300118.78

本年安排投资按资金来源分

单位:万元

	本年计划投资	中央政府投资	地方政府投资	利用外资	企业和私人投资	国内贷款	债券	其它投资
一、项目类型	1513688.82	899948	572808.25		2896.3	4590	26728	6718.27
控制性枢纽工程项目	1238		1238					
水库枢纽工程	1118		1118					
水闸枢纽工程	120		120					
其他枢纽工程								
防洪项目	841676.75	519408	307935.75				14333	
堤防工程	3586.7		486.7				3100	
江河湖泊治理工程	359819.53	216742	139125.53				3952	
行蓄洪区安全建设	1000		1000					
城市防洪工程	187		150				37	
水库除险加固	433089.52	288628	137439.52				7022	
海堤建设								
国际界河工程								
大中型病险水闸除险加固	5978	3268	2710					
其他防洪项目	38016	10770	27024				222	
灌溉除涝项目	313730.27	175992	133537				3030	1171.27
灌区建设工程	107263	59692	45664				1907	
节水灌溉工程	8028	2300	5694				34	
小型农田水利建设	149678.27	85500	62857				150	1171.27
水库工程	1413		1413					
泵站工程	47276	28500	17837				939	
其他灌溉除涝项目	72		72					
供水项目	245538	161270	75201				3917	5150
引水(调水)工程								
人饮解困及饮水安全工程	245538	161270	75201				3917	5150
其他供水工程								
水务项目								
自来水厂建设								
城镇供水管线建设								
城镇排水系统建设								
污水处理工程								
其他水务项目								

单位:万元

	本年计划投资	中央政府投资	地方政府投资	利用外资	企业和私人投资	国内贷款	债券	其它投资
非常规水资源利用项目								
中水回用								
雨水集用								
海水淡化								
水电开发利用	49737.8	15060	26189.5		2896.3	4590	605	397
水力发电工程	36767	8800	21249		1873	4590	255	
电网建设与改造	12715.8	6260	4685.5		1023.3		350	397
其他电气化工程	255		255					
水保及生态	36612	20373	11584				4655	
水土流失治理	21966	15520	6307				139	
流域生态综合治理	63		63					
水环境污染防治								
水利血防项目	14531	4853	5174				4504	
其他环境水利项目	52		40				12	
滩涂治理及围垦工程建设								
机构能力建设专项	2606	345	2261					
水文设施及能力建设	1897	345	1552					
科研教育设施								
防汛通讯设施等能力建设	709		709					
其他水利发展项目								
前期工作项目	10		10					
水利规划								
专题研究								
项目前期								
基础管理								
其他前期工作	10		10					
其他水利项目	22540	7500	14852				188	
二、按地区分	1513688.82	899948	572808.25		2896.3	4590	26728	6718.27
湖 北	1513688.82	899948	572808.25		2896.3	4590	26728	6718.27
水利基建项目编码	1513688.82	899948	572808.25		2896.3	4590	26728	6718.27
湖 北	1512188.82	899048	572508.25		2896.3	4590	26428	6718.27

水利基本建设本年施工和投产项目个数

	本年施工项目	本年新开工	本年部分投产项目	本年全部投产项目
一、项目类型	1720	253	8	81
控制性枢纽工程项目	7			
水库枢纽工程	5			
水闸枢纽工程	2			
其他枢纽工程				
防洪项目	943	136	5	44
堤防工程	24	1		1
江河湖泊治理工程	311	54	3	16
行蓄洪区安全建设	1			
城市防洪工程				
水库除险加固	530	76	2	24
海堤建设				
国际界河工程				
大中型病险水闸除险加固	5			
其他防洪项目	72	5		3
灌溉除涝项目	233	45	2	8
灌区建设工程	71	14		1
节水灌溉工程	22			1
小型农田水利建设	94	22	1	4
水库工程	14	1		1
泵站工程	29	8	1	1
其他灌溉除涝项目	3			
供水项目	112	16		8
引水(调水)工程				
人饮解困及饮水安全工程	112	16		8
其他供水工程				
水务项目				
自来水厂建设				
城镇供水管线建设				
城镇排水系统建设				
污水处理工程				
其他水务项目				
非常规水资源利用项目				

续表1

	本年施工项目	本年新开工	本年部分投产项目	本年全部投产项目
雨水集用				
海水淡化				
水电开发利用	172	28		10
水力发电工程	108	16		6
电网建设与改造	60	11		4
其他电气化工程	4	1		
水保及生态	141	21	1	7
水土流失治理	124	16		5
流域生态综合治理	1			
水环境污染防治				
水利血防项目	14	4	1	1
其他环境水利项目	2	1		1
滩涂治理及围垦工程建设				
机构能力建设专项	5	1		
水文设施及能力建设	1			
科研教育设施				
防汛通讯设施等能力建设	4	1		
其他水利发展项目				
前期工作项目				
水利规划				
专题研究				
项目前期				
基础管理				
其他前期工作				
其他水利项目	107	6		4
二、按地区分	1720	253	8	81
湖 北	1720	253	8	81
水利基建项目编码	1720	253	8	81
湖 北	1720	253	8	81

水利工程完成投资按项目类型分

单位：万元

	本年完成投资合计	建筑工程	安装工程	设备工器具购置	其他费用	
					小计	其中：移民征地补偿费
合 计	1494221.75	1149703.57	134400.38	84989.76	125128.04	2050
一、项目类型	1494221.75	1149703.57	134400.38	84989.76	125128.04	2050
控制性枢纽工程项目	1665.59	1636.59	14	11	4	
水库枢纽工程	1545.59	1521.59	12	8	4	
水闸枢纽工程	120	115	2	3		
其他枢纽工程						
防洪项目	804348.1	657751.75	45269.24	12816.78	88510.33	650
堤防工程	4586.33	4585.33			1	
江河湖泊治理工程	323202.63	273402.39	8302.36	3476.43	38021.45	650
行蓄洪区安全建设						
城市防洪工程	187		187			
水库除险加固	433314.14	359487.03	35942.88	7598.35	30285.88	
海堤建设						
国际界河工程						
大中型病险水闸除险加固	6286	5065	312	558	351	
其他防洪项目	36772	15212	525	1184	19851	
灌溉除涝项目	293538.92	248957.82	21154.2	11422.19	12004.71	1194
灌区建设工程	87229.88	80240.94	1332.7	402.86	5253.38	1194
节水灌溉工程	8291	4544	1584	1174	989	
小型农田水利建设	162022.04	142698.04	11825	3818	3681	
水库工程	668	631			37	
泵站工程	35181	20708.84	6412.5	6027.33	2032.33	
其他灌溉除涝项目	147	135			12	
供水项目	269840	166306.99	57128.29	38941.85	7462.87	82
引水(调水)工程						
人饮解困及饮水安全工程	269840	166306.99	57128.29	38941.85	7462.87	82
其他供水工程						

续表

单位：万元

	本年完成投资合计	建筑工程	安装工程	设备工器具购置	其他费用	
					小计	其中：移民征地补偿费
水务项目						
自来水厂建设						
城镇供水管线建设						
城镇排水系统建设						
污水处理工程						
其他水务项目						
非常规水资源利用项目						
中水回用						
雨水集用						
海水淡化						
水电开发利用	60256.1	27638.7	10006.84	20004.76	2605.8	
水力发电工程	41462	20937.5	5765.84	13022.16	1736.5	
电网建设与改造	18275.1	6437.2	4036	6972.6	829.3	
其他电气化工程	519	264	205	10	40	
水保及生态	42223.04	39948.04	368	481	1426	124
水土流失治理	24425.04	22346.04	368	432	1279	124
流域生态综合治理	863	856			7	
水环境污染防治						
水利血防项目	16883	16704		49	130	
其他环境水利项目	52	42			10	
滩涂治理及围垦工程建设						
机构能力建设专项	862	59.18	159.31	415.18	228.33	
水文设施及能力建设	153			8	145	
科研教育设施						
防汛通讯设施等能力建设	709	59.18	159.31	407.18	83.33	
其他水利发展项目						
前期工作项目	10				10	
水利规划						
专题研究						
项目前期						
基础管理						
其他前期工作	10				10	
其他水利项目	21478	7404.5	300.5	897	12876	

水利工程完成投资按建设性质

单位:万元

	合计	新建	扩建	改建
合 计	1494221.75	564456.92	162034.38	685064.65
一、项目类型	1494221.75	564456.92	162034.38	685064.65
控制性枢纽工程项目	1665.59	393		1268.59
水库枢纽工程	1545.59	393		1148.59
水闸枢纽工程	120			120
其他枢纽工程				
防洪项目	804348.1	188190.71	93212.21	471550.88
堤防工程	4586.33	50		2127.63
江河湖泊治理工程	323202.63	149161.71	30933.2	120769.12
行蓄洪区安全建设				
城市防洪工程	187	187		
水库除险加固	433314.14	29778	38985.01	338467.13
海堤建设				
国际界河工程				
大中型病险水闸除险加固	6286		400	5886
其他防洪项目	36772	9014	22894	4301
灌溉除涝项目	293538.92	117173.67	29778.37	139808.88
灌区建设工程	87229.88	10976	16182	60071.88
节水灌溉工程	8291	3919	3248	1090
小型农田水利建设	162022.04	99252.67	6905.37	49464
水库工程	668	228	334	47
泵站工程	35181	2798	3109	29064
其他灌溉除涝项目	147			72
供水项目	269840	190837	21690	38131
引水(调水)工程				
人饮解困及饮水安全工程	269840	190837	21690	38131
其他供水工程				
水务项目				
自来水厂建设				
城镇供水管线建设				

续表　　　　　　　　　　　　　　　　　　　　　　　　　　　　　　　　　单位:万元

	单纯建造生活设施	迁建	恢复	单纯购置	前期工作
城镇排水系统建设					
污水处理工程					
其他水务项目					
非常规水资源利用项目					
中水回用					
雨水集用					
海水淡化					
水电开发利用			93	15	20
水力发电工程			93	15	10
电网建设与改造					
其他电气化工程					10
水保及生态			519	10	76
水土流失治理			516	10	76
流域生态综合治理			3		
水环境污染防治					
水利血防项目					
其他环境水利项目					
滩涂治理及围垦工程建设					
机构能力建设专项					
水文设施及能力建设					
科研教育设施					
防汛通讯设施等能力建设					
其他水利发展项目					
前期工作项目					10
水利规划					
专题研究					
项目前期					
基础管理					
其他前期工作					10
其他水利项目			3343.5	205	

水利工程完成投资按建设阶段

单位:万元

	合计	筹建	本年正式施工	本年收尾	全部停缓建	单纯购置	前期工作
一、项目类型	1494221.75	29834	1339560.07	111803.38	85.8	300	12638
控制性枢纽工程项目	1665.59		1238	427.59			
水库枢纽工程	1545.59		1118	427.59			
水闸枢纽工程	120		120				
其他枢纽工程							
防洪项目	804348.1	22923	711666.38	59045.92	85.8		10627
堤防工程	4586.33		2386.33				2200
江河湖泊治理工程	323202.63	832	290498.21	26499.42			5373
行蓄洪区安全建设							
城市防洪工程	187	187					
水库除险加固	433314.14	18654	378980.84	32546.5	78.8		3054
海堤建设							
国际界河工程							
大中型病险水闸除险加固	6286	1384	4902				
其他防洪项目	36772	1866	34899		7		
灌溉除涝项目	293538.92	4804	269916.55	16988.37		70	1760
灌区建设工程	87229.88	210	81107.88	5912			
节水灌溉工程	8291		7282	1009			
小型农田水利建设	162022.04	4530	148487.67	7244.37			1760
水库工程	668	4	664				
泵站工程	35181	60	32228	2823		70	
其他灌溉除涝项目	147		147				
供水项目	269840	1347	245246	23247			
引水(调水)工程							
人饮解困及饮水安全工程	269840	1347	245246	23247			
其他供水工程							
水务项目							
自来水厂建设							
城镇供水管线建设							
城镇排水系统建设							
污水处理工程							
其他水务项目							

续表

单位:万元

	合计	筹建	本年正式施工	本年收尾	全部停缓建	单纯购置	前期工作
非常规水资源利用项目							
中水回用							
雨水集用							
海水淡化							
水电开发利用	60256.1	68	56463.1	3485		15	225
水力发电工程	41462	30	39518	1684		15	215
电网建设与改造	18275.1	38	16436.1	1801			
其他电气化工程	519		509				10
水保及生态	42223.04	652	32943.04	8602		10	16
水土流失治理	24425.04	652	19855.04	3892		10	16
流域生态综合治理	863		3	860			
水环境污染防治							
水利血防项目	16883		13033	3850			
其他环境水利项目	52		52				
滩涂治理及围垦工程建设							
机构能力建设专项	862		854	8			
水文设施及能力建设	153		145	8			
科研教育设施							
防汛通讯设施等能力建设	709		709				
其他水利发展项目							
前期工作项目	10						10
水利规划							
专题研究							
项目前期							
基础管理							
其他前期工作	10						10
其他水利项目	21478	40	21233			205	
二、按地区分	1494221.75	29834	1339560.07	111803.88	85.8	300	12638
水利基建项目编码	1494221.75	29834	1339560.07	111803.88	85.8	300	12638

工程量计划

单位:万元

	土方		石方	
	全部计划	本年计划	全部计划	本年计划
项目类型	35743.07	27292.48	3239.55	2180.37
控制性枢纽工程项目	4.51	1.4	0.89	0.64
水库枢纽工程	4.51	1.4	0.49	0.24
水闸枢纽工程			0.4	0.4
其他枢纽工程				
防洪项目	23216.38	20738.41	1731.2	1267.44
堤防工程	237.45	189.29	6.42	5.25
江河湖泊治理工程	20027.53	18276.2	842.91	675.41
行蓄洪区安全建设	85.4	85.4	0.6	0.6
城市防洪工程				
水库除险加固	2400.74	1734.31	793.91	506.87
海堤建设				
国际界河工程				
大中型病险水闸除险加固	36.25	24.2	13.74	12.89
其他防洪项目	429.01	429.01	73.63	66.43
灌溉除涝项目	7112.39	3028.76	698.99	289.96
灌区建设工程	4149.58	925.11	374.28	109.82
节水灌溉工程	81.45	42.81	17.41	3.67
小型农田水利建设	2764.43	2005.8	299.13	172.12
水库工程	3.57	2.27	0.88	0.72
泵站工程	113.36	52.77	7.29	3.63
其他灌溉除涝项目				
供水项目	2744.55	2238.91	499.77	402.98
引水(调水)工程				
人饮解困及饮水安全工程	2744.55	2238.91	499.77	402.98
其他供水工程				
水务项目				

续表1

单位:万元

	土方		石方	
	全部计划	本年计划	全部计划	本年计划
自来水厂建设				
城镇供水管线建设				
城镇排水系统建设				
污水处理工程				
其他水务项目				
非常规水资源利用项目				
中水回用				
雨水集用				
海水淡化				
水电开发利用	285.35	175.63	109.78	81.84
水力发电工程	216.47	162.76	96.24	73.25
电网建设与改造	62.42	11.05	8.32	6.16
其他电气化工程	6.46	1.81	5.23	2.43
水保及生态	2255.08	990.12	168.41	118.5
水土流失治理	1129.58	845.42	151.83	114.15
流域生态综合治理	104.58	0.11	6.57	0.07
水环境污染防治				
水利血防项目	1020.92	144.59	10.01	4.28
其他环境水利项目				
滩涂治理及围垦工程建设				
机构能力建设专项	0.13	0.13	0.01	0.01
水文设施及能力建设				
科研教育设施				
防汛通讯设施等能力建设	0.13	0.13	0.01	0.01
其他水利发展项目				
前期工作项目				
水利规划				
专题研究				
项目前期				
基础管理				
其他前期工作				
其他水利项目	124.68	119.12	30.5	19

续表2

单位:万元

	砼		金属结构	
	全部计划	本年计划	全部计划	本年计划
项目类型	10209352.54	4881751.01	262500.15	89620.21
控制性枢纽工程项目	8974	7100	142.5	106
水库枢纽工程	7874	6000	77.5	41
水闸枢纽工程	1100	1100	65	65
其他枢纽工程				
防洪项目	4048667.28	2910682.21	92020.07	63776.88
堤防工程	8438	6739	72.34	6
江河湖泊治理工程	1265519.75	873219	11110.32	9329.58
行蓄洪区安全建设			906	906
城市防洪工程				
水库除险加固	2707633.54	1980045.21	77837.97	51859.36
海堤建设				
国际界河工程				
大中型病险水闸除险加固	48912	32515	2008.04	1590.54
其他防洪项目	18164	18164	85.4	85.4
灌溉除涝项目	5046945.03	1386407.5	157776.98	16725.58
灌区建设工程	3863101.39	599510.87	141605.46	5460.81
节水灌溉工程	52597	12015	333.39	181.76
小型农田水利建设	974747.64	713617.63	10788.44	8976.71
水库工程	9793	5593	118.84	65.3
泵站工程	146706	55671	4930.85	2041
其他灌溉除涝项目				
供水项目	271086.89	231767.08	5417.77	4827.94
引水(调水)工程				
人饮解困及饮水安全工程	271086.89	231767.08	5417.77	4827.94
其他供水工程				
水务项目				

续表3

单位:万元

	砼		金属结构	
	全部计划	本年计划	全部计划	本年计划
自来水厂建设				
城镇供水管线建设				
城镇排水系统建设				
污水处理工程				
其他水务项目				
非常规水资源利用项目				
中水回用				
雨水集用				
海水淡化				
水电开发利用	249584.11	122812.9	5308.86	3422.26
水力发电工程	215530.21	102891.7	4067.86	2688
电网建设与改造	25166.9	14716.2	562	410.26
其他电气化工程	8887	5205	679	324
水保及生态	509784.63	151522.73	1621.67	605.25
水土流失治理	67136.63	48146.73	490.47	448.25
流域生态综合治理	58500	70	144	
水环境污染防治				
水利血防项目	384148	103306	987.2	157
其他环境水利项目				
滩涂治理及围垦工程建设				
机构能力建设专项	47	47	4	4
水文设施及能力建设				
科研教育设施				
防汛通讯设施等能力建设	47	47	4	4
其他水利发展项目				
前期工作项目				
水利规划				
专题研究				
项目前期				
基础管理				
其他前期工作				
其他水利项目	74263.59	71411.59	208.3	152.3

工程量完成表

单位:万元

	土方		石方	
	累积完成	本年完成	累计完成	本年完成
合计	30871.68	26658.48	2611.92	2179.7
控制性枢纽工程项目	4.51	4.51	0.89	0.89
水库枢纽工程	4.51	4.51	0.49	0.49
水闸枢纽工程			0.4	0.4
其他枢纽工程				
防洪项目	21736.54	20396.88	1497.92	1276.21
堤防工程	226.45	189.29	6.11	5.25
江河湖泊治理工程	18986.51	18044.41	762.28	678.59
行蓄洪区安全建设				
城市防洪工程				
水库除险加固	2061.78	1712.35	657.6	521.06
海堤建设				
国际界河工程				
大中型病险水闸除险加固	32.78	21.81	5.5	4.88
其他防洪项目	429.01	429.01	66.43	66.43
灌溉除涝项目	4357.88	2900.65	443.16	304.49
灌区建设工程	2047.15	879.38	200.21	116.19
节水灌溉工程	47.91	25.03	12.48	3.76
小型农田水利建设	2191.61	1946.49	224.43	180.55
水库工程	2.27	2.27	0.72	0.72
泵站工程	68.94	47.48	5.33	3.28
其他灌溉除涝项目				
供水项目	2626.91	2316.17	434.79	411.05
引水(调水)工程				
人饮解困及饮水安全工程	2626.91	2316.17	434.79	411.05
其他供水工程				
水务项目				
自来水厂建设				
城镇供水管线建设				
城镇排水系统建设				

续表1

单位:万元

	土方		石方	
	累积完成	本年完成	累计完成	本年完成
污水处理工程				
其他水务项目				
非常规水资源利用项目				
中水回用				
雨水集用				
海水淡化				
水电开发利用	272.18	196.94	95.73	81.85
水力发电工程	203.37	181.68	82.34	72.06
电网建设与改造	62.34	13.44	8.16	7.36
其他电气化工程	6.46	1.81	5.23	2.43
水保及生态	1754.41	724.09	120.43	86.19
水土流失治理	799.13	506.17	110.12	80.25
流域生态综合治理	20.85	0.11	1.57	0.07
水环境污染防治				
水利血防项目	934.43	217.81	8.74	5.87
其他环境水利项目				
滩涂治理及围垦工程建设				
机构能力建设专项	0.13	0.13	0.01	0.01
水文设施及能力建设				
科研教育设施				
防汛通讯设施等能力建设	0.13	0.13	0.01	0.01
其他水利发展项目				
前期工作项目				
水利规划				
专题研究				
项目前期				
基础管理				
其他前期工作				
其他水利项目	119.12	119.12	19	19
二、按地区分	30871.68	26658.48	2611.92	2179.7
水利基建项目编码	30871.68	26658.48	2611.92	2179.7

续表2

单位:万元

	砼		金属结构	
	累计完成	本年完成	累计完成	本年完成
合计	6298497.92	4355174.62	121153.25	82652.88
控制性枢纽工程项目	8974	8974	142.5	142.5
水库枢纽工程	7874	7874	77.5	77.5
水闸枢纽工程	1100	1100	65	65
其他枢纽工程				
防洪项目	3294664.37	2607702.47	81815.09	59377.94
堤防工程	8207	6739	72.34	6
江河湖泊治理工程	1006390.09	739000.09	9604.75	8649.42
行蓄洪区安全建设				
城市防洪工程				
水库除险加固	2222187.29	1819384.39	70681.1	49683.12
海堤建设				
国际界河工程				
大中型病险水闸除险加固	39716	24415	1371.5	954
其他防洪项目	18164	18164	85.4	85.4
灌溉除涝项目	2198852.58	1195422.71	26046.87	14822.07
灌区建设工程	1382509.02	466909.85	14717.89	5060.7
节水灌溉工程	23094	11185	335.76	188.76
小型农田水利建设	707763.56	666307.86	8315.08	7877.31
水库工程	5593	5593	65.3	65.3
泵站工程	79893	45427	2612.84	1630
其他灌溉除涝项目				
供水项目	264308.03	239348.91	5034.57	4846.57
引水(调水)工程				
人饮解困及饮水安全工程	264308.03	239348.91	5034.57	4846.57
其他供水工程				
水务项目				
自来水厂建设				
城镇供水管线建设				
城镇排水系统建设				

续表3

单位:万元

	砼		金属结构	
	累计完成	本年完成	累计完成	本年完成
污水处理工程				
其他水务项目				
非常规水资源利用项目				
中水回用				
雨水集用				
海水淡化				
水电开发利用	171599.31	139736.21	3222.25	2733.25
水力发电工程	137555.41	110874.41	1984.14	1885.14
电网建设与改造	25156.9	23656.8	559.11	524.11
其他电气化工程	8887	5205	679	324
水保及生态	288641.03	92531.73	4735.67	574.25
水土流失治理	51319.73	36188.73	3991.07	433.75
流域生态综合治理	7580	70	91	
水环境污染防治				
水利血防项目	229741.3	56273	653.6	140.5
其他环境水利项目				
滩涂治理及围垦工程建设				
机构能力建设专项	47	47	4	4
水文设施及能力建设				
科研教育设施				
防汛通讯设施等能力建设	47	47	4	4
其他水利发展项目				
前期工作项目				
水利规划				
专题研究				
项目前期				
基础管理				
其他前期工作				
其他水利项目	71411.59	71411.59	152.3	152.3
二、按地区分	6298497.92	4355174.62	121153.25	82652.88
水利基建项目编码	6298497.92	4355174.62	121153.25	82652.88

单项工程和土地征用

	单项工程个数	已实施的单项工程个数	已完工项目个数	规划用地面积	本年实际征用和购置土地面积	本年土地征用和购置价款
合 计	9802	9647	9005	73.06	48.61	544
控制性枢纽工程项目	2	2	2			
水库枢纽工程	1	1	1			
水闸枢纽工程	1	1	1			
其他枢纽工程						
防洪项目	8668	8585	8120	67.26	46.27	466
堤防工程	13	13	12			
江河湖泊治理工程	6835	6808	6546	41.92	40	400
行蓄洪区安全建设						
城市防洪工程						
水库除险加固	969	913	712	23.74	6.27	66
海堤建设						
国际界河工程						
大中型病险水闸除险加固	6	6	5	1.6		
其他防洪项目	845	845	845			
灌溉除涝项目	315	267	162			
灌区建设工程	40	39	23			
节水灌溉工程	13	13	6			
小型农田水利建设	134	127	59			
水库工程	6	5	4			
泵站工程	122	83	70			
其他灌溉除涝项目						
供水项目	640	619	576	2.8	2.34	78
引水(调水)工程						
人饮解困及饮水安全工程	640	619	576	2.8	2.34	78
其他供水工程						
水务项目						
自来水厂建设						
城镇供水管线建设						
城镇排水系统建设						
污水处理工程						
其他水务项目						
非常规水资源利用项目						
中水回用						
雨水集用						
海水淡化						
水电开发利用	63	62	46	3		
水力发电工程	39	39	28			
电网建设与改造	22	21	16			
其他电气化工程	2	2	2	3		
水保及生态	63	61	53			
水土流失治理	50	48	43			
流域生态综合治理	1	1	1			
水环境污染防治						
水利血防项目	11	11	8			
其他环境水利项目	1	1	1			
滩涂治理及围垦工程建设						
机构能力建设专项	3	3	2			
水文设施及能力建设						
科研教育设施						
防汛通讯设施等能力建设	3	3	2			
其他水利发展项目						
前期工作项目						
水利规划						
专题研究						
项目前期						
基础管理						
其他前期工作						
其他水利项目	48	48	44			

11 农垦和监狱系统农场

农垦基本情况

指 标	单位	2011年	2012年	增减数	增减%
一、农场组织情况					
农场个数	个	53	53		
分场个数	个	191	201	10	5.2
国有及国有控股工业	个	84	108	24	28.6
国有及国有控股建筑业	个	14	14	0	0.0
国有及国有控股商业	个	19	18	-1	-5.3
生产队个数	个	2,213	2,233	20	0.9
二、乡(镇)情况					
乡(镇)政权数	个	7	7		
村民委员会数	个	138	177		
三、农垦人口与收入					
总户数	户	451,265	455,656	4,391	1.0
年末人口	人	1,424,345	1,739,815	315,470	22.1
年内平均人口	人	1,411,220	1,433,825	22,605	1.6
年内出生人口	人	15,048	18,300	3,252	21.6
年内死亡人口	人	6,549	7,281	732	11.2
年末住房面积	万平米	4,877	4,877	0	0.0
劳平纯收入	元	15,183	17,450	2,267	14.9
人平纯收入	元	8,830	10,500	1,670	18.9
四、农垦土地情况					
土地总面积	公顷	344,453	346,355	1,902	0.6
耕地	公顷	136,878	137,617	739	0.5
林地	公顷	50,277	50,784	507	1.0
水面	公顷	57,516	58,136	620	1.1
茶果桑园	公顷	6,472	7,008	536	8.3
五、农机及水利化肥					
农业机械总动力	千瓦	1,541,957	1,630,628	88,671	5.8
大中型拖拉机	台	7,355	8,885	1,530	20.8
小型拖拉机	台	43,190	45,460	2,270	5.3
联合收获机	台	2,775	2,942	167	6.0
当年实际机耕面积	公顷	146,852	161,864	15,012	10.2
当年实际机播面积	公顷	36,791	40,462	3,671	10.0
当年机械收割面积	公顷	127,138	139,162	12,024	9.5
农业用电量	万度	36,061	37,976	1,915	5.3
农药施用量	吨	7,338	8,221	883	12.0
化学除草面积	公顷	84,742	92,995	8,253	9.7
化肥施用折纯量	吨	152,708	155,673	2,965	1.9
有效灌溉面积	公顷	117,194	117,243	49	0.0
排灌站数量	座	971	1,083	112	11.5

续表

指　标	单位	2011年	2012年	增减数	增减%
六、工业及固定资产投资					
国有及规模以上工业企业	个	583	571	–12	–2.1
工业年末从业人数	人	134,770	139,092	4,322	3.2
固定资产原值年末数	万元	3,080,740	4,824,801	1,744,061	56.6
产品销售收入	万元	6,970,255	9,351,335	2,381,080	34.2
企业利润总额	万元	968,492	984,714	16,222	1.7
农垦固定资产投资	万元	3,173,848	4,520,000	1,346,152	42.4
第一产业	万元	176,580	213,963	37,383	21.2
第二产业	万元	2,208,373	3,194,671	986,298	44.7
第三产业	万元	788,895	1,111,366	322,471	40.9
七、农垦从业及社保情况					
社会平均从业人数	人	720,450	746,229	25,779	3.6
第一产业	人	349,675	354,151	4,476	1.3
第二产业	人	226,344	239,152	12,808	5.7
第三产业	人	144,431	152,926	8,495	5.9
国有单位从业人员	人	395,674	403,657	7,983	2.0
国有单位从业人员报酬	万元	591,909	707,710	115,801	19.6
参加社保缴费人数	人	343,189	345,299	2,110	0.6
参加社保领退休费人数	人	229,444	233,199	3,755	1.6
八、文教卫生及物质消耗					
科研单位	个	30	31	1	3.3
科技人员	人	367	369	2	0.5
科研经费	万元	2,740	2,813	73	2.7
学　校	所	274	270	–4	–1.5
普通中学	所	81	80	–1	–1.2
小学	所	190	186	–4	–2.1
教师人数	人	10,320	10,215	–105	–1.0
在校学生	人	140,360	132,428	–7,932	–5.7
医疗单位	个	597	597	0	0.0
医院	个	80	85	5	6.3
病床	张	5,816	5,929	113	1.9
医生	人	2,604	2,689	85	3.3
物资消耗					
钢材	吨	252,612	364,038	111,426	44.1
木材	立方米	217,777	367,591	149,814	68.8
水泥	吨	910,266	703,629	–206,637	–22.7
化肥	吨	521,125	446,125	–75,000	–14.4
电力	万度	210,667	226,073	15,406	7.3

农垦种植业生产情况

	播种面积(公顷)			总产量(吨)		
	2011年	2012年	增减 %	2011年	2012年	增减 %
农作物合计	307,607	304,469	-1.0			
粮豆合计	150,141	162,737	8.4	877,350	923,294	5.2
夏粮小计	81,119	82,836	2.1	344,876	334,957	-2.9
小麦	78,254	79,679	1.8	334,365	324,873	-2.8
大麦	1,151	1,758	52.7	4,225	5,753	36.2
蚕豆	1,285	1,060	-17.5	3,683	2,977	-19.2
秋粮小计	69,022	79,901	15.8	532,474	588,337	10.5
稻谷	42,288	47,916	13.3	368,100	420,135	14.1
早稻	2,386	2,580	8.1	15,850	16,997	7.2
中稻	37,142	42,049	13.2	331,454	379,024	14.4
晚稻	2,760	3,287	19.1	20,796	24,069	15.7
玉米	19,255	24,687	28.2	128,690	138,672	7.8
黄豆	4,730	4,538	-4.1	13,632	10,842	-20.5
棉花(皮花)	58,820	50,254	-14.6	82,889	78,205	-5.7
油料合计	33,625	32,944	-2.0	93,763	94,172	0.4
花生	4,720	4,946	4.8	26,297	28,546	8.6
芝麻	4,408	4,091	-7.2	7,410	7,073	-4.5
菜籽	24,451	23,854	-2.4	59,982	58,446	-2.6
麻类	54	53	-1.9	57	45	-21.1
甘蔗	123	136	10.6	10,240	11,184	9.2
药材	375	413	10.1	824	1,212	47.1
蔬菜瓜类	52,660	45,535	-13.5	1,629,181	1,712,271	5.1

农垦农作物播种面积

单位:公顷

单位名称	小麦	稻谷	玉米	棉花	油料	单位名称	小麦	稻谷	玉米	棉花	油料
全省合计	79,679	47,916	24,687	50,254	32,944	清 河	1,285	1,138	187	8	145
东西湖	1,065	1,858	2,111	2,843	716	随 阳	767	364	369	92	74
汉 南	1,730	373	6,511	5,274	810	龙感湖	3,337	2,853		1,190	832
桐 湖	400	200	200	200	140	万丈湖	713	2,287	5	15	839
涨渡湖	375	522	15	260	431	八里湖	39	949		412	618
龙王咀	72	230		9	232	南 湖	143	152	24	185	146
武 湖	75	92	25	188	120	龟 山	220	372		76	527
金 水	107	1,079	27	27	93	林 店	60	278		15	173
人民大垸	6,867	2,000	236	5,693	1,789	军 垦	380	1,000	200	380	345
大同湖	913	448	255	1,002	1,698	阳新综合	247	694	198	39	439
大沙湖	2,223	270	170	1,927	1,039	半壁山	420	706	121	198	168
三 湖	3,418	2,453		2,134	394	荆头山	184	950	50	206	286
菱角湖	2,239	84	1,120	746	99	江 北					
六合垸	1,924	966	14	810	137	花 湖					
太 湖	2,002	1,077	274	1,420	812	东 风	69	479	10	2	263
荒 湖	2,728	866	27	2,828	729	头 墩	186	590	78	186	170
小 港	109	401		6	331	黄盖湖	133	500	84	330	349
沙市农场	160	299	28	280	399	中洲垸	3,249	1,383	557	1,236	85
总 口	5,149	2,432	792	2,713	873	朱 湖	500	1,897	307	467	585
西大垸	2,000	2,000		1,334	666	华 严	275	258	59	470	563
运粮湖	2,730	1,333	467	1,333	204	五 三	8,010	3,067	2,694	3,803	1,300
熊 口	2,100	533		1,333	486	官庄湖	1,557	173	187	1,245	840
后 湖	2,489	2,046	37	1,289	1,191	万福店	1,648	1,414	22	410	347
周 矶	439	417	47	180	236	蒋 湖	1,646	202	331	1,271	1,135
王 集	751	430	600	314	5,524	草埠湖	4,724	157	3,210	2,064	170
张 集	6,014	2,007	2,795	1,126	2,768	长 港	655	881		500	444
车 河	1,100	747	179	185	124	竹溪综合	53	9	64		60

农垦畜牧、水产、林业生产情况

指　标	单 位	2011年	2012年	增减数	增减%
水　果					
年末茶园面积	公顷	974	972	–2	–0.2
干毛茶产量	吨	429	531	102	23.8
年末水果面积	公顷	5,027	6,603	1,576	31.4
当年水果总产量	吨	85,755	90,509	4,754	5.5
桃子	吨	22,322	21,520	–802	–3.6
梨子	吨	23,049	22,448	–601	–2.6
柑桔	吨	31,278	34,901	3,623	11.6
林　业					
当年造林面积(公顷)	公顷	3,719	3,730	11	0.3
木材采伐量	立方米	92,821	70,640	–22,181	–23.9
毛楠竹采伐量	万根	36	45	9	25.0
板栗	吨	578	341	–237	–41.0
油茶籽	吨	94	107	13	13.8
畜牧业					
年末大牲畜	头	37,667	40,002	2,335	6.2
#牛	头	37,667	40,002	2,335	6.2
肉类总产量	吨	175,467	186,159	10,692	6.1
年内出栏肥猪	头	1,910,122	1,979,075	68,953	3.6
猪肉	吨	152,809	158,326	5,517	3.6
牛肉	吨	4,422	4,207	–215	–4.9
羊肉	吨	1,067	1,175	108	10.1
禽肉	吨	17,117	21,909	4,792	28.0
牛奶	吨	33,398	30,411	–2,987	–8.9
禽蛋	吨	45,953	46,027	74	0.2
水产品					
水产养殖面积	公顷	46,071	48,028	1,957	4.2
#养鱼面积	公顷	39,669	40,727	1,058	2.7
水产品产量	吨	366,347	379,302	12,955	3.5
#鲜鱼产量	吨	340,057	347,198	7,141	2.1

农垦主要工业产品产量

指　标	单 位	2011年	2012年	增减数	增减%
木 材	立方米	30,002	66,295	36,293	121.0
大 米	吨	993,777	1,502,103	508,326	51.2
小麦粉	吨	154,543	74,834	–79,709	–51.6
配合饲料	吨	759,637	498,661	–260,976	–34.4
混合饲料	吨	316,276	539,208	222,932	70.5
食用植物油	吨	571,528	729,880	158,352	27.7
盐 蛋	万枚	8,467	10,589	2,122	25.1
皮 蛋	万枚	10,611	12,083	1,472	13.9
糖 果	吨	33,620	37,786	4,166	12.4
酸 奶	吨	91,220	90,814	–406	–0.4
罐 头	吨	52,657	55,147	2,490	4.7
饮料酒	吨	366,060	423,013	56,953	15.6
#啤酒	吨	354,381	342,248	–12,133	–3.4
软饮料	吨	1,566,883	1,474,749	–92,134	–5.9
精制茶	吨	301	320	19	6.3
棉 纱	吨	196,077	267,380	71,303	36.4
棉 布	万 M^2	20,462	28,749	8,287	40.5
毛 巾	万条	35	16	–19	–54.3
服 装	万件	3,904	3,954	50	1.3
运动鞋	万双	7.2	7.1	0	–1.4
机制纸及纸版	吨	32,974	54,180	21,206	64.3
磷肥折纯量	吨	16,046	40,472	24,426	152.2
塑料制品	吨	174,231	203,499	29,268	16.8
水 泥	吨	2,520,005	2,379,745	–140,260	–5.6
青红砖	万块	254,398	275,370	20,972	8.2
红 瓦	万块	7,749	10,905	3,156	40.7
石 灰	吨	89,650	98,778	9,128	10.2
工具车	万台	13.0	25.0	12.0	92.3
发电量	万度	13,480	13,220	–260	–1.9

农垦产值、增加值、出口情况

指　标	单位	2011年	2012年	增减数	增减%
农业总产值(现价)	万元	1,430,898	1,653,875	222,977	15.6
种植业产值(现价)	万元	696,879	811,577	114,698	16.5
林业产值(现价)	万元	15,693	21,526	5,833	37.2
牧业产值(现价)	万元	361,263	401,217	39,954	11.1
渔业产值(现价)	万元	329,006	387,126	58,120	17.7
工业企业合计(含个体私营)	个	2,442	2,710	268	11.0
现行价产值	万元	8,338,209	11,200,000	2,861,791	34.3
食品加工业	个	452	513	61	13.5
现行价产值	万元	1,779,580	2,000,443	220,863	12.4
食品制造业	个	147	157	10	6.8
现行价产值	万元	412,336	597,125	184,789	44.8
饮料制造业	个	149	145	–4	–2.7
现行价产值	万元	689,269	771,106	81,837	11.9
纺织业	个	184	194	10	5.4
现行价产值	万元	794,522	970,085	175,563	22.1
医药制造业	个	25	30	5	20.0
现行价产值	万元	160,069	258,526	98,457	61.5
非金属矿物制品业	个	171	179	8	4.7
现行价产值	万元	372,567	387,582	15,015	4.0
农垦生产总值(当年价)	万元	4,563,000	5,880,000	1,317,000	23.7
第一产业	万元	699,973	765,343	65,370	7.2
第二产业	万元	2,775,368	3,761,292	985,924	30.1
第三产业	万元	1,087,659	1,353,365	265,706	19.4
出口供货商品总金额	万元	233,855	281,510	47,655	20.4
直接出口金额	万元	179,294	225,457	46,163	25.7
出口工业品金额	万元	190,628	229,838	39,210	20.6
种子生产企业	个	13	19	6	
种子生产基地面积	公顷	2,828	3,184	356	
种子生产量	吨	11,238	11,332	94	
种畜禽场(站)	个	11	11	0	
认证的绿色食品	个	52	52	0	
认证的有机食品	个	5	5	0	
认证的无公害食品	个	16	16	0	
开发莫桑比克水稻生产	公顷	300	7,000	6,700	
开发津巴布韦烟叶生产	公顷	120	250	130	

监狱系统农场基本情况

项目	单位	合计	其中：			
			沙洋办事处	襄北公司	江北公司	襄南公司
职工人数	人	42738	25315	5960	6649	4814
农场科技人员	人	1206	752	155	195	104
#农业	人	441	224	62	96	59
工程	人	765	528	93	99	45
耕地面积	公顷	22361	12890	4664	3536	1271
#水田	公顷	11576	7490	596	3371	119
果园面积	公顷	15	10	5		
茶园面积	公顷	23	23			
养殖面积	公顷	953	796		157	
固定资产投资	万元	64062	50406	10526	700	2430
#生产性	万元	18376	15681	1169	700	826
在固定资产投资中						
拨款	万元	3890	770	2962	158	
贷款	万元					
自筹	万元	12140	5904	4931	479	826
其他	万元	34234	34101	133		
农业机械总动力	千瓦	60664	30686	16307	9618	4053
农业用电量	万千瓦时	1737	1168	234	318	17
农用动力机械	台	496	257	163	76	
#电动机	台	452	255	123	74	
柴油机	台	42	2	40		
农用排灌机械	台	292	138	80	74	
农用加工机械	台	204	119	83	2	
大中型拖拉机	台	306	32	153	51	70
小型拖拉机	台	110		3	8	99
农用水泵	台	230	107	49	74	
谷物烘干机	台	33	30	1	2	
大中型机引农具	台	1544	456	485	221	382
联合收割机	台	137	47	54	19	17
机动脱粒机	台	2		2		
农用运输车	辆	1	1			
机耕面积	公顷	20814	11700	4523	3320	1271
机播面积	公顷	21770	12004	8616	140	1010
机收面积	公顷	31727	15465	8766	6533	963
有效灌溉面积	公顷	14751	9342	1733	3213	463
机电排灌面积	公顷	11332	6389	1267	3213	463
旱涝保收面积	公顷	9363	4594	1093	3213	463
水库	个	19	4	8	1	6
化肥施用折纯量	吨	13596	8058	1187	3962	389
农药施用量	吨	636	452	65	116	3

注:2003年起所有监狱农场均更名为公司,2012年黄湖公司没有农业生产活动。

监狱系统农场农业总产值、商品产值、增加值

单位:万元

项目	合计	其中:			
		沙洋办事处	襄北公司	江北公司	襄南公司
按当年价格计算					
农林牧渔业总产值	90443.0	55076.0	15195.0	16233.0	3939.0
1、农业	58932.0	33599.0	8714.0	12710.0	3909
2、林业	491.0	312.0	3.0	176.0	
3、牧业	21958.0	15383.0	5768.0	807.0	
4、渔业	6648.0	4695.0	430.0	1523.0	
5、农林牧渔服务业	2414.0	1087.0	280.0	1017.0	30
按当年价格计算					
农林牧渔业增加值	39252.0	24221.0	7130.0	6317.0	1584.0
1、农业	30017.0	18376.0	4810.0	5267.0	1564
2、林业	295.0	227.0		68.0	
3、牧业	5029.0	3058.0	1980.0	–9.0	
4、渔业	2875.0	2097.0	200.0	578.0	
5、农林牧渔服务业增加值	0.0				
分配法计算					
国内生产总值	84386.0	45418.0	12118.0	14169.0	12681.0
第一产业	39252.0	24221.0	7130.0	6317.0	1584
第二产业	32934.0	18634.0	2673.0	7320.0	4307
工业	31511.0	17512.0	2503.0	7189.0	4307
建筑业	1423.0	1122.0	170.0	131.0	
第三产业	12200.0	2563.0	2315.0	532.0	6790
交通、邮电	41.0	10.0	31.0		
商贸业	662.0	132.0	310.0	173.0	47
其他	11497.0	2421.0	1974.0	359.0	6743

注:2003年起所有监狱农场均更名为公司,2012年黄湖公司没有农业生产活动。

监狱系统农场生产情况

项目	单位	合计	其 中:			
			沙洋办事处	襄北公司	江北公司	襄南公司
全年农作物总播面	公顷	40029	21945	9100	7028	1956
全年粮食作物总播面	公顷	36279	19711	9019	6586	963
全年粮食总产量	吨	197305	109525	40520	42427	4833
#夏粮播面	公顷	18273	9827	4496	3320	630
夏粮产量	吨	81595	40407	23815	14415	2958
秋粮播面	公顷	15252	7605	4075	3239	333
秋粮产量	吨	108954	64418	14970	27691	1875
棉花播面	公顷	1587	545		242	800
棉花产量	吨	1967	627		474	866
油料播面	公顷	1326	1062	4	200	60
油料产量	吨	4377	3595	10	501	271
#油菜籽播面	公顷	420	234		173	13
油菜籽产量	吨	897	496		361	40
茶叶产量	吨	2	2			
水果产量	吨	62	32	30		
水产品产量	吨	6465	4707	425	1333	
大牲畜年末存栏	头	56	56			
#耕牛	头	56	56			
羊年末存栏	只	0				
家禽年末存栏	万只	3		3		
生猪年末存栏	头	96859	72618	19770	4471	
肥猪出栏	头	143076	105565	31932	5579	
家禽出栏	万只	3		3		
肉类产量	吨	11881	8972	2435	474	
禽蛋产量	吨	280		280		
造林面积	公顷	4963	3380	294	222	1067
#当年造林面积	公顷	602	121			481

注:2003年起所有监狱农场均更名为公司,2012年黄湖公司没有农业生产活动。